Reihe Germanistische Linguistik 131

Herausgegeben von Helmut Henne, Horst Sitta
und Herbert Ernst Wiegand

Dietrich Busse

Recht als Text

Linguistische Untersuchungen zur Arbeit mit Sprache in einer gesellschaftlichen Institution

Max Niemeyer Verlag
Tübingen 1992

Die Deutsche Bibliothek – CIP-Einheitsaufnahme

Busse, Dietrich:
Recht als Text : linguistische Untersuchungen zur Arbeit mit Sprache in einer gesellschaftlichen Institution / Dietrich Busse. – Tübingen : Niemeyer, 1992
(Reihe Germanistische Linguistik ; 131)
NE: GT

ISBN 3-484-31131-2 ISSN 0344-6778

Printed in Germany.
Druck: Weihert-Druck GmbH, Darmstadt.
Einband: Industriebuchbinderei Hugo Nädele, Nehren.

Inhalt

Einleitung

Wenn der in der Nachkriegsjurisprudenz einflußreiche Rechtswissenschaftler Ernst Forsthoff in seinem berühmten Traktat "Recht und Sprache" eine "nicht nur zufällige, sondern ins Wesen treffende Verbindung des Rechts zur Sprache" feststellt,[1] dann greift er damit zwei seit Entstehen der modernen Rechtswissenschaft in Deutschland gängige Einschätzungen auf. Die eine formulierte schon zu Beginn des 19. Jahrhunderts Friedrich Karl von Savigny in seiner bis heute nachwirkenden juristischen Methodenlehre: "Die Jurisprudenz ist eine philologische Wissenschaft."[2] Sie betrifft mehr die methodische Seite der Rechtswissenschaft und der richterlichen Gesetzesauslegung. Die andere betrifft den Gegenstand *Recht* selbst, von dem Weck zu Anfang dieses Jahrhunderts sagt: "In dem Urgrund der Sprache liegt also der Begriff des Rechts. Sprache ist Recht."[3] Rechtswissenschaftliche (Auslegungs-) Methodik stand also schon seit Entstehen des modernen Rechtssystems in großer Nähe zu den anderen philologischen Disziplinen: der theologischen Bibel-Exegese und der literaturwissenschaftlichen Interpretationslehre. Hat die theologische Interpretationslehre den anderen Disziplinen ihr Alter voraus, was sie zum natürlichen Vor- und Urbild sämtlicher Auslegungslehren machte, so ist die Rangnachfolge durchaus umstritten. Juristische Auslegungslehre und literarische Philologie haben sich im 19. Jahrhundert gemeinsam und in steter wechselseitiger Befruchtung entwickelt. So stand bekanntlich die Rechtswissenschaft, als Lehre von den Rechtsaltertümern, Pate bei Entstehung der Germanistik (wie die juristischen Forschungen der Gebrüder Grimm zeigen). Hatte die juristische Interpretationslehre in ihrer auf praktische Zwecke gerichteten anwendungsorientierten Methodik Vorbildfunktion für die literarische Hermeneutik bis hinein noch in Gadamers Hermeneutik,[4] so konnten umgekehrt die Juristen lange Zeit nicht auf einen ausdifferenzierten sprachtheoretischen Beitrag der Philologien bauen. Sprachwissenschaft und literarische Philologie haben bis heute das starke Bedürfnis nach sprachtheoretischer Unterstützung verkannt, welches aus der engen Verflechtung des Rechts mit Sprache erwächst, und das in der Jurisprudenz in einem (v.a. seit der "sprachphilosophischen Wende" in den Geisteswissenschaften) eher zunehmenden Maße besteht. Für den Juristen Heck gilt sogar, daß "die Jurisprudenz eine besondere 'Juristenphilosophie', eine für ihre Zwecke ge-

---

[1] Forsthoff 1940, 1

[2] Savigny 1802, 15

[3] Weck 1913, 7

[4] Im Begriff der "Applikation"; vgl. Gadamer 1960, 330 ff.

schaffene Philosophie der Sprache" braucht.[5] Die juristische Methodenlehre, bei einigen Juristen sogar das Selbstverständnis der Jurisprudenz als Wissenschaft, ist an die je spezifische Ausformung des Begriffs der Auslegung gebunden; und dieser ist abhängig davon, wie Sprache in ihrem Funktionieren von Juristen aufgefaßt wird. So kommt es nach Forsthoff für die Rechtswissenschaft und ihr methodisches Selbstverständnis entscheidend darauf an "ersichtlich zu machen, wie eng die juridische Methode und das Sprachverständnis miteinander verbunden sind".[6] Wenn in der vorliegenden Arbeit die juristische Interpretationspraxis (von Gesetzestexten) mit spezifisch sprachwissenschaftlichen Begriffen, Methoden und Forschungsansätzen untersucht wird und damit juristische Methodik und sprachwissenschaftliche Erkenntnis in eine enge Beziehung gesetzt werden, so reagiert das auf die von Juristen vorgezeichnete Abhängigkeit des Rechts von Sprache.

Die vorliegende Arbeit stellt den Versuch dar, eine institutionelle Gebrauchsform von Sprache, welche in unserer Gesellschaft eine zentrale Funktion hat, einer sprachwissenschaftlichen Analyse zugänglich zu machen. Nachdem rechtslinguistische Untersuchungen bislang - von wenigen Ausnahmen abgesehen - vornehmlich auf die juristische Methodenlehre beschränkt waren, oder (wie etwa die Dialoganalysen von Gerichtsverfahren) überwiegend sprachwissenschaftliche Interessen befriedigen, soll gezeigt werden, daß es für beide Seiten (Sprachwissenschaft und Jurisprudenz) lohnend sein kann, wenn auch der institutionelle Kern der juristischen Tätigkeit, nämlich die Arbeit mit Gesetzestexten, zu einem Gegenstand auch der linguistischen Forschung wird. Es ist vielleicht kein Zufall, daß Linguisten bisher so selten auf den von juristischer Seite aus geäußerten Wunsch nach interdisziplinärer Forschung in diesem Gebiet reagiert haben; es bedarf immerhin einer aufwendigen Einarbeitung in die Denk- und Arbeitsweise der Jurisprudenz, um überhaupt erst die zentralen Probleme erkennen zu können, zu deren Analyse die Sprachwissenschaft einen Beitrag leisten könnte. Diese Einarbeitung ist nur möglich in intensiver fachübergreifender Zusammenarbeit von Linguisten und Juristen; deshalb ist die vorliegende Untersuchung auch nicht denkbar gewesen ohne den interdisziplinären Forschungs- und Diskussionszusammenhang, aus dem heraus sie entstanden ist.[7] Erst die langjährige Zu-

[5] Heck 1932, 133 (zit. nach Clauss 1963, 400)

[6] Forsthoff 1940, 16

[7] Aus der Arbeit dieser Forschergruppe sind neben der vorliegenden Arbeit und meinen weiteren, mit dieser Arbeit in engem Zusammenhang stehenden Untersuchungen "Juristische Semantik" (Busse 1992) und "Textinterpretation" (Busse 1991a) sowie den Aufsätzen Busse 1988a, 1988b, 1988c, 1989a, 1991d und 1991e die juristischen Monographien von Ralph Christensen "Was heißt Gesetzesbindung?" (1989) und Bernd Jeand'Heur "Sprachliches Referenzverhalten bei der juristischen Entscheidungstätigkeit" (1989) hervorgegangen sowie der von Friedrich Müller herausgegebene Sammelband "Untersuchungen zur Rechtslinguistik" (1989) mit Aufsätzen der genannten Autoren einschließlich Rainer Wimmers und der Dokumentation eines Abschlußgesprächs der Arbeitsgruppe.

sammenarbeit von Juristen und Sprachwissenschaftlern in der Heidelberger Arbeitsgruppe Rechtslinguistik hat mir das Wissensfundament verschafft, das die vorliegenden Untersuchungen möglich gemacht hat. Den Mitgliedern dieser Forschergruppe gilt deshalb mein Dank für ihre Hilfe bei der Einarbeitung in juristisches Denken und beim Verstehen dessen, was den Kern der juristischen Arbeitsweise und des Funktionierens der Institution "Recht" ausmacht: Es sind dies (neben den linguistischen Mitgliedern Rainer Wimmer, der einer der Initiatoren der Arbeitsgruppe gewesen ist, und ohne dessen Anregungen die vorliegende Arbeit wohl kaum entstanden wäre, und Michael Sokolowski) die Juristen Friedrich Müller, Ralph Christensen und Bernd Jeand'Heur; neben ihrer Unterstützung und Kritik konnte ich von dem fachlichen Rat profitieren, den mir die Juristen Michael Kromer (in der Anfangsphase der Zusammenarbeit) und - fortlaufend und vor allem bei der Erklärung rechtsdogmatischer Zusammenhänge während der empirischen Einzeluntersuchungen - ganz besonders Elisabeth Saenz gewährt haben. Rudolf Hoberg danke ich für Rat und Unterstützung während der ganzen Dauer der Forschungsarbeiten; Adalbert Podlech für sein Interesse und Bestätigung bei diesem Vorhaben. Die Notwendigkeit der Einarbeitung in ein fremdes Arbeitsgebiet erforderte es für den Linguisten, sich zunächst einen Zugang über Themen und Aspekte der juristischen Arbeit zu verschaffen, die ihm vertraut sind. Deshalb stand am Anfang meiner Beschäftigung mit rechtslinguistischen Fragen eine Auseinandersetzung mit den juristischen Sprachauffassungen und Interpretationstheorien, wie sie in der neueren juristischen Methodenlehre (zum Teil in Adaption philosophischer - weniger linguistischer - Sprachtheorien) zum Ausdruck kommen.[8] Diese Bestandsaufnahme, Analyse und Kritik juristischer Sprach- und Interpretationstheorie diente damit auch dem Zweck, sich einen Überblick über diejenigen sprachlichen und linguistisch relevanten Aspekte der juristischen Arbeit zu verschaffen, die von Juristen selbst als zentral angesehen und in ihrer Methodenliteratur diskutiert werden. Erst durch die Auseinandersetzung mit den sprachtheoretischen Adaptionen in der juristischen Methodendiskussion wurde es möglich, die Kernprobleme der Rechtsarbeit - soweit sie die Funktion von Sprache betreffen - zu erkennen und Ansatzpunkte für ihre linguistische Bearbeitung[9] zu finden. Dabei ist der Umstand, daß das Recht ohne Sprache nicht gedacht werden kann, sicher eine günstige Voraussetzung ge-

[8] Die Ergebnisse dieser Analysen erscheinen unter dem Titel "Juristische Semantik. Grundfragen der juristischen Interpretationstheorie in linguistischer Sicht" im Verlag Duncker & Humblot, Berlin.

[9] Eine semantisch fundierte Antwort auf die interpretationstheoretischen Fragen der juristischen Methodenlehre aus der spezifischen Sicht der Sprachwissenschaft habe ich in meinem Buch "Textinterpretation. Sprachtheoretische Grundlagen einer explikativen Semantik" (1991) formuliert. Alle drei Arbeiten (Busse 1992, 1991a und das vorliegende Buch) stellen drei Schritte der Abarbeitung eines umfangreichen Forschungsprogramms zu Fragen der Rechtslinguistik und des institutionellen Sprachgebrauchs dar.

wesen: Keine juristische Methodenlehre kommt deshalb um die Behandlung sprachlicher Fragen herum. Selbst wenn - von der derzeitigen Forschungslage her - die juristische Arbeit mit Texten einer linguistischen Analyse erst geöffnet werden muß, so bedarf doch die Annahme, daß das Recht ein legitimes und lohnendes Objekt linguistischer Forschung ist, keiner gesonderten Begründung.

Die Untersuchung der Sprachlichkeit des Rechts ist eine Untersuchung von Sprache in einer ihrer wichtigsten sozialen Funktionen. Wenn heutzutage von zunehmend mehr Sprachwissenschaftlern gefordert wird, daß sich innerhalb der Linguistik ein Zweig der Forschung etablieren müsse, der die Sprachwissenschaft zuerst als Sozialwissenschaft begreift, dann könnte man die vorliegende Arbeit als einen Beitrag zu diesem Teil der Sprachwissenschaft gelten lassen. Dabei darf jedoch nicht das Mißverständnis entstehen, dabei handele es sich quasi nur um eine "Anwendung" anderenorts erarbeiteter sprachwissenschaftlicher Erkenntnisse auf einen weiteren Gebrauchszusammenhang von Sprache. Erforschung der Sprache in ihrem gesellschaftlichen Gebrauch, innerhalb dessen die Funktion von Sprache im Rahmen gesellschaftlicher Institutionen (wie dem Recht) ein gewichtiger Bestandteil ist, wirkt immer auch auf die Sprachtheorie selbst, d.h. auf die sprachwissenschaftlichen Begriffe, Modelle und Analyseinstrumentarien zurück. Dies liegt daran, daß eine Linguistik, welche die komplexen sozialen Gebrauchsformen von Sprache, und vor allem die dadurch konstituierten erheblichen Unterschiede in den Funktionen von Sprache, außen vor gelassen hat, gelinde gesagt kaum Instrumente und Begriffe entwickelt hat, die es ermöglichen würden, diese Bereiche mit Aussicht auf Gewinn zu erforschen. Würde man es schärfer formulieren, so müßte an sagen, daß manche der für die Sprache als abstraktes System entwickelten Begrifflichkeiten eine Erforschung der Sprache in ihren Gebrauchszusammenhängen eher verhindert als befördert haben. Aufgegeben werden muß auch der Gedanke, man könne gleichsam für alle denkbaren Funktionsweisen von Sprache ein einheitliches begriffliches Instrumentarium entwickeln. Zwar gibt es einige sprachliche Grundfunktionen, die in jeder Form des Sprachgebrauchs eine Rolle spielen (etwa *Referenz* und *Prädikation*), doch zeigt die Auseinandersetzung mit der Funktion von Normtexten im Recht, daß auch diese Grundfunktionen eine Modifikation erfahren können, wenn die Sprache ihre "normale", lange Zeit als einzige angesehene Gebrauchsform, etwa zur "Mitteilung" in der alltäglichen Kommunikation, verläßt. So wurde es notwendig, gängige Theorien zur Semantik, zur Textinterpretation und zur Textlinguistik, wie sie auch von Juristen selbst im Rahmen ihrer interpretationstheoretischen Diskussion adaptiert wurden, nicht unbesehen für die Zwecke einer sprachwissenschaftlichen Analyse der juristischen Textarbeit zu übernehmen, sondern auf ihre Eignung in diesem Forschungsgebiet zu überprüfen. Daß dabei die Diskussion semantischer Theoreme aus linguistischer Sicht gelegentlich zu anderen Ergebnissen kam als diejenige von Juristen,[10] braucht nicht zu verwundern. Es kann nämlich durchaus ein Ergebnis der rechtslinguistischen Zusammenarbeit sein, daß scheinbar plausible sprachtheoretische Annahmen, welche für Juristen aus eigenen Interessen innerhalb der Auseinandersetzungen ihrer Methodendebatte brauchbar zu sein scheinen, aus einer vertieften linguistischen Analyse der juristischen Textarbeit heraus als wenig brauchbar oder gar irreführend erscheinen. (Dies gilt etwa für alle Theorien, welche von einem vorgegebenen Ideal der "Präzision der Rechtssprache" oder den Idealen einer zweifelsfreien objektiven Feststellbarkeit einer "objektiven Textbedeutung" oder eines "subjektiven Autor-Meinens" ausgehen.)

Trotz aller Unterschiede, die etwa zwischen der Alltagssprache und der sehr spezifischen Gebrauchsform von Sprache in Gesetzestexten und der praktischen juristischen Arbeit mit ihnen bestehen, und die auch einen eigenständigen sprachwissenschaftlichen Zugang zur institutionellen Gebrauchsform von Gesetzestexten im Recht erfordern, gibt es zweifellos eine große Nähe von vielen rechtstheoretischen und -methodischen Fragestellungen zu Grundfragen der Sprachwissenschaft; diese Nähe ist es denn auch, die es so verwunderlich erscheinen läßt, daß das Thema Rechtslinguistik in der Sprachwissenschaft bisher so wenig ernsthaft und längerfristig behandelt wurde (von der erfolgreichen neueren Dialoganalyse[11] einmal abgesehen). Schon Hume postulierte im 'Treatise on Human nature' "eine Auffassung des Rechts als Sprachform".[12] Die Nähe des Rechts zur Sprache liegt angesichts der sprachlichen Niederlegung rechtlicher Bestimmungen und Entscheidungen in Gesetzes-, Kommentar- und Urteilstexten auf der Hand. Charakterisierungen der Funktion der Sprache werden dann auf das Recht übertragen. So wird immer wieder die *kommunikative* Funktion des Rechts hervorgehoben.[13] Für Baden z.B. fungiert das "Gesetz als Kommunikationsmedium im Verhältnis zwischen Gesetzgeber und Gesetzesanwender."[14] Dies ist die Tatsache, daß das Recht der Sprache als eines Mediums bedarf, um seine verhaltensregulierende, vorschreibende, d.h. normative Funktion im Leben sozialer Gemeinschaften erfüllen zu können. Recht muß *mitteilbar* sein, um als allgemeingültige Regel fungieren zu können: "Damit ist die Sprache die erste und wesentliche Voraussetzung für das Gelten des Rechts."[15] In dieser Hin-

---

[10] Vgl. die Untersuchungen in Busse 1991a.

[11] Vgl. die von Ludger Hoffmann (IdS) koordinierten Arbeiten Hoffmann 1983 und 1989. Daneben entsteht erst neuerdings ein festerer Diskussionszusammenhang für das Arbeitsgebiet der sog. "forensischen Linguistik"; vgl. Kniffka 1990.

[12] So Vernengo 1965, 293

[13] Weck 1913, 7: "Gewiß kann man alles Recht auf Verständigung zurückführen." - Vernengo 1965, 295: "Als Sprache ist das Recht eine Kommunikationstechnik, die zur Überbrückung von Divergenzen und zur Verständigung von Gegnern dient." - Horn 1966, 7: Sie [die Rechtswissenschaft] hat sich aus einer Urfunktion der sprachlichen Verständigung entwickelt."

[14] Baden 1977, 264

[15] Kramm 1970, 5

sicht kann Recht als das Gelten von Sprache, von in Sprache gefaßten rechtlichen Regeln und Normen aufgefaßt werden. Diese sprachlichen Norm-Formulierungen müssen, um von den Rechtsanwendern angewendet werden zu können, zuvor *ausgelegt*, interpretiert werden. Daher ist alles Recht zugleich Sprach-Auslegung, Verstehen von sprachlichen Äußerungen. So formuliert Larenz in seiner weitverbreiteten Methodenlehre: "Es geht in der Jurisprudenz weithin um das Verstehen von sprachlichen Äußerungen, des ihnen zukommenden normativen Sinnes."[16] Doch nicht nur die in Schriftform vorliegenden gesetzlichen Normen sind Sprache und damit an deren Möglichkeiten gebunden, sondern auch die richterliche Aufbereitung eines zu entscheidenden Sachverhaltes bedarf der Formulierung, der Übersetzung alltäglicher Lebensereignisse in die "Sprache des Gesetzes". Daher ist für die juristische Auslegungslehre, d.h. für die Lehre von den Methoden der Gesetzesanwendung, wichtig, "daß Gegenstand rechtlicher Überlegungen nie Sachverhalte sind, sondern sprachlich gefaßte Beschreibungen von Sachverhalten".[17] Für die Gesetzesanwender (Richter, Rechtsanwälte) liegt also nicht nur die Rechtsnorm, sondern auch der zu entscheidende Fall stets als *Text* vor. Aufgabe des Richters ist es geradezu, z.B. die durch die unmittelbare Erfahrung und Betroffenheit (auch Emotionalität) angereicherten Zeugenaussagen in einen rechtlich verwertbaren Text umzuwandeln. (Daher rühren viele der Schwierigkeiten in der Kommunikation vor Gericht, etwa wenn der endgültige Text des Protokolls vom Richter in einer für den Aussagenden oft unverständlichen Sprache formuliert wird. Streitigkeiten über einzelne Formulierungen zwischen Aussagendem - bzw. dessen Anwalt - und Richter haben so stets *rechtliche* Bedeutung, da der Sachverhalt auf die Begrifflichkeit der im Gesetz fixierten Tatbestände gebracht werden muß.)

Recht als Kommunikationsvorgang aufzufassen reflektiert nur die eine Facette des Verhältnisses von Recht und Sprache: die notwendig sprachliche Fassung von Rechtsnorm wie Sachverhaltsbeschreibung. Wenn Friedrich Müller schreibt: "Recht ist [...] notwendig an Sprache gebunden und damit an deren allgemeine Bedingungen",[18] dann deutet er darin eine engere Beziehung zwischen Recht und Sprache an, als es die auch als äußerliches Verhältnis zwischen Recht und Sprache als Kommunikationsmedium verstehbare Verbindung zunächst vermuten läßt. Es stellt sich die Frage, ob die "allgemeinen Bedingungen" der Sprache, an die das Recht gebunden ist, nicht in die Eigenart des Rechts selbst eingreifen (unabhängig von der Angewiesenheit von Recht und Gesetz auf die sprachliche Formulierung, d.h. über ihre pure Textualität hinaus). So fragte schon Forsthoff "was die besondere Verwiesenheit auf die Sprache für das Recht und die Rechtswissenschaft über-

[16] Larenz 1979, 181

[17] Podlech 1975, 171; vgl. auch Brinckmann/Rieser 1971, 153 und Rodingen 1977, 51.

[18] Müller 1975, 9. Hatz 1963, 66 spricht von der "Wahrheit, daß das Recht nicht mit oder neben, sondern in der Sprache ist".

haupt bedeutet".[19] Die seit der linguistischen Wende in den Geisteswissenschaften Anfang der siebziger Jahre zunehmende Beschäftigung mit dem Verhältnis zwischen Recht und Sprache gründet sich nicht zuletzt auf die Vermutung, daß "zwischen Recht und Sprache eine enge Strukturverwandtschaft [besteht]".[20] Eine Strukturanalogie wurde auch von linguistischer Seite vermutet, wenn der von Juristen zu Rate gezogene Sprachwissenschaftler Hartmann "Bindungen bzw. Vergleichbarkeiten zwischen den Regionen des Rechts und der Sprache, wie gruppenspezifische Normativität, [...] Rolle von Interpretation und Bedeutung u.a.m."[21] zu erkennen glaubt. Mit *Normativität*, *Bedeutung* und *Interpretation* benennt Hartmann jene drei Begriffe, welche bis heute das Zentrum der juristischen Überlegungen zum Verhältnis von Recht und Sprache bilden und die rechtslinguistische Diskussion beherrschen. Wenn Normativität als Vergleichsmaßstab zwischen Recht und Sprache genommen wird, dann ist damit zunächst nicht mehr als eben jene "Strukturverwandtschaft" gemeint: Recht wirkt in Form von Rechtsregeln bzw. Normen; Sprache beruht ebenfalls auf Regeln, man redet von Sprachnormen. Die Vergleichbarkeit liegt im *Geltungsaspekt* von Regeln. "In dieser Regelgeltung haben Sprache und Recht etwas Gemeinsames: So wie Recht gilt, so bedeutet ein sprachlicher Ausdruck etwas gemäß seiner Gebrauchsregel."[22]

Die Behauptung einer Strukturverwandtschaft zwischen Recht und Sprache bleibt aber den beiden Gegenstandsbereichen oft nur äußerlich. Dahinter steht dann etwa nur die Idee, Methoden der Sprachwissenschaft (etwa den Strukturalismus) auf das Gebiet des Rechts zu übertragen. Diese Haltung entspricht der juristischen Gewohnheit, andere Wissenschaften als Hilfsmittel bei der eigentlichen juristischen Tätigkeit zu benutzen (wie es etwa in der Gutachtertätigkeit der forensischen Medizin und Psychiatrie geschieht). Die juristische Literatur zum Zusammenhang von Sprache und Recht ist durchdrungen von dieser instrumentalistischen Haltung, die sprachtheoretische Erkenntnisse häufig nicht an den Kern des juristischen Selbstverständnisses heranläßt. Deshalb liegt es nahe, daß der rechtsphilosophische Fragen berührende Aspekt der *Normativität* in der juristischen Diskussion sprachwissenschaftlicher Theorien zurücktritt gegenüber der Beschäftigung mit den eher die praktische juristische Tätigkeit betreffenden Aspekten der *Bedeutung* und *Interpretation* juristischer Normtexte. Die rechtstheoretischen Implikationen auch dieser (auf den ersten Blick unscheinbaren, jedenfalls "ungefährlich" erscheinenden Konzepte) wurden oft nicht gesehen, auch wenn die Begriffsbildungen unterschiedlicher sprachwissenschaftlicher Theorien hierzu als Hilfstruppen in die Bataille juristischen Methodenstreits geführt wurden. Das Problem der juristischen

19 Forsthoff 1940, 2

20 Lampe 1970, 17; vgl. auch Großfeld 1984, 1.

21 Hartmann 1970, 47

22 Wank 1985, 12

Semantik - oder besser: der Semantik juristischer Begriffe und Texte - ist mehr als nur ein technisch zu lösendes Auslegungsproblem; es betrifft das schwierige, mit sprach- und erkenntnistheoretischen ebenso wie mit rechtstheoretischen Grundüberzeugungen verflochtene Problem des Zusammenhangs von Sprache und in ihr ausgedrückter Wirklichkeit: "Die Rechtsbegriffe und Rechtsvorstellungen haben in der realen Welt kein Gegenstück, lassen sich ohne Sprache zumeist nicht darstellen. Sie existieren durch Sprache und in Sprache."[23] Juristische Semantik darf das Verhältnis der Sprache zur Welt nicht außer Acht lassen, wenn sie im juristischen Methodendiskurs eine hilfreiche Funktion haben soll. Es muß der Stellenwert juristischer Texte (Gesetze, Kommentare, Urteile) im Auslegungsprozeß genau bestimmt und der Frage nachgegangen werden, inwieweit die juristische Tätigkeit eine genuin semantische ist, und ob semantische Argumente die Rechtsanwendung ausschöpfen, oder vielleicht nur ein Moment unter vielen anderen Momenten unmittelbareren (nicht textvermittelten) Weltbezugs sind. Die These der Sprachlichkeit des Rechts ist eine intuitiv so naheliegende und selbstverständliche Beobachtung, daß es genauer Analyse bedarf um den wahren Einfluß der Sprache auf das Recht von anderen rechtsbestimmenden Faktoren unterscheiden zu können. Gerade in einem Tätigkeitsbereich, in dem die Wirklichkeit so eindeutig sprachlich konstituiert erscheint, darf die Komplexität des Verhältnisses von Sprache und Wirklichkeit nicht zugunsten vorschneller Identitätsthesen aus dem Blick gelassen werden. Juristische Tätigkeit hat die Herstellung einer Beziehung zwischen (sprachlich gefaßter) Rechtsnorm und (außersprachlichem, d.h. zunächst auch außerrechtlichem) Sachverhalt zur Grundlage. Rechtsanwendung besteht in der Anwendung von Texten auf Wirklichkeitsausschnitte. Insofern enthält jede Rechtsanwendung ein Stück Semantik, indem Sachverhalte, von denen ausgesagt wird, daß sie unter eine bestimmte Norm fallen, zugleich als semantische Spezifikationen des Bedeutungsbereichs der Norm fungieren können. So gesehen ist Rechtsprechung (sic!) nur ein Spezialfall von Sprachverwendung. Die Frage, welche sich der interdisziplinären Aufarbeitung des Verhältnisses von Sprache und Recht stellt, ist nun, welche Gemeinsamkeiten und welche Unterschiede zwischen anderen (etwa alltäglichen) Formen der Sprachverwendung und denen des juristischen Umgangs mit Sprache bestehen. Es steht die Behauptung Hafts: "Dieser Prozeß unterscheidet sich nicht prinzipiell von anderen Fällen der Sprachverwendung."[24] Dieser Behauptung nachzugehen

[23] Großfeld 1984, 3 - Vgl.auch Hegenbarth 1982, 12: "Der Jurist kommt aus dem Zirkel von Sprache und Wirklichkeit nicht heraus".

[24] Haft 1978, 15. Das volle Zitat lautet: "Sie [die juristische Rhetorik, D.B.] unterscheidet sich von ihr [der traditionellen juristischen Methodenlehre, D.B.] aber dadurch, daß sie den Prozeß der Herstellung einer Entsprechung von Norm und Sachverhalt als einen rhetorischen Vorgang begreift, bei dem nichts anderes als eine methodenbewußte Sprachverwendung stattfindet. Dieser Prozeß unterscheidet sich nicht prinzipiell von anderen Fällen der Sprachverwendung."

und sie von sprachwissenschaftlicher Sicht aus auf ihre Stichhaltigkeit zu überprüfen ist eines der Ziele der vorliegenden Arbeit.

Rechtslinguistische Forschung auch von sprachwissenschaftlicher Seite aus ist, bis auf wenige Ausnahmen, bisher Desiderat geblieben. "Recht und Sprache" ist zwar schon ein recht altes Thema (z.B. zahlreiche Veröffentlichungen vor und nach Verabschiedung des BGB[25]), doch bewegte sich seine Abhandlung lange nur im Bereich der Kritik der Rechtssprache, etwa an Fremdwortgebrauch, unverständlichen Wort-Neuschöpfungen oder -Wiederbelebungen und kompliziertem Satzbau. Nach Ausbreitung der Fachsprachen-Diskussion wurden solche Aspekte ab den 60er Jahren wieder aufgenommen.[26] Die 70er Jahre brachten eine Verflechtung von Rechtskritik als Sprachkritik mit den Reformbestrebungen in Richtung auf eine "bürgerfreundlichere Justiz".[27] Erstmals auch in die Kernbereiche eigentlich juristischer Tätigkeit drang die (fast ausschließlich von Juristen betriebene) Diskussion um Möglichkeiten zur "Präzision der Rechtssprache" ein, etwa wenn es um die Formalisierung juristischer Argumentationstechnik ging, welche Ziel einer ab den siebziger Jahren tätigen interdisziplinären Darmstädter Arbeitsgruppe war.[28] Die mit diesen Forschungsansätzen verknüpften Erwartungen konnten jedoch nicht im erwünschten Umfang erfüllt werden. Das Interesse an einer Zusammenarbeit von Juristen und Linguisten ging danach stark zurück. Ohnehin war das Interesse am Thema "Sprache und Recht" von jeher bei Sprachwissenschaftlern weitaus geringer ausgeprägt als auf juristischer Seite (von Ausnahmen abgesehen[29]). Dieser Umstand ist angesichts des bis in die siebziger Jahre hinein vorwiegend philologischen Charakters der deutschen Sprachwissenschaft einigermaßen erstaunlich, wenn man sich daran erinnert, daß der "Urvater" der Juristischen Methodenlehre von Savigny die Jurisprudenz schon Anfang vorigen Jahrhunderts als "Philologie" bezeichnete. Auf juristischer Seite war das Bewußtsein der Notwendigkeit einer Auseinandersetzung von Rechtswissenschaft und Sprachwissenschaft (vor

---

[25] Vgl. statt anderer: Günther 1898; Weck 1913; s.a. Dölle 1949 und Neumann-Duesberg 1949.

[26] Vgl. Müller-Tochtermann 1959; Oksaar 1967 und 1979. Diese Diskussion hält (in sporadischen Wellen) bis heute an. Vgl. Spechtler 1980; Gerhardt 1981; Fotheringham 1981a und 1981b; Raible 1981; Radtke 1981; Otto 1981; Daum 1981; Dobnig-Jülch 1982.

[27] Vgl. v.a. Wassermann 1979, 1981a, 1981b u.ö.; Grosse 1983 im Rahmen einer nordrhein-westfälischen "Kommission zur Gesetzes- und Verwaltungsvereinfachung"; Joisten 1985 im Rahmen der Sprachberatung bei der Gesetzeserstellung durch die "Gesellschaft für deutsche Sprache" (Wiesbaden); Stickel 1984 u.v.a.m.

[28] Podlech 1971, 1972, 1975,1976; Rave/Brinckmann/Grimmer 1972; Brinckmann/Petöfi/Rieser 1974; Brinckmann/Rieser 1974; Hartmann 1974; Petöfi 1974; Petöfi/Podlech/v.Savigny 1975.

[29] Oksaar 1967, 1979; Hartmann 1970; Dobnig-Jülch 1982; Grosse 1983; und, für die Spezialfrage der Kommunikation vor Gericht, Hoffmann 1980, 1983 und 1989. Einen guten Überblick über die relevante Literatur gibt die kommentierte Bibliographie von Reitemeier 1985.

allem der Semantik) schon lange vorhanden[30] und wird in letzter Zeit zunehmend betont.[31] Sprachtheorie für Juristen ist deshalb, so deute ich die Aufforderungen zur Zusammenarbeit, die von Juristen immer wieder an die Sprachwissenschaft gerichtet werden, kein Aufsetzen fremder Erklärungsmodelle auf immer neue Anwendungsgebiete, sondern ist ein Bedürfnis, welches aus der tiefen Bindung des Rechts an Sprache, aus dem sprachlichen Charakter des Rechts selbst, von Rechtsetzung, Rechtsauslegung und Rechtsprechung, entspringt.[32]

Die Erwartungen an die Leistung der Sprachtheorie für die Rechtswissenschaft gehen teilweise so weit, daß etwa von Kaufmann eine "Rechtstheorie als Sprachtheorie des Rechts"[33] gefordert wird. Die Erwartungen an die Linguistik sind demnach hoch; und zwar sowohl, was den Beitrag der Linguistik zur Klärung juristischer Methodenprobleme angeht, als auch (durchaus selbstbewußt) hinsichtlich dessen, was Sprachwissenschaftler etwa von der Jurisprudenz lernen könnten.[34] Die Einschätzung der interdisziplinären Forschungslage ist dabei durchaus unterschiedlich. Stellt z.B. Heinz fest, daß "die stete Entwicklung der Linguistik [...] Anlaß genug [ist], eine engere Kooperation zwischen diesen Wissenschaften und der Rechtswissenschaft im Hinblick auf das Problem der Sprache im Rechtsbereich zu fordern",[35] so fordert Podlech noch vier Jahre später, daß man sich klarmachen müsse, "daß es weder der Stand der Rechtstheorie noch der Stand der Linguistik gestatten, die Lösung aller derzeit angebbarer rechtswissenschaftlich relevanter Sprachprobleme von der Linguistik zu erwarten".[36] Es ist allerdings auch äußerst fraglich, ob eine vollständige Lösung der juristischen Probleme mit der Sprache wirklich von einer außenstehenden Disziplin erwartet werden kann. Was

---

[30] Vgl. Williams 1945, 73: "Semantics touches law and jurisprudence at many points." - Clauss 1963, 400, mit Bezug auf das oben (Anm. 5) wiedergegebene Zitat von Heck: "Die Semantik ist diejenige Sprachtheorie, die Heck zwar nicht geschaffen, wohl aber geahnt und vorbereitet hat."

[31] Garstka 1979, 101: "Die vorgelegten Andeutungen zeigen meines Erachtens, daß die Linguistik für den reflektierten Juristen in Zukunft große Bedeutung haben wird."

[32] So etwa Kramm 1970, 6: "Und eben wegen dieser als existentiell erkannten Bindung des Rechts an die Sprache muß die Rechtswissenschaft auch die Sprache zum Gegenstand ihrer Betrachtung machen, denn wenn es ihr nicht gelingt, die Gegebenheiten der Sprache zu erkennen und zu berücksichtigen, vermag sie auch ihren speziellen Erkenntnisgegenstand, das Recht in seinen verschiedenen Erscheinungsformen, nicht in einer Art zu bewältigen, die die Bezeichnung Wissenschaft verdienen würde."

[33] Kaufmann 1984, 102

[34] Vgl. dazu Larenz 1979, 475: "In sie [die juristische Methodendiskussion, D.B.] spielen allgemeine wissenschaftstheoretische und sprachphilosophische Erwägungen hinein. Grundsätzlich ist zu bedauern, daß sich zwar Rechtstheoretiker zunehmend mit jenen anderen Wissenschaften befassen, deren Vertreter aber bisher kaum Notiz von dem Material nehmen, das ihnen die juristischen Denk- und Argumentationsweisen zu liefern vermögen."

[35] Heinz 1972, 29.

[36] Podlech 1976, 108

von linguistischer Forschung zur juristischen Textarbeit aber geleistet werden kann, ist ein besseres Verständnis der Funktionsweise sprachlicher Elemente in einer komplexen, zudem institutionell geprägten, fachspezifischen Gebrauchsform von Sprache.

Die vorliegende Arbeit soll dazu einen Beitrag leisten. Sie ist verschiedenen Einzeluntersuchungen gewidmet, welche die juristische Arbeit mit Texten aus linguistischer Sicht analysieren sollen. Eine der Leitfragen ist dabei - ausgehend von sprachtheoretischen Überlegungen der juristischen Methodenlehre,[37] und ausgehend von der als Ergebnis interpretationstheoretischer (durch das juristische Auslegungsproblem initiierter) Überlegungen[38] festzustellenden Unterscheidung zwischen "*Verstehen*" im elementaren Sinne, "*Interpretieren*" als einer reflektierenden Weise des "*Umgangs mit Texten*" und schließlich einer "*Arbeit mit Texten*", die nicht mehr nur auf einen Erkenntnisgewinn zielt, sondern die in weitere (institutionelle) Zusammenhänge und Zwecke eingebunden ist - die Frage, ob die juristische Arbeit mit (Gesetzes)-Texten noch zu Recht als "Interpretation" bzw. "Bedeutungsfeststellung" im vorlinguistischen bzw. dem traditionellen (am Modell literarischer Texte orientierten) linguistischen Sinne bezeichnet werden kann, oder ob sie nicht (in gewissem Sinne) "mehr" ist. Wenngleich dieses "*mehr*", also die Eigenständigkeit des juristischen Umgangs mit Sprache und Texten, in diesem ersten Herangehen an die juristische Textarbeit noch nicht abschließend bestimmt und definiert werden kann, sollen doch die Untersuchungen der vorliegenden Arbeit langfristig auch dem Zweck dienen, für ein künftig zu erarbeitendes Modell der juristischen Textarbeit erste (empirische) Bausteine zu liefern. Bei diesen Untersuchungen finden (aus naheliegenden Gründen) zwei Einschränkungen statt: Eine Eingrenzung des Untersuchungsbereichs auf *textlinguistische* Aspekte im ersten Schritt und *Gesetzestexte* im zweiten Schritt. Diese Eingrenzung erfolgt jedoch nicht nur aus Platz- oder Zeitgründen. Vielmehr muß als Ergebnis der Analyse juristischer Arbeit an (Gesetzes-) Texten deutlich festgestellt werden, daß ein allgemeiner textlinguistischer Theorieansatz dem Forschungsgegenstand, d.h. dem institutionellen Sprachgebrauch am Beispiel der Gesetzestexte, nicht völlig gerecht werden kann.

Bei der Durchsicht der mittlerweile auf ein beträchtliches Volumen angewachsenen linguistischen Literatur zur theoretischen und methodischen Begründung der Textlinguistik fällt auf, daß dieses relativ neue Gebiet der Sprachwissenschaft nicht nur - wie eine Vielzahl von grundsätzlich gehaltenen Monographien zeigt - vielfach mit dem Anspruch einer neuen "Generaltheorie" der Linguistik verbunden wird, sondern auch dort, wo es um konkrete linguistische Analysen geht, stets mit dem umfassenden Anspruch einer *alle* Textsorten und Textfunktionen umfassenden allgemeinen Texttheorie bzw. textanalytischen Methode vertreten wird. Die konkrete Arbeit am Spe-

---

[37] Die in Busse 1992 analysiert werden.

[38] In Busse 1991a, v.a. Kap. 7, 167ff.

zialproblem des institutionellen Sprachgebrauchs - hier am Beispiel des Umgangs mit Gesetzestexten in der gesellschaftlichen Institution *"Recht"* - zeigt aber, vergleicht man die spezifische Funktionsweise von Gesetzestexten (und die Art des Umgangs mit ihnen in der Institution) mit den vorhandenen Erklärungsansätzen der Textlinguistik, daß von einer allgemeinen Texttheorie oder einer allgemeinen textlinguistischen Analysemethode, die allen Textsorten (vor allem aber den Gesetzestexten) gerecht wird, nicht gesprochen werden kann. Es kann sogar bezweifelt werden, ob eine solche umfassende Texttheorie prinzipiell überhaupt möglich ist; und zwar sowohl hinsichtlich eines alle denkbaren Textsorten und Textfunktionen umfassenden Textbegriffs (und des zugehörigen linguistischen Analyse-Instrumentariums), als auch hinsichtlich einer alle denkbaren und tatsächlich existierenden Funktionen von und Umgangsweisen mit Sprache in allen denkbaren Formen der menschlichen Gesellschaft umfassenden Text- und Sprachtheorie. Die nähere Durchsicht gerade der als umfassende Theorieentwürfe gedachten Arbeiten zur Textlinguistik (in denen "Texttheorie" mehr und mehr zum Synonym für "Sprachtheorie" geworden ist) zeigt, daß diese Entwürfe - entgegen den Ansprüchen ihrer Verfasser - durchweg mit ganz spezifischen Textsorten vor Augen (und damit einem eingeschränkten Gegenstandsbereich) entwickelt worden sind (seien es literarische Texte, Alltagsgespräche o.a.). In keinem der vorliegenden Ansätze ist der *institutionelle* Sprachgebrauch zum speziellen Gegenstand gemacht worden (wenngleich er häufig als möglicher Gegenstand der textlinguistischen Analyse erwähnt wird). Es ist deshalb das Manko der meisten textlinguistischen Arbeiten, daß ihre Erklärungskraft dort ihre Grenze findet, wo es um andere Textsorten geht als diejenigen, für die die Autoren ihre Theorie entwickelt haben. Vielleicht schärft die Arbeit an einem "Spezialproblem", wie es der *Umgang mit Texten in einer Institution* (hier: Gesetzestexten im Recht) ist, den Blick dafür, daß eine umfassende Texttheorie (ebenso wie eine alle Sprachfunktionen umfassende Sprachtheorie) vielleicht gar nicht möglich ist (wenn man sie nicht, wie Wittgenstein es geraten hat, ohnehin für gar nicht anstrebenswert, weil nur zu Irrtümern verleitend, hält).

Die folgenden Überlegungen und Untersuchungen zum Umgang mit Gesetzestexten in der Institution "Recht" haben aus den genannten Gründen nicht den Anspruch, eine eigene "Texttheorie" - nur diesmal auf juristisch-institutioneller Datenbasis - aufzubauen; es ist sogar noch nicht einmal an eine eigene "Texttheorie für Rechtstexte" gedacht. Der Objektbereich "Sprache in Institutionen" ist (bis auf wenige Vorüberlegungen und einige meist dialoganalytische Arbeiten) von linguistischer Seite aus so wenig erforscht, daß an eine umfassende Theorie und Beschreibung noch nicht gedacht werden kann. Die Untersuchungen der vorliegenden Arbeit haben deshalb das eingeschränkte Ziel, für einen kleinen (aber gewichtigen) Ausschnitt institutionellen Sprachgebrauchs, nämlich den Umgang mit einer einzigen Textsorte (Gesetzestexte) in einer einzelnen gesellschaftlichen Institution (Recht; Justiz), geeignete Analysebegriffe und Beschreibungskategorien zu entwickeln, welche sowohl dem derzeitigen linguistischen Forschungsstand als auch den Besonderheiten des ausgewählten Untersuchungsbereichs gerecht werden. Dennoch ist diese Arbeit auch als ein Einstieg in eine umfassendere linguistische Analyse von Sprachgebrauch in Institutionen (hier: in die Rechtslinguistik) gedacht. Die Einzeluntersuchungen sind der Analyse der spezifischen Texthaftigkeit von Gesetzestexten, vor allem der Art und Weise, wie sie in der juristischen Interpretations- und Entscheidungsarbeit tatsächlich benutzt werden, gewidmet. Dabei werden zunächst einige rechtstheoretische (Kap.1.1) sowie textsemantische und interpretationstheoretische (Kap. 1.2) Voraussetzungen der linguistischen Analyse juristischer Auslegungsarbeit geklärt. Danach werden die verschiedenen in der Literatur entwickelten linguistischen Textbegriffe, d.h. die Definitionen von "*Textualität*" mitsamt den Kriterien und Merkmalen für die "*Texthaftigkeit*" sprachlicher Zeichenketten, auf ihre Anwendbarkeit auf Gesetzes- und andere Rechtstexte hin geprüft (Kap. 2.1). Dies schließt Untersuchungen am Material von Normtexten mit ein, welche die Frage beantworten helfen sollen, ob Normtexte - oder ganze Gesetze - "Texte" im Sinne der Textlinguistik sind, d.h. ob sie in der Weise Kohärenzstrukturen aufweisen, wie dies in der Textlinguistik für sprachliche Einheiten gefordert wird, denen das Prädikat "*Text*" zukommen soll (Kap. 2.2). In einem dritten Analyseschritt soll ein Blick darauf geworfen werden, ob die textlinguistischen Kategorien für Textsorten und Textfunktionen geeignet sind, die institutionellen Textfunktionen von Rechtstexten, vor allem Gesetzestexten, zu erfassen (Kap. 3.1). In einer sich anschließenden Untersuchung des Wortfeldes der sich auf Text- und Sprechaktfunktionen normativer Texte beziehenden Verben des Deutschen soll zu bestimmen versucht werden, welche "*Textfunktionen*" für Normtexte verschiedenster Art angenommen werden können (Kap. 3.2).

In einem vierten und fünften Schritt (Kap. 4 und 5) wird die tatsächliche Arbeitsweise von Juristen an und mit Gesetzestexten einer linguistischen Analyse mit textlinguistischer Zielrichtung unterzogen. Dieser Hauptteil der empirischen Untersuchung der juristischen Arbeit teilt sich in zwei verschiedene methodische Herangehensweisen, wobei zugleich auch auf Unterschiede geachtet werden soll, die sich möglicherweise zwischen einzelnen Rechtsgebieten ergeben. Die erste Untersuchung wählt den Zugang vom Text her hin zu seinen "Auslegungen", indem sie die juristische Explikation eines einzelnen Normtextes, nämlich des Diebstahlsparagraphen 242 aus dem Strafgesetzbuch, einer linguistischen Analyse unterzieht (Kap. 4). Diese Herangehensweise, ausgehend vom Normtext hin zum "Fall" und zur "Anwendung" des Normtextes, entspricht aber nicht der tatsächlichen Vorgehensweise in der juristischen Alltagspraxis; dort wird immer von einem vorliegenden Fall ausgegangen hin zu den Normtexten, die erst einmal erschlossen werden müssen. Die zweite Untersuchung hat deshalb das Ziel, ausgehend von einem Fall diesmal aus dem Zivilrecht ("Mängelhaftung beim Gebrauchtwagenkauf"), diesen Prozeß der fallbezogenen Arbeit mit Normtexten nachzuvollziehen und auf deren linguistisch relevanten Aspekte hin zu untersuchen (Kap. 5). Abschließend sollen die Ergebnisse dieser empirischen Untersuchungen eingebracht werden in Überlegungen zur linguistischen Bewertung der juristischen Textarbeit. Dabei geht es u.a. um die Anwendbarkeit des in der Textlinguistik zentralen Begriffs der "*Textkohärenz*" auf Gesetzestexte und um die Frage, ob die in der juristischen Textarbeit hergestellten Bezüge zwischen Textelementen nicht eher mit Begriffen wie "*Intertextualität*" oder sogar "*Wissensrelationen*" erklärt werden müssen. Vorüberlegungen zu einem linguistischen Modell der juristischen Arbeit mit Texten sollen die Ergebnisse der empirischen Fallstudien zusammenfassen und Hinweise darauf ergeben, welche Aspekte der juristischen Textarbeit für weitere rechtslinguistische Untersuchungen lohnende Forschungsobjekte darstellen (Kap. 6). Im Zentrum dieser Auswertung soll die Frage stehen, welche Rolle der institutionelle Charakter der juristischen Arbeit mit Gesetzestexten für die sprachwissenschaftliche Bewertung dieser sehr spezifischen Gebrauchsform von Sprache spielt. Bei allen Untersuchungen sollte aber deutlich sein, daß der Titel "Rechtslinguistik" beim gegenwärtigen Stand der Forschung noch eher Programm ist, als daß er schon für einen eigenständigen Zweig interdisziplinärer Forschung sowohl innerhalb der Rechtswissenschaft als auch innerhalb der Linguistik gelten könnte. Man könnte deshalb die Untersuchungen der vorliegenden Arbeit[39] auch als Vorarbeiten einer *zukünftigen*, als eigener Forschungsbereich erst zu entwickelnden Rechtslinguistik ansehen. Dabei sollte deutlich sein, daß der zwischen den Disziplinen liegende Gegenstandsbereich der Rechtslinguistik, der von den verschiedenen daran zu beteiligenden Disziplinen (außer der Sprach- und der Rechtswissenschaft noch Soziologie, Politikwissenschaft und Philosophie) mit den je eigenen Mitteln bearbeitet werden kann, hier allein aus sprachwissenschaftlicher Perspektive angegangen wurde. Daher mögen manche Einzelergebnisse und Beobachtungen der linguistischen Analyse aus der Sicht der Rechtswissenschaft manchmal Anlaß zu Irritationen geben, zeichnen sie doch gelegentlich ein anderes Bild von der juristischen Textarbeit, als es die Vertreter der Rechtstheorie für die Tätigkeit ihrer eigenen Disziplin gerne entwerfen. Solche Irritationen aufzubrechen und in fruchtbare Diskussionen zu verwandeln wäre die Aufgabe künftiger fachübergreifender Forschungen.

---

[39] Wie auch die damit in einem engen Zusammenhang stehenden Untersuchungen Busse 1992 und 1991a.

Kapitel 1:

Sprache und Recht: Textauslegung als institutionelle Aufgabe

1.1 Die Auslegung von Gesetzestexten in juristischer Sicht

Um für die sprachwissenschaftliche Analyse der juristischen Arbeit mit Gesetzestexten wenigstens in groben Umrissen einschätzen zu können, worin Juristen selbst das Schwergewicht ihrer Auslegungs- und Anwendungsarbeit von Normtexten sehen, empfiehlt es sich, die Grundlinien der klassischen juristischen Methodenlehre nachzuzeichnen. Anders als im stark an Präzedenzen orientierten angelsächsischen Recht ist die Rechtsfindung im kontinentalen Rechtssystem an vom Gesetzgeber verbindlich gesetzte Normen in Gesetzestexten gebunden. Verfassung und Gesetze legen (so z.B. die Rechtsfiktion des Bonner Grundgesetzes) das Recht durch schriftlich niedergelegte Normen fest. Rechtliche Tätigkeit ist daher zunächst einmal zu einem großen Teil Auslegung von Gesetzestexten und ihre Anwendung auf zu entscheidende Fälle. Wenngleich dieses Verfahren der Rechtsprechung als Auslegung von Rechtstexten älter ist als unser demokratisches Staatswesen,[1] so ist es doch vom Verfassungsgeber gewollt und aus Gründen der Demokratie und der Rechtsstaatlichkeit mit Verfassungsrang aufgenommen und näher bestimmt worden. So setzt Artikel 20 Abs. 3 des Grundgesetzes fest: "Die Gesetzgebung ist an die verfassungsmäßige Ordnung, die vollziehende Gewalt und die Rechtsprechung sind an Gesetz und Recht gebunden."[2] Mit der starken Orientierung auf positive, d.h. gesetzte Normen ist in der Geschichte der juristischen Methodik der *Rechtspositivismus* als vorherrschende Methode[3] begründet worden, d.h. eine Rechtstheorie, die die juristische Tätigkeit einzig und allein in der Anwendung von aus dem Gesetzestext direkt entnommenen Fallregulierungen sieht. Der Rechtspositivismus "sieht die Positivität des Rechts in der Tatsache seiner Setzung und zwangsgestützten Garantie durch eine staatliche Machtinstanz. Recht ist identisch mit den korrekt zustande gekommenen staatlichen Gesetzen."[4] Dahinter steht der Gedanke, rechtliche Regelungen könnten durch ihre schriftliche Fixierung in Gesetzes-

---

[1] Vgl. Savigny 1802, 17

[2] Vgl. auch Art. 97 Abs. 1 GG: "Die Richter sind unabhängig und nur dem Gesetze unterworfen."

[3] So Müller 1986, 1

[4] Müller 1986, 1

texten das gesprochene Recht antizipatorisch und eindeutig festlegen. Begründet wird dies mit der Fiktion vom "*Willen des Gesetzgebers*", der auf alle rechtlichen Entscheidungen durchschlagen müsse. Wenngleich diese Idee auch heute noch in vielen Formulierungen aufscheint, wird sie doch als eine "rechtswissenschaftsgeschichtlich überholte Metapher" angesehen.[5] Die Vorstellung vom "Willen des Gesetzgebers", den der Richter zu erkennen und ohne Abstriche und Veränderungen auszuführen habe, ging in der neuzeitlichen Rechtsphilosophie einher mit der Metapher vom Richter als "*bouche de la loi*" (Mund des Gesetzes). Diese Formulierung geht auf Montesquieu zurück, der in seinem für die neuzeitliche Rechts- und Staatstheorie überaus einflußreichen Buch "De l'Esprit des Lois" schrieb, die Richter sollten nichts anderes sein als "la bouche qui prononce les paroles de la loi, des êtres inanimés, qui n'en peuvent modérer ni la force ni la rigueur".[6] Gesetzesanwendung bestünde dann in der durch keinen menschlichen Willen, keine Interpretation beeinflußten Anwendung eines direkt aus dem Gesetzestext zu entnehmenden abgeschlossenen Rechtsbefehls.[7] Diese Rechtstheorie impliziert notwendig, daß der Sinn oder die Bedeutung der Gesetzesformulierungen ebenfalls als abgeschlossen und eindeutig aufgefaßt wird; d.h. aus der Eigenart der Grundthesen des Rechtspositivismus folgt eine bestimmte Sprachauffassung. Nicht das Erkennen der Funktionsweise von Sprache und das Ziehen von Schlußfolgerungen daraus für die juristische Methodenlehre steht dann im Mittelpunkt der juristischen Sprachtheorie, sondern ihre Verwendbarkeit für das schon vorausgesetzte Rechtsmodell.[8]

---

5 Müller 1976, 128. Schon Hatz 1963, 69 zieht den Schluß, "daß Positivismus und Naturrecht 'schon rein aus der sprachlichen Sphäre betrachtet' sich als undurchführbar erweisen [...], weil sie den Anspruch andauernder und unveränderlicher Geltung einmal gewonnener Sätze erheben".

6 Montesquieu: De l'Esprit des Lois, 11. Buch, 6. Kap. Zit. nach Jesch 1957, 169

7 Christensen 1987, 76: "Das Bild vom Richter als Mund des Gesetzes setzt dabei voraus, daß der tragende Leitsatz einer konkreten Entscheidung direkt aus dem Text des Gesetzes entnommen werden kann. Allein auf der Grundlage des Gesetzestextes soll der Richter seine Entscheidung treffen können. Das Gesetz ist damit im Sinne des klassischen Positivismus als ein anwendungsbereiter und abgeschlossener Befehl verstanden, höchstens aber als Summe anwendungsbereiter Regeln, die eine Subsumtion unter die Begriffe des Gesetzes ohne weiteres gestatten." - Schon Savigny (1802, 14) formulierte: "Das Gesetz [...] sollte also seinem ursprünglichen Zweck nach völlig objektiv sein, d.h. so vollständig, daß der, der es anwendet, nichts von sich selbst hinzuzutun braucht."

8 "Ein folgerichtiger Rechtspositivismus muß das 'Rechtliche' nicht nur als vollständig, sondern auch als selbständig durch das 'positive Recht' bestimmt sehen, wenn das 'Naturrecht' wirklich völlig eliminiert werden soll, und daraus ergibt sich der hermeneutische Grundgedanke, der in allem Rechtspositivismus notwendig mitenthalten ist: Es darf in Konsequenz des rechtspositivistischen Ansatzes keinen irgendwie gearteten Rückgriff geben auf irgendwelche außerpositiven Momente, wenn das erfaßt wird, was man umgangssprachlich ungenau den 'Sinn' oder die 'Bedeutung' der Sätze des 'positiven Rechts' nennt. Der Rechtspositivismus ist zu der Annahme gezwungen, daß der rechtliche 'Sinn' die jeweils als 'positives Recht' bezeichneten Sätze nicht transzendiert, sondern ausschließlich entweder in ihnen enthalten ist oder ihnen doch wenigstens anhängt." Hruschka 1972, 18 - Vgl. auch Haft 1977b, 30: "Es hat im Recht

Dem Rechtspositivismus verhaftet ist demnach die gängige Auffassung (in Juristenkreisen als "herrschende Meinung", häufig abgekürzt als "hM", zur meistzitierten Berufungsinstanz geworden[9]), die Aufgabe der Gesetzesanwendung als "Subsumtion" zu beschreiben. Als Subsumtion wird in der gängigen Methodenlehre die Unterordnung eines einzelnen, zu entscheidenden Falles unter den im Gesetzestext formulierten Tatbestand verstanden;[10] in der reinen Lehre des Positivismus werden die Richter zu "Subsumtionsautomaten" (Max Weber[11]) degradiert. Da es so schön klar und einfach klingt, ist die Metapher der "Subsumtion" bis heute nicht aus dem juristischen Alltagsverständnis verschwunden. Indes ist die tatsächliche Tätigkeit der Gesetzesanwendung komplexer als die Rede von der Subsumtion erkennen läßt. Dies erfordert, einen kurzen Blick auf die Struktur der juristischen Tätigkeit zu werfen. Den Juristen wird ein "Fall" präsentiert, der einer richterlichen Entscheidung bedarf (oder der Beratung von Klienten in Vorbereitung einer solchen). Lebenssachverhalte (als die ich, abgekürzt, all das bezeichne, was einer juristischen Würdigung - von wem auch immer - unterworfen werden soll) kommen in Form von sprachlichen *Texten* vor: als Schilderungen eines Klienten, Klägers, Zeugen; als Schriftsätze von Justitiaren, Anwälten, Staatsanwälten etc. Sie enthalten, zumindest soweit sie von juristischen Laien geäußert wurden, eine Fülle rechtlich irrelevanter Elemente und einen Kern rechtlich relevanter Aspekte, die in Bezug zu einem gesetzlichen Tatbestand gesetzt werden können. Als "*Tatbestand*" wird ein Sachverhalt insofern verstanden, als an ihn durch das Gesetz bestimmte "*Rechtsfolgen*" (Rechte, Pflichten, Sanktionen) geknüpft sind.[12] *Gesetzliche Tatbestände* unterscheiden sich von *Lebenssachverhalten* insofern, als sie im Gesetz einer näheren, einschränkenden Definition (oder Umschreibung) unterworfen werden. So kann z.B. der Lebenssachverhalt "*Verwandtschaft*" im Gesetz in einer Definition vorkommen, die von der überwiegenden Auffassung der Rechtsunterworfenen (ausgewiesen durch den Bedeutungsumfang der Wörter "*Verwandtschaft*"

---

eine Auffassung gegeben, wonach das Gesetz den Richterspruch vollkommen determinieren sollte (und sie beherrscht weithin noch das Methodenverständnis der juristischen Praxis); diese Auffassung impliziert eine Vorstellung von Sprache, die davon ausgeht, es sei möglich, eine Norm als sprachliche Handlungsanweisung aus sich heraus vollständig zu erklären. Je dezidierter sie vertreten wurde, desto mehr forderte sie zum Widerspruch heraus."

9 Deren Funktion kann allerdings - wenn man will - auch positiv gesehen werden: "Zur Einschränkung der Interpretationsmöglichkeiten hat die Jurisprudenz verschiedene Mechanismen entwickelt. Da ist zunächst an die Institutionen 'herrschende Lehre' und 'höchstrichterliche Rechtsprechung' zu denken. Bei entsprechender Ausbildung ermöglichen sie es dem Richter, bestimmte Argumente als 'irrelevant' auszusondern und so zu einer eingeschränkten Interpretation zu gelangen, die eine Entscheidung in vertretbarer Zeit überhaupt erst ermöglicht." Cattepoel 1979, 244

10 Engisch 1956, 55

11 Weber 1967, 336 f.; vgl. auch Jesch 1957, 169

12 Siehe hierzu und zum Folgenden Engisch 1956, 15 ff.

bzw. "*verwandt*") abweicht.[13] Die Zuordnung eines Lebenssachverhaltes zu einer Tatbestandsformulierung ("Subsumtion") setzt also stets das Verstehen der Bedeutung des Gesetzestextes (bzw. der Sprachzeichen, aus denen er besteht) voraus, d.h. die Gesetzesformulierung muß "ausgelegt" werden. Auslegung ist eine logische Voraussetzung jeder Gesetzesanwendung (ob man sie nun als Subsumtion versteht oder nicht). Auch eine im traditionellen Verständnis positivistische Rechtstheorie kommt also nicht um die Tatsache herum, daß Rechtsanwendung etwas mit *Interpretation*, mit sprachlichem *Verstehen* und sprachlicher *Auslegung von Texten* zu tun hat. Die Fiktion der einfachen Subsumtion suggeriert, daß das Auffinden einer Tatbestandsformulierung im Gesetz im schlichten Nachschlagen des vom Gesetzgeber Gewollten besteht.[14] Indes sind entscheidungsrelevante Tatbestände selten nur in einem einzelnen Paragraphen als abgeschlossener Formulierung aufzufinden; vielmehr besteht die Aufgabe der Juristen in den meisten Fällen darin, einen auf den Lebenssachverhalt treffenden "Tatbestand" erst durch Verknüpfung verschiedener Gesetzestextstellen zu einem "*Obersatz*" quasi "herzustellen". Ein "Obersatz" kann Textstellen aus mehreren Paragraphen, ja sogar aus Paragraphen unterschiedlicher Gesetze enthalten.[15] D.h., die eine Entscheidung erst ermöglichenden Tatbestände werden in aktiver Leistung der Gesetzesanwender konstruiert. In dieser Leistung ist schon eine Interpretation sowohl der Sachverhaltsschilderungen, als auch der herangezogenen Paragraphen enthalten. Die Fiktion der automatischen Subsumtion hat also nie auf die juristische Praxis gepaßt; inwiefern sie sich heute noch im Alltagsbewußtsein und der Selbstdarstellung von Juristen bzw. in der rechtstheoretischen Methodik hält, ist umstritten.[16]

Wenn sich eine Fiktion trotz differenzierender Theorien hartnäckig hält, dann muß dies externe Gründe haben; in der juristischen Methodik liegen diese Gründe bei den Prinzipien der Rechtsstaatlichkeit, welche eine "*bouche de la loi*"-Theorie der Gesetzesanwendung zwingend zu erfordern scheinen. Das *Gesetzesbindungspostulat* und seine Einlösung ist daher organisierendes Zentrum aller juristischen Methodendiskurse. Die Formulierungen des Ge-

---

[13] Dies war z.B. bis 1970 in der alten Fassung des § 1589 BGB der Fall, der bestimmte: "Ein uneheliches Kind und dessen Vater gelten nicht als verwandt."

[14] "Der Vorgang richterlicher Entscheidung wird als logisches Schlußverfahren, Rechtsverwirklichung insgesamt als ausschließlich kognitives Problem vorgestellt." Müller 1976, 27

[15] "Die Vervollständigung des Obersatzes reicht dabei von Fall zu Fall so weit, wie es zur Beurteilung des Sachverhalts erforderlich ist." Engisch 1956, 64

[16] Während Hassemer 1972, 468 sie für überwunden hält: "Das Tabu der vollständigen Determination der Gesetzesauslegung durch das Gesetz [...] ist gebrochen - falls es für die Praxis jemals gegolten haben sollte." sieht Haft 1978, 87 sie durchaus noch wirksam: "An dieser Grundvorstellung [Auslegung als Subsumtion, D.B.] wird trotz vielfach geübter Kritik im allgemeinen bis heute festgehalten. Tatsächlich bietet das Verfahren viele Vorzüge (man kann den Eindruck eines rationalen, streng logischen Verfahrens erwecken und dabei so tun, als sei es dem Entscheidenden möglich, seine Person aus dem Spiel zu bringen; auch kann man auf diese Weise jedes gewünschte Ergebnis methodengerecht absichern)."

setzesbindungspostulats im Grundgesetz sind vage und zudem nicht eindeutig; heißt es in Art. 20,3, daß die Rechtsprechung "an Gesetz und Recht gebunden" sei, so sind nach Art. 97, 1 die Richter "nur dem Gesetze unterworfen".[17] Das Gesetzesbindungspostulat gehört zu den Kernsätzen demokratischer Verfassung und ist (nach den Erfahrungen der NS-Zeit) nicht ohne Grund in das Zentrum der Rechtsstaatlichkeit gestellt worden; dazu gehört auch das strafrechtliche Gebot "nulla poena sine lege" (keine Strafe ohne Gesetz), welches in § 1 StGB formuliert ist. Genaueres über die Bindung an das Gesetz ist in unserer Verfassung nicht aufzufinden. Andere Bestimmungen, etwa Überlegungen des Bundesverfassungsgerichtes zu Auslegungsfragen,[18] sind selbst schon Ergebnis von Grundgesetz-Auslegungen. Dies alles deutet darauf hin, daß über die Tätigkeit der Richter und die Art und Weise, wie sich die Gesetzesbindung darin auswirkt, ein vorkonstitutioneller Konsens innerhalb der Zunft besteht; nur wo ohnehin klar ist, was Anwendung (bzw. Auslegung) von Gesetzen heißt, bedarf es (so könnte man meinen) keiner genaueren Bestimmungen darüber, wie Gesetze auszulegen seien. Ein solcher Konsens ist tatsächlich aber nicht vorhanden; vielmehr ist der Begriff der Gesetzesbindung selbst schon Gegenstand juristischer Methoden-Kontroversen und alles andere als unstrittig. Wenn es trotz dieser rechtstheoretischen Kontroversen dennoch so etwas wie einen Konsens der Praktiker gibt, dann liegt das an der in der Jurisprudenz außerordentlich wirkungsmächtigen "herrschenden Meinung" über Methoden der Gesetzes-Auslegung, welche in der Tat vor-konstitutionell ist, d.h. das Selbstverständnis der deutschen Richter seit dem letzten Jahrhundert bestimmt. Teil dieses common-sense ist, daß jede Gesetzes-Auslegung beim "*Wortlaut des Gesetzes*" zu beginnen habe. Wenn der Verweis auf den Wortlaut immer wieder mit dem u.a. aus dem "*Rechtsstaatsprinzip*" hergeleiteten Gesetzesbindungspostulat begründet wird, andererseits aber die juristische Methodenlehre, welche die Wortlaut-Auslegung in den Mittelpunkt der juristischen Tätigkeit rückt, schon im vorigen Jahrhundert begründet wurde, und mit der zentralen Stellung des Wortlauts Traditionen fortführt, die bis ins germanische Recht zurückreichen, dann wird deutlich, daß im Gesetzesbindungspostulat Grundauffassungen zum Tragen kommen, welche ihre Wurzeln in vordemokratischer Zeit haben. Damit wird aber auch die unreflektierte Gleichsetzung des positivistisch gedeuteten Gesetzesbindungspostulats mit demokratischer Rechtsstaatlichkeit fragwürdig und zumindest begründungsbedürftig. Nur so wird auch verständlich, warum sich die Metapher vom "Willen des Gesetzgebers", welche im Absolutismus den tatsächlichen Willen eines konkreten Monarchen meinte, auch im demokratischen Staatswesen so hartnäckig halten konnte, wo die

---

[17] Ähnlich § 1 Gerichtsverfassungsgesetz: "Die richterliche Gewalt wird durch unabhängige, nur dem Gesetz unterworfene Gerichte ausgeführt."

[18] Vgl. Müller 1976, 27 f. Zum Problem der Gesetzesbindung aus einer sprachtheoretisch reflektierten Position der Rechtstheorie vgl. auch Christensen 1989.

Frage nach dem "Autor" dessen "Willen" im Gesetzeswortlaut angeblich substantiiert sei, nicht mehr so einfach zu beantworten ist.[19] Was "Gesetzesbindung" heißen kann, ist deshalb ein in der rechtsstaatlichen Demokratie nicht sehr einfach zu lösendes Problem;[20] die - indes ältere - Methodenkontroverse wird daher immer wieder mit verfassungstheoretischen Aspekten aufgeladen, was die Sache - gerade für den juristischen Laien - nicht gerade einfacher macht.

Die herrschende Meinung der juristischen Auslegungslehre kennt vier Methoden (oder besser: Aspekte; bei Larenz "Kriterien der Auslegung"),[21] nach denen ein Gesetz ausgelegt werden kann. Sie werden als "*Kanones*" bezeichnet und gehen auf die 1802 verfaßte Methodik von F.K. von Savigny zurück. Dieser kannte neben der "*philologischen*" Auslegung nach den "Regeln der Sprache" (auch als "*grammatische*" Auslegung bezeichnet) noch eine "*historische*" und eine "*systematische*" Auslegung (letztere auch als "*logische*" Auslegung bzw. als "*genetische* Darstellung des Gedankens im Gesetz" bezeichnet).[22] Diese methodologischen Aspekte stehen in engem Zusammenhang mit der dem Rechtspositivismus verpflichteten sog. "*objektiven*" Auslegungstheorie.[23] In der heutigen Auslegungs-Methodik werden folgende Kanones unterschieden:[24]

(a) Auslegung nach dem Wortlaut ("grammatische Auslegung")

(b) systematische Auslegung (auch "logische" Auslegung, d.h. Auslegung eines Paragraphen nach der Stellung im "System" des Gesetzes oder aller Gesetze)

(c) Auslegung nach der Entstehungsgeschichte ("genetische" bzw. "historische", auch "genetisch-historische" Auslegung genannt)

(d) Auslegung nach dem "Zweck des Gesetzes" ("teleologische Auslegung")

Zu (a): "*Grammatische*" *Auslegung* meint zunächst nichts anderes, als die Orientierung am "Buchstaben des Gesetzes":[25] "Jede Auslegung eines Gesetzes wird mit dem Wortsinn beginnen."[26] Dazu Engisch:[27]

> "Mit der nicht sehr präzisen, aber nun einmal üblichen Vokabel 'grammatische Auslegung' ist jedoch offenbar nur gemeint jene spezifische Methode der Sinnermittlung, die sich (zumindest fürs Erste) orientiert an der sprachgebräuchlichen (häufig lexikalisch zu erschließenden) Bedeutung der Worte und ihrer syntaktischen Zusammenfügung."

---

[19] Vgl. zum Problem der Autorschaft auch Busse 1991a, Kap. 1, 13 ff.

[20] Vgl. etwa die Überlegungen von Müller 1976 und 1984 passim.

[21] Larenz 1979, 307 - Vgl. auch Müller 1976, 166: "Die herkömmlichen Auslegungsregeln können somit als für sich selbständige 'Methoden' nicht vereinzelt werden."

[22] Savigny 1802, 17

[23] Vgl. Savigny 1802, 14. Zur Auseinandersetzung mit der "objektiven" Interpretationstheorie und ihrem Gegenpol, der "subjektiven" Interpretationstheorie vgl. Busse 1991, 179 ff. und 18 ff.

[24] Nach Engisch 1956, 77

[25] Die für Linguisten verwirrende Vokabel "grammatisch" meint das griechische *to gramma* = 'Buchstabe, Schrift, Geschriebenes' und nicht die Grammatik im linguistischen Sinn (als Syntax). Der Ausdruck stammt aus der traditionellen Hermeneutik (etwa Schleiermachers).

[26] Larenz 1979, 307

[27] Engisch 1956, 233

Es liegt auf der Hand, daß die Diskussion darüber, was der "Wortlaut" einer Gesetzesnorm sei und wie er auszulegen ist, den Punkt bezeichnet, wo linguistische Theorien Eingang in die juristische Methodik gefunden haben. Die allgemein verbreitete Auffassung, daß Gesetzesanwendung als eine (wie auch immer verstandene) Subsumtion eines Falles unter den Wortlaut einer Rechtsnorm funktioniere, zieht die Berufung auf alle denkbaren Theorien sprachlicher Bedeutung quasi notwendig nach sich.[28] Das Zitat von Engisch belegt zwei übliche Herangehensweisen von Juristen an das "Bedeutungsproblem" der grammatischen Auslegung: Die Orientierung an der "sprachgebräuchlichen Bedeutung" der Worte und Syntagmen einer Normformulierung meint tatsächlich die Befragung der eigenen Sprach-Kompetenz des Interpreten, ironisch auch als "Lehnstuhl-Methode" bezeichnet. Der Griff zum Lexikon, den Engisch daneben erwähnt, findet wohl seltener statt, als zu vermuten wäre. Die eigene Sprachfähigkeit als Bedeutungsverständnis eines "normalen, unverbildeten Sprechers der deutschen Sprache", als "natürliches Sprachempfinden" (oder wie auch immer die Umschreibungen lauten mögen) auszugeben und zur Begründung der eigenen Entscheidung heranzuziehen, ist auch heute noch gängige wenn nicht gar vorherrschende Praxis.[29] Nach Wank[30]

> "verfährt der Jurist meist so, daß er sein natürliches Sprachempfinden stellvertretend für den allgemeinen Sprachgebrauch antworten läßt", was u.a. die bedenkliche Folge nach sich zieht, "daß der Jurist dabei im allgemeinen weder repräsentativ noch nach semantischen Kriterien vorgeht, sondern im Rahmen seiner juristischen Arbeit seine Rechtsauffassung hinter dem Verweis auf den allgemeinen Sprachgebrauch verbirgt."

Von Juristen wird deshalb öfters erwogen, welche Formen der empirischen Bedeutungsfeststellung der Normtext-Auslegung ein stabileres Fundament geben könnten.[31] Die anvisierte Tätigkeit der Gesetzes-Interpreten würde sich dabei stark linguistischen Forschungsmethoden annähern.

Das wirft die Frage auf, ob mit "Auslegung einer Rechtsnorm" überhaupt ein empirisches Verfahren der Bedeutungsfeststellung gemeint sein kann, oder ob die juristische Tätigkeit sich zwar der Normtexte bedient, aber über

---

28 Die Frage nach dem "Wortlaut", d.h. die Frage, wie die Bedeutung einer Normformulierung herausgefunden werden kann, und in welchem Verhältnis solcherart Bedeutungsfindung zur eigentlichen Aufgabe der Juristen, Recht zu finden bzw. zu sprechen, steht, bildet das Zentrum aller rechtssemantischen Überlegungen. Die Ansätze der juristischen Semantik dazu werden in Busse 1992 dargestellt und diskutiert; als linguistische Antwort auf dort aufgeworfene semantische und auslegungstheoretische Fragen kann Busse 1991a betrachtet werden.

29 "Bemerkenswert selten findet man Begründungen für Behauptungen über den möglichen Wortsinn einer gesetzlichen Vorschrift. Bisweilen werden Wörterbücher zitiert, zumeist aber scheinen sich die Juristen auf ihr eigenes Sprachgefühl zu verlassen." Herberger/Koch 1978, 811

30 Wank 1985, 21 f.

31 "Der Jurist müßte, wenn er es damit ernst meinte, auf Sprachbücher und Sprachuntersuchungen [...] zurückgreifen, oder er müßte [...] Meinungsbefragungen veranlassen oder Beobachtungen über den Sprachgebrauch anstellen. All dies geschieht meist nicht." Wank 1985, 21 - Vgl. auch Hegenbarth 1982, 168 ff. u.ö.

Interpretation im textwissenschaftlichen Sinn hinausgeht; d.h. es steht in Frage, ob Savignys Charakterisierung der juristischen Tätigkeit als "philologische Methode" gerechtfertigt ist und den Anforderungen an die Rechtsprechung gerecht wird. Die Indizien sprechen dafür, daß mit dem Verweis auf den "allgemeinen Sprachgebrauch" eben nicht der empirische Sprachgebrauch der Sprecher der deutschen Standardsprache gemeint ist, sondern daß es rechtswissenschaftliche und höchstrichterliche Interpretationen und Definitionen sind (die sich - wie etwa beim Begriff "*Gewalt*"[32] - sehr weit vom alltäglichen Sprachempfinden entfernen können), auf welche bei rechtlichen Entscheidungen zurückgegriffen wird.[33] "Grammatische" Auslegung wäre dann im besten Fall - wenn sie weiterhin als Methode der Bedeutungsfeststellung begriffen werden soll - eine Aufklärung der Semantik fachsprachlicher Termini der Juristensprache.[34] Begreift man die Bedeutungen sprachlicher Ausdrücke als Resultate des in einer Sprachgemeinschaft herrschenden Sprachgebrauchs, dann müßte aufgeklärt werden, was alles zum "Sprachgebrauch" der juristischen Fachsprache hinzugerechnet werden soll. Sind es nur die Gesetzestexte, sind es Urteile, Kommentare, Fachliteratur (die ja selbst stets schon Interpretationen der Ursprungstexte sind)? Sind es Definitionen, oder sind es gar systematische Aspekte, welche die Interpretation schon steuern? All diese Fragen nach der Bedeutung von Gesetzestexten - dem "Wortsinn" - und den Methoden, mit denen sie herausgefunden werden kann, setzen voraus, daß schon geklärt ist, was "*Bedeutung*" sprachlicher Texte eigentlich sei. Wenngleich einige Juristen diese Frage als (in der Jurisprudenz) gänzlich ungeklärt ansehen,[35] spricht doch mehr für die Vermutung, daß in allen Methodenlehren schon eine - wenn auch implizite - Bedeutungsauffassung enthalten ist.[36] Damit betreffen sprachwissenschaftlich relevante Aspekte, wie sie etwa die bedeutungstheoretischen Grundfragen der juristischen

---

[32] Vgl. dazu Busse 1991d und 1991e

[33] "Zu prüfen wäre in jedem Falle eines Verweises auf den allgemeinen Sprachgebrauch, inwieweit dieser für die Gesetzesauslegung oder die Vertragsauslegung verbindlich sein kann und soll. [...] Was der Durchschnittsbürger unter 'Gewissen' versteht, kann nicht durch einen Hinweis auf das Sprachempfinden von Verfassungsrichtern ermittelt werden." Wank 1985, 21

[34] "Bereits mit der Anerkennung der Tatsache, daß es eine juristische Wortbedeutung gibt und daß diese der natürlichen Wortbedeutung vorgeht, wird die Wortlautargumentation entwertet. Denn bereits die erste Auslegung eines Rechtssatzes ist juristische Auslegung und kann zur Einführung einer juristischen Wortbedeutung führen, die eine natürliche Wortbedeutung verdrängt." Wank 1985, 30

[35] "Generationen von Juristen haben sich daran gewöhnt, ihre Tätigkeit mit der 'Auslegung nach dem Wortsinn' zu beginnen - obwohl vollkommen unbekannt ist, was der Wortsinn ist, Haft 1977a, 118

[36] "Den Anweisungen der juristischen Methodenlehre liegen jedoch einige, zum Teil implizite Annahmen über Semantik zugrunde, die zwar weder systematisiert noch nomologisiert werden, aber als 'Hintergrundtheorie' die Konstruktion der Kunstregeln steuern." Hegenbarth 1982, 37 - Diese impliziten oder expliziten Bedeutungsauffassungen der juristischen Auslegungstheorie aufzuspüren und aus sprachwissenschaftlicher Sicht zu analysieren ist das Ziel von Busse 1992.

Methodenlehre darstellen, den Kern der juristischen Tätigkeit, solange die Orientierung der Rechtsprechung "an dem Gesetzeswortlaut", und damit der Vorrang der (wie auch immer aufgefaßten) "grammatischen Auslegung", Verfassungsgebot ist.[37]

Zu (b): Als *"systematische" Auslegung* wird die Berücksichtigung der Stellung einer einzelnen Rechtsnorm im Gesamtzusammenhang des Gesetzes (bzw. aller Gesetze, d.h. der "Rechtsordnung" schlechthin) bezeichnet. Da die einzelnen Paragraphen nicht gleichwertig nebeneinander stehen, sondern zwischen ihnen hierarchische Über- oder Unterordnungsbeziehungen bestehen können (z.B. "Subsidiarität", d.h. eine bestimmte gesetzliche Regelung greift erst dann, wenn eine andere, ihr vorgeordnete, nicht auf den Sachverhalt paßt), woraus sich komplizierte systematische Verflechtungen ergeben können, wird diese Auslegung oft auch als *"logische"* Auslegung bezeichnet:[38]

> "Der logisch-systematische Zusammenhang betrifft nicht nur die Bedeutung der Rechtsbegriffe im jeweiligen konkreten Gedankenzusammenhang [...]. Er betrifft vielmehr letztlich die Fülle des im einzelnen Rechtssatz geborgenen Rechtsgedankens in seiner mannigfaltigen Bezüglichkeit auf die anderen Bestandteile des gesamten Rechtssystems."

Die Auffassung des Rechts als eines in sich strukturierten, vollständigen und systematischen Zusammenhangs, der mit Mitteln der Logik aufzuklären sei, steht in enger Beziehung zur sog. *"Begriffsjurisprudenz"*, welche das Recht ausschließlich als System von Rechtsbegriffen auffaßt, welche zu definieren und gegeneinander abzugrenzen seien.[39] Wenngleich diese Schule heute nicht mehr die herrschende Lehre bestimmt, so werden logische Theorien in der Methodenlehre auch heute noch häufig als Hilfsmittel herangezogen und anderen (z.B. nicht an der Logik orientierten Sprachtheorien) vorgezogen.[40] Larenz bezeichnet den systematischen Aspekt auch als "den Bedeutungszusammenhang des Gesetzes".[41] Dies wirft die Frage auf, in welcher Beziehung die "systematische" Auslegung zur "grammatischen" Auslegung steht. Werden zwei verschiedene Aspekte angenommen, wonach zur Feststellung der Bedeutung eines Normwortlauts die Einordnung der Norm in ihrer festgestellten Bedeutung in den systematischen Zusammenhang anderer Normen tritt (die dann folgerichtig auch schon in ihrer Bedeutung festgestellt sein müßten)? Oder ist die Berücksichtigung der systematischen Stellung einer Norm im Gesamtzusammenhang Bestandteil der Feststellung ihrer Bedeutung, wie es Larenz' Formulierung nahelegt?

---

[37] "In einem Gemeinwesen mit weitgehend kodifiziertem Verfassungsrecht ist bereits vorentschieden, daß die Aspekte grammatischer Auslegung im Geschäft der Verfassungskonkretisierung herausgehobene Funktionen innehaben." Müller 1976, 148

[38] Engisch 1956, 79

[39] So Jesch 1957, 169: "Das Gerüst der Rechtsordnung wird durch die Gesetzesbegriffe gebildet."

[40] Vgl. die Arbeiten von Koch 1975, 1977 und Koch/Rüßmann 1982.

[41] Larenz 1979, 311

Eine strenge Trennung beider Auslegungs-Kanones kann wohl nicht gedacht werden, da jede systematische Überlegung bereits die Kenntnis der Bedeutung der herangezogenen Gesetzestexte voraussetzt; "grammatische" Auslegung geht der "systematischen" Auslegung notwendig voran, weshalb die Beziehung der Kanones untereinander auch meist als hierarchische Ordnung bzw. als Schrittfolge bei der Auslegung angesehen wird. Umgekehrt ist aber nicht so klar, ob eine "grammatische" Auslegung auch auf systematische Aspekte zurückgreift (zurückgreifen darf). Im linguistischen Sinne könnte der systematische Gesetzes-Zusammenhang als ein *Bedeutungshorizont* bezeichnet werden, der bei jeder Auslegung einer einzelnen Normformulierung stets schon vorhanden ist und ihr Ergebnis mit beeinflußt. In der alltäglichen Rechtspraxis wird dies wohl auch der Fall sein, da die Rechtsanwender die heranzuziehenden Rechtsnormen, zu denen eine auszulegende Normformulierung in systematischer Beziehung steht, stets schon wissen oder zumindestens ahnen (wäre dies nicht so, dann könnten sie die bezogenen Normen im Wust der Gesetze gar nicht finden). D.h. daß, wenn konkurrierende oder verwandte Rechtsnormen existieren, ihre Kenntnis auch auf die Auslegung einer Normformulierung "nach dem Wortsinn", d.h. auf die "Feststellung ihrer Bedeutung" zurückwirken kann. Fragen der systematischen Beziehung von Normen untereinander sind Gegenstand der juristischen "*Dogmatik*", d.h. der Lehre von der Auslegung und Ordnung der Rechtsnormen, und damit selbst schon Gegenstand wechselnder Lehrmeinungen, welche wiederum vermutlich auf abweichenden Interpretationen einzelner Normen beruhen. Es ist fragwürdig, ob solche Gesichtspunkte schon in die Auslegung "nach dem Wortsinn" eingehen dürfen, wenn man die Fiktion der puren "Feststellung" der Bedeutung einer Normformulierung aufrechterhalten will. Ist die Beziehung der "systematischen" Auslegung zur Seite der "grammatischen" Auslegung ungeklärt, so besteht andererseits auch eine enge Beziehung zum vierten Kanon, der "teleologischen" Auslegung, wie Engisch betont.[42]

Zu (c): Unter "*genetisch-historischer" Auslegung* wird die Auslegung "nach der Entstehungsgeschichte"[43] einer Norm, bzw. nach der "Regelungsabsicht des historischen Gesetzgebers"[44] verstanden. (Die "genetische" Auslegung bezieht sich auf die Gesetzes-Materialien. während die "historische" Auslegung die vorherige Rechtslage mit einbezieht.) Dahinter steht deutlich die Fiktion vom "*Willen des Gesetzgebers*", welchen die Rechtsanwender zu verwirklichen

---

[42] "Da diese Sinnbezüglichkeit jedes Rechtssatzes auf die Gesamtrechtsordnung zum guten Teil eine teleologische ist, indem ja die Rechtssätze großenteils die Aufgabe haben, im Zusammenhang mit anderen Normen bestimmte Zwecke zu erfüllen, diese anderen Normen final zu ergänzen, läßt sich die systematische Auslegung von der teleologischen kaum trennen." Engisch 1956, 79 - Ähnlich auch Larenz 1979, 314: "Der Bedeutungszusammenhang des Gesetzes und auch die ihm zugrundeliegende begriffliche Systematik erschließt sich dem Verständnis erst dann, wenn man auch die Regelungszwecke beachtet."

[43] Engisch 1956, 77

[44] Larenz 1979, 314

hätten, als der die Norm (das Recht) tragenden Kraft, welche ihr in einem Akt der Autorschaft quasi eingehaucht sei. Historisch leitet sich die Auffassung, daß das Recht dem Willen des Gesetzgebers zu folgen habe, aus den absolutistischen Monarchien der frühen Neuzeit ab, in denen der "Wille des Gesetzgebers" (selbst wenn auch das schon angesichts der damals herrschenden Realität eine Fiktion gewesen sein mag) wenigstens noch als "Wille" einer einzelnen, greifbaren, real existierenden Person verstanden werden konnte. Diese Erklärungsfigur wurde mit in das Rechtssystem der demokratischen Staatsverfassung übernommen, in der indes nicht mehr so ohne weiteres auszumachen ist, welche Person bzw. Personengruppe der "Gesetzgeber" ist und was angesichts einer möglichen Vielzahl von Motiven, Absichten, Zwecken als deren "Wille" aufzufassen ist.

Ist das Konzept vom "Willen des Gesetzgebers" als zu verwirklichendem Inhalt der Rechtsnormen also schon von seinen staatstheoretischen Grundlagen her ein fragwürdiges Modell, so ist seine Eignung für demokratisch verfaßte Staatswesen - nähme man es ernst - auch an der Realität der Gesetzgebungspraxis kaum zu verifizieren. Betrachtet man den "genetischen" Aspekt dieses Auslegungskanons näher, dann wird darunter in der Regel die Entstehungsgeschichte einer Norm verstanden, wie sie in den Gesetzesmaterialien, z.B. den Protokollen von Parlamentsdebatten, den Anträgen, Kommentaren zu Gesetzesvorhaben etc. dokumentiert ist. Semantisch gesehen könnten all diese Texte als Kontext zum Bedeutungshorizont der auszulegenden Norm gerechnet werden, da einzelne Ausdrücke der Norm bzw. ganze Syntagmen und Sätze darin erläutert werden, oder wenigstens in differenzierenden Verwendungen den Sprachgebrauch zu interpretierender Ausdrücke exemplifizieren und damit paradigmatischen Charakter für die "Feststellung" von deren Bedeutungen bekommen. Es steht indes zu vermuten, daß das (rechtspositivistisch gesehen) eigentliche Auslegungsproblem, nämlich die Feststellung der einen, gültigen Bedeutung (bzw. Auslegung), mit Heranziehung der "Entstehungsgeschichte" nicht gelöst wird. Die Absichtserklärungen, welche in den Parlamentsmaterialien evtl. abgegeben werden, können selbst widersprüchlich, unklar oder rechtlich irrelevant sein. Zudem wird in Parlamentsdebatten selten in juristisch verwertbarer Weise über den Ziel und Zweck von Gesetzen/Normen debattiert; die allermeisten Gesetze werden vom "Gesetzgeber", dem Parlament, nach Vorlagen aus den Ministerien ohne Debatte abgestimmt; und ob die Kommentare/Erklärungen von Ministerialbeamten, die qua Verfassung Teil der Exekutive, und eben nicht der Legislative sind, bindenden Charakter für die Rechtsprechung haben können, ist äußerst fraglich. Es ist also ausgesprochen fraglich, ob mit den Mitteln der "genetischen Auslegung" der "Wille des Gesetzgebers" zweifelsfrei festgestellt werden kann. Es wäre schon eine umfangreiche Leistung historischer Bedeutungsforschung, die in den Gesetzesmaterialien enthaltenen Sprachdaten auf ihre Verwertbarkeit für die Interpretation der auszulegenden Normformulierung zu überprüfen. "Der 'Wille des Rechtssetzers' müßte, wenn überhaupt, mit den Mitteln der Geschichtswissenschaft weit über die Gesetzesmaterialien hinaus erforscht werden."[45] Das für die Auslegungsmethodik wichtigste Problem besteht aber darin, daß alle heranziehbaren Materialien als *Texte* selbst wiederum *auslegungsfähig* und *-bedürftig* sind, der Rechtsanwender also auch hier wieder auf die "grammatische Auslegung" angewiesen ist. Der "genetischen" Auslegung wird innerhalb dieses Kanons gelegentlich der Aspekt der "historischen Auslegung" gegenübergestellt. Zwar sind beide Aspekte Bestandteil historischen Rückgriffs, doch bezieht sich die "genetische" Auslegung eher auf die Gesetzesmaterialien im engeren Sinne, mit deren Hilfe die Sinn-Intention des historischen "Gesetzgebers" herausgefunden werden soll, während die "historische" Komponente eher auf die historische Entscheidungssituation, z.B. vorhergehende Normtexte und Gründe für ihre Änderung, zielt. Nach Engisch geht das historische Verstehen eines Gesetzes so vor:[46]

> "einsetzend beim faktisch gemeinten und gewollten Sinn, sodann die nächsten geschichtlichen Zusammenhänge aufklärend, die 'Motive' ergründend, die Ansichten der Autoren befragend, schließlich den ganzen historischen Wurzelboden und die geistige Atmosphäre der gesetzlichen Entwicklung erforschend."

Diese Beschreibung der Erforschung des Willens des historischen Gesetzgebers erinnert stark an ein Ondit eines Jura-Professors, der seinen Studenten bei Einführung der Kanones die "tele-ologische Auslegung" so erklärt: "von ganz weit her geholt". Die "historische Auslegung" wird wegen ihrer z.T. teleologischen Zielrichtung auch als "subjektiv-teleologische" Methode bezeichnet, um sie vom vierten Kanon, der "objektiv-teleologischen" Auslegung, zu unterscheiden.

Zu (d): Der vierte und umstrittenste Kanon der Gesetzesinterpretation ist die *"teleologische Auslegung"*, d.h. die Auslegung *"nach dem Zweck des Gesetzes"*. Eine solche Auslegung liegt z.B. dann vor, wenn in einem höchstrichterlichen Urteil der Diebstahl von Gas nach dem Diebstahl-Paragraphen des StGB abgeurteilt wird, obwohl die Subsumtion unter das Tatbestandsmerkmal *"fremde bewegliche Sache"* fragwürdig erscheint. Will man die semantische Beschreibung von *"Sache"* und *"beweglich"* nicht über Gebühr ausdehnen und vom alltäglichen Sprachgebrauch entfernen, dann kann man nach der "Regelungsabsicht" fragen und als "Diebstahl" all das bestrafen, was wie die Wegnahme einer fremden beweglichen Sache anzusehen ist und auch von den Rechtsunterworfenen so angesehen wird. Teleologische Auslegung ist, da sie der Spekulation und damit der Willkür Tür und Tor öffnet, in demokratischen Staatswesen ausgesprochen fragwürdig. Schon bei F.K.v.Savigny, aus dessen Methodenlehre die übrigen drei Kanones stammen, fehlt die teleologische "Methode". Das Fragen nach dem "Zweck des Gesetzes" (der Norm) kann dann wichtig werden, wenn eine Auslegung nach der "Rege-

---

[45] Müller 1976, 130

[46] Engisch 1956, 87

lungsabsicht des historischen Gesetzgebers",[47] am "Bedeutungswandel" der Normformulierung scheitert. Ob sich hinter dem viel zitierten Bedeutungswandel von Rechtsnormen ein in erster Linie semantisches Phänomen verbirgt, ist noch nicht ausgemacht;[48] der Wandel von Normen (d.h. tatsächlich: von Akten der Norm-Anwendung) ist ein Ergebnis der Rechtspraxis, das mit rechtssystematischen Gesichtspunkten, mit dem Wandel des Alltagslebens, der Veränderung von moralischen und sittlichen Werthaltungen und politischen Anschauungen mindestens ebensoviel zu tun hat, wie mit dem Bedeutungswandel von Wörtern in Normtexten. Nur eine pragmatische Bedeutungstheorie könnte all diese Aspekte in Beziehung zur Bedeutung sprachlicher Zeichen setzen; in einer genauen Überprüfung der Umgangsweise von Juristen mit sprachlichem Material, d.h. in einer Analyse der juristischen Semantik, muß erst der Frage nachgegangen werden, ob das Arbeiten der Juristen mit Texten in Termini der Linguistik und einer linguistischen Semantik überhaupt zureichend erfaßt werden kann. Dem Linguisten stellt sich die sprachliche Vermitteltheit aller vier Auslegungs-Kanones als unumgehbar dar; für die Juristen ist die Bindung der Rechtsprechung "an den Wortlaut des Gesetzes" oberstes verfassungsrechtliches Gebot. Insofern stellt sich die Frage nach einer Rangfolge der vier Kanones gar nicht; laut Friedrich Müller konnte sie in der herkömmlichen Methodenlehre auch gar nicht festgelegt werden, da die Kanones keine abgrenzbaren "Methoden" der Gesetzesinterpretation darstellen, sondern "vielmehr unterschiedliche, aufeinander angewiesene Teilmomente des Auslegungsgeschäfts."[49] Jede Auslegung, auch diejenige nach dem "Zweck des Gesetzes" endet nach herrschender juristischer Auffassung an der "*Grenze des Wortlauts*". Wo diese zu ziehen ist, und ob sie überhaupt unstrittig gezogen werden kann, darüber gehen indes die juristischen Lehrmeinungen ebenso auseinander wie über den Vorrang der einzelnen Auslegungskanones.

Wenn auch die vier Auslegungs-Kanones Gemeingut der juristischen Methodenlehre sind, so wird ihre unterschiedliche Definition doch Überschattet vom grundsätzlicheren Streit zwischen "*subjektiver*" und "*objektiver*" Schule der Gesetzesinterpretation. Auf diesem Feld werden all die Differenzen über Rechts*anwendung* vs. Rechts*fortbildung*, *Auslegung* vs. *Analogie*, Bedeutungsfest*stellung* vs. Bedeutungsfest*setzung* ausgetragen, zu deren Begründung wechselnde semantische Theorien herangezogen werden, deren Kern aber nicht nur ein methodisches Problem ist, sondern ebensosehr das möglicherweise differierende Verfassungsverständnis und Bild über die Aufgaben aber auch Grenzen der Jurisprudenz. Der Streit geht vordergründig darum, ob der "Wille des Gesetzgebers" in einer Art historischer Analyse der

[47] Larenz 1979, 314.

[48] Vgl. dazu die Beispielanalysen zum Interpretationswandel des Begriffs "*Gewalt*" im Strafrecht in Busse 1991d und 1991e.

[49] Müller 1976, 198.

Bedeutungsintentionen der ursprünglichen Autoren des Gesetzes festgestellt werden muß (subjektive Auslegung), oder ob die "Intention" der Rechtsquelle "hic et nunc" zu entnehmen sei, ihr als "objektiver Sinn" überzeitlich inneliegt (objektive Auslegung).[50] Mit Engischs Worten:[51]

> "Wird der Sachgehalt des Gesetzes und damit das letzte 'Auslegungsziel' durch den vormaligen und einmaligen 'Willen' des historischen Gesetzgebers derart bestimmt, daß der Rechtsdogmatiker in die Spuren des Rechtshistorikers treten muß, oder aber ruht der sachliche Gehalt des Gesetzes in ihm selbst und in seinen 'Worten', als 'Wille des Gesetzes', als objektiver Sinn, der unabhängig ist von dem 'subjektiven' Meinen und Willen des historischen Gesetzgebers, dafür aber auch notfalls frei beweglich, entwicklungsfähig wie alles, was am 'objektiven' Geist teilhat?"

Die Anhänger der objektiven Auslegungstheorie, die Engisch zufolge heute immer noch herrschende Meinung ist,[52] glauben, so jedenfalls Larenz,[53]

> "das Gesetz sei 'vernünftiger' als seine Urheber, und, einmal in Kraft getreten, stehe es gleichsam für sich selbst. [...] Die 'Vernünftigkeit' des Gesetzes verstehen die Genannten [...] als *immanente Teleologie*."

Eine "immanente Teleologie" kann - was auch immer sich die einzelnen Juristen darunter vorstellen mögen - jedenfalls dazu dienen, für die dem Gesetz (der Norm bzw. Normformulierung) durch die Auslegungstätigkeit des Rechtsanwenders zugesprochene (unterschobene?) Zwecksetzung das Walten eines "objektiven Geistes"[54] verantwortlich zu machen. Löst man das Grundanliegen der "objektiven" Auslegungstheorie von der fragwürdigen Rede über "objektiven Geist" und ähnliches, dann wird als realer Kern das Grundproblem jeder Textinterpretation sichtbar: Ist die Bedeutung eines sprachlichen Textes in einer Bedeutungsintention des realen Autors zu suchen, oder enthält jeder Text nicht die Möglichkeit einer Sinnerfüllung in sich, die über das Meinen seines Urhebers hinausgeht? Ist das "Übersteigen" einer "ursprünglichen Sinnintention" ein Phänomen, das besonders bei zeitlichem Abstand der Text-Interpretation zur Texterstellung (zum "Äußerungs-

---

[50] D.h. es geht auch darum, ob Rechtsauslegung auch "Philologie" ist, oder nicht: "Indem sie [die deutsche Jurisprudenz, D.B.] die philologische Methode des Verstehens auf alle Rechtstexte, auch die des geltenden Rechts, zur Anwendung brachte, drohte sie ihren dogmatischen Beruf zu verfehlen. Denn während der Philologe die Rechtsquelle daraufhin befragt, was sie nach dem Willen ihres Urhebers zur Zeit ihres Entstehens ausdrücken wollte, prüft der Jurist, welche Intention ihr hic et nunc zu entnehmen ist, und wie sie einer gerechten Entscheidung dienstbar gemacht werden kann." Forsthoff 1940, 2

[51] Engisch 1956, 88 - Vgl. auch Larenz 1979, 35: "Die 'objektive' Auslegungstheorie besagt [...], daß nicht die vom Urheber gemeinte, sondern eine unabhängig davon zu ermittelnde 'objektive', dem Gesetz immanente Bedeutung die rechtlich maßgebende sei. Sie behauptet daher vor allem einen grundsätzlichen Gegensatz der juristischen Auslegung zur philologisch-historischen."

[52] Engisch 1956, 89

[53] Larenz 1979, 35 f. - "Mit dem Akt der Gesetzgebung, so sagen die Objektivisten, löst sich das Gesetz von seinem Urheber los und wird in ein objektives Dasein erhoben. Der Urheber hat seine Rolle ausgespielt, er tritt hinter seinem Werk zurück." Engisch 1956, 89

[54] "Das in Anwendung stehende Gesetz gehört der Seinsschicht des objektiven Geistes [...] an. Diesem Sachverhalt wird eine rein subjektive Theorie nicht gerecht." Larenz 1979, 303 f.

akt" durch den Autor) notwendig eintritt, oder handelt es sich um eine prinzipielle, sprachtheoretisch als notwendig zu beschreibende Differenz jeglichen Textverstehens (Sprachverstehens) zu den möglichen Sinn-Intentionen eines Text-Autors (oder Sprechers)?[55]

Wenn unsere Überlegungen über die Rolle der Sprachtheorie in der juristischen Methodenlehre eine erstaunliche Fülle von Berührungspunkten entweder in der Sache, oder dort, wo Juristen selbst diese Überschneidungen behaupten, ergeben haben, so zeigt dies zur Genüge, daß die Jurisprudenz als Ganze und die juristische Methodenlehre im Besonderen es wert sind, die Aufmerksamkeit der Linguistik zu finden. Dieses Ergebnis erscheint auf den ersten Blick für die Linguisten schmeichelhaft, können sie doch mit ihren Arbeitsergebnissen und ihrem begrifflichen Instrumentarium einer Disziplin zur Seite treten, in der nicht nur mit und an Sprache gearbeitet wird, sondern in der auch sprachliche Fakten gesetzt werden. Doch sei vor einer vorschnellen Euphorie gewarnt; noch ist nämlich in der juristischen Methodenlehre keineswegs ausgemacht ob sprachbezogene Argumente überhaupt den Kernbereich juristischer Rechtsanwendung ausmachen können:[56]

> "Unter 'Methoden' des Verfassungsrechts werden bis heute nicht die tatsächlichen Arbeitsweisen verfassungsrechtlicher Normkonkretisierung im umfassenden Sinn verstanden, sondern allein die überlieferten Kunstregeln der Normtextinterpretation. Methodik gilt als Methodik der Auslegung von Sprachtexten. Doch ist eine Rechtsnorm mehr als ihr Wortlaut."

Wenn in den folgenden Untersuchungen die juristische Arbeit mit Gesetzestexten einer linguistischen Analyse unterzogen wird, dann geht es u.a. auch um die Frage, worin dieses "mehr" - sprachwissenschaftlich gesehen - bestehen könnte. Konkreter: Es geht dann u.a. auch darum herauszufinden, welchen Anteil *interpretatorische*, d.h. in engerem Sinne *bedeutungsexplikative*, Momente in der alltäglichen juristischen Auslegungspraxis tatsächlich haben. Vor dem Hintergrund der Tatsache, daß *sprachwissenschaftliche* Aspekte in der juristischen Methodendiskussion bislang nahezu ausschließlich Aspekte der *Semantik* betrafen, die zudem fast nur als *Wort*semantik begriffen wurde, stellt ein *text*linguistisches Vorgehen, wie es in dieser Arbeit angestrebt ist, einen neuen Zugang zur rechtslinguistischen Forschung dar. Wie schon ausgeführt, betrafen rechtslinguistische Untersuchungen in der Vergangenheit, soweit sie von linguistischer Seite aus betrieben wurden, meist eher Stilfragen ("Verständlichkeit" der Rechts- bzw. Behördensprache) bzw., in der neueren Forschung, Fragen der mündlichen Kommunikation vor Gericht, während sprachwissenschaftliche Argumente in der juristischen Methodenlehre (die man wohl kaum als "Rechtslinguistik" im engeren Sinne bezeichnen kann)

---

[55] Diesen Fragen der Interpretationstheorie und der explikativen Semantik bin ich - ausgehend von dem in Busse 1992 entfaltete rechtssemantische Methodenproblem - in Busse 1991a ausführlich nachgegangen. Vgl. zur "subjektiven" Auslegungslehre Kap. 1, S. 13 ff. und zur "objektiven" Lehre Kap. 7.2, 179 ff. u.ö.

[56] Müller 1976, 61

meist auf (Wort-)Semantik beschränkt waren. Angesichts der Tatsache, daß sprachwissenschaftliche und sprachphilosophische Argumente seit beinahe zwei Jahrzehnten in der juristischen Methodenlehre einen beachtlichen Raum einnehmen, erstaunt es, daß Sprachwissenschaftler auf Fragen, welche den Kern des juristischen "Sprachproblems" (bzw. der "Sprachlichkeit" des Rechts) ausmachen, und die im Zentrum der rechtsinternen Theorie- und Methodendebatte stehen, bisher kaum eingegangen sind. Von einer existierenden *Rechtslinguistik* (wenn man denn diesen anspruchsvollen Terminus überhaupt verwenden will, den ich nur abkürzungshalber benutze, und ohne an dieser Stelle schon zu wissen, ob er sinnvoll oder zu weit gegriffen ist) kann man auch anderthalb Jahrzehnte, nachdem zum ersten Mal dieses Wort gefallen ist, nicht sprechen. Nach Adalbert Podlech, der 1976 das erste Mal von ihr sprach,[57] kann man

> "als Rechtslinguistik die Gesamtheit der Untersuchungsmethoden und -ergebnisse bezeichnen, die die sich aus der notwendigen Sprachgebundenheit rechtlicher Regeln ergebenden Probleme betreffen und die den Anforderungen der heutigen Linguistik [...] genügen."

Wenn ich diese Definition hier versuchsweise übernehme, dann muß ich gerechterweise darauf hinweisen, daß ich unter "Anforderungen der heutigen Linguistik" nicht dasselbe verstehe wie Podlech im Jahr 1976. Podlech hatte sehr konkrete Vorstellungen darüber, in welcher Weise die damals in der Linguistik herrschende "Generative Transformationsgrammatik" (bzw. ihre Weiterführung in einer "generativen Textgrammatik") und verwandte Ansätze der strukturalistischen Linguistik bei der Formalisierung und Automatisierung juristischer Subsumtionsprozesse behilflich sein sollten. Die deutsche Sprachwissenschaft hat sich seither durch die Kritik an den Verkürzungen des Strukturalismus und die neuentstandenen pragmatischen Strömungen so sehr weiterentwickelt und verändert, daß das Verhältnis von Rechts- und Sprachwissenschaft in einem völlig neuen Licht gesehen werden muß. Sicherlich tragen Juristen andere Interessen und Erwartungen an rechtslinguistische Forschungen heran als etwa Linguisten, die sich z.B. für einen (unter mehreren) Sektor institutionellen Sprachgebrauchs interessieren. Dennoch hoffe ich, daß meine Untersuchungen zur juristischen Arbeit mit Gesetzestexten, die (nach meiner Kenntnis erstmals) eine spezifisch textlinguistische Sichtweise in die juristische Auslegungsproblematik einbringen, auch für Juristen interessante Aufschlüsse über die - sprachbezogene - Arbeitsweise des eigenen Faches geben.

---

[57] Podlech 1976, 108

1.2 Textinterpretation oder Arbeit mit Texten? Bedeutungs- und interpretationstheoretische Kriterien der linguistischen Analyse juristischer Auslegungsarbeit

Die Bindung des Rechts an Sprache und die Vermutung von "Strukturanalogien" zwischen Recht und Sprache haben, wie wir gesehen haben, zu der Behauptung geführt, daß der Prozeß der Rechts-Auslegung sich nicht prinzipiell von anderen Fällen der Sprachverwendung unterscheide. Diese Behauptung steht im Hintergrund der folgenden empirischen Untersuchungen juristischer Textarbeit an bzw. mit Gesetzen aus sprachwissenschaftlicher Perspektive. Die Analysen dienen dann u.a. auch dazu, möglichen Strukturanalogien ebenso nachzuspüren, wie den möglicherweise gravierenden Unterschieden, die das Recht doch zu einem ziemlich eigenständigen Bereich der "Sprachverwendung" machen könnten. Zudem gilt es, die linguistischen Theorien und Termini auf die rechtswissenschaftliche Problematik und ihre Begrifflichkeit abzubilden. Schon in diesem Übertragungsprozeß, einige sprachgebundene Aspekte der juristischen Aufgabe und Tätigkeit mit sprachwissenschaftlichen Begriffen neu zu formulieren, könnte ein Erkenntnisgewinn stecken, der über die bisherigen Bemühungen von Seiten der Juristen hinausreicht. Wegen der Komplexität der Materie und der bisherigen (weitgehenden) linguistischen Unerforschtheit institutionellen Sprachgebrauchs (jedenfalls soweit es den Gebrauch von Normtexten in der juristischen Entscheidungspraxis angeht) können in dieser Arbeit wohl nur erste Annäherungen geleistet werden. Als Berührungspunkte zwischen Linguistik und juristischer Methodenlehre waren u.a. die Begriffe *Normativität*, *Bedeutung* und *Interpretation* genannt worden. Bildet man die bei der Darstellung der juristischen Methoden-Kontroversen deutlich gewordenen Aspekte auf sprachwissenschaftliche Problemstellungen ab, dann kommt man zu einer etwas differenzierteren Aufschlüsselung der mit linguistischen Mitteln bearbeitbaren Phänomene. Der Aspekt der Normativität, den schon Hartmann auf den linguistischen Regelbegriff bezogen hat, umgreift als juristischer Grundbegriff den Charakter und das Wesen des Rechts selbst. Es ist nicht zu hoffen, daß auf der derzeitigen Ebene einer ersten Annäherung die Linguistik dazu einen entscheidenden Beitrag liefern kann. Wenngleich aus Überlegungen zum Regelbegriff in der Sprachtheorie wichtige Rückschlüsse auf das Phänomen der Regelhaftigkeit menschlichen Verhaltens schlechthin, und damit auch für den juristischen Normbegriff, gezogen werden könnten,[58] will ich dieses Problem in dieser Arbeit ausklammern, da es in komplizierte rechtsphilosophische Zusammenhänge führt, die eine eigenen Monographie wert wären und die allein mit linguistischen Mitteln nicht mehr bearbeitet werden können.

---

[58] Ich habe dies in Busse 1988c zu zeigen versucht, wo ich Wittgensteins Regelbegriff auf seine Verwendbarkeit für die juristische Auslegungslehre, aber auch für den Normbegriff schlechthin überprüft habe.

Es kann aber nicht ausgeschlossen werden, daß auch linguistische Überlegungen zum Problem der Normtextauslegung zu einer neuen Sicht dessen beitragen könnten, was Rechtsnorm und v.a. Normanwendung heißen kann. Dies gilt z.B. für die Frage, ob eine Norm mit ihrer sprachlichen Formulierung schon fertig und anwendungsbereit vorliegt, oder ob sie sich im Prozeß der Normtextauslegung erst konstituiert; d.h. ob man zwischen Norm*text* und daraus zu erschließender *Norm* einen Unterschied machen muß.[59] Argumente dafür sind aus der linguistischen Analyse des Vorgangs der "Auslegung" gewinnbar; was Juristen *Auslegung* nennen, fassen Sprachwissenschaftler unter den Begriffen *Verstehen* und *Interpretation*. Die *Hermeneutik* hatte in ihren Verstehensbegriff schon das Phänomen der "*Applikation*" aufgenommen.[60] Faßt man den Begriff des Verstehens unter Rückgriff auf jüngere sprachtheoretische Erkenntnisse[61] neu, dann kommt der subjektive Zug, der jedem Verstehen anhaftet, d.h. mit Bedeutungswissen oder -intentionen des Interpreten geladen zu sein, zum Vorschein. "*Interpretation*" hat für die Philologen diesen Aspekt immer schon in sich getragen, doch wurde er im Begriff der "Auslegung" in der Jurisprudenz häufig negiert. Faßt man "Interpretation" als das aktive Herstellen einer Textbedeutung im Rahmen einer methodisch geregelten (Auslegungs-)Praxis, dann ist die anzuwendende "Norm" tatsächlich mehr als ihre pure Formulierung. Die Unterscheidung zwischen *Norm* und Norm*text* ist eine juristische Parallele zu der textlinguistischen Unterscheidung zwischen dem "*Text*" als einem sinngefüllten, vollständigen Verstehens- oder Interpretationsergebnis und dem "Text*formular*" als purer Zeichenausdruckskette.[62] Die Annahme einer solchen (ja zunächst nur begrifflich-theoretischen) Differenz hat in der neueren Textlinguistik und Verstehenstheorie dazu geführt, daß "Textverstehen" zunehmend *aktivistisch*, als von den Textrezipienten zu erbringende Leistung gedeutet wurde, wofür der Begriff der "*Inferenz*" steht. Danach wird die "Bedeutung" sprachlicher Zeichen und Texte nicht als ein sozusagen epistemisch "erfüllter" Zustand aufgefaßt, sondern als eine Funktion, welche aus einer Kette von Zeichen-Ausdrucksseiten eine Inhaltsstruktur relativ zu einer "Textwelt" und zu Korrelaten der Situation und des Weltwissens der Rezipienten erst zu erschließen erlaubt.[63] Geht man von einem sprachtheoretisch reflektierten Begriff der *Bedeutung* und des *Verstehens* aus, dann kommt allerdings der durch den inflationären Gebrauch des Begriffs "Inferenz" in der neueren Verstehenstheorie insinuierte kategoriale Unterschied zwischen "inferentiellem Verstehen von Texten" und "nicht-inferentiellem Kennen der Zeichenbedeutungen" vollständig zum Verschwinden. Das Phänomen der Inferenz ist dann, wegen

[59] Dies fordert z.B. Müller 1976, 61, 107, 126 u.ö.; vgl. auch Müller 1984, 147 ff.

[60] Gadamer 1960, 312 ff.

[61] Vgl. dazu Busse 1991a, Kap. 6, 107 ff.

[62] Schmidt 1976, 150 f.

[63] Vgl. Busse 1991a, 101, 119 ff. u.ö.

des prinzipiell analogischen Charakters unseres Wissens über die Verwendungsregeln sprachlicher Zeichen (und damit der Zeichenbedeutungen selbst) schlichtweg allgegenwärtig und aus dem Verstehen von Texten nicht mehr fortzudenken: d.h. es ist konstitutiv für den Zeichenbegriff und damit für den Bedeutungsbegriff und den Begriff des Verstehens schlechthin.[64] Diese Einsicht begründet zugleich, warum das Textverstehen nun nicht, unter Rückgriff auf die nur anscheinend überraschende Ubiquität des "inferentiellen" Charakters aller Zeichendeutungen, gleich aktivistisch, d.h. als eine Art aktiver (geistiger) "Handlung" von Textrezipienten mißverstanden werden sollte.[65] Dies würde nur die grundsätzliche Differenz zwischen dem *Verstehen* als unmittelbarem, ungesteuertem kommunikativem Ereignis und der *Interpretation* als einer über das unmittelbare Verstehen hinausgehenden deutenden Handlung verwischen.[66] Allerdings hat die Diskussion über die zentrale Rolle von Inferenzen bei jedem Textverstehen und jeder Textauslegung im Zusammenhang mit den semantischen Diskussionen in der juristischen Methodenlehre der Gesetzesauslegung einen entscheidenden Vorteil: Sie stellt eindeutig klar, daß es die Möglichkeit einer "objektiven", d.h. jeglicher subjektiver, rezipientenseitiger Elemente ledigen "Feststellung" von Gesetzesbedeutungen aus prinzipiellen sprachtheoretischen Gründen nicht geben kann. Das bis in neueste und avancierteste Ansätze der juristischen Semantik immer wieder hochgehaltene Ideal der "Präzision der Gesetzessprache" und der "Eindeutigkeit" ihrer Begriffe und Texte erscheint vor diesem Hintergrund als nicht mehr denn ein frommer Wunsch, der den Realitäten des Funktionierens von Sprache nicht gerecht wird.

Diese Einsichten über den Kern jedes Verstehens- und Interpretationsprozesses haben Auswirkungen gerade hinsichtlich mancher Annahmen der juristischen Interpretationstheorie und Semantik, insofern sie grundlegende Annahmen auch über den Begriff der Bedeutung voraussetzen, die mit juristischen Auffassungen meist nicht kompatibel sind. Der Begriff der *Bedeutung* wird auf juristischer Seite häufig durch Bezeichnungen wie "*Wortlaut, Wortsinn*" ersetzt. Besonders das Konzept der "*Wortlautgrenze*" ist aus Sicht der linguistischen Bedeutungstheorie nicht haltbar. Eine Grenze zwischen dem sog. "Bedeutungs*kern*" und "Bedeutungs*hof*", von denen in der juristischen Semantik z.T. bis heute noch geredet wird, kann nicht gezogen werden, wie es Juristen behaupten und fordern. Wenn sich sprachlich vermittelter Sinn nämlich stets aufgrund einer sinnaktivierenden (d.h. grundsätzlich "inferentiellen") Leistung der verstehenden/interpretierenden Subjekte konstituiert, wobei die "Bedeutung" aufgrund der (jeder Regelbefolgung innewoh-

64 Vgl. Busse 1991a, 119; vgl. auch Biere 1989, 105.

65 Zur Kritik an aktivistischen Verstehenskonzepten vgl. Busse 1991a, 121 ff, Heringer 1984, 58 u.ö., Biere 1989 passim.

66 Zum kategorialen Unterschied von "Verstehen" und "Interpretieren" vgl. Busse 1991a, 167 ff und die dort angegebene Literatur.

nenden) Analogiebildung je verschieden realisiert wird, wenn also die Auffassung von der Existenz fester, "objektiver" Bedeutungen als irreführend herausgestellt wird, dann kann von einer festen, eindeutig benennbaren "Grenze des Wortlauts" nicht mehr gesprochen werden. Damit würde aber auch die Unterscheidung zwischen Bedeutungsfest*stellung* und Bedeutungsfest*setzung*, mit welcher Rechtstheoretiker auf das Verschwinden des festen Halts der "Wortlautgrenze" reagieren, problematisch. Eine weitere linguistisch interessante Frage ist in diesem Zusammenhang, ob es bei der "Bedeutungsfeststellung" einer Rechtsnorm-Formulierung um die sog. "sprachgebräuchliche" Bedeutung geht, oder ob es sich um eine fachsprachliche Bedeutung einer ausdifferenzierten juristischen Fachsprache handelt, deren Bedeutung nur noch innerfachlich festgestellt werden kann. Aus sprachwissenschaftlicher Sicht sind Wünsche, welche die Richter zum "Mund des Gesetzes", zu "Subsumtionsautomat" machen sollen, zwar verständlich, aber in ihrer Realisierbarkeit illusionär. Eine Textinterpretation, die Argument in einem mit erheblichen Rechtsfolgen belasteten Rechtsprechungsverfahren sein soll, lädt sich erhebliche Begründungslasten auf; von dieser "Arbeit der Auslegung" kann kein sprachwissenschaftliches Argument entlasten.

Der in der neueren, pragmatischen Linguistik gebräuchlich gewordene Begriff der (Sprecher-)*Intention* verweist auf den juristischen Zielbegriff "Wille des Gesetzgebers", als dem zu verwirklichenden Auslegungsresultat. Gerade weil auch in der sprachtheoretischen Diskussion die Sprecher-Intention oft mißverstanden wird als etwas Greifbares, das mit sprachanalytischen Mitteln exakt beschrieben werden könne, kann eine Klärung des Intentionsbegriffs falsche Analogiebildungen zwischen "Wille des Gesetzgebers" und "Sprecher-Intention" vermeiden helfen. Hinsichtlich des Textverstehens und der Textinterpretation sind Annahmen über "Autor-Intentionen" bei Interpreten linguistisch gesehen als (jeder Kommunikation zugrundeliegende) *Unterstellungen* zu werten. Solche Unterstellungen fungieren als Resultat des je subjektiven Sprach- und Weltwissens der Textinterpreten ebenso wie die daraus abgeleiteten Textbedeutungen stets relativ zu *Kontexten*, *Deutungshorizonten* und *Verstehens-Intentionen*, womit das juristische Modell "Wille des Gesetzgebers" als Auslegungsziel und Rechtfertigungsgrund seine ihm zugedachte objektivitätsverbürgende Funktion verliert. Die linguistische Beschreibung des (Norm-)Textverstehens greift damit notwendig ein in die juristische Auseinandersetzung zwischen "*subjektiver*" und "*objektiver*" Auslegungslehre, nämlich in das Problem, ob unter der durch die Interpretation zu erzielenden "Textbedeutung" die "ursprüngliche Autor-Intention", oder ein "objektiver Textsinn" zu verstehen ist.[67] Die "objektive Lehre" wirft das in den Philologien und der Hermeneutik geläufige, aber aus linguistischer Sicht bisher wenig behandelte Problem der Eigenständigkeit eines Textes als Auslegungssubstrat, d.h. des Werk-Charakters aller verschriftlichten sprachli-

[67] Vgl. zu dieser Auseinandersetzung Busse 1991a, Kap. 1, 13 ff. und 7.2, 179 ff.

chen Äußerungen, auf. Darüber hinaus legt der Aspekt der "systematischen Auslegung" eine Bezugnahme auf die Ergebnisse und Theoreme der in der Sprachwissenschaft noch neueren *Text*linguistik nahe; Begriffe wie *Textstruktur, Textkohärenz, Textbedeutung, Kotext* sind auf ihre Verwendbarkeit bei der Lösung rechtslinguistischer Probleme und, für unsere Zwecke näher, der linguistischen Analyse juristischer Textarbeit zu prüfen. Insbesondere ist der Frage nachzugehen, ob Gesetze als kohärente "*Texte*" im Sinne der Textwissenschaften aufgefaßt werden dürfen - mit allen Konsequenzen, die sich daraus für die Analyse von "Textbedeutungen" und "Textfunktionen" bei Gesetzestexten ergeben könnten (siehe dazu unten Kap. 2 und 3).

In diesem Problemkomplex spielt auch der Begriff des *Kontexts* sprachlicher Zeichen bzw. Texte eine Rolle. Texte sind grundsätzlich als epistemisch *situierte* Texte aufzufassen und sind nur als solche bedeutungstragend. Der traditionelle Bedeutungsbegriff schränkte die "*Bedeutung*" sprachlicher Zeichen und Syntagmen auf einen engen Ausschnitt merkmalsemantisch beschreibbarer Sinnmomente ein. Dieses Verfahren, welches in der Lexikographie noch funktional sein mag, blendet aber - wendet man es auf interpretatorische bzw. bedeutungsexplikative Probleme an - eine Menge sinnrelevanter Faktoren aus der "Bedeutung" aus, die in der faktischen sprachlichen Verständigung von den Beteiligten als selbstverständliches Wissen vorausgesetzt werden, das gerade darum selten ins volle Bewußtsein dringt. Solche Wissensmomente bilden auf den Zeitpunkt der Texterstellung bezogen Äußerungskontexte, welche auf die sprachliche Form des historisch Gemeinten einwirken; auf den Zeitpunkt der Interpretation bezogen, bilden sie Deutungshorizonte, welche das Textverstehen steuern bzw. beeinflussen. Schon auf Individuen bezogen und zeitgleich sind Deutungshorizonte niemals hundertprozentig deckungsgleich; fallen Äußerungskontext und Interpretationskontext aber zeitlich stark auseinander, dann kann u.U. noch nicht einmal von einer Konvergenz die Rede sein. Die "objektive Auslegung" will diesem Gesichtspunkt gerecht werden, indem sie dem Interpretationskontext den Vorrang einräumt (den sie freilich hinter der Rede von der "objektiven" Textbedeutung versteckt). Die "subjektive Lehre" will die historischen Äußerungskontexte auswerten, und setzt sich damit zum einen der Frage aus, ob historische Sinnhorizonte überhaupt noch einigermaßen verläßlich rekonstruiert werden können, und zum anderen der Frage, ob Äußerungs- bzw. Produktionskontexte von Texten überhaupt eine interpretationssteuernde und -begrenzende Funktion haben können. Dies gilt gerade dann, wenn vom Textproduzenten (im juristischen Falle dem "Gesetzgeber") gerade die überzeitliche Geltung des Textes beabsichtigt ist. Es ist dann die Frage, ob die juristische Arbeit mit Gesetzestexten angemessen beschrieben wird, wenn man sie (wie es die sog. "subjektive Lehre" in der juristischen Interpretationstheorie nahelegt) gleichzusetzen scheint mit linguistisch-wissenschaftlichen Verfahrensweisen der Bedeutungserforschung, wie sie etwa in der Historischen Semantik angewendet werden. Wenn bei allen auslegungsmethodischen Diskussionen der Rechtswissenschaft das Problem der Unterscheidung von Rechts*auslegung* und Rechts*fortbildung* die zentrale Rolle spielt, dann spielt diese Frage auch im Rahmen der sprachwissenschaftlichen Auseinandersetzung mit der juristischen Interpretationstätigkeit eine wichtige Rolle. Diese Dichotomie hat eine gewisse Nähe zu der sprachwissenschaftlichen Frage, ob man zu recht *Inferenzen* als epistemische Schlußfolgerungen aus verstandenen Texten von dem (ersten, ursprünglichen, unmittelbaren) *Verstehen* der Texte abgrenzen soll. Hinsichtlich der Rolle der Sinnkontexte, welche für die Interpretation von Sprachtexten zentral sind, stellt sich schließlich die Frage, ob nicht bei der juristischen Gesetzesauslegung die konkreten und je verschiedenen Entscheidungsfälle die - wenig einheitlichen - "Kontexte" sind, die wesentlich auf die Auslegungsergebnisse einwirken; der Begriff des "Interpretationshorizonts" bekäme dann eine sehr spezifische, auf die institutionellen Zwecke der Normtexte mehr denn als auf semantische Berührungspunkte zwischen Normtexten und Sachverhaltsschilderungen ausgerichtete Note.

Im Zusammenhang mit der Frage nach der Rolle epistemischer Kontexte für das Verstehen und die Interpretation von Texten kann die Frage nach der Abgrenzung von Rechtsauslegung und Rechtsfortbildung so präzisiert werden: Kann bei der verstehenden oder interpretierenden Rezeption und (aufgabengesteuerten) Weiterverwendung von Texten (vor allem Gesetzestexten) eine Grenze gezogen werden zwischen solchen, von den Textanwendern aktualisierten epistemischen Momenten, welche als "Teil der konventionalen Bedeutung" der Gesetzesausdrücke bezeichnet werden könnten, und solchen, die als "neu", d.h. "über die bisherige konventionale Bedeutung hinausgehend" anzusehen wären? Dies ist eine Frage, die wohl kaum rechtslinguistisch, d.h. allein textsemantisch beantwortet werden kann. Gerade das Funktionieren von Gesetzestexten ist nämlich, wie die Analyse zeigen wird, von hochkomplexen fachlichen Wissensrahmen abhängig, welche durch eine institutionell gesteuerte Vielfalt von Faktoren dominiert werden, die den Faktorensatz bei alltäglichem Sprachverstehen an Komplexität weit übersteigen. Wenn ich hier und in den folgenden Untersuchungen von "*Wissensrahmen*" rede, dann greife ich auf Erkenntnisse der Textlinguistik zurück, welche "Verstehenskontexte" für sprachliche Zeichen unter einer Fülle einzelner Termini beschrieben hat, die alle letztlich funktional auf dasselbe hinauslaufen.[68] Häufig ist dort von *Schemata, Skripts, Frames, Plänen* u.ä. die Rede, deren Präsenz zum Verstehen von Texten bei den Texproduzenten und -rezipienten vorausgesetzt werden müssen. Genannt werden etwa Beispiele wie "*Party*", "*Restaurantbesuch*", "*Bahnfahrt*" etc.; wann immer ein Text Elemente einer Textwelt anspricht, die zu solchen Wissensrahmen gehören, dann genügt ein Anspielen auf diese Wissensrahmen, um einen Ausschnitt aus dem Weltwissen der Kommunikationspartner zu aktualisieren. Wenn je-

[68] Vgl. dazu Busse 1991a, 74 ff, 88 ff. u.ö.

mand etwa die Äußerung hervorbringt "*Düsseldorf einfach*", dann genügt das Wissen, daß es sich um den Wissensrahmen "*Bahnfahrt*" handelt, um eine Fülle von dazugehörigen epistemischen Faktoren (Notwendigkeit des Lösens von Fahrkarten vor Fahrtantritt, Fahrkartenschalter, übliche Form der Billets etc.) zu aktualisieren. Ich benutze den Begriff "Wissensrahmen" als allgemeinen Oberbegriff für alle verschiedenen Formen von in der Textlinguistik bisher festgestellten verstehensrelevanten Wissensagglomerationen. Von Wissensrahmen rede ich v.a. dann, wenn es sich um Komplexe von Wissen handelt, die in einer strukturierten Form verfügbar sind. Bei alltagsweltlichen Wissensrahmen ergibt sich die Struktur meist durch das Wissen über übliche Handlungs- bzw. Geschehensabläufe einschließlich der zugehörigen Dinge und Personen (so sieht der Wissensrahmen "*Party*" in unterschiedlichen sozialen Gemeinschaften möglicherweise sehr verschieden aus). Wissensrahmen gibt es aber nicht nur in der Alltagswelt (sozusagen als Sektoren unserer Lebenserfahrungen), sondern auch innerhalb abstrakter Wissenskontexte. Letztlich stellt jede Theorie, jede wissenschaftliche These, jedes Dogma, jeder Diskurs usw. einen Wissensrahmen im engeren oder weiteren Sinne dar.

Wirkungsmächtig werden solche Wissensrahmen nun gerade in solchen Formen des Textgebrauchs, wo es dafür sogar eine eigene Disziplin und eigene Bezeichnungen gibt: in der juristischen Gesetzesauslegung. "Juristische Dogmatik" oder "systematische Auslegung" sind Termini, die letztlich auf juristisch definierte Wissensrahmen Bezug nehmen. Wissensrahmen sind dann etwa alle Aspekte, die sich um die sog. "Rechtsbegriffe" ranken: So gibt es einen zivilrechtlichen Wissensrahmen "*Eigentum*", der etwa auch im Strafrecht, bei der Auslegung des Diebstahlsparagraphen, eine zentrale auslegungsrelevante Rolle spielt. Wahrscheinlich wird man sich zukünftig um eine genauere unterscheidende Typologie und Ebenenhierarchie von verstehensrelevanten Wissensrahmen bemühen müssen. Im Rahmen der folgenden empirischen Untersuchungen juristischer Textarbeit werden Wissensrahmen vor allem in zwei verschiedenen Ausprägungen relevant: Zum einen als strukturierte Komplexe von juristischem Fachwissen, welches (als Teil der juristischen Dogmatik) Wissen über bisherige Anwendungen von Gesetzestexten und -begriffen einschließt; zum anderen die vor allem in der Bezugsetzung von Sachverhaltsschilderungen (Rechtsfall) und Tatbestandsformulierung (Normtext) wichtigen, satzsemantisch relevanten "Bezugsrahmen". Mit dem Begriff "*Bezugsrahmen*"[69] ist folgender linguistische Zusammenhang angesprochen: Nach neuerer satzsemantischer Auffassung werden Satzinhalte (angeregt durch die Valenztheorie Tesnières u.a.) als um das Prädikat herum strukturiert aufgefaßt. Entsprechend den beiden elementaren sprachlichen Handlungen "*Bezugnehmen* auf Gegenstände, Dinge, Sachverhalte etc." (*Referenz*) und "*Aussagen*" (*Prädikation*), wird als strukturierendes Krite-

---

69 Der Ausdruck "Bezugsrahmen" stammt aus der Satzsemantik von Polenz'; vgl. Polenz 1985, 156 u.ö.; vgl. auch das entsprechende Kapitel in Busse 1991a, 68 ff.

rium für Satzinhalte (ob als elementare oder als komplexe Prädikationen) die Zahl der semantischen *Bezugsstellen* eines Prädikates aufgefaßt. Ein Verb wie "*schenken*" hat dann bis zu drei Bezugsstellen: *jemand (1) schenkt jemandem (2) etwas (3).* Eine Analyse nach explizit ausgedrückten oder implizit mitgemeinten Bezugsstellen kann nun bei allen Ausdrücken eines Satzes vorgenommen werden, die als Prädikate im satzsemantischen Sinne fungieren können; dazu zählen nicht nur Verben (die in der traditionellen Syntax allein als Prädikate angesehen wurden), sondern auch Nomen, Adjektive etc. So steckt etwa in dem Wort "*Lehre*" in der Grundgesetzformulierung "*Freiheit von Forschung und Lehre*" (Art. 5,3 GG) das dreistellige Verb "*lehren*": *jemand* lehrt *jemanden etwas.* Man könnte daher den Bezugsrahmen der komplexen Prädikation "*Freiheit von Forschung und Lehre*" auch so auflösen: "*Jeder ist frei jedem anderen alles zu lehren; jeder ist frei, über alles zu forschen*".[70] Solche Bezugsrahmen stellen satzsemantisch aktualisierte Wissensrahmen dar, insofern schon der Gebrauch der entsprechenden sprachlichen Zeichen ("*Lehre*", "*lehren*") prinzipiell den Textrezipienten die Möglichkeit gibt, auch unausgedrückte Bezugsstellen (wie im genannten Beispiel die Handelnden, die Betroffenen und die Gegenstände der Lehre) epistemisch zu aktualisieren und ggf. interpretativ zu explizieren.

Eine Bezugsstellenanalyse, welche nicht nur die explizit *ausgedrückten* Bezugsstellen berücksichtigt, sondern auch implizit *mitgemeinte* Bezugsstellen expliziert, kann nun gerade bei der linguistischen Analyse von Gesetzestexten und ihrer juristischen Auslegung eine Rolle spielen (vgl. Kap. 4). Daneben ist die Beschreibung von Bezugsrahmen ein Hilfsmittel bei der Beschreibung der Fallsituationen, welche den Ausgangspunkt der juristischen Entscheidungstätigkeit und der auf diese bezogenen Gesetzesauslegung bilden (Kap. 5). Die von von Polenz ausgearbeitete und präzisierte Methode satzsemantischer Analyse erweist sich dann gerade bei einem der zentralen Probleme der linguistischen Untersuchung juristischer Textarbeit als besonders hilfreich: Anwendung von Gesetzestexten wird in der juristischen Methodenlehre gerne als "In-Beziehung-Setzen von Normtext und Sachverhalt" bezeichnet; damit rückt der auch sprachtheoretisch zentrale Aspekt der *Referenz*, d.h. der Bezugnahme auf Gegenstände und Sachverhalte der Welt als elementarster sprachlicher Handlung, in den Mittelpunkt der juristischen Interpretationstätigkeit. Gängige juristische Interpretationstheorien waren angesichts des meist nur pauschalen Hinweises auf die Referenzfunktion von Texten, und angesichts der wortsemantisch üblichen Beschränkung von Referenz als Teil einer (zudem logisch-semantisch verkürzten) *Wort*bedeutung hilflos, wenn es darum ging, Referenz zu einem Kriterium für Textinterpretationen und Bedeutungsexplikationen zu machen. Die satzsemantische Analyse von Bezugsrahmen und die Einsicht, daß nur selten alle Bezugselemente eines Bezugsrahmens in einem Satz explizit ausgedrückt werden, ermögli-

[70] Eine ausführliche Analyse dieses Beispiels gibt von Polenz 1985, 242 f.

chen es, gezielt nach möglichen Bezugsstellen eines Gesetzestextes gerade auch hinsichtlich einer konkreten, vorliegenden Sachverhaltsbeschreibung zu fragen. Insofern ist die Analyse mittels Bezugsrahmen ein Präzisierungselement für die Analyse von Textinterpretationen, v.a. von "Gesetzesanwendungen", da es Kriterien für deren Überprüfung liefert, die ohne sie nicht in gleicher Weise offensichtlich wären.

Interpretieren von Texten kann, wenn man von dem grundsätzlich "inferentiellen" Charakter jeden Textverstehens ausgeht, als eine systematische Analyse, Explizierung und Verbreiterung der "Inferenzbasis", d.h. des die Voraussetzung des Verstehens bildenden Wissenshorizontes der Interpreten aufgefaßt werden.[71] Dazu kann, etwa im juristischen Interpretationskontext, die Explizierung und systematische Heranziehung fachlicher juristischer Wissensrahmen gehören. Dann ist *Interpretieren* ein Vorgang, eine Handlung, der (bzw. die) nicht mehr mit rein verstehenstheoretischen oder semantischen Begriffen beschrieben werden kann: Interpretieren wird zu einer Form der *Arbeit mit Texten*, welche weit über das intuitive Erst-Verstehen hinausgeht. Gerade die juristische Auslegungstätigkeit, die weit mehr mit "Konkretisierung" von abstrakten, textlich gefaßten Regelungsinstrumentarien zu tun hat, als mit "Verstehen" oder "Interpretieren" im alltagssprachlichen oder etwa philologischen Sinne, bildet ein herausragendes Beispiel solcher institutionell determinierter Arbeit mit Texten, die weit über das in der bisherigen linguistischen Bedeutungs- und Verstehensforschung Berücksichtigte hinausgeht. Formen institutioneller Textarbeit, wie etwa die juristische Gesetzesanwendung und -konkretisierung, machen deutlich, daß gängige Sprachmodelle nur einen geringen Ausschnitt der Vielfalt an Funktionen erfassen, die sprachliche Texte in gesellschaftlichen Handlungszusammenhängen haben können. Die traditionelle juristische Methodenlehre hatte mit dem Bild vom "Hin-und-Herwandern des Blicks zwischen Normtext und Sachverhalt" eine Metapher geprägt, welche die dem Interpretieren zugrundeliegende "Erweiterung der Inferenzbasis" vorbegrifflich zu erfassen suchte. Im hermeneutischen Kontext sprach man daher von dem "hermeneutischen Zirkel" oder besser: der "hermeneutischen Spirale", welche die jedem Interpretieren (im Unterschied zum unmittelbaren intuitiven Verstehen) zugrundeliegende ständige Rückkehr zu bereits vorverstandenen Textpassagen (mit dem Ziel, sie "besser zu verstehen") ausdrücken sollte. Philologisches Interpretieren von Texten kann dann auch als ein "Verständlich-Machen"[72] bezeichnet werden. Nun liegt es auf der Hand, daß es in dem uns interessierenden Zusammenhang des juristischen Umgangs mit Gesetzestexten nicht um ein "Verständlich-Machen" der Gesetzestexte im philologischen Sinne geht; Ziel der

---

[71] Diesen Gedanken hat v.a. Biere 1989, 256 herausgearbeitet. Für eine ausführliche Analyse des Unterschieds von Verstehen, Interpretieren und Arbeit mit Texten vgl. (außer Biere) auch Busse 1991a, 167 ff. und die dort angegebene Literatur.

[72] So der Titel von Biere 1989

juristischen Gesetzesauslegung und v.a. -anwendung ist es vielmehr gerade, immer aufs Neue die Anwendbarkeit eines schon längst verstandenen, bis in seine kleinsten Verästelungen bekannten Normtextes angesichts eines stets neuen, möglicherweise von bisherigen Fällen abweichenden Lebenssachverhaltes zu prüfen. Juristische "Auslegung" von Gesetzestexten hat daher auch wenig mit "Interpretieren" im philologischen Sinne gemein. Ich gehe davon aus, daß neben dem "*Verstehen*" als dem intuitiven unmittelbaren Realisieren einer Textbedeutung, dem "*Interpretieren*" als dem "Besser-verständlich-Machen", dem Suchen nach möglichen semantischen Tiefenschichten eines Textes, noch eine dritte Kategorie des Umgangs mit Texten angenommen werden muß: eine je nach Handlungsbereich verschiedene, spezifische Form der "*Arbeit mit Texten*", die nicht auf das landläufige Verständnis von "Interpretation" reduziert werden kann.[73] Allerdings eignet sich gerade das funktionale Kriterium "Erweiterung der Inferenzbasis" besonders gut dazu, das gemeinsame Grundmoment verschiedener Formen des "Umgangs mit Texten" darzustellen: Auch in der juristischen Arbeit mit Gesetzestexten geht es darum, eine "Inferenzbasis", d.h. eine epistemische Basis für "Schlußfolgerungen" aus den Texten, zu erweitern; nur daß eben die zu ziehenden Schlußfolgerungen kaum noch dem entsprechen, was man in der rein philologischen Interpretation damit meint. Geht es dort noch um allein epistemische Erweiterungen des Deutungshorizontes, sind die in der juristischen Gesetzesauslegung zu ziehenden Schlußfolgerungen sehr konkrete Entscheidungshandlungen. Die "Konkretisierung des Gesetzestextes" besteht, wie noch gezeigt wird, häufig weniger in einer expliziten epistemisch-semantischen Argumentation, als in der Vornahme faktischer Rechtsentscheidungen, für die der Gesetzestext argumentativ herangezogen wird. Für die Analyse einer solchen Textarbeit fehlen beim gegenwärtigen Stand der Forschung noch weitgehend die Analyseinstrumentarien. Wenn im Folgenden die juristische Arbeit mit Gesetzestexten, als eine besonders ausdifferenzierte, gesellschaftlich zentrale, und zudem institutionell determinierte Form der Arbeit mit Texten, einer linguistischen Analyse unterzogen werden soll, wird daher weitgehend deskriptives und sprachtheoretisches Neuland betreten. Auch wenn auf manche Grundbegriffe der Semantik und der Textlinguistik zurückgegriffen werden kann, so sind doch viele der in den folgenden empirischen Analysen benutzten Analysekategorien und Kriterien zunächst heuristisch gewonnen, d.h. anhand der vorgefundenen Phänomene der juristischen Arbeit mit Sprache ad hoc entwickelt. Die Haltbarkeit der gewonnenen Kriterien müßte durch weitere rechtslinguistische Forschungen erwiesen werden.

---

[73] Die Beschränkungen bisheriger juristischer Versuche, linguistische und sprachphilosophische Semantik und philologische Interpretationstheorie für die juristische Methodenlehre nutzbar zu machen, haben wohl in diesem kategorialen Unterschied institutioneller, auf konkrete Zwecke gerichteter Arbeit mit Texten zum Interpretieren im philologischen Sinne ihre Ursache.

Kapitel 2: Textualität und Textkohärenz bei Rechtstexten

2.1 Textkohärenz als Kriterium für Textualität

Da in dieser Arbeit untersucht werden soll, wie Juristen in ihrer alltäglichen Arbeit mit Gesetzestexten umgehen (wie sie sie interpretieren, anwenden bzw. wie sie sonst an und mit ihnen arbeiten) ist es sinnvoll, zuvor die Anwendbarkeit linguistischer Modelle von und Kriterien für *Text* bzw. *Textualität* zu prüfen Nach übereinstimmender Auffassung in der Textlinguistik werden als "*Texte*" nur solche Sprachvorkommnisse bezeichnet, "die die Eigenschaft der Kohärenz besitzen".[1] Damit ist gemeint, daß eine Folge von Sätzen in irgendeiner Weise untereinander verknüpft sein muß, um insgesamt als "Text" zu erscheinen. Dieses Kriterium wird von allen Sprachbenutzern intuitiv geteilt, wie man an Tests mit zusammenhängenden und unzusammenhängenden Beispielen leicht zeigen kann. Dennoch besteht keineswegs Einigkeit darüber, wie dieser Grundterminus der Textlinguistik näher bestimmt werden soll, vielmehr wird er häufig ziemlich global verwendet und kaum jemals definiert.[2] Fritz leitet das Bedürfnis nach einem Terminus wie "*Kohärenz*" daraus ab, daß die Textlinguistik ein satzübergreifendes Gegenstück zum Begriff der "Wohlgeformtheit" bzw. "Grammatikalität" in der Syntaxtheorie haben wollte.[3] Die Probleme fangen daher schon dort an (und die Übereinstimmung hört da auf), wo die Kohärenz (in der sprachsystematischen Textlinguistik) als "Eigenschaft von Texten" bezeichnet wird, was wohl heißen soll, daß sie unabhängig von der Verwendung der Texte zu kommunikativen Zwecken besteht. Daß solch ein Begriff von Textkohärenz zu eng und damit unzureichend ist, wird deutlich, sobald man Beispiele von Satzfolgen daraufhin beurteilen läßt, ob sie "Texte" im alltagssprachlichen Verständnis sind. Man wird dann nämlich sehr schnell die Erfahrung machen, daß für manche Satzfolgen, die vom Versuchsleiter als Beispiele für "Nicht-Texte" konzipiert wurden, von manchen befragten Personen Kontexte (Geschichten) erfunden werden, die auch diesen Satzfolgen noch einen zusammenhängenden Sinn zuweisen.[4] Die Beurteilung der Kohärenz von Satzfolgen ist also in sehr ho-

---

1 Agricola/Viehweger 1983, 218. Vgl. als Gesamtüberblick auch Heinemann/Viehweger 1991.

2 So Brinker 1985, 18; vgl. auch Fritz 1982, 3, der darauf hinweist, daß eher Negativ-Bestimmungen (also Definitionen von Nicht-Texten) versucht werden.

3 Fritz 1982, 2.

4 Andererseits wird nicht-zusammenhängenden Satzfolgen, für die auch bei größter Phantasie keine sinnvoll-machende Geschichte erfunden werden kann, mit hoher Übereinstimmung und

hem Maße von den *Kontexten* sowie vom *Verstehen* der Textrezipienten abhängig,[5] d.h.: "Ob einem sprachlichen Gebilde Kohärenz zugesprochen wird, ist nicht nur durch seine Struktur bedingt, sondern auch von der Verstehens- bzw. Interpretationskompetenz des Rezipienten abhängig."[6] Damit wird deutlich, daß Kohärenz in erster Linie ein *semantisches* Phänomen ist,[7] welches nur in begrenztem Umfang in ausdrucksseitig beschreibbaren Erscheinungen manifestiert ist. Dies hat einige Linguisten dazu veranlaßt, eine "grammatisch" aufgefaßte "*Kohäsion*" von der eigentlichen, semantisch und pragmatisch fundierten "*Kohärenz*" zu unterscheiden.[8] In der neueren Textlinguistik (beeinflußt durch ihre kommunikativ orientierte Variante) ist man daher dazu übergegangen, Kohärenz als etwas darzustellen, das von den Textrezipienten "hergestellt" werden muß.[9]

Wenn man überhaupt Kohärenz als Kriterium für *Texte* (und nicht als Kriterium für Text*verständnisse*) behandeln will und sie so zu bestimmen versucht, daß man nach in der sprachlichen Zeichenkette manifestierten Kriterien für Texthaftigkeit sucht (Kohärenz also im Sinne einer ausdrucksseitigen "Eigenschaft" von Texten definiert), dann kann Kohärenz jedenfalls nicht das *einzige* Kriterium für "Text" sein.[10] Brinker definiert daher "Text" mit Hinblick auf die beiden zentralen Eigenschaften "Text*struktur*" und "Text*funk-*

großer Sicherheit die Texteigenschaft abgesprochen. "Das Merkmal der Kohärenz (im inhaltlichen Sinn) muß somit als grundlegend für den alltagssprachlichen Textbegriff gelten." Brinker 1985, 12.

5 "Bei der Analyse von Problemen der Kohärenz muß man vermeiden, Fragen der Wohlgeformtheit unabhängig von Fragen des Verstehens zu behandeln, ein Fehler, der in textlinguistischen Arbeiten nicht selten ist." Fritz 1982, 7.

6 Brinker 1985, 11.

7 Nach van Dijk 1980, 39 wird Kohärenz auf der Ebene der Bedeutungen sowie auf der Ebene der Referenz bzw. Referenten (Bezugsgegenstände) bestimmt. Ich halte allerdings diese Unterscheidung für problematisch.

8 So de Beaugrande/Dressler 1981, 4 f.: "*Kohäsion* betrifft die Art, wie die Komponenten des *Oberflächentextes*, [...] miteinander verbunden sind. Die Oberflächenkomponenten hängen durch grammatische Formen und Konventionen voneinander ab, so daß also Kohäsion auf *grammatischen Abhängigkeiten* beruht." - "*Kohärenz* betrifft die Funktionen, durch die die Komponenten der *Textwelt*, d.h. die Konstellationen von *Konzepten* (Begriffen) und *Relationen* (Beziehungen), welche dem Oberflächentext zugrunde liegen, für einander gegenseitig zugänglich und relevant sind."

9 Vgl. de Beaugrande/Dressler 1981, 7: "Kohärenz ist nicht bloß ein Merkmal von Texten, sondern vielmehr das Ergebnis kognitiver Prozesse der Textverwender. Die bloße Aneinanderreihung von Ereignissen und Situationen in einem Text aktiviert Operationen, welche Kohärenzrelationen erzeugen oder ins Bewußtsein zurückrufen." Mit dieser Sichtweise schließt sich die Textlinguistik an die Verstehenstheorien der kognitivistischen Psychologie an; eine Darstellung und Kritik von deren Ansätzen findet sich in Busse 1991a, 107 ff.

10 Für die "Verweisung" zwischen Sätzen als grammatisches Mittel der Herstellung von Textkohärenz stellen Kallmeyer u.a. 1974, 186 fest: "Ebenso wie Verweisung kein rein syntaktisches Problem ist [...], ist Verweisung lediglich eine *notwendige* (jedoch keine hinreichende) Bedingung für 'Texthaftigkeit'. [...] M.a.W. Textualität kommt nicht *allein*, sondern *auch* durch Verweisung zustande."

tion"[11] wie folgt: "Der Terminus 'Text' bezeichnet eine begrenzte Folge von sprachlichen Zeichen, die in sich kohärent ist und die als Ganzes eine erkennbare kommunikative Funktion hat."[12] Nach Agricola/Viehweger sind mit diesen beiden notwendigen Kriterien aber noch nicht die insgesamt zur Definition von Text auch hinreichenden Kennzeichen genannt; ihnen zufolge bedarf es der "Charakterisierung des Textes als einer komplexen, kohärenten, relativ abgeschlossenen Folge von Sätzen, die nach grammatischen sowie kommunikativ-pragmatischen und text-kompositorischen Regeln organisiert ist."[13] Ihrer eigenen Meinung nach müssen auch dazu noch mindestens zwei Kriterien kommen: "Durchgängigkeit" (eines Themas im Text) und "thematische Einheitlichkeit".[14] Das Kriterium "komplex" besagt zunächst nicht mehr, als daß als "Text" nur gilt, was aus mindestens zwei, meist aber einer sehr viel größeren Anzahl von Sätzen besteht. "Kohärent" bezieht sich bei diesen Autoren, wie in der sprachsystematisch ausgerichteten Textlinguistik meistens, nur auf die ausdrucksseitig explizit formulierte Satzverknüpfung. Das Kriterium "relativ abgeschlossen" weist darauf hin, daß die Einheit "Text" nicht nur nach unten (mindestens zwei Sätze), sondern auch nach oben prinzipiell abgegrenzt werden müßte. Agricola/Viehweger weisen allerdings selbst darauf hin, daß eine Abgrenzung von "Text" nach oben äußerst schwierig ist und begründen die möglichen Probleme gerade mit dem Hinweis auf Gesetzestexte, bei denen nicht klar sei, welche Bezugseinheit (Paragraph, Gesetz als Ganzes) zureichend als "Text" im Sinne der Textlinguistik bezeichnet werden kann.[15] Bezeichnend ist, daß auch Textlinguisten zur Abgrenzung auf so äußerliche Kennzeichen zurückgreifen wie die typographische Anordnung (Absätze, Zwischenüberschriften etc.) und andere Textbegrenzungssignale.[16]

Gerade das Kriterium der "Durchgängigkeit" eines Themas/Textinhalts im Text ist ebenso wie das mit ihm zusammenhängende Kriterium der "thematischen Einheitlichkeit" nicht unproblematisch, weil der Blick auf eine Reihe von Textsorten (z.B. so ein alltäglicher Text wie ein Bußgeldbescheid), die in der Alltagssprache durchaus die Eigenschaft "Text" zugesprochen bekommen, zeigt, daß nicht alle real vorkommenden Texte diese Kriterien überhaupt oder in gleicher Weise erfüllen. Nicht auf alle Textsorten scheint das Kriterium des durchgängigen "Themas" überhaupt anwendbar zu sein. Gerade deshalb ist Brinkers Hinweis auf die zentrale Rolle der "*Textfunktion*" so wichtig, weil häufig erst der *Gebrauch* einer heterogenen Satzmenge zu einem einheitlichen kommunikativen *Zweck* jenen Zusammenhang stiftet, der

[11] Vgl. Brinker 1985, 8.

[12] Brinker 1985, 17.

[13] Agricola/Viehweger 1983, 218, vgl. auch 217.

[14] Agricola/Viehweger 1983, 220.

[15] Agricola/Viehweger 1983, 217.

[16] Vgl. Brinker 1985, 18. Bei Gesetzestexten ist etwa die Einteilung in Paragraphen ein wichtiges Abgrenzungssignal für Teiltexte.

die Alltagssprecher dazu veranlaßt, diese Satzmenge als "Text" zu bezeichnen. Brinker unterscheidet also zwischen *grammatischen* und *thematischen* Kohärenzbedingungen, weist einer Zeichenfolge aber erst dann die Eigenschaft "Text" zu, wenn sie eine einheitliche *kommunikative Funktion* erfüllt.[17] Wie diese Textfunktion und der dadurch bedingte Zusammenhang einer Satzfolge näher bestimmt wird, hängt zumeist noch sehr von der intuitiven Einschätzung über Textualität ab, wie sie auch nicht linguistisch vorgebildete Alltagssprecher vornehmen können. Ebensowenig wie es eine allgemein anerkannte Typologie für Textfunktionen gibt, gibt es eine Typologie von Textsorten, die nach allgemeinen Kriterien (statt nach intuitiver Einschätzung) Abgrenzungen von Texten zu "Nicht-Texten" erlaubt. Der Hinweis, daß ein Textzusammenhang nach grammatischen, kommunikativ-pragmatischen und textkompositorischen Regeln produziert und erkannt wird, ist mehr eine Problem*benennung*, als eine *Erklärung*. Abgesehen davon, daß hier ausgerechnet die für die Textkonstitution wohl wichtigsten Regeln, nämlich die semantischen Regeln fehlen (die von den Autoren wohl der "Grammatik" zugeschlagen werden), ist noch nicht deutlich, was mit den beiden anderen Regeltypen gemeint ist. Der Ausdruck "textkompositorische Regeln" ist in gewissem Sinne sogar zirkulär, weil es ja gerade darum geht, Regeln herauszufinden, die "Text" und "Textkomposition" überhaupt erst definieren.

Das Problem der Textkohärenz entsteht zunächst deshalb, weil ein komplexer Inhalt in die notwendig lineare Form der sprachlichen Zeichenkette gebracht werden muß. Deshalb ist die semantische Kohärenz, d.h. der inhaltliche Textzusammenhang, immer durch lineare Verkettungen organisiert.[18] Wir wollen im folgenden davon ausgehen, daß jegliche Form von Bezügen zwischen Satzteilen und Sätzen letztlich eine *semantische* Verknüpfung darstellt, weil auch die sogenannten "grammatischen" Verknüpfungssignale ihre volle Wirkung nur über die Kenntnis der ganzen Satzinhalte entfalten können. In diesem Sinne kann, wie Brinker vorgeschlagen hat, die grammatische Textstruktur als Trägerstruktur für die eigentliche, d.h. die inhaltlich-thematische Textstruktur bezeichnet werden.[19] Zur Beschreibung der grammatischen Verknüpfungssignale sind eine Vielzahl von linguistischen Termini entwickelt worden[20] (Ko-Referenz, Substitution, Pronominalisierung, Verweisung, Wiederaufnahme), die sich letztlich alle auf die Grundeigenschaft von Textkohärenz beziehen: daß nämlich vorwiegend Bezugsgegenstände der Satzaussage (Bezugsstellen/Referenzstellen bei von Polenz, Aktanten in der

---

[17] "Dahinter steht die Auffassung, daß eine kohärente, d.h. grammatisch und thematisch zusammenhängende Satzfolge als solche noch nicht das Kriterium der Textualität erfüllt; das erfolgt erst durch die kommunikative Funktion, die diese Satzfolge innerhalb einer Kommunikationssituation hat." Brinker 1985, 18.

[18] van Dijk 1980, 39.

[19] Brinker 1985, 41.

[20] Vgl. Kallmeyer/Meyer-Hermann 1980, 246.

Dependenzgrammatik) miteinander verknüpft werden bzw. wechselseitig aufeinander verweisen. Es wird deutlich, daß es bei der Wiederaufnahme von Bezugsgegenständen eines in einem Satz ausgedrückten oder angesprochenen Bezugsrahmens in einem oder mehreren folgenden Sätzen eines Textes letztlich immer um Bestandteile der Satzbedeutungen geht, so daß es unerheblich ist, ob diese Wiederaufnahme nun mit sog. "Funktionswörtern" (z.B. Pronomina, d.h. den sog. "Pro-Formen") ausgedrückt wird (man redet irreführend von "grammatischer" Wiederaufnahme), oder mit anderen, "semantischen" Mitteln, wie z.B. einer Paraphrasierung oder Umschreibung des Bezugsausdrucks; immer handelt es sich um eine Verknüpfung auf der Inhaltsseite der Texte.[21] Die im engeren Sinne allein oder vorwiegend ausdrucksseitigen Verknüpfungssignale sind eher spärlich; es handelt sich vorwiegend um die *Rekurrenz*, d.h. Wiederholung eines Bezugsausdrucks.[22] Schon der außerdem von de Beaugrande/ Dressler als reines "Kohäsions"-Signal genannte "Parallelismus", d.h. die Wiederholung grammatischer Strukturen, dürfte als Zusammenhangssignal äußerst defizitär sein und eindeutig nur schwer nachzuweisen sein. Schon die von ihnen dazu gestellte "Paraphrase", d.h. die "Rekurrenz von Inhalt mit einer Änderung des Ausdrucks"[23] kann nicht im Ernst als "grammatisches" Kriterium behandelt werden; vielmehr handelt es sich, wie Kohärenzsignale generell, um ein semantisches Phänomen.

Es dürfte deshalb unmöglich sein, einen Textzusammenhang nur mit "grammatischen" Kriterien zu begründen.[24] Es erstaunt daher nicht, wenn die Auffassung geäußert wird, daß die rein "grammatisch" begründete "Kohäsion des Oberflächentextes auf der Annahme von Kohärenz der Textwelt", d.h. eines semantisch begründeten Textzusammenhangs, beruht.[25] Hier liegt nur scheinbar ein Widerspruch zu Brinkers These von der "grammatischen Textstruktur" als "Trägerstruktur" der "thematischen Struktur"; vielmehr ist schon

---

[21] Doch gilt für die ausdrucksseitig explizit gemachten Satzverknüpfungssignale: "Wenn das Prinzip der Wiederaufnahme auch nicht als absolut zwingende Bedingung für Textkohärenz gelten kann, so sind doch dort, wo es bei der Textproduktion zur Anwendung kommt, bestimmte grammatische Bedingungen bzw. Regeln einzuhalten, deren Nichtbeachtung das Verständnis des Textzusammenhangs erschweren und zu Mißverständnissen führen kann." Brinker 1985, 40.

[22] de Beaugrande/Dressler 1981, 57.

[23] de Beaugrande/Dressler 1981, 62.

[24] Vgl. auch van de Velde 1981, 27: "Eine separate Behandlung von Kohäsion und Kohärenz ist nicht folgerichtig. Wenn wir auch Kohäsion und Kohärenz zunächst getrennt betrachten, so wird sich doch [...] zeigen, daß der Kohäsionsbegriff zu einem Großteil in den interdisziplinär ausgerichteten Kohärenzbegriff integriert werden muß." Möglicherweise können wir die letzte Bemerkung so deuten, daß auch für die Erforschung juristischer Textzusammenhänge eine spezifische, interdisziplinär gewonnene, d.h. an den juristischen Erkenntnissen über die Eigengesetzlichkeiten des juristischen Arbeitens mit Gesetzestexten orientierte Konzeption von "Kohärenz" erforderlich und möglich ist.

[25] de Beaugrande/Dressler 1981, 76.

die analytische Trennung von "Grammatik" eines Textes und Textinhalt (bzw. Textthema) insofern irreführend, wenn man daraus ableiten zu können meint, daß eine getrennte Funktionsweise beider sprachlicher Bereiche überhaupt möglich sei. Beide Bereiche bedingen sich im konkreten sprachlichen Äußerungsakt gegenseitig, insofern ein sprachliches Zeichen eben die untrennbare Einheit von Ausdrucksseite und Inhaltsseite darstellt. Wir werden deshalb, wie angedeutet, davon ausgehen, daß alle Verknüpfungssignale semantisch fundiert sind, d.h. daß es lediglich diverse semantische Typen von Indizien für Textkohärenz gibt, die je nach Typ auf verschiedene Weise sprachlich ausgedrückt werden. Wir reagieren damit auf die Tatsache, daß zwischen Sprachwissen und Weltwissen (also auch zwischen explizit grammatischen und semantischen Verknüpfungs-Indizien) aus prinzipiellen Gründen nicht unterschieden werden kann. Wenn, worauf einiges hinweist, als "Text" überhaupt erst eine sprachliche Einheit bezeichnet werden kann, welche in einem kommunikativen Kontext als sinnvoll rezipiert wurde, d.h. wenn "Kohärenz" etwas ist, was von Textrezipienten im Verstehen erst realisiert wird,[26] dann kann auch nicht mehr von der Kohärenz als einer (ausdrucksseitigen) "Eigenschaft" von Texten gesprochen werden, welche ohne Rezeptionsakte, d.h. ohne die subjektive Auffassung von Rezipienten, überhaupt nachgewiesen werden kann.[27]

Selbst wenn Kohärenz von Textrezipienten *gesehen* werden muß, so muß das Fundament solcher Verstehensprozesse doch in der Zeichenfolge schon in gewissem Sinne angelegt sein. Welcher Art sind Indizien für Textkohärenz dann, wenn sie nicht "grammatisch" sind? Da Textzusammenhänge wesentlich über Querverweise auf Bezugsstellen von Satzinhalten (Menschen, Objekte, Orte, Zeitpunkte, Handlungen, Ereignisse, Gedanken etc.) hergestellt werden (möglich sind aber auch Bezugnahmen auf Prädikationen, ganze Satzinhalte, sogar auf Inhalte ganzer Textabschnitte oder sogar ganzer Texte), kommt dem Wissen der Textrezipienten über die Prädikationen und Bezugsstellen eine zentrale Rolle für die Herstellung von Kohärenz zu, gleichgültig, ob dieses Wissen textkonstituiert ist oder von den Rezipienten inferiert oder "mitgebracht" wurde. *Text*zusammenhänge sind deshalb immer

---

[26] "Die Konstruktion von Kohärenz, welche als die wichtigste Voraussetzung für das Sprachverstehen zu gelten hat, zeugt von rezeptiver sprachlicher Kreativität. Die verschiedenen Aspekte der rezeptiven sprachlichen Kreativität spielen hiernach für das Sprachverstehen eine eminente Rolle." van de Velde 1981, 18.

[27] Darauf weist auch Brinker 1985, 40 hin: "Grammatische Verknüpfungssignale können für das Textverstehen sogar weitgehend entbehrlich sein, wenn der Rezipient über ein ausreichendes thematisches und kontextuelles Hintergrundwissen verfügt. Das Kohärenzproblem ist somit letztlich nicht durch die grammatischen Verknüpfungsverfahren zu erklären." Vgl. auch van de Velde 1981, 37 f.: "Kohäsionsphänomene sind mögliche, aber keineswegs notwendige Anhaltspunkte für die Konstruktion von Kohärenz. Bei identischen Ausdrucksmitteln der Kohäsion sind alternative Kohärenzbeziehungen möglich."

auch *epistemische*[28] Zusammenhänge, die auf Zusammenhängen in der Welt (bzw. dem "Wirklichkeitsmodell") der Textrezipienten beruhen. In strukturalistisch orientierten Ansätzen wurde die semantische Kohärenz als Ergebnis von "Isotopierelationen"[29] bezeichnet, d.h. als Beziehungsketten nicht zwischen einzelnen Wörtern (Wortbedeutungen), sondern zwischen einzelnen Bestandteilen (semantischen Merkmalen, Sememen) von elementaristisch als Komplexion von Bedeutungskomponenten aufgefaßten Wortbedeutungen.[30] Im Textmodell von de Beaugrande/Dressler, welches an der kognitivistischen Psychologie orientiert ist, die auf diese Differenzierungen unterhalb der Wortebene verzichtet, ist (semantische) Kohärenz dann als "Konstellation von Konzepten und Relationen" zwischen Konzepten innerhalb einer "Textwelt"[31] definiert:[32] "Wir werden Kohärenz als das Ergebnis einer Verbindung von Konzepten und Relationen zu einem Netz betrachten, das aus Wissensräumen mit den Haupt-Topiks in deren Mittelpunkt zusammengesetzt ist."

Unklar bleibt hier u.a., wie die "Konzepte" (Begriffe) näher bestimmt werden können. Sowohl das "Konzept"-Schema der Textkohärenz, als auch das auf semantischen Merkmalen aufbauende "Isotopie"-Konzept bringen problematische semantische Vorentscheidungen mit, die wir nicht teilen können. Einerseits ist sowohl "Begriff" (Konzept) als semantische Kategorie zu allgemein, um ein eindeutiges und verläßliches Kriterium für die Feststellung von Textkohärenz abgeben zu können; andererseits kann auch das Konzept der semantischen Merkmale und Merkmalsketten insofern kein eindeutiges Kriterium für Textkohärenz abgeben, als das übereinstimmende Verfügen über identische Merkmalsmengen bei verschiedenen Textrezipienten nicht selbstverständlich vorausgesetzt werden kann. Textkohärenz wird somit zu einem Phänomen, das von Textrezipienten erst *wahrgenommen* werden muß und es wird zu einem Phänomen, das stark vom jeweiligen *Wissen* der Textrezipienten abhängig ist. Die semantische Nähe oder Ferne von Textbestandteilen basiert auf dem Wissen von Bezugsstellen und Bezugsrahmen, basiert auf dem Wissen, was zu einer in einem Text angesprochenen Bezugsgröße gleich welcher Art alles "dazu gehört" (oder gehören kann). Damit wird aber das Problem der Textkohärenz verlagert fort vom Textformular als dem ausdrucksseitigen materialisierten Korrelat von Kommunikationsakten hin zu einem Zusammenhang, der entweder durch das Wissen der Text-

---

28 Brinker 1985, 20 spricht von "kognitiven" Zusammenhängen zwischen Propositionen und Sachverhalten.

29 Vgl. Agricola/Viehweger 1983, 222; Kallmeyer u.a. 1974, 143 ff.

30 Siehe dazu Busse 1991a, 29 ff und 93 ff.

31 de Beaugrande/Dressler 1981, 5, 88 ff.

32 de Beaugrande/Dressler 1981, 100. Dieses Konzept baut, wie die meisten textlinguistischen Ansätze im Gefolge der Kognitionspsychologie, auf dem Modell der Textbedeutung als Komplex von Propositionen auf; die Probleme dieses Modells habe ich in Busse 1991a, 109 ff ausführlich diskutiert.

rezipienten schon gegeben ist, oder durch textuelle Signale so gesteuert wird, daß er von ihnen erschlossen werden kann. Wenn Textkohärenz aber ein Phänomen des "Verstehens" von Texten ist, also eine *rezipientenseitige* Größe, kann es für die Abgrenzung von "Text" und "Nicht-Text"[33] dann noch auf äußerliche, ausdrucksseitige Kriterien allein ankommen? Oder, anders gefragt, wenn eine Folge von Sprachelementen durch Rezipienten erst *als zusammenhängend gesehen und akzeptiert* werden muß, um als *Text* zu gelten, können dann nicht auch Zusammenhänge von Sprachelementen, welche andere Kriterien der Textualität (etwa räumliche Nachbarschaft) verfehlen, als "kohärent" und damit als "Text" im Sinne der Textlinguistik aufgefaßt werden? Welche Kriterien aus den von verschiedenen Linguisten genannten, äußerst heterogenen Kriterienreihen sind für "Textualität" entbehrlich, welche sind es nicht? Diese Frage wird vor allem in unserem Untersuchungsgebiet der Gesetzestexte wichtig, weil dort noch nicht ausgemacht ist, ob die für die juristische Arbeit mit den Texten (und Teiltexten, z.B. Paragraphen) wesentlichen Zusammenhänge durch räumliche Nachbarschaft und andere von Textlinguisten genannte Kriterien der expliziten Kohärenz konstituiert werden, oder vielmehr durch Wissenszusammenhänge, infolge derer verschiedene Sprachelemente zu einem entscheidungsrelevanten Text erst zusammengestellt werden. Dieses in der Textlinguistik - wohl wegen des eingeschränkten Blickwinkels auf Erzähltexte, literarische Texte und ähnliche komplexe und thematisch strukturierte Formen von Texten - weitgehend vernachlässigte Problem hat bisher nur Scherner vorausgesehen.[34]

Eine (trotz der problematischen Terminologie) akzeptable Darstellung der semantischen Kohärenz gibt van Dijk:[35]

> "Eine Sequenz ist dann semantisch kohärent, wenn jede Proposition der Sequenz intensional und extensional in Bezug auf die Interpretation anderer Propositionen der Sequenz oder der dadurch implizierten besonderen oder allgemeinen Propositionen interpretiert werden kann. Daher bezeichnet der Begriff *relative Interpretation* den Textbegriff."

Das heißt, eine Folge einzelner Textelemente (vorwiegend Sätze) ist dann "kohärent" zu nennen, und damit als "Text" zu bezeichnen, wenn die einzelnen Textelemente jeweils nur dann in ihrem vollen Inhalt verstanden werden können, wenn sie mit Bezug auf die zuvor verstandene Bedeutung anderer

---

[33] Nach de Beaugrande/Dressler 1981, 118 können Kohäsion und Kohärenz "in der tatsächlichen Kommunikation keine absoluten Grenzlinien zwischen Texten und Nicht-Texten festlegen; Sprachbenutzer können Texte verwenden, die aus verschiedenen Gründen nicht einwandfrei kohäsiv und kohärent erscheinen. Daher sollten wir die *Einstellungen* der Textbenutzer in die Kriterien der Textualität aufnehmen. Eine sprachliche Struktur muß als Text *intendiert* und *akzeptiert* werden, um in der kommunikativen Interaktion verwendet werden zu können."

[34] Scherner 1984, 7; er bezieht sich hier auf Abgrenzungen von "Text" vs. "Kommentar", "Anmerkungen", "Text über diesen Text"; er selbst gibt allerdings auch keine Antwort auf die von ihm gestellte Frage.

[35] van Dijk 1980, 39; zur Rolle der Relationsherstellung im Textverstehen vgl. auch Scherner 1984, 156 ff.

(meist: vorhergehender) Textelemente interpretiert werden. Der Bezug kann auch dadurch hergestellt werden, daß ein jeweils zu verstehendes Textelement mit Bezug auf Inhaltsmomente verstanden wird, welche zwar eigentlich nicht "im Text selbst enthalten" sind, aber durch vorangegangene Textstellen evoziert werden (also "präsupponiertes", "mitgemeintes", "angedeutetes" Wissen, z.B. auch Wissen von Bezugsrahmen, Skripts etc. und ihren Bestandteilen). Mit dieser Definition, deren Vorzug vor allem darin liegt, daß sie eine *allgemeine* (d.h. auf höherem Abstraktionsniveau liegende) Bestimmung von "Text" bzw. "Kohärenz" gibt, ist zweierlei deutlich: erstens ist Kohärenz immer *relativ zu Textrezipienten*, bzw. genauer: *relativ zu den Verständnissen*, welche die Textrezipienten von den einzelnen Textelementen haben (und damit relativ zu ihrem je subjektiven, möglicherweise unterschiedlichen *Wissen*); und zweitens ist das, was verknüpft ist, nicht der Text "als solcher" (nicht die Aussdrucksseite, nicht die "Textoberfläche", nicht "grammatisch"[36]), sondern einzelne *Verständnisse* oder *Interpretationen* von Textelementen.[37] Im Sinne eines Konzeptes von "Textverstehen", das den Unterschied zwischen intuitivem, unmittelbarem *Verstehen* und dem *Interpretieren* als einer darüber hinausgehenden Handlung nicht verwischt, wollen wir diese rezeptive "Aktivität" (die dann auch eine "Kreativität" enthält) auch bei der Aufnahme eines Textes als Text (d.h. als zusammenhängende Satzfolge), als etwas auffassen, was sich im Normalfall der alltäglichen Kommunikation *zwanglos einstellt*.[38]

---

[36] Diese - überholte - Position charakterisiert Scherner 1984, 145 folgendermaßen: "Aus dem satzüberschreitenden Wirkungsradius (vieler) sprachlicher Mittel hat man den Schluß gezogen, daß ihr Auftreten den Textzusammenhang konstituiert. Die Kohärenz eines 'Textes' ist dieser Auffassung zufolge eine Eigenschaft der materialen Textgestalt, so daß demnach ein operationales Kriterium für die Feststellung der Textkohärenz darin gesehen werden kann, eine Satzfolge auf das Vorhandensein der im Katalog der Kohärenzstifter aufgelisteten Phänomene zu überprüfen und dieser Satzfolge je nach Vorliegen oder Nichtvorliegen mindestens eines dieser sprachlichen Mittel die Kohärenz entweder zu- oder abzusprechen."

[37] Darauf hat u.a. auch Scherner 1984, 147. nachdrücklich hingewiesen: "Es hat sich gezeigt, daß die Kohärenz eines Textes nicht ausschließlich eine Eigenschaft ist, die dem sprachlichen Material auf Grund seiner semantisch-syntaktischen Konstitution anhaftet, sondern daß auch die Fähigkeit des Rezipienten, eine Satzfolge in einen bestimmten 'Geschichtenzusammenhang' zu stellen, die Entscheidung über das Vorliegen oder Nichtvorliegen eines kohärenten Zusammenhangs (mit)bestimmt."

[38] Vgl. die Bemerkungen oben in Kap. 1.2 und Busse 1991a, 107 ff und 167 ff. Nur mit dieser Einschränkung, die durch unsere strenge terminologische Trennung zwischen "Verstehen" und "Interpretieren" bedingt ist, kann folgenden Thesen von Scherner 1984, 153 zugestimmt werden: "1. Es ist offensichtlich, daß der Rezipient einen aktiven Beitrag zur Kohärenzerstellung leisten muß. 2. Diese Aktivität kann in mehr oder weniger starkem Ausmaß gefordert sein. 3. Das Ausmaß und die Art der geforderten Rezipientenaktivität hängt von der formulierten Textgestalt, d.h. von der materialen Anweisungskette des Textes ab." Dieser Liste wäre angesichts der juristischen Arbeit mit Gesetzestexten mindestens Folgendes hinzuzufügen: Ausmaß und Art der geforderten Aktivität können auch von der *Situation* und dem *Kontext der Interpretation* abhängen (etwa *institutionelle* Handlungszusammenhänge, die aktivere Kohärenzherstellung erfordern, als im Alltagsleben).

Das heißt, eine Äußerung, bzw. mehrere aufeinanderfolgende Äußerungen, erscheinen uns aufgrund ihrer jeweiligen Inhalte meist *intuitiv* als verknüpft in einem "Geschichtenzusammenhang" (einem Sprachspiel). Nur wenn sich dieser Zusammenhang nicht im ersten Verstehen einstellt, wenn wir also zwar die einzelnen Sätze (in einem gewissen, noch unvollkommenen Sinn) "verstehen", aber nicht den *Text*sinn als solchen, also den Zusammenhang der Sätze nicht erkennen, dann müssen wir beginnen zu deuten, zu interpretieren. Die Aktivität kann beim Interpretieren und vor allem bei einer das Interpretieren überschreitenden Arbeit mit Texten so weit gehen, daß der Zusammenhang von Sätzen überhaupt erst aktiv (re-)konstruiert werden muß. Ob dann eine aktive Herstellung von Zusammenhängen zwischen Sprachdaten, welche auch äußerlich noch nicht gegeben ist, noch als Herstellung eines "Textes" (bzw. Textverständnisses) bezeichnet werden kann, ist eine noch zu klärende Definitionsfrage. Wenn davon ausgegangen werden kann, "daß die Kohärenz, welche in den (Sequenzen von) Sprachäußerungen aufgedeckt werden kann, den wichtigsten bedingenden Faktor für das Sprachverstehen bildet",[39] dann bekommt es eine besondere Bedeutung, daß gerade das Verstehen von Texten als Texten (d.h. als "*textura*", als Gewebe von Inhaltsmomenten und Querverweisungen) besonders eng mit dem Wissensstand der Rezipienten zusammenhängt. Ist schon das Verstehen von Wortbedeutungen (wenn man auf dieser Ebene überhaupt schon von "Verstehen" reden will) oder Sätzen durch den prinzipiell inferentiellen Charakter des Sprachverstehens vom subjektiven Wissen und den Fähigkeiten der Sprachteilhaber abhängig, so verstärkt sich diese Abhängigkeit auf höherer Ebene der Textorganisation, weil, wie gezeigt, die dort anzusetzenden "Regeln" (z.B. Formen der Wissensorganisation, wie Wissensrahmen etc.) wegen ihrer stärkeren Bindung an subjektive Erfahrungen möglicherweise einen geringeren Grad an Verläßlichkeit und intersubjektiver Verbindlichkeit haben, als etwa phonologische, morphologische oder lexikalische Regeln. Auf der Ebene des Textverstehens, und d.h. auf der Ebene der Erschließung von Textkohärenz, wird das subjektive Wissen der Rezipienten daher in besonderer Weise wirksam.[40]

Schon das Erkennen einer Äußerungsfolge als "Text" (d.h. als "kohärent"), aber mehr noch das Erkennen, worin der Zusammenhang besteht, hängt mit dem allgemeinen Weltwissen der Rezipienten zusammen, d.h. der Frage, ob sie eine Folge von Sätzen (Äußerungen) in solch einer Weise in ihren Wissenshorizont einordnen können, daß sie einen zusammenhängenden Sinn bekommt. Wie Scherner mit Hinweis auf Hörmanns Theorie der "Sinn-

---

[39] So van de Velde 1981, 5.

[40] So Scherner 1984, 147 zur Funktion der Wissensbestände von Rezipienten: "Ihr Wirksamwerden hat nämlich zur Konsequenz, daß der Textzusammenhang nicht ausschließlich als von im Text selbst formulierten bzw. textualisierten sprachlichen Mitteln abhängig begriffen werden kann, sondern daß die Kommunikationsbeteiligten mit ihren 'Horizonten' als wichtige Instanzen für die Herstellung der Kohärenz mit in Anschlag zu bringen sind."

konstanz" betont,[41] überwiegt im Rezipieren das Bedürfnis, eine zusammen vorkommende Satzfolge auch zu einem sinnvollen Text "zusammenzufügen". Umgekehrt könnte man die Folgen der Textkohärenz (und ihres Verstehens) für das Verstehen der einzelnen Sätze so erklären: einzelne Sätze in einem Verstehenszusammenhang (dieser kann auch ein Arbeits- bzw. Anwendungszusammenhang von Texten sein) werden, wenn ihr genaues Verstehen für die Rezipienten wichtig ist, interpretierend bzw. im Zuge einer Textarbeit so lange mit anderen Sätzen/Texten in Zusammenhang gebracht, bis sich ein Sinn für den einzelnen Satz (eine Funktion in einem Wissens- oder Handlungszusammenhang) ergibt. "Arbeit mit Texten" stellt dann möglicherweise eine explizitere, umfangreichere und gezieltere Form der "Suche nach Zusammenhängen" (als Versuche der Einordnung von Sprachäußerungen in Wissenshorizonte) dar, welche im "intuitiven" Verstehen "automatisch" immer schon stattfindet. Das von Biere als Ziel der Sprachhandlung des Auslegens beschriebene "Erweitern der Inferenzbasis" (d.h. der für das Textverstehen notwendigen Wissensbasis) bekäme also auch für das Verstehen von Textzusammenhängen eine zentrale Bedeutung. "Herstellung von Zusammenhängen" ist dann immer gleichbedeutend mit "Erweiterung des verstehensrelevanten Wissens". Mit der Wissensabhängigkeit der Kohärenzurteile[42] von Textrezipienten hängt es zusammen, daß der Kohärenzbegriff der sprachsystematisch (bzw. grammatisch) orientierten Textlinguisten irreführend ist, welche häufig die Tendenz haben, eine bestimmte sprachliche Sequenz *abschließend* als kohärent oder nicht-kohärent zu betrachten.[43] Tatsächlich sind solche abschließenden Urteile mit dem Anspruch auf Objektivität und Allgemeingültigkeit wegen der Situations- und Wissensabhängigkeit von Textrezeptionen nicht möglich. Fritz schlägt deshalb einen spezielleren Gebrauch des Terminus "kohärent" vor, der dieser Wissensabhängigkeit gerechter wird: Texte sind immer nur "kohärent nach einem Muster".[44] Damit bekommt der Textzusammenhang selbst den Charakter eines intersubjektiv überprüfbaren Phänomens, indem das Muster reflexiv immer auch bewußt gemacht werden kann. Es wird dann auch deutlicher, wie das Verstehen von Kohärenz inferenzgeleitet ist: da auch hier ein bestimmter Zusammen-

[41] "Das in einem Text Formulierte wird erst dann als kohärent im Sinne von applikabel aufgefaßt, wenn es ohne größere Schwierigkeiten an den bisher erreichten Zustand des dem jeweiligen Rezipienten eigenen 'Horizontes' anschließbar ist. Gelingt dieser Anschluß nicht, werden solche Texte nicht als sinnlos apostrophiert, sondern als für den eigenen 'Horizont' (noch) nicht erreichbar oder prinzipiell für andere 'Horizonte' bestimmt qualifiziert. Die dritte Voraussetzung einer vom Rezipienten abhängigen Textkohärenz wird nicht als bloße bewußtseinsmäßige Repräsentation des im Text Formulierten faßbar, sondern muß als der Vollzug von kognitiven Operationen aller Art über dem Formulierten begriffen werden. Das bedeutet, daß auch im Text selbst nicht Formuliertes vom Rezipienten für die Kohärenzherstellung aufgeboten werden muß." Scherner 1984, 155.

[42] Zu diesem Terminus vgl. Fritz 1982, 10.

[43] Vgl. zu dieser Kritik Fritz 1982, 19.

[44] Fritz 1982, 12.

hang als Fall eines bekannten und explizierbaren Musters erkannt werden muß/kann.

Das Verstehen von Textkohärenz, oder, anders ausgedrückt, das "Sehen von Zusammenhängen" in Texten und zwischen Textelementen ist deshalb immer mit *Fähigkeiten* von Textrezipienten verknüpft; dies bedeutet allerdings auch, daß, da sich Fähigkeiten verändern können, sich mit ihnen auch das Sehen von Textzusammenhängen verändern kann; man kann einen Zusammenhang, je nach dem Stand der Fähigkeiten, mal so und mal so (z.B. besser) sehen.[45] Das Verändern der Fähigkeiten wird meistens sein Fundament in besserem (reicherem) Wissen haben. Zusätzliches Wissen kann durch zusätzliche Texte erworben werden; man kann sich z.B. daran orientieren, wie *andere* den Zusammenhang eines Textes gesehen haben (man orientiert sich dann an Präzedenzfällen). Im Gegensatz zu einem Textrezipienten im Alltagsleben, für den es genügen mag, einen Text *für sich* als zusammenhängend zu sehen, zu erkennen, gibt es, wie in der Rechtsarbeit, Formen des Arbeitens mit Texten, wo Zusammenhänge auch *gezeigt*, d.h. *expliziert* und *begründet* werden müssen. Van Dijk hat darauf aufmerksam gemacht, daß sich das Bemühen von Rezipienten um eine Textinterpretation, und das heißt im spezielleren Fall der Textkohärenz auch: um das Sehen (oder Herstellen) von Zusammenhängen, stark danach richtet, welchen "*funktionellen Relevanzwert*" ein Text bzw. bestimmte Textelemente für einen Rezipienten haben; wichtiger Faktor für die Heranziehung von Wissen ist "die aktuelle Aufgabe und das damit verbundene Ziel des Lesers".[46] Damit ist die Funktion von Sprachdaten für eine bestimmte "Problemlösung" gemeint, z.B. "wenn ein Sprachgebraucher [...] aus eigenem Antrieb oder wegen eines Auftrags bestimmte Informationen braucht, oder dazu aufgefordert wird, für bestimmte Informationen besonderes Interesse zu haben".[47] Das "Verstehen" von Texten bzw. Textzusammenhängen wird dann zu einem Bestandteil der "Arbeit mit Texten", wobei sich "außertextuelle" Aufgabe und textliche Arbeit unlösbar ineinander verschränken können: "Schließlich werden relevante Informationen über Relationen [...] mit den Informationen zusammenhängen, die für die Erfüllung der Aufgabe aufgebaut werden müssen."[48] Der Prototyp eines solchen durch *Aufgaben* (Problemlösungen) geleiteten *Arbeitens mit Texten*, welches die (Text- und Wissens-)Relationen erst *herstellen* muß, welche für

---

[45] "Es sind also normalerweise sowohl Fähigkeiten für den Erfolg des Den-Zusammenhang-Sehens vorausgesetzt als auch für den Erwerb der Fähigkeiten notwendige Anstrengungen, aber weder die Anstrengungen noch die Fähigkeiten sind begrifflich mit diesem Erfolg gleichzusetzen. Allerdings kann der Erfolg in verschiedenen Stufen eintreten. Jetzt sehe ich den Zusammenhang so, später sehe ich ihn so, vielleicht besser. Dabei bedarf es möglicherweise einer Anstrengung, um von dem ersten Verständnis zum zweiten zu gelangen." Fritz 1982, 79.

[46] van Dijk 1980, 194.

[47] van Dijk 1980, 194.

[48] van Dijk 1980, 194.

die Erfüllung der Aufgabe notwendig werden, ist die "Auslegung" und "Anwendung" von *Gesetzestexten* in der Rechtsprechung.

Die Verschiedenartigkeit der Formen des Umgangs mit Texten bringt es mit sich, daß es eine ganze Skala verschiedener Weisen der Herstellung von Textzusammenhängen geben kann. Die juristische Arbeit mit Texten wird dann daraufhin zu untersuchen sein, welche Rolle in ihr das Herstellen von Zusammenhängen zwischen Textelementen spielt, und ob diese Arbeit des Herstellens, Explizierens ("Zeigens") und Begründens von Zusammenhängen noch mit dem Begriff der "Textkohärenz" bezeichnet werden kann. Fritz weist darauf hin, daß sich die Beschreibungen der "grammatischen Indizien für Kohärenz" bei vielen Textlinguisten (meist Satzverknüpfungen wie Kausal-Anknüpfung, Spezifizierung, Exemplifizierung etc.) so lesen, als seien es Zusammenstellungen von *sprachlichen Handlungen*.[49] Dies erinnert uns daran, daß auch die Satzverknüpfungen (wie das Prädizieren und Referieren in der Satzsemantik bei von Polenz) als sprachliche Teil-Handlungen beschrieben werden können.[50] Deutlich sollte bei der Erörterung des Status und der grundsätzlichen Charakteristika von "Kohärenz" daher geworden sein, daß es nicht einmal "vorfindliche Zusammenhänge" und ein andermal "herzustellende Zusammenhänge" von Textelementen gibt, sondern daß das Sehen und Zeigen von Textzusammenhängen (welches z.T. das Nachvollziehen von sprachlichen Handlungen der Satzverknüpfung ist) eine prinzipiell gleichgeartete Weise des Textverstehens ist, welche sich skalenweise möglicherweise nur nach weiteren für die Bestimmung von "Textualität" herangezogenen Kriterien in unterschiedliche Formen des "Umgangs mit Texten" differenziert. Am Ende einer solchen Typologie könnte u.U. die Einsicht stehen, daß abgrenzendes Kriterium zwischen "Text" und anderen Zusammenhängen von Sprachdaten möglicherweise doch nur das *äußerlichste* Kriterium ist, nämlich das *typographische "Zusammenstehen"* von Sprachelementen in einer Druckanordnung.

Nach dieser Erörterung des Status und der grundlegenden Charakteristika von Textkohärenz im Allgemeinen und im Hinblick auf unseren Untersuchungsgegenstand, die Arbeit mit Gesetzestexten, sei noch ein kurzer Blick auf die Behandlung von Inhaltsstrukturen umfassenderer Art in der Textlinguistik geworfen. Relativ breiter Raum wird in den textlinguistischen Arbeiten der Diskussion von Begriffen und Beschreibungsmethoden für Textstruk-

---

49 "Eine Zusammenstellung von Relationen [zwischen Sätzen, D.B.] aus den Listen der verschiedenen Autoren gibt einen Eindruck davon, welche Arten von Zusammenhängen vorrangig erfaßt werden: Kausal-Anknüpfung, Motiv-Anknüpfung, explanative Sinnbeziehung, diagnostische Relation, Temporal-Anknüpfung, Spezifizierung, Exemplifizierung, Einschränkung, Generalisierung, Argumentation mit der Kalkulation des gegenteiligen Faktums. Diese Zusammenstellung liest sich wie eine Liste von sprachlichen Handlungsmustern, speziell solchen, die als jeweils zweites Element in einer Sequenz vorkommen können." Fritz 1982, 51.

50 "Die festgestellten Relationen lassen sich verstehen als abgeleitet von Sequenzen sprachlicher Handlungen." Fritz 1982, 59.

turen höherer Stufe gewidmet. Die zentrale Rolle der Begriffe "*Thema*" und "*thematische Textstruktur*" dabei zeigt, daß die meisten Überlegungen auf diesem Feld stark beeinflußt sind von der klassischen Analyse von umfangreicheren Erzähltexten, wie sie etwa in der Literaturwissenschaft betrieben wird. Als "Thema" eines Textes wird dann z.B. der "Kern des Textinhalts"[51] bezeichnet. In Anlehnung etwa an analytisch verfahrende Textgliederungen, wie sie aus wissenschaftlichen Arbeiten bekannt sind, und an die dabei häufig üblichen Überschriften und Zwischenüberschriften, wird angenommen, daß der Inhalt von Textabschnitten schrittweise zu knappen "Inhaltsangaben" jeweils umfassenderer Stufe zusammengefaßt werden kann bis hin zu einem umfassenden, schlagzeilenartig formulierten "*Textinhalt*". Im propositional ausgerichteten Modell van Dijks werden diese thematischen Strukturen als "*Makrostrukturen*" zwischen "*Makropropositionen*" verschiedener Stufen[52] bezeichnet. Es wird dann angenommen, daß nur solche Satzsequenzen als "Texte" bezeichnet werden können, die über solche thematischen "Makrostrukturen" verfügen,[53] d.h. die stufenweise zu "Makropropositionen" zusammengefaßt werden können.[54] Hier wird das Modell allerdings insofern problematisch, als umgangssprachlich durchaus auch solche Zusammenhänge von Textelementen als (Gesamt-)Text bezeichnet werden, für die eine Formulierung von "Makropropositionen", d.h. von zusammenfassenden Teiltext-Überschriften bzw. Inhaltsangaben nur schwer möglich sein dürfte; dies gilt z.B. gerade für die uns interessierenden Gesetzestexte. Nach van Dijks Modell der "Makrostruktur" müßte ein Gesetz die definierenden Kriterien für "Text" verfehlen, obgleich er an anderer Stelle den Gesetzen durchaus Textqualität zumißt. Das Modell der Makrostruktur, d.h. einer hierarchisch aufgebauten, stufenweise zusammenfassenden Textgliederung, soll zeigen, warum manchmal in unmittelbarer Nachbarschaft (d.h. linearer Verkettung) stehende Textelemente den Rezipienten als inkohärent erscheinen können, weil der Zusammenhang sich erst auf höherer Ebene der Textstrukturierung, d.h. konkret: nach einem Durchlesen längerer Textstrecken und dem dadurch gewonnenen größeren Überblick ergibt.[55] Solche "verstreuten" Textinhalte sind charakteristisch z.B. für literarische Textsorten (Romane), möglicherweise aber auch für argumentative Texte, wenn manche Textelemente

---

[51] Brinker 1985, 51.

[52] Damit meint van Dijk 1980, 41 "Zusammenhänge, die auf dem Text als Ganzem beruhen oder jedenfalls auf größeren Einheiten des Textes".

[53] "Nur die Satzsequenzen, die eine Makrostruktur besitzen, werden wir (theoretisch) als *Texte* bezeichnen." van Dijk 1980, 41.

[54] "Somit kann eine ganze oder Teilsequenz einer großen Anzahl von Propositionen *eine* Bedeutungseinheit auf der globaleren Ebene bilden." van Dijk 1980, 42.

[55] "Makrostrukturen müssen erklären, warum Satzreihen, auch wenn sie den Bedingungen des linearen Zusammenhangs gehorchen, nicht immer intuitiv für den Sprachgebraucher als ein verständlicher und akzeptabler Text gelten." van Dijk 1980, 44.

erst nach anderen Zwischenerörterungen eingeschoben werden (z.B. um einen "Überraschungseffekt" zu erzielen oder zu ähnlichen Zwecken).

Es ist allerdings fraglich, ob beispielsweise die Existenz zusammenfassender Überschriften für einzelne Gesetzesabschnitte schon ein ausreichendes Kriterium dafür darstellt, die durch diese Überschriften jeweils zusammengefaßten Paragraphen als kohärenten "Text" zu bezeichnen. Möglicherweise verfehlt das Modell der "Makrostruktur" (wie der Themabegriff) die spezifischen Bedingungen von Gesetzestexten und muß durch eine eigenständige Charakteristik der Art und Weise, wie mit Gesetzen in der Rechtsarbeit tatsächlich gearbeitet wird, ersetzt werden. Zur Rezeption von Texten, d.h. zum Erkennen ihrer Struktur, ist dann nach van Dijk die Anwendung besonderer "*Makroregeln*" (wie Auslassen, Selektieren, Generalisieren, Konstruieren und Integrieren) notwendig.[56] "Textverstehen" als Verstehen einer Textstruktur kann daher heißen: über einem wahrgenommenen linearen Textverlauf und anzusetzenden Wissensbeständen[57] Zusammenhänge "großräumiger" Ausrichtung zu erkennen, indem Bezüge zwischen Textelementen hergestellt werden, die nicht ohne weiteres in der linearen Verkettung selbst "enthalten" sind. Hier wird wieder deutlich, daß das Erkennen von Textzusammenhängen das Anwenden von Fähigkeiten voraussetzt. Oberhalb der Gliederung eines Textes durch "Makrostrukturen" will van Dijk noch sog. "Superstrukturen"[58] annehmen, womit er globale Strukturen meint, die den Typ eines Textes kennzeichnen. Die Beispiele, die er nennt (Erzählung, Argumentation), deuten zwar darauf hin, daß es sich dabei um diejenigen Erscheinungen handelt, die Brinker als "Formen der Themenentfaltung"[59] erklärt, doch gibt es auch eine Nähe seines Konzepts zu dem, was anderenorts als "Textsorten" bezeichnet wird. Die Tatsache, daß Superstrukturen nach van Dijk "die globale Zuordnung von Textteilen bestimmen" sollen,[60] könnte zwar darauf hindeuten, daß damit durchaus so etwas wie rechtssystematisch (bzw. dogmatisch) hergestellte Zusammenhänge zwischen Textelementen (Paragraphen, Präzedenzurteilen, Kommentarstellen) gemeint sein könnte, doch bezeichnet er gerade Gesetze als solche Texte, welche möglicherweise

---

[56] van Dijk 1980, 43 ff.

[57] "Die Konnexivität [ist] relativ zum *Wissen* von Sprecher wie Hörer gegeben, nicht nur zum speziellen ad-hoc-Wissen in einer bestimmten Situation, sondern auch zum eher allgemeinen, konventionellen Standard-Wissen über die Welt, wie es durch die [...] *Rahmen* organisiert ist." van Dijk 1980, 84.

[58] van Dijk 1980, 128 ff.; "Die Superstruktur ist also eine Art *Schema*, auf welches hin der Text angepaßt wird." (129) - "Eine Superstruktur ist eine Art abstraktes Schema, das die globale Ordnung eines Textes festlegt und das aus einer Reihe von Kategorien besteht, deren Kombinationsmöglichkeiten auf konventionellen Regeln beruhen." (131)

[59] Brinker 1985, 56 ff.

[60] van Dijk 1980, 129.

über keine "Superstrukturen" verfügen.[61] Superstrukturen sind demnach kein notwendiges Merkmal von Texten.[62] Selbst wenn der Hinweis van Dijks auf die Abhängigkeit von "Superstrukturen" von kommunikativen *Kontexten* der Texte[63] darauf hindeuten könnte, daß auch diese globaleren Textstrukturen vom *Umgang* mit den Texten abhängig sind, scheint das Konzept ungeeignet, das juristische Arbeiten mit Gesetzen und die dabei hergestellten Vernetzungen von Sprachdaten zu Entscheidungsgrundlagen praktischer Problemlösungsfälle hinreichend erklären zu können. Eher schon könnte der von de Beaugrande/Dressler gebrauchte Begriff der "*Intertextualität*" für unser Ziel der linguistischen Beschreibung und Erklärung juristischer Arbeit mit Gesetzestexten dienlich sein. Damit bezeichnen die Autoren die Tatsache, daß die Produktion und Rezeption von Texten immer auch von dem Wissen der Beteiligten über *weitere* Texte abhängig sein kann.[64] Dazu gehört nicht nur die Möglichkeit der "Textanspielung",[65] d.h. der explizite oder implizite Hinweis auf andere bekannte oder als bekannt unterstellte Texte in einem zu rezipierenden Text, sondern auch der in einer Textinterpretation hergestellte erklärende Bezug auf andere Texte. Mit ihrem Hinweis darauf, daß Wissen immer nur *durch Vermittlung* angewandt wird, heben sie ein Moment hervor, das gerade für die juristische Arbeit mit Gesetzen zentral ist: daß die institutionell korrekte Deutung und "Anwendung" eines Gesetzesparagraphen nur durch Vermittlung mit anderen erklärenden, deutenden und festlegenden Texten möglich ist. Es wird bei der empirischen Analyse der juristischen Arbeit mit Gesetzestexten zu klären sein, welcher der zuvor behandelten textlinguistischen Begriffe (Kohärenz eines Textes, Intertextualität mehrerer Texte) geeigneter ist, die dort notwendig stattfindende Vermittlung zwischen verschiedenen Texten zu erklären.

Dabei wird es notwendig sein, eine solche hergestellte Vermittlung (Beziehung) zwischen *verschiedenen* Texten von Textrelationen (Kohärenz) innerhalb *desselben* Textes abzugrenzen. Zu einem begrifflichen und methodischen Instrumentarium, welches eine solche Abgrenzung auf gesicherter theoretischer Grundlage erlaubte, hat die bisherige Textlinguistik allerdings so gut wie keinen Beitrag geleistet. Weder wurde das Problem der Text*abgrenzung* nach oben eingehend behandelt (wenn dann nur in dem vom Textbegriff her problematischen Bereich der Gesprächsanalyse) noch kommt das

---

[61] "Umgekehrt gibt es auch Texte, deren Formen auch *institutionell* bestimmt oder festgelegt sind, wie etwa [...] Gesetze, Verträge oder bestimmte Dokumente." van Dijk 1980, 134.

[62] van Dijk 1980, 152.

[63] Vgl. van Dijk 1980, 136.

[64] "Wir haben den Begriff *Intertextualität* [...] eingeführt, um die Abhängigkeiten zwischen Produktion bzw. Rezeption eines gegebenen Textes und dem Wissen der Kommunikationsteilnehmer über andere Texte zu bezeichnen." de Beaugrande/Dressler 1981, 188. Laut Zimmermann 1978, 102 stammt dieser Terminus aber schon von J.L. Houdebine, Premiere approche a la notion du texte. In: Tel Quel, Theorie d'ensemble, Paris 1968, 280.

[65] de Beaugrande/Dressler 1981, 193.

Problem der Intertextualität über den Status der Erwähnung nennenswert hinaus. Der einzige, der sich schon einmal ernsthaft mit diesen Problemen auseinandergesetzt hat, ist Zimmermann, der sich aus seiner Perspektive (der Korpus-Bestimmung für linguistische Textkorpora) heraus damit beschäftigen mußte.[66] Als Abgrenzungskriterien für Texte erwägt Zimmermann kommunikationsorientierte oder textstrukturell orientierte Kriterien. Hinsichtlich der kommunikationsorientierten Kriterien führt er den für unsere Zusammenhänge interessanten Begriff der "Lesekonstellation" als Abgrenzungskriterium ein. Bei Schrifttexten sind durch ihre Erstreckung in Raum und Zeit vielfältige Lesekonstellationen möglich, die in ihren kontextuellen und situativen Bedingungen stark voneinander abweichen können. Lesekonstellationen können insofern ein Kriterium zur Textabgrenzung sein, als nach übereinstimmender Auffassung der Textlinguistik die Bestimmung der "Textualität" von der *Akzeptanz als Text* durch Rezipienten abhängt. Dasjenige, was ein Rezipient als zusammenhängenden und abgeschlossenen Text noch akzeptiert, könnte man dann als einen abgeschlossenen Text bezeichnen; Kriterien wären etwa Unterbrechung des Leseprozesses, Zuwendung zu neuen Textemen u.ä. Allerdings steht die Lesesituation dadurch, daß die materiale Textgestalt eine unhintergehbare Vorgabe des Rezeptionsprozesses ist, doch in einer Wechselbeziehung mit der Textstruktur. Zimmermann schließt deshalb die Kommunikationssituation (Lesekonstellation) als *alleiniges* Kriterium zur Textabgrenzung aus.[67] Wenn man deshalb zu den textstrukturellen Kriterien greift, stellt man allerdings fest, daß diese allein auch nicht als Abgrenzungskriterien für Text taugen.[68] Ihm scheint daher nur der Ausweg möglich, mit allen Kriterientypen zusammen eine heuristische Abgrenzung zu versuchen. Das heißt, daß *inhaltliche* Gesichtspunkte zentral sind.[69] Die Erwähnung der vortheoretischen Kriterien, wie z.B. Druckanordnung, könnte dazu verführen, diese nun als scheinbar deutliche Anzeichen für Textgrenzen zu akzeptieren und das Problem damit für erledigt zu erklären. Ein Blick auf Textsorten wie Fortsetzungsromane, deren in Zeit und Raum verstreute Bestandteile intentional und thematisch zusammengehören, oder schon Texte wie die "Erzählungen aus 1001 Nacht", deren Einzel-Erzählungen auch als eigenständige Texte bestehen könnten, die aber durch einen Rahmen zusammengehalten werden, zeigt jedoch sofort, daß optisch-graphi-

---

66 Zimmermann 1978

67 Er spricht von der "Unmöglichkeit, allein mit textexternen Kriterien eine Abgrenzung zu erreichen. Denn eine Lesekonstellation zerfällt nicht aus sich selbst heraus, die Struktur des Textes selbst markiert vielmehr die Grenze. Wo der Text aufhört [...], da zerfällt die Lesekonstellation." Zimmermann 1978, 106.

68 Zimmermann 1978, 108.

69 "Es scheint, daß man im augenblicklichen Stadium der Methoden der Textabgrenzung um eine hermeneutisch-sinnverstehende Abgrenzung bei Angabe der vortheoretischen Kriterien nicht herumkommt." Zimmermann 1978, 109.

sche Textabgrenzungssignale niemals allein eine Textgrenze bestimmen können.[70]

Wendet man diese Beobachtungen auf Gesetzestexte an, dann kann man z.B. feststellen, daß einzelne Paragraphen eines Gesetzes wohl nicht allein bestehen können (anders bei Gesetzesabschnitten), daß sie intentional zusammengehören und durch einen inhaltlichen wie äußeren Rahmen zusammengehalten werden. Allerdings sind "Intentionalität" und "Rahmen" derart allgemeine Kriterien, daß z.B. auch der durch den Textarbeiter im Entscheidungsprozess hergestellte Zusammenhang einzelner, verstreuter, u.U. aus verschiedenen Gesetzen (Kommentaren, Urteilen) stammender Bestimmungen, in gewissem Sinne durchaus als "durch einen Rahmen zusammengehalten", und, insofern die normative Systematik als vom Gesetzgeber gewollt betrachtet wird, auch als "intentional zusammengehörig" betrachtet werden kann (jedenfalls ist so die Begründungsargumentation der Rechtstheoretiker). Insofern ein bestimmter Paragraph allein keine Handlungsanweisung für einen Entscheidungsfall geben kann, sondern notwendig ein anderer Paragraph hinzugezogen werden muß, besteht nicht nur im Hinblick auf die Kohärenz des Gesetzestextes selbst (als Druckanordnung und intentionales, legislatives Ganzes), sondern auch auf den Zusammenhang des Entscheidungstextes die Tatsache, daß der einzelne Paragraph "nicht alleine bestehen" kann. Ähnliches gilt im Verhältnis von Gesetz und Kommentar: Sowohl kann der Kommentar nicht alleine bestehen; er ist notwendig auf den Gesetzestext angewiesen, ohne den er nicht verstanden werden kann - deshalb werden in den Kommentaren die Gesetzesparagraphen stets mit abgedruckt; Gesetz und Kommentar werden aber auch durch einen Rahmen (hier: ein institutioneller bzw. Handlungsrahmen) zusammengehalten - ihre optisch-graphische Kopräsenz in der Druckanordnung ist ein Indiz dafür; schließlich gehören Gesetz und Kommentar, wenigstens von den Verfassern der Kommentare aus gesehen, auch intentional zusammen. Ob diese intentionale Zusammengehörigkeit auch vom "Gesetzgeber" aus zugestanden werden kann, ist unklar; dafür spricht jedenfalls, daß die gängige institutionelle Praxis, Entscheidungen auch ganz offiziell in Gerichtsurteilen mit Zitaten aus Kommentaren zu begründen, und die Tatsache, daß diese Praxis unwidersprochen bleibt, d.h. daß vom "Gesetzgeber" diese Zusammengehörigkeit jedenfalls nicht als systemwidrig angesehen wird (siehe den Verweis auf "Gesetz und Recht" im Grundgesetz). Ein Grund dafür ist vielleicht, daß Kommentare sich ihrerseits wesentlich auf Gerichtsentscheidungen beziehen. Auch im Verhältnis von Kommentaren zu Urteilstexten besteht eine Zusammenhangsrelation; weder kann ein Kommentar völlig ohne Verweise auf

---

[70] "Auch das Druckanordnungskriterium (das ja nicht inhaltlich arbeitet) kann weder Fortsetzungsserien noch z.B. optisch bewußt getrennte Inhaltsbereiche, die aber intentional zusammengehören, erfassen. [...] Ein altes und bekanntes Beispiel sind die Erzählungen aus 1001 Nacht, die durchaus alleine bestehen können, aber die durch einen Rahmen zusammengehalten werden." Zimmermann 1978, 109.

Urteile auskommen (in den entscheidungsrelevanten Aspekten dürften die Inhalte aus Urteilstexten sogar überwiegen); ein Rahmen ist insofern gegeben, als Urteilstexte in Kommentaren zitiert werden; und die intentionale Zusammengehörigkeit besteht wenigstens von den Autoren der Kommentartexte aus. All diese Beobachtungen zeigen, daß zwischen Gesetzen, Kommentaren und Urteilen jedenfalls enge textuelle Beziehungen bestehen, die es schwer machen zu entscheiden, ob hier *ein* einheitlicher Text oder eine Relation der Intertextualität zwischen *verschiedenen* Texten besteht.

Zimmermann versucht es dennoch mit strukturellen Kriterien: "Ein Text kann danach als abgegrenzt gelten, wenn die funktional aufeinander bezogenen Elemente kein offenes Komplement mehr haben."[71] Er bezieht sich hier auf Kohärenz-Kriterien, wie sie in der Textlinguistik am sprachlichen Material (ausdrucksseitig, "grammatisch") entwickelt wurden. Problematisch ist allerdings der Ausdruck "kein offenes Komplement"; unsere Analyse von Kohärenzmerkmalen in Gesetzestexten im folgenden Abschnitt wird zeigen, daß es nachweisbare Kohärenz-Relationen in Gesetzen zwar gibt, jedoch ist nicht sicher, ob diese Kriterien allein, gegenüber dem tatsächlichen Arbeiten mit den Texten, als Abgeschlossenheitskriterium taugen. Wann ist der Bezug eines Textems zu anderen Textemen "geschlossen", wann "offen"? Zählen nur "grammatische" Kriterien, d.h. die materiale Sprachgestalt, zählen semantische Kriterien, oder zählt die Interpretationspraxis, die durchaus notwendige Zusammenhänge zu ganz entfernten Paragraphen (auch aus anderen Gesetzen) herstellt? Und wie ist es, wenn in einem Paragraphen ein Paragraph eines anderen Gesetzes zitiert wird? All diese Überlegungen zeigen, daß textlinguistische Kriterien am Beispiel der Arbeit mit Gesetzestexten überall an die Grenzen ihrer Beschreibungs- und Erklärungskraft stoßen. Semantische Kriterien, wie sie z.B. vom Isotopie-Konzept angeboten werden, schließt Zimmermann als ungeeignet für Abgrenzungszwecke aus.[72] Textrelationen wie etwa die zwischen Gesetz und Kommentar sind mit diesem Konzept nicht beschreibbar:[73]

> "Die Konzeption der Isotopie verlangt Rekurrenz von Semen und Klassemen. Dies kann häufig für die angeführten Fälle angenommen werden. Das Problem liegt jedoch darin, 1. daß dies nicht immer der Fall sein muß, 2. daß bei der Überschreitung der Textgrenze und gleichzeitiger Beibehaltung der Isotopie-Definition, eine unerwünschte Menge von Texten als isotop, als aufeinanderbezogen gelten würden, die nur zufällig gleiche Seme und Klasseme aufweisen."

Zimmermann versucht dann eine Definition der semantischen Textrelation zu geben, der zufolge Texte dann untereinander semantisch isotop sind, wenn

---

[71] Zimmermann 1978, 111.

[72] "Solche Phänomene [...] sind mit der bislang vorliegenden Isotopie-Konzeption nicht beschreibbar, 1. weil die Definition der Isotopie zu eng ist: die Rekurrenz der Seme und Klasseme ist auf aufeinanderfolgende Sätze beschränkt, und 2. weil das Applizierungsobjekt beschränkt ist auf Satzfolgen mit unreflektierter Textgrenze. [...] Per Definitionem gibt es nur Isotopie innerhalb von Texten." Zimmermann 1978, 115 f.

[73] Zimmermann 1978, 116.

die Texte in einem "funktionalen Verhältnis" zueinander stehen derart, daß diese Funktion "eine Textbezugsmodalität der Art wie Ironie, Zitat, freie Wiedergabe, Kommentar u.ä." ist.[74] Diese Bestimmung taugt jedoch nicht als Definition, da sie zum einen mit dem "funktionalen Verhältnis" ein Definiens benutzt, das seinerseits unerklärt bleibt, und da sie andererseits zirkulär ist, indem sie das, was es zu definieren gilt, mit dem Begriff der "Textbezugsmodalität" wie "Kommentierung" u.ä. inhaltlich schon voraussetzt. Unser Wissen, was "Kommentar", "Kommentieren", "Zitat", "Zitieren" heißt, setzt ja gerade den erst zu definierenden Textzusammenhang als schon bestehend voraus. All diese Überlegungen zeigen, daß eine rein theoretische, allein mit linguistischen Mitteln arbeitende Abgrenzung von Texten nicht möglich ist. Entscheidend ist daher, wie Zimmermanns Hinweis auf die "funktionalen Verhältnisse" zeigt, doch der Umgang mit den Texten selbst, der nur durch gemeinsame linguistisch-soziologische Analyse näher bestimmt werden kann, bzw. da, wo es eine derart eigenständige Institution wie das Recht betrifft, durch eine Analyse unter juristischen, linguistischen und soziologischen Aspekten zugleich.

Textuelle Relationen wie die Beziehung von Gesetz zu Kommentar und Kommentar zu Urteilen sind zwar äußerlich gesetzt (im Schrifttext der Kommentare, welche die Gesetze und Urteile zitieren), aber diese äußerlichen Kriterien sind historisch wohl sekundäre Niederschläge von vorher bestehenden funktionell-praktischen Bezügen.[75] *Intra*-Textualität, d.h. Bezüge, welche aufgrund verschiedener Kriterien noch als Bezüge *eines* Textes bezeichnet werden können, gehen daher unmerklich in *Inter*-Textualität, d.h. Textinteraktionen[76] zwischen *verschiedenen* Texten, über, ohne daß eine genaue Grenze dazwischen festgelegt werden könnte. Zimmermann weist zu Recht darauf hin, daß Texte immer andere Texte voraussetzen, und sei es auch nur in Form des Wissens der Textbenutzer; auf den engen Zusammenhang zwischen Textkohärenz und Wissen haben wir ja schon hingewiesen. Insofern ist, in einem weiteren Sinne, jeder Text immer in einem Netz von intertextuellen Bezügen verortbar:[77]

> "Jede Produktion eines Textes setzt die Lektüre anderer Texte voraus. Der Spracherwerb läuft u.a. mittels der Rezeption von Äußerungen ab. Der Code wird aus diesen Texten

---

[74] Zimmermann 1978, 116.

[75] Darauf hat Biere 1989, 263 hingewiesen: "Schriftliche Formen ursprünglich durchaus mündlich vorgestellter Erläuterungen, Relikte der Mündlichkeit im schriftkonstituierten Text, finden wir beispielsweise im Kontext von Gesetzgebung und Rechtsprechung, wo ein ursprünglich mündliches Prinzip mit zunehmender Differenzierung und Verkomplizierung von Rechtsverhältnissen zugunsten der Schriftlichkeit weitgehend zurückgedrängt wird, ohne daß dieses Prinzip jedoch (wie der Term 'Rechtsprechung' selbst noch zeigt) völlig aufgegeben worden wäre: Gesetzeskommentare, Ausführungsbestimmungen usw. sind letztlich Substitute mündlicher Erklärungssituationen. Hier [entstehen] separate 'komplementäre' Texte bzw. Textsorten, die genuin mündliche Funktionen auf der Ebene der Schriftlichkeit repräsentieren."

[76] Zimmermann 1978, 116.

[77] Zimmermann 1978, 186 f.

extrapoliert. Jeder Text ist in vermittelnder Verbindung zu vorangehenden Texten, sowohl was die Inhaltsform als die Ausdrucksform, als auch die pragmatische Seite betrifft. Somit ist jeder Text eine Antwort auf vorangehende Texte bzw. Äußerungen."

Zimmermann wählt daher eine fundamental ansetzende, sehr weite Definition der Intertextualität:[78]

"Intertextualität auf der Ebene des Inhalts liegt vor, wo auf die Referenz, die Bedeutungen denotativer und konnotativer [hier fehlt wohl: Art, D.B.] und auf die Aussage anderer Texte Bezug genommen wird. Dieser Bezug kann sich [...] auf affirmative, differenzierende, pervertierende, kontextverändernde, komplexierende, aber auch neu einführende (u.a. bei Referenzen) Weise manifestieren. Man kann zitieren, plagiieren und kommentieren."

Die angegebenen Kriterien sind auf die Relation zwischen den drei im Recht entscheidungsrelevanten Textsorten *Gesetz*, *Kommentar* und *Urteilstexte* übertragbar: Gesetzesbedeutungen werden in Kommentaren (aber auch in Urteilen) differenziert, definiert und u.U. komplexiert. Urteile und ihnen folgend Kommentare können die Kontexte von Paragraphen verändern, indem sie neue systematische Beziehungen herstellen, aber auch alte Paragraphen in neuen Sachzusammenhängen anwenden. Zugleich besteht eine der wichtigsten Funktionen von Urteilstexten (und danach Kommentaren) darin, die "Referenzen", d.h. den Gegenstandsbereich, auf den ein Paragraph "anwendbar" ist, zu erweitern (d.h. neue Referenzobjekte einzuführen). In diesem Sinne besteht zwischen Gesetz und Kommentar, Kommentar und Urteil, Urteil und Gesetz eine enge intertextuelle Relation. Die Praxis der Herstellung solcher Relationen zwischen Texten wird zu zeigen haben, ob das Moment der Intertextualität überwiegt, oder ob diese so weit geht, daß man etwa von einem "Entscheidungstext", d.h. einem für eine Gerichtsentscheidung hergestellten Zusammenhang zwischen verschiedenen Rechtsquellen, als *einem* Text sprechen kann.

2.2 Textkohärenz bei Gesetzestexten: Beispielanalysen

An einigen Beispielen aus Gesetzestexten soll im folgenden gezeigt werden, in welcher Form "Textkohärenz" bei Gesetzen eine Rolle spielt und wie sie sprachlich realisiert wird. Da es hier zunächst um nicht mehr geht, als eine Demonstration textlinguistischer Arbeitsweisen an juristischen Textbeispielen, habe ich mich weitgehend auf einige willkürlich herausgegriffene Beispiele aus dem *Bürgerlichen Gesetzbuch* (BGB) beschränkt. Als Ausgangsbeispiel soll uns dabei der § 571 BGB dienen, an dem einige Formen der Herstellung von Textzusammenhängen aufgezeigt werden können, wie sie für Gesetzestexte typisch sind:

§ 571. [Veräußerung bricht nicht Miete] (1) Wird das vermietete Grundstück nach der Überlassung an den Mieter von dem Vermieter an einen Dritten veräußert, so tritt der Erwerber an Stelle des Vermieters in die sich während der Dauer seines Eigentums aus dem Mietverhältnis ergebenden Rechte und Verpflichtungen ein.

---

[78] Zimmermann 1978, 187.

(2) [1]Erfüllt der Erwerber die Verpflichtungen nicht, so haftet der Vermieter für den von dem Erwerber zu ersetzenden Schaden wie ein Bürge, der auf die Einrede der Vorausklage verzichtet hat. [2]Erlangt der Mieter von dem Übergange des Eigentums durch Mitteilung des Vermieters Kenntnis, so wird der Vermieter von der Haftung befreit, wenn nicht der Mieter das Mietverhältnis für den ersten Termin kündigt, für den die Kündigung zulässig ist.

Zunächst ist von der äußeren Form her (Druckanordnung) zu erkennen, daß die Textproduzenten offenbar von einem weitgehend eigenständigen Teiltext ausgehen: Der Gesetzestext ist in getrennte, einzeln durchnumerierte Paragraphen eingeteilt, die zudem typographisch, d.h. durch einen größeren Zeilenabstand, von den Vor- und Folge-Paragraphen abgesetzt sind. Dazu gibt es eine (in Klammern gesetzte) Überschrift des Paragraphen, die dessen Inhalt kurz skizziert. Ein solcher Paragraph kann damit als ein selbständiger Teiltext innerhalb eines umfassenderen Gesamttextes betrachtet werden. Wie groß die "Selbständigkeit" dieses Teiltextes in der juristischen Arbeit mit dem Text (d.h. in richterlichen Entscheidungen, die mit diesem Text operieren) tatsächlich ist, kann an dieser Stelle nicht festgestellt werden, da es einer Analyse der konkreten Ausformung dieser Textarbeit bedarf. Für den Laien jedenfalls wird der Eindruck der Selbständigkeit zunächst nicht beeinträchtigt. Als weitere Information könnte aus textlinguistischer Sicht interessant sein, daß dieser Teiltext eingeordnet ist in eine systematische Gliederung des "Gesamttextes" des BGB, nämlich in einen der insgesamt sechs Großabschnitte ("Bücher") mit dem Titel "*Recht der Schuldverhältnisse*" (Zweites Buch). Dieser Großabschnitt ist wiederum in mehrere kleinere Abschnitte eingeteilt; § 571 steht im 7. Abschnitt "*Einzelne Schuldverhältnisse*" und dort in einer weiteren Untergliederung im "*Dritten Titel. Miete. Pacht*". Die Verfasser des BGB haben also den Versuch gemacht, die komplexe Materie des Zivilrechts wenigstens äußerlich in eine einigermaßen systematische Gliederung zu bringen; ob diese äußere Gliederung auch der inneren Gliederung in der juristischen Arbeit mit dem BGB entspricht, kann an dieser Stelle nicht entschieden werden. Den einzelnen inhaltlich aufgegliederten "Büchern" des BGB steht der sogenannte "*Allgemeine Teil*" (Erstes Buch) gegenüber, in dem grundsätzliche Rechtsverhältnisse behandelt werden, die für die Anwendung der einzelnen Paragraphen des "*Besonderen Teils*" wichtig sein können.

Der § 571 ist in sich noch einmal in zwei deutlich voneinander abgesetzte Absätze gegliedert, so daß vermutet werden kann, daß er als Teiltext über eine innere Textstruktur mit Kohärenzmerkmalen verfügt. Da der Paragraph keinen erkennbaren unmittelbaren Zusammenhang mit den Vorparagraphen hat (allerdings insofern in einem größeren inhaltlichen Zusammenhang steht, als es in diesem - äußerlich nicht gesondert gekennzeichneten - Teil-Abschnitt im wesentlichen um Kündigungsrechte von Vermietern und Mietern geht), muß zunächst untersucht werden, wie die Bezugsstellen des Textes eingeführt werden. Hier fällt auf, daß gleich die erste Bezugsstelle "*das vermietete Grundstück*" mit einem bestimmten Artikel *("das")* eingeführt wird. Nach textlinguistischen Forschungsergebnissen bedeutet der Gebrauch des bestimmten Artikels regelmäßig, daß hier auf etwas Bezug genommen wird, das in das Textuniversum schon eingeführt worden ist (daß also ein *Wieder*bezug stattfindet); die Einführung eines neuen Bezugsgegenstandes dagegen geschieht regelmäßig durch Gebrauch des unbestimmten Artikels (*"ein"*, *"eine"*).[79] Allerdings taucht im unmittelbaren Vortext des Paragraphen (d.h. innerhalb des Unterabschnitts) keine explizite Einführung von "*Grundstück*" mit unbestimmtem Artikel auf. Eine Vor-Erwähnung von "*Grundstück*" mit unbestimmtem Artikel findet sich nur an einer weit entfernten Stelle, nämlich im *Allgemeinen Teil* § 94, wo einige allgemeine Aspekte der rechtlichen Behandlung von Grundstücken eingeführt werden. Der bestimmte Artikel an dieser Stelle könnte in Verbindung mit dem Adjektiv-Attribut "*vermietet*" auch so gedeutet werden, daß die Textproduzenten den Bezug auf gemietete Grundstücke (als Spezifizierung der vorerwähnten allgemeineren Bezugsgröße "*vermietete Sache*") durch den Kontext als gegeben (d.h. textuell eingeführt) voraussetzen. Da allerdings auch dieser Bezugsgegenstand schon im ersten Paragraphen (§ 535) des Abschnitts über Miete nur mit bestimmtem Artikel erwähnt wird, kann bei dieser Bezeichnungsform von einer textsortentypischen Ausdrucksweise ausgegangen werden, welche Bezugsgegenstände der Paragraphen als kontextuell immer schon gegeben behandelt. Diese Formulierungstechnik könnte ihren Grund auch darin haben, daß zu einem Gesetzesparagraphen ja nur dann "gegriffen" wird, wenn der Bezug auf eine Sache (also im weiteren Sinne ein Bezugsgegenstand) durch den zu entscheidenden Fall kontextuell bzw. situativ schon vorliegt. Das zur ersten Bezugsstelle Gesagte gilt dann auch für die zweite ("*Mieter*") und dritte ("*Vermieter*") Bezugsstelle des Paragraphen.

Eine explizite Neueinführung einer Bezugsstelle liegt allerdings vor in der Formulierung "*an einen Dritten veräußert*". Während *Mieter* und *Vermieter* Bezugsstellen sind, welche durch den als Teil des Alltagslebens aller erwachsenen Leser und Leserinnen allgemein bekannten Bezugsrahmen "*Mietverhältnis*" Teil des allgemeinen Wissens der Beteiligten sind, ist die explizite Einführung des "*Dritten*" durch unbestimmten Artikel hier wohl deshalb notwendig, weil es sich um eine im Satzzusammenhang neue und zusätzliche Bezugsgröße handelt. Die Textlinguistik hat unter Begriffen wie "Thema-Rhema-Gliederung", "topic-comment-Struktur" oder Verhältnis von "given" und "new" dieses Phänomen behandelt,[80] daß innerhalb eines Aussagerahmens der Satzakzent (inhaltlich gesehen) meist so verteilt ist, daß durch die Anordnung der Satzteile (welche in Satzbauplänen des Deutschen innerhalb eines gewissen Spielraums variabel ist) bestimmte Bezugsstellen als das "Thema", d.h. der eigentliche "Gegenstand" des Satzes gekennzeichnet werden, über den nun etwas "zusätzliches", "neues" ausgesagt ("Rhema") wird. Als Folge dieser satzinternen Gliederungsweise ist es anscheinend unver-

---

79 Vgl. Brinker 1985, 28 ff.

80 Vgl. Brinker 1985, 44 ff.

meidbar, eine Bezugsstelle, welche zu dem vorhandenen Bestand (den "thematischen" Bestandteilen des Bezugsrahmens "*Mietverhältnis*") hinzutritt, durch unbestimmten Artikel explizit als neu einzuführen. Da zum Bezugsrahmen "*Mietverhältnis*" zunächst ein Erwerber nicht dazugehört, muß diese Bezugsgröße explizit eingeführt werden. Anscheinend ist dieser Formulierungszwang an dieser Position innerhalb eines Satzrahmens größer, als zu Beginn eines abgetrennte Teiltextes (des Paragraphen), wo die explizite Einführung durch unbestimmten Artikel wie gesehen entbehrlich war. Man kann diese Stelle auch als "Scharnier" auffassen, wo an einen bekannten, textuell bereits eingeführten Bezugsrahmen ("*Mietverhältnis*") ein neuer Bezugsrahmen ("*Hauskauf*") angeschlossen wird. (Daß Bezugsrahmen dieser Art sich mit der Zeit wandeln, also von der je spezifischen gesellschaftlichen Situation abhängig sind, sieht man daran, daß hier nur "*Grundstücke*" als veräußerte Sachen, welche Mietverhältnisse berühren können, eingeführt werden, während es heutzutage sicher häufig um Eigentumswohnungen gehen wird, die zur Zeit der Formulierung des BGB offenbar noch nicht üblich bzw. bekannt waren.) Die zunächst abstrakt eingeführte, lediglich in ihrem Verhältnis zum thematischen Bezugsrahmen "*Mietverhältnis*" ("*einen Dritten*") charakterisierte Bezugsgröße wird dann im zweiten Halbsatz durch Einführung eines Begriffs ("*der Erwerber*") näher spezifiziert. Wir haben hier ein typisches Beispiel für die Wiederaufnahme eines Bezugsgegenstandes durch semantische Variation des Bezugsausdrucks;[81] der Vorgang, welcher im ersten Hauptsatz noch verbal, d.h. durch eine vollständige Prädikation ausgedrückt wurde ("*das vermietete Grundstück ... von dem Vermieter an einen Dritten veräußert*"), wird hier fokusartig in dem Ausdruck "*Erwerber*" zusammengefaßt. Auf diese Bezugsgröße kann dann im Folgetext (Absatz 2) durch Rekurrenz des Bezugsausdrucks referiert werden. Daß der Bezug im Folgetext durch reine Rekurrenz (also Wiederholung) des Bezugsausdrucks geschieht, kann dem textsortentypischen Zwang zu größtmöglicher Explizitheit bei Gesetzestexten geschuldet sein.

Gleichfalls nicht explizit eingeführt wird die Bezugsgröße "*die sich während der Dauer seines Eigentums aus dem Mietverhältnis ergebenden Rechte und Verpflichtungen*". Da sich eine explizite Nennung und Einführung der "*Rechte und Verpflichtungen*" mit Bezug auf den hier angesprochenen Zusammenhang im Vortext des Paragraphen nicht findet, kann darauf geschlossen werden, daß es sich hier um eine typische Form eines pauschalierenden Textverweises handelt, mit dem durch Einführung von allgemeinen Sammel-Ausdrücken zusammenfassend auf alles Bezug genommen wird, was im Vortext (evtl. auch in anderen Texten, deren Kenntnis vorausgesetzt wird) unter diese Sammelnamen "subsumiert" werden kann (hier in §§ 535 ff.). Um den allgemeinen Ausdruck also mit konkretem Inhalt zu füllen, reichen die Sprachkenntnisse der Alltagssprache nicht aus; vielmehr werden hier komplexe und

---

[81] Vgl. Brinker 1985, 29 ff.

genaue Kenntnisse dessen vorausgesetzt, was diesem Sammelnamen zugeordnet werden kann, über die wohl nur ausgebildete Juristen verfügen. Zumindest wäre es, um diesen Sammelausdruck mit konkretem Inhalt zu füllen, notwendig, aufwendige Textrecherchen zu unternehmen, um durch Durchlesen des gesamten BGB (bzw. seiner relevanten Abschnitte) herauszufinden, welche "*Rechte und Verpflichtungen*" hier gemeint sein könnten. Diese Kohärenzherstellung, die, wie man leicht sehen kann, an dieser Textstelle zum "Verstehen" der Formulierung unabdingbar notwendig ist, ist dann möglicherweise nicht mehr durch ein bloßes "Interpretieren" zu leisten, sondern erfordert wahrhaft eine "Arbeit" mit dem Text. Auch wenn ein fiktiver Leser das gesamte BGB "durcharbeiten" würde, könnte es immer noch sein, daß er die Konkretisierung dieses Sammelausdrucks nicht in rechtlich einwandfreier Weise vornehmen kann (weil etwa Textstellen aus weiteren Gesetzestexten hinzutreten). Wir haben hier ein Beispiel dafür, daß "Textkohärenz", oder sogar "Intertextualität" mit dem notwendigen "Wissen" derart verflochten sind, daß ein Laie gar nicht entscheiden kann, ob das zum Verständnis notwendige Wissen durch reine Textarbeit (d.h. durch Herstellung von Textbezügen, welche das notwendige Wissen herbeischaffen sollen) überhaupt erworben werden kann. Es kann vermutet werden, daß das hier zum Verstehen notwendige Wissen selbst schon in - fachlichen - "Wissensrahmen" (z.B. über "*Rechte und Pflichten aus Mietverhältnissen*") konstituiert ist, die von den Textproduzenten bei den Rezipienten schlicht als gegeben vorausgesetzt werden. Man kann dieses Textbeispiel auch als Beweis dafür ansehen, warum der von den Verfassern des BGB so proklamativ vor sich hergetragene Anspruch einer "allgemeinverständlichen", in guter deutscher Schriftsprache verfaßten Gesetzesformulierung notwendig scheitern mußte: weil die Verfasser selbst so viel alltagsfremdes Wissen implizit voraussetzen (und die Tatsache, daß sie dies tun, anhand ihrer eigenen Formulierungen bewiesen werden kann), daß ein Verständnis durch Laien gar nicht mehr möglich ist.

Mit dem Ausdruck "*die Verpflichtungen*" zu Beginn des zweiten Absatzes von § 571 wird auf den komplexen Ausdruck "*die sich während der Dauer seines Eigentums aus dem Mietverhältnis ergebenden [...] Verpflichtungen*" Bezug genommen. Durch diese Verweisung (die ebenso durch die Wiederaufnahme von "*der Erwerber*" gestützt wird) wird der Textzusammenhang (die Kohärenz) zwischen dem ersten und zweiten Absatz des Paragraphen explizit gemacht. In diesem Fall liegt eine elliptische Wiederaufnahme durch "partielle Rekurrenz"[82] des Bezugsausdrucks vor. Die Wiederaufnahme des Ausdrucks "*der Vermieter*" im zweiten Absatz ist ein Beispiel dafür, daß auch in diesem Minitext (des isolierten § 571) von einer (durch den Text konstituierten) "Textwelt" gesprochen werden kann. Im Zusammenhang des durch den Paragraphen gebildeten Textes ist völlig klar, wer mit dem Ausdruck "*Vermieter*" gemeint ist. Es handelt sich um eine Bezugsstelle im bekannten Be-

[82] Vgl. zu diesem Terminus de Beaugrande/Dressler 1981, 60.

zugsrahmen *"Mietverhältnis"*; diese Bezugsstelle ist nun aber im vorliegenden Text nicht als bloße Position in einem allgemeinen Rahmen eingeführt, sondern sie bekommt eine besondere Ausgestaltung dadurch, daß diese Bezugsstelle durch Anschluß des Rahmens *"Grundstückskauf"* an den zuerst genannten Rahmen *"Mietverhältnis"* mit einer weiteren Rolle versehen wird: es handelt sich um den *"Vermieter"* aus dem ersten Rahmen, d.h. vor Verkauf des Grundstücks. Eigentlich, d.h. prinzipiell gesehen wäre im zweiten Absatz, da ja von Rechtsverhältnissen nach bereits erfolgtem Verkauf eines Mietobjektes gesprochen werden soll, der im ersten Absatz als *"Erwerber"* benannte *"Mitspieler"* gegenüber dem *"Mieter"* nunmehr selbst zum *"Vermieter"* geworden. Um nun keine zusätzlichen Verwirrungen durch den Wechsel der Positionen in der hier behandelten "Geschichte" (welche die Verschränkungen innerhalb zweier Bezugsrahmen behandelt) entstehen zu lassen, d.h. um das Verstehen des Textes nicht zu gefährden, wird die im ersten Absatz eingeführte Bezugsstelle *"Vermieter"* im zweiten Absatz mit demselben (auf den Bezugsrahmen *"Mietverhältnis"* bezogenen) Ausdruck *"Vermieter"* wiederaufgenommen, obwohl streng genommen nunmehr der *"Erwerber"* (innerhalb des Bezugsrahmens *"Mietverhältnis"*) in die Position des *"Vermieters"* eingerückt sein müßte. Die Art der Formulierung hat ihren Grund darin, daß in diesem Paragraphen nicht der Bezugsrahmen *"Mietverhältnis"* das "Rhema", d.h. den eigentlichen "Informationsgehalt" darstellt, sondern der Bezugsrahmen *"Veräußerung eines Mietobjekts"*. Darum wird die einmal eingeführte Benennung der "Mitspieler" in dieser "Geschichte" beibehalten. Der eigentliche Inhalt des Paragraphen sind ja nicht allein alltagsweltliche Verhältnisse (d.h. hier: Mietverhältnisse zwischen realen Personen), sondern rechtliche Verhältnisse (z.B. zwischen Verkäufern, Erwerbern und Mietern eines Mietobjektes), die es hier zu klären gilt. Insofern werden die auch alltagsweltlich interpretierbaren Rahmen *"Mietverhältnis"* und *"Grundstückskauf"* überlagert von einem neuen, in diesem Paragraphen teilweise neu konstituierten rechtlichen Rahmen *"Haftungsverhältnisse bei Veräußerung von Mietobjekten"*.

Die im ersten Satz des zweiten Absatzes von § 571 verwendete Formulierung *"wie ein Bürge, der auf die Einrede der Vorausklage verzichtet hat"* stellt eine Verweisung auf einen anderen Paragraphen des BGB dar, nämlich auf den viel (35 Seiten) weiter hinten erscheinenden § 771:

> **§ 771. [Einrede der Vorausklage]** Der Bürge kann die Befriedigung des Gläubigers verweigern, solange nicht der Gläubiger eine Zwangsvollstreckung gegen den Hauptschuldner ohne Erfolg versucht hat (Einrede der Vorausklage).

Die in § 571 implizit formulierte Vorausverweisung bekommt durch ihren formelhaften Charakter (Verwendung des komplexen juristischen Fachterminus *"Einrede der Vorausklage"*) allerdings für diejenigen Leser, die über das notwendige juristische Fachwissen verfügen, expliziten Charakter. Die formelhafte Ausdrucksweise läßt auch gegenüber einem Laien bald erkennen, daß es sich hierbei um einen Querverweis auf einen anderen Paragraphen des Gesetzes handelt; dank der exzellenten Register, die den gängigen Gesetzessammlungen beigefügt sind (auch ich habe sie selbstverständlich benutzen müssen) können die Leser durch Nachschlagen der in § 571 verwendeten Ausdrücke (hier: *"Einrede"* mit Unterspezifizierungen) schnell und problemlos herausfinden, auf welchen Paragraphen hier angespielt wird. Durch diesen expliziten Querverweis wird ein Textzusammenhang (Kohärenz) zwischen § 571 und § 771 hergestellt; erst der durch die Kohärenz hergestellte neue Gesamt-Text (beider Paragraphen) kann den vollen Inhalt von § 571 Absatz 2 ergeben. Eine weitere *implizit formulierte*, aber durch Voraussetzung eines bei den Rezipienten als selbstverständlich vorhanden unterstellten Wissens *explizit gemeinte* Verweisung findet sich im zweiten Satz von Absatz 2 des § 571, wo mit der Formulierung *"für den ersten Termin ..., für den die Kündigung zulässig ist"* auf den Paragraphen verwiesen wird, in dem die Fristen für die Kündigung von Mietverhältnissen festgelegt sind (§ 565 BGB). Allerdings gibt es in Gesetzestexten häufig auch explizite Querverweise mit Angabe der Nummer des Paragraphen, auf den verwiesen wird. So wird in § 577 BGB auf andere Paragraphen desselben Gesetzes verwiesen, die hier durch die stereotype Formulierung *"finden entsprechende Anwendung"* zum inhaltlichen Bestandteil dieses Paragraphen gemacht werden:

> **§ 577 [Belastung des Mietgrundstücks]** [1]Wird das vermietete Grundstück nach der Überlassung an den Mieter von dem Vermieter mit dem Rechte eines Dritten belastet, so finden die Vorschriften der §§ 571 bis 576 entsprechende Anwendung, wenn durch die Ausübung des Rechtes dem Mieter der vertragsmäßige Gebrauch entzogen wird. [...]

Ein Querverweis kann statt zur Erweiterung des Inhalts eines Paragraphen auch zur Abgrenzung dienen, wie § 953 BGB zeigt:

> **§ 953. [Grundsatz]** Erzeugnisse und sonstige Bestandteile einer Sache gehören auch nach der Trennung dem Eigentümer der Sache, soweit sich nicht aus den §§ 954 bis 957 ein anderes ergibt.

Jedoch ergibt sich bei beiden Verfahrensweisen erst aus dem gemeinsamen Text aller so in Zusammenhang gebrachten Paragraphen der eigentliche Inhalt der Rechtsnorm. Neben den gezeigten Verweisen auf Paragraphen *desselben* Gesetzes gibt es aber auch Verweise auf Paragraphen *anderer* Gesetze. So wird etwa in § 557 Absatz 3 BGB auf zwei Paragraphen der *Zivilprozeßordnung* verwiesen, die dadurch dem BGB-Paragraphen inhaltlich angeschlossen werden:

> Wird dem Mieter von Wohnraum nach § 721 oder 794a der Zivilprozeßordnung eine Räumungsfrist gewährt, so ist er für die Zeit von der Beendigung des Mietverhältnisses bis zum Ablauf der Räumungsfrist zum Ersatz eines weiteren Schadens nicht verpflichtet.

Durch all diese Verweisformen werden *Textzusammenhänge* hergestellt, die schließlich zu einem neuen, entscheidungsrelevanten "Gesamttext", bzw. zu einer durch Kohärenz hergestellten "Gesamtbedeutung" führen.

Wenn wir die Untersuchung der Kohärenz-Verhältnisse des untersuchten § 571 BGB abschließend bewerten wollen, so können wir folgendes feststellen: 1. Es handelt sich bei diesem Paragraphen um einen relativ selbständigen Teiltext innerhalb eines größeren Gesamttextes; diese Selbständigkeit ist daran zu erkennen, daß so etwas wie eine "Miniatur-Textwelt" in diesem Text konstituiert wird, die einen relativ selbständigen Charakter hat. 2. Diese

Textwelt besteht aus mehreren Bezugsrahmen, die z.T. zum Alltagswissen gehören, z.T. zum juristischen Fachwissen (wobei auch die alltagsweltlich bekannten Rahmen hier nur als rechtliche Rahmen - Anspielungen auf Rechtsverhältnisse - eine Rolle spielen). 3. In dem Minitext wird ko-textuelles, kontextuelles und allgemeines Wissen vorausgesetzt. 4. Es finden Wiederaufnahmen verschiedenster Art statt: Einmal gibt es explizite Wiederaufnahmen ("*der Vermieter*", "*der Mieter*") welche sich auf Bezugsrollen beziehen, die schon in vorhergehenden Paragraphen desselben Abschnitts angesprochen wurden. Allerdings unterstreicht die unübliche Einführung mit bestimmtem Artikel, daß der Paragraph als relativ selbständiger Teiltext gemeint ist. Zum anderen finden implizite Verweise auf komplexe Inhaltszusammenhänge statt, die wiederum nur gestützt auf spezifisches Wissen mit Inhalt gefüllt werden können ("*Rechte und Verpflichtungen*"). Schließlich finden implizit ausgedrückte, aber bei entsprechendem Wissen als explizit erkennbare Querverweise auf andere Paragraphen desselben Gesetzes statt. 5. Innerhalb des Paragraphen gibt es eine nachweisbare, auch explizit formulierte Kohärenzstruktur. 6. Aus allen Beobachtungen kann geschlossen werden, daß es innerhalb des BGB nachweisbare Kohärenzstrukturen zwischen einzelnen Paragraphen gibt. Ob diese Strukturen ausreichen, das gesamte Gesetz als einen geschlossenen, durchgängigen "Text" im Sinne der Definitionen in der Textlinguistik bezeichnen zu können, kann anhand dieses Befundes noch nicht entschieden werden. Dazu ist eine genauere Untersuchung des tatsächlichen Arbeitens mit solchen Teiltexten notwendig. Es könnte sich herausstellen, daß die zwischen Teiltexten in der juristischen Textarbeit hergestellten Zusammenhänge so geartet sind, daß nicht ohne weiteres entschieden werden kann, ob es sich in erster Linie um "Textzusammenhänge" oder eher um "Wissenszusammenhänge" handelt (wobei vorauszusetzen ist, daß letztlich alle Textzusammenhänge nur als Wissenzusammenhänge kommunikativ zur Geltung kommen können).

Sehr viel schwieriger als die Frage nach (zweifellos vorhandenen) Kohärenzstrukturen zwischen einzelnen Paragraphen und anderen Textstellen des Gesetzes (oder anderer Gesetze) ist die Frage nach der Textstrukturierung ganzer Gesetze zu beantworten. Zwar gibt es in der äußeren Gliederung der Großgesetze *BGB* und *Strafgesetzbuch* (StGB) das deutliche Bemühen, eine systematische Gliederung der Paragraphen durchzuführen, die sicher auch als inhaltliche Gliederung intendiert war. Da Gesetze aber Texte sind, mit denen nicht nur von den Rezipienten, sondern an denen auch von den Produzenten "gearbeitet" wird, indem fortlaufend Paragraphen gestrichen, geändert, erweitert, oder eingefügt werden, kann ein solcher einmal geplanter Zusammenhang im Laufe des "Alterns der Kodifikation" in eine heterogene Inhaltsstruktur zerfallen. (Dies gilt etwa für das Mietrecht, aus dem der oben behandelte § 571 stammt.) Allerdings gibt es z.B. im BGB immer noch Unterabschnitte, die dermaßen systematisch gegliedert und formuliert sind, daß man auf sie sogar den ansonsten bei Gesetzestexten kaum brauchbaren Begriff des "Themas" anwenden kann. Ein schönes Beispiel ist dafür aus dem 3. Abschnitt (Erlöschen der Schuldverhältnisse) des 3. Buchs (Sachenrecht) des BGB der "*Dritte Titel. Aufrechnung*" (siehe Anhang 1). Das in der Überschrift angesprochene "Thema" "*Aufrechnung*" (von Forderungen gegeneinander) wird in diesem Abschnitt (§§ 387-396) systematisch in allen seinen Aspekten behandelt. Nach der grundsätzlichen Klärung der "*Aufrechnung*" im einleitenden § 387 wird in allen weiteren Paragraphen entweder durch den Ausdruck "*Aufrechnung*" oder den Ausdruck "*Forderung(en)*" (also durch Rekurrenz der Bezugsausdrücke) auf diesen ersten Paragraphen explizit verwiesen.

Um zu zeigen, daß solche Textverknüpfungen (Textkohärenz) auch bei *ganzen* Gesetzen stattfinden, wollen wir im Folgenden am Beispiel des "*Gesetzes über den Widerruf von Haustürgeschäften und ähnlichen Geschäften*" (Anhang 2; im Folgenden kurz "Gesetz" genannt) die Mittel, mit denen die Kohärenz hergestellt wird, untersuchen. Sicher handelt es sich hier um ein untypisches Beispiel, insofern für Zwecke der Demonstration, die ja für die Leser dieses Buches noch nachvollziehbar sein soll, ein Kurz-Gesetz (von nur 9 Paragraphen) gewählt wurde, das in sich ein geschlossenes Ganzes darstellt. Es gibt natürlich vom Gesichtspunkt der Kohärenz her noch andere Typen von Gesetzen, angefangen von den Großgesetzen (BGB, StGB), bei denen schon allein aufgrund ihres Umfangs und ihrer häufigen Umgestaltung fraglich ist, ob dort Kohärenz des Gesamttextes in derselben Weise vorliegt wie in unserem Beispiel, bis hin zu sog. "Artikelgesetzen", die nur aus gesetzgebungstechnischen Gründen eine Menge von Paragraphen (meist Änderungen oder Einfügungen in schon bestehende Gesetze) heterogenen Inhalts zusammenfassen. (Es wäre eine lohnende Aufgabe, einmal anhand einer Breitenstudie die verschiedenen Typen von Gesetzesformulierung und -strukturierung textlinguistisch aufzuarbeiten.) Die Ergebnisse der Untersuchung des Beispieltextes dürfen also nicht vorschnell verallgemeinert werden. Die Analyse dient hier nur dem Zweck, anschaulich zu machen, daß es Kohärenz auch innerhalb ganzer Gesetzestexte geben kann. Das Gesetz besitzt eine nach außen auch sichtbare Struktur insofern, als die neun Paragraphen durch Angabe einer Überschrift als jeweils sich thematisch fortentwickelnde Teiltexte mit je abgeschlossener Bedeutung erkennbar sind ("*Ausübung des Widerrufsrechts*", "*Belehrung*", "*Rechtsfolgen des Widerrufs*", "*Umgehungsverbot*" usw.). In § 1 Abs. 1 wird zunächst der Hauptinhalt des Gesetzes, das eigentliche Widerrufsrecht erläutert und definiert. Abs. 2 nennt dann die Fälle, in denen das in Abs. 1 definierte Recht nicht gilt. Gegenstand (Thema) von Abs. 1 ist die "*Willenserklärung*" die jemand dadurch abgibt, daß er an der Haustür eine Bestellung aufgibt; über diese Willenserklärung werden im Folgenden Aussagen gemacht (Rhema), die ihre rechtliche Wirksamkeit betreffen. Von dem hier angesprochenen Bezugsrahmen "*Haustürgeschäfte*" (jemand - Verkäufer - verkauft jemand anderem - Kunde - dadurch einen Gegenstand/eine Leistung, daß der Kunde eine Bestellung unterschreibt), werden hier nur der Kunde und die Handlung explizit erwähnt; die Bezugsstellen "*Verkäufer*" und "*Verkaufsgegenstand*" bleiben zunächst unerwähnt. Erstere, weil es im Gesetz nur um die Rechte des Kunden geht, letztere, weil das Gesetz von seinem Charakter her abstrakt ist, die konkrete Ausgestaltung der Verkaufsgegenstände also keine Rolle spielen darf. Die Bezugsstelle "*Verkäufer*" wird erst im Einschub, also an relativ unauffälliger Stelle, quasi "nebenher" eingeführt mit der Formulierung "*andere Vertragspartei*", d.h. hier (im Gegensatz zu "*Kunde*") nur mit ihrer Position im juristischen Bezugsrahmen benannt.

Die Bezugstelle "*Kunde*" wird hier zunächst nicht in ihrer Funktion innerhalb des *alltagsweltlichen* Bezugsrahmens "*Haustürgeschäfte*" eingeführt, sondern in ihrer Funktion innerhalb des (damit verflochtenen) *rechtlichen* Bezugsrahmens "*Willenserklärung*". Allerdings - und dies zeigt einen Fortschritt in der Formulierungstechnik der Gesetze hinsichtlich ihrer Allgemeinverständlichkeit - wird der Benennung der Bezugsstelle innerhalb des juristischen Bezugsrahmens ("*der Erklärende*") in Klammern die Benennung derselben Position als Bezugsstelle des alltagsweltlichen Bezugsrahmens ("*Kunde*") erläuternd hinzugefügt. Wiederaufnahmen dieser Bezugsstelle erfolgen im Folgetext des Gesetzes nur noch mit dieser alltagssprachlichen Benennung, was sicherlich zur Klarheit und Verständlichkeit des Gesetzes beiträgt. Man kann also davon ausgehen, daß in § 1 insofern eine "Textwelt" konstituiert wird, als der Text an einen im Weltwissen der Leser bekannten Wissensrahmen (eine "Geschichte") angeschlossen wird, und diesem alltagsweltlichen Wissensrahmen im Text ein speziellerer, juristischer Wissensrahmen (*Rechtsgeschäfte durch Willenserklärung*) angeschlossen wird; die Verflechtung beider Rahmen ergibt dann die "Geschichte" des Gesetzes, die im Folgenden noch um weitere rechtliche Aspekte ergänzt wird. Im Abs. 2 von § 1 wird auf den Gesamtinhalt des Abs. 1, der dort verbal, durch eine ganze, zusätzlich durch konkretisierende Einschübe komplex gemachte, Prädikation ausgedrückt ist (*"Eine ... Willenserklärung, zu der der Erklärende ... bestimmt worden ist, wird erst wirksam, wenn der Kunde sie nicht binnen ... schriftlich widerruft"*) durch den Ausdruck "*Recht auf Widerruf*" (in der Überschrift abgekürzt zu "*Widerrufsrecht*") Bezug genommen. Zu diesem Gesamtinhalt von Abs. 1 werden in Abs. 2 zusätzliche (einschränkende) Informationen gegeben.

In den folgenden Paragraphen wird jeweils auf Bestandteile der in § 1 konstituierten "Textwelt" Bezug genommen, indem an diese Bestandteile weitere Textinhalte angeschlossen werden; es handelt sich meist um Spezifizierungen der in § 1 genannten Bestandteile. Man kann also bei diesem Gesetzestext von einer "Themenentfaltung" reden, insofern es ein zentrales "Textthema" ("*Widerruf von Haustürgeschäften*") gibt, aus welchem weitere "Unterthemen" abgeleitet werden (wie z.B. "*Frist*", aus dem in einem weiteren Schritt wiederum Unter-Unterthemen abgeleitet werden.) Es handelt sich dabei um das in der Textlinguistik beschriebene "Ableitbarkeitsprinzip" der

Themenentfaltung.[83] So wird in § 2 auf den in § 1 eingeführten Bezugsgegenstand "*eine Frist*" (unbestimmter Artikel) mit der eine Wiederaufnahme kennzeichnenden Formulierung "*die Frist*" (bestimmter Artikel) Bezug genommen; über den Gegenstand "*Frist*" werden nun weitere Aussagen gemacht. In Satz 2 von § 2 Abs. 1 werden Ausführungen über den Beginn der Frist gemacht, wobei ein neuer Bezugsgegenstand "*eine schriftliche Belehrung*" in die Textwelt eingeführt wird. Im folgenden Satz 3 von § 2 Abs. 1 wird dieser in Satz 1 neu eingeführte Bezugsgegenstand durch partielle Rekurrenz wieder aufgenommen ("*die Belehrung*"). Im Hinblick auf die Form der thematischen Entfaltung kann diese Art der Wiederaufnahme als Beispiel für eine einfache lineare Progression des Themas erklärt werden, d.h. das "Rhema" des ersten Satzes wird zum "Thema" des folgenden Satzes. Ein weiteres Beispiel für die lineare Progression[84] des Themas findet sich in § 3 Abs. 1, wo in Satz 1 die Bezugsgröße "*die empfangenen Leistungen*" (welche bisher nur implizit, durch das vorausgesetzte Wissen von den vollständigen Bestandteilen des Bezugsrahmens "*Haustürgeschäft*", Teil der Textwelt war) explizit eingeführt wird, auf die dann in Satz 2 mit der Formulierung "*des empfangenen Gegenstands*" implizit (durch semantische Variation des Bezugsausdrucks) Bezug genommen wird. Hier ist also wieder in Satz 1 diese Bezugsgröße "Rhema", d.h. neu eingeführter Bezugsgegenstand, während es in Satz 2 zum "Thema" geworden ist, über das Weiteres ausgesagt wird. Neu eingeführt (also rhematisch genannt) wird in Satz 2 u.a. "*eine Verschlechterung, den Untergang oder die anderweitige Unmöglichkeit der Herausgabe*", welche in Satz 3 selbst wiederum (hier durch explizite Rekurrenz wieder aufgenommen) zum Thema wird. Ein expliziter textinterner Verweis findet sich in Abs. 2 von § 3, wo durch Nennung eines anderen Paragraphen ein Teilinhalt dieses Paragraphen (hier: eine Prädikation) zum Inhalt der jetzigen Formulierung gemacht wird ("*ist der Kunde nicht nach § 2 belehrt worden*"). Gleiches (nur daß es sich hier um den Bezugsgegenstand handelt, der so eingeführt wird) geschieht in § 4 durch die Formulierung "*die sich nach § 3 ergebenden Verpflichtungen*" die hiermit durch Kohärenzherstellung (d.h. dem Verweis auf alle in § 3 genannten Verpflichtungen) in § 4 als Thema eingeführt werden, über das dann rhematisch eine neue Aussage gemacht wird ("*sind Zug um Zug zu erfüllen*").

In § 5 des Gesetzes findet sich ein schönes Beispiel dafür, wie mittels der Verweisung auch komplexe Inhalte fokusartig durch knappe sprachliche Mittel in eine neue Prädikation eingeführt werden können. Mit dem Ausdruck "*dieses Gesetz*" wird nämlich in Abs. 1 nicht etwa, wie die Formulierung vermuten lassen könnte, auf das ganze Gesetz (§§ 1-9) Bezug genommen, sondern eigentlich nur auf den Inhalt der bisherigen Paragraphen 1-4. Es findet

---

83 Brinker 1985, 52.

84 Brinker 1985, 45, nach dem Erfinder des Thema-Rhema-Konzepts Frantisek Danes. Vergleiche zu dessen Konzept der thematischen Progression auch Gobyn 1984, 63 ff.

sich hier also eine Vortext/Folgetext-Relation derart, daß in Satz 1 von § 5 inhaltlich ein neuer Abschnitt des Gesetzes begonnen wird, da der Inhalt der folgenden Paragraphen sich jeweils nicht auf einzelne Bestandteile der Prädikationen der vorangegangenen Paragraphen bezieht, sondern auf deren gesamten Inhalt. Es liegt also hier eine nur implizit erkennbare weitere (d.h. über die Paragraphen-Einteilung hinausgehende) Grobgliederung des Gesamttextes vor. In Abs. 2 von § 5 wird etwa der Inhalt der §§ 1-4 von anderen, "konkurrierenden" Gesetzen abgegrenzt; es wird eine "intertextuelle" Beziehung derart hergestellt, daß für bestimmte Fälle (deren Vorliegen allerdings nicht mit dem gegebenen Gesetz, sondern nur mit den Paragraphen der Gesetze, auf die hier Bezug genommen wird, geklärt werden kann) festgelegt wird, daß dann nur die bezogenen Paragraphen/Gesetze anwendbar sind. Da das Vorliegen der angesprochenen Situation, welche hier sprachlich als konditional verknüpfte Prädikation formuliert wird (*"erfüllt ein Geschäft ... zugleich die Voraussetzungen eines Geschäftes nach dem Gesetz ..."*), nur festgestellt werden kann, wenn seinerseits der Inhalt der bezogenen Gesetze/Paragraphen bekannt ist, wird letztlich der Inhalt jener Regelungen implizit zum Inhalt des vorliegenden Gesetzes gemacht.[85] In § 6 schließlich werden metakommunikative Hinweise für den "Anwendungsbereich" der in den §§ 1-5 genannten Regelungen gegeben. § 7 betrifft Regelungen für den institutionellen (gerichtlichen) Umgang mit Entscheidungsfällen, auf die dieses Gesetz anwendbar ist. § 8 enthält eine metakommunikative Mitteilung, welche die Produktionssituation des Gesetzestextes betrifft (Geltung für Berlin nach speziellen, vom Bundesgebiet abweichenden Regelungen). Und § 9 schließlich legt - ebenfalls metakommunikativ - mit der Nennung des Datums des Inkrafttretens den zeitlichen Beginn der "Textfunktion", d.h. des präskriptiven Gehaltes des Textes fest. Es handelt sich hier also um den Fall, daß die kommunikative Funktion (hier die normative, präskriptive Funktion) an gewisse weitere Bedingungen geknüpft ist, die selbst wieder metakommunikativ explizit gemacht werden. Dies ist sicher ein textsortenspezifisches bzw. situationstypisches Ausdrucksmittel, welches nur in solchen institutionellen Zusammenhängen vorkommt, in der Alltagskommunikation jedoch unbekannt ist. Auf den Begriff der "Textfunktion" werden wir im folgenden Abschnitt ausführlicher eingehen.

---

[85] Eine ähnliche Verschränkung von Paragraphen verschiedener Gesetze, nur mit hier noch differenzierterer inhaltlicher Verflechtung, findet in Abs. 3 von § 5 statt.

Kapitel 3: Textfunktionen und Textsorten im Recht

Neben die Untersuchung der im engeren Sinne semantischen Bedingungen der Textualität, welche sich etwa in der "Textkohärenz" niederschlagen, hat vor allem die neuere, kommunikationsorientierte Textlinguistik den Begriff der "*Textfunktion*" gestellt. Fragt man danach, was dieser Terminus über die "Textbedeutung" hinaus besagen soll, so findet man zunächst nicht viel mehr als eine Orientierung am vorwissenschaftlichen bzw. halbwissenschaftlichen Verständnis der "Funktion". Wie alle anderen Dinge, Handlungen etc. in unserer zielorientierten Handlungswelt haben natürlich auch "Texte", als Bestandteile von "Kommunikationsprozessen", irgendeine "Funktion", d.h. ein Ziel oder einen Zweck.[1] So kann z.B. ein Geschäftsbrief den Zweck haben, ein Angebot zu unterbreiten, eine Mahnung hat den Zweck, den Adressaten an eine unterlassene Handlung zu erinnern, eine Gebrauchsanleitung hat den Zweck, jemandem Informationen über die Benutzung eines Gerätes zu geben etc. In diesem Sinne hat jeder Text notwendig eine bestimmte Funktion, und, was wichtiger ist, verschiedene Textsorten bzw. Texttypen können u.a. anhand der zentralen Funktion des Textes, d.h. dem hauptsächlichen Zweck, zu dem er eingesetzt wird, unterschieden werden; so hat etwa ein Gesetzestext eine andere Funktion als ein Kommentar oder ein Urteilstext (um nur einige Beispiele der für Rechtsentscheidungen wichtigen Quellentexte zu nennen). Ein Gesetzestext hat sicher nicht - um ein Beispiel einer Textfunktion zu geben - vorrangig die Funktion, zu *informieren*; es gibt also, zunächst mit dem vorwissenschaftlichen Funktionsbegriff gesprochen, sicherlich so etwas wie verschiedene "Textfunktionen". Im folgenden soll zunächst geklärt werden, wie der Begriff der *Textfunktion* für Rechtstexte (d.h. v.a. Gesetzestexte) anwendbar ist und wie er spezifiziert werden muß. Danach soll in einer kleinen empirischen Analyse geklärt werden, welche Benennungen für Textfunktionen, die bei Gesetzestexten eine Rolle spielen, im Deutschen existieren und wie mit welchen sprachlichen Mitteln diese Textfunktionen in deutschen Gesetzestexten ausgedrückt bzw. realisiert werden.

[1] "Unter Anknüpfung an die allgemeinsprachliche Verwendung des Ausdrucks 'Funktion' kann der Terminus Textfunktion zunächst ganz vorläufig definiert werden als der Sinn, den ein Text in einem Kommunikationsprozeß erhält, bzw. als der Zweck, den ein Text im Rahmen einer Kommunikationssituation erfüllt." Brinker 1985, 77.

3.1 Textfunktionen und Textsorten: Kriterien für Rechtstexte

Brinker definiert die Textfunktion vorläufig so: "Der Terminus 'Textfunktion' bezeichnet die im Text mit bestimmten, konventionell geltenden, d.h. in der Kommunikationsgemeinschaft verbindlich festgelegten Mitteln ausgedrückte Kommunikationsabsicht des Emittenten."[2] Über den Begriff "Absicht" wird der Begriff der "Textfunktion" also an den Handlungsbegriff der kommunikativ orientierten Linguistik angeschlossen. Hat ein Emittent nun bezüglich eines Textes eine einheitliche Absicht oder mehrere, sich überlagernde Absichten? Der Begriff der "Textfunktion" ist also nicht ganz unproblematisch. Die Probleme[3] fangen bereits an, wenn es gilt, diesen Begriff genauer zu definieren, und vor allem, überprüfbare Kriterien für seine Anwendung auf konkrete Texte zu gewinnen.[4] Die Probleme fangen z.B. schon mit dem Definiens "hauptsächlicher Zweck" oder "vorrangige" Funktion an. Falls ein Text, wie in der Textlinguistik übereinstimmend angenommen wird, zugleich mehrere kommunikative Funktionen signalisieren kann,[5] wie findet man dann heraus, welches seine "*dominierende* Funktion" ist, also diejenige eines Textes als Ganzem (die eigentliche "Textfunktion"), von deren Existenz in der Textlinguistik[6] ausgegangen wird? Die Zuschreibung mehrerer kommunikativer "Funktionen" für einen einzigen Text liegt von einem vorwissenschaftlichen Sprachverständnis aus nicht unbedingt nahe. Wenn in der Textlinguistik aber dennoch übereinstimmend die Möglichkeit mehrerer, sich einander ablösender bzw. überlagernder Einzelfunktionen eines Textes (bzw. von Textabschnitten) angenommen wird, die dann von einer alle Teilfunktionen überstrahlenden "Textfunktion" "dominiert" werden, dann muß dies theoretische

---

[2] Brinker 1985, 86. Vgl. auch Brinker 1983, 128: "Als zentrale Analysekategorie gilt hier die kommunikative Funktion von Texten, die sogenannte Textfunktion, die - noch ganz vorläufig formuliert - die Art des kommunikativen Kontakts bezeichnet, die der Emittent (d.h. der Sprecher oder Schreiber) mit dem Text dem Rezipienten gegenüber zum Ausdruck bringt (z.B. informierend oder appellierend). Die Textfunktion fungiert gewissermaßen als Basiskriterium sowohl für die Beschreibung der Textualität von Texten als auch für die Differenzierung von Textsorten."

[3] "Das Konzept der Textfunktionen ist zweifellos von einer fundamentalen Bedeutung für eine kommunikationsorientierte Textlinguistik; es wirft aber in theoretisch-begrifflicher wie methodischer Hinsicht noch zahlreiche Probleme auf, die keinesfalls als geklärt gelten können." Brinker 1983, 128.

[4] "Für die systematische Behandlung der unter dem Etikett der kommunikativen Funktion aufgeführten Phänomene [müssen] eine Reihe von theoretisch-begrifflichen und methodischen Voraussetzungen erfüllt sein: - eine sprachtheoretisch fundierte Explikation des Begriffs der Textfunktion und eine Differenzierung von Textfunktionen; [...] - die Angabe von Kriterien, die es ermöglichen, konkreten Texten auf eine operationalisierbare, methodisch begründete und damit auch intersubjektiv überprüfbare Weise Textfunktionen zuzuordnen; [...] - die Entwicklung eines kontrollierbaren Verfahrens zur Beschreibung der zwischen den kommunikativen Funktionen eines konkreten Textes bestehenden Relationen." Brinker 1983, 130.

[5] So Brinker 1985, 77.

[6] Brinker 1985, 78; Rosengren 1980, 280; Große 1976, 20, 72f.; Brinker 1983, 130.

Hintergründe haben, die aufzuklären sind. Während also der Begriff "Textfunktion" selbst zunächst noch kaum definiert ist (also als "vorwissenschaftlich" erscheint), ist der eigentliche Antrieb dazu, überhaupt so etwas wie Textfunktionen anzunehmen, theoriegeschichtlich begründet. Der Hinweis auf Zwecke von Texten setzt implizit den Begriff "*Handlung*" voraus; der eigentliche Grund für die Verwendung des Begriffs "*Textfunktion*" ist daher (wie schon der Rückgriff auf "*Absichten*" der Emittenten zeigt) der implizite oder explizite Rückgriff der kommunikationsorientierten Textlinguistik auf den Begriff der "*Sprechhandlung*" der zugrundeliegenden Sprechakttheorie. Der Begriff des "*Sprechaktes*" bei seinen Erfindern Austin und Searle[7] bezieht sich zunächst auf sprachliche Einheiten von *Satz*größe; die Übertragung des Sprechakt-Begriffs auf ganze Texte bedarf also einer weitergehenden theoretischen Begründung. Ein Text wird innerhalb der pragmatisch orientierten Textlinguistik[8] daher als "eine zweckgerichtete, abgeschlossene Folge von elementaren Sprechakten"[9] aufgefaßt. Damit hätte also jeder Satz, als Teiltext, zunächst eine eigenständige, abgeschlossene Funktion. Wie kommt man von diesem Begriff zur (übergreifenden) "Textfunktion"? Brinker weist zu Recht darauf hin, daß eine reine Addition einzelner (illokutiver) Satzfunktionen niemals zu einer einheitlichen Textfunktion führen kann.[10] Es müßte daher zunächst geklärt werden, welche der sich überlagernden Satzillokutionen (Satzfunktionen) dann den Ausschlag geben soll für die Gesamtfunktion eines Textes; diese Klärung müßte auch beinhalten, ob der Funktionsbegriff überhaupt im Sinne des Begriffes der "*Illokution*"[11] der Sprechakttheorie definiert werden kann, und gar, ob der Begriff "Illokution" (wie behauptet wird[12]) überhaupt auf Texte als Ganze übertragen werden kann.

Austin und Searle hatten den Begriff der "*Illokution*" auf Typen verschiedener mit Sätzen vollzogener Sprachhandlungen wie z.B. "*versprechen*", "*drohen*", "*bitten*" usw. bezogen. Wenn nun auf Textebene in ähnlicher Weise von "Texthandlungen" geredet wird, dann muß die Frage beantwortet werden, ob ein Text als ein Konglomerat mehrerer Handlungen aufgefaßt werden soll oder als eine einzige, homogene Handlung. Die Auffassungen gehen von der These, daß ein Text eine Kette von mehreren Sprechakten sei, bis hin zur

---

[7] Austin 1962, Searle 1971; vgl. zur Einführung Levinson 1990 und Braunroth u.a. 1975, zu Austin Savigny 1969 und aus linguistischer Richtung Burkhardt 1986.

[8] Vgl. dazu Rosengren 1980.

[9] Große 1976, 14.

[10] "Die Textfunktion als die kommunikative Gesamtfunktion eines Textes ist durch eine Auflistung der illokutiven Rollen der einzelnen Sätze *nicht* zu gewinnen, sei es nun durch eine additive Sichtweise oder durch Häufigkeitsfeststellungen." Brinker 1985, 90.

[11] Zur Erklärung der Grundbegriffe der Sprechakttheorie siehe Levinson 1990, 227 ff.

[12] So von Rosengren 1980, 280: "Eine Texteinheit mit einer solchen hierarchischen Sprechhandlungsstruktur hat mindestens eine dominierende Sprechhandlung, die die illokutive Funktion der ganzen Texteinheit bestimmt. [...] Die übrigen Sprechhandlungen im Text haben eine untergeordnete Funktion."

(etwa von Brinker geäußerten) Auffassung, daß nur *ein ganzer Text* als Sprechhandlung bezeichnet werden könne.[13] Hier zeigt sich eine terminologische Unsicherheit, die ihren Grund u.a. in dem ungeklärten handlungstheoretischen Status des Begriffs "*Sprechakt*" hat. Während einige Vertreter der neueren, pragmatisch orientierten Linguistik mit einem aus der Handlungstheorie entlehnten Begriff sprachlicher Handlungen als zielgerichteter, unter eine Intention subsumierter Äußerungen operieren, ging es Searle mehr um im Sprachsystem verankerte Typen von Äußerungsfunktionen, die notwendig wurden, um den wahrheitstheoretisch wichtigen Status von Tatsachenbehauptungen (Assertionen) genauer zu bestimmen und von anderen Typen sprachlicher Handlungen abzugrenzen. Die Terminologie Austins, der etwa von einem "*rhetischen*", einem "*phatischen*" und einem "*illokutiven Akt*" als Teileinheiten des Sprechaktes spricht, zeigt, daß der Terminus "*Akt*" nicht unbedingt im Sinne einer vollen eigenständigen Handlung aufzufassen ist. Diesen ungeklärten Status des "Akt"-Begriffs macht sich nun unbewußt auch die Textlinguistik zu Nutze, wenn sie, ohne nähere handlungstheoretische Klärungen, eine Satzfolge als Folge "illokutiver Akte" bezeichnet, welche sich zu einer dominierenden "*Textillokution*" bündeln. Eine terminologisch strengere Anwendung des Handlungsbegriffs auf sprachliche Phänomene, welche auch die begrifflichen Grundlagen der Handlungstheorie berücksichtigt, müßte allererst einmal klären, in welcher Weise auf längere (zudem schriftliche) Texte der Handlungsbegriff überhaupt anwendbar ist und auf welche Teileinheiten eines Gesamttextes der Begriff "*Handlung*" bezogen werden kann. Brinker geht, wie gezeigt, aus diesem Dilemma den Ausweg, nur einem Text als Ganzem Handlungscharakter zuzuschreiben. Dies wirft aber sofort die Frage auf, welcher Status dann den Einheiten unterhalb des Textrangs zukommt; unklar ist auch, angesichts der oben gezeigten Probleme, wie feste Kriterien für Grenzen von "Texten" oder Abgrenzungen von Teiltexten angegeben werden können, d.h. dafür, wie die Bezugseinheit, welcher dann eine einheitliche Funktion zugeschrieben wird, definitiv abgegrenzt werden kann. Einen entgegengesetzten Weg ist von Polenz gegangen, welcher den Handlungsbegriff in Bezug auf sprachliche Phänomene nach unten erweitert hat, indem er auch den Teilaspekten unterhalb des Satzrangs, wie "Prädikation (Aussage)", "Bezugnahme (Referenz)", "Quantifizierung (Größenangabe)" etc. Handlungscharakter zugeschrieben hat. Im Gegensatz zu dem Weg Brinkers scheint mir das Vorgehen von Polenz' vielversprechender, weil es zusätzliche Klärungen auf satzsemantischer Ebene bringt. Es bleibt dann, wenn man also von Teilhandlungen schon unterhalb der Satzebene redet und dann,

---

[13] "Sätzen kann man im Grunde nur bei einer isolierten Betrachtung eine illokutive Rolle zuordnen. Sind sie in die Ganzheit 'Text' integriert, besitzen sie zumeist keine unmittelbare Handlungsqualität; sie erfüllen vielmehr bestimmte textinterne Funktionen, vor allem im Hinblick auf den thematischen Aufbau des Textes (Begründungs-, Spezifizierungsfunktion usw.). Der Handlungscharakter, der durch die Textfunktion bezeichnet wird, kommt dem Text als Ganzem zu." Brinker 1985, 90.

wie auch von Polenz, einzelnen Sätzen (auch solchen in Texten) im Gegensatz zu Brinker Handlungscharakter (d.h. eine "Illokution" bzw. Handlungsfunktion) zuschreibt, allerdings noch das Problem offen, wie man dann die Relation dieser Teilhandlungen eines Textes zur Gesamtbedeutung des Textes (bzw. seiner Funktion als Ganzem) näher bestimmt.

E.U. Große, welcher den bisher meistrezipierten Ansatz zur Definition und Gliederung der Textfunktionen vorgelegt hat, geht von bestimmten *Dominanzverhältnissen* innerhalb eines Textes aus, wobei diejenige Funktion (Illokution), die alle anderen Funktionen dominiert, dann die umfassende "*Textfunktion*" des Gesamttextes darstellt.[14] Obgleich er großen Wert auf die Bestimmung sprachlicher "Indikatoren der Textfunktion" legt, hat es den Anschein, als ginge Große nicht induktiv, von den einzelnen Teiltexteinheiten zur Gesamtfunktion vor, sondern deduktiv. Die "Textfunktion" wird dann von ihm z.T. *quantitativ* durch diejenige Funktion bestimmt, die in den meisten Sätzen eines Textes vorkommt.[15] Er gesteht jedoch die Möglichkeit verschiedener Funktionen einzelner Sätze zu. Zur Klärung der dominierenden "Textfunktion" gibt er mehrere Kriterien an: Das wichtigste Kriterium scheint für ihn das sogenannte "*Präsignal*"[16] zu sein; damit meint Große, daß häufig für Texte schon vorher, durch ein Indiz am Textanfang, klar ist, um welche Textfunktion es sich handelt. So mache etwa die *Überschrift* "*Gesetz*" schon von Anfang an klar, daß es sich bei dem folgenden Text um eine "*normative* Textfunktion" handele, gleichgültig, ob die Sätze z.B. alle in einer Weise formuliert sind, die eigentlich typisch für Sätze mit Informationsfunktion ist.[17] Der sich als Definition gebende Versuch, mit dem "Präsignal" *Überschrift* den Typ der Textfunktion zu bestimmen, der in Gesetzen vorkommt, ist allerdings insofern hilflos, weil er letztlich nichts anderes darstellt als eine Etikettierung aufgrund unseres Wissens, das wir von der Textfunktion, die es zu definieren

---

[14] Große 1976, 20.

[15] "Die Textfunktion hat eine Aufgabe innerhalb eines Ganzen, des Textes: die zentrale Aufgabe nämlich, den Hörer oder Leser darüber zu instruieren, als was er den Gesamttext auffassen soll, z.B. als auffordernden oder als informationstransferierenden ('sachinformierenden') Text. Eben darum wird die Textfunktion in der Regel (sofern kein vorausgehendes Signal [...] die Bedeutung aller folgenden Sätze [...] bestimmt und ggf. auch bloße Indikativsätze entsprechend prädeterminiert) in jedem oder fast jedem semantischen Satz ausgedrückt." Große 1976, 26.

[16] Große 1976, 72 ff.

[17] "Nicht nur die Appellelemente, sondern auch *vorangehende* Signale wie z.B. Titel oder 'Gattungsbezeichnungen' wie [Gesetz, Vertrag, D.B.] *können* die Bedeutung der semantischen Sätze modifizieren. Solche vorangehenden Signale lassen sich als *Präsignale* bezeichnen. Selbst wenn nach einem Präsignal wie z.B. 'Loi' [Gesetz, D.B.] nur noch Sätze im Indikativ Präsens vorkämen, und nicht ein einziges modales Verb [...] des Könnens und Müssens auftreten würde [...], wäre der Text nicht sachinformierend. Er hätte nicht die Funktion des Informationstransfers im definierten Sinne, denn er würde keinen bestehenden faktischen Sachverhalt in der dritten Person darstellen. Er wäre auch in diesem Falle vielmehr normativ. Eben dies kann der Leser von vorneherein dem Präsignal 'Loi' als einem Texteingangssignal entnehmen." Große 1976, 20 f.

gilt (also von der Funktion von Gesetzestexten) intuitiv ohnehin schon haben. Weitere Kriterien für Dominanz zwischen Textfunktionen sind bei Große etwa die Funktion des Hauptsatzes im Gegensatz zu den Nebensätzen; diese These geht von der Auffassung aus, daß im Hauptsatz eines komplexen Satzgefüges immer auch der "Hauptinhalt" stecke und setzt letztlich die genaue Entsprechung von Satzinhaltsstruktur und Satzausdrucksstruktur voraus. Wie die durch von Polenz durchgeführten Forschungen zur Satzsemantik aber ergeben haben, kann von einer solchen Entsprechung häufig keine Rede sein; die satzgrammatische Hauptsatz-Funktion ist kein sicheres Kriterium dafür, daß sich dort auch der Hauptinhalt eines Satzes verbirgt. Schließlich bringt Große noch den dominierenden Satztypus innerhalb eines Textes als Kriterium, was letztlich auf eine quantitative Bestimmung der dominierenden Textfunktion hinausläuft.[18]

Brinker, der selbst von einem Konzept hierarchisch organisierter Teilfunktionen eines Textes, welche sich zu einer dominierenden Funktion verbinden, ausgeht,[19] kritisiert Großes Dominanzkriterien. Die bei ihm angesetzte quantitativ-statistische Bestimmung der Textfunktion sei zu sehr an der Textoberfläche orientiert, darüber hinaus würde Große die situativen Faktoren und den Handlungszusammenhang, in dem ein Text steht, nicht genügend beachten.[20] Dagegen setzt Brinker eine Orientierung an übergreifenden "*Vertextungsmustern*", welche u.a. auch Grundlage der Unterschiede verschiedener "*Textsorten*" sein können und Teil des Sprachwissens der Kommunizierenden sind.[21] Über solche Muster hinaus sind es aber vor allem *kontextuelle* Faktoren, welche die Funktion von Texten zu je verschiedenen Zwecken in verschiedenen Handlungssituationen bestimmen.[22] Während Große also Textfunktionen als eine Art illokutionärer Akte, nur eben auf Textebene, an-

[18] Vgl. Große 1976, 72 ff.

[19] "Bereits die für unseren Beispieltext intuitiv angesetzten Dominanzverhältnisse verweisen darauf, daß die kommunikativen Funktionen eines Textes in der Regel hierarchisch strukturiert sind; zwischen ihnen bestehen mannigfache Unter- und Überordnungsbeziehungen, wobei eine Funktion die anderen dominiert; sie gibt dem Text seinen kommunikativen Charakter." Brinker 1983, 130.

[20] Brinker 1983, 135. Nach Brinker (1983, 137) ist Großes Dominanzbegriff "insofern als inadäquat anzusehen, als er nicht berücksichtigt, daß die Verbindung von Sprechhandlungen zu Texten nach bestimmten globalen Mustern erfolgt, die die Gesamtstruktur der Texte bestimmen".

[21] "Der Begriff der Dominanz muß vielmehr funktional charakterisiert werden, was nur auf dem Hintergrund des Vertextungsmusters möglich erscheint, nach dem der Text als Sprechhandlungskomplex konstituiert ist." Brinker 1983, 135.

[22] "Es sind deshalb vor allem auch kontextuelle Merkmale bei der Analyse von Textfunktionen zu berücksichtigen, wenn auch noch nicht auf eine ausgearbeitete Situationstypologie zurückgegriffen werden kann." Brinker 1983, 136; vgl. auch a.a.O. 144: "Der dominierende Sprechhandlungstyp ist offensichtlich nicht der einzige und auch nicht der stärkste Indikator für die Textfunktion. Dominant sind andere Kriterien innertextlicher und außertextlicher Art, insbesondere die Art der Musterrealisierung in Verbindung mit bestimmten Kontextmerkmalen."

sieht, setzt Brinker, der ihn darin kritisiert,[23] ein Konzept von "Textfunktion" dagegen, welches situative und kontextuelle Faktoren stärker berücksichtigt. Nach Brinker kann der Terminus "Textfunktion" schon deshalb nicht mit den "Illokutionen" der Sprechakttheorie gleichgesetzt werden, weil sich aufgrund der hohen Zahl unterschiedlicher Sprechakte eine zu umfangreiche Liste ergeben würde; "Textfunktionen" müßten deshalb auf einer höheren Ebene definiert und zu Typen zusammengefaßt werden. Allerdings ist nicht ganz ersichtlich, inwiefern sich Brinker von der Spreckakttheorie absetzt, wenn er selbst sagt, daß seine vier Typen von "textuellen Grundfunktionen" aus der Klassifikation der Illokutionen bei Searle abgeleitet sind,[24] und betont: "Die Textfunktion entspricht der generellen illokutiven Kategorie, der der dominierende Sprechhandlungstyp des Textes zuzuordnen ist."[25] Ein Unterschied seines Konzepts gegenüber dem von Große liegt dann hauptsächlich darin, daß Brinker deutlich macht, daß die Feststellung der Textfunktion in vielen Fällen ohne jegliche "sprachliche" Indikatoren nur Sache des *Kontextes* oder *Handlungsbereichs* sein kann, in dem ein Text vorkommt.[26] Es wären dann solche Kriterien, die man auch als "text*externe* Kriterien" bezeichnen könnte.[27]

Das Konzept einer einheitlichen "Textfunktion" für einen Gesamttext setzt voraus, daß eine solche Funktion überhaupt an Texten auch intersubjektiv und einigermaßen zweifelsfrei nachweisbar ist. An diesem Punkt setzt Burkhardt aus Richtung der Sprechakttheorie selbst seine grundlegende Kritik am Begriff der "*Textillokution*" an. Er hält die Auffassung, in Analogie zum Begriff des Sprechaktes könne auch die Texthandlung als die Summe der Teilillokutionen eines Textes aufgefaßt werden, für unhaltbar.[28] Burkhardt verweist stattdessen auf den grundlegenden handlungstheoretischen Aspekt, daß das Verstehen eines Phänomens als Handlung immer voraussetzt, daß man eine Folge von realen Erscheinungen einem bestimmten

---

[23] "Große nennt die Textfunktionen 'generalisierte Formen illokutiver Akte' (1976, 70), ohne genauer zu explizieren, was damit gemeint ist. Die Kennzeichnung deutet aber auf eine Klassifikation illokutiver Typen hin, wie sie innerhalb der Sprechakttheorie entwickelt wurden." Brinker 1983, 136.

[24] Brinker 1983, 139.

[25] Brinker 1983, 141.

[26] So nennt Brinker 1985, 91 f.: "Kontextuelle Indikatoren wie der situative, insbesondere institutionelle Rahmen des Textes bzw. der gesellschaftliche Handlungsbereich, dem der Text zugeordnet ist, das vorausgesetzte Hintergrundwissen usw. [...] Indikatorenkonkurrenz zeigt deutlich, daß [...] die kontextuelle Analyse prinzipiell den Ausschlag gibt."

[27] So kommt einem Satz aus einem Gerichtsurteil, wenn er in einem Gesetzeskommentar zitiert wird, sicherlich eine andere Funktion zu als gegenüber den Prozeßparteien.

[28] Burkhardt 1986, 396 f.; er fährt fort: "Ganzen Texten lassen sich zwar Handlungskategorien wie [...] 'Forderung des Sturzes der Regierung' zuordnen, aber weder sind diese Aktzuschreibungen notwendig Summe der Teilillokutionen des betreffenden Textes, noch müssen sie zwangsläufig explizit in ihm vorhanden sein."

Handlungs*begriff* zuordnen kann. Eine Folge von Aktivitäten ist eine Handlung immer nur *unter einer Beschreibung*. Daraus folgt aber:[29]

> "Notwendige Bedingung ist jeweils die Verfügbarkeit eines entsprechenden Handlungsbegriffs, denn nur unter dem Blickwinkel eines bestimmten in einer Sprache bereitgestellten Handlungsbegriffs läßt sich ein vorfindliches Ereignis als Vollzug der betreffenden Handlung *sehen*."

Das bedeutet für den Begriff der Textfunktion zweierlei: Ein konkretes Textvorkommnis muß *von einem Rezipienten* einer bestimmten Textfunktion (dominierenden "Texthandlung") *zugeordnet*[30] werden; das heißt, daß "Textfunktionen" nicht sozusagen materialiter "im Text anwesend sind".[31] Eine solche Zuschreibung ist darüber hinaus immer nur möglich, wenn der Rezipient auch über einen *Begriff* von dieser Handlung (dem Handlungstyp) verfügt; und das heißt in der Regel, daß er für diese Handlung auch ein *Wort* seiner Sprache (ein *Sprechakt-Verb*) verfügbar hat.[32]

Diese Tatsachen haben, wie Burkhardt herausstreicht, mehrere Folgen: Textfunktionen sind, ebenso wie nicht explizit ausgedrückte Satzillokutionen, nicht immer eindeutig zu ermitteln, es bleiben mehrere Deutungen möglich.[33] Das heißt auch, daß es keine eindeutige (1:1) Zuordnung von sprachlichen "Indikatoren" und Textfunktionen oder Illokutionen geben kann. Häufig ergibt sich die Textfunktion viel eher aus dem Textinhalt als Ganzem als durch die Summe einzelner Satzillokutionen.[34] Daher kann die Gesamtfunktion eines Textes nicht aus einer Illokutions-Hierarchie abgeleitet werden, etwa auch nicht durch quantitative Analysen.[35] Schließlich gilt, daß eine Zuschreibung einer dominierenden Textfunktion durch die Rezipienten eines Textes immer auch von der Gesamtsituation des *kommunikativen Kontextes*

---

[29] Burkhardt 1986, 398.

[30] Vgl. Burkhardt 1986, 398.

[31] Nach Burkhardt 1986, 401 setzt die Rede von den *dominierenden* Illokutionen fälschlich voraus, "der betreffende Text hätte bereits *in sich* die betreffende dominante Illokution". Illokutive Indikatoren gäben jedoch lediglich Interpretationshinweise. Vgl. auch 406 f.: "Der Text hat in der Regel keine einheitliche Textillokution. Schon gar nicht birgt er eine Illokution in sich, die der Rezipient allererst finden muß, sondern der Text besteht aus Äußerungen, deren Propositionen und Illokutionen allererst durch die Interpretation eines Rezipienten hergestellt werden, auch wenn sie letztlich durch mehr oder weniger präzise verbalstrategische Planung des Sprechers hervorgerufen sind. Es gibt aber zumeist ein Zentralanliegen des Textproduzenten, das die Textproduktion motiviert und determiniert. D.h. es gibt keine 'dominierende' Illokution, wohl aber ein 'dominierendes' Ziel des Sprechers [...], eine Textperlokution."

[32] "Illokutionäre Akte sind ohne die sie bezeichnenden Verben nicht denkbar, weil sie ohne sie nicht erkennbar wären." Burkhardt 1986, 287.

[33] Burkhardt 1986, 406.

[34] Burkhardt 1986, 407.

[35] "Weil es keine den Gesamttext durchziehenden oder ihn zusammenfassenden 'dominierenden' Textillokutionen gibt, da diese in der Regel erst durch die 'synoptische' Interpretation des Rezipienten gleichsam nachträglich hervorgebracht werden, darum gibt es auch keine im eigentlichen Sinne 'subsidiären' Sprechhandlungen. Erst die Textgesamtheit läßt eine Zuordnung des Textes zu einer bestimmten Sprechaktkategorie zu." Burkhardt 1986, 407. Der Autor gewinnt diese Schlußfolgerungen aus einer Beispielanalyse.

abhängt und damit auch von einer Ziel- und Zweckbestimmung des Rezeptionsvorganges, welche schon vorgängig, also bevor der konkrete Text ins Bewußtsein tritt, die Rahmenbedingungen seiner Funktionalität abstecken kann:[36]

> "Ein Text wird zum Vollzug eines durchgängigen 'Textaktes' erst dadurch, daß ihm aufgrund der Übereinstimmung seiner semantisch-pragmatischen Merkmale mit den semantischen Merkmalen [...] eines bestimmten Sprechaktverbs eine bestimmte Sprechhandlung zugeschrieben werden kann. Texthandlungen sind - ähnlich wie einfache soziale Akte - interpretative Leistungen des Hörers/Lesers aufgrund der durch die strategische und informatorische Gesamtheit der Sprecheräußerungen in ihrem Kontext bereitgestellten Textmerkmale."

Die Rolle des Kontextes für die Funktionsbestimmung eines Textes wird besonders deutlich im Falle der Gesetzeslektüre, weil dort die erstrebte Funktion des Textes innerhalb eines institutionell vorgegebenen Funktions- bzw. Handlungszusammenhangs (normative Vorgaben für richterliche Entscheidungen zu geben) überhaupt erst der Grund dafür ist, zu diesem bestimmten Text (Paragraphen, Kommentar, Urteilstext) zu greifen. D.h. für bestimmte Funktionszusammenhänge muß, abweichend von Burkhardts Beschreibung, selbst der Leistungs-Charakter der Funktionszuschreibung durch die Rezipienten in Frage gestellt werden, jedenfalls auf so allgemeiner Ebene wie der "normativen" Textfunktion. Möglicherweise spielen im speziellen Rezeptionszusammenhang von Gesetzestexten ganz andere, speziellere Funktionszuschreibungen eine Rolle, die nur durch rechtsdogmatische Kriterien überhaupt erfaßt werden können.[37]

Eine Bestimmung von "Textfunktionen", welche auf linguistischer Ebene nur im Zusammenhang mit dem Versuch der Formulierung einer Funktions-Typologie sinnvoll sein kann, kann also nicht "rein sprachlich", d.h. an im Text ausgedrückten "Funktionsindikatoren" allein orientiert sein, sondern muß die situativen und kontextuellen Zusammenhänge von konkreten Texten immer mit einbeziehen. Versuche der Klassifikation von "Textfunktionen" (die Übergänge zu Klassifikationen von "Text*typen*", "Text*sorten*", "*Superstrukturen*" u.ä. sind fließend) haben sich immer mehr oder weniger explizit an der Klassifikation der *Sprechakte* (Illokutionen) orientiert, d.h. konkret: vor allem am Vorschlag von Searle.[38] Burkhardt hat darauf hingewiesen, daß Sprechakttypologien immer Typologien der *performativen Verben* waren,[39] d.h. derjenigen Verben, die nicht nur soziale Akte bezeichnen, sondern deren Aussprechen selbst als der Vollzug eines sozialen Aktes gilt

---

[36] Burkhardt 1986, 407.

[37] Solche Funktionsdifferenzierungen gibt es etwa in der Grundrechtstheorie.

[38] Searle 1975, u.a. 31 ff.

[39] "Die Erfahrung zeigt, daß Sprechakttypologien immer Typologien der performativen Verben waren [...], d.h. derjenigen metasprachlichen Verben, die zugleich die Handlung beinhalten können, die sie beschreiben, und so durch sich selbst wahr werden. Weil Sprechakte überhaupt nur durch die sie bezeichnenden Verben und Formeln greifbar sind, ist dieser Sachverhalt auch nicht weiter verwunderlich." Burkhardt 1986, 283.

(z.B. *bitten, befehlen, versprechen* u.a.). Searle unterscheidet fünf Klassen von Sprechakten: *Assertive, Direktive, Kommissive, Expressive* und *Deklarationen.*[40] Unterscheidendes Kriterium ist für ihn die jeweilige Richtung der "Beziehung zwischen Welt und Wort". So haben etwa die "*Assertive*", zu denen u.a. *Behauptungen* und *Aussagen* zählen, eine Ausrichtung vom Wort auf die Welt; d.h. das Wort muß der Welt angepaßt werden. "*Direktive*" dagegen, die auf die Veränderung des Verhaltens der Adressaten gerichtet sind (wie *befehlen, bitten, auffordern*) hätten eine Ausrichtung von der Welt zum Wort, d.h. die Welt müsse dem Wort passend gemacht werden.[41] Dieselbe Ausrichtung Welt-auf-Wort haben die "*Kommissive*", d.h. Sprechakte, in denen sich die Sprecher selbst zu etwas verpflichten (*versprechen, drohen*). "*Expressive*" sind Sprechakte, mit denen Sprecher ihre Gefühle, Meinungen etc. ausdrücken (etwa: *Beileid mitteilen*). Und "*Deklarationen*" schließlich sind Sprechakte, die selbst eine neue Realität setzen; Beispiele sind etwa: *ernennen, taufen, verurteilen, definieren* usw.[42]

Wenn man nun diese Sprechakttypen im Sinne der Typologien von Textfunktionen auf Gesetzestexte zu beziehen versucht, dann muß man sich klar machen, daß Searle eine Klassifikation von *satz*wertigen Sprechakten anstrebte. Untersucht man konkrete Beispiele von Gesetzestexten, so wird man schnell feststellen, daß auch auf diese Textsorten das zutrifft, was die Textlinguisten hinsichtlich des Verhältnisses von Satzillokutionen und Textfunktionen festgestellt haben: In Gesetzen finden sich *verschiedene* Typen von Sprechakten, so daß aus den gegebenen Sprechakttypen *allein* noch keine eindeutigen Schlußfolgerungen über die Textfunktion von Gesetzen (im linguistischen Sinne) *als Ganzen* gezogen werden können. In Gesetzen sind die Sprechaktfunktionen (ebenso wie in den meisten anderen Texten) so gut wie nie explizit, d.h. durch Sprechaktverben (performative Verben) ausgedrückt. So heißt es etwa nicht "*Wir befehlen (verbieten, erlauben) ...*". Dafür gibt es aber zahlreiche Beispiele für die Verwendung indirekter illokutiver Indikatoren. *Befehle* (also Realisierungen der Klasse der "*direktiven*" Sprechakte) können etwa durch Modalverben (*können, dürfen, sollen, müssen*) ausgedrückt werden:

> "Ist über die Forderung ein Schuldschein auszustellen, so *kann* der Schuldner neben der Quittung Rückgabe des Schuldscheins verlangen." (§ 371 BGB) - "Der Pächter *darf* die landwirtschaftliche Bestimmung der Pachtsache nur mit vorheriger Erlaubnis des Ver-

---

[40] Searle 1975, 31 ff.

[41] "Ihr illokutiver Witz besteht darin, daß sie Versuche des Sprechers sind, den Hörer dazu zu bekommen, daß er etwas tut." Searle 1975, 32.

[42] "Das definierende Merkmal dieser Klasse besteht darin, daß der erfolgreiche Vollzug eines ihrer Elemente eine Korrespondenz von propositionalem Gehalt und Realität zustande bringt; der erfolgreiche Vollzug garantiert, daß der propositionale Gehalt der Welt entspricht. Vollziehe ich erfolgreich die Handlung, dich zum Vorsitzenden zu ernennen, dann bist du Vorsitzender. [...] Deklarationen führen allein kraft des Umstands, daß sie erfolgreich vollzogen wurden, eine Änderung im Status oder der Lage desjenigen Gegenstands [...] herbei, über den gesprochen wird." Searle 1975, 36.

pächters ändern." (§ 590,1 BGB) - "Der Vermieter von Wohnraum *soll* den Mieter auf die Möglichkeit des Widerspruchs [...] hinweisen." (§ 564a,2 BGB) - "Zeigt der Gläubiger dem Schuldner an, daß er diese Forderung abgetreten habe, so *muß* er dem Schuldner gegenüber die angezeigte Abtretung gegen sich gelten lassen [...]." (§ 409 BGB). Nur äußerst selten werden gesetzliche Ge- und Verbote auch explizit so bezeichnet: So etwa in § 19,1 Bundesjagdgesetz: "Verboten ist 1. Mit Schrot [...] auf Schalenwild zu schießen [...]."

Mindestens ebenso häufig wie die "direktiven" Sprechakte kommen in Gesetzestexten aber "deklarative" Sprechakte vor. Deren Funktion hat Searle so erläutert:[43]

> "Der Vollzug der Deklaration bringt durch nichts anderes als durch seinen Erfolg zustande, daß Wörter und Welt zueinander passen. Wie ist so etwas möglich? Man beachte, daß bei allen bislang von uns betrachteten Beispielen eine außersprachliche Einrichtung im Spiel ist, ein System konstitutiver Regeln, das zu den konstitutiven Sprachregeln hinzukommt, damit die Deklaration erfolgreich vollzogen werden kann. [...] Nur dank solcher Einrichtungen wie der Kirche, dem Rechtswesen, Privatbesitz, dem Staat und besonderer Stellungen von Sprecher und Hörer in ihnen kann exkommuniziert, ernannt, vererbt oder Krieg erklärt werden."

"*Konstitutive* Regeln" sind nach einer von Searle an anderem Ort[44] begründeten (auf Wittgenstein zurückgehenden) Definition im Unterschied zu "*regulativen* Regeln" solche sozialen Regeln (also auch Sprachregeln), welche eine bestimmte Verhaltensform, z.B. ein Spiel, überhaupt erst konstituieren. "*Fußball*" kann ich erst spielen, wenn durch ein System von Regeln das Spiel dieses Typs überhaupt erst konstituiert wird. Gibt es einmal ein festes System der Spielregeln, dann können weitere, "regulative" Regeln festlegen, wie diese Regeln modifiziert werden. So muß etwa so etwas wie das Institut des "Freistoßes" durch konstitutive Regeln zuerst geschaffen werden, bevor etwa durch regulative Regeln festgelegt werden kann, von welchem Punkt auf dem Spielfeld aus der Freistoß auszuführen ist. Erst muß es eine Institution "*Taufe*" geben, bevor ich jemanden *taufen* kann; erst in einer Institution "*Rechtsprechung*" ist eine "*Verurteilung*" möglich. *Deklarative* Sprechakte finden sich besonders häufig etwa im *Gesellschaftsrecht*, wo das, was gesetzlich geregelt wird, zuallererst (als "Rechtsinstitut") konstituiert werden muß:

> "Eine Gesellschaft, deren Zweck auf den Betrieb eines Handelsgewerbes unter gemeinschaftlicher Firma gerichtet ist, ist eine offene Handelsgesellschaft, wenn bei keinem der Gesellschafter die Haftung gegenüber den Gesellschaftsgläubigern begrenzt ist." (§ 105 *Handelsgesetzbuch*)

Deklarative Sprechakte dieser Art wirken häufig weniger als "Erklärungen" im eigentlichen Sinne, sondern wie "*Definitionen*", in denen ein bestimmter Sprachgebrauch, der aber eben nicht nur ein Sprachgebrauch ist, sondern zugleich eine Rechtsinstitution schafft, festgelegt wird. (Aus diesem Umstand bezog die "Begriffsjurisprudenz" die Legitimation ihres rechtstheoretischen

---

43 Searle 1975, 37.

44 Searle 1971, 54 ff. Searles Unterscheidung ist sehr umstritten und führt zu gewissen Aporien, die hier nicht behandelt werden können. Als heuristisches Kriterium der Bewertung von verschiedenen Funktionen sozialer Regeln mag sie dennoch dienlich sein.

Modells.) Searle bezeichnet deshalb auch "*definieren*" als Sonderform der deklarativen Sprechakte, in denen keine Institution vorausgesetzt sei.[45]

Hinsichtlich der uns beschäftigenden Frage, welche Textfunktionen für *Gesetzestexte* anzusetzen seien, bringt uns Searles Definition der "*Deklarationen*" in eine gewisse Verlegenheit. Seine Definition setzt nämlich mit der Existenz "gesellschaftlicher Institutionen", wie etwa dem Rechtswesen, dasjenige schon voraus, dessen textgebundene Konstitutionsmechanismen wir gerade erklären wollen. Wenn man den Begriff "*Recht*" bzw. "*Rechtswesen*" als Definiens schon voraussetzt, dann kann die Bestimmung der im Recht (d.h. in den das Recht konstituierenden Gesetzestexten) vorkommenden Sprechakte keine Definition der Textfunktionen sein, welche diese gesellschaftliche Institution überhaupt erst konstituieren. Searles Sprechakttypologie ist daher auch kein Kriterium für die Gewinnung einer "juristischen" Textfunktion, sondern sie benennt verschiedene Typen von Sprechakten, die *nebeneinander* in Gesetzestexten vorkommen können. Searle selbst hat darauf hingewiesen, daß in *ein* und derselben Äußerung auch *mehrere* Sprechakte zugleich vollzogen werden können.[46] Als Beispiel führt er an, daß es häufig (wie in dem zitierten HGB-Paragraphen) Überschneidungen von "*Assertiven*" und "*Deklarationen*" gibt; d.h. eine Äußerung, die sprachlich die "Indikatoren" für einen assertiven Sprechakt aufweist (eine Behauptung, Aussage), kann durchaus aber deklarative Funktionen haben.[47] Normformulierungen, in denen diese Aspekte ineinander verschwimmen, finden sich besonders ausgeprägt im Strafgesetzbuch: "Wer einen anderen körperlich mißhandelt oder an der Gesundheit beschädigt, wird mit Freiheitsstrafe bis zu drei Jahren oder mit Geldstrafe bestraft." (§ 223 StGB) Eine solche Formulierung gibt sich sprachlich als *Feststellung* einer Tatsache, hat tatsächlich jedoch *normative* Funktion. Auch explizite Definitionen wie die eher untypische Formulierung aus § 211,2 StGB "*Mörder ist, wer...*" sind im Kontext des Strafrechts natürlich keine einfachen Wort-Definitionen, sondern *Deklarationen* mit normativer Wirkung.[48] Wenn wir also feststellen können, daß Formulierungen aus Gesetzestexten die Kriterien von mindestens drei der fünf von Searle angesetzten Sprechakt-Klassen erfüllen, dann kann seine Sprechakt-Typologie kein hin-

[45] "Zu dem Prinzip, jede Deklaration setze eine außersprachliche Einrichtung voraus, gibt es [...] Ausnahmen. [...] Zum zweiten gibt es Deklarationen, in denen es um die Sprache selbst geht, wie wenn jemand beispielsweise sagt 'Ich definiere', 'Ich benenne' [...]." usw. Searle 1975, 38.

[46] "Oft tun wir mit ein und derselben Äußerung mehrere [...] Sachen zugleich." Searle 1975, 50.

[47] "Zwischen Deklarationen und Assertiven gibt es Überschneidungen, und zwar aus folgendem Grund: In gewissen Einrichtungen tritt die Situation auf, daß wir nicht bloß feststellen, ob etwas der Fall ist, sondern auch die Autorität besitzen müssen, um endgültig darüber zu befinden, was der Fall ist, nachdem das Ermittlungsverfahren darüber abgeschlossen wurde." Als Beispiel nennt er Richter. Searle 1975, 38 f.

[48] Dieses Beispiel zeigt übrigens, daß Searle Unrecht hat mit der Behauptung, daß "Definitionen" immer "Deklarationen" seien, welche nicht an eine Institution gebunden sind.

reichendes Mittel zur Bestimmung der Funktion von Gesetzestexten sein. Es bedarf, wenn diese Sprechakt-Typen in der von Searle behaupteten Geschiedenheit überhaupt existieren, mindestens weiterer Kriterien, um die "dominierende Textfunktion" von Gesetzen zu bestimmen.

Aus den genannten Gründen schlägt Habermas[49] nach einer Auseinandersetzung mit Searles Klassifikation eine Reduktion der Sprechakttypen auf vier Klassen vor: *imperative*, *konstative*, *expressive* und *regulative* Sprechakte. Seine Klasse der "*regulativen*" Sprechakte soll also die Überschneidungen, die bei Searles Typologie vorliegen, aufheben.[50] Habermas kritisiert dabei auch das Kriterium für Searles Klassifikation, die "Ausrichtung der Beziehung von Wort und Welt", da gerade bei den *regulativen* Sprechakten von einer Bezugnahme auf die Welt durch die Textproduzenten keine Rede sein könne.[51] Habermas definiert die "*regulativen*" Sprechakte folgendermaßen:[52]

> "Mit *regulativen Sprechhandlungen* bezieht sich ein Sprecher auf etwas in einer gemeinsamen sozialen Welt, und zwar in der Weise, daß er eine als legitim anerkannte intrapersonale Beziehung herstellen möchte. Die Negation einer solchen Äußerung bedeutet, daß H die von S für seine Handlung beanspruchte normative Richtigkeit bestreitet."

Habermas' Bestimmungen, die nicht mit sprachwissenschaftlich nachvollziehbarem Material belegt werden, liegen auf einem hohen Abstraktionsniveau, dem der philosophische Hintergrund seiner Theorie anzumerken ist. Zwar ist zunächst gegen die Benennung "regulative Sprechhandlungen" nichts einzuwenden, doch muß - angesichts fehlender Beispiele - auch hier die Frage gestellt werden, ob in das Verstehen dessen, was mit dieser Kategorie gemeint ist, nicht schon unser *vorgängiges Wissen* über die Existenz normativer Verhältnisse eingeht. Auch Habermas setzt letztlich das Wissen dessen, was der Ausdruck "*Norm*", "*normativ*" bedeutet, voraus. Nur wenn man schon Normen kennt und weiß, wie mit ihnen (vor allem im institutionellen Zusammenhang des Rechtswesens) umgegangen wird, kann man verstehen, was das "*regulative*" an dieser Sorte von Sprechhandlungen ist. Die von Habermas vorgeschla-

[49] In Habermas 1971, 112 und Habermas 1981, 427.

[50] "Zu den Direktiven rechnet Searle Anordnungen, [...] Weisungen [...]. Dabei diskriminiert er nicht zwischen normierten Aufforderungen wie Gesuchen, Verweisen, Befehlen usw. einerseits, den einfachen Imperativen, d.h. nicht-autorisierten Willensäußerungen andererseits. Deshalb bleibt auch die Abgrenzung der Direktiven von den Deklarationen unscharf. Für deklarative Äußerungen sind zwar einzelne Institutionen erforderlich, die die normative Verbindlichkeit [...] sichern; aber sie haben einen ähnlichen normativen Sinn wie Anweisungen und Befehle." Habermas 1981, 429.

[51] "Indem ein Sprecher institutionelle Tatsachen schafft [z.B. Lesung eines Gesetzes, D.B.], bezieht er sich überhaupt nicht auf etwas in der Welt; vielmehr handelt er in Übereinstimmung mit den legitimen Ordnungen der sozialen Welt und initiiert gleichzeitig neue interpersonale Beziehungen." Habermas 1981, 434.

[52] Habermas 1981, 435 f. In Habermas 1971, 112 wählt er folgende Formulierung: "Die vierte Klasse von Sprechakten, die ich *Regulativa* nennen will, dient dazu, den Sinn der praktischen Verwendung von Sätzen auszudrücken. Sie expliziert den Sinn des Verhältnisses, das Sprecher/Hörer zu Regeln einnehmen, die sie befolgen oder verletzen können. Beispiele: befehlen, auffordern, [...] verbieten, erlauben [...]."

genen Typen sind insofern eine Verbesserung gegenüber Searles Klassifikation, als hier die normativen Sprechakte nicht einfach mit "*Befehlen*" auf dieselbe Stufe gestellt werden, was ihrem institutionellen Charakter nicht gerecht würde. Allerdings sind die Begründungen, die Habermas für die Unterscheidung von "*Imperativen*" und "*Regulativen*" gibt, insofern nicht einleuchtend, wenn er als Bestreitung von "*Imperativen*" nur einen entgegenstehenden "Willen" gelten läßt, nicht aber eine *Kritik*. Es ist nicht einzusehen, warum nicht auch imperative Sprechakte, die ja auch Geltungsansprüche (und sei es nur Machtansprüche) erheben, nicht auch ebenso auf ihre Legitimität befragt werden könnten wie regulative Sprechakte. Gegenüber dem "an Gesetz und Recht" gebundenen Richter ist sicher auch der "*regulative*" Sprechakt eines Normtextes in gewissem Sinne ein "*Imperativ*".

Die Einteilung der Sprechakttypen und ihre Definition bei Habermas könnte den Schluß nahelegen, daß der Bezug auf "Regeln des sozialen Verkehrs" das definierende Kriterium der "regulativen Sprechakte" ausmacht: Für Regeln, Normen können "Geltungsansprüche" erhoben werden, diese Geltungsansprüche können von anderen kritisiert und in Frage gestellt werden. Dann ist es zunächst unerheblich, ob die Normen in einem *institutionellen* Zusammenhang stehen oder nicht. Ohnehin scheint Habermas einen Begriff von "*Institution*" zu favorisieren, für den schlechthin alle gesellschaftlichen Zusammenhänge "institutionell" sind,[53] insofern sie Verhaltensmuster konstituieren.[54] Es ist nicht recht ersichtlich, worin dann das abgrenzende und definierende Kriterium für "regulative Sprechakte" eigentlich besteht. Es scheint so zu sein, daß der von Habermas gemeinte Unterschied sich nur in dem kleinen Wörtchen "*normativ*" niederschlägt, so daß die Klärung dessen, was dies heißt, die Voraussetzung wäre für die Fähigkeit, diese Kategorie auch mit Beispielen zu belegen. Habermas unterscheidet seine Sprechakttypen auch anhand des Kriteriums der "Geltungsansprüche" für die er mehrere Typen ansetzt. Geltungsansprüche werden auch bei den sog. "*konstativen*" Sprechakten erhoben; allerdings Geltungsansprüche, welche den Wahrheitsstatus der aufgestellten Behauptungen betreffen. Gerade deshalb ist nicht nur die von Habermas kritisierte Überschneidung von *Deklarationen* und *Direktiven* bei Searle problematisch, sondern auch die Verflechtung von *Deklarationen* und *Assertiven*, auf die Habermas allerdings nicht eingeht. Sprechakte mit der sprachlichen Form sog. "Aussage-" oder "Behauptungs-

---

[53] "Das illokutionäre Lexikon ist gleichsam die Schnittfläche, wo sich die Sprache und die institutionellen Ordnungen einer Gesellschaft durchdringen." Habermas 1981, 430.

[54] "Im kommunikativen Handeln werden die Handlungspläne der individuellen Teilnehmer mit Hilfe illokutionärer Bindungseffekte von Sprechhandlungen koordiniert. Deshalb ist zu vermuten, daß konstative, regulative und expressive Sprechakte auch entsprechende Typen sprachlich vermittelter Interaktion konstituieren. Das gilt offenbar für *regulative* und *expressive* Sprechhandlungen die jeweils für das *normengeleitete* und das *dramaturgische* Handeln konstitutiv sind." Habermas 1981, 438. Zu korrigieren ist, daß die Sprechakte nicht die soziale Interaktion konstituieren, sondern sie selbst *sind*.

sätze" unterscheiden sich nämlich hinsichtlich ihrer Zugehörigkeit zur Klasse der "*regulativen*" oder "*konstativen*" Sprechakte nicht durch die Frage, *ob* damit Geltungsansprüche erhoben werden, sondern nur dadurch, *welcher Art* diese Geltungsansprüche sind (nämlich solche, die auf "Wahrheit" zielen, oder solche, die auf "normative Richtigkeit" zielen). Gerade die Tatsache, daß normative Festlegungen sprachlich häufig in der Form reiner "Aussagesätze" formuliert werden, sollte zu Überlegungen Anlaß geben, ob "*regulative*" und "*konstative*" Sprechakte wirklich auf so fundamental verschiedenen Ebenen liegen, wie Habermas offenbar annimmt. Er scheint zu verkennen, daß auch Wahrheitsansprüche nicht quasi-fundamental,[55] rein intellektuell-diskursiv geregelt werden können, sondern ebenso wie Normen des Verhaltens *institutionell* gebunden sind, insofern in unseren Gesellschaften nicht jeder das gleiche Recht und die gleiche faktische Möglichkeit hat, Geltungsansprüche in Bezug auf "Wahrheit" auch tatsächlich durchzusetzen.

Habermas' Kategorie der "*regulativen*" Sprechakte dürfte für die konkrete sprachwissenschaftlich-rechtssoziologische Analyse auch deshalb zu weit angesetzt sein, weil sie (abgesehen davon, daß sie institutionelle Sprechakte nicht von nicht-institutionellen Sprechakten abzugrenzen erlaubt) auch nichts dazu beiträgt, die Art und den Inhalt des regulativen Sprechakts, d.h. dasjenige, was geregelt werden soll, zu erklären. Habermas scheint bei seinen "regulativen" Sprechakten, was Gesetze betrifft, in erster Linie das Verhältnis zwischen Rechtsetzer und *Bürgern* im Auge zu haben; nur in diesem Verhältnis macht es Sinn, eine Norm auf ihre "Legitimität" und "normative Richtigkeit" zu befragen. Im Verhältnis zwischen Normtext und seinen Adressaten, welches in erster Linie nicht die normunterworfenen Bürger, sondern die norminterpretierenden *Richter* sind, kann ein In-Frage-Stellen der normativen Richtigkeit keine Rolle mehr spielen. In diesem Verhältnis kann ein "Bestreiten" allenfalls noch die Frage betreffen, ob eine Entscheidung richtig aus den einmal gesetzten Normen abgeleitet wird, d.h., wie ein Normtext zu interpretieren ist. Auch dies sind natürlich Geltungsansprüche; ihr Verhältnis zu den ursprünglichen "regulativen" Akten des Gesetzgebers muß jedoch noch näher erklärt werden und darf mit den Geltungsansprüchen, welche diesem selbst gegenüber erhoben werden können, nicht verwechselt werden. Man könnte geneigt sein, die Funktion von Normtexten gegenüber den institutionellen Adressaten als Fall des "*imperativen*" Sprechakttypus einzustufen; jedoch wird die Definition von Habermas dann verfehlt, da ihr zufolge gegen die Imperative einzig die Behauptung eines eigenen *Macht*anspruchs ("Willens") möglich wäre; davon kann aber im Verhältnis zwischen Gesetzgeber und Rechtsanwender keine Rede sein.

---

55 So stellt auch Burkhardt 1986, 300 fest: "Insgesamt wird deutlich, daß die für Habermas wesentliche Unterscheidung die zwischen 'universalen' und 'institutionellen' verbalen Handlungen ist."

Wenn die Klassifikationsvorschläge für Sprechhandlungstypen (Illokutionen) der Philosophen Searle und Habermas uns bei unserer Frage nach den für Gesetzestexte anzusetzenden Handlungstypen nicht wesentlich weitergeholfen haben, wie steht es dann um den explizit auf Textfunktionen gerichteten Klassifikationsvorschlag eines Linguisten? Große schlägt, bevor er zur eigentlichen Feingliederung der Textfunktionen kommt, eine vorgängige Unterscheidung vor, die unseren Gegenstand unmittelbar betrifft:[56]

> "Am Beginn steht die Unterscheidung zwischen *normativen* Textfunktionen, die verbindliche Interaktionsregelungen signalisieren, und *nicht-normativen* Textfunktionen. Sie ergibt sich aus der überragenden Bedeutung der Regeln für das menschliche nichtsprachliche und sprachliche Handeln."

Diese Einteilung reproduziert die vor allem in der sprachanalytischen Philosophie und der von ihr beeinflußten Rechtstheorie bekannte Unterscheidung von "*deskriptiver*" und "*präskriptiver*" Sprache. In ihrem Bezug auf "verbindliche Interaktionsregelungen" ist die "normative Textfunktion" verwandt mit den "regulativen Sprechakten" bei Habermas. Indem Großes Unterscheidung als fundamentale Differenzierung vor jeder weiteren Gliederung behauptet wird, setzt sie die in der Dichotomie von "deskriptiver" und "präskriptiver" Sprache zugrundeliegenden philosophischen Vorentscheidungen voraus; damit fällt sie aber hinter die Erkenntnis Austins zurück, der die jener Dichotomie zugrundeliegende Behauptung, wahrheits-bezogene Äußerungen seien von grundsätzlich anderem Charakter als Äußerungen, für die dies nicht zutrifft, gerade als falsch erkannt hatte. Die Sprechakttheorie ist ja gerade deshalb entstanden, weil Austin sah, daß auch Behauptungen (also "deskriptive Sprache") denselben Handlungscharakter haben wie andere Formen von Sprechhandlungen. Darüber hinaus scheint Große aber zu verkennen, daß "normative" Texte wie z.B. Gesetzestexte nicht einfach "Interaktionsregelungen" für Bürger ausdrücken, sondern häufig Regelungen über Rechtsfolgen von Handlungen darstellen (was etwas völlig anderes ist). Wenn Gesetzestexte "Regelungen" ausdrücken, dann sind dies in erster Linie Regelungen für *Richter* und erst in zweiter Linie für die Rechtsunterworfenen. Textfunktionen von Gesetzestexten müssen also nicht nur nach ihrem *Inhalt*, sondern auch nach ihren *Adressaten* differenziert werden. Eine solche Differenzierung ist aber erst möglich, wenn das tatsächliche Arbeiten mit Gesetzestexten in der juristischen Praxis in seinen Einzelheiten untersucht wird. Sprachhandlungskategorien wie "*regulative*" Sprechakte bei Habermas und "*normative Textfunktion*" bei Große setzen nicht nur unser Wissen darum, was "*normativ*" heißt, bereits voraus (verfehlen es also, als Definition gelten zu können), sie sind darüberhinaus an einem archaischen Verständnis von "*Norm*" orientiert, welches mehr mit den "*Zehn Geboten*" des *Alten Testaments* zu tun hat (dort finden sich noch direkte Imperative wie "*Du sollst nicht töten*"), als mit den Wirkungsweisen und sprachlichen Befunden moderner Gesetzgebung.

---

[56] Große 1976, 28.

Dieser Irrtum ist Großes Definitionsversuchen der "normativen Textfunktion" anzumerken:[57]

> "Innerhalb der regelgeleiteten menschlichen Interaktion konstituieren die normativen Texte aller Art (z.B. Gesetze, Satzungen, Verträge, Vollmachten ...) jeweils ein neues Moment. Sie sprechen - und dies ist hier unsere Definition von 'normativ' - explizit *bindende Regeln* des Verhaltens und des Geltens aus: *Rechte, Verpflichtungen* und *Geltungsregeln* [...] (d.h. konstitutive Regeln im Sinne Searles)."

Mit seinem Definiens "explizit bindende Regeln" spielt Große offenbar auf die institutionell hergestellten Wirkungen von Normtexten an. Dem "Gesetzgeber" ist es zunächst einmal völlig gleichgültig, welches Verhalten einzelne Individuen für sich an den Tag legen; in diesem, "unmittelbaren" Sinne kann von "Bindungen" durch Normtexte also kaum geredet werden. Relevant werden die normativen Regelungen erst, wenn es zu einem Streit kommt, der institutionell geschlichtet werden soll; d.h. "Rechte" müssen auch "geltend gemacht" werden. Dann sind allerdings die in den Normtexten enthaltenen "Regelungen" in erster Linie für die Richter "bindend". Eine "Bindungswirkung" für Bürger macht sich erst an den Rechtsfolgen, also (vom Gericht festgesetzten) Vorteilen oder Nachteilen im Verhältnis zu anderen, bemerkbar. Nicht viel anders steht es beim Strafrecht; dort zeigt schon der Formulierungs-Typ, daß sich die Regelungen zunächst an die Gerichte und Staatsanwaltschaften richten; erst sekundär, über das Wissen, welche Folgen ein bestimmtes strafbares Handeln haben kann, wirken die Strafbestimmungen auch für die Bürger "normativ". Daß Strafbestimmungen keine direkte Bindungswirkung haben, zeigt sich schon daran, daß Strafbestimmungen, die institutionell nicht verfolgt werden, so gut wie überhaupt keine Verhaltensänderungen bewirken. Hier zeigt sich, daß Paragraphen des Strafgesetzes keine "Bindungswirkung" haben, sondern sprechakttheoretisch viel eher als "*Drohungen*" (so spricht man z.B. in § 2 StGB auch von "*Strafdrohung*") einzustufen sind. Wie andere Drohungen verlieren Strafbestimmungen ihre Wirkung, wenn die angekündigten negativen Folgen für die Bedrohten nicht realisiert werden.

Bei der von Große als Definiens bemühten "Bindungswirkung" normativer Texte setzt auch Brinker seine Kritik an, die ihn schließlich dazu führt, auf die Kategorie "normative Textfunktion" ganz zu verzichten; in seiner Funktionsklassifikation[58]

> "ist die normative Funktion im Sinne Großes nicht enhalten. Das liegt darin begründet, daß dem für die Abgrenzung der normativen Textfunktion konstitutiven Merkmal 'bindend' ein anderer theoretischer Status zuzusprechen ist als den auf Kommunikationsabsichten des Emittenten bezogenen illokutive Kategorien (wie etwa Auffordern oder Informieren). Das Kriterium 'bindend' bezieht sich primär auf die rechtliche Geltung (bzw. Wirkung) eines Textes im gesellschaftlichen Kontext und kann sich mit verschiedenen Textfunktionen verbinden (neben der Obligations- und Deklarationsfunktion auch

[57] Große 1976, 29. Vgl. auch: "Da die normativen Texte neue Handlungsregeln aussprechen, stehen sie als Untersuchungsgegenstände notwendigerweise im Überschneidungsbereich zwischen Semantik und Pragmatik." (29)

[58] Brinker 1983, 140 f.; gleichlautend Brinker 1985, 96 f.

mit der Apellfunktion). Ob ein Text (im rechtlichen Sinn) 'bindend' ist oder nicht, wird wesentlich durch die Kommunikationssituation, insbesondere aber durch den Handlungsbereich bestimmt, dem der Text zugeordnet ist."

Brinker weist hier zu Recht darauf hin, daß die Wirkungen von Gesetzestexten und die in ihnen ausgedrückten Funktionen nur durch eine Analyse der institutionellen Bedingungen erhellt werden können, welche die Geltendmachung von Normtexten regulieren. Das Prädikat "*binden*" hat drei (bzw. vier) Bezugsstellen, die bei einer Analyse der Bindungswirkung von Normtexten ausgefüllt werden müßten: *Wer* bindet *wen womit* (*woran*)? Schon das "*Wer*" ist in einer parlamentarischen Demokratie nicht leicht zu beantworten. Das "*Wen*" müßte mindestens in Rechtsanwender und Bürger differenziert werden. Das "*Womit*" ist (ebenso wie das "*Woran*") vermutlich nur in einer ausdifferenzierten Institutionsanalyse bzw. einer Untersuchung der institutionellen Funktionsweisen und Auswirkungen von Gesetzestexten zu erhellen.[59] Brinkers eigener Klassifikationsvorschlag ist allerdings auch nicht frei von den von uns skizzierten Problemen; so ist seine Zuordnung von Gesetzestexten in die "*Appellfunktion*"[60] der gleichen Kritik auszusetzen wie die "*direktiven*" (Searle) oder "*regulativen*" (Habermas) Sprechakte bzw. die "*normative*" Textfunktion bei Große. Jedesmal werden Gesetzestexte so mißverstanden, als handele es sich dabei um eine *direkte Verhaltensbeeinflussung* der rechtsunterworfenen Bürger. Damit wird aber der *institutionelle* Charakter von Normtexten entscheidend verfehlt. Auch Brinkers Kategorie der "*Obligationsfunktion*"[61] setzt sich der Kritik aus, da sie, wie schon die Versuche von Habermas und Große (und implizit, durch die Bindung an vorausgesetzte Institutionen, auch die Definition der *Deklaration* bei Searle) die vorgängige Kenntnis dessen, was in unserer Gesellschaft "*normativ*" heißt, voraussetzt.

In einer weiteren Feindifferenzierung der "normativen Funktionen" versucht Große dann u.a. eine "*legislative* Funktion" zu bestimmen[62] und sprachliche "Indikatoren" für diese Textfunktion anzugeben. Als solche führt er u.a.

---

[59] Zur Frage "Was heißt Gesetzesbindung?" vgl. unter diesem Titel die umfassende Untersuchung aus rechtstheoretischer Sicht von Christensen 1989.

[60] "Der Emittent gibt dem Rezipienten zu verstehen, daß er ihn dazu bewegen will, eine bestimmte Einstellung einer Sache gegenüber einzunehmen (Meinungsbeeinflussung) und/oder eine bestimmte Handlung zu vollziehen (Verhaltensbeeinflussung)." Brinker 1985, 102.

[61] "Die Appellfunktion ist hier mit einer 'normativen' Einstellung des Emittenten verknüpft; sie besagt, daß der Rezipient verpflichtet ist, den thematisierten Sachverhalt zu realisieren." Brinker 1985, 109 f.

[62] So unterscheidet er noch eine "*proklamatorische*" (*Urteilen, Einsetzen, Ernennen, Definieren, Taufen*), eine "*zertifikatorische*" (*Anerkennen, Beglaubigen, Bescheinigen*), eine "*prokuratorische*" (*Bevollmächtigen*) eine "*selbstverpflichtende*", eine "*vereinbarende*" und eine "*deklarierende*" Funktion; vgl. Große 1976, 60 ff. Es hat den Anschein, daß Große hier mehr an Text*sorten* orientiert ist als an Sprechakttypen. Vgl. auch Brinker 1983, 141: "Das Merkmal 'bindend' soll somit aus methodologischen Gründen (Stichwort: Homogenität der Klassifikation) nicht zur Unterscheidung von Textfunktionen herangezogen werden, wenn es auch ein wichtiges Differenzierungskriterium für Textsorten darstellt."

Typen von Ausdrucksformen an,[63] wie etwa Ausdrücke der "*Notwendigkeit*" und der "*Fähigkeit*", die mit den entsprechenden Modalverben "*müssen*", "*sollen*" bzw. "*können*", "*dürfen*" ausgedrückt werden können. Häufiger sind allerdings in Gesetzestexten verbale Umschreibungen wie "*ist befugt*", "*ist berechtigt*", "*ist verpflichtet*". Außerdem sind viele Gesetzessätze im Indikativ des Aussagesatztyps formuliert. Da diese Ausdrucksformen aber kein allein eindeutiges Indiz für die "legislative" Textfunktion sind (sie können auch in anderen - nach Searle *direktiven*, nach Habermas *regulativen* - Äußerungen der Alltagssprache vorkommen), sind die von Große angeführten sprachlichen Indikatoren also nicht ausreichend, um einen Text als Exemplar der "*normativen Textfunktion*" eindeutig bestimmen zu können. Er muß daher doch wieder auf text*externe* Signale zurückgreifen:[64]

> "Den normativen Charakter der semantischen Sätze in Gesetzes- und Satzungstexten zeigen Präsignale wie z.B. 'Gesetz', 'Satzung' an. Dadurch werden auch rein indikativische Deklarativsätze (ohne die modalen Verben oder Wendungen der Fähigkeit oder des Müssens) *prädeterminiert* und erhalten so den Status normativer Sätze."

Das ist mit anderen Worten das Eingeständnis, daß mit sprachlichen Kriterien, und das heißt zugleich, mit rein linguistischen Mitteln, allein ein Text nicht als Exemplar der "normativen Textfunktion" identifiziert werden kann.[65] Wir finden hier die Bestätigung für die von Burkhardt ausgesprochene Erkenntnis, daß "Textfunktionen" nicht etwas "in den Texten enthaltenes" sind, sondern von Textrezipienten "*gesehen*" werden müssen. Wie schon verschiedentlich auch bei anderen Autoren deutlich geworden ist, bedarf es einer vorgängigen Kenntnis der zu erwartenden Funktion eines normativen Textes in einer institutionell vorgeprägten Handlungssituation, um die Funktion der Gesetzestexte überhaupt bestimmen zu können. Nicht durch den *sprachlichen* Charakter der Texte, sondern durch ihre *Rolle in einem institutionellen Handlungszusammenhang* bekommen Gesetzestexte ihre "normative Funktion".

Man kann also einen Text als Exemplar der "normativen Textfunktion" nicht ohne Kenntnis des *Gebrauchs*zusammenhangs des Textes erkennen. Dies machen sämtliche Definitionsversuche der "*normativen Textfunktion*" oder der "*regulativen*", "*direktiven*", "*deklarativen*" Sprechakte deutlich, die alle nicht ohne Verweis auf das undefiniert bleibende gesellschaftliche Faktum

---

[63] Große 1976, 58 nennt sie in seiner Privat-Terminologie "metapropositionale Basen".

[64] Große 1976, 59.

[65] Die Hilflosigkeit des Linguisten zeigt auch folgende Bemerkung bei Große 1976, 30: "Sprachlich unterscheiden sich die Texte mit normativen Funktionen von den nicht-normativen Texten vor allem durch ihre Präsignale, ihre metapropositionalen Basen und [...] die in ihnen verwendete juristische Fachsprache. Dadurch wird signalisiert, daß der Text bindende, grundsätzliche Regeln des Verhaltens und Geltens ausspricht." Bevor man ein vorliegendes sprachliches Material als Vorkommnis einer "juristischen Fachsprache" identifizieren kann, muß man erst einmal das Fach kennen, durch das diese Ausdrucksweise als eigenständiger Funktionalstil erst identifizierbar wird; wenn ich dieses Fach kenne, weiß ich aber auch schon vorher, was "normativ" ist.

"*Normativität*" auskamen. Was "*Norm*" oder "*normativ*" heißt, ist uns durch unsere Kenntnis der gesellschaftlichen Institutionen und ihres Wirkens, in denen diese Normativität hergestellt wird, immer schon bewußt; d.h. wir erkennen einen Text nicht "aus sich selbst heraus" als normativ, sondern nur eingebettet in einen (institutionellen) Handlungszusammenhang. Das ist nicht weiter verwunderlich und auch nicht nachteilig, da darin nur die Tatsache zum Ausdruck kommt, daß Texte jeglicher Art immer nur als Teile gesellschaftlicher Handlungszusammenhänge wirksam werden und ihre je verschiedene Funktion bekommen. Erst wenn wir wissen, wie wir mit bestimmten Texten umgehen (bzw. umzugehen haben), dann wissen wir, welche "Funktion", d.h. in einem weiteren Sinne auch: welche "Bedeutung" sie haben. Sämtliche angebotenen Bestimmungsversuche der für Gesetzestexte relevanten Illokutionstypen bzw. Textfunktionen kamen nicht ohne das stillschweigende Voraussetzen der außertextlich gegebenen Kenntnis dessen, was "*normativ*" heißt, aus. Eine linguistische Analyse, welche die Funktionen von Gesetzestexten und ihre sprachliche Fundierung erhellen will, muß daher weiter gehen (oder einen anderen Weg gehen) als die bisherigen Erklärungsansätze, welche sich für die *Erklärung* und *Begründung* dessen, was "*normativ*" (Habermas, Große, Brinker) bzw. "*institutionell gebunden*" (Searle) heißt, nicht interessiert haben; d.h. sie muß das tatsächliche Wirken von Gesetzestexten in der juristischen "Arbeit" mit ihnen und die dabei möglicherweise wirkenden sprachlichen Voraussetzungen in konkreto untersuchen. Dabei muß aber immer im Blick bleiben, daß auch eine solche Analyse, die nach dem fragt und das zu explizieren wünscht, was von Linguisten und Sprachphilosophen bisher immer nur stillschweigend vorausgesetzt wurde, auch nicht auskommen kann ohne eine Berücksichtigung der (institutionellen und) Handlungskontexte, in denen Rechtstexte allein ihre Wirkung entfalten; dies gilt aber eigentlich für die Analyse sämtlicher Sprachvorkommnisse.

Große definiert seinen Begriff "*Textfunktion*" als[66]

> "Instruktion des Empfängers über den für den jeweiligen Text vom Sender gewünschten Verstehensmodus. Der Empfänger soll sich auf die spezifische Natur des Textes einstellen, und ihn etwa als Aufforderung, als sachinformierenden Text oder als normative Festlegung verstehen."

Vielleicht rühren die Schwierigkeiten der behandelten Autoren, die "normative" Textfunktion näher zu definieren, daher, daß sie, wie Große in diesem Zitat, Textrezeption, d.h. den Umgang mit Texten, auf ein reines "Verstehen", und die Textfunktion bzw. den Illokutionstyp auf einen "Verstehensmodus" reduzieren. Ein Blick auf die Praxis der juristischen Arbeit mit Texten lehrt jedoch sofort, daß "Verstehen" dort das geringste Problem darstellt. Ein Gesetzestext wird eben nicht, in einem elementaren Sinn von "*verstehen*", "als normative Festlegung verstanden". Wenn Richter, Staatsanwälte oder Rechtsanwälte zu einem Gesetzestext greifen, dann wissen sie *vorher* um dessen normative Funktion; dies ist ja gerade der *Grund* dafür, daß sie den Text

---

[66] Große 1976, 115.

überhaupt zur Hand nehmen. Eine Texttheorie, welche die "Textfunktionen" auf einen naiven Begriff des "Verstehens" reduziert, kann der institutionell geformten Art der Arbeit mit Texten (oder "Sprachdaten"), wie sie im Rechtswesen stattfindet, nicht gerecht werden. Vielleicht ist dies der Grund dafür, daß etwa Searle die eigentlichen *Sprechakt*regeln von den vorausgehenden und eigenständigen *institutionellen* Regeln unterscheidet, oder warum Brinker die Betrachtung der "bindenden" Wirkung von Gesetzestexten ganz aus der Textlinguistik heraushalten möchte. Das aus mangelnder linguistischer Beschäftigung mit Rechtstexten (nicht nur als totem sprachlichem Material, sondern als Bestandteilen eines nicht auf Verstehen reduzierbaren Arbeitsprozesses) herrührende Mißverständnis der Wirkung von Rechtstexten ist vielleicht auch verantwortlich dafür, daß außer den *Gesetzestexten* die für deren normative Wirkung äußerst wichtigen Textsorten "*Gesetzeskommentar*" und "*Urteilstext*" bisher nicht berücksichtigt wurden. Auch diese Textsorten haben in bestimmter Weise eine "normative" Kraft, bloß ist sie (aus rechtlichen Gründen?) anders geartet als die normative Kraft der Gesetze.

Es müßten also bei den für die "Bindungswirkung" der Rechtsnormen wichtigen Rechtstexten verschiedene Ausformungen der "Normativität" unterschieden und textlingustisch zu erklären versucht werden. Allerdings haben z.B. Urteilstexte in ihren jeweiligen Verwendungskontexten sehr unterschiedliche Funktionen; so "bedeuten" sie für einen Angeklagten oder die Prozeßparteien etwas anderes als für Richter, die sie als Daten zu ihrer Entscheidungsfindung in anderen Fällen heranziehen wollen. Dies unterstreicht, daß die "Textfunktion" nicht dem Sprachmaterial "als solchem" zukommt, sondern nur im jeweiligen Gebrauchskontext. Die Richter, die ein Urteil verfaßt haben, mögen u.U. an eine über den konkreten Fall hinausgehende "Bindungswirkung" des Textes gar nicht, oder nicht in erster Linie, gedacht haben. Die Bestimmung der "Text*funktionen*" geht so über in eine Differenzierung von "Text*sorten*", die selbst wiederum nach verschiedenen, sich möglicherweise überlagernden Funktionen bestimmt werden müssen. Da auch die zitierten Klassifikationsversuche stets die Kenntnis verschiedener Textsorten implizit voraussetzen, ist bislang noch nicht gesichert, ob (wie manche Linguisten offenbar wünschen und glauben) "Textfunktionen" überhaupt ohne das alltagsweltliche (oder fachliche) Wissen um die verschiedenen Funktionen von "Textsorten" bestimmt und differenziert werden können. Ist schon die Diskussion um "Textfunktionen" innerhalb der Textlinguistik auf einem rudimentären Stand, so haben die Versuche der Bestimmung von "Textsorten" in den zwanzig Jahren seit Entstehen der Textlinguistik, wie alle Jahre wieder festgestellt wird,[67] kaum Fortschritte aufzuweisen. Nach Brin-

---

[67] Vgl. Brinker 1983, 145; Brinker 1985, 119; Zimmermann 1978; Gobyn 1984. Zum Textsortenbegriff und Klassifikationsansätzen vgl. außer den Genannten auch Gülich/Raible (Hrsg.) 1972, Werlich 1979 und Dimter 1981.

ker[68] sind "Textsorten" komplexe allgemeine Muster der Kommunikation, die sowohl die konkrete sprachlich-kommunikative Ausformung der Textproduktion als auch die Textrezeption steuern. Ein konkretes sprachliches Vorkommnis wird damit nie nur "als solches", d.h. allein aufgrund seiner semantisch-syntaktischen Struktur verstanden, sondern immer als ein Fall eines bestimmten *Musters* identifiziert. Das Wissen um verschiedene "Textsorten" (und die Benennungen dafür) ist ein alltagsweltlich erstaunlich sicheres Wissen, das nicht nur sprachliche Kriterien umfaßt, sondern auch das Wissen um die Funktionen von verschiedenen Arten von Texten in unterschiedlichen Interaktions-Zusammenhängen.[69] "Textsorten" können daher, ebenso wie die eng mit ihnen zusammenhängenden "Textfunktionen" nicht allein aufgrund von sprachstrukturellen Kriterien identifiziert werden, sondern nur zusammen mit Daten des *Kontextes* und der *Handlungssituation*.[70]

Brinker schlägt daher als Differenzierungskriterien neben der Text*funktion*[71] kontextuelle Kriterien wie die "*Kommunikationsform*" (mündlich, schriftlich etc.) und den "*Handlungsbereich*"[72] sowie "textinterne Merkmale" wie "*Vertextungsmuster*"[73] vor. Während die textinternen Merkmale der "Vertextungsmuster" etwa für die uns interessierenden Textsorten solche Unterschiede aufzuzeigen erlauben, wie den zwischen "enumerativen Sequenzformen",[74] d.h. der Aufzählung einzelner Paragraphen in Gesetzen und Kommentaren einerseits, und "argumentativer Themenentfaltung" (Brinker) in Urteilstexten andererseits, wohingegen die "Kommunikationsform" (mündlich/schriftlich) keinerlei Differenzierung der juristischen Textsorten erlaubt, führt der "Handlungsbereich" als Kriterium an die Grenze dessen, was mit

---

68 "Textsorten (wir sprechen gleichbedeutend auch von Textklassen oder Texttypen) sollen zunächst ganz allgemein als komplexe Muster sprachlicher Kommunikation verstanden werden, die innerhalb der Sprachgemeinschaft im Laufe der historisch-gesellschaftlichen Entwicklung aufgrund kommunikativer Bedürfnisse entstanden sind. Der konkrete Text erscheint immer als Exemplar einer bestimmten Textsorte. Wir können sagen, daß sowohl unsere Textproduktion als auch unsere Textrezeption im Rahmen von Textsorten erfolgt. Der Textsorte kommt somit eine fundamentale Bedeutung für die kommunikative Praxis zu." Brinker 1985, 118.

69 Vgl. Brinker 1985, 122: "Es fällt auf, daß die Textsortennamen der Alltagssprache nicht auf rein sprachliche (etwa grammatische) Kriterien verweisen."

70 "Textsorten sind konventionell geltende Muster für komplexe sprachliche Handlungen und lassen sich als jeweils typische Verbindungen von kontextuellen (situativen), kommunikativ-funktionalen und strukturellen (grammatischen und thematischen) Merkmalen beschreiben." Brinker 1985. 124.

71 Hier wird das Textmodell allerdings zirkulär, da "Textfunktionen" nach Brinkers eigener Aussage die Kenntnis des Verwendungskontextes ebenfalls voraussetzen.

72 "Die Kommunikationssituationen, die den Rahmen für Textsorten bilden, sind bestimmten gesellschaftlichen Bereichen zugeordnet, für die jeweils spezifische Handlungs- und Bewertungsnormen gelten." Brinker 1985, 128.

73 Brinker 1983, 146; Brinker 1985, 127.

74 Dies ist nach Werlich 1979, 37 typisch für Gesetzestexte.

linguistischen Mitteln allein noch zu erklären ist.[75] Brinker nennt für die Bestimmung unterschiedlicher Handlungsbereiche u.a. Kriterien wie die dort geltenden Rollenverhältnisse, bei denen er private, offizielle und öffentliche Rollen unterscheidet.[76] Da die bei ihm rudimentär angedeutete Richtung der Textsortendifferenzierung in keiner der vorliegenden Arbeiten schon zu Ergebnissen geführt hat, welche es erlauben, innerhalb der uns interessierenden gesellschaftlichen Institution "Recht" verschiedene Textsorten zu differenzieren, bringen die bisherigen Ansätze zur Unterscheidung von "Textsorten" uns ebenso wenig neue Erkenntnisse, wie diejenigen zur Unterscheidung der "Textfunktionen". Eine Typologie und ein Kriterienkatalog für die Unterscheidung innerrechtlicher Textsorten muß daher erst gefunden werden. Eine solche Typologie mit Anspruch auf umfassende Differenzierung aller Arten von Rechtstexten bedarf umfangreicher empirischer Recherchen und ist weder Thema dieser Arbeit, noch kann sie hier quasi en passant geleistet werden.

Bei den vorliegenden Versuchen, Textfunktionen oder Textsorten zu bestimmen und Unterscheidungskriterien zu benennen, wurden zwei Aspekte zu wenig berücksichtigt: Zum einen wird häufig übersehen, wie wichtig gerade bei Schrifttexten scheinbar "äußerliche" Kriterien wie Erscheinungsort, typographische Aufmachung, Satzspiegel, Schrifttyp, Textanordnung und -verteilung, Rubrizierung etc. für die Identifizierung von Texten als Exemplare bestimmter Texttypen mit bestimmten Textfunktionen sind.[77] Da diese ja auch bewußte "Signale" oder "Instruktionen" der Textproduzenten sind, sollten sie nicht vernachlässigt werden. Zum anderen wird hinsichtlich der

---

75 Vgl. auch Brinker 1983, 146: "Textsorten (z.T. auch Kommunikationsfunktionen) sind außerdem auf bestimmte gesellschaftliche Bereiche bezogen, für die jeweils spezifische Handlungs- und Bewertungsnormen gelten. Alltagswelt, Welt der Wissenschaft, des Rechts, der Kunst, der Religion sind z.B. solche Bereiche [...]. Diese *Handlungsbereiche* müßten allerdings in inhaltlicher Hinsicht weiter differenziert werden (insbesondere im Hinblick auf die Regeln und sozialen Normen, die für sie jeweils konstitutiv sind); das ist beim augenblicklichen Stand der Forschung auf diesem Gebiet aber noch kaum möglich."

76 "Im offiziellen Bereich treten sich die Kommunizierenden in offizieller Funktion (Rolle), d.h als Geschäftspartner, Firmen, Behörden, also im wesentlichen als Amtspersonen und Institutionen gegenüber. Die bestehenden Regeln des Verhaltens und Geltens haben im offiziellen Bereich einen bei weitem höheren Grad an Verbindlichkeit als im privaten Bereich. Unter 'offiziell' kann das bereits diskutierte Merkmal 'bindend' subsumiert werden, das innerhalb der situativen Kategorie 'Handlungsbereich' ein wichtiges Differenzierungsmerkmal für Textsorten darstellt." Brinker 1985, 129.

77 Darauf hat vor allem Zimmermann 1978, 57 f. aufmerksam gemacht: "Diese extratextuellen Faktoren haben keine marginale Funktion [...], sondern sie spielen eine eminent wichtige Rolle: 1. bei der Sinnkonstitution: sie [...] geben dem Leser eine vorgängige Instruktion, wie der Text zu rezipieren ist. 2. Diese Faktoren steuern das Überhaupt der Rezeption. [...] 3. Einige Faktoren dienen weiterhin zur Verkettung von Einzeltexten zu Einheiten noch höherer Ebene." - "Allein diese Beispiele haben gezeigt, daß diese Faktoren so etwas mit sich tragen, was man wohl Bedeutung nennen muß, denn sie werden von den Rezipienten als Indikatoren für bestimmte Qualitäten entziffert und augenscheinlich auch von den Produzenten als solche eingesetzt."

Verwendungskontexte ("Handlungsbereiche") zu wenig berücksichtigt, in welcher Beziehung verschiedene Texte zum Verhältnis stehen, welches sich zwischen Textautor, Textrezipient und sozialer wie materialer Umwelt entfaltet. Während bei satzinternen Sprachfunktionen keine Scheu besteht, etwa Kriterienkataloge für die Differenzierung von Bezugsrahmen zu entwickeln, die an die vergeblichen Versuche der Enzyklopäden und Systematiker des 18. Jahrhunderts erinnern, die Welt vollständig in Kategorien zu zerlegen und in eine logische Ordnung zu bringen, existiert bei dem ungleich erkenntnisträchtigeren Versuch, Handlungsbereiche und -funktionen zu differenzieren, eine merkwürdige Zurückhaltung. Für unsere Zwecke gibt es zwei interessante Versuche, hier Differenzierungskriterien zu entwickeln: den durch von Polenz formulierten Vorschlag einer Differenzierung von *Sprachhandlungstypen* aus der *Autor*-Perspektive und die von Glinz entwickelten Vorschläge zur Differenzierung verschiedener *Haltungen von Rezipienten* gegenüber den von ihnen rezipierten Texten. Von Polenz[78] ist bisher, so weit ich sehe, der einzige, der das von Searle nur halbherzig durchgeführte Unterfangen, Sprechhandlungstypen anhand des in Äußerungen ausgedrückten Wort-Welt-Verhältnisses zu differenzieren, tatsächlich ernst nimmt. Allerdings modifiziert von Polenz den Vorschlag Searles insofern, als er nicht abstrakt vom Wort-Welt-Verhältnis allein ausgeht, sondern als Kriterium das Verhältnis eines Textemittenten zum Inhalt seiner Äußerung wählt. So unterscheidet er auf der ersten Ebene nach den drei möglichen Bezugsrichtungen der Sprachhandlung eines Individuums zwischen "ichorientierten", "partnerorientierten" und "kooperativen" Sprachhandlungen. Als weiteres Untergliederungskriterium führt von Polenz ein, ob der Aussageinhalt "eigenhandlungsbezogen", "weltbezogen" oder "partnerhandlungsbezogen" ist. Bei den handlungsbezogenen Sprachhandlungen kann dann noch danach unterschieden werden, ob die Handlung in der Vergangenheit oder in der Zukunft liegt. Nach diesem Vorschlag können etwa die rechtlich relevanten Typen *"deklarativer"*, *"kommissiver"* und *"direktiver"* Sprechakte genauer unterschieden werden. *"Deklarative"* Sprechakte (*benennen, definieren, klassifizieren*) sind etwa ichorientierte und weltbezogene Sprechhandlungen; *"kommissive"* (*versprechen, anbieten, sich verpflichten, drohen*) sind partnerorientierte, eigenhandlungsbezogene, sich auf die Zukunft richtende Sprechhandlungen; und *"direktive"* (*bitten, befehlen, verbieten, erlauben, garantieren, zustimmen*) sind partnerorientierte, partnerhandlungsbezogene und sich auf Zukünftiges richtende Sprachhandlungen. Natürlich muß hinzugefügt werden, daß das Kriterium "Ichorientierung" bei kollektiven Autoren wie Gesetzgebern Komplikationen aufwirft und der "Weltbezug" solcher kollektiver "Äußerungsakte" wie *Festsetzungen, Definitionen, Ernennungen* etc. natürlich erhebliche "partnerorientierte" Auswirkungen haben kann.

---

[78] Von Polenz 1985, 207 ff.

Im Unterschied zu von Polenz hat Glinz (nach einer Aufstellung, welche Gobyn[79] erstellt hat), nicht nur autorseitige Kriterien formuliert, sondern auch mögliche "Absichten oder Haltungen der *Rezipienten*" differenziert.[80] Nach Gobyn unterscheidet Glinz dabei u.a. folgende mögliche Haltungen:

> "2. Benutzen des Textes zu einer schon vorher geplanten sprachlichen Handlung: 2.1. Benutzen des Textes zur momentanen Orientierung; z.B. Gebrauchsanweisung [...]; 2.2. Benutzen des Textes zur Gewinnung dauernder Fähigkeiten, zum Lernen; z.B. Lehrbuch [...]; 3. der Rezipient läßt sich (erst) vom Text zu außersprachlichen Handlungen motivieren: 3.1. weil der Text ihn auf ein passendes mögliches Handeln hinweist; z.B. Plakat, Firmentafel, Anzeige; 3.2. weil der Text eine Zusage des Emittenten darstellt; z.B. Anzeige, Angebot; 3.3 weil der Text (a) von einem Emittenten mit Verfügungsgewalt stammt und (b) der Rezipient bei Nicht-Befolgung Sanktionen zu fürchten hat; z.B. Vorschrift, Aufforderung; 4. Benutzen des Textes, (a) um eigene Forderungen durchzusetzen oder (b) Forderungen anderer abzuweisen; z.B. Gesetz, Vertrag."

Wenn man die Differenzierung von Textfunktionen bzw. Textsorten nicht als reine Klassifikationsaufgabe begreift, bei der es allein darauf ankommt, eine restfreie Aufteilung von Textvorkommnissen zu bewirken, und daher Überschneidungen zwischen diesen Rezipientenhaltungen zuläßt, dann gibt die Aufstellung von Glinz ein brauchbares Raster auch für die Aufklärung und Differenzierung der verschiedenen Funktionen von Rechtstexten ab. Orientierungsfunktion nach 2.1. können etwa Gesetze ebenso wie Kommentare und Urteilstexte haben; "dauernde Fähigkeiten" nach 2.2. im Sinne von Lehrtexten ermöglichen Kommentare wohl eher als Gesetze und Urteile, die diese Funktion z.T. aber auch haben können. Beim Aspekt der Motivierung zu außersprachlichem Handeln nach 3. treffen gleichfalls je nach Situation und Ziel mehrere Kategorien auf Gesetze, Kommentare und Urteile zu: Während sicher alle drei Textsorten "auf ein passendes mögliches Handel hinweisen" (3.1), stammen nur Gesetze von "Emittenten mit Verfügungsgewalt", während auf Kommentare und Urteile (sekundär) nur zutrifft, daß bei ihrer Nicht-Beachtung der Rezipient (hier: Richter) Sanktionen (hier: institutionell, wie "Kassierung" des Urteils und, wenn dies öfter vorkommt, evtl. Nicht-Beförderung) zu befürchten hat. Für die "Rechtunterworfenen" (Bürger) bestehen die Sanktionen außer in drohenden Strafen in Rechtsnachteilen. Um eigene Forderungen durchzusetzen (4.) werden Gesetze von den Prozeßparteien benutzt, um Forderungen abzuweisen außerdem von Richtern. Diese rezipientenseitigen Kriterien für Funktionen von Texten werden bei der an konkreten Beispielen ansetzenden Analyse der Arbeit mit Texten (Gesetzen, Kommentaren, Urteilen) in der Institution "Recht" zu berücksichtigen sein, deren Ergebnisse in den nächsten Kapiteln vorgestellt werden sollen. Bevor wir dazu kommen, soll in einer kleinen (heuristischen) empiri-

---

[79] Glinz 1973, 74-92, hier nach einer Zusammenstellung von Gobyn 1984, 147 ff.

[80] Dies ist insofern wichtig, als (nicht nur) nach van Dijk 1980, 68 zum Kontext eines Textes auch "die Elemente, die systematisch das Akzeptieren (oder nicht), Gelingen (oder Mißlingen) oder Geeignetsein (oder Ungeeignetsein) der Äußerungen bestimmen", gehören.

schen Analyse untersucht werden, welche Indizien für verschiedene "Textfunktionen" oder "Sprachhandlungen" in Gesetzestexten selbst und im Reden über Gesetzestexte nachgewiesen werden können.

3.2 Bezeichnungs- und Ausdrucksmöglichkeiten normativer Textfunktionen im Deutschen: Beispielanalysen

Da die sprechakttheoretischen und textlinguistischen Bemühungen der Klassifikation von Illokutionstypen bzw. Textfunktionen für die uns interessierenden Funktionen von Rechtstexten insofern keinen Erkenntnisgewinn gebracht haben, als sie durch Prädikate wie *normativ* oder *regulativ* lediglich das ausgesprochen haben, was wir ohnehin schon über diese Texte wissen, werde ich im folgenden in dem Versuch einer ersten empirischen Annäherung einen anderen Weg einschlagen. Burkhardt hatte zu Recht darauf hingewiesen, daß Sprechakt- bzw. Textfunktions-Typologien letztlich meist Klassifikationen der Sprechakt*verben* darstellen. Er hatte darüber hinaus auch theoretisch begründet, warum zu "Sprechakten" bzw. "zentralen Texthandlungen" prinzipiell kein anderer Zugang möglich ist: Da die Subsumtion eines konkreten Textvorkommnisses unter ein Handlungsmuster immer eine durch die Textrezipienten erfolgende Zuschreibung eines Handlungsprädikats auf das Sprachmaterial erfordert. Mit anderen Worten vertritt Burkhardt also die These, daß nur solche sozialen Handlungen, für die wir über eine Benennung verfügen, als eigener Handlungstyp angesetzt werden sollten. Wenn man unter dieser Voraussetzung Gesetzestexte und unser Reden über sie untersucht, welcher Typ von sozialer Handlung ist dann für die Textfunktionen anzusetzen, die als *normative* oder *regulative* Funktionen bezeichnet wurden? Wählt man dieses Vorgehen, dann fällt zunächst auf, daß für die von Große behauptete *legislative* Textfunktion im Deutschen überhaupt kein entsprechendes Handlungsverb existiert. Die Tatsache, daß ein Gesetzestext in Geltung gesetzt wird, also dasjenige, worin die eigentliche Handlungsfunktion zu sehen wäre, wird nur mit Umschreibungen wie *ein Gesetz erlassen, verabschieden, verkünden* ausgedrückt. Anscheinend wird nicht nur in der deutschen Alltagssprache das Wissen darum, was ein *Gesetz* und seine soziale Wirkung ist, schon vorausgesetzt, so daß, um die Beziehung zwischen Gesetzgeber und Bürgern auszudrücken, nur der nominale Verweis auf die Institution *Gesetz* möglich ist, während der Prozeß der "Texterstellung" (im Sinne eines "Kommunikationsaktes") gar nicht verbal ausgedrückt werden kann, sondern der Umschreibungen bedarf. Dies könnte ein Indiz dafür sein, daß auch die Alltagssprache im Verhältnis zwischen Gesetzgeber, Gesetz (also Text) und Bürgern weniger einen "Kommunikationsprozeß" sieht, sondern ein institutionalisiertes soziales Verhältnis, das anderer Bezeichnungen und Erklärungen bedarf.

Untersucht man die Verben, welche sich auf den Vorgang der Produktion eines Gesetzes als ganzem Text beziehen (die "Textfunktion" sollte sich ja auf die Funktion eines Textes "als Ganzem" beziehen), dann ergibt sich folgender Befund: Gebräuchlich, d.h. regelmäßig mit dem Nomen *Gesetz* kombinierbar sind im wesentlichen die drei Verben *verabschieden, verkünden, erlassen.* Untersucht man das Wortfeld der normbezogenen Nomina, mit denen diese drei Verben verbunden werden können, dann zeigt sich, daß *verabschieden* regelmäßig nur in der Kollokation *Gesetz verabschieden* gebraucht wird. Formulierungen wie **Verordnung (Erlaß, Verfügung, Vorschrift usw.) verabschieden* sind unüblich. Das Verb *verabschieden*, das im Wörterbuch[81] erklärt wird mit *rechtskräftig machen (Gesetz),* drückt den parlamentarisch-legislativen Vorgang des "In-Kraft-Setzens" von Rechtsnormen in parlamentarischen Demokratien aus; dies ist vermutlich auch der Grund dafür, daß die Kollokation mit *Verordnung, Erlaß* usw. unüblich ist: diese Rechtstexte werden von Regierungen oder Behörden erlassen, nicht von Parlamenten. Der besondere semantische Schwerpunkt dieses Verbs liegt damit u.a. darin, daß in der Position des AGENS ein Kollektivorgan mit legislativen (oder ähnlichen) Funktionen stehen muß. Dadurch kann erklärt werden, daß auch von anderen parlamentarisch strukturierten Emittenten außerhalb des normativen Bereichs Texte *verabschiedet* werden können (z.B. Parteiprogramme von Parteitagen, Erklärungen von Delegiertenversammlungen u.ä.). Die Paraphrasen *in Kraft setzen* oder *rechtskräftig machen* verweisen darauf, daß es hier im wesentlichen um die soziale Geltung der Texte geht; worin diese Geltung besteht, d.h. was die konkreten Auswirkungen im sozialen Verkehr sind, wird mit den Nomina *Gesetz* oder *Recht* (in *rechtskräftig*) ausgedrückt. Zugleich setzen diese Paraprasen semantisch das Wissen voraus, unter Vorliegen welcher Bedingungen ein Gesetzestext als *rechtskräftig* bzw. *in Kraft* gilt; dies sind Bedingungen der parlamentarisch-legislativen Ordnung, d.h. der staatlichen Institutionen, welche allein zu solchen Akten befugt sind. Das Verb *verabschieden* - als Handlungsverb, welches als AGENS nur ein Parlament (bzw. ein Kollektivorgan) haben kann - enthält darüber hinaus das Bedeutungsmoment des technisch-parlamentarischen Vorgangs des Rechtssetzens. Das Verb *verkünden* dagegen enthält dieses Moment des parlamentarischen Entstehens eines Gesetzes nicht. Die Tatsache, daß auch Kollokationen wie *Erlaß, Befehl, Verbot verkünden* möglich sind und daß hier das AGENS auch mit einer einzelnen Person besetzt werden kann, zeigt, daß es bei diesem Verb mehr um einen allgemeineren Aspekt, nämlich ein Autoritätsverhältnis als solches geht (welches auch von einer einzelnen Person ausgehen kann). Darüber hinaus enthält das Verb das Bedeutungsmoment des mehr technischen Vorgangs des verbalen Aussprechens einer vorgängig in Kraft gesetzten Bestimmung durch AGENS-Personen, welche dazu ermäch-

[81] Ich beziehe mich in diesem Abschnitt vorwiegend auf Wahrig 1986 und Duden Deutsches Universalwörterbuch 1989.

tigt sind. *Ein Gesetz verkünden* kann z.B. auch der Bote des Königs, *einen Befehl verkünden* eine untere Charge in einer militärischen Hierarchie. *Verkünden* bezieht sich damit offensichtlich auf die alte Rechtstradition, daß eine Rechtsnorm, ein Verbot (bei einem Befehl ist dies selbstverständlich) nur dann in Kraft ist, wenn sie/es den Adressaten auch mitgeteilt wurde. Dies ist also das einzige Verb, welches sich unmittelbar auf den (allerdings einseitigen) "Kommunikationsprozeß" zwischen denjenigen, welche zum Erlaß einer Norm oder eines Befehls befugt sind, und den Bürgern, für die diese gelten, bezieht.

Während also *verabschieden* den staatsrechtlich-institutionellen Aspekt des (parlamentarischen) In-Kraft-Setzens eines Gesetzes hervorhebt und *verkünden* sich eher auf den Vorgang des Aussprechens einer vorgängig rechtskräftigen Norm bezieht, faßt das Verb *erlassen* beide Aspekte zusammen. In der zweiten Bezugsstelle dieses Verbs können Nomina stehen wie *Gesetz, Verordnung, Vorschrift, Bestimmung, Erlaß; Anordnung, Verfügung; Befehl, Verbot.* Diese Nomina bilden drei Gruppen: Zur ersten Gruppe (*Gesetz* bis *Erlaß*) gehören solche Nomen, die einen Bedeutungsschwerpunkt auf der schriftlichen Existenzform der Normen, also ihrem Vorliegen als Schrifttext haben; "Bedeutungsschwerpunkt" meint, daß bei diesen Nomina natürlich als zweites Bedeutungsmoment das "normative", d.h. die Tatsache, daß es sich um einen Text handelt, der zugleich eine institutionell gesicherte "Rechtskraft" hat, immer mitschwingt. Der Vorrang des Bedeutungsmomentes "*Schrifttext*" wird besonders deutlich dadurch, daß der Oberbegriff dieser Gruppe, nämlich *Vorschrift*, diesen Schriftcharakter der Normen deutlich ausspricht. Die Nomen der zweiten Gruppe (*Anordnung, Verfügung*) enthalten eine gewisse "Akt-Objekt-Ambiguität",[82] insofern sie sich gleichermaßen auf den sozialen (institutionellen) Akt des Erlassens einer Anordnung oder Verfügung beziehen können wie auf die Schriftform, die diese Akte offenbar notwendig haben müssen. Es handelt sich dabei also um Nomina, die auf die institutionellen Bedingungen behördlicher Weisungsakte reagieren, welche in unserem Rechts- und Verwaltungssystem die Schriftform bindend vorschreiben. Die dritte Gruppe (*Befehl, Verbot*) hat offenbar einen semantischen Schwerpunkt auf dem (Sprech-)Akt-Charakter, obgleich diese Nomina sich auch auf Schrifttexte beziehen können; nur daß die Schriftlichkeit hier offenbar sekundär ist gegenüber dem Akt als solchem. (Interessant ist, daß die Kollokation **Erlaubnis erlassen* nicht möglich ist; aus welchen Gründen, wäre untersuchenswert.) Das Verb *erlassen* kann im AGENS sowohl Institutionen wie auch Personen enthalten, nur daß, aufgrund der hier vorliegenden *direktiven* Beziehung zwischen Textemittenten und Adressaten, die Personen alle institutionell "befugt" sein müssen, die jeweiligen Akte auch vorzunehmen; insofern setzt dieses Verb im Unterschied zu *verkünden* immer voraus, daß

[82] Dieser Ausdruck stammt von Grice 1957, 380 (dt.: 5); vgl. dazu Busse 1987, 124.

die Textemittenten die Texte nicht bloß aussprechen, sondern auch für ihre Rechtskraft verantwortlich sind bzw. "geradestehen können".

Damit sind die Ausdrucksmöglichkeiten für die "*normative*" Funktion als solche, d.h. insofern die Wörter sich auf Normtexte "als Ganze" beziehen, im Deutschen schon ziemlich erschöpft. Alle weiteren Ausdrucksmittel beziehen sich auf "Sprechakte" unterhalb der Ebene eines normativen Gesamttextes. Als Ergebnis können wir also festhalten: Rein verbale Ausdrucksmöglichkeiten für die Funktion von Normtexten als solchen gibt es im Deutschen nicht; möglich sind nur Nominalprädikate mit den Verben *verabschieden*, *verkünden* und *erlassen*, deren wesentlicher semantischer Gehalt durch die Nomina in der zweiten Bezugsstelle ausgedrückt wird. Die Verben selbst unterscheiden sich hinsichtlich der AGENS-Position, die bei *verabschieden* lediglich institutionell berechtigte Kollektiv-Organe mit legislativen Funktionen (Parlamente u.ä.) zuläßt, bei *verkünden* darüber hinaus auch einen "Mittler", der eine vorgängig erlassene Norm nur öffentlich "ausspricht" und bei *erlassen* Kollektivorgane oder Personen, die hier aber nur in ihrer institutionell berechtigten Position eine Rolle spielen. Die Nomina, welche den Hauptteil der Bedeutung hinsichtlich der normativen Funktion tragen, unterscheiden sich hinsichtlich ihres textlichen Status: während *Gesetz*, *Verordnung*, *Erlaß* und *Bestimmung* unter dem Oberbegriff *Vorschriften* hauptsächlich die Schriftlichkeit normativer Bestimmungen ausdrücken, und *Verbot* und *Befehl* eher den Sprechakt-Charakter meinen, können sich *Anordnung* und *Verfügung* auf den Akt als solchen beziehen, der aber immer auch schriftlich niedergelegt sein muß.

Die behandelten Verben bzw. Nominalprädikate haben gemeinsam, daß keines von ihnen unter eine der von Searle genannten Sprechaktklassen eingeordnet werden kann. Wenn Große die "*normative Textfunktion*" und unter ihr die "*legislative Funktion*" nennt, dann definiert er ihre "sprachlichen Indikatoren" mithilfe von Sprechakttypen ("Fähigkeit und Notwendigkeit"), die eine indirekte Übersetzung der Searleschen Kategorie der *Direktive* sind. Bei den auf Normen und die Handlungen normativ wirksamer Institutionen bezogenen Sprechaktverben des Deutschen kann man grob zwei Wortfelder unterscheiden: Zum einen die Verben, welche abstrakt das Faktum bezeichnen, daß eine Person (Institution) einer anderen Person vorschreibt, was sie tun oder unterlassen soll, d.h. es sind Verben, die als Exempla von Searles Kategorie der *Direktive* gelten können, als deren Prototyp *befehlen* steht; sie können auch mit der Bedeutung der Modalverben *müssen* und *sollen* charakterisiert werden. Zum anderen solche Verben, welche darüber hinaus auch Aussagen machen über den Charakter des erteilten Gebots, als deren Prototypen *erlauben* und *verbieten* stehen; ihr Charakter wird durch das Modalverb *dürfen* bzw. seine Negation *nicht dürfen* ausgedrückt. Alle Sprechakttypen setzen ein hierarchisches Verhältnis zwischen Emittent und Adressat voraus, wobei derjenige, der den Sprechakt ausspricht, in der ranghöheren Position ist. Typischerweise wird dieses Rangverhältnis Ergebnis einer gesellschaftlichen Institution (Staat, Militär, Fabrik, Familie, Schule etc.) sein. Man könnte diese drei Typen direktiver Sprechakte nach ihren prototypischen Verben als *GEBIETEN, VERBIETEN* und *ERLAUBEN* bezeichnen.

Zur ersten Klasse der *Direktive*, den Verben des *Gebietens*, welche eine allgemeine Verhaltensbeeinflussung ausdrücken, zählen u.a. folgende Wörter: *befehlen, gebieten, anweisen, vorschreiben, anordnen, verordnen, bestimmen, verfügen, verpflichten, beauftragen, Auflagen erteilen.* Diese Verben können nach dem Kriterium unterschieden werden, welche Bezugsrollen in die zweite oder dritte Bezugsstelle einrücken können. Die Verben von *befehlen* bis *vorschreiben* haben den Bezugsrahmen *"jemand ... (befiehlt etc.) jemandem etwas"*. Die zweite Bezugsstelle ist mit der Person (Institution) des Adressaten besetzt, und die dritte Bezugsstelle kann mit einem Tun oder Unterlassen des Adressaten ausgefüllt werden. Die Verben *anordnen, verordnen,*[83] *bestimmen* und *verfügen* unterscheiden sich von den zuerst genannten dadurch, daß bei ihnen in die zweite Bezugsstelle nicht der Adressat eintritt, sondern das als Ziel des Sprechaktes fungierende Tun oder Unterlassen des Adressaten, während dieser selbst nicht mehr ausgedrückt wird. Außerdem scheinen diese Verben einen semantisch stärkeren Bezug auf förmliche, institutionelle Zusammenhänge aufzuweisen als die zuerst genannten Verben. Nimmt man *gebieten* als quasi den Oberbegriff dieser Verbgruppe und veralteten bzw. heute nahezu nur noch in fachsprachlichem Gebrauch üblichen Ausdruck einmal aus, dann bezeichnet *befehlen* einen Sprechakt, der sich mündlich in einer direkten persönlichen Konfrontation von Befehlendem und Adressaten vollziehen kann; *anweisen* ist dann eine etwas "höflichere" stilistische Variante für *befehlen. Vorschreiben* fällt insofern etwas heraus, als es in dem zugehörigen Nomen *Vorschrift* zwar eindeutig auf den *Text*charakter institutionell begründeter Anweisungshandlungen Bezug nimmt und als solches als eine Art Oberbegriff für alle schriftlich niedergelegten Formen von *Direktiven* gelten kann, doch hat das Verb selbst einen Bedeutungswandel durchgemacht, wonach es heutzutage auch in außerinstitutionellen und mündlichen Zusammenhängen als Synonym bzw. stilistische Variante von *befehlen* gelten kann.

Hinsichtlich der uns interessierenden normativen Textfunktionen kann festgestellt werden, daß anhand der zu den performativen Verben zugehörigen Nomina der Unterschied zwischen förmlich-institutionellen (d.h. auch als direktiver Schrifttext möglichen) Sprechakten und denjenigen direktiven Sprechakten, welche an eine Situation der Mündlichkeit gebunden sind (oder sein können) festgemacht werden kann; die auch mündlich vollziehbaren Sprechakte können auch in Nominalprädikaten mit den Funktionsverben *Befehl erteilen* bzw. *geben* ausgedrückt werden, während die allein (oder in er-

---

83 "Verordnen" als Verb hat mittlerweile eine engere Bedeutung angenommen ("eine Arznei verordnen"), doch hat das zugehörige Nomen "Verordnung" die allgemeinere Bedeutung behalten.

ster Linie) schriftlich-institutionellen Sprechakte mit den Verben *erlassen* und *verabschieden* verknüpft werden. Man kann versuchen, innerhalb dieser direktiven Sprechakte eine Unterscheidung zwischen generellen und singulären Geboten zu treffen, um dadurch *Normen* in vollem Sinn von bloßen (Einzel-)*Anweisungen* zu unterscheiden, doch ergibt sich dafür bei dem zugehörigen Wortmaterial kein eindeutiges Bild. Fast sämtliche der genannten Verben haben hinsichtlich dieses Kriteriums eine merkwürdige Ambiguität. Anders ist das bei den zugehörigen Nomina, wo wenigstens *Bestimmung, Vorschrift, Verordnung* und *Erlaß* sich eindeutig auf generelle, d.h. im eigentlichen Sinne *normative* Verhaltensregulierungen beziehen; dies hängt womöglich mit dem Schriftcharakter dieser Sprachhandlungen zusammen, so daß die nur oder überwiegend auf Schrifttexte bezogenen "Illokutionen" bzw. "Textfunktionen" ein Indiz für Allgemeinheit sind, während die mündlich vollziehbaren Illokutionen auch als situationsgebundene Einzelanweisungen eingesetzt werden können. Um darüber genaueres herauszufinden, bedürfte es aber umfangreicher Recherchen mit empirisch gewonnenem Textmaterial. - Einen Sondercharakter hat das Verb *verpflichten*, da es als Ableitung auf das schon auf Normensysteme gestützte Nomen *Pflicht* verweist; man kann *Pflicht* dann auch als ethisch-moralisch-normative Nominalisierung des *Müssens* bzw. *Sollens* auffassen. Das scheinbare Gegenstück *berechtigen* (als Ableitung von *Recht/Rechte*, welches als eine Nominalisierung von *dürfen* verstanden werden kann), fällt insofern etwas heraus, als es - im Gegensatz zu *verpflichten*, welches singulär steht und eine eigene Klasse bildet - in das umfangreiche Wortfeld der Verben des *Erlaubens* eingeordnet werden kann.

Singulär in der Gruppe der allgemeinen Direktive stehen auch *beauftragen* und *Auflage(n) erteilen*; während *beauftragen* in gewisser Hinsicht mit Verben wie *bevollmächtigen* oder *ermächtigen* verglichen werden kann (diese Verben setzen institutionelle Verhältnisse, d.h. "Rechtsinstitute" wie *Vollmacht* voraus), gehört es doch im Unterschied zu diesen eher in die Klasse der *Direktive*, da es sich auf eine Verhaltensbeeinflussung bezieht. (Man sieht daran, daß noch nicht einmal ein einzelnes Handlungsverb eindeutig einer einzigen Sprechakt-Klasse zugeordnet werden kann.) *Auflagen erteilen* ist zwar auch in gewissem Sinne *direktiv*, insofern es auf eine Verhaltensbeeinflussung zielt, hat aber eindeutig eine institutionelle Konnotation, d.h. es bezieht sich auf ein (Rechts-)Institut und kann unter diesem Aspekt mit *verpflichten* verglichen werden. Wenn man aus diesen Beobachtungen bezüglich der näheren Bestimmung einer "normativen Textfunktion" Schlußfolgerungen ziehen will, dann könnte ein Merkmal, welches die "normative" Funktion im engeren Sinne aus der allgemeineren Klasse der *Direktive* abgrenzt, außer der Schriftlichkeit echter Normen das (damit u.U. historisch zusammenhängende) Merkmal sein, daß *Normen* quasi als eigenständige "Entitäten" aufgefaßt und sprachlich behandelt werden, welche zwar irgendwann von irgendjemandem erlassen wurden, aber ansonsten "aus sich selbst sprechen", während die *Direktive* immer einer Person bedürfen, welche diese Sprechakte (unmittelbar?) ausspricht. Bei dieser Unterscheidung handelt es sich aber nicht um das Ziehen fester Grenzen, sondern eher um ein "mehr-oder-weniger", d.h. um ein semantisches Changieren um die Pole *schriftlich/mündlich* und *generell/singulär*.

Sprechakttheoretisch[84] können die Direktive des *Befehlens* (Modus des *Müssens, Sollens*) folgendermaßen charakterisiert werden: Der Emittent des Sprechaktes sagt dem Adressaten, daß dieser ein bestimmtes Handeln tun oder unterlassen soll. Typischerweise richtet sich ein Befehl auf ein Tun des Adressaten; zwar sind auch Befehle möglich, die sich auf ein Unterlassen des Adressaten richten, doch steht dafür die speziellere Sprechaktklasse der Direktive des *Verbietens* (Modus des *Nicht-Dürfens*) zur Verfügung. Dabei liegt das Handeln des Adressaten in der Zukunft, ist noch nicht realisiert und ist im Interesse des Emittenten; der Adressat würde die Handlung nicht ohne den Befehl tun. Vorausgesetzt ist, daß der Emittent die Handlung will (sofern er nicht bloß als Sprachrohr einer höheren Befehlsinstanz innerhalb einer institutionellen Hierarchie fungiert), daß er entweder nicht in der Lage oder nicht Willens ist, die Handlung selbst auszuführen und daß der Adressat in der Lage und befugt ist, die Handlung vorzunehmen. (Hiervon kann es freilich in autoritär"sadistischen" Über-Unterordnungsverhältnissen Ausnahmen geben: so kann jemand einen Befehl geben, von dem er genau weiß oder ohne sich darum zu kümmern, daß der Adressat zu seiner Ausführung gar nicht in der Lage ist; oder er kann einen Befehl zu einem Handeln geben, das in anderen - übergeordneten - sozialen Zusammenhängen verboten ist, z.B. zu einem Verbrechen.) Der Emittent ist dem Adressaten sozial oder institutionell übergeordnet. Der Inhalt (die Proposition) des Befehls kann sich auf eine einzelne, konkrete und situationsbezogene Handlung des Adressaten beziehen, sie kann sich aber auch generell auf einen bestimmten Typ von Handlungen beziehen, dessen Realisierung (sobald die auf ihn zutreffenden Bedingungen gegeben sind) generell (oder unter weiteren einschränkenden Zusatzbedingungen) gefordert wird.

Nur solche Sprechakte, die sich auf generelle Handlungstypen beziehen, wird man im eigentlichen Sinne "*normativ*" nennen. "*Legislativ*" sind dann unter den normativen Sprechakten diejenigen, welche in Schriftform und unter Befolgung bestimmter institutioneller Regeln und nur wenn bestimmte institutionelle Voraussetzungen gegeben sind, vollzogen werden. So drücken die Sprechaktverben *befehlen, gebieten, anweisen* eher einen konkreten Bezug auf Einzelhandlungen aus und sind auch für nicht-institutionelle Zusammenhänge anwendbar. *Vorschreiben, anordnen, verordnen* beziehen sich auf bestimmte institutionelle Zusatzbedingungen, welche die Sprachhandlungen als zugleich institutionelle Akte in einem vorher festgelegten und geregelten Handlungssystem kenzeichnen; dazu kann gehören, daß die Befugnis derjenigen, die diese Sprechakte konkret vollziehen, abgeleitet ist aus einem insti-

[84] Ich folge hier weitgehend Burkhardt 1986, 327 ff.

tutionell-bürokratischen System von Funktionsausübungen, in dem sich die Befugnis zum Vollzug der Sprechakte entweder aus der generellen Position des Emittenten in der Hierarchie ableitet (als generelle Ermächtigung, die Sprechakte auszuführen), oder aus vorausgehenden Akten (*Anweisungen, Erlaubnissen*) der jeweils hierarchiehöheren Inhaber der "direktiven Gewalt" (als spezielle Ermächtigungen für den konkreten Einzelfall). So drückt das Verb *beauftragen* aus, daß die Handlung des Adressaten von ihm nur mittelbar, d.h. nicht aus eigenem Interesse und nicht aus eigener Berechtigung durchgeführt wird, sondern aus dem Interesse und der Berechtigung des Emittenten. Der Unterschied zu *befehlen, anweisen* usw. liegt wohl darin, daß bei *beauftragen* eine dritte Person/Institution dazugedacht ist, der gegenüber sich der Adressat des Sprechaktes legitimieren, d.h. als berechtigt zur Ausführung der Handlung ausweisen muß. Der Dritte muß ein Interesse daran haben zu erfahren, warum der Adressat diese Handlung ausführt; sei es, daß die Handlung für den Dritten nachteilig ist und er sie nur dann erdulden will, wenn sie von einem Berechtigten (bzw. von dem Adressaten in dessen Auftrag als subsidiär Berechtigten) ausgeübt wird, sei es, daß der Dritte eine bestimmte Handlung gegenüber dem Adressaten des Auftrags ausführen soll, die dem Berechtigten (oder subsidiär dem Beauftragten als dessen Mittler) einen Vorteil verschafft (z.B. Geld in Empfang zu nehmen). Wie das zur Paraphrasierung von *beauftragen* offenbar notwendige Verb *berechtigen* zeigt, sind dabei vermutlich stets bestimmte institutionelle und/oder rechtliche Verhältnisse zwischen Emittent des Auftrags, Adressat des Auftrags, und Drittem, dem gegenüber der Beauftragte sich legitimieren muß, vorausgesetzt.

Das Verb *verpflichten* drückt wohl aus, daß die Ausführung der als Handlungstyp generell befohlenen Handlung durch den Adressaten nicht in jedem Einzelfall als Reaktion auf einen Einzelbefehl oder dem "Nachschauen" in einem Schrifttext (Gesetz, Verordnung), also durch "äußerlichen" Antrieb geschieht, sondern aufgrund einer "verinnerlichten" Anweisung ("*Pflicht*"), indem der Adressat sich sozusagen selbst ständig an die zu unternehmende Handlung erinnert; *verpflichten*, noch mehr aber *Pflicht*, ist damit ein typisches Beispiel für die von von Polenz beschriebene und kritisierte deagentivierende Ausdrucksweise, indem der Antrieb zur Handlung des Adressaten zu einem quasi übermenschlichen "moralischen" Postulat wird, welches er sozusagen "aus sich selbst heraus" vollziehen soll, hinter dem sich der AGENS, d.h. der Emittent der Anweisungshandlung, verbergen will (um sich dem Widerspruch, der Kritik zu entziehen?). *Pflicht* kann aber auch lediglich die Tatsache bezeichnen, daß die Anweisung zur Handlung nicht einzeln, durch konkrete Menschen oder Institutionsvertreter als einzelne institutionelle Akte erfolgt, sondern als generalisierte, "objektivierte" Veranlassung. Eine genauere Bestimmung der Bedeutung und pragmatischen Funktionsweise (und der sie ermöglichenden Bedingungen) dieser sprachlich-soziale Handlungen bezeichnenden Verben bedarf einer Untersuchung der pragmatischen Voraussetzungen ihrer Anwendung, d.h. der sozialen Handlungssituationen und der institutionellen Bedingungen, unter denen diese Äußerungstypen realisiert werden können.

Im Wortfeld derjenigen Verben, welche insofern konkret auf den in der ersten Gruppe nur allgemein als Tun oder Unterlassen gekennzeichneten "Gegenstand" (sprechakttheoretisch ausgedrückt: die Proposition) der Direktive Bezug nehmen, als sie seinen positiven (*erlauben*, d.h. der Modus des *Dürfens*) oder negativen (*verbieten*, d.h. der Modus des *Nicht-Dürfens*) Charakter kennzeichnen, ergibt sich folgendes erstaunliche Bild: Während für den Modus des *Nicht-Dürfens* neben *verbieten* nur noch *untersagen* und *versagen* als geläufige verbale Ausdrücke zur Verfügung stehen,[85] gibt es für den Modus des *Dürfens* (*erlauben*) eine große Gruppe von Verben und zugehörigen Nomen. Ob das allein an der Tatsache liegt, daß für das *Nicht-Dürfen* kein eigenes Modalverb zur Verfügung steht (was in unserer negativen Formulierung zum Ausdruck kommt) müßte näher untersucht werden. Man könnte diese Tatsache ironisch als Beweis für die geschichtliche (oder gar anthropologische?) Priorität jenes Urprinzips aller "Befehl-und-Gehorsam"-Systeme ansehen: "Was nicht erlaubt ist, ist verboten", wonach also das Verbot den Grundmodus unseres gesellschaftlichen Zusammenseins darstellen würde, für den es keiner weiteren Benennung bedarf, während "Erlaubnistatbestände" als Einzelakte vielfältig differenzierender Bezeichnungen bedürften. Vielleicht ist es aber auch nur der Gestus der Großzügigkeit der Ämter und Behörden, welcher zu einer solchen Fülle an Benennungen für das "*Gewähren*" geführt hat; schließlich war das Entstehen der deutschen Schriftsprache nicht unwesentlich durch den deutschen Amtsstil beeinflußt. - Die Direktive des *Nicht-Dürfens* können sprechakttheoretisch so charakterisiert werden: Der Sprechakt richtet sich auf ein noch nicht realisiertes (mögliches, zu erwartendes, zu befürchtendes, vom Adressaten beabsichtigtes, ihm vom Emittenten des Sprechaktes als von ihm beabsichtigt unterstelltes) zukünftiges Handeln des Adressaten, von welchem der Emittent annimmt, daß es im Interesse des Adressaten ist oder sein könnte (Proposition); der Emittent sagt, daß der Adressat dies nicht tun kann (darf); er ist befugt (aufgrund sozialer Hierarchie, sei es informeller - Familie, Altersdifferenz - sei es formell-institutioneller Art - Staat, Rechtssystem, Behörde, Fabrik, Schule, Militär), das Handeln zu verbieten; der Adressat kann das Handeln nicht ohne die Zustimmung des Emittenten tun (oder riskiert anderenfalls nachteilige Sanktionen); der Emittent entscheidet, ob der Adressat das Handeln tun darf.[86] Die Proposition (also das Handeln als Gegenstand des Verbots) kann mit ei-

[85] Für Hinweise auf weitere Ausdrucksformen wäre ich dankbar.

[86] Burkhardt 1986, 327 nennt außerdem noch die Bedingung: Der Adressat will die Handlung auch unternehmen. Dies scheint mir fakultativ zu sein; ein Verbot kann auch als generelle Direktive erfolgen, sozusagen "für den Fall des Falles"; dafür ist nicht wesentlich, ob auch nur ein einziges Individuum das verbotene Handeln tatsächlich beabsichtigt.

nem einmaligen, situationsgebundenen Handeln ausgefüllt werden oder mit einem allgemeinen Handlungstyp, der generell (diese Bedingungen können, bei eingeschränkten Verboten, näher spezifiziert bzw. restringiert werden) untersagt wird. Nur in letzterem Falle wird man sagen, der Sprechakt sei in engerem Sinne "*normativ*".

Die für die Direktive des *Erlaubens* (Modus des *Dürfens*) verfügbaren Verben bilden im Deutschen ein breites Wortfeld. Dazu gehören u.a.: *erlauben, genehmigen, gestatten; zulassen; gewähren, zubilligen, zugestehen; bewilligen, einwilligen, zustimmen, billigen, einverstanden sein; befugen (Befugnis erteilen), berechtigen, ermächtigen, bevollmächtigen*. Die sprechakttheoretischen Bedingungen dieser Klasse können so beschrieben werden: Der Emittent des Sprechaktes sagt, daß der Adressat eine bestimmte Handlung tun (oder unterlassen) kann (darf). Typischerweise bezieht sich die Proposition (der "Gegenstand") der Erlaubnis-Direktive auf ein Handeln; wenn jedoch eine generelle *Pflicht* zu einem bestimmten Handeln besteht, dann kann eine Erlaubnis auch ein Unterlassen dieser eigentlich zwingend vorgeschriebenen Handlung beinhalten (*dispensieren, einen Dispens erteilen*). Die Handlung liegt in der Zukunft, ist noch nicht realisiert und ist im Interesse des Adressaten. Hier fällt auf, daß im Unterschied zum *Verbieten*, für das unwesentlich sein kann, ob der Adressat die verbotene Handlung überhaupt auszuführen beabsichtigt, beim *Erlauben* immer vorausgesetzt wird, daß der Adressat die Handlung, die Gegenstand der Erlaubnis ist, auch konkret ausführen will bzw. jedenfalls ein Interesse hat, diese Handlung, wenn er will, tatsächlich ausführen zu können; dies mag damit zusammenhängen, daß Erlaubnisse meist überhaupt nur auf Antrag oder Bitten des Adressaten erteilt werden. Der Emittent ist dem Adressaten sozial (Familie etc.) oder institutionell (Amt, Schule, Militär etc.) übergeordnet und er ist befugt, die Erlaubnis zu erteilen; dies heißt sowohl, daß er gegenüber dem Adressaten oder durch seine Position innerhalb einer institutionellen Hierarchie überhaupt zum Vollzug des Sprechakttyps *Erlauben* befugt ist, als auch, daß das konkrete Handeln, das er erlaubt, im Bereich dessen liegt, worüber er berechtigterweise per Verbot oder Erlaubnis Verfügungen treffen kann (so kann man als normaler Bürger jemandem nicht "*erlauben*", einen anderen umzubringen). Der Adressat kann (darf) die Handlung nicht ohne Erlaubnis des Emittenten ausführen; dies kann auch heißen, daß der Adressat zwar faktisch auch ohne Erlaubnis in der Lage ist, die Handlung auszuführen, aber Sanktionen zu erwarten hat, wenn er sie ohne diese ausführt. Die Handlung muß zu einem Typ gehören, der überhaupt Gegenstand eines *Verbotes* sein kann (das ist von weiteren zu spezifizierenden Bedingungen abhängig). Der Adressat will tatsächlich auch die Handlung ausführen (d.h. es ist eine Handlung, die in seinem Interesse liegt). Ob der Adressat die Handlung ausführt, entscheiden sowohl der Emittent als auch der Adressat: Der Emittent, indem er die Erlaubnis erteilt oder verweigert; der Adressat, indem er die Erlaubnis zu tatsächlichem Handeln nutzt oder nicht.

Die aufgeführten Verben des Erlaubens weisen folgende semantisch-pragmatische Unterschiede auf: *erlauben*, *genehmigen* und *gestatten* beziehen sich eher auf einzelne Handlungen der Adressaten, wobei *genehmigen* auf einen institutionellen Hintergrund hinweist. Diese Verben haben eine Konnotation des "aktivischen", d.h. der Emittent des Sprechakts handelt eher aus eigenem Antrieb bzw. Willen, während *zulassen* eher eine passivische Konnotation hat in dem Sinne, daß ein Ranghöherer eine Handlung des Adressaten geschehen läßt, ohne sie "direkt" und "ausdrücklich" erlaubt zu haben (*jemanden gewähren lassen*). *Zulassen* bezeichnet damit eine soziale Handlung und weniger einen auch explizit vollziehbaren Sprechakt, wenngleich es in bestimmten Zusammenhängen auch als Sprechaktverb benutzt werden kann. Im Unterschied zu dieser Gruppe beziehen sich die Verben *gewähren*, *zubilligen* und *zugestehen* eher auf eine generelle Erlaubnis; jedenfalls haben sie einen stärkeren institutionellen Bezug (im Sinne eines "Rechtsinstituts"), was die Tatsache zeigt, daß diese Verben (im Unterschied zu *erlauben* etc.) in Kollokationen mit *Recht* (*ein Recht zugestehen*) vorkommen können. Mit *zulassen* haben diese Verben gemein, daß sie eine Situation voraussetzen, in der der Normalzustand eher darin besteht, daß eine Handlung nicht erlaubt, das *Gewähren* also die Ausnahme ist. In der dritten Bezugsstelle des Bezugsrahmens dieser Verben (*jemand gewährt jemandem etwas*) kann nicht nur eine Handlung der Adressaten stehen (wie es bei *erlauben* etc. allein möglich ist), sondern auch ein Vorteil der Adressaten, der in ihrem Interesse liegt: so können *eine Gunst, eine Gnade, ein Stipendium, ein Kredit gewährt* werden. *Zugestehen* kann in der dritten Bezugsstelle außer einer Handlung auch *eine Meinung, ein Argument* u.ä. haben. Die dritte Gruppe mit den Verben *bewilligen, zustimmen, billigen* unterscheidet sich von den anderen Verben dadurch, daß hier deutlicher darauf Bezug genommen wird, daß ein bestimmtes Handeln etc. von dem Adressaten des Sprechaktes aktiv gewollt wird; meist muß er eine Bitte geäußert oder einen Antrag gestellt haben. Dies wird dadurch deutlich, daß bei diesen Verben in der zweiten Bezugsstelle nicht mehr der Adressat steht, sondern der "Gegenstand" des Sprechaktes: So kann man *einen Antrag, eine Geldsumme, ein Stipendium* etc. *bewilligen*. *Zustimmen* und *billigen* unterscheiden sich von *bewilligen* dadurch, daß hier in der zweiten Bezugsstelle auch eine *Meinung*, *Auffassung* oder *Haltung* des Adressaten eintreten kann. Das Verb *einwilligen* bzw. der Ausdruck *sein Einverständnis erteilen* beziehen sich dagegen (wie *erlauben* etc.) auf eine konkrete Handlung des Adressaten, nur daß hier der Adressat im Bezugsrahmen nicht mehr erwähnt wird. Die Verben *genehmigen*, *gewähren* und *bewilligen* haben im Unterschied zu den anderen eine eindeutige institutionelle Konnotation in dem Sinne, daß der Emittent eine Institution bzw. eine berechtigte Person in einer Institution sein muß.

Einen eindeutig institutionellen Kontext hat auch die letzte Verbgruppe mit *befugen*, *berechtigen*, *ermächtigen* und *bevollmächtigen*. Das Institutionelle dieser Sprechakte liegt darin, daß sie ein bestimmtes "Rechtsinstitut" voraussetzen, d.h. insofern auf Normen bezogen sind, als die Erlaubnis der Handlung des Adressaten nicht auf einen Einzelfall bezogen ist und von einer Person kraft ihrer persönlichen Autorität erteilt wird, sondern eine generelle Erlaubnis ist, die ihren Grund nicht im Willen des Emittenten hat, sondern in einer dritten Größe, nämlich einer außerhalb von Emittent und Adressat stehenden "Norm", einem "*Recht*". (Vgl. die Parallelität von *berechtigen* und *verpflichten*.) Der Emittent tritt gegenüber den (typischerweise, aber nicht notwendig, schriftlich fixierten) Rechtsnormen zurück. Im Unterschied zu *befugen* (bzw. *Befugnis erteilen*) und *berechtigen* tritt bei *ermächtigen* und *bevollmächtigen* die Konnotation des Verhältnisses gegenüber einem Dritten hinzu, hierin vergleichbar mit *beauftragen*. Das dort Gesagte gilt deshalb auch für diese Verben; nur daß gegenüber *beauftragen* die Verben *ermächtigen*, v.a. aber *bevollmächtigen* eine stärkere institutionelle Konnotation haben, was durch das Bedeutungselement *-macht-* ausgedrückt wird. *Vollmacht* ist dann selbst ein institutionell konstituiertes Rechtsinstitut. Wenn wir also unter den behandelten *Direktiven* bestimmte Verben oder Ausdrücke als "institutionell" bezeichnet haben, so kristallisieren sich jetzt zwei mögliche Bedeutungen dieser Kennzeichnung heraus: Zum einen kann *institutionell* heißen, daß die Person, welche einen Sprechakt mit Wirkungskraft ausspricht, Teil einer sozialen, z.T. (oder meist) auch formellen Institution sein muß bzw. von dieser Institution im gesellschaftlichen Spiel "ermächtigt" sein muß, die jeweiligen Sprechakte zu vollziehen. Zum anderen kann institutionell heißen, daß ein Sprechakt sich auf soziale Beziehungs- oder Verhaltensmuster derart bezieht, daß diese Muster als (typischerweise schriftlich fixierte) "Rechtsinstitute" konstituiert sein müssen. *Vollmacht erteilen* ist eben nicht nur eine Handlung im Verhältnis zweier (bzw. dreier) Individuen untereinander, sondern es steht immer "die Rechtsordnung" als vierter "Mitspieler" im Hintergrund. *Vollmachten* sind daher bestimmte Handlungsberechtigungen, welche Gültigkeit in einem rechtlichen Sinne haben, d.h. rechtliche Folgen haben können. Insofern beziehen sie sich immer auf "normative" Gegebenheiten, d.h. auf zuvor von einer berechtigten Stelle/Institution *deklarativ* gesetzte Fakten, ohne selbst normativ zu sein. Wir sehen also, daß die Benennung einer "*normativen Textfunktion* bzw. eines "*regulativen Sprechakttyps*" zu allgemein ist, um das Verhältnis einzelner Sprechaktmuster zu rechtlichen Normen kennzeichnen zu können.

Daß die von Searle definierte Sprechaktklasse der *Deklarationen* in eigentümlicher Weise quer zu den anderen Kategorien liegt, zeigt sich u.a daran, daß neben den Verben *festlegen, festsetzen* und *definieren* auch andere Verben zugleich *direktiven* Charakters als *Deklarationen* bezeichnet werden könnten. Dies gilt vor allem für die mit den zu einigen direktiven Verben gehörigen Nomina gebildeten Nominalprädikate wie *Bestimmung (Vorschrift, Verordnung, Gesetz, Befehl etc.) erlassen* und *Erlaubnis (Genehmigung, Bewilligung, Einwilligung, Zustimmung, Vollmacht, Ermächtigung, Berechtigung, Auflage etc.) erteilen*. All diese Ausdrücke beziehen sich auf Sprechakte, welche zugleich institutionelle Akte in dem Sinne sind, daß sie institutionelle Fakten setzen; diese Fakten gelten dann in rechtlichem Zusammenhang als "Rechtsinstitute" bzw. "Rechtsakte", welche nicht mehr ohne weiteres rückgängig zu machen sind. *Normativ* sind aber nur diejenigen dieser "*direktiven Deklarationen*" zu nennen, die einen allgemeinen, den Einzelfall und einzelnen Adressaten übergreifenden Charakter haben. Hier mag der von Habermas eingeführte Typ der *regulativen* Sprechakte einen umfassenderen Charakter haben als die "*Deklarationen*" Searles oder die "*normative Textfunktion*" Großes. Wir können also die vorläufige Schlußfolgerung ziehen, daß der "*normative*" Charakter von Texten oder Teiltexten ("Sprechhandlungen") etwas ist, das auf einer anderen Ebene liegt als die bislang in der Linguistik beschriebenen Sprechaktklassen. Sprechakte eines bestimmten Typs können normative Funktion haben, wenn gewisse spezifische Bedingungen des Kontextes hinzutreten. Sprechaktverben, welche die in normativen Texten besonders häufigen "illokutiven Typen" der *Direktive*, d.h. des "*Müssens*", "*Sollens*", "*Dürfens*" und "*Nicht-Dürfens*" ausdrücken, können von ihren semantisch-pragmatischen Verwendungsmöglichkeiten her den normativen oder auf Normen bezogenen Charakter der jeweiligen Sprechhandlungen ausdrücken, was zumeist heißt, daß diese Sprechakte in irgendeiner Form auf Institutionen bezogen sind; jedoch sind die meisten Sprechaktverben sowohl institutionell (normbezogen) als auch nicht-institutionell verwendbar. Normtexte (Gesetze, Verordnungen, Gebote, Richtlinien) haben vermutlich sprachlich einen Schwerpunkt bei Ausdrucksmitteln der *direktiven* Sprechakte; die tatsächliche Wirkung dieser Texte hängt aber mehr von den institutionellen Bedingungen und Zusammenhängen (z.B. Handlungsbereichen) ihres Wirksamwerdens ab als von der Ausdrucksform selbst.

Ein Beispiel dafür ist die Tatsache, daß das Strafgesetzbuch überhaupt keine *direktiven* Sprechakte aufweist, sondern im indikativischen Satzbaumuster von "*Assertiven*" (*Feststellungen, Aussagen*) formulierte Strafbestimmungen, welche sprechakttheoretisch am ehesten als *Drohungen* bezeichnet werden könnten (was auch von den "Textautoren", d.h. den Gesetzgebern selbst so bezeichnet wird, so etwa in § 2 StGB, wo von der "*Strafdrohung*" der Gesetzesparagraphen gesprochen wird). Nach Searles Klassifikation gehören *Drohungen* zu einem völlig anderen Sprechakttypus als die *Direktive*, nämlich zu den *Kommissiven* wie *versprechen* etc. *Drohungen* zeichnen sich durch folgende Bedingungen aus: Der Emittent sagt in Bezug auf den Adressaten einen bestimmten Sachverhalt (Proposition) voraus, wobei dieser Sachverhalt typischerweise in einer zukünftigen Handlung des Emittenten besteht, welche für den Adressaten nachteilig ist (Sanktionen) und somit gegen dessen Interessen verstößt. Der Emittent ist auch tatsächlich bereit, den angedrohten Sachverhalt zu verwirklichen. Die Drohung ist konditional verknüpft mit einem bestimmten Tun oder Unterlassen des Adressaten; die angedrohte Handlung des Emittenten des Sprechaktes soll nur erfolgen, wenn der Adressat das gewünschte Tun unterläßt oder das befürchtete Tun nicht unterläßt.[87] Emittent und Adressat haben beide Einfluß darauf, ob das Angedrohte eintritt: der Adressat dadurch, daß er das gewünschte Handeln vollzieht oder das befürchtete Handeln unterläßt; der Emittent dadurch, daß er entscheiden kann, ob er die Drohung auch "wahr machen" will. Institutionelle Drohungen müssen nicht unmittelbar Handlungen des Emittenten ankündigen; typischerweise kündigen sie Handlungen von institutionell dafür besonders befugten Personen/Einrichtungen an. Rechtsstaatliche Gemeinwesen haben dafür eine relativ selbständige, nicht weisungsgebundene Institution geschaffen, nämlich das Rechtswesen mit Richtern, Staatsanwälten und Rechtsanwälten, welche nach komplexen eigenständigen Regeln und Mechanismen fungiert. Die Drohungen müssen selbst wiederum institutionell legitimiert sein (parlamentarisch erlassen); typischerweise sind die Drohungen in Form von Gesetzestexten zu allgemeinen Normen erhoben, welche regulieren, wann die ausführenden Institutionen tätig werden müssen oder dürfen und in welcher Weise (Gesetzesbindung). Je nach Rechtssystem können die zuständigen "Erfüllungsgehilfen" (Staatsanwälte, Richter) selbständig entscheiden, ob sie die Drohung "wahr machen" und Sanktionen einleiten (Opportunitätsprinzip im amerikanischen Rechtssystem), oder müssen als selbst weisungsgebundene Ausführungsorgane (die also selbst einer *Direktive* unterliegen) die Drohung bei Vorliegen der Bedingungen immer realisieren (Verfolgungs- und Entscheidungszwang bzw. Legalitätsprinzip im bundesdeutschen Rechtssystem).

Als Ergebnis dieser kleinen semantisch-pragmatischen Paraphrase von *drohen* können wir festhalten, daß dieser Sprechakttypus nicht nur Elemente der Kategorie *Kommissive* (der Sprecher kündigt eine eigene zukünftige Handlung an) enthält, der er bisher von allen Autoren zugeordnet wurde, sondern auch Elemente der Sprechaktklasse der *Direktive*, insofern mit Drohungen meist ein bestimmtes Handeln bzw. Unterlassen des/der Adressaten bewirkt werden soll. Möglicherweise ist es gerade dieser direktive Anteil, welcher *Drohungen* dazu geeignet macht, neben den anderen *direktiven* Sprechakten wie *befehlen*, *verbieten* und *erlauben* zu einem gleichwertigen Ausdrucksmittel für normative Texte zu werden. Das *Normative* (im Sinne einer *generalisierten Direktive*) in als Drohungen firmierenden Gesetzesbestimmungen liegt darin, daß eine generelle Strafandrohung, welche zudem institutionell derart abgesichert ist, daß die Wahrscheinlichkeit der tatsächlichen Verwirklichung der angedrohten Sanktionen sehr hoch ist, als allgemeine Handlungsmaxime der Adressaten schon deshalb wirken muß, weil das Bestreben jeden rationalen Handelns dahin geht, Nachteile für die eigene Person zu vermeiden und Vorteile zu erzielen. Strafandrohungen wir-

---

[87] In diesem Punkt ist die Paraphrasierung der Drohung bei Burkhardt 1986, 328 unzureichend; Burkhardt übersieht den direktiven Anteil bei Drohungen, wobei dieser in seiner Paraphrase in der Umschreibung "einschüchtern" versteckt wird.

ken damit über das jedem Handeln prinzipiell zugrundeliegende Rationalitätsprinzip. Damit hängt zusammen, daß nicht rational gelenktes Handeln oder Verhalten häufig durch (Straf-)Drohungen nicht irritiert wird und damit auch nicht verhindert werden kann; damit hängt aber auch zusammen, daß bei rationaler Abwägung der Risiken einer mit Strafe bedrohten Handlung oder Unterlassung gegen die Vorteile, welche diese Handlung oder Unterlassung dem abwägenden Individuum bietet, der Ausschlag zugunsten der Vorteile des Handelns und gegen das normgerechte Verhalten fallen kann.

Da sich die Textfunktion von Gesetzestexten als Ganzen aus der Tatsache ergibt, daß diese Texte in einer ausdifferenzierten Institution mit eigenständigen Regeln benutzt werden, in der schon der Griff zum Gesetzestext ein Resultat vorgängiger Handlungssituationen ist (Entscheidungs-, Beratungssituation etc.), so daß die Funktion den Textbenutzern schon *vorgängig* bewußt ist, da sie ja den eigentlichen Grund dafür abgibt, sich mit dem jeweiligen Textstück überhaupt zu befassen, kann von Gesetzestexten nicht unbedingt erwartet werden, daß ihre Textfunktionen auch jeweils im sprachlichen Ausdruck explizit kenntlich gemacht werden; das "Präsignal" bzw. die Vorerwartung bedingt schon, daß der jeweilige Text als *Gesetzes-* und damit als *Norm*text zur Kenntnis genommen wird. Dennoch kann man viele Sprechakt-Typen auch in Gesetzestexten nachweisen; allerdings bedarf es dennoch der "Präsignale" bzw. gezielten Vorerwartungen und -kenntnisse über die Textfunktion der Gesetze, da wegen der Tatsache, daß die in Gesetzestexten dafür üblichen Formulierungen auch in anderen direktiven Sprechakten verwendet werden, allein mit ihnen noch nicht die "normative" Funktion bewiesen werden kann. Selten sind in Gesetzen die Direktive des *Müssens* und *Sollens*, also Sprechakte des *Befehlens*, *Anordnens* etc. explizit ausgedrückt. Doch gibt es gelegentlich auch solche Formulierungen mit dem Modalverb *müssen*:

> "Zeigt der Gläubiger dem Schuldner an, daß er die Forderung abgetreten habe, so *muß* er dem Schuldner gegenüber die angezeigte Abtretung gegen sich gelten lassen, auch wenn sie nicht erfolgt oder unwirksam ist." (BGB § 405)

Oder mit dem Modalverb *sollen*:

> "Der Vermieter von Wohnraum *soll* den Mieter auf die Möglichkeit des Widerspruchs [...] hinweisen." (BGB § 564a II)

Häufiger sind Umschreibungen des Müssens mit Wendungen wie *ist zu + Infinitiv* und *hat zu + Infinitiv*:

> "Der Schuldner *hat* den Gläubiger von der Versteigerung unverzüglich *zu benachrichtigen*." (BGB § 384 II) - "Der Mietzins *ist* am Ende der Mietzeit *zu entrichten*." (BGB § 551)

Ist-zu-Formulierungen sind aber seltener gegenüber den rechtsunterworfenen Bürgern gebräuchlich als vielmehr häufiger, um Richtern oder anderen Rechtsanwendern (Verordnungsgeber, Verwaltungsbehörden) Anweisungen zur Anwendung gesetzlicher Bestimmungen zu geben:

> "Übernimmt der Verkäufer einer Forderung die Haftung für die Zahlungsunfähigkeit des Schuldners, so *ist* die Haftung im Zweifel nur auf die Zahlungsunfähigkeit zur Zeit der Abtretung *zu beziehen*." (BGB § 438)

Hier soll den Richtern ein Hinweis darauf gegeben werden, wie sie in einem solchen Fall die Haftungsregelung festzusetzen haben. Oder z.B.:

"Der Jagdschein *ist zu versagen*, wenn ... ." (Bundesjagdgesetz § 17)

Hier werden Anweisungen an ausführende Unterbehörden erteilt. Gelegentlich sind auch Formulierungen üblich wie:

"Der Käufer einer Sache *ist verpflichtet*, dem Verkäufer den vereinbarten Kaufpreis zu zahlen ... . " (BGB § 433)

Als indirekte Ausdrucksweise für eine Direktive des *Müssens* können auch Formulierungen mit *ist erforderlich* aufgefaßt werden wie:

"Zur Gültigkeit eines Vertrags, durch den eine Leibrente versprochen wird, ist [...] schriftliche Erteilung des Versprechens erforderlich." (BGB § 761)

Diese Wendung kann paraphrasiert werden mit: *Wer eine Leibrente versprechen will, muß dies schriftlich tun.*

Die Direktive des *Nicht-Dürfens* werden häufig durch eben dieses Modalverb ausgedrückt, z.B.:

"Der Entleiher *darf* von der geliehenen Sache keinen anderen als den vertragsmäßigen Gebrauch machen." (BGB § 603)

Nur selten sind explizite Benennungen von Verboten wie:

"*Verboten ist* mit Schrot [...] auf Schalenwild zu schießen." (*Bundesjagdgesetz* § 19 I)

Eher schon werden indirekte bzw. ent-agentivierende Formulierungen gewählt wie:

"Gegen eine Forderung aus einer vorsätzlich begangenen unerlaubten Handlung *ist* die Aufrechnung *unzulässig*." (BGB § 393)

Solche Formulierungen gehen aufgrund ihres abstrakten und unpersönlichen Formulierungsstils aber schon über in Formulierungsweisen, wie sie für deklarative Sprechakte üblich sind. Interessant ist, daß Direktive des *Nicht-Dürfens* auch über eine Negation des indirekten Modalverbs des *Dürfens*, nämlich *können*, ausgesprochen werden können:

"Ein Gesellschafter *kann nicht* über seinen Anteil [...] verfügen ..." (BGB § 719 I)

Aber auch für diese Formulierung gilt, daß sie einen fließenden Übergang zu Formulierungen von *Deklarationen* bildet. Sprechakte der *Erlaubnis* (des *Dürfens*, auch mit dem Modalverb *können*) werden in größerer Zahl auch explizit formuliert:

"Die Androhung und die Benachrichtigung *dürfen* unterbleiben, wenn sie untunlich sind." (BGB § 384 II) - "Ist über die Forderung ein Schuldschein auszustellen,so *kann* der Schuldner neben der Quittung Rückgabe des Schuldscheins verlangen." (BGB § 371)

In folgender Formulierung geht das *Dürfen* inhaltlich gesehen allerdings schon eher in ein *Nicht-Dürfen* über:

"Der Pächter *darf* die landwirtschaftliche Bestimmung der Pachtsache *nur* mit vorheriger Erlaubnis ändern." (BGB § 590 I)

Formulierungen für gesetzliche "Erlaubnisse", welche Derivativa von *-recht-* benutzen, können auch als Hinweise auf deklarativ festgesetzte Rechtsinstitute ("Rechte") aufgefaßt werden, sind aber hier auch zur Klasse der erlaubenden Direktive zu rechnen:

"Der Schenker *ist berechtigt*, die Erfüllung eines schenkweise erteilten Versprechens zu verweigern, soweit ..." (BGB § 519) - "Der Schuldner *hat das Recht*, die hinterlegte Sache zurückzunehmen." (BGB § 376)

Eine Großzahl von Bestimmungen im BGB und anderen Gesetzen (vor allem des Bürgerlichen und Gesellschaftsrechts) sind jedoch in einfachen Indikativsätzen ohne modale Ausdrücke formuliert; dieses Fehlen von "Indikatoren" ist selbst ein "Indikator", da es charakteristisch ist für Sprechakte der *Deklaration*. Hiermit werden Rechtsverhältnisse (Rechtsinstitute) konstituiert, indem Regeln für die Regulierung von zivilrechtlichen Verhältnissen angegeben werden. So z.B.:

> "Die Beiträge der Gesellschafter und die durch die Geschäftsführung für die Gesellschaft erworbenen Gegenstände werden gemeinschaftliches Vermögen der Gesellschafter (Gesellschaftsvermögen)." (BGB § 718 I)

Jedoch werden deklarativ-normative Texte nur selten in so deutlicher Form als konstitutive Regeln formuliert; üblicher sind Formulierungen, welche konstitutive Regeln bürgerlicher Vertragsverhältnisse dadurch beschreiben, daß sie die Rechte, Pflichten und Möglichkeiten von Vertragspartnern ausdrücken, die allerdings häufig wie die "direkten" *Direktive* mit Modalverben des *Könnens, Dürfens, Nicht-Könnens, Nicht-Dürfens* ausgedrückt sind. Häufig sind allerdings auch Formulierungen, welche Bedingungen des Nicht-Geltens von konstitutiven Regeln angeben (deklarieren):

> "Das Schuldverhältnis *erlischt*, wenn die geschuldete Leistung an den Gläubiger bewirkt wird." (BGB § 362) oder: "Eine Kündigung oder Mahnung des neuen Gläubigers *ist unwirksam*, wenn sie ohne Vorlegung einer solchen Urkunde erfolgt." (BGB § 410) oder: "Eine Vereinbarung [...] *ist nichtig*, wenn ... ." (BGB § 540)

Typisch für deklarative Sprechakte sind Formulierungen, welche deren konstitutiven Charakter durch den Ausdruck *gilt als* explizit machen:

> "Eine Vergütung *gilt als* stillschweigend vereinbart, wenn die Herstellung des Werkes den Umständen nach nur gegen eine Vergütung zu erwarten ist." (BGB § 632 I)

Dasselbe bewirken auch Formulierungen mit *nur wirksam wenn*:

> "Eine zum Nachteil des Mieters abweichende Vereinbarung *ist nur wirksam, wenn...*" (BGB § 565a I)

Der Sprechakt-Charakter von Gesetzesbestimmungen wird gelegentlich auch in Gesetzen selbst durch metasprachliche Formulierungen gekennzeichnet:

> "Das Jagdrecht ist die ausschließliche *Befugnis*, auf einem bestimmten Gebiet wildlebende Tiere [...] zu hegen, auf sie die Jagd auszuüben." (BJagdG § 1 I)

Häufig beziehen sich solche Formulierungen aber nicht auf die Gesetze selbst, sondern auf Verwaltungsakte unterer Behörden, welche durch das Gesetz geregelt werden sollen:

> "Wer es unternimmt, Luftfahrer auszubilden, *bedarf [...] der Erlaubnis*." (Luftverkehrsgesetz § 5) - "Flugplätze dürfen *nur mit Genehmigung* angelegt werden." (a.a.O. § 6) - "Der Jagdschein *ist zu versagen*, wenn ... ." (BJagdG § 17)

Dabei wird auch ein Sprachgebrauch über Normtexte deutlich, der die Üblichkeit derjenigen Ausdrücke belegt, welche wir zur Grundlage der Untersuchung und Differenzierung normativer Textfunktionen gemacht haben. Außer den schon bekannten Ausdrücken sind dies Formulierungen wie:

> "... *bestimmt* der Bundesminister." (BJagdG § 22) - "Die Länder können Straf- und Bußgeld*vorschriften treffen*." (BJagdG § 42) - "... ist die *Zustimmung* erforderlich." (LuftVG § 12 III) - "Die zuständige Behörde kann *anordnen* ... ." (BJagdG § 27) - "Das Gericht kann *Auflagen erteilen* ... ." (StGB § 56b I) - "Das Gericht kann *auferlegen* ... ." (StGB § 56b II) -

"Das Gericht *erteilt Anweisungen* .... " (StGB § 56c I) - "Das Gericht kann *anweisen* ... ." (StGB § 56c II)

Selten sind allerdings derart ausdrückliche Formulierungen, in denen der Sprechakt durch Gebrauch eines explizit performativen Verbs (Sprechaktverbs, mit dem ein Sprechakt nicht nur angedeutet, sondern eo ipso vollzogen wird) ausgedrückt wird wie:

"Der Bundesminister *wird ermächtigt* ... ." (BJagdG § 36)

In solchen Fällen handelt es sich um Kommunikationsakte zwischen Gesetzgeber und unmittelbar unterstellten Ämtern, welche wichtig sind für den institutionell korrekten Vollzug von Verwaltungsakten, als solche aber das Rechtswesen nur sekundär berühren. Neben den rechtsunterworfenen Bürgern und den Richtern, Staatsanwälten und Rechtsanwälten gibt es also noch mindestens eine dritte Gruppe von Adressaten für Normtexte: Ministerien, Behörden, evtl. auch Länderparlamente u.a., d.h. Institutionen, welche mit dem "Gesetzgeber" auf institutioneller Ebene verkehren, ohne daß dies das Rechtswesen (im Sinne von Rechtsprechung) tangieren muß. Dies ist immer nur sekundär angesprochen, nämlich wenn Verwaltungsakte auf ihre Rechtmäßigkeit hin angefochten werden. - Ein interessanter Beleg fand sich auch für die oben diskutierte Frage, welche Textfunktion den Formulierungen des Strafgesetzbuches zuzuschreiben sei: eine *direktive* (*Verbot*) oder eine *kommissive* (*Drohung*). Nach dem StGB gelten für seine Bestimmungen beide Sprechakt- bzw. Textfunktionen zugleich: Während in § 2 von der "*Strafdrohung*" die Rede ist, kommt in § 17 durch den Ausdruck "*Verbotsirrtum*" deutlich heraus, daß dieses Gesetz natürlich nicht nur als *Drohung* für die Bürger (bzw. als *Anweisung* an die Richter) gemeint ist, sondern durchaus in allgemein normativem (ethischem?) Sinn als "*Verbot*" für die Bürger, die strafbewehrten Taten zu begehen. So sollen Gesetze nicht nur auf Institutionen, sondern auch auf die Bürger wirken, ihre (Text-)Funktionen sind also vielfältig und nicht auf eine einzige Funktion zu reduzieren.

3.3 Texte als Institution: Gesetze als Grundlage richterlicher Entscheidung

Jede linguistische Untersuchung von Gesetzestexten und vor allem ihrer Funktion muß zwei Tatsachen ins Zentrum ihrer Überlegungen stellen: Zum einen, daß Texte dieser "Textsorte" in ein Geflecht vielfältiger und sich u.U. überlagernder gesellschaftlicher Funktionszuweisungen eingewoben sind; zum anderen, daß diese Texte in vielfacher Weise nicht nur institutionell gebunden sind, sondern sogar selbst so etwas wie die Funktion einer gesellschaftlichen "Institution" haben. Der erste Aspekt ebenso wie der zweite haben nicht unerhebliche Auswirkungen für jede Analyse von Rechtstexten und ihrer Wirkungsweise auch unter linguistischen Vorzeichen. So stellt sich die Frage der komplexen Funktionszuweisungen sofort, wenn man nach den eigentlichen "Adressaten" und "Rezipienten" von Gesetzestexten fragt. Allgemein wird gesagt, daß Gesetze soziale "regulative" Funktion haben; diese soziale Wirkung (und Wirkungsabsicht) von Gesetzestexten wird dann meist als "normativ" bezeichnet. Diese soziologische bzw. rechtstheoretische bzw. linguistische bzw. philosophische Einschätzung setzt aber selbst schon ein Bild von "Normen" und ein Wissen von deren Funktionsweisen in Gesellschaften voraus; so ist *"Norm"* weniger ein theoretischer Begriff, als vielmehr die Bestätigung einer lebensweltlichen Kenntnis von normgeleiteten gesellschaftlichen Zusammenhängen. Da Rechtsnormen und Gesetze schon existierten, bevor überhaupt eine moderne theoretisch-philosophische Terminologie und ein Begriff von "Normativität" entstand, muß dies nicht verwundern. Da die Funktion von Rechtsnormen so selbstverständlich erscheint, ist auch so selten in Frage gestellt worden, ob die primären Adressaten wirklich die "rechtsunterworfenen" Bürger sind. Immer wurde schon vorausgesetzt, daß Gesetze letztlich die Funktion haben "die Gesellschaft", d.h. gesellschaftlich zulässige, erwünschte bzw. unzulässige Verhaltensweisen zu regulieren. Das kommt z.B. da zum Ausdruck, wo Philosophen gerade einmal zwei Arten von Sprachfunktionen zulassen wollten: "deskriptive" und "präskriptive" Sprache. Diese "präskriptive" Funktion von Rechtstexten wurde in einer Weise verstanden, wie sie wohl abgeleitet ist nicht nur aus alttestamentarischen Vorstellungen von "Geboten" wie sie in den Gesetzestafeln Moses beschrieben wurden, sondern eher wohl aus einer unbewußten Übertragung der Staatstechnik absolutistischer Monarchien, wo das staatlich-gesellschaftliche "Dürfen", "Nicht-Dürfen" und "Müssen" noch wirklich ein Befehl des "l'etat c'est moi"-Herrschers war.

Diese althergebrachte Auffassung von staatlich-gesellschaftlichen "Normen" schien so selbstverständlich, daß völlig übersehen wurde, daß moderne Staatswesen eigenständige Institutionen ausgebildet haben, welche diese Normativität allererst herzustellen haben. Daß Normen in heutigen Rechtssystemen weniger "aus sich heraus" wirken, als vielmehr über komplizierte und komplexe Vermittlungsschritte sozialer Institutionen, geriet vielleicht deshalb zu wenig in den Blick, weil die Reflexion über Normativität wesentlich in einer Selbstreflexion dieser Institutionen selbst (Rechtstheorie) bestand, welche es vielleicht nicht für notwendig erachteten, ihren eigenen Anteil an der sozialen Wirkung von Rechtsnormen allzusehr in den Vordergrund zu stellen. Doch kann keine Untersuchung der Funktion und "Rezeption" von Gesetzestexten daran vorbei, daß die Festlegung dessen, "was Recht ist" in erster Linie nicht von Gesetzgebern und auch nicht von den Bürgern vorgenommen wird, sondern von eben diesen Institutionen. So gesehen richten sich Gesetzestexte in Ansehung ihrer Wirkungsweise zunächst einmal an die Vertreter dieser Institutionen (hier: Rechtsprechung), und erst in zweiter Linie an die Bürger und Bürgerinnen selbst. Gesetzestexte haben daher immer mindestens zugleich zwei Funktionsrichtungen: Gegenüber den Bürgern durch ihre letztlich immer gesellschafts-regulativ gemeinte Zielrichtung und Begründung; gegenüber den an der Rechtsverwirklichung arbeitenden Institutionen (Rechtsprechung, Behörden) als unmittelbar wirksame Verhaltensanweisungen. Eine dritte Funktionsrichtung ist häufig bei legislativen Akten zusätzlich gegeben: die in parlamentarischen Demokratien für die staatlichen Funktionsträger zum Machterhalt notwendige Beeinflussung der "öffentlichen Meinung" bzw. wichtiger gesellschaftlicher Funktionsträger. Viele Gesetze richten sich allerdings weder unmittelbar noch mittelbar an die "Bürger", sondern regeln das Verhalten und die "Rechte und Pflichten" staatlicher Institutionen (Behörden, Ämter) selbst oder untereinander; hier kommen Bürger als Adressaten höchstens dann in Betracht, wenn sie als Betroffene von Verwaltungsakten untergeordneter Verwaltungsbehörden die Rechtmäßigkeit getroffener Entscheidungen oder Maßnahmen selbst oder gerichtlich überprüfen wollen.

Mindestens ebenso wichtig ist der zweite genannte Aspekt von Gesetzestexten: ihre institutionelle Bindung. Eine gesetzgebende Körperschaft kann nicht *mehr* tun, als ihren regulativen Willen in möglichst exakter Form textlich niederzulegen und diesen Text als verbindliche Richtlinie staatlichen oder juristischen Handelns zu verabschieden. Die als Fortschritt der modernen Demokratien gegenüber autokratischen Systemen bezeichnete "Gewaltenteilung" bringt es mit sich, daß die "Jurisdiktion" als dritte tragende Kraft neben Legislative und Exekutive immer durch normativ-legislativ festgelegte Texte gesteuert werden muß. Manche Staats- bzw. Rechtssysteme verzichten sogar großteils ganz auf diese Festlegung und vertrauen auf das "Gewohnheitsrecht" (angelsächsisches Rechtssystem, das sog. "case law"). Aber selbst in dem kontinentalen Rechtssystem des Gesetzes-Positivismus, wo "Recht" nur werden kann, was zuvor vom Gesetzgeber in einem förmlichen Verfahren erlassen und schriftlich festgelegt wurde, gibt es genügend Elemente, die sich einer direkten Direktive der legislativen Institutionen entziehen. Es ist der Spielraum zwischen Textformular und Textbedeutung, zwischen "Normtext" und "Norm",[88] jene nie völlig zum Verschwinden zu bringende Differenz und "Lücke" zwischen dem, was ein Textautor gemeint haben könnte, und dem, was ein Rezipient daraus macht, welche dafür sorgt, daß "Rechtsprechung" mehr ist als nur das Funktionieren eines bloßen "Entscheidungs"- bzw. "Subsumtions-Automaten". Die Vertreter der dritten Gewalt sind eben nicht jener "Mund des Gesetzes" (bouche de la loi) als welche sie deren Erfinder, der frühneuzeitliche Staatstheoretiker Montesquieu, gerne gesehen hätte. Indem ein Gesetzestext immer auch mit einer sperrigen Wirklichkeit in Übereinstimmung gebracht werden muß, können die Gesetzgeber das Handeln der zur Rechtsprechung befugten Organe und ihrer Vertreter niemals völlig übersehen oder gar vorher gänzlich festlegen. Gleichwohl bleibt die Tätigkeit der "Recht sprechenden" und "Recht anwendenden" Institutionen niemals beliebig: sie sind, so will es unsere Verfassung, "an Gesetz und Recht

[88] Zu dieser Unterscheidung vgl. Friedrich Müller 1976, 107 f. und 1984, 267 f.

gebunden". Bürger und normsetzende Staatsinstitutionen (Legislative) stehen also nie in einem unmittelbaren Verhältnis zueinander; ihre Beziehung wird vermittelt durch rechtlich geregelte Institutionen, welche ihre Legitimation und ihre Entscheidungsgründe wiederum aus "dem Gesetz" beziehen. Insofern werden "Gesetze", d.h. die legislativ erlassenen Normtexte, zu einer eigenständigen Institution im Dreieck zwischen Staat, Bürger und rechtsprechender Gewalt. (Die gleiche Dreiecksbeziehung besteht zwischen Staat, Bürger und Verwaltungen als eigenständig handelnden Staatsorganen - Exekutive -, da auch diese immer an "das Gesetz" als ihre Handlungslegitimation und -richtschnur gebunden sind und darin gegebenenfalls auch gerichtlich überprüft werden können.)

Gesetzestexte werden schon allein dadurch selbst zu Institutionen (abgesehen davon, daß sie in institutionellen Prozessen zur Wirkung kommen), daß sie sich durch ihren Bezug auf die sich gesellschaftlich verändernden Lebensverhältnisse in ihrer Funktion mit diesen wandeln können, und zwar durch sich auf sie berufende Rechtsentscheidungen, welche jeweils neu festlegen, was in Ansehung des Spannungsverhältnisses von kodifiziertem Text und Lebenswirklichkeit jeweils "als Recht" zu gelten habe. Institutionen sind Gesetze auch, weil sie nicht allein stehen, sondern in komplexen Verflechtungen mit anderen Normtexten, welche ihre Wirkung beeinflussen (erweitern, einschränken, modifizieren) können. All dies "tun" die Gesetze natürlich nicht quasi "von selbst", sondern durch die zu ihrer "Auslegung" und "Anwendung" befugten Institutionen bzw. die Menschen, die in ihnen und für sie agieren. Gesetzestexte sind freilich immer nur *ein* Faktor im durch viele Wirkungsgrößen beeinflußten Prozeß der Rechtsverwirklichung. Soziale Institutionen wie die Rechtsprechung dürfen natürlich nicht nur in Hinblick auf ihre Funktion als textkonstituierte und auf Texte orientierte "Anwendungs"-Instanzen gesehen werden, sondern auch als solche, die gesellschaftliche Aufgaben wie z.B. die Konfliktlösung haben, die nicht allein durch ihre Befugnis als "Auslegungsorgane" für Gesetze erklärt werden können. Eine Untersuchung von Gesetzestexten und ihrer "Rezeption" ("Auslegung" und "Anwendung") - auch wenn sie in linguistischem Interesse geschieht - muß daher die Funktion, die Normtexte faktisch haben (können), die Bedingungen und Aufgaben der Institutionen, in denen diese Texte zur Wirkung kommen, stets mit berücksichtigen. Diese vielfältigen institutionellen Faktoren, und die Auswirkung, die es hat, daß Normtexte selbst eine Art Institution sind, gilt es auch bei der folgenden empirischen Analyse der juristischen "*Arbeit mit (Gesetzes)Texten*" zu beachten.

Kapitel 4:
Der Umgang mit Texten in der Institution Recht I: Normtextinterpretation: § 242 StGB zum Diebstahl - Ein Fall aus dem Strafrecht

In den folgenden Kapiteln soll die faktische Arbeit mit Texten in der Institution *Recht* am Beispiel des Umgangs mit Gesetzestexten nach sprachwissenschaftlichen Kriterien näher untersucht werden. Die Analyse soll mit zwei verschiedenen Zugangsweisen erfolgen, die unterschiedliche linguistisch interessante Aspekte der juristischen Textarbeit freilegen können: Zunächst wird ein einzelner Paragraph (§ 242 Strafgesetzbuch zum "Diebstahl") anhand der juristischen Kommentarliteratur und von Urteilstexten darauf hin untersucht, wie der "Wortlaut des Gesetzes" nach den bei Juristen üblichen Verfahren sprachlich und sachlich expliziert wird. Es wird dabei deutlich, daß die Bezeichnung "Bedeutungsexplikation" nur sehr unvollkommen das trifft, was bei der juristischen Gesetzesauslegung tatsächlich geschieht. Da die faktische juristische Arbeit aber nie am Gesetzes*text* ansetzt, sondern stets an einem konkreten *Fall*, soll in einer zweiten Untersuchung - diesmal an einem Beispiel aus dem Zivilrecht - ein konkreter Fall, wie er in der alltäglichen richterlichen Praxis zur Entscheidung stehen könnte (bzw. schon gestanden ist), daraufhin untersucht werden, welche Gesetzestexte in welcher explikativen Handhabung dabei für eine Entscheidungsfindung in Beziehung zueinander und zum Fall gesetzt werden; d.h. welche Textrelationen für eine konkrete Fallentscheidung von Richtern hergestellt werden müssen.

Im folgenden soll der Diebstahlsparagraph 242 des Strafgesetzbuches (StGB) daraufhin untersucht werden, wie der Gesetzeswortlaut (WL), d.h. die konkrete sprachliche Fassung dieser "Strafvorschrift", in der in der Rechtsprechung und Rechtswissenschaft üblichen Weise "ausgelegt", d.h. sprachlich und sachlich expliziert wird. Bezugstexte sind dabei die drei gebräuchlichsten Gesetzeskommentare[1] sowie die über diese Kommentare er-

---

[1] Es handelt sich um folgende Texte: Eduard Dreher/Herbert Tröndle: Strafgesetzbuch und Nebengesetze. 44. Auflage. (Beck'sche Kurzkommentare Band 10) München 1988 (Sigle: DT). Adolf Schönke/Horst Schröder u.a.: Strafgesetzbuch. Kommentar. 23. Auflage, München 1988. Zu § 242 verfaßt von Albin Eser (Sigle: Sch). Strafgesetzbuch. Leipziger Kommentar. 9. Auflage. Berlin 1974. Zu § 242 verfaßt von Heimann-Trosien (Sigle: LK). Kommentartexte zu einzelnen Paragraphen werden üblicherweise nach Randnummern (Rdn.) zitiert. Randnummern ohne Zusatz beziehen sich im folgenden auf § 242 StGB. Die Kennzeichnung "vor" bedeutet, daß es sich um eine Rdn. der einleitenden Erläuterungen zu den Eigentumsdelikten vor § 242 ff. handelt.

schlossenen Urteilstexte des *Reichsgerichtes* und des *Bundesgerichtshofes*.[2] Ich habe den Diebstahlsparagraphen gewählt, weil er sich auf einen im Alltagswissen (vermeintlich) relativ klaren Sachverhalt bezieht, den jeder kennt; dabei tritt die Diskrepanz zwischen scheinbar eindeutiger alltagsweltlicher Definition und juristischer Explikation der Strafbestimmung besonders scharf zutage.[3] Das hier gewählte Verfahren, nämlich von der in der Rechtslehre ("Dogmatik") gegebenen Explikation eines einzelnen Paragraphen her die Gesetzesinterpretation und "-anwendung" linguistisch zu untersuchen, ist insofern "idealtypisch", als kein Richter zuerst vom Paragraphen ausgeht, sondern stets nur von einem zu entscheidenden Fall. Entlang den Kommentaren und den in ihnen zitierten Urteilstexten wird der § 242 StGB dabei in einer Breite entfaltet, wie das im konkreten juristischen Alltagsgeschäft wohl kaum je notwendig oder tatsächlich der Fall ist; d.h. es wird eine Komplexität entfaltet, die anhand eines einzelnen Falles jeweils auf nur wenige strittige Fragen reduziert würde. Das idealtypische Herangehen ist aber insofern nicht ganz verfehlt, als es dasjenige expliziert, was als der juristische "Wissensrahmen" zum Diebstahl bezeichnet werden kann. In ähnlicher Weise wie ein solcher Paragraph in den Kommentartexten "auseinandergelegt" (expliziert) wird, wird auch das juristische Wissen von Studenten der Rechtswissenschaft erworben. Zwar wird kaum jemand die ganze Fülle der Einzelheiten "im Kopf" haben, wie sie (vor allem in den größeren "Lehr"-Kommentaren) dort entfaltet wird, doch bilden die Kommentartexte als solche das juristische Wissen zum § 242 StGB (also den gültigen juristischen Wissensrahmen) insofern weitgehend ab, als in der Praxis bei allen Zweifeln und strittigen Fragen nie nur mit dem Gesetzestext, sondern stets sofort mit dem Kommentartext gearbeitet wird.[4] Die Kommentartexte spiegeln insofern die derzeit gültige "Auslegung" des § 242 StGB wider.

---

[2] Urteile des Reichsgerichts (RG) und des Bundesgerichtshofs (BGH) werden nach den offiziellen Urteilssammlungen zu Strafsachen (RGSt, BGHSt) zitiert; gelegentlich wird auch ein Urteil aus der Urteilssammlung zu Zivilsachen (BGHZ) zitiert. Zitierweise: Sigle + Bandnummer + erste Seite des Urteilstexts + zitierte Seite; z.B.: RGSt 46, 371, 377.

[3] Vgl. auch die interessante Untersuchung von Seibert 1981, der sich am Beispiel des Diebstahls der Problematik von der entgegengesetzten Seite her, nämlich den alltagsweltlichen Auffassungen ("Normalformen") von Diebstahl und der abweichenden juristischen Entscheidungen hierzu, widmet.

[4] Praktisch wird von Richtern (jedenfalls unterer Instanzen) - wie Praktiker mitteilen - sogar kaum jemals mit den hier vorwiegend benutzten "Lehrkommentaren" (wie Schönke-Schröder und dem Leipziger Kommentar) gearbeitet, die sich auch mit den unterschiedlichen Meinungen der Rechtswissenschaft ausführlicher auseinandersetzen, sondern mit "Rechtsprechungskommentaren" (wie Dreher-Tröndle), d.h. Kurzkommentaren, welche auf gedrängtem Raum nur die wichtigsten Definitionen und v.a. Gerichtsentscheidungen zu konkreten Fällen zitieren.

4.1 Der Normtext: Wortlaut und linguistische Struktur

Zunächst soll kurz die Textstruktur des § 242 StGB nach linguistischen Kriterien bestimmt werden. Der Paragraph hat folgenden "Wortlaut":

> "**§ 242. Diebstahl.** (1) Wer eine fremde bewegliche Sache einem anderen in der Absicht wegnimmt, dieselbe sich rechtswidrig zuzueignen, wird mit Freiheitsstrafe bis zu fünf Jahren oder mit Geldstrafe bestraft.
>
> (2) Der Versuch ist strafbar."

Satzsemantisch besteht der Normtext aus fünf Prädikationen, welche folgende bekannte Bezugsrahmen ausdrücken: *Jemand nimmt jemand anderem etwas weg; Jemand hat das Recht, etwas zu tun; Jemand eignet sich etwas zu; All dies ist (rechtlich) X; Wer X tut, wird mit etwas bestraft.* Diese Prädikationen haben folgende Bezugsstellen:

PA1: "*wegnehmen (wer^{B1}, einem anderen^{B2}, eine fremde bewegliche Sache^{B3})*"
PA2: "*Absicht haben (wer^{B1}, PA^{3})*"
PA3: "*rechtswidrig zueignen (wer^{B1}, sich$^{B4=B1}$, dieselbe^{B3})*"
PA4: "*ist gleich/gilt als (PA^{1} - PA^{3}, "Diebstahl")*
PA5: "*bestrafen (Gericht/Staat^{B5}, wer^{B1} (PA^{1}-PA^{3}) begeht , mit Freiheitsstrafe bis zu fünf Jahren oder mit Geldstrafe^{B6})*"

Die fünf Prädikationen sind im Satzrahmen von § 242 I durch eine einzige Satzkonstruktion verknüpft; der wesentliche auslegungsrelevante Inhalt ist syntaktisch als Nebensatzgefüge zur Bezugsstelle *Wer* formuliert. Satzsemantisch liegt aber eine Konjunktion ("indem"-Relation) zwischen zwei eigenständigen Prädikationen PA^1 und PA^2 vor, wobei in PA^2 eine weitere Prädikation PA^3 als Bezugsstelle eingebettet ist. Der eigentliche Sprechaktgehalt (Festsetzungsdefinition) wird syntaktisch lediglich als Zusatz zum PA^5 formuliert.

Die juristische Textexplikation geht im wesentlichen entlang der im Normtext ausgedrückten Inhaltsmomente vor; d.h. es wird jeder einzelne Gesetzesterminus auf seine juristische "Bedeutung" und seine Anwendbarkeit auf konkrete Fallbeispiele geprüft. Juristisch wird die Inhaltsstruktur in zwei Hauptteile unterschieden: die "*objektiven Tatbestandsmerkmale*", d.h. die "Tathandlung" in der im Gesetzestext wörtlich ausgedrückten näheren Bestimmung (PA^1, d.h. *Wegnahme, Sache, beweglich, fremd*), und die "*subjektiven Tatbestandsmerkmale*", d.h. die als Voraussetzung der Strafbarkeit im Normtext genannten Aspekte der "Handlungsabsicht" des vermutlichen Täters (*Absicht, Zueignung, rechtswidrig*). Insoweit sind alle für die juristische Auslegung relevanten Merkmale der Strafbestimmung auch im Gesetzeswortlaut erwähnt, bis auf das "subjektive Merkmal" des "*Vorsatzes*", welches als allgemeine Bedingung für die Strafbarkeit (§ 15 im "Allgemeinen Teil" des StGB) Voraussetzung der Anwendung und Exegese jeglicher Strafbestimmung ist und von den Juristen bei der Lektüre des Gesetzestextes schon vorausgesetzt wird. Was "Vorsatz" heißt, wird im StGB (§ 15) nicht genau erläutert; hier kommt also ein Inhaltsmoment zum Zuge, welches "inferiert" werden muß, d.h. von den Juristen durch ihr Wissen von dem grundsätzlichen "Aufbau" jeglicher Straftat beigesteuert wird.

Der sprechakttheoretische Gehalt des Textes kann als Kombination einer Festsetzungsdefinition zum Begriff "*Diebstahl*" mit einer Strafandrohung für das Begehen der in der Festsetzungsdefinition bezeichneten Handlung aufgefaßt werden. Als Tatbestands*definition* gehört der Text damit zur Sprechaktklasse der *Deklarationen*; als *Drohung*, welche vor allem das in der Tatbestandsdefinition bezeichnete Handeln verhindern soll, ist der Text zugleich Beispiel eines *regulatorischen* Sprechaktes. Die Trennung beider Sprechaktbestandteile hat insofern rechtliche Konsequenzen, als die in der Tatbestandsdefinition von "Diebstahl" genannten Merkmale nur für die vom Gericht, d.h. von den juristisch gebildeten Fachleuten, zu treffende Feststellung über das tatsächliche Gegebensein der "objektiven Tatbestandsmerkmale" wichtig ist; während für die "subjektive" Seite des Tatbestandes, d.h. das "Wissen und Wollen der Tatbestandsverwirklichung", beim meist der Tatbestandsdefinition und ihrer juristischen Auslegung unkundigen Angeklagten ein vorjuristisches Wissen von der Tat und ihrer Rechtswidrigkeit ausreicht (etwa: "Man darf einem anderen nichts wegnehmen, was einem selbst nicht gehört"). Dieses alltagsweltliche Wissen wird juristisch als "Parallelwertung in der Laiensphäre" bezeichnet. Diese rechtstheoretische Figur (bzw. Fiktion) besagt aber nicht, daß es faktisch nicht auch zu erheblichen Diskrepanzen zwischen einer tatsächlichen, rechtsdogmatisch begründeten, Verurteilung eines Angeklagten "wegen Diebstahls" und dessen subjektivem Gefühl, nicht rechtswidrig gehandelt zu haben, kommen kann.[5] Von der faktischen Textfunktion her enthält der Normtext noch einen weiteren Sprechakt: Situationstypisch ist er in erster Linie eine *Direktive* für Richter, wann und unter Vorliegen welcher Bedingungen sie einen Angeklagten "wegen Diebstahl" verurteilen dürfen bzw. sollen. Insgesamt kombiniert der Text also vier Sprechakte: *Tatbestandsdefinition*, *Direktive* für Richter, *Drohung* für Bürger, und damit *Direktive* für Bürger. Als Festsetzungsdefinition konstituiert der Normtext selbst schon zwei Text- bzw. Explikationsebenen: den Terminus "Diebstahl" als zu definierender Ausdruck auf der ersten Ebene; der Normtext als Explikation bzw. Definition der rechtlichen "Bedeutung" dieses Ausdrucks als zweite Ebene.

4.2 Der Kotext: Textumgebung und direkte Textbezüge

Der Text bildet den Eingangsparagraphen eines eigenen Abschnitts des StGB "*Diebstahl und Unterschlagung*" (§§ 242 - 248c); dieser Abschnitt steht in keiner inhaltlichen Beziehung zum vorangehenden Abschnitt ("*Straftaten*

[5] Solche Fälle hat anschaulich Seibert 1981,41 ff. an Beispielen untersucht, wo die Angeklagten im Kaufhaus mit einer Ware auf der Suche nach der Kasse bzw. beim Aussuchen weiterer Waren den für sie nicht als klar abgegrenzt erkennbaren, aber vom Kaufhaus-Besitzer und vom Gericht angenommenen "Bereich" der Warenanordnung verlassen hatten und schon deshalb "wegen Diebstahls" verurteilt wurden.

gegen die persönliche Freiheit"), wohl aber zum folgenden Abschnitt "*Raub und Erpressung*" (§§ 249 - 256). Dies kann durch explizite Textmerkmale nachgewiesen werden: Während § 242 als Tatbestandsdefinition einen eigenen Typus von Straftat erläutert und festsetzt, wird auf diese Festsetzungsdefinition und damit auf den Inhalt von § 242 durch Wiederaufnahme des Ausdrucks "*Diebstahl*" in den §§ 243, 244, 247 und 248a in demselben Abschnitt, und in § 252 im folgenden Abschnitt Bezug genommen. All diese Paragraphen stellen Spezifikationen des eingangs durch § 242 definierten Handlungstyps dar. Durch Wiederholung fast des gesamten Textes von § 242 ist auch der den folgenden Abschnitt einleitende § 249 zum "*Raub*" als Spezifikation desselben Deliktstypus gekennzeichnet; die Textkohärenz besteht darin, daß der Festsetzungsdefinition aus § 242 und damit allen drei darin enthaltenen Prädikationen (PA^1 - PA^3) lediglich die Spezifikation "*mit Gewalt gegen eine Person oder unter Anwendung von Drohungen mit gegenwärtiger Gefahr für Leib oder Leben*" sowie natürlich ein anderer Strafrahmen hinzugefügt wird. Dagegen liegt in § 246 "*Unterschlagung*" nur eine partielle Rekurrenz vor, da hier nicht alle Prädikationen aus § 242 wiederaufgemommen werden, sondern lediglich eine Bezugsstelle ("*eine fremde bewegliche Sache*") und einzelne Bezugsausdrücke ("*sich rechtswidrig zueignet*"), allerdings hier in anderer prädikativer Funktion.[6] Diese direkte, d.h. durch Wiederholung von Bezugsausdrücken bzw. ganzen Prädikationen hergestellte Textkohärenz ist, wie sich noch herausstellen wird, insofern von Bedeutung, als in der Bedeutungsexplikation zu § 242 in den Kommentartexten zu bestimmten Ausdrükken Definitionen geprägt oder u.a. aus Gerichtsurteilen herangezogen werden, welche den konkreten Ausdruck (z.B. "*zueignen*") in völlig anderem Kontext (etwa § 246) bestimmen; die Richter und Kommentatoren gehen dabei anscheinend davon aus, daß innerhalb einzelner Gesetzesabschnitte ein übereinstimmender Wortgebrauch vorliegt. Insofern hat die "Kohäsion", d.h. die explizite Wiederaufnahme einzelner Textelemente (Wörter oder Phrasen) aus § 242 in anderen Paragraphen direkte Auswirkungen auch auf eine inhaltliche Kohärenz und sogar die intertextuellen Relationen: Durch die explikative Einheit, welche dadurch bewirkt wird, daß Bedeutungsfestlegungen für bestimmte Ausdrücke, die auch in § 242 vorkommen, welche aber im Kontext der anderen Paragraphen gewonnen wurden, auf die Explikation der Bedeutung dieser Ausdrücke in dessen Kontext übertragen werden, wird zugleich eine inhaltliche Beziehung nicht nur zwischen diesen Paragraphen und § 242 selbst, sondern auch zwischen den jeweiligen Explikationen und Fallentscheidungen hergestellt. Damit wird eine Relation aber nicht nur zwischen den Texten der einzelnen Explikationen (ob in Kommentaren zu den anderen Paragraphen oder in Urteilstexten zu entsprechenden Fällen) hergestellt, sondern eine intertextuelle und inhaltliche Beziehung zwischen dem ganzen "Rahmenwissen" der Auslegungen und Anwendungen der jeweiligen

[6] Die erwähnten Paragraphen sind im Anhang 3 abgedruckt.

Normtexte. Ein Jurist, der § 242 korrekt anwenden will, muß also auch explikatives Wissen über andere Paragraphen heranziehen; Juristen bezeichnen dies als die "systematische" Auslegung, da davon ausgegangen wird, daß sämtliche Rechtsnormen in einem systematischen Zusammenhang zueinander stehen.

Eine implizite Kohärenz besteht zwischen § 242 und den §§ 248b "*Unbefugter Gebrauch eines Fahrzeugs*" und 248c "*Entziehung elektrischer Energie*" die schon allein dadurch hergestellt wird, daß diese Paragraphen als Teile desselben schmalen Abschnitts zum unmittelbaren Kotext von § 242 gehören. Zwar bestehen keine expliziten Textbezüge zu § 242 (etwa durch Wiederaufnahme eines Bezugsausdrucks), doch ergibt sich der Zusammenhang sozusagen "von der Sache her", insofern sich diese Paragraphen auf Sachverhalte beziehen, die im Alltagsleben u.U. mit dem "*Diebstahl*" gleichgesetzt werden. Der enge Zusammenhang mit dem "Diebstahl" ergibt sich schon daraus, daß diese Paragraphen nachträglich eingefügt wurden, und zwar, weil ihre Tatbestände sich auf Lebenssachverhalte beziehen, die durch richterliche Festlegung (Reichsgerichtsurteile) als Fallgruppen eingestuft wurden, welche zwar Ähnlichkeiten mit einem "Diebstahl" haben, aber aus rechtlichen-begrifflichen Gründen nicht unter den Wortlaut von § 242 "subsumiert" werden konnten; dies gilt namentlich für den damals heftig umstrittenen Fall des Elektrizitätsdiebstahls. Weil nach höchstrichterlicher Rechtsprechung (RGSt 29, 111 ff.) die "*Elektrizität*" das Tatbestandsmerkmal "*Sache*" von § 242 verfehlte, war eine "Gesetzeslücke" entstanden, die eben mit dem Spezialtatbestand des § 248 c "ausgefüllt" wurde; dabei waren die Gesetzgeber terminologisch so vorsichtig, daß sie in § 248c nicht einmal von "*Diebstahl*" sprechen mochten, sondern stattdessen den Ausdruck "*Entziehung elektrischer Energie*" verwendeten. Ähnliche Ergänzungen aufgrund neuer Sachverhalte erfolgen auch heute, z.B. bei der sog. "Computerkriminalität". Eine implizite Textkohärenz von § 242 besteht auch zu anderen Paragraphen des StGB, die zwar räumlich entfernter liegen und völlig anders formuliert sind, aber vom Tatbestand her mit § 242 in bestimmten Fällen konkurrieren können, wie etwa § 263 *Betrug*. Da solche Bezüge aus der Textgestalt nicht unmittelbar zu erkennen sind, sondern durch Gerichtsentscheidungen und Kommentare im Einzelfall erst festgestellt werden müssen, werden wir diese Art von Textbezügen weiter unten bei Darlegung der explikativ gewonnenen Relationen zwischen verschiedenen Texten ("Intertextualität") näher behandeln. Implizite Textkohärenz besteht zu allen Paragraphen des "*Allgemeinen Teils*" des Strafgesetzbuches, insofern dieser den allgemeinen Rahmen festlegt, in dem alle Paragraphen des "*Besonderen Teils*" zu interpretieren und anzuwenden sind. Wichtig für den § 242 sind dabei v.a. die §§ 15 "*Vorsatz*" und 22 "*Versuch*".

4.3 Die juristische Bedeutungsexplikation (I): Objektive Tatbestandsmerkmale

Rechtsprechung und Rechtswissenschaft haben seit Verabschiedung des StGB (1871) bzw. des BGB (1900) für jeden einzelnen Begriff einer Tatbestandsformulierung und für eine in die tausende gehende Zahl von in Urteilstexten der obersten Gerichte (RG, BGH, aber auch Oberlandesgerichte) behandelten konkreten Fällen eine Fülle von Ausdifferenzierungen, Erläuterungen, Definitionen und Explikationen hervorgebracht. Das führt dazu, daß auch bei einem solchen anscheinend "einfachen" Paragraphen wie § 242 zum Diebstahl etwa ein durchschnittlicher Kommentar die zwei Halbsätze (15 Wörter) der Tatbestandsformulierung auf immerhin 21 engbedruckten Seiten mit über 80 Randnummern "erläutert"; in dieser Textfülle sind u.a. 437 Verweise auf insgesamt 343 verschiedene Urteilstexte und 501 Verweise auf andere Gesetzeskommentare und Fachliteratur enthalten. Es ist deutlich, daß eine solche "Erklärungstiefe" das sprengt, was man mit linguistischen Begriffen noch eine "Bedeutungsexplikation" im engeren Sinne nennen kann. Was hier entfaltet wird, sind nicht nur *Wort*bedeutungen, ist nicht nur ein *Sprachgebrauch*, sondern eine ganze über ein Jahrhundert andauernde *Praxis* richterlicher *Arbeit* mit diesem Normtext.[7] Letztlich enthält ein guter Kommentartext das gesamte relevante juristische Wissen zur Anwendbarkeit und deren Bedingungen des kommentierten Paragraphen; er steckt damit so etwas wie den "juristischen Wissensrahmen" darüber ab, was in rechtlichem Sinne *Diebstahl* heißen kann und unter welchen Bedingungen eine Tathandlung als solcher abgeurteilt werden kann. Kommentartexte entfalten eine so genannte "Dogmatik", d.h. sie zeigen die in Rechtswissenschaft und Urteilstexten entfalteten "herrschenden Meinungen" (hM) zur Interpretation und Anwendbarkeit jedes einzelnen Gesetzesausdrucks auf, diskutieren diese aber häufig noch zusätzlich und versehen sie mit Kommentaren. Dadurch entsteht ein komplexes Netz von Wissensbezügen, welches, da diese sämtlich eine Textgrundlage (sei es ein anderer Paragraph, ein anderes Gesetz, ein Urteilstext, ein Kommentar) haben, auch als Netz intertextueller Bezüge aufgefaßt werden kann. Selbst wenn man nur einen einzigen Kommentartext als Textgrundlage nähme, könnte man daher in einer linguistischen Arbeit nicht die sich auf mehrere Ebenen erstreckende ganze Tiefe der Explikationen und der Intertextualitäten des § 242 darstellen und analysieren. Es kommt deshalb im folgenden darauf an, die Grundzüge der Auslegung der wichtigsten Ausdrücke ("Rechtsbegriffe") des § 242 darzulegen und daran aufzuzeigen, welche explikativen Verfahren, welche explikative Tiefe und

[7] Hinweise in RG-Urteilen deuten darauf hin, daß viele der in den Kommentaren festgehaltenen Definitionen ihren Ursprung noch vor Entstehen des Deutschen Reiches und eines einheitlichen Strafrechts haben, etwa in Kommentierungen zum Preußischen Strafgesetzbuch (als Vorläufer des Reichs-StGB) oder gar schon im Preußischen Landrecht.

welche intratextuellen oder intertextuellen Bezüge die Kommentierung des Normtextes aufweist.

Da § 242 sich auf den Handlungsrahmen "*einem anderen etwas wegnehmen*" bezieht, unterscheidet die juristische Explikation drei Bestandteile des Normtextes: *Gegenstand der Wegnahme, Tathandlung, Handlungsabsicht*. Die juristische Funktion des Textes wird dann wie folgt dargelegt:

> "*Gegenstand des Diebstahls* ist eine fremde bewegliche Sache, die in eines anderen Gewahrsam steht, geschütztes *Rechtsgut* ist das Eigentum, vgl. BGHSt 10, 400; nach hM zusätzlich der Gewahrsam." (DT Rdn.1)

Diese erste Explikation erläutert also die juristische Funktion des Textes als Ganzem, welche aus seinem wesentlichen Inhalt abgeleitet wird. Mit der Formulierung *geschütztes Rechtsgut* wird zugleich eine über die von uns oben linguistisch explizierten Sprechakt- bzw. Textfunktionen hinausgehende weitere, nur aus innerfachlichem Zusammenhang erkennbare Textfunktion genannt, nämlich die Textfunktion des "Schutzes von Rechtspositionen". Aus juristischer Sicht ist also der Zielbereich des Normtextes, und damit der wesentliche "Handlungsgehalt", der Schutz eines Rechtsgutes. Mit der Einführung des explikativen Begriffs *Eigentum* (hier zur Erläuterung der rechtlichen Textfunktion) wird der Anschluß geschaffen zu einem eigenständigen juristischen Wissensrahmen (Wissensbezug auf rechtliches Wissen = WBR), dessen gesamter Inhalt damit zugleich zum Inhalt des § 242 wird. Der Begriff *Eigentum* und alle seine Verästelungen und Ausdeutungen ist daher zentral für die Auslegung des Diebstahlsparagraphen, wie auch folgende Erläuterung zeigt:

> "Diebstahl ist Eigentumsverletzung durch Wegnahme zwecks Eigentumsanmaßung. Schutzgut ist jedenfalls das Eigentum." (Sch Rdn. 1)

Die Formulierung ist eine Explikation des Begriffs *Diebstahl* in rechtlichem Sinne und somit als eine Paraphrasierung des normativen Gehalts (Textfunktion) des Normtextes aufzufassen, der ja auch selbst eine Bedeutungsfestsetzung zu diesem Rechtsbegriff darstellt. Als über den Normtext hinausgehende Paraphrasierung hat dieser Kommentar eine weitere Explikationsebene über die Ebene des eigentlichen Textinhalts hinaus eröffnet. Ich werde im folgenden Explikationen, welche sich unmittelbar auf den Wortlaut des Normtextes beziehen, als *Explikationsebene I* (EE I) bezeichnen. Explikationen zum Normtext bilden also eine zweite Textebene (TE II) der juristischen Normbedeutung im weiteren Sinne.[8] Hinsichtlich der Textbeziehungen bildet

---

[8] Eigentlich kann der Normtext selbst schon als in sich explikativ insofern aufgefaßt werden, als er eine Festsetzungsdefinition (EE I = TE II) zum Begriff "*Diebstahl*" (TE I) darstellt. Damit würde sich die Numerierung der Ebenen verschieben; ich verzichte jedoch darauf und bezeichne erst den außergesetzlichen Text als erste Explikationsebene (EE I). Ich werde im folgenden einzelne Kommentar-Elemente nur hinsichtlich der Explikationsstufe kennzeichnen. Für die Darstellung der intertextuellen Relationen und der textlichen Tiefenstaffelung wäre auch eine Darstellung der Textebenen interessant. Man kommt aber auf die jeweilige Textebene, wenn man zu der Nummer der Explikationsebene jeweils zwei hinzuzählt; EE I, d.h. die unmittelbar auf den Normtext bezogene Explikationsebene, wäre dann TE III usw.

der Kommentartext eine erste *Intertextualitäts-Ebene* (IE I) zum Normtext; das im Kommentar zitierte Gerichtsurteil wäre dann auf der IE II anzusiedeln; Urteilstexte, andere Gesetzesstellen oder Kommentartexte, die in diesem Urteil zitiert und/oder behandelt werden, bilden dann eine dritte Intertextualitäts-Ebene (IE III), jeweils ausgehend vom Normtext selbst.

Nach dieser Explikation der allgemeinen juristischen Textfunktion werden sukzessive die einzelnen Ausdrücke des § 242 erläutert. Die Bezugsstelle der in linguistischer Paraphrase als PA^1 bezeichneten Prädikation und zugleich "Gegenstand", "Objekt" der mit Strafe bedrohten "Tathandlung" ist *eine fremde bewegliche Sache* (B^3), die aus drei inhaltsqualifizierenden Ausdrücken besteht:

4.3.1 "Sache" ($B^{3.1}$)

Dieser Ausdruck wird folgendermaßen expliziert:

> "Eine Sache ist ein körperlicher Gegenstand, RG 29, 111; so auch § 90 BGB. Forderungen und sonstige Rechte kann man nicht stehlen [...]; anders die solche Rechte verkörpernden Urkunden wie Wechsel, Schuldscheine, Sparkassenbücher [...]. Der Aggregatzustand der Sache ist gleichgültig; erfaßt werden also auch Gase und Dämpfe [...], Flüssigkeiten [...], aber nicht die Elektrizität, RG 32, 335 (daher Ges. v. 9.4.1900, RGBl. 228, jetzt § 248c [...]); auch nicht computergespeicherte Informationen ("software") als solche [...]; wohl aber beim "Datendiebstahl" das Magnetband oder sonstige Datenträger [...]; ferner auch wertlose Sachen [...]. Keine Sache ist der lebende Menschenkörper [...]." (DT Rdn. 2)

Der Kommentartext stellt zunächst eine Explikation des Gesetzesausdrucks *Sache* dar (EE I). Die Explikation besteht aus zwei Elementen verschiedenen Charakters: Zum einen einer *Bedeutungsexplikation* (BE) zum Wort *Sache*, welches hier paraphrasiert wird mit *körperlicher Gegenstand*; dabei verweist der Kommentartext (= IE I) auf zwei weitere Texte (= IE II), was heißt, daß zu prüfen wäre, in welchem Text diese Explikation ihren Ursprung hatte. Zum anderen enthält der Kommentar eine Fülle von (paradigmatischen) Beispielen, auf die der Ausdruck *Sache*, belegt meist durch bisherige Gerichtsentscheidungen, entweder anwendbar oder nicht anwendbar ist. Diese Abgrenzung der tatsächlichen Lebenssachverhalte, d.h. des Referenzbereiches, auf den der Ausdruck *Sache* im Zusammenhang mit § 242 rechtlich korrekt bezogen werden kann, kann man als *Sachexplikation* (SE) bezeichnen. Diese beiden Bestandteile, BE und SE, werden regelmäßig in allen Kommentar-Explikationen wiederkehren. Natürlich stehen beide Explikationstypen linguistisch gesehen in einem engen Verhältnis zueinander, insofern die SE meist Beispiele zugleich für die Anwendbarkeit der Bedeutungsparaphrase bzw. Bedeutungsdefinition (BE) des Kommentartextes liefert.

Der Kommentar nimmt auf § 90 BGB (= IE III) in dessen "*Zweiter Abschnitt. Sachen*" Bezug, der folgenden Wortlaut hat:

> "**§ 90. [Begriff].** Sachen im Sinne des Gesetzes sind nur körperliche Gegenstände."

Durch diesen Verweis auf einen Gesetzestext bekäme die BE den Status einer *Tatbestandsdefinition* (TD). Diese Definition stammt aber aus einem Gesetz des Bürgerlichen Rechts, und damit aus einem völlig anderen Rechtsgebiet und Kontext als das auszulegende Strafgesetz. Es ist zweifelhaft, ob Bedeutungsexplikationen aus einem fremden Gesetzestext so ohne weiteres auch auf Begriffe des Strafrechts übertragbar sind; damit würde eine Kohärenz und inhaltlich-begriffliche Konsistenz der Gesamtheit aller Normtexte behauptet, die angesichts der Fülle, Verschiedenheit und Komplexität der jeweils behandelten Sachverhalte kaum möglich erscheint. Die Übertragbarkeit der TD aus § 90 BGB auf § 242 StGB wird deshalb auch in einem anderen Kommentar in Frage gestellt:

> "Der strafrechtliche Sachbegriff wird in der Regel dem zivilrechtlichen (§ 90 BGB) entsprechen; notwendig ist das aber nicht. [...] Maßgebend ist aber nach wie vor, daß Wortbegriffe im Strafrecht so aufzufassen sind, wie sie dem gewöhnlichen Leben am nächsten stehen." (LK Rdn. 8 vor § 242)

Der Kommentartext gibt hier also eine meta-explikative Anweisung darüber, wie Ausdrücke des Strafrechts generell zu explizieren sind, nämlich nicht notwendig durch Bezug auf TD anderer Rechtsgebiete, also nicht allein durch Bezug auf *juristische Wissensrahmen* (WBR), sondern durch Bezug auf *Wissensrahmen des* "gewöhnlichen Lebens" (des *Alltagswissens*, WBA), welche, da es sich um Wortbedeutungen handelt, meist sprachliches Wissen zur Alltagssprache, d.h. den "allgemeinen Sprachgebrauch" (SG), betreffen.

In der BE zu *Sache* im zuerst zitierten Kommentar (DT) war der Verweis auf § 90 BGB mit einem distanzierenden "*so auch*" eingeführt worden, an erster Stelle aber ein Urteil des Reichsgerichts zitiert worden. Anscheinend soll diesem, aus den genannten Gründen der Eigenständigkeit des strafrechtlichen Sprachgebrauchs, der Vorrang vor der TD aus dem BGB gegeben werden. In diesem Urteilstext (= IE II) heißt es:

> "Die Vorinstanz geht zutreffend davon aus, daß als eine 'Sache' im Sinne des § 242 St.G.B.'s nur ein Stück der raumerfüllenden Materie gelten könne, also Körperlichkeit des Gegenstandes wesentliches Begriffsmerkmal sei. Diese Annahme findet ihre Begründung nicht in Sätzen des bürgerlichen Rechtes [...], sondern der *strafrechtliche* Begriff der beweglichen Sache ist ein einheitlicher, selbständiger, öffentlichrechtlicher und hat nach dem natürlichen Wortsinne und Sprachgebrauche des Reichsstrafgesetzbuches, Entsch. d. R.G.'s in Strafs. Bd. 24 S. 50, *Körperlichkeit* des Gegenstandes zur Voraussetzung." (RGSt 29, 111 ff., 112 f.)

Da dieses Urteil im Jahr 1898 verfaßt wurde, das BGB aber erst im Jahr 1900 verabschiedet wurde (diese zeitliche Reihenfolge wird im Kommentar auch durch die Reihenfolge der Zitierung ausgedrückt), ist deutlich, daß die BE zu *Sache* in § 242 StGB nicht aus dem BGB übernommen sein kann. Zugleich ist ersichtlich, daß die meta-explikative Bestimmung des Kommentares über die alltagssprach-nahe Explikation strafrechtlicher Ausdrücke selbst aus einem weiteren Text, dem zitierten Gerichtsurteil (IE II), stammt, und somit ein Zitat einer gerichtlich geforderten Maxime darstellt. Der Wert und die Folgen dieser Maxime bleiben jedoch unklar: Die Formulierung "*nach dem natürlichen Wortsinne und Sprachgebrauche des Reichsstrafgesetzbuches*" läßt offen, ob hier behauptet wird, daß der Sprachgebrauch des StGB der Alltagssprache entspricht, was ein hoher, und, wie sich zeigen wird, unerfüllter Anspruch wäre; es kann nur vermutet werden, daß gerichtliche Entscheidungen sich immer wieder an der Alltagssprache messen lassen müssen, auch wenn juristische Explikationen und Fallentscheidungen ständig dazu tendieren, von Auffassungen des Alltagslebens abzuweichen. Es handelt sich also um ein stetes Spannungsverhältnis, welches durch diese explikative Maxime in der Schwebe gehalten werden soll, damit sich nicht die Rechtsprechung (wie in früheren Jahrhunderten) durch Exegese völlig vom "gesunden Menschenverstand" bzw. "natürlichen Rechtsempfinden" entfernt, was ihr freilich für viele Rechtsfragen neuerdings wieder vorgeworfen wird.

Da das Gerichtsurteil das explikative Merkmal *Körperlichkeit* für *Sache* definitiv festsetzt, handelt es sich bei dieser in den Kommentaren angeführten BE um eine *gerichtliche Definition* der Wortbedeutung (GD). Das ist insofern bedeutsam, als für die juristische Praxis der institutionelle Status einzelner Explikationen bedeutsam sein kann; Bedeutungserläuterungen und Fallbeispiele aus Urteilen oberster Gerichte haben eine höhere juristische "Dignität", als Explikationen, die lediglich dogmatisch, d.h. in den rechtswissenschaftlichen Kommentaren und Literaturen, festgelegt wurden. Da das RG sich bei seiner GD von *Sache* selbst auf einen Urteilstext bezieht, liegt hier offenbar selbst wieder eine intertextuelle Übernahme (= IE III) von einer vorherigen Entscheidung vor. Explikative Ausdrücke zu *Sache* sind hier *Gegenstand*, *körperlich*, *Materie* und *raumerfüllend*. Der in den Kommentaren allein benutzte explikative Ausdruck *körperlicher Gegenstand* (EE II) wird auf zweierlei Weise erläutert: Zum einen durch pauschalen Verweis auf den "natürlichen Wortsinn"; man wird hierin eine formale Explikation (EE III) insofern zu sehen haben, als nach dem jeweils sich wandelnden Sprachverständnis der Alltagssprache offen gelassen wird, auf welche Gegenstände des täglichen Lebens sich die explizierenden Ausdrücke beziehen. Zum anderen durch Nennung paradigmatischer Bezugsgegenstände, welchen in bisherigen Entscheidungen schon rechtsgültig das Prädikat *Sache* oder *körperlicher Gegenstand* zugesprochen wurde (SE). Daß sich beides nicht entsprechen muß, ist dort deutlich, wo mit der Feststellung "*der Aggregatzustand der Sache ist gleichgültig*" auch Gase, Dämpfe und Flüssigkeiten als mögliche Referenzobjekte des Begriffs *Sache* aus § 242 StGB festgelegt werden, was sicherlich der alltagssprachlichen Verwendung des Explikationsausdrucks *körperlicher Gegenstand* widerspricht. Man wird also in der Zulassung von Gasen und Dämpfen als Bezugsobjekten von *Sache* eine durch *faktische Subsumtion* (SUF) dieser Gegenstände unter § 242 bewirkte *Sachdefinition* (SD) dieses Ausdrucks sehen müssen; wahrscheinlich ist die faktische Zuordnung zuerst erfolgt, und die explikative Formulierung vom *gleichgültigen Aggregatzustand* erst nachträglich, quasi als Explikation des verallgemeinerbaren Inhalts der Subsumtionsentscheidung, hinzugefügt worden. Allerdings ermöglicht das Merkmal *körperlich*, neu auftretende Sachlagen dem Stand der juristischen

Explikation von § 242 jederzeit anzupassen: so wird beim "Datendiebstahl" juristisch gesehen nicht das den Bestohlenen und den Dieb gleichermaßen eigentlich Interessierende, nämlich die "*Daten*" zum Gegenstand des "*Diebstahls*", sondern nur der "*materielle*", "*körperliche*" Träger dieser Daten, d.h. die Diskette oder das Magnetband; dies entspricht den Entscheidungen etwa über Sparkassenbücher.

Es könnte soweit den Anschein haben, als seien Zuordnungen von Bezugsgegenständen zum Normtext (hier zu *Sache*) stets durch explikative Formulierungen in Gerichtsurteilen begründet, d.h. Resultat einer sprachlichen Erläuterung. Das ist jedoch nicht unbedingt immer so, wie das zitierte Urteil, welches als "Elektrizitätsurteil" berühmt geworden ist, zeigt. Dem Normalbürger, der seinen Strom ebenso aus der Stromleitung bezieht, wie er das Gas für seine Heizung aus dem Gasrohr bezieht, wird es nicht unbedingt einleuchten, warum die unbefugte Entnahme von Gas *Diebstahl* ist, diejenige von Elektrizität aber nicht. Das Urteil entfaltet auf mehreren Seiten den Stand der damaligen naturwissenschaftlichen Erkenntnisse zur "Elektrizität", verweist aber auch häufig ohne Zitate auf wissenschaftliche Gutachten (IE IV), welche von der Vorinstanz (IE III) eingeholt wurden und kommt schließlich zu dem Schluß:

> "Demnach nimmt das Instanzgericht an, daß die Elektrizität nicht eine Sache sei, sondern ein *Zustand*." (RGSt 29, 112)

Dieser Stellungnahme eines anderen Gerichtes (IE III) schließt sich das RG lediglich an; die gerichtliche Definition, welche zum Ausschluß der "Elektrizität" aus dem Referenzbereich von *Sache* im § 242 führt, ist also von ihrer Sprechaktfunktion als "Übernahme" bzw. "Bestätigung" einer von anderen aufgestellten Behauptung zu werten. Vermutlich ist das vorinstanzliche Urteil inhaltlich selbst wiederum eine Übernahme von Behauptungen aus den wissenschaftlichen Gutachten, bezieht sich also auf *wissenschaftliche Wissensrahmen* (WBW), so daß die durch die Entscheidung des Reichsgerichts rechtskräftig werdende *Sachexplikation* (SE) zur *Bedeutungsexplikation* (BE) von *Sache* wohl textlich letztendlich aus einem herangezogenen Text vierter intertextueller Stufe stammt. Dies erhellt, in welchen komplexen textlichen und wissensmäßigen Verflechtungen Bedeutungsexplikationen von Gesetzesausdrücken häufig stehen. Sprachlich gesehen vollzieht die Explikation folgendes Muster: Einem konkreten Bezugsobjekt (Elektrizität als Objekt einer angeklagten Tat) wird aufgrund wissenschaftlicher Definitionen (und nicht der Alltagssprache!) der Ausdruck *Zustand* zugesprochen; da dieser Ausdruck nach Auffassung des Gerichts in einer ausschließenden semantischen Beziehung zum Gesetzesausdruck *Sache* steht, fällt das Bezugsobjekt aus der Klasse der Gegenstände, auf die *Sache* i.S.v. § 242 angewendet werden kann, heraus. Man hat also, um der "Reinheit" des juristischen Sprachgebrauchs willen, darauf verzichtet, "Elektrizität" als Objekt des Diebstahls zuzulassen (wie es vom Alltagsverständnis wohl ohne weiteres akzeptiert worden wäre), und stattdessen einen eigenen Paragraphen (§ 248c) nachträglich in das

StGB eingeführt. Das hängt natürlich auch damit zusammen, daß "Elektrizität" zwar ohne Probleme dem Gesetzesterminus *Diebstahl* zugeordnet werden kann, nicht aber der Tatbestandsdefinition *fremde bewegliche Sache*; dies zeigt eine der Schwierigkeiten von Gesetzesformulierungen auf, Begriffe des seit Jahrhunderten überlieferten "natürlichen Rechtsbewußtseins" positivrechtlich so in sprachliche Formulierungen zu fassen, daß möglichst nichts, was unter einen Tatbestand fallen soll, durch die Formulierung daraus ausgeschlossen wird. Vorteile der Eindeutigkeit einer Gesetzesformulierung bei bestimmten Sachverhalten können sich unvorhergesehenermaßen als Nachteile bei anderen Sachverhalten herausstellen.

Das quasi mustergültige Vorgehen dieses Urteils könnte zu der Annahme verleiten, daß alle Entscheidungen zu Subsumtionsfragen ähnlich explikativ begründet sind. Dies ist nicht so, wie ein Blick auf ein Urteil zeigt, welches in den Kommentaren als Beleg dafür herangezogen wird, daß *Sache* i.S.v. § 242 auch Flüssigkeiten sein können:

> "Wenngleich freifließendes Wasser in der Regel als res communis omnium gilt, so kann es doch durch Schöpfen, Herausheben, Ableiten etc. ein Gegenstand der Okkupation sein. Man wird also davon auszugehen haben, daß das in den Reservoirs und Röhren der städtischen Wasserleitung befindliche Wasser Eigentum der Stadtgemeinde war [...]. Das Wasserleitungswasser bleibt danach regelrecht solange im Gewahrsame der Stadtgemeinde, bis es aus den zum Einzelverbrauche bestimmten Vorkehrungen in den Gewahrsam derjenigen gelangt, welchen die Stadtgemeinde ein Recht, Wasser aus der Leitungsröhre zu entnehmen, zugestanden hat." (RGSt 14, 121 ff., 123)

Dieser Urteilstext (IE II) ist hinsichtlich des Zwecks, zu dem er zitiert wird (BE von *Sache* durch SE) zirkulär: Hier werden nicht semantische Merkmale von *Sache* entfaltet, um dann zu erklären, warum und mit welchen Sachmerkmalen ein konkreter Gegenstand diesem Ausdruck als Referenzgegenstand zugeordnet werden kann, um schließlich anhand einer Explikation der Sachmerkmale von *Wasser* zu entscheiden, ob dieses unter die Bedeutungsmerkmale von *Sache* fällt. Sondern es wird hier lediglich festgestellt, daß Wasser ein *Gegenstand der Okkupation* sein kann. Hier wird also Bezug genommen auf den Begriff *Eigentum* des BGB (IE III), also einen komplexen *rechtlichen Wissensrahmen* (WBR), und die Subsumtionsentscheidung dadurch begründet, daß Wasser als Objekt des *Gewahrsams* (dies ist selbst ein Explikationsbegriff zum Ausdruck *wegnehmen* des § 242) und der zivilrechtlichen Figur des Besitzübergangs (*"ein Recht ... zugestanden"*) eingestuft werden kann. Aus dieser rechtlichen Begründung, die eigentlich auf dem Begriff *Eigentum* fußt, wird abgeleitet, wieso Wasser Gegenstand des *Diebstahls* nach § 242 sein kann. Es handelt sich hier also um eine Entscheidung über zulässige Referenzobjekte für § 242, die auf *rechtlichen* Begründungen, nicht auf Bedeutungsexplikationen (von *Sache*) oder Sachexplikationen (von *Wasser*) fußt; ich nenne diese Form der Explikation *"Subsumtion aufgrund rechtlicher Begriffe bzw. Wissensrahmen"* (SUR). Eine vergleichbare Begründung hätte sich sicherlich auch für "Elektrizität" finden lassen. Der Urteilstext wird in den Kommentaren also zu Unrecht als Begründung für die Explikation des

Gesetzesausdrucks *Sache* herangezogen; zwar ist Wasser hiermit vom RG unzweifelhaft als Diebstahlsobjekt i.S.v. § 242 zugelassen worden, doch nicht aufgrund explikativer Bemühungen zum Gesetzesterminus. Diese Begründungsfigur findet sich sehr häufig; faktische Subsumtionen oder rechtlich (oft, wie hier, aus anderen Rechtsgebieten) begründete Subsumtionen von Lebenssachverhalten unter § 242 werden in Kommentaren zu einzelnen Gesetzesausdrücken angeführt, als handele es sich um Bedeutungsexplikationen. Es zeigt sich hier aber, daß gerade im rechtlichen Zusammenhang der Charakter von Gesetzeskommentierungen und Gerichtsentscheidungen als sprachliche Bedeutungsexplikationen eher zurücktritt hinter die Frage, ob konkrete Lebenssachverhalte einem bestimmten Gesetzestext zugeordnet werden können oder nicht; insofern die einzelnen Fälle als paradigmatische Anwendungsfälle des ganzen Normtextes anerkannt werden, zeigt sich, daß die "Referenz" wesentlicher Bestandteil der Satzbedeutungen ist. Irreführend ist es, wenn die Referenz, welche, wie an diesem Urteilstext ersichtlich, stets eine Eigenschaft ganzer Sätze ist, in den Kommentaren als Eigenschaft einzelner Ausdrücke behandelt wird.[9] Daß dies nicht durchzuhalten ist, zeigt die Verquickung mehrerer Ebenen in diesem Urteil, in dem die Subsumtion nicht Resultat der Explikation eines einzelnen Ausdruckes, sondern einer Entscheidung mit Bezug auf den ganzen Text des § 242 ist.

4.3.2 "beweglich" ($B^{3.2}$)

Dieser relativ problemlose Gesetzesterminus wird so erläutert:

> "*Beweglich* sind alle Sachen, die tatsächlich fortbewegt werden können, also ohne Rücksicht auf die zivilrechtliche Einordnung als beweglich oder unbeweglich. [...] Umgekehrt werden Bestandteile einer unbeweglichen Sache i.S.v. § 94 BGB (wie der auf dem Grundstück stehende Baum) durch die mit der Wegnahme verbundene Abtrennung beweglich i.S.v. § 242 [...]: so z.B. gestochener Torf (RG 21, 30), abgemähtes Getreide (RGH 23, 74) oder abgeweidetes Gras." (Sch Rdn. 11)

Ein anderer Kommentar fügt hinzu:

> "Maßgebend ist insoweit die natürliche Betrachtungsweise, nicht die privatrechtliche." (LK Rdn. 11 vor § 242)

Es handelt sich hier also, abgesehen von der üblichen Sachexplikation durch Nennung von paradigmatischen Beispielen für Bezugsobjekte des zu explizierenden Ausdrucks, um eine Explikation, welche in abgrenzender Weise auf rechtliche Wissensrahmen Bezug nimmt. Der Sprachgebrauch des § 242 wird hier abgegrenzt gegenüber dem Sprachgebrauch des BGB (IE II); solche Abgrenzungen scheinen notwendig zu sein, da aufgrund der Tatsache, daß "Schutzgut" des § 242 das "Eigentum" ist, doch immer wieder privatrechtliche Bestimmungen in die Explikation dieses strafrechtlichen Normtextes hineinspielen. Da durch den Kommentartext der zu erläuternde Paragraph mittel-

[9] Wie dies auch in manchen juristischen Auslegungstheorien behauptet wird, so z.B. Koch 1982 u.ö., vgl. dazu Busse 1992, Kap. 4.1.

bar in Bezug zu Paragraphen des BGB gesetzt wird (hier: zu Abgrenzungszwecken), stellt der Kommentar so etwas wie eine indirekte *intertextuelle Beziehung zwischen beiden Gesetzestexten* her (im folgenden: ITG). Zum "Wissensrahmen" von § 242 gehören damit nicht nur positive Bestimmungen, sondern auch negative (Abgrenzungen); das ist ein Aspekt dessen, was die Juristen "systematische Auslegung" nennen.

4.3.3 "fremd" ($B^{3.3}$)

Im Gegensatz zur Abgrenzung beim Ausdruck *beweglich* führt die Explikation des Ausdrucks *fremd* (aus *fremde Sache*) zu einer Einbeziehung zivilrechtlicher Bestimmungen und damit sowohl zu einer intertextuellen Beziehung zu den entsprechenden Paragraphen des BGB als auch zu allen damit zusammenhängenden rechtlichen Wissensrahmen. Das liegt daran, daß das oben bezeichnete "Schutzgut Eigentum" von § 242 in diesem kleinen Wort ausgedrückt wird:

> "*Fremd* ist eine Sache, wenn sie (zumindest auch) im *Eigentum* eines *Dritten* steht, also weder Alleineigentum des Täters, noch herrenlos, noch eigentumsunfähig ist. In wessen Eigentum die Sache steht, ist nach bürgerlichem Recht zu beurteilen, da es [...] bei § 242 keinen besonderen strafrechtlichen Eigentumsbegriff gibt." (Sch Rdn. 12)

Der zu explizierende Gesetzesausdruck wird durch die Formulierung *im Eigentum eines Dritten* (EE II) erläutert, die selbst wieder einen explikationsbedürftigen komplexen Rechtsbegriff und damit einen Verweis auf die damit zusammenhängenden rechtlichen Wissensrahmen (WBR) enthält. Diese Explikation wird selbst wieder u.a. erläutert durch *nicht im Alleineigentum des Täters* (EE III). Der Bezug auf rechtliche Wissensrahmen zu Eigentumsverhältnissen kommt in diesem Fall zu Ergebnissen, die nicht mehr ohne weiteres den Einschätzungen des Alltagswissens entsprechen dürften. Damit wird die in Gerichtsurteilen oft behauptete meta-explikative Maxime, daß strafrechtliche Begriffe so auszulegen seien, "*wie sie dem natürlichen Leben am nächsten stehen*", durch die juristische Praxis (Kommentare und Urteile) selbst verletzt, wie folgendes Beispiel zeigt:

> "*Ausgeschlossen* als Diebstahlsobjekt sind somit Sachen, die im *ausschließlichen Eigentum des Täters stehen*. [...] Die im *Miteigentum* stehende Sache ist auch für den Miteigentümer eine fremde: Sie kann Diebstahlsobjekt sein, wenn der Täter nicht über seinen Anteil verfügen darf; jedoch wird bei vertretbaren Sachen regelmäßig die Rechtswidrigkeit der Zueignung, zumindest aber das Bewußtsein hierüber, beim Täter fehlen, soweit er sich mengenmäßig im Rahmen seines Anteils hält." (Sch Rdn. 13)

Zu welchen Ergebnissen das führen kann, zeigt folgende Bemerkung:

> "Auch der einzige Gesellschafter einer Einmann-GmbH kann an deren Sachen Diebstahl begehen, RG 71, 355, da sie ihm rechtlich (wenn auch nicht wirtschaftlich) fremd sind." (DT Rdn. 5)

Die Explikation des Ausdrucks *fremd* ist also nur verständlich durch den letztlich intertextuellen Verweis auf das gesamte Eigentumsrecht des BGB, d.h. sie beruht auf dessen Tatbestandsdefinitionen und deklarativen Festsetzungsakten und allen wiederum damit zusammenhängenden rechtlichen Fragen, z.B. dortige Kommentare, Explikationen und Fallentscheidungen. Zivilrechtliche Bestimmungen, also die deklarative Festsetzungen dessen, was rechtlich gesehen als *Eigentum* zu betrachten ist, strahlen damit auf strafrechtliche Bestimmungen aus, bei denen immerhin noch der "Verbotsirrtum", d.h. das Wissen der Bürger, was erlaubt und was verboten ist, eine gewisse Rolle spielt.

Dies wird in obigem Kommentartext dadurch anerkannt, daß für solche Fälle das Fehlen der "*Rechtswidrigkeit der Zueignung*" zugestanden wird, ohne daß freilich klar ist, ob die Gerichte sich im Einzelfall auch daran halten. (Es kommt hier also wesentlich auf den institutionellen Status der Kommentarbemerkung an. Solche Anmerkungen drücken häufig nur den rechtswissenschaftlichen oder rechtspolitischen Wunsch der Kommentatoren aus, dessen reale Erfüllung häufig fraglich ist.) Linguistisch bzw. von der Explikationsstruktur her gesehen kann diese Bemerkung des Kommentars als die Herstellung einer inhaltlichen Beziehung, also von Textkohärenz, innerhalb des explizierten Normtextes aufgefaßt werden. Die Explikation von *fremd* aus der ersten Prädikation (PA^1) von § 242, hier: die explikative Erwähnung von aus rechtlichen Gründen subsumierbaren Sachverhalten (SUR), wird in Beziehung gesetzt zu einem anderen Textbestandteil, nämlich der eingebetteten Prädikation $PA^2 + PA^3$ ("*in der Absicht, sich dieselbe rechtswidrig zuzueignen*"), d.h. rechtlich gesehen: den "subjektiven" Tatbestandsmerkmalen. D.h. es werden faktisch die rechtlichen Folgen der durch die Explikation von *fremd* im Sinne des Eigentumsbegriffs des BGB eröffneten Möglichkeiten der Fallentscheidung wieder eingeschränkt durch Hinweis auf das zusätzlich notwendige tatsächliche Gegebensein von Elementen, die in einem anderen Textabschnitt bezeichnet werden. Man kann dieses Vorgehen als eine durch den Kommentartext hergestellte, *explikative Textkohärenz* (TKE) innerhalb des § 242 bzw. seines durch Explikation gewonnenen "Inhalts"-Gefüges kennzeichnen.

Während die Explikation von *nicht im Alleineigentum des Täters* nur pauschal auf das gesamte Eigentumsrecht des BGB verweist, wird zur Explikation (EE III) des Explikandums *nicht herrenlos* auf direkte Zitierung von Paragraphen des BGB zurückgegriffen:

> "Besitzaufgabe mit Eigentumsverzicht macht eine Sache herrenlos (§ 959 BGB). [...] Mit der *Okkupation* durch einen Dritten erhält aber auch die herrenlose Sache wieder einen Eigentümer, § 958 I BGB." (DT Rdn. 8)

Die zitierten Paragraphen lauten:

> "**§ 959. [Aufgabe des Eigentums]** Eine bewegliche Sache wird herrenlos, wenn der Eigentümer in der Absicht, auf das Eigentum zu verzichten, den Besitz der Sache aufgibt."
>
> "**§ 958.** (1) Wer eine herrenlose bewegliche Sache in Eigenbesitz nimmt, erwirbt das Eigentum an der Sache."

Hier wird also direkt auf Festsetzungsdefinitionen (TD) des Gesetzgebers verwiesen.

Die Gesetzeskommentatoren versuchen stets, die sukzessive Explizierung Wort für Wort jedes einzelnen Gesetzesausdrucks durchzuhalten. Linguistisch gesehen ist aber eine Bezugsstelle aus einem Prädikationsrahmen wie *fremde bewegliche Sache* nicht ohne weiteres in ihre einzelnen Bestandteile aufzulösen, da die aktuelle Bedeutung eines einzelnen Wortes aus einem solchen komplexen Ausdruck stets nur Ergebnis einer durch den Kotext des Bezugsausdrucks (etwa *fremd*) bewirkten Disambiguierung ist. Dieser Umstand kommt indirekt auch in manchen Definitionsbemühungen der Kommentare zum Ausdruck, wie z.B. folgender Explikation:

> "Fremd kann nur sein, was *verkehrsfähig* ist. Deswegen scheiden von vorneherein die Dinge aus, denen bereits die Sacheigenschaft abzusprechen ist. Bei frei fließendem Wasser wird die Eigentumsfähigkeit ebenfalls zu verneinen sein, selbst wenn der Grund und Boden im fremden Eigentum steht (bestr., vgl. BGHZ 28, 34, 37 f.)." (LK Rdn. 17 vor § 242)

Hier werden also bestimmte Gegenstände/Sachverhalte als Referenzobjekte des Syntagmas *fremde bewegliche Sache* ausgeschlossen, ohne daß noch im einzelnen schlüssig begründet würde, ob dieser Ausschluß auf den semantischen Eigenschaften von *fremd*, *beweglich* oder *Sache* beruht. Auch die Zuordnung von Flüssigkeiten zur Menge der möglichen Objekte von Referenzakten unter Benutzung der Wörter *Sache* und *fremd* erfolgte (wie wir auch schon bei dem oben zitierten Urteil RGSt 14, 121 ff. gesehen haben) nicht aufgrund einer exhaustiven Explikation der semantischen Merkmale des Ausdrucks *Sache* und ihres Vergleichs bzw. ihrer Anwendung auf *Wasser*, sondern durch sekundäre Argumentation über den juristischen Bezugsrahmen *Eigentum*. Dieser Bezugsrahmen wird nun, in dem hier zitierten Kommentar, als substantiviertes Adjektiv *Eigentumsfähigkeit* selbst zu einem möglichen "Merkmal" von Gegenständen, das deren "Referenzfähigkeit" für das Syntagma *fremde Sache* festlegt. Der Ausdruck *verkehrsfähig*, der den semantischen Verwendungsrahmen von *fremd* abstecken soll, ist nur scheinbar explikativ. Was *verkehrsfähig* hier besagen soll, ist nur durch den erst im übernächsten Satz gebrauchten Ausdruck *Eigentumsfähigkeit* verständlich, da der dazwischen geschobene Satz über die *Sacheigenschaft* selbst ebenfalls nur, wie an dem zitierten Urteil gezeigt werden konnte, über den juristischen Wissensrahmen *Eigentum* seine Abgrenzungsfunktion bekam.[10]

---

[10] Wie später noch gezeigt werden soll, ist dieses Verfahren nicht so unsinnig, wie es in linguistischen Augen zunächst aussieht; mit der sekundären (und, in explikativem Sinne, letztlich zirkulären) Erklärung der "Subsumtionsfähigkeit" einzelner Gegenstände/Sachverhalte durch Bezug auf rechtliche statt allgemein-semantische bzw. sachbezogene Wissensrahmen bei problematischen Bezugsausdrücken soll vermieden werden, durch kasuistische "Definition" zu unsinnigen und in der Alltagssprache nicht mehr verständlichen "Bedeutungsexplikationen" von Normtext-Ausdrücken zu kommen; das gewünschte rechtliche Ergebnis wird freilich, wenn auch über argumentative Umwege, dennoch erzielt.

4.3.4 "einem anderen ... wegnimmt" (PA^1)

Die explikative juristische Argumentation bezieht sich hier allein auf den Ausdruck *Wegnahme*. Die Bezugsstelle (B^2) *einem anderen* wird in den Kommentaren nicht gesondert behandelt, indirekt ist sie in der Explikation von *fremd* und *Wegnahme* enthalten. Da der Ausdruck *Wegnahme* als Prädikatsausdruck die Tathandlung bezeichnet, stellt seine Definition den eigentlichen Kern der juristischen Explikation von § 242 dar. Dies wird auch daran deutlich, daß hier sofort zusätzliche explikative Ebenen eingeschoben werden:

> "Die *Tathandlung* besteht in der *Wegnahme* der Sache: durch Bruch fremden und Begründung neuen (i.d.R. eigenen) Gewahrsams. Aufgrund der dafür erforderlichen *Gewahrsamsverschiebung* vom Opfer zum Täter kommt diesem Begriff vorrangige Bedeutung zu." (Sch Rdn. 22)

Der im Normtext verwendete Ausdruck *wegnehmen* wird durch eine in allen Kommentaren formelhaft wiederkehrende Definition/Paraphrase *Bruch fremden und Begründung neuen Gewahrsams* (EE II) ersetzt. Alle weiteren Explikationen (EE III u.f.) beziehen sich dann stets nur auf die Ausdrücke dieser Explikation, nicht aber unmittelbar auf den Gesetzesterminus selbst. An dieser Stelle fällt auf, daß die Definitions-Formel für *Wegnahme* in keinem der herangezogenen Kommentartexte durch einen Urteilsspruch belegt wird. Auch zitierte Urteilstexte sind stets so formuliert, daß nur der Begriff *Gewahrsam* expliziert wird, meist jedoch schon als selbstverständlich und bekannt vorausgesetzt wird. Möglicherweise kann daraus geschlossen werden, daß es sich bei dieser Explikation um eine schon lange bestehende, aus den Zeiten vor Entstehung der Reichsgesetze tradierte rechtswissenschaftliche Definition handelt, die im juristischen Wissenssystem so fest verankert ist, daß sie nicht mehr eigens begründet werden muß.[11] Da sich in den herangezogenen Kommentartexten und auch in den dort zitierten Urteilstexten nirgends ein Beleg für eine gerichtliche Ursprungs-Definition (GD) dieser Explikation fand, bezeichne ich diese Form der Erläuterung eines Gesetzesterminus als "*Kommentar-Definition*" (KD).

a. "Gewahrsam" ($PA^{1.1}$)

Die explikativen Bemühungen der Kommentartexte richten sich in der Folge nur noch auf die Aspekte des explikativen Ausdrucks *Gewahrsam*, sind also als (explikativ, rechtswissenschaftlich) vermittelte, d.h. im Verhältnis zum Normtext *mittelbare Explikationen* anzusehen:

> "*Gewahrsam* ist die von einem Herrschaftswillen getragene tatsächliche Sachherrschaft, deren Ausübung keine Hindernisse entgegenstehen [...]. Dies ist nach den Erfahrungssät-

---

[11] Man kann an dieser Stelle von einer ausgeprägten Fachsprachlichkeit sprechen, die so stabil in der Fachsprache verankert ist, daß sie keiner Einführung oder Begründung mehr bedarf. Vgl. aber den etwas ausführlicheren LK Rdn. 1, wo versucht wird, wenigstens den Einführungsakt dieses Terminus verbal zu explizieren.

zen des täglichen Lebens zu beurteilen, BGH 16, 271 [...]; nicht nach dem BGB, das auch Besitz ohne tatsächliche Herrschaft kennt." (DT Rdn. 9; es folgen viele Fallbeispiele mit entsprechenden Urteilsstellen)

Der explikative Terminus *Gewahrsam* (EE II) wird durch den Ausdruck *tatsächliche Sachherrschaft* (EE III) erläutert; diese Paraphrase wird wiederum durch die zusätzlichen, auf sie bezogenen Bedingungen *von einem Herrschaftswillen getragen* und *deren Ausübung keine Hindernisse entgegenstehen* (jeweils EE IV) ergänzt. Zugleich wird eine meta-explikative Interpretationsanweisung für die gesamte explikative Paraphrase von *Gewahrsam* gegeben: Referenzakte ("Subsumtionen") für diesen komplexen Ausdruck sollen unter Rückgriff auf alltagsweltliche Wissensrahmen (WBA) und Beurteilungsmaßstäbe (*nach den Erfahrungssätzen des täglichen Lebens*) erfolgen, nicht unter Bezug auf rechtliche Wissensrahmen wie *Besitz* (= Intertextualitätsrelation - IE II - zum BGB). Der explikative Ausdruck *tatsächliche Sachherrschaft*, bzw. seine in anderen Kommentartexten (Sch Rdn. 23) verwendete Doublette *tatsächliches Herrschaftsverhältnis* stellt, ebenso wie seine zusätzliche explikative Charakterisierung *deren Ausübung keine Hindernisse entgegenstehen* und die Abgrenzung gegenüber dem BGB, eine indirekte, d.h. im Kommentartext nicht nachgewiesene Übernahme aus einem Urteilstext dar:

"Es ist zwar unbestritten, daß der Gewahrsam als tatsächliches Herrschaftsverhältnis, für das die Bestimmungen der §§ 855 flg. BGB nicht maßgebend sind (RGSt. Bd. 37 S. 198 [...]), nicht durch jede räumliche Entfernung des Herrn von der Sache oder der Sache von dem Herrn aufgehoben wird, wie auch, daß er durch Gehilfen ausgeübt werden kann, die nur für den Herrn und auf seine Anweisung über die Sache verfügen, nicht aber selbst Herrschaftswillen haben. Vorausgesetzt ist aber doch, daß der Verwirklichung des Herrschaftswillens des Herrn keine Hindernisse entgegenstehen." (RGSt 60, 271 f.)

Damit ist nachgewiesen, daß häufig auch solche Textelemente aus Gesetzeskommentaren, welche nicht durch Angabe von Fundstellen belegt sind, indirekt eine *Intertextualitätsrelation* (IE II) konstituieren, da sie aus anderen Texten (meist Urteilstexten) z.T. wortgleich übernommen sind. Gleichwohl müssen solche Explikationen nicht notwendig in den Bezugstexten ursprünglich geprägt worden sein, sondern können, wie etwa die im zitierten Urteil angegebenen Verweise auf weitere Urteilstexte (IE III) nahelegen, möglicherweise auch in noch früheren Urteilstexten entstanden sein.

In der Explikation des an die Stelle des Gesetzesausdrucks *wegnehmen* tretenden explikativen Terminus *Gewahrsam* spielt der Verweis auf die "*Erfahrungssätze*" (s.o.) bzw. die "*natürliche Auffassung des täglichen Lebens*" (Sch Rdn. 23) eine zentrale Rolle. Ohne nähere Prüfung haben wir diese Erläuterung als metaexplikativen Verweis auf die außerrechtlichen Wissensrahmen des Alltagslebens (WBA) gewertet. Dieser Verweis hat seinen Ursprung in folgendem zentralen Urteilstext zum *Gewahrsam*:[12]

"Gewahrsam ist zwar tatsächliche Sachherrschaft. Ob sie vorliegt, hängt aber nicht in erster Linie, jedenfalls nicht allein von der körperlichen Nähe zur Sache und nicht von der physischen Kraft ab, mit der die Beziehung zur Sache aufrechterhalten wird oder auf-

[12] Der gesamte Urteilstext wird unten im Anhang 5 dokumentiert.

rechterhalten werden kann. Vielmehr kommt es für die Frage der Sachherrschaft entscheidend auf die Anschauungen des täglichen Lebens an. Der Gewahrsamsbegriff ist wesentlich durch die Verkehrsauffassung bestimmt, eine Ansicht, die wiederholt bereits in Entscheidungen des Reichsgerichts zum Ausdruck gekommen ist (vg. u.a. RGSt 43, 10, 13; 50, 183 [...])." (BGHSt 16, 271 ff., 273)

Dieser Textstelle folgen eine Vielzahl von Fallbeispielen (allerdings meist ohne Nachweise). Im Urteilstext wird der Terminus *Gewahrsam* also folgendermaßen expliziert: Dem Explikandum *tatsächliche Sachherrschaft* werden in Negativbestimmung zwei Aspekte abgesprochen; sie ist keine *körperliche Nähe zur Sache* und keine *physische Kraft der Beziehung zur Sache*. Als positive Bestimmung tritt nur die *Anschauung des täglichen Lebens*, also eine metaexplikative Maxime, ein. Dies könnte u.U. als ein Hinweis auf alltagssprachliche Verständnisse von *tatsächliche Sachherrschaft* aufgefaßt werden. Faktisch hat diese Maxime jedoch wenig mit Auffassungen des "Alltagslebens" zu tun, sondern stellt eine Art sekundärer (d.h. nicht im Gesetz formulierter) "Ermessensbegriff" oder eine "Generalklausel" dar.

Wie soll das "Alltagswissen" auch erhoben werden können, wenn nicht durch die bekannte "Lehnstuhl-Methode", d.h. die Gleichsetzung der subjektiven Auffassungen der Richter mit der "Verkehrsanschauung". Es handelt sich hier also eher um eine Art Generalermächtigung zur faktischen Subsumtion von Einzelfällen je nach Gusto oder anderweitiger (meist juristischer) Begründung. Tatsächlich hat der Verweis auf die "Verkehrsauffassung" für die juristische Entscheidungsbegründung folgende Funktion, wie an dem zitierten Urteil selbst nachgewiesen werden kann: Anhand des konkreten Ausgangsfalles, eines Ladendiebstahls in einem Selbstbedienungsgeschäft wo der Täter noch vor der Kasse eine Ware in die Tasche gesteckt hatte und dabei von dem Ladenpersonal beobachtet worden war (es geht also um die Frage, ob der Täter trotz Beobachtung und der damit verbundenen Möglichkeit der Ladeninhaber bzw. ihres Personals, die vollendete Wegnahme der Sache zu verhindern, schon *neuen Gewahrsam* begründet hat), käme es für das Gericht bei strikter wortbezogener "Auslegung" des Normtextes darauf an, die "wesentlichen Merkmale" des Gesetzesterminus *Wegnahme* (oder wenigstens des ihn u.a. ersetzenden paraphrasierenden Ausdrucks *Gewahrsam*) zu bestimmen, um anschließend den konkreten Sachverhalt unter diese Merkmalsangabe zu "subsumieren" oder davon auszuschließen.[13] Tatsächlich ist das Vorgehen des BGH[14] anders: Eventuelle (semantische) Merkmale von *Gewahrsam* wie "*körperliche Nähe zur Sache*" oder "*physische Kraft, mit der die Beziehung zur Sache aufrecht erhalten wird*", werden vom Senat wenn nicht ausgeschlossen, so jedenfalls nicht als alleinige Merkmale (d.h. wesentliche und damit notwendige Merkmale im Sinne der Merkmalsemantik) zugelas-

[13] So will es jedenfalls eine bestimmte Spielart der sich um sprachtheoretische Anleihen (hier: logische Semantik) bemühenden juristischen Auslegungslehre; vgl. Koch 1982 u.ö.; kritisch dazu Busse 1989, 97 ff. und Busse 1992, Kap. 4.1, m.w.N.

[14] Vgl. den Textauszug im Anhang.

sen. Nach einer eigenen Begründung, welche die ausgeschlossenen Merkmale durch explizit formulierte eigene Merkmale von *Gewahrsam* ersetzt, sucht man vergebens. Statt einer Definition von *Gewahrsam*, etwa durch semantische Argumente oder Sach-Argumente darüber, bei Gegebensein welcher Aspekte ein Sachverhalt als Referenzobjekt dieses (in Stellvertretung des Gesetzesterminus fungierenden) explikativen Ausdrucks behandelt werden kann/soll, geht das Gericht den umgekehrten Weg und läßt auf den pauschalen Verweis auf die "Verkehrsauffassung" eine *faktische Subsumtion* des gegebenen Sachverhalts folgen, welche selbst nicht mehr begründet, sondern einfach *gesetzt*, d.h. als quasi selbstverständlich hingestellt wird.

Die "Verkehrsauffassung", die ja die "Anschauung des täglichen Lebens", also so etwas wie das "Alltagswissen", darstellen soll, wird also nicht etwa ihrerseits begründet; vielmehr wird eine Vielzahl von "subsumierbaren" Fällen vom BGH schlicht genannt, ohne daß erkennbar wäre, ob diese Fälle als zugelassene Referenzobjekte von *Gewahrsam* auf andere Gerichtsentscheidungen zurückgehen oder lediglich vom erkennenden Senat (per Lehnstuhlmethode) schlicht ersonnen wurden. D.h. eine letztlich kraft höchstrichterlicher Entscheidungsmacht gesetzte faktische Subsumtion seitens des BGH wird nachträglich als Reaktion auf das Alltagsverständnis ("Verkehrsauffassung") dargestellt. Strukturell gesehen soll das wohl so etwas wie eine Überlagerung der streng juristisch-positivistischen Argumentation durch Verweis auf ein vorjuristisches "Rechtsgefühl der Staatsbürger" ("common sense") darstellen; dabei setzen die Richter des BGH aber schlicht ihre eigene Einschätzung mit der "alltäglichen Auffassung" gleich. Die als scheinbare meta-explikative Maxime eingeführte Verweisung der Entscheidungsgründe fort vom Gesetzestext und seiner (semantisch-rechtlichen) Explikation hin auf die "Anschauungen des täglichen Lebens" stellt sich also faktisch als Verweisung an die vordogmatische und vorsystematische Rechts- bzw. Gerechtigkeitsauffassung der entscheidenden Richter dar, welche von dem sonst entstehenden Begründungszwang in diesen Fällen ausdrücklich entlastet werden. Freilich kommt de facto dieses Recht schlichter unbegründeter Subsumtion nur den obersten Gerichten zu; leisten sich Amtsrichter dasselbe, so müssen sie damit rechnen, daß ihre Urteile aufgehoben werden. Daher ist, als plausible Reaktion auf diese in der Auslegung und Kommentierung zu *Gewahrsam* enthaltene Generalermächtigung, die Explikation zu diesem Tatbestandsmerkmal konsequenterweise auch vorwiegend eine Aufzählung von bisher höchstrichterlich subsumierten und damit als mögliche Referenzobjekte von *Bruch fremden und Begründung neuen Gewahrsams* zugelassenen Fällen sowie eine nachträgliche Verallgemeinerung möglicher Gründe für die häufig argumentativ nicht oder nicht wirklich begründete faktische Subsumtion.

Den in den Kommentartexten zu § 242 StGB jeweils angeführten Fällen kommt daher eine eigenständige explikative Funktion zu. Linguistisch gesehen können korrekte Anwendungsfälle eines sprachlichen Ausdrucks, und um solche handelt es sich, wenn ein bestimmter Sachverhalt einem Normtext oder seiner explikativen Paraphrase als mögliches Referenzobjekt zugeordnet wird, als paradigmatische Beispiele für den richtigen Vollzug der Verwendungsregel des Ausdrucks bezeichnet werden. Wenn anstelle einer allein sprachlich gegebenen Explikation oder Paraphrase eines Textelementes aus einem Normtext bzw. (in EE III) der dieses explizierenden Textelemente aus Kommentar- oder Urteilstexten eine Aufzählung von positiv oder negativ entschiedenen "Fällen" (Lebenssachverhalten) vorgenommen wird, so treten diese Fälle an die Stelle der Paraphrasen bzw. verbalen Explikationen und wirken so selbst in der Funktion von Explikationen. Diese Explikationen durch Festlegung des Referenzbereichs treten entweder als *faktische Subsumtionen* konkreter bereits entschiedener Fälle auf (SUF) können aber auch als von Richtern "ausgedachte" Beispielfälle (Paradigmata) für akzeptierte Referenzobjekte, d.h. juristisch gesprochen als "*paradigmatische Subsumtionen*" (SUP) vorkommen. Von diesen beiden Formen richterlicher oder kommentierender Referenzakte ist die *Subsumtion aufgrund rechtlicher Begründung* (SUR) zu unterscheiden, da hier, im Gegensatz zu den beiden anderen Spielarten, eine echte Argumentation vorliegt. Bei den paradigmatischen Subsumtionen kann man solche, die begründungslos erfolgen (darin also den argumentationslosen oder scheinargumentativ vorgebrachten faktischen Subsumtionen gleichkommen), von solchen unterscheiden, denen ein paradigmatischer Charakter dadurch in viel höherem Maße zukommt, daß zusätzlich argumentative Begründungen unter Angabe abstrahierbarer Merkmale erfolgen. Ein solches Vorgehen liegt in folgendem Urteil vor, welches sich zwischen den Zeilen deutlich von dem oben zitierten Urteil (BGHSt 16, 271 ff.) und dessen lediglich salvatorischem Verweis auf die "Verkehrsanschauungen" absetzt:

> "Die Verkehrsanschauung mißt allerdings gewissen Merkmalen der Sachgestaltung wesentliche Bedeutung bei, aus der sich Richtlinien für die Beantwortung der Gewahrsamsfrage ergeben. Ein solches Merkmal ist die Beweglichkeit oder Unbeweglichkeit des Behältnisses. [...] Ist dagegen das Behältnis selbständig und beweglich, so daß der Verwahrer gleichzeitig mit ihm auch über den Inhalt durch Wegschaffen oder Veräußern verfügen kann, so hat er in der Regel die tatsächliche Gewalt über die Sachgesamtheit und damit Alleingewahrsam auch am Inhalt." (BGHSt 22, 180 ff., 182 f.)

Hier wird nicht nur ein konkreter Sachverhalt als mögliches Referenzobjekt des Ausdrucks *tatsächliche Gewalt* festgestellt (dieser Ausdruck ist explikative Paraphrase des Ausdrucks *Gewahrsam*, welcher selbst Teil der Explikation des Gesetzesterminus *wegnehmen* ist), sondern darüber hinaus werden Merkmale (*Beweglichkeit des Behältnisses*) genannt, welche von dem konkreten Fall abstrahieren und daher verallgemeinerungsfähig sind; das bewirkt, daß künftige Entscheidungen in ähnlich gelagerten Fällen nicht einfach durch schlichte Analogieschlüsse, sondern mit diese stützenden explikativen Begründungen erfolgen können.

a.1. "tatsächliche Sachherrschaft" ($PA^{1.1.1}$)

Wir befinden uns mit diesem Beispiel bereits auf der Explikationsebene dritter Stufe (EE III), und damit, wenn man den Normtext, als Festsetzungsdefinition von Diebstahl, als selbst zweistufig berücksichtigt, auf der fünften Textstufe (TE V). Selbst auf dieser Ebene, wo der Ausdruck *tatsächliches Herrschaftsverhältnis* (als Explikandum von *Gewahrsam*, welcher Teil des Explikandums von *wegnehmen* ist) expliziert wird, sind die Kommentar-Erläuterungen so umfangreich, daß sie die Explikationen mancher Gesetzestermini (z.B. *fremd*) z.T. übertreffen. U.a. werden folgende Erläuterungen vorgenommen:[15]

> "Ein *tatsächliches Herrschaftsverhältnis* besteht, wenn der unmittelbaren Verwirklichung des Einwirkungswillens auf die Sache keine Hindernisse entgegenstehen (RG 60, 271). [...] Für die Annahme eines solchen Herrschaftsverhältnisses kommt es in erster Linie auf die enge räumliche Beziehung zwischen Mensch und Sache an, d.h. auf die effektive, jederzeit ausübbare Macht." (Sch Rdn. 25)

Auch diese Explikation ist noch explikationsbedürftig bzw. -fähig:

> "Die erforderliche *räumliche und zeitliche Beziehung zur Sache* kann in wechselnder Stärke bestehen. Der Gewahrsam ist nicht auf solche Sachen beschränkt, die sich in unmittelbarer körperlicher Nähe des Inhabers befinden. Vielmehr bleibt er nach der Verkehrsauffassung auch bei einer Trennung bestehen, wenn sie sich in angemessenen Grenzen hält (BGH GA 69, 25, RGSt 50, 183)." (LK Rdn. 4)

Im unteren Kommentartext erfolgt eine Erläuterung des explikativen Ausdrucks *räumliche Beziehung* durch die zusätzliche Angabe *kann in wechselnder Stärke bestehen*; diese Erläuterung steht damit auf der vierten Explikationsebene (EE IV). Da nach diesem Zitat eine Fülle von Fallbeispielen erwähnt wird, welche verdeutlichen sollen, was mit *in wechselnder Stärke* gemeint ist, können diese Fallbeispiele selbst, welche faktische Subsumtionsakte (SUF) des RG und des BGH widergeben, als Explikationen der fünften Stufe (EE V) aufgefaßt werden, da sie hier in paradigmatischer Funktion eingeführt werden. Dabei wird häufig auf alltagsweltliche Wissensrahmen Bezug genommen (WBA) auf die nur kurz angespielt werden muß, um deren explikative Kraft dann als "Inferenzleistung" des Lesers anzustoßen:

> "Der *Wohnungsinhaber* hat Gewahrsam [...]. Er bleibt ihm erhalten, selbst wenn er sich auf eine längere Reise begibt (BGHSt 16, 271; 10, 401)." (LK Rdn. 5)

An dieser Kommentarstelle kann zugleich der Umgang von Kommentatoren mit Belegstellen aus Urteilstexten aufgezeigt werden. Wer den Kommentar mit dem Verweis auf die Urteilstexte unbefangen liest, muß annehmen, in diesen Urteilen würde das, was der Kommentar hier sagt, selbst durch konkrete Gerichtsentscheidungen belegt. Das ist allerdings in diesem Falle nicht so. Im (oben behandelten) Urteil BGHSt 16, 271 ff. wird der Fall des Wohnungsinhabers auf Reisen nicht als konkreter entschiedener Fall behandelt - wie man zunächst vermuten würde, sondern ohne weitere Nachweise (möglicherweise als "erfundenes" Beispiel) unter mehreren anderen Beispielen

---

[15] In diesem Kommentartext wird offensichtlich eine andere (entgegengesetzte) Rechtsauffassung vertreten als in dem oben zitierten Urteil BGHSt 16, 271 ff.

erwähnt; und auch das Urteil BGHSt 10, 401 spricht das, wofür es hier reklamiert wird, nicht direkt aus. Es bleibt zu hoffen (viele andere korrekte Zitate belegen das) daß dieses Vorgehen eher die Ausnahme bildet. Zum Teil kommen solche Erscheinungen dadurch zustande, daß Kommentatoren gerne voneinander abschreiben (ein Verfahren, welches auch unter Linguisten - siehe die Wörterbuchmacher - leider nicht unüblich ist).

Die faktische Freigabe der Zuordnung von Referenzobjekten zum explikativen, in Stellvertretung des Gesetzesterminus normativen Ausdruck *Gewahrsam* an die "Verkehrsanschauung" bewirkt, daß sich Entscheidungen zu § 242 StGB von dem entfernen, was mit dieser Freigabe gerade behauptet wurde: den Auffassungen des Alltagslebens. Den "Normalbürgern" wird es etwa kaum zu vermitteln sein, warum eine Firma zwar noch *Gewahrsam* (hier: *Mitgewahrsam*) an den Sachen in einem LKW hat, mit dem in der Stadt ausgeliefert wird, während für Sachen in demselben LKW, wenn er für Ferntransporte benutzt wird, der Mitgewahrsam der Firma verneint wird. Ähnliche Beispiele sind Legion. Um solchen faktischen Subsumtionen den Anstrich des Nachvollziehbaren und Begründeten zu geben, werden immer wieder kunstvolle Argumentationsversuche unternommen. Diese können freilich auch dazu führen, daß sich dasjenige, was generell abgelehnt wird, dann doch ("durch die Hintertür") wieder einschleicht. Ein solcher Fall liegt in einem Reichsgerichtsurteil vor, welches auf Umwegen den bürgerlich-rechtlichen Begriff *Besitz* aus dem BGB wieder in die Auslegung von *Gewahrsam* hineinbringt, obwohl dieser Begriff sich allen Kommentaren und anderen (auch früheren) Urteilen gemäß, doch grundlegend vom *Besitz*-Begriff des BGB unterscheiden soll.

> Es "ist nach den tatsächlichen Verhältnissen zu beurteilen, ob ein anderer ein solches Herrschaftsverhältnis über eine Sache hatte, daß es als Inhabung oder Gewahrsam oder Besitz im natürlichen Sinne bezeichnet werden kann und daß seine Beseitigung und die Begründung eigener Verfügungsgewalt an seiner Stelle als 'Wegnahme' erscheint. [...] Dieser natürlichen Auffassung aber entspricht es, wenn § 856 Abs. 2 BGB vorschreibt, daß durch eine ihrer Natur nach nur vorübergehende Verhinderung in der Ausübung der tatsächlichen Sachherrschaft über eine Sache der Besitz noch nicht beendet werde. Es ist deshalb auch für den Begriff der Inhabung im Sinne des § 242 StGB davon auszugehen, daß eine bloß vorübergehende Verhinderung der Ausübung der Gewalt den Gewahrsam an der Sache noch nicht beseitigt." (RGSt 50, 183 ff.)

Der Forderung nach Orientierung an der "natürlichen Auffassung" wird hier nur formal genüge getan; vielmehr wird dadurch, daß ein Zitat aus dem Zivilrecht (§ 856,2 BGB = IE III) als Exemplifizierung für die "natürliche Auffassung" behandelt wird, indirekt behauptet, daß der Begriff *Gewahrsam* in der Explikation von § 242 StGB mit dem Begriff *Besitz* im BGB identisch sei.

Damit wird eine indirekte intertextuelle Relation zwischen den zwei Gesetzestexten (ITG) hergestellt und zwar unter Anspielung auf den rechtlichen Wissensrahmen (WBR) *Besitz*. Das sprachliche Verfahren dabei ist so, daß der Begriff *tatsächliche Sachherrschaft* aus der Kommentar-Explikation (KE) zu *Gewahrsam* (§ 242 StGB) mit dem in § 856,1 BGB verwendeten Ausdruck *tatsächliche Gewalt* aus der Tatbestandsdefinition (TD) von *Besitz* (§ 854

BGB) gleichgesetzt wird. Danach wird der an den Wissensrahmen *Besitz* geknüpfte Begriff aus § 856 BGB als Paraphrase des Begriffs *Gewahrsam* aus der Explikation zu § 242 StGB behandelt. Die hergestellte intertextuelle Relation zwischen StGB und BGB erfolgt dabei aber nicht aus dem Wortlaut von § 242 (da wir uns hier auf EE III befinden), sondern ist nur möglich durch den Umweg über den Wortlaut der Kommentar-Explikation zu § 242. Von einer Abgrenzung des strafrechtlichen Begriffs *Gewahrsam* gegen den zivilrechtlichen Begriff *Besitz*, wie er in allen Kommentaren gefordert wurde, bleibt dann nichts mehr übrig. Der vorliegende Sachverhalt betraf den *Gewahrsam* über eine frei umherlaufende Hauskatze; es wird dabei sofort deutlich, warum die Anwendung des Begriffs *Gewahrsam* in der ansonsten engeren Fassung der Auslegung von § 242 StGB hier Schwierigkeiten machen muß. Wer jemals eine Katze mit Möglichkeit zu freiem Auslauf besessen hat, weiß, wie wenig der "Gewahrsam" des "Herrn" über diese "Sache" bewirkt, wenn diese "Sache" es sich in den Kopf gesetzt hat, zu gehen oder zu kommen, wann sie will. Eine Subsumtion dieses Bezugsobjektes unter den Diebstahls-Paragraphen kann daher, wie sofort einleuchtet, nur über den fiktive Verhältnisse konstituierenden rechtlichen Bezugsrahmen *Besitz* bzw. *Eigentum* erfolgen. Da Katzen insofern "verkehrsfähig" sind, als sie tatsächlich gekauft und verkauft werden, sind sie, rechtlich gesehen, mögliches Objekt von *Eigentum* oder *Besitz* (gleich, was die Betroffenen selbst darüber denken mögen). Die Zuordnung von Katzen unter den *Gewahrsams*-Begriff zu § 242 gelingt hier also nur deshalb, weil die Begriffsexplikation von *tatsächliche Sachherrschaft* den alltagsweltlichen Wissensrahmen *Haustier* (WBA) durch rechtlich begründete Subsumtion (SUR) mit dem rechtlichen Wissensrahmen *Besitz* (WBR) in Verbindung bringt; dies wird wiederum durch die hergestellte intertextuelle Relation (ITG) zwischen den §§ 242 StGB und 856 BGB und damit die Verknüpfung zweier rechtlicher Wissensrahmen möglich gemacht.

a.2. "Herrschaftswille" (PA$^{1.1.2}$)

Die KE zum Explikationsbegriff *Gewahrsam* (für *wegnehmen* im § 242) als "*die von einem Herrschaftswillen getragene tatsächliche Sachherrschaft*" führt den Terminus *Herrschaftswille* ein. Hier gehen die behandelten Kommentartexte unterschiedlich hinsichtlich des Explikationsgefüges vor; während der eine Kommentar diesen Terminus unmittelbar als Explikandum zu *Gewahrsam* einführt:

> "*Beherrschungswille* ist für den Gewahrsam nötig, BGH 8, 273 [...]; doch nicht in der Form des Eigentümerwillens." (DT Rdn. 11),

ihn also auf EE II einstuft, behandelt ein anderer Kommentar ihn eher als Explikandum zu *tatsächliche Sachherrschaft* (EE III):

> "*Herrschaftswille*. Die tatsächliche Sachherrschaft setzt einen entsprechenden Willen des Inhabers voraus." (LK Rdn. 6)

Im übrigen liegt hier einer der Fälle vor, wo die KE nicht mehr durch eindeutige Gerichtsurteile begründet werden kann, weil die Rechtsprechung dazu selbst widersprüchlich ist, sondern wo die Kommentare echte Entscheidungen zugunsten oder zuungunsten der einen oder anderen Explikationsvariante treffen müssen:

> "Die Rechtsprechung des RG war zwar insoweit nicht einheitlich. Die Notwendigkeit eines Herrschaftswillens betonen z.B. RGSt. 60, 271 und RMG 9, 99. Dagegen wird dieses Erfordernis u.a. RGSt. 50, 46, 48; 56, 207 [...] ausdrücklich verneint [...]. Mit der überwiegenden Ansicht ist jedoch den beiden erstgenannten Urteilen zuzustimmen und wenigstens der generelle Herrschaftswille zu verlangen; denn ohne einen solchen ist die Ausübung der tatsächlichen Gewalt nicht denkbar (BGHSt. 8, 273, [...])." (LK Rdn. 6)

Mit dem Hinweis auf die "überwiegende Ansicht", welche in der juristischen Literatur und Rechtsprechung als "*herrschende Meinung*" (meist schon abgekürzt als "hM") zu einem feststehenden explikativen Topos geworden ist, wird eine typische juristische Begründungsfigur vollzogen; dieser Hinweis wird immer dann vorgebracht, wenn eine i.e.S. inhaltliche oder sachliche Argumentation nicht mehr erfolgt. Der Hinweis hat explikationstechnisch daher den Stellenwert eines "Dummy", d.h. eines Platzhalters an Stelle einer Argumentation.

Der zitierte Kommentar stellt zwischen den darin aufgeführten Urteilstexten (IE II) selbst wiederum durch seine Abwägung eine neue intertextuelle Relation her (IK). Ebenfalls eine intertextuelle Relation wird hergestellt zwischen verschiedenen Paragraphen des StGB (= ITE) bzw. deren gerichtlichen oder kommentierenden Explikationen, da u.a. das zitierte Urteil BGHSt 8, 273 sich nicht auf § 242 bezieht, sondern auf § 246 (*Unterschlagung*), wo es heißt:

> "Wer eine fremde bewegliche Sache, die er in Besitz oder Gewahrsam hat, sich rechtswidrig zueignet, wird ..."

Daran ist folgendes bemerkenswert: während ansonsten bei Auslegung des StGB häufig streng darauf geachtet wird, daß jedes Wort eines Normextes nur innerhalb seines eigenen Kontextes (Tatbestand) je spezifisch ausgelegt werden muß (so gibt es etwa je nach Paragraph ganz verschiedene Definitionen des *Gewalt*-Begriffs) wird hier, wenigstens durch die Zitierung in den Kommentaren, unterstellt, daß der Begriff *Gewahrsam* für die §§ 242 und 246 StGB gleich auszulegen sei. Dies mag wegen der engen Nachbarschaft dieser Paragraphen (kotextuelle Beziehung mit möglicher inhaltlicher Kohärenz) auch gerechtfertigt sein. Allerdings ist *Gewahrsam* in § 246 selbst ein Originalterminus aus dem Normtext, während er bei § 242 "nur" ein explikativer Terminus aus Kommentaren und Urteilstexten ist. Hier werden also Termini unterschiedlicher Textebenen gleich behandelt, was Fragen hinsichtlich des institutionellen Status der jeweiligen Explikationen aufwirft. Nebenbei bemerkt fällt auf, daß in § 246 *Besitz oder Gewahrsam* in enge semantische Beziehung (Paraphrasierungs-Relation) zueinander gebracht sind, während in der Explikation zu § 242 stets die Unterscheidung von *Gewahrsam* und *Besitz* (i.S.d. BGB) gefordert worden war (allerdings nicht mit vollem Erfolg, wie wir bei RGSt 50, 183 ff. gesehen haben). - Während dieses - zustimmend zitierte - Urteil sich wenigstens noch auf eine Verwendungsinstanz von *Gewahrsam* innerhalb *desselben* Gesetzes (StGB) bezieht, expliziert das - ablehnend zitierte - Urteil RGSt 56, 207 den Bezugsterminus in einem völlig anderen Textzusammenhang, nämlich in einem damals (1921) wohl existierenden "Entwaffnungsgesetz" mit völlig anderer Zielsetzung als das Strafgesetzbuch. So ist auch der vorliegende vom RG entschiedene Sachverhalt in keiner Weise mit einem als *Diebstahl* in Frage kommenden Sachverhalt vergleichbar. Mit der - wenn auch ablehnenden - Zitation wird jedenfalls unterschwellig unterstellt, als hätte der Terminus *Gewahrsam* nicht nur im StGB, sondern in allen anderen Gesetzen dieselbe Bedeutung (was wohl kaum akzeptable Folgen hätte), zumindest aber, als seien die Explikationen zu den unterschiedlichen Gesetzestexten überhaupt inhaltlich vergleichbar oder auf eine Stufe zu stellen.

b. "fremder (Gewahrsam)" ($PA^{1,2}$)

Durch den explikativen Terminus *fremd* in *Bruch fremden Gewahrsams*, den wir in anderer Funktion schon als Gesetzesterminus (*fremde Sache*) behandelt hatten, kommt der dort zugelassene, für *Gewahrsam* aber abgelehnte intertextuelle (ITG) bzw. epistemische (WBR) Bezug auf Aspekte des Zivilrechts zumindest indirekt wieder in die Explikation hinein:

> "Der Täter muß *fremden* Gewahrsam brechen. Dies ist der Fall, wenn er ihn *nicht ausschließlich selbst* hat. Demzufolge ist Gewahrsamsbruch jedenfalls gegenüber einem *gleichrangigen Mitgewahrsamsinhaber* möglich." (Sch Rdn. 32)
>
> "*Mitgewahrsam*. Tatsächliche Herrschaft und Herrschaftswille können hinsichtlich derselben Sache zugleich für mehrere Personen bestehen, gleichviel ob ihnen die Gemeinsamkeit bekannt ist oder nicht. Dann handelt es sich um Mitgewahrsam, etwa beim Miteigentum nach Bruchteilen oder beim Gesamthandeigentum. Auch der Bruch solchen Mitgewahrsams fällt unter § 242." (LK Rdn. 10; es folgen jeweils viele Fallbeispiele)

Hier wird zunächst ein explikativer Rechtsbegriff (*Mitgewahrsam*) durch den Kommentator definiert (KD), womit zugleich so etwas wie ein neues "Rechtsinstitut" konstituiert wird, das weder mit *Eigentum*, noch mit *Besitz* im Sinne des BGB völlig identisch ist. Dies sieht man an den Beispielen, wo ein äquivalenter *Mitgewahrsam* i.S.d. § 242 StGB etwa zwischen Hausherr und Dienstmädchen oder Firmeninhaber und Beschäftigtem zugestanden wird, während nach dem BGB das Dienstmädchen oder der Angestellte allenfalls *Besitzdiener/in* für den eigentlichen Besitzer (Hausherr, Inhaber) wären. Allerdings bekommen die im Kommentar dann erwähnten Rechtsverhältnisse wie *Miteigentum nach Bruchteilen* oder *Gesamthandeigentum* in diesem Kontext keine direkte explikative Funktion zur Erläuterung von *Gewahrsam*, wie in anderen behandelten Textbeispielen, sind hier also nicht auf der unmittelbar argumentativ-semantischen Ebene anzusiedeln; vielmehr fungieren sie hier als Beispiele für Referenzobjekte (SUP), d.h. für Sachverhalte, welche unter den Begriff *Gewahrsam* von § 242 subsumiert werden können. Sie haben also, von der explikativen Funktion her gesehen, einen anderen Status.

c. "Bruch (fremden Gewahrsams)" ($PA^{1.3}$)

Der sich auf die Tathandlung beziehende Prädikatsausdruck *wegnehmen* wird rechtlich gesehen in zwei Teilhandlungen aufgespalten, *Bruch fremden* und *Begründung neuen Gewahrsams*:

> "Erster Handlungsteil ist der *Bruch fremden Gewahrsams*." (Sch Rdn.35)
>
> "Die Wegnahme durch Bruch fremden Gewahrsams setzt voraus, daß sie gegen den Willen des Inhabers geschieht. Sein *Einverständnis* schließt also dieses Tatbestandsmerkmal aus." (LK Rdn. 21)

Dem rechtlichen Wissensrahmen *Gewahrsam* wird hier ein weiteres Merkmal hinzugefügt; beachtenswert ist, daß diese durch Kommentare oder Urteilstexte konstituierten Explikationsgrößen der Gesetzestermini selbst als "Tatbestandsmerkmale" bezeichnet werden, was heißt, daß die explikativen Festlegungen vom Status im institutionell geregelten Begründungsgefüge des Rechts her offenbar mit dem Gesetzestext als ranggleich betrachtet werden. Dies wirft aus rechtsstaatlicher Perspektive u.U. Probleme insofern auf, als solche rechtsdogmatisch konstituierten "Tatbestandsmerkmale", da sie aus dem Normtext selbst nicht ersichtlich sind, von den Staatsbürgern auch nicht gewußt werden können. "Verbotsirrtum" als Rechtfertigungsgrund (§§ 16, 17 StGB) wird damit ausgehöhlt. Das im zitierten Kommentar neu eingeführte Merkmal *Einverständnis des Gewahrsamsinhabers* (EE II zu *Bruch fremden Gewahrsams*) ist zugleich unterscheidendes Merkmal zu § 263 *Betrug* und ist daher Anlaß für eine durch den Kommentartext hergestellte intertextuelle Relation zwischen den §§ 242 und 263 StGB; die hergestellte Relation besteht in der Gegenüberstellung bzw. Abgrenzung beider Normtexte:

> "*Verhältnis zum Betrug.* [...] Für den Diebstahl ist es im Gegensatz zum Betrug kenzeichnend, daß der dem Verletzten zugefügte Nachteil allein durch eine eigenmächtige Handlung des Täters herbeigeführt wird; demgegenüber tritt dieser Nachteil beim Betrug infolge einer Vermögensverfügung des Verletzten ein (BGHSt 17, 205, 209). Maßgebend ist demnach, ob der Geschädigte bewußt über ein Vermögensstück zugunsten des Täters verfügen oder ob er den Gewahrsam behalten will." (LK Rdn. 25)

Die intertextuelle Relation zum zitierten Urteilstext wird nicht nur durch den Nachweis hergestellt, sondern auch dadurch, daß der erste Satz ein unmarkiertes fast wörtliches Zitat aus dem Urteil darstellt; die "Kohärenz" zwischen Kommentar und Urteilstext wird also durch "partielle Rekurrenz", d.h. die Wiederholung des entsprechenden Textelementes hergestellt. - Das Zitat stellt sprachlich gesehen eine gerichtliche Festsetzungsdefinition (GD) des Textverhältnisses zwischen den §§ 242 und 263 dar, indem die in beiden Paragraphen konstituierten rechtlichen Bezugs- oder Handlungsrahmen voneinander abgegrenzt werden. Für die rechtliche (und damit, da es sich um das Verhältnis zweier juristischer Wissensrahmen handelt) epistemische Nähe beider Normtexte gibt es in den Texten selbst keine sprachlichen Indikatoren, da beide Texte über keinerlei Gemeinsamkeiten (Rekurrenz, implizite Wiederaufnahme) verfügen. Die inhaltliche Nähe beider Paragraphen zueinander ergibt sich nur über die rechtlich definierten Wissensrahmen, d.h. die als Zielbereich dieser Normtexte fungierenden Handlungstypen bzw. Typen von Lebenssachverhalten, welche sich anscheinend nur in wenigen Merkmalen voneinander unterscheiden.

d. "Begründung (neuen Gewahrsams)" (PA$^{1.4}$)

Zu diesem explikativen Tatbestandsmerkmal heißt es:

> "Als zweiter Handlungsteil ist zwecks Vollendung der Wegnahme die *Begründung neuen Gewahrsams* auf *Täterseite* erforderlich. Dafür genügt nach der heute vorherrschenden *Apprehensionstheorie* die Ergreifung des Gegenstandes. Das bedeutet, daß einerseits weder die bloße Berührung ausreicht (sog. Kontrektationstheorie) noch andererseits ein Wegbringen der Sache (sog. Ablationstheorie [...]) noch deren Bergung (sog. Illationstheorie) erforderlich ist." (Sch Rdn. 37)

Hier werden also zur Explikation (EE II) des explikativen Ausdrucks *Begründung neuen Gewahrsams* (EE III) vier verschiedene rechtsdogmatische Theorien (WBR) angeführt und eine davon befürwortet; damit wird vom Kommentar eine sich auf den juristischen Diskurs beziehende epistemische Kohärenz-Beziehung zwischen einzelnen theoretischen Inhalten, Definitionen etc. (abgekürzt: DK) hergestellt. Die Explikation des Kommentators wird dabei nicht eigens begründet, sondern die Entscheidung für eine (im übrigen der "herrschenden Meinung (hM)" entsprechende) der Theorien wird nur noch verkündet. Der Verweis auf die anderen Theorien hat damit nur noch einen rechtshistorischen Stellenwert; daß er noch für notwendig befunden wird, könnte am Aspekt des institutionellen Status liegen, d.h. daran, daß die Kommentatoren sich genötigt sehen, frühere Gerichtsentscheidungen (die ja als Rechtsquellen de facto den annähernd gleichen Rang haben wie der Gesetzestext selbst) wenigstens noch zu erwähnen, selbst wenn die Rechtsprechung und Rechtswissenschaft mittlerweile darüber hinweggegangen ist.

Die juristische Aufspaltung des Gesetzesausdrucks *wegnehmen* in zwei selbständig explizierte Handlungsteile macht uns darauf aufmerksam, daß in Gerichtsentscheidungen zu Straftaten *Handlungszuschreibungen* stattfinden. D.h. einem durch eine Person verursachten tatsächlichen Lebenssachverhalt wird ein rechtliches Handlungsprädikat (*Diebstahl*) zugeschrieben, woran bestimmte Rechtsfolgen (Strafe) geknüpft sind. Diese Handlungszuschreibung geschieht nun offenbar in der tatsächlichen Rechtsarbeit nicht mittels des Gesetzesterminus, sondern durch Anwendung von rechtsdogmatischen, d.h. explikativ gewonnenen, Handlungsbezeichnungen, wie an folgendem Zitat deutlich wird:

> "*Begründung neuen Gewahrsams*. Das Gesetz spricht nur von der 'Wegnahme'. Diese besteht [...] aus zwei meist zusammenfallenden Akten, nämlich dem Bruch des fremden und der Begründung neuen Gewahrsams." (LK Rdn. 27)

Angesichts der Tatsache, daß diese Handlungszuschreibungen rein rechtsdogmatisch, d.h. explikativ gewonnene Handlungsprädikate (also WBR) auf die Sachverhalte anwenden, die mit den Auffassungen und Handlungszuschreibungen des Alltagslebens (WBA) kaum in Einklang zu bringen sind, wirkt der Hinweis darauf, daß die Frage, wann die so aufgespaltenen Handlungsprädikate auf ein tatsächliches Geschehnis anwendbar sind, entsprechend der "Verkehrsauffassung" (Sch Rdn. 38) bzw. der "Anschauung des täglichen Lebens" (DT Rdn. 14) entschieden werden soll, ziemlich befremdlich. Im Wissensbereich des Alltagslebens wird nur Wenigen einleuchten, warum die Handlung *wegnehmen* noch einmal in zwei Bestandteile aufgespalten werden soll. Der in den Kommentaren angewendete Akt-Begriff scheint daher einige Parallelen zum sprechakttheoretischen Aktbegriff bei Austin und Searle aufzuweisen: hier wie dort meint "*Akt*" ein theoretisches Konstrukt, einen Aspekt des phänomenal als einheitliches und untrennbares Ganzes gegebenen Vorgangs. Während es dort aber nur um ein rein deskriptives theoretisches Problem ging, knüpfen sich hier an die rechtsdogmatischen Akt-Begriffe und ihre Zuschreibung auf tatsächliche Lebenssachverhalte erhebliche rechtliche Konsequenzen:

> "Ob der Täter die Sache bereits 'ergriffen' und damit ein neues Gewahrsamsverhältnis begründet hat, ist regelmäßig dafür bedeutsam, ob die Tat vollendet oder nur versucht ist." (LK Rdn. 28)

> "Handlungen vor der Gewahrsamserlangung können Versuch oder nur vorbereitende Handlungen sein; im Einzelfall Tatfrage, ob Wegnahme bloß vorbereitet, begonnen (Versuch), vollendet oder beendet ist." (DT Rdn. 14)

Es spricht für sich selbst, daß die Autoren im oberen Zitat das alltagssprachliche Handlungsverb selbst in Anführungsstriche gesetzt haben. Damit geben sie zu erkennen, daß die hier definierten rechtlichen "Handlungs"prädikate unter "normaler", d.h. nicht-fachlicher Sicht, kaum als eigenständige Handlungen oder Handlungsteile akzeptiert würden. Man kann an diesem Beispiel sehen, daß "Fachlichkeit" rechtlicher Formulierungen bei weitem mehr ist als eine bloße Fach"sprache"; vielmehr konstituiert sie Gegenstände völlig eigenständiger Art.

Die rechtlichen Konsequenzen, welche sich aus dem Zutreffen des einen oder des anderen der beiden rechtlich konstituierten "Akte" ergeben, werden hier nur knapp durch den Hinweis auf den rechtlichen Wissensrahmen (WBR) *Versuch* angedeutet. Dieser Hinweis bedeutet nicht nur eine intertextuelle bzw. epistemische Verknüpfung mit § 22 StGB, sondern, aufgrund der äußerst komplexen Dogmatik zu diesem Paragraphen aus dem "*Allgemeinen Teil*" des Strafgesetzbuches, zu einem umfangreichen und komplexen Wissensrahmen von grundlegender strafrechtlicher Bedeutung. Dies wird in dem zweiten Zitat angedeutet durch die Unterscheidung der Aspekte *vorbereitet*, *begonnen*, *vollendet* und *beendet* einer möglichen Tathandlung. Es werden nicht nur die genannten rechtlichen Aktprädikate auf ein tatsächliches Geschehen zugeschrieben, sondern außerdem diese qualifizierende Merkmale, deren Zuschreibung jeweils wieder völlig unterschiedliche (vor allem für das Strafmaß wichtige) rechtliche Folgen bedingen. Umso überraschender ist es, daß die Explikation des Normtextes an dieser Stelle praktisch vollständig auf faktische Subsumtionen reduziert ist, d.h. auf eine Beispielsammlung von als Referenzobjekten für *Wegnahme* bzw. *Bruch fremden* oder *Begründung neuen Gewahrsams* zugelassenen Falltypen. Die rechtlichen Eigenschaften dieser

Falltypen und ihre Beziehung zum durch die Explikation von § 242 konstituierten rechtlichen Wissensrahmen werden in mehreren Randnummern erläutert; Beispiel ist z.B. der Handlungstyp "*Verstecken der Sache in den Räumen des Bestohlenen*" (Sch Rdn. 39, LK Rdn. 29), der selbst u.a. abgegrenzt werden muß gegenüber dem zuvor zu *Gewahrsam* (bei: *Bruch fremden Gewahrsams*) generell konstituierten rechtlichen Rahmen "*Wohnungsinhaber als Gewahrsamsinhaber auch bei Abwesenheit*". Wann welcher Fall vorliegt, und ob ein konkretes Geschehnis dann als *vollendeter Diebstahl* oder nur als *Versuch* gewertet wird, wird durch faktische Subsumtion festgelegt, die häufig kaum noch argumentativ begründet ist. Jedenfalls scheint die im folgenden zitierte Zuordnung, auch wenn sie sich auf die juristische Akttheorie beruft, relativ willkürlich zu sein:

> "Regelmäßig vollzieht sich der *Bruch* des fremden mit der *Begründung* des neuen Gewahrsams in einem Akt. Ausnahmsweise können jedoch beide Vorgänge auseinanderfallen [...], so etwa, wenn der Täter Sachen von einem fahrenden Güterzug herabwirft, um sie später abzuholen. Solange hier noch kein neuer Gewahrsam begründet ist, liegt lediglich Versuch vor." (Sch Rdn. 43)

Es mag fraglich sein, ob der beschriebene Sachverhalt als Gegenstand des *Diebstahls* insgesamt eingestuft werden soll; daran, daß es sich hier um eine *Wegnahme* im alltagssprachlichen Sinn handelt, kann allerdings kein Zweifel bestehen. Die rechtliche Unterscheidung zweier Akt-Aspekte, d.h. des *Bruchs* und der *Begründung neuen Gewahrsams* scheint ihre Ursache demnach nicht in einem nur auf § 242 bezogenen Explikationsbemühen zu haben, sondern scheint sekundäre Folge der Notwendigkeit zu sein, bei einem möglichst einheitlich gefaßten rechtlichen Akttypus Unterscheidungskriterien für *Versuch* und *Vollendung* einer Straftat zu finden. D.h. daß die Notwendigkeit zu dieser Unterscheidung sich letztlich aus Vorgaben herleitet, die nicht in diesem Paragraphen selbst, sondern in der Strafrechtssystematik insgesamt ihre Grundlage haben. Auch in diesem Fall liegt eine indirekte Form intertextueller Relationen vor, die aber, da der § 22 StGB zum *Versuch* relativ wenig hergibt, eher als epistemische Relationen einzustufen sind, d.h. als Wissensrahmen darüber, wie mit Strafbestimmungen des StGB generell umzugehen ist und welche Folgen für die Exegese einer Tatbestandsformulierung die gesondert ausgewiesene Strafbarkeit des *Versuchs* (wie in § 242,2) hat.

4.4 Die juristische Bedeutungsexplikation (II): Subjektive Tatbestandsmerkmale

Wir kommen jetzt zur Explikation dessen, was die Juristen die "*innere Tatseite*" (LK Rdn. 33) nennen:

> "Für den *subjektiven Tatbestand* ist *Vorsatz* und die *Absicht rechtswidriger Zueignung* notwendig." (Sch Rdn. 44)

Dieser Teil des rechtsdogmatisch bzw. explikativ bestimmten "Inhalts" von § 242 StGB hat zwei Bestandteile: Zum einen die im Normtext formulierte

"Handlungsabsicht" eines Täters: "*Absicht rechtswidriger Zueignung*" (B), zum anderen den "*Vorsatz*" (A).

A. 'Vorsatz'

Dieser Teil der rechtsdogmatisch angenommenen Normtextbedeutung ist im Text selbst nicht expliziert; wir haben hier also ein Beispiel für ein inhaltliches Moment, welches vom Rezipienten "inferiert" werden muß, d.h. durch sein grundsätzliches Wissen über das Umgehen mit Straftatbeständen und ihre Anwendung auf konkrete Fälle zum eigentlichen Norm-Wortlaut hinzugefügt werden muß. In den herangezogenen Kommentaren zu § 242 StGB wird der Terminus *Vorsatz* daher gar nicht mehr näher erläutert, sondern nur konkret auf den Normtext bezogen, d.h. anhand der explikativ gewonnenen Tatbestandsmerkmale (TBM) mit Inhalt gefüllt. Wir müssen deshalb ein Zitat aus einem Kommentar zum Allgemeinen Teil des StGB heranziehen, um mehr über diesen Begriff zu erfahren:[16]

> "Übereinstimmend mit dem früheren Recht [...] hat das StrRG auf eine Begriffsbestimmung von Vorsatz und Fahrlässigkeit verzichtet und damit deren nähere Konkretisierung und Einordnung in den Verbrechensaufbau Rspr. und Lehre überlassen. *Vorsatz* ist nach einer unexakten Kurzformel Wissen und Wollen der Tatbestandsverwirklichung (RGSt 51, 305, 311 [...]). Wissen und Wollen müssen sich auf die *Tatbestandsverwirklichung*, dh auf diejenigen Merkmale (Tatumstände) erstrecken, die nach dem jeweiligen Deliktstypus den sog. äußeren Tatbestand bilden (str.)."

Vom Vorsatz handelt einzig § 15 im *Allgemeinen Teil* des StGB:

> "**§ 15. Vorsätzliches und fahrlässiges Handeln.** Strafbar ist nur vorsätzliches Handeln, wenn nicht das Gesetz fahrlässiges Handeln ausdrücklich mit Strafe bedroht."

Da eine Legaldefinition für *Vorsatz* fehlt, sind sämtliche Explikationen zu diesem Terminus nur auf der Ebene der Kommentardefinitionen (KD) oder -explikationen (KE) anzusiedeln. Bei § 242 liegt nun der spezifische Umstand vor, daß einerseits der *Vorsatz*, wenn er als "*Wissen und Wollen der Tatbestandsverwirklichung*" auf die sog. "objektiven Tatbestandsmerkmale" (*Wegnahme einer fremden beweglichen Sache* + explikativ begründeter differenzierender zusätzlicher TBM) bezogen wird, in Konkurrenz steht zu dem in diesem Paragraphen explizit formulierten "subjektiven Tatbestand" der "*Absicht rechtswidriger Zueignung*".

Da sich, wie bisher anhand der komplexen juristischen Explikationen zu den TBM gezeigt werden konnte, die rechtlichen Wissensrahmen sehr stark von den alltäglichen Wissensrahmen über die Lebenssachverhalte, auf die sich beide beziehen, abweichen, steckt in der KD zu *Vorsatz* als *Wissen und Wollen der Tatbestandsverwirklichung* der Kern zu einer Entfremdung zwischen rechtlicher Denkungsweise und den "Anschauungen des täglichen Lebens". Ein Bürger ohne juristische Fachkenntnisse kann sich daher auch nicht

---

[16] Karl Lackner: Strafgesetzbuch mit Erläuterungen. 14. Aufl. München 1981, S. 67 ff. zu § 15 StGB.

durch einfache Lektüre des Gesetzestextes darüber informieren, bei Begehung welcher Handlungen er mit welchen Rechtsfolgen (Strafen) zu rechnen hat, da die häufig für die Wahl zwischen Verurteilung und Freispruch (bzw. die Höhe des Strafmaßes, bzw. zwischen zwei konkurrierenden Tatbeständen) wesentlichen Bestimmungen dem Normtext selbst nicht "zu entnehmen" sind, sondern erst über durch einfache Lektüre kaum erwerbbares juristisches Fachwissen erschlossen werden können. Da nach ständiger Rechtsprechung für den *Vorsatz* nur die Kenntnis der konkreten Tatsachen, die einem normativen Begriff zugrunde gelegt werden, erforderlich ist, nicht jedoch die Kenntnis ihrer rechtsdogmatischen Bewertung (und damit u.U. der Strafbarkeit), wird die Berufung eines Angeklagten auf einen Irrtum bezüglich des Verbotenseins seiner Handlungen kaum je anerkannt. Mit der rechtstheoretischen Konstruktion der "Parallelwertung in der Laiensphäre" wird versucht zu begründen, warum ein Angeklagter, auch wenn er die juristischen Rahmenfaktoren von § 242 nicht kennt (dogmatisch gewonnene TBM), dennoch wegen "vorsätzlichen" Handelns verurteilt werden kann. Zum Vorsatz bei § 242 heißt es u.a.:

> "*Der Vorsatz* des Täters muß alle Umstände erfassen, aus denen sich die Strafbarkeit ergibt. Dazu gehört der Wille zur Begründung eines neuen Gewahrsams bei Kenntnis des fremden. Der Gewahrsam sowohl wie die Fremdheit sind sog. normative Tatbestandsmerkmale und folgen den für diese geltenden Grundsätzen. [...] Insoweit genügt bedingter Vorsatz." (LK Rdn. 33)

Wenn der hier angesprochene *bedingte Vorsatz* rechtsdogmatisch u.a so definiert wird: "Der Täter hält die Verwirklichung des TBs für möglich" dann wird deutlich, daß, etwa für die komplexen und häufig nur durch faktische Fallentscheidungen explizierten Aspekte des *Gewahrsams*, ein Wissen von der Möglichkeit der Verwirklichung des Tatbestandes (im alltagssprachlichen Sinne von "Wissen") jedenfalls dann nicht ernsthaft angenommen werden kann, wenn der Handelnde diese TBM überhaupt nicht kennt, und, da es sich um rechtsdogmatisch-explikativ konstituierte Merkmale handelt, faktisch auch gar nicht kennen *kann*.

Der zitierte Kommentar zeigt aber auch ein zweites, explikatives Problem auf. Wenn sich der *Vorsatz* als "*Wollen der TB-Verwirklichung*" auf die "objektiven" TBM richtet, zu denen innerhalb der Explikation der *Wegnahme* u.a. auch die *Begründung neuen Gewahrsams* gehört, dann ist nicht recht einzusehen, warum dieses explikativ gewonnene Merkmal der "inneren Tatseite" notwendig ist, wenn daneben auch der "subjektive" TB der *Absicht rechtswidriger Zueignung* ja explizit im Gesetzestext formuliert ist. Die getrennte Behandlung einmal unter dem explikativ hinzugefügten Merkmal *Vorsatz* und ein andermal unter dem expliziten Merkmal *Absicht der Zueignung* scheint unnötig zu sein. Dies scheint zumal offensichtlich, wenn eine subjektive Einstellung des Angeklagten zwar nicht als *Absicht rechtswidriger Zueignung* behauptet werden kann, auf dem Umweg über den von den Richtern schlicht faktisch zugesprochenen bedingten Vorsatz des *Bruchs fremden und der Begründung neuen Gewahrsams* (aufgrund der Fiktion einer "Parallelwertung in der Laiensphäre") aber dennoch eine Verurteilung erfolgt. Ein solcher Fall liegt etwa in der schon zitierten Entscheidung zu den umherlaufenden Katzen vor (RGSt 50, 183 ff.); hier hat ein Irrtum das Angeklagten über die Frage, ob die ständig frei umherlaufenden Katzen noch im *Gewahrsam* eines anderen stünden, ihn nicht vor der Verurteilung geschützt.

B. "in der Absicht ..., sich dieselbe rechtswidrig zuzueignen" ($PA^2 + PA^3$)

Die sprachlichen Elemente des in § 242 (im Unterschied zu vielen anderen Paragraphen des StGB) *explizit* formulierten "subjektiven Tatbestandes" werden ebenso wie die des "objektiven Tatbestandes" sukzessive und einzeln expliziert. Zu ihrer Funktion wird u.a. Folgendes gesagt:

> "Die *Absicht rechtswidriger Zueignung* geht als subjektives Unrechtselement über den äußeren Tatbestand der Wegnahme hinaus [...]. Weil es nur auf die *Zueignung* ankommt, braucht keine *Bereicherung* erstrebt zu werden (RG 67, 266 [...]); weil es nur auf die *Absicht* ankommt, braucht die *Zueignung nicht tatsächlich* eingetreten zu sein [...]. Wesentlich sind vier Elemente: die Absicht (d), sich (b) rechtswidrig (c) zuzueignen (a)." (Sch Rdn. 46)

Dieser subjektive Tatbestand besteht linguistisch gesehen aus zwei Prädikationen, nämlich PA^2 *"Absicht haben"* und, darin eingebettet, PA^3 *"sich eine Sache rechtswidrig zueignen"*; sie werden juristisch in der umgekehrten Reihenfolge expliziert.

4.4.1 "zueignen" (PA^3)

Die Explikation zu diesem Terminus des subjektiven Tatbestands ist insofern interessant, da sie - als Explikation der "Handlungsintention" zur Tathandlung - in einer inhaltlichen Beziehung zur Explikation des Ausdrucks *wegnehmen* des objektiven TB steht. Als Ausdruck, der sich auf eine Handlung bezieht, teilt sie die dort festgestellten Merkmale der Handlungszuschreibung; auch hier kommt es darauf an, ob die rechtsdogmatisch definierten Handlungszuschreibungen mit den alltagsweltlichen Wissensrahmen des fraglichen Handlungstyps in Einklang stehen. Eine der Explikationen von *Zueignung* lautet u.a. folgendermaßen:

> "*Zueignung* bedeutet die Anmaßung einer eigentümerähnlichen Herrschaftsmacht über die Sache, indem der Täter entweder die *Sache selbst* oder den in ihr verkörperten *Sachwert* dem eigenen Vermögen einverleibt, sich also wirtschaftlich an die Stelle des Eigentümers setzt (sog. *Vereinigungstheorie*; vgl. RG 61, 232; 64, 414; 67, 334; ferner BGH 1, 264; 4, 238; 16, 192 [...])." (Sch Rdn. 47)

Mit dem Ausdruck *eigentümerähnlich* wird die Explikation zu *Zueignung* an den komplexen juristischen Wissensrahmen aus dem BGB angeschlossen. Während dafür wenigstens durch Normtexte festgesetzte Tatbestandsdefinitionen existieren, ist der Ausdruck *dem eigenen Vermögen einverleiben* schillernder. Bevor wir darauf zurückkommen, soll aber zunächst die Art der Handlungsbeschreibung näher betrachtet werden. Dazu heißt es:

"In *materieller* Hinsicht enthält somit die Zueignung zwei Komponenten: eine negative, die sog. 'Enteignung', die in der Verdrängung des Eigentümers aus seiner wirtschaftlichen Position besteht [...], und eine positive, die sog. 'Aneignung', die in der Einverleibung der Sache in das Vermögen des Täters bzw. in der Ausnutzung des entzogenen Sachwertes besteht." (Sch Rdn. 47)

Das Handlungsverb *zueignen* wird hier also wieder rechtsdogmatisch aufgespalten in zwei "Teilakte", die rechtlich gesondert beurteilt werden und auch auf je verschiedene Weise Rechtsfolgen begründen können. Da es sich hier um ein im Normtext als Gegenstand der *Absicht* eingebettetes Handlungsverb handelt, müßte eigentlich dessen Explikation nach Möglichkeit von Elementen, welche den "Auffassungen des täglichen Lebens" fremd sind, freigehalten werden. Das ist, wie die hier zitierten komplexen Urteilstexte zeigen, jedoch nicht der Fall.

Vielmehr schafft die Verknüpfung des Handlungsrahmens *zueignen*, welcher, im alltagssprachlichen Bewußtsein, als bloßer faktischer Vorgang verstanden werden kann, mit dem komplexen juristischen Bezugsrahmen (WBR) *Eigentum*, eine Explikation dieses Normtextelementes, welche in manchen Fällen für den "Normalbürger" kaum noch nachvollzogen werden kann. Darüber hinaus besteht hier immer wieder das Problem, die Explikation von *Zueignung* von derjenigen von *Wegnahme* abzugrenzen; ein Unterschied, der im alltagsweltlichen Bewußtsein auch nicht notwendig (jedenfalls nicht mit seinen eigentumsrechtlichen Konsequenzen) gegeben sein muß.

"Die *Zueignung ist von der Wegnahme streng zu unterscheiden*. Letztere betrifft den Gewahrsam und ist in mancher Hinsicht dem zivilrechtlichen Besitz zu vergleichen. Demgegenüber verlangt die Zueignung, daß sich der Täter eine eigentumsähnliche Herrschaftsmacht anmaßt, bezieht sich also auf das zivilrechtliche Eigentum." (LK Rdn. 35)

Das Problem liegt hier u.a. in dem explikativen Ausdruck *eigentumsähnliche Herrschaftsmacht*. Dieser kann zweierlei besagen: Einerseits ist natürlich klar, daß es sich bei einem gestohlenen Gegenstand nach wie vor im rechtlichen Sinne um Eigentum des Bestohlenen handelt. Andererseits ist aber unklar, wann, d.h. unter Vorliegen welcher Bedingungen (Lebenssachverhalte, Handlungen), ein Täter eine Sache "so behandelt wie sein Eigentum"; wegen dieser Unklarheit wird im anderen Kommentar auch der schillernde, juristisch nicht definierte Begriff *Vermögen* verwendet. Der zuletzt zitierte Kommentar versucht, sich mit einer juristischen Brückenkonstruktion zu behelfen:

"Man kann diesen Zustand dem Eigenbesitz i.S. des § 872 BGB vergleichen." (LK Rdn. 42)

Der knappe Wortlaut dieses Paragraphen ("*Wer eine Sache als ihm gehörend besitzt, ist Eigenbesitzer.*") ist aber wenig aussagekräftig. Da der hier in intertextueller Relation (IE II = ITG) zitierte zivilrechtliche Normtext nicht näher erläutert und auf das vorliegende Explikationsproblem bezogen wird, scheint es sich dabei um eine Scheinexplikation zu handeln oder um eine Explikation, die sich auf einen aus dem Normtext von § 872 BGB nicht direkt ersichtlichen weiteren rechtlichen Wissensrahmen bezieht (WBR).

Bevor wir auf die mit dem Ausdruck *Vermögen* verbundenen Probleme zurückkommen, soll noch ein Aspekt der rechtlichen Handlungszuschreibung kurz erwähnt werden. Die zwei rechtlich festgesetzten "Teilakte" werden u.a. wie folgt eingeführt:

> "Als logische Folge einer solchen Aneignung ergibt sich, daß sie mit einem *negativen Element* verbunden ist, nämlich der Entsetzung des Eigentümers aus seiner Verfügungsgewalt (der Enteignung)." (LK Rdn. 43)

Interessant ist hier der Begründungsversuch über eine angebliche "*logische Folge*", dessen Korrektheit und Allgemeingültigkeit hier stillschweigend unterstellt wird. Unklar bleibt, ob der Bezug auf die (welche?) "Logik" hier als Hinweis auf ein alltagsweltlich selbstverständliches Wissen fungieren soll, oder ob es sich um eine juristische Spezial"logik" handelt. Der alltagssprachliche Gebrauch des Wortes *zueignen* impliziert nicht notwendig, daß hier eine *Enteignung* stattfinden muß; es könnte sich in den Augen des Handelnden auch um eine eigentümerlose Sache (z.B. eine "herrenlose" Sache oder ein wild lebendes Tier) handeln. Die Formulierung "*logische Folge*" verdeckt also, daß es sich bei der Definition letztlich um einen juristischen Festsetzungsakt handelt (KD), der einen neuen juristischen "Gegenstand" konstituiert, nämlich den Wissensrahmen: "*Zueignung ist rechtlich immer auch Enteignung*". Würde eine solche Festsetzungsdefinition explizit ausgesprochen, dann könnte, da es sich ja um eine Explikation zum Strafrecht handelt, ausdrücklich erörtert werden, in welchem Verhältnis dieser Festsetzungsakt zu den konstitutiven Akten des Zivilrechts (Eigentum, Besitz) steht, und ob das Eine notwendigerweise und problemlos mit dem Anderen gleichgesetzt werden kann.

Daß die konkrete Zuordnung des Begriffs *Zueignung*, vor allem der in seiner Explikation angeführte Ausdruck "*Zuführung zum eigenen Vermögen*", auf konkrete Lebenssachverhalte nicht unproblematisch ist, zeigen einige der zitierten Urteile. So heißt es in einem Urteilstext:

> "Das Wesen der Zueignung besteht darin, daß die Sache selbst, oder doch der in ihr verkörperte Sachwert, vom Täter dem eigenen Vermögen einverleibt wird [...]. Dies kann freilich auch durch Zuwendung der Sache an einen Dritten geschehen [...]. Wer aber, ohne das eigene Vermögen zu verändern, eigenmächtig über die Sache verfügt, eignet sie sich nicht zu, nützt ihren wirtschaftlichen Wert nicht für sich aus." (RGSt 61, 228 ff., 232)

Und in einem nur drei Jahre später ergangenen Urteil heißt es:

> "Unterschlagung erfordert allerdings Zueignung; sie setzt also voraus, daß der Täter die fremde Sache seinem Vermögen einverleibt. Das tut er, wenn er wie ein Eigentümer endgültig über die Sache verfügt. Eine solche Verfügung liegt vor, wenn er die Deckung eines Verlustes aus dem *eigenen* Vermögen beabsichtigt und zu diesem Zwecke aus Mangel an zureichenden eigenen Mitteln bis zu deren Beschaffung amtliche Gelder verwendet, weil das begrifflich die Absicht voraussetzt, die fremden Gelder wirtschaftlich für sich zu verwenden und ihren Sachwert dem eigenen Vermögen zuzuführen (vgl. RGSt. Bd. 61 S. 228, 234 [...])." (RGSt 64, 415)

Beide Urteile entsprechen sich in den wesentlichen Bestimmungen, die sie zur Definition von *Zueignung* angeben; es handelt sich also um weitgehend übereinstimmende gerichtliche Definitionen (GD) dieses Gesetzesterminus. Aus diesem Grunde werden beide Urteile auch gleichzeitig zum Beleg derselben explikativen Behauptung in allen herangezogenen Kommentartexten zitiert. Man könnte daraus schließen, daß daher beide Urteile dieselbe Sachentscheidung bewirkt haben; das ist aber nicht so. Zwar geht es bei beiden

Urteilen um vergleichbare (wenn auch komplexe) Sachverhalte: Im ersten Falle hatte ein Gerichtsvollzieher Gelder, die er im fremden Auftrag (also fremde Gelder) einzuziehen hatte, nicht sofort an die Gläubiger abgeführt, denen die Schuldner das Geld schuldeten, sondern mit diesen Geldern zunächst andere Gläubiger, deren Geld er noch nicht eingetrieben hatte, die bei ihm aber auf Zahlung drängten, "befriedigt" (wie es im Urteil heißt); dabei hatte er Gläubigergeld, ihm zustehendes Gebührengeld und eigenes Geld ununterschieden in einer gemeinsamen Kasse geführt, die von der Endsumme her allerdings stets ausgeglichen war. Im anderen Falle hatte ein Geldbriefträger einen auf eine Nachnahmekarte eingezogenen Betrag verloren, und, weil er meinte, für diesen Verlust ersatzpflichtig zu sein (was er de jure gar nicht war), den Betrag im Laufe einer längeren Zeit aus seinem eigenen Vermögen dadurch ersetzt, daß er jeweils Nachnahmekarten bis zum nächsten Tag zurückbehalten hat, und sie erst dann mit dem Geld, was er für eine andere Nachnahmekarte mit annähernd gleichem Betrag eingenommen hatte, vorgelegt und ausgeglichen hat; dies wiederholte er mit jeweils neuen Nachnahmekarten und -beträgen so lange, bis der ursprüngliche Verlust beglichen war. Jedoch wurde der Angeklagte im ersten Falle freigesprochen, derjenige im zweiten Falle aber verurteilt (und das, obwohl er zum Ersatz des Fehlbetrages von Rechts wegen gar nicht verpflichtet war!).

Obgleich also beiden Urteilen ein ähnlicher Sachverhalt vorlag (im ersten Urteil wird sogar zustimmend ein anderes Urteil zitiert, dessen Sachverhalt mit demjenigen des zweiten Urteils praktisch identisch war, aber ebenso wie das zitierende Urteil zum Ergebnis des Freispruchs gekommen war), und obgleich beide Gerichte dieselbe Definition von *Zueignung* entwickeln, und darüberhinaus das zweite Urteil sogar das erste Urteil zustimmend zitiert, wird im Ergebnis das Zutreffen dieser Definitionen auf die zugrundeliegenden Sachverhalte genau entgegengesetzt entschieden. Man kann daraus einige Schlußfolgerungen ziehen über das Verhältnis von explikativen sprachlichen Formulierungen und Subsumtionsentscheidungen der Gerichte, bzw. über die konkrete Ausgestaltung des "Referenz"verhältnisses von Normtexten oder kommentatorischen bzw. gerichtlichen Normtext-Explikationen zu tatsächlichen Lebenssachverhalten. Die "Referenz" eines Normtextes, d.h. die Zuordnung konkreter Sachverhalte zu einem Normtext bzw. seiner sprachlichen rechtsdogmatischen Explikation, leitet sich nicht unbedingt direkt aus einer sachlichen bzw. rechtlichen Begründung ab; vielmehr bleibt auch bei den Explikationssätzen noch, ebenso wie bei den Tatbestandsformulierungen der Normtexte selbst, eine anscheinend unüberbrückbare Kluft zwischen Erklärung und Sachverhalt, zwischen sprachlichem Text und Lebenswirklichkeit, die nicht mehr durch Zwischenschritte ausgefüllt werden kann. Referenz erfolgt so meist nur als faktische Subsumtion (SUF), d.h. sie ist und bleibt ein Sprung, der bei identischer rechtlicher Begründung mal in die eine, mal in die andere Richtung gehen kann. Die Ergebnisse der Urteile zeigen, daß eine bestimmte Explikation nicht notwendig zu nur *einem* bestimmten Ergebnis führen kann bzw. muß, sondern daß offenbar auch eine jeweils *entgegengesetzte* faktische Subsumtion noch möglich bleibt. Dies wirft ein Licht auf die Funktion der komplexen rechtsdogmatischen Explikationsbemühungen und vor allem den Stellenwert, den sie in der alltäglichen juristischen Arbeit tatsächlich haben; es läßt den Wert dieser ausufernden Explikationen für die Praxis, jedenfalls insofern es sich nicht bloß um Mitteilung entschiedener Fälle, sondern um eigenständige sprachbezogene Definitionsbemühungen handelt, als fraglich erscheinen.

In beiden Fällen steht und fällt die Entscheidung mit der in den Urteilen nicht weiter explizierten Auffassung davon, was *seinem Vermögen einverleiben* oder *wie ein Eigentümer darüber verfügen* eigentlich bedeutet. Rechtlich gesehen scheinen beide Gerichte dieselbe "Bedeutung" vor Augen zu haben, doch faktisch ordnen sie diesen Ausdrücken in völlig unterschiedlicher Weise Referenzobjekte zu. In beiden Fällen ist es zweifelhaft, ob die komplexen tatsächlichen Vorgänge von den Beteiligten wirklich als *Zufügung zum eigenen Vermögen* aufgefaßt wurden, wenn im Endeffekt den rechtlich gesehen wirklichen Eigentümern der "*Sachen*" (d.h. des Geldes) gar kein Schaden entstanden ist, wie in beiden Urteilen ausdrücklich zugestanden wird. Im zweiten Fall kann nicht verständlich gemacht werden, was das Gericht damit meint, daß das Handeln des Angeklagten *begrifflich "die Absicht voraussetzt, die fremden Gelder wirtschaftlich für sich zu nutzen"*. Weder ist klar, worauf sich das "*begrifflich*" im Satzzusammenhang eigentlich beziehen soll, noch, warum daraus abgeleitet werden können soll, daß der Betreffende tatsächlich die Absicht gehabt haben soll, das Geld "*dem eigenen Vermögen zuzufügen*", wenn er doch tatsächlich Geld aus seinem eigenen Vermögen (und sogar ohne rechtliche Verpflichtung) dem Vermögen des Berechtigten zugeführt hat.

Ein ähnlich zweifelhafter Fall liegt in einem anderen Urteil vor; in dessen Sachverhalt hatte ein Poststellenleiter Gelder, die als Zahlungsanweisungen von Postkunden an ihn eingezahlt worden waren, nicht sofort an die Post weitergeleitet, sondern damit zunächst Nachnahmen von Bekannten (intern) ausgeglichen, um ihnen die Paketsendung aushändigen zu können, obwohl sie ihre Nachnahme erst einige Tage später bezahlen konnten; er hatte also das Geld der Zahlungsanweisungen jeweils nur wenige Tage zurückgehalten, intern jedoch immer eine ausgeglichene Kasse vorzuweisen. Das Gericht bemerkt dazu, nachdem es die aus den beiden anderen Urteilen bekannten Ausführungen zur *Zueignung* wiederholt hat (allerdings unter Betonung der Tatsache, daß die *Zufügung zum eigenen Vermögen* auch in einer *Zuwendung der Sache an einen Dritten* bestehen kann) u.a.:

> "Hier ergibt nun die Begründung des angefochtenen Urteils mit aller Deutlichkeit, daß der Angeklagte, anders als in dem in RGSt. Bd. 61 S. 228 behandelten Falle, durch sein eigenmächtiges Verfügen über die fremden Gelder den Bestand seines eigenen Vermögens verändert hat. Denn indem er mit diesen Geldern als eigenen seinen Bekannten 'aushalf', sie dritten Personen 'leihweise zuwendete', erwarb er gegen die Empfänger

> einen Anspruch auf Rückzahlung der Darlehen, was eine Vermehrung seines Vermögens bedeutete." (RGSt 67, 334)

Hier wird deutlich, welche Auswirkungen die Vermischung strafrechtlicher Tatbestände mit zivilrechtlichen Konstruktionen im Einzelfall haben kann. Während in alltagsweltlichen Wissensrahmen das Vorgefallene wohl kaum als *Vermehrung des Vermögens* des Angeklagten akzeptiert würde, wird hier über die aus zivilrechtlichen Rechtsfiguren abgeleitete Konstruktion, daß der Angeklagte *Forderungen* an die Bekannten habe, und daß auch Forderungen zivilrechtlich gesehen *Eigentum* sind, das Geschehen als *Vermehrung seines Vermögens* behauptet und der Angeklagte daher verurteilt. Das mag zwar mit dem Rechtsinstitut *Eigentum* übereinstimmen, aber wohl kaum mit dem alltagssprachlichen Gebrauch des Ausdrucks *Vermögen*, zumal noch nicht einmal sicher ist, ob der Angeklagte das Geschehen überhaupt als *Forderungen* im Sinne des Zivilrechts erkannt geschweige denn eingeschätzt hat. Eine ähnlich problematische Entscheidung liegt in einem Urteil des BGH vor; dort heißt es:

> "Deshalb eignet eine fremde Sache *sich* zu, wer sie einem Dritten schenkt. Sein Nutzen liegt darin, daß er unter Ersparung einer Aufwendung aus dem eigenen Vermögen freigebig ist, mag nun eine gesellschaftliche oder eine sittliche Pflicht dazu vorliegen oder nicht." (BGHSt 4, 237 ff., 238)

Als Entscheidung, die Tathandlung unter den explizierten Paragraphen zu subsumieren, mag diese Formulierung noch angehen; daß sie jedoch (wie in den anderen zitierten Urteilen auch) als gerichtliche Explikation zu *Vermögen* eingesetzt wird, ist höchst problematisch, da dadurch dieser Terminus seiner Bedeutung in der Alltagssprache völlig entfremdet wird.

Aufmerksamen Lesern wird vielleicht aufgefallen sein, daß sämtliche hier analysierten Urteile Entscheidungen zu § 246 *Unterschlagung* des StGB sind; warum sind sie dennoch so ausführlich hier behandelt worden? Zum einen geschah dies, um einmal an mehreren Urteilen und den ihnen zugrundeliegenden Sachverhalten aufzuzeigen, in welchem funktionalen Verhältnis rechtstheoretische und rechtsdogmatische Begriffsexplikationen zu den tatsächlichen Fallentscheidungen stehen; hier wurde deutlich, daß zwischen Beidem eine Lücke klafft, die anscheinend nur noch durch einen Sprung (also letztlich eine rational dann nicht mehr erklärbare oder auf unausgesprochen bleibenden Gründen fußende "faktische Subsumtion") überwunden werden kann. Zum anderen geschah es, weil diese Urteile ja sämtlichst in den Kommentartexten zu § 242 als Belege für die dort wiedergegebenen Explikationen des Ausdrucks *Zueignung* aufgeführt worden waren. D.h. alle zitierten Urteile beziehen sich im Grunde auf einen *anderen Text* als denjenigen, den es zu explizieren gilt. Solche indirekten (meist in den Kommentartexten unexplizierten) intertextuellen Beziehungen, die dadurch zwischen beiden Paragraphen zustandekommen, daß die Kommentatoren durch ihre Zitierweise implizit behaupten, daß "*zueignen*" in beiden Normtexten dieselbe Bedeutung habe, haben wir ja schon mehrfach kennengelernt. Manchmal mag die Übertragung der Interpretation eines Gesetzesterminus aus einem

Paragraphen auf die Explikation eines anderen Paragraphen problemlos sein. An dem vorliegenden Fall kann jedoch aufgezeigt werden, daß das nicht immer so ist. Der Tatbestand der "*Unterschlagung*" hat folgenden Wortlaut:

> **"§ 246. Unterschlagung. (1) Wer eine fremde bewegliche Sache, die er in Besitz oder Gewahrsam hat, sich rechtswidrig zueignet, wird mit ... bestraft."**

Dazu ist aus linguistischer Sicht zu bemerken: Zwar kann es den Anschein haben, als seien die Texte beider Paragraphen eng miteinander verwandt, da wichtige Ausdrücke aus § 242 in § 246 wiederaufgenommen werden (partielle Rekurrenz). Jedoch scheint von den die Urteile zu § 246 ohne Problematisierung des unterschiedlichen Bezugstextes zitierenden Kommentatoren des § 242 übersehen worden sein, daß die Worte *rechtswidrig zueignen* in beiden Texten einen völlig anderen satzsemantischen Stellenwert haben. Während sie in § 242 die untergeordnete Prädikation (PA^3) des "subjektiven Tatbestandes" (*in der Absicht* ...) ausdrücken, drücken sie in § 246 die zentrale Prädikation, d.h. die Tathandlung selbst und somit ein Moment des "objektiven Tatbestands" aus. Beide Prädikationen haben aber satzsemantisch, und, wie anderenorts wegen des grundsätzlichen Unterschieds und der Unübertragbarkeit von "subjektivem" und "objektivem" Tatbestand immer wieder betont wird, auch rechtsdogmatisch einen völlig anderen Status: einmal geht es um eine *Absicht*, das andere Mal um eine *Tathandlung*. Indirekt wird dadurch, daß die Definitionen der *Zueignung* aus § 246 auch für die Explikation von § 242 reklamiert werden, die *Wegnahme* aus dem objektiven Tatbestand von § 242 ein zweites Mal definiert; dies sollte aber, wie eine oben zitierte Bemerkung aus einem der Kommentare zeigt (LK Rdn. 35), wegen der Unvergleichbarkeit von objektivem und subjektivem TB strikt ausgeschlossen bleiben. Ich kann hier nur aus linguistischer Sicht anmerken, daß die Mißachtung der prädikativen Stellung eines Wortes oder einer Wortfolge zu satzsemantisch unkorrekten Interpretationsergebnissen führen kann. Wie das skizzierte Vorgehen aus rechtlicher Sicht zu bewerten ist, müssen die Juristen selbst beurteilen.

4.4.2 "sich (zueignen)" (B^1)

Es ist, in Kontrast zu dem oben über die Explikation und die Gerichtsentscheidungen zum Ausdruck *zueignen* Gesagten, interessant, nun folgende Explikation der Bezugsstelle *sich* dieser Prädikation (PA^3) zur Kenntnis zu nehmen:

> **"Der Täter muß die Sache *sich zueeignen* d.h. wirtschaftlich an die Stelle des Berechtigten setzen wollen. Im Unterschied zur Wegnahme als Tathandlung, die auch durch Heranziehung Dritter (mit-)verwirklicht werden kann, geht es beim 'Sich-Zueignen' um ein bestimmtes Verhältnis des Täters zum Gegenstand, das nur der Täter in eigener Person herstellen kann." (Sch Rdn.56)**

In den zitierten Urteilstexten war nichts davon spürbar, daß dort davon ausgegangen worden wäre, daß der Täter ein bestimmtes "Verhältnis zum Gegenstand" haben müßte, das er "nur in eigener Person herstellen kann", wie die bestätigten Verurteilungen zeigen; jedoch mag dafür gerade die Tatsache verantwortlich sein, daß es in den Urteilen um § 246 ging, wo *sich zueignen* ja im Gegensatz zu § 242 Tathandlung, und damit Teil des anders zu beurteilenden objektiven Tatbestands war. Daraus könnte folgen, daß das "Verhältnis zum Dritten" sich bei Tathandlungen rechtlich anders bestimmt als bei Tatabsichten. Was in dem Zitat abgelehnt wird, war von denselben Kommentatoren weiter oben dadurch, daß sie die untersuchten Urteilstexte als Belege für die Explikation von Zueignung i.S.v. § 242 angeführt haben, gerade selbst indirekt behauptet worden.

4.4.3 "rechtswidrig" (zu PA[3])

Die Explikation zu diesem Ausdruck des Gesetzeswortlauts steht deshalb in enger Beziehung zur Explikation von *fremd*, weil es hier wie dort um den Einbezug des weitgespannten Bereiches des Eigentumsrechts des BGB in die Explikation von § 242 StGB geht:

> "*Rechtswidrig* ist die Zueignung dann, wenn ihr *kein Anspruch auf Übereignung* zugrunde liegt. Hat aber der Täter einen fälligen und einredefreien Anspruch auf Übereignung gerade der weggenommenen Sache, so entfällt Diebstahl (RG 64, 210, [...] BGH 17, 88)." (Sch Rdn. 59)

Die enge Beziehung zwischen diesem Paragraphen und den Bestimmungen des bürgerlichen Rechts ("Eigentumsordnung"), die in der Explikation immer wieder auch an Stellen durchbricht, wo es eigentlich (nach den Bekundungen der Kommentatoren) nicht um eigentumsrechtliche Verhältnisse gehen sollte, kommt auch dadurch zum Ausdruck, daß die ganze Gruppe von Straftatbeständen, welche durch § 242 zum "Diebstahl" eingeleitet wird, zusammenfassend als "*Eigentumsdelikte*" bezeichnet werden. Da das Eigentumsrecht selbst ungeheuer komplex ist, strahlt diese Komplexität ständig auch auf die Explikation und Anwendung von § 242 und anderen Paragraphen zu Eigentumsdelikten aus. Im vorliegenden Fall der Auslegung von *rechtswidrig* etwa mag es manchen Tätern nicht einleuchten, daß sie, etwa wenn sie Schulden eintreiben wollen, zwar generell einen Anspruch auf Geld (die entsprechende Summe) des Schuldners haben, aber eben keinen Anspruch auf gerade das Geld, welches er zufällig in der Tasche führt. So ist auch die Ent- und Zueignung dieses Geldes *Diebstahl* i.S.v. § 242; das wird so begründet, daß Geld eine "*Gattungssache*" sei, während eine Rechtswidrigkeit der Zueignung nur entfällt, wenn Anspruch auf eine konkrete Sache besteht; dies ist bei Geld, d.h. den Geldscheinen, die jemand in der Tasche mit sich führt, nicht der Fall (vgl. BGHSt 17, 88 f. mit Verweis auf § 243 BGB, d.h. daß der generelle Verweis auf das Eigentumsrecht des BGB in konkreten Fällen auch durch intertextuellen Bezug auf einzelne Textstellen des BGB nachgewiesen wird).

4.4.4 "in der Absicht" (PA[2])

Zu diesem Terminus des "subjektiven Tatbestandes" heißt es:

> "Der Täter muß in der *Absicht* rechtswidriger Zueignung handeln, d.h. mit einem auf Zueignung gerichteten Willen (RG 49, 142)." - "Demnach muß der Täter das *Sich-Aneignen* der Sache oder ihres Wertes mit (subjektiv) *unbedingtem Willen* erstreben." (Sch Rdn. 61, 61)

Einem juristischen Laien mag es ohnehin unerklärlich sein, wie ein Gericht konkret den *Willen*, also seelische Momente feststellen will, welche einen möglichen Täter zum Zeitpunkt der Tat bewegt haben sollen. Linguisten und Sprachphilosophen werden hier sofort an die Bemerkungen Wittgensteins zur Grammatik seelischer Ausdrücke erinnert und an die von ihm geäußerten Zweifel, über seelische Vorgänge Anderer überhaupt sinnvolle Äußerungen machen zu können.[17] In diesem Zusammenhang mögen die Ausführungen zur *Absicht* i.S.v. § 242 StGB interessant sein, die in einem Urteil des Reichsgerichts angestellt wurden:

> "Wie das Reichsgericht wiederholt dargelegt hat, handelt es sich bei der Unterscheidung von Absicht, Vorsatz, Beweggrund, Zweck usw. um eng aneinander grenzende Formen des verbrecherischen Willens, die sich bei dem hierin völlig unsicheren Sprachgebrauch des Strafgesetzbuchs einer allgemeingültigen Bestimmung entziehen. Für jede Art strafbarer Handlungen, zu deren Tatbestand nach dem Strafgesetzbuche eine bestimmte Absicht des Täters gehört, muß deshalb die Bedeutung dieses Tatbestandsmerkmals besonders bestimmt werden. In § 242 StGB. bedeutet Absicht, wie das Reichsgericht in feststehender Rechtsprechung annimmt, nicht den bloßen Vorsatz, andererseits auch nicht den Endzweck und Beweggrund, sondern den unmittelbar auf den im Gesetz bezeichneten Erfolg gerichteten Willen des Täters. Unter 'Erfolg' ist dabei aber nur die durch die Handlung herbeigeführte Veränderung in der Außenwelt und nicht auch die in dieser enthaltene Störung der Rechtsordnung zu verstehen. Letztere gehört nicht mehr dem Gebiete des Sinnfälligen an, auf dem sich der strafbare Wille allein betätigen kann. Die Wertung der in der Außenwelt herbeigeführten Veränderung durch das Recht ist etwas von außen her Hinzutretendes. Unmittelbar gewollt sein muß deshalb nur die *Zueignung*, d.h. die Verbringung der Sache aus dem Vermögen eines anderen in das eigene (wirtschaftliche) Vermögen des Täters. Die *Rechtswidrigkeit* kommt lediglich als Eigenschaft der Zueignung in Betracht, die dieser nach der maßgebenden Rechtsordnung beizulegen ist. Daß der unmittelbare Wille des Täters gerade auf die in der Zuordnung liegende Verletzung der Rechtsordnung, den Eingriff in fremdes Eigentum, gerichtet sei, kann nicht verlangt werden. Wohl aber ist das *Bewußtsein* der Rechtswidrigkeit erforderlich. Ist dieses auch nicht allgemeines Erfordernis der Strafbarkeit, so doch da, wo die Rechtswidrigkeit Merkmal des besonderen Deliktstatbestands ist, wie in § 242 StGB." (RGSt 49, 140 ff., 142 f.; aus dem Jahr 1915)

Die Argumentation dieses Urteils hinterläßt zwiespältige Gefühle. Zum einen erscheint es ohnehin schon als fragwürdig, daß Richter auf einem Gebiet, vor dem schon Psychologen und Philosophen gescheitert sind, es wagen, festlegende Aussagen zu machen; abgesehen von der Frage nach ihrer Kompetenz auf diesem Gebiet (die für Richter außerhalb naturwissenschaftlich-medizinischer Fragen - man vergleiche die ausufernde Erörterung der naturwissenschaftlichen Aussagen herangezogener Gutachter im Elektrizitätsurteil mit der Tatsache, daß hier, wo es "nur" um philosophisch-psychologische Fra-

[17] Vgl. dazu Busse 1991a, Kap. 6.2, 121 ff.

gen geht, kein einziger Nachweis geführt wird - offenbar überhaupt kein Problem ist) stellt sich die Frage, ob hier nicht so etwas wie eine Pseudopsychologie entwickelt wird (ein unausgewiesener Wissensbezug auf außerjuristische, hier: psychologische Wissensrahmen), die sich erst noch einmal an fachwissenschaftlicher Erkenntnis messen lassen müßte. Fragwürdig ist auch, mit welcher Berechtigung sich die Richter die Kompetenz anmaßen, über einen angeblich "völlig unsicheren Sprachgebrauch des Strafgesetzbuches" (Nachweise werden keine vorgelegt!) zu räsonnieren und ihre eigene Theorie an die Stelle des Gesetzeswortlauts zu setzen. Zum anderen erscheint aber in der Sache die Argumentation durchaus einleuchtend, normative Tatbestandsmerkmale als etwas "von außen an die Welt Hinzutretendes" zu kennzeichnen, dessen Kenntnis keinem Angeklagten abverlangt werden kann. Nicht geteilt werden kann aus linguistischer Sicht jedoch die Auffassung, daß die Formulierung des Normtextes "*in der Absicht ..., sich dieselbe rechtswidrig zuzueignen*" eindeutig die Rechtswidrigkeit als "Gegenstand" der Absicht ausschließt. Komprimierte Formulierungen wie sie in Gesetzestexten typisch sind, können, wie auch diese Prädikation, häufig nicht eindeutig interpretiert werden. Satzsemantisch betrachtet aber müssen *rechtswidrig* und *zueignen* als eine einheitliche Prädikation gesehen werden; da diese Prädikation als Bezugsstelle in die Prädikation *Absicht haben* eingebettet ist, kann auch nur diese Prädikation als Ganze "Gegenstand" der Absicht sein; es müßte also nicht nur die *Absicht der Zueignung* verlangt werden, sondern auch die der *rechtswidrigen Zueignung*.

4.4.5 Gesetzeskonkurrenzen

Zur rechtsdogmatische Explikation des Normtextes von § 242 StGB gehört nicht nur die Erläuterung des Gesetzeswortlauts, sondern auch Aussagen darüber, in welchem Verhältnis der Normtext dieses Paragraphen zu den Bestimmungen anderer Paragraphen mit möglicherweise denselben Referenzobjekten (Tathandlungen bzw. Lebenssachverhalten) stehen. Dabei wird die intertextuelle Relation der "Tateinheit" von derjenigen der "Gesetzeskonkurrenz" unterschieden. "Tateinheit" (auch "Idealkonkurenz" genannt) heißt, daß ein einzelner konkreter Lebenssachverhalt als "Verwirklichung" mehrerer Straftatbestände, d.h. linguistisch gesprochen: als Referenzobjekt mehrerer Normtexte zugleich aufgefaßt werden kann; dieses Rechtsverfahren ist eine Folge des im deutschen Rechtssystem geltenden "Legalitätsprinzips", wonach ein Staatsanwalt bzw. ein Richter eine konkrete Handlung so lange prüfen muß, bis er alle Gesetzestatbestände beisammen hat, denen diese Handlung subsumiert werden kann. So kann eine konkrete Handlung, welche als Diebstahl angeklagt ist, in "Tateinheit" noch folgende andere Gesetzesbestimmungen verwirklicht haben: Die §§ 125,1 (Landfriedensbruch), 132 (Amtsanmaßung), 133 (Verwahrungsbruch), 134 (Verletzung amtlicher Bekanntmachungen), 136 (Siegelbruch), 146 (Geldfälschung), 168 (Störung der

Totenruhe), 185 (Beleidigung), 232 (Körperverletzung), 259 (Hehlerei), 263 (Betrug), 266 (Untreue), 267 (Urkundenfälschung), 274,1 (Urkundenunterdrückung), 303 (Sachbeschädigung), 306 (Schwere Brandstiftung), 354 (Verletzung des Post- und Fernmeldegeheimnisses), sowie § 28,1 Waffengesetz (Erlaubnis zum Waffenbesitz) und § 29,1 Betäubungsmittelgesetz (Erwerb von Btm) (nach: DT Rdn. 28; Sch Rdn. 75; LK Rdn. 86). Jedoch kann dann nur *eine* Strafe zugemessen werden, und zwar nach § 52 StGB die Strafe desjenigen Paragraphen, der das höchste Strafmaß vorsieht. Im Gegensatz zur "Tateinheit" liegt "Gesetzeskonkurrenz" vor, wenn zwischen dem Vorliegen mehrerer Straftatbestände alternativ entschieden werden muß; dies ist etwa der Fall zwischen einem allgemeinen Tatbestand ("Diebstahl") und einem Spezial-Tatbestand ("Schwerer Diebstahl", "Raub" usw.). Und zwar unterscheidet man dabei Gesetzeskonkurrenz mit strafverschärfender Wirkung (bei § 242 gegenüber den §§ 244 , 249, 250, 252 und 255 StGB) von solcher mit strafmildernder Wirkung (gegenüber den §§ 247 und 248 a StGB; jeweils nach DT Rdn. 27, Sch Rdn. 76 und LK Rdn 85). Beide Formen der intertextuellen Relationen stellen also Textbeziehungen dar, für deren Gültigkeit bei jeweiligen Sachverhalten es klare entweder gesetzliche oder rechtsdogmatische Regeln gibt. Gesetzesauslegung beschäftigt sich daher, wie wir nicht nur hier, sondern auch an vielen Stellen bei Explikation der einzelnen Bestandteile von § 242 StGB gesehen haben, nicht nur mit dem singulären Normtext, sondern gerade auch mit den verschiedenartigsten Relationen, in denen dieser Normtext zu benachbarten oder sonstwie relevanten anderen Normtexten stehen kann.

4.5 Die juristische Normtextexplikation in linguistischer Sicht

Im folgenden soll die ausführlich skizzierte und linguistisch bewertete Explikation des § 242 StGB einer zusammenfassenden Auswertung aus verschiedenen linguistischen Perspektiven unterzogen werden. Dabei sollen folgende Aspekte bzw. Kriterien berücksichtigt werden: Explikationsebenen und Explikationstypen; Textkohärenz und andere Formen der Textbezüge; Intertextualität, d.h. Art der Textrelationen und Intertextualitätsebenen; textliche und außertextliche Wissensbezüge; Gegenstandsbezüge (Referenz bzw. Fallbezug); institutionelle Bindung und Status der Explikationen und Definitionen; Fachlichkeit und Fachsprachlichkeit von Normtext und Textauslegung.

4.5.1 Explikationsebenen und Explikationstypen

Juristische Normtextexplikationen entfalten nicht nur etwas, das man mit einem traditionellen Begriff davon die "Bedeutung" von Gesetzestermini oder -sätzen nennen könnte, sondern konstituieren komplexe *fachliche Wissensrahmen*, die auf eine lange (und mitunter wechselvolle) Geschichte rechtsdogmatischer wie entscheidungsbezogener praktischer Arbeit zurückgehen.

Insofern sind Explikationen zu einem Normtext nie nur Explikationen des "Gesetzeswortlauts"; vielmehr richten sich die Erläuterungen und Definitionen häufig auf Objekte, die selbst schon wieder Ergebnisse explikativer Arbeit sind. Daher ist es notwendig, bei der juristischen Normtextexplikation, wie sie in Kommentartexten und Gerichtsurteilen geschieht, mehrere Textebenen sowie mehrere Explikationsebenen zu unterscheiden. Der Terminus "*Textebene*" soll dabei in allgemeiner Perspektive Ebenen unterscheiden, in denen Textelemente dadurch zueinander stehen, daß ein Textelement A Gegenstand eines (im Verhältnis zu diesem *metatextuellen*) Textelements B ist. So können, wie gesehen, bereits in § 242 StGB selbst zwei Textebenen unterschieden werden: Der Terminus "*Diebstahl*" als sprachlicher Ausdruck, über den in Satz 1 des Paragraphen eine gesetzgeberische Festsetzungsdefinition erfolgt (Tatbestandsdefinition). Dieser *in sich* selbst also schon in Ebenen gegliederte Normtext wird dann selbst Bezugspunkt weiterer, in Kommentar- oder Urteilstexten entfalteten Explikationen C, D usw. Da die einzelnen Textebenen in unserem Beispiel funktional stets als *Explikationsebenen* erscheinen, haben wir im weiteren Verlauf der Untersuchung die Textebenen nur noch anhand der Explikationsebenen unterschieden. So konstituiert die erste nicht-gesetzliche Textebene, d.h. die unmittelbar auf den Gesetzeswortlaut bezogene Explikationsebene I der Kommentare und Gerichtsurteile, die Textebene III. Die Explikationsebene II, auf welcher explikative Formulierungen der Kommentare und Urteile, welche sich auf den Gesetzestext richten, selbst wieder expliziert werden, konstituiert die Textebene IV; und Explikationen, welche wiederum Erläuterungen dieser Explikationsebene II spezifizieren, konstituieren eine Explikationsebene III und damit die Textebene V. Eine weitere Textebene VI wird dadurch konstituiert, daß Beschreibungen von Sachverhalten und entschiedenen Fällen, welche als Subsumtionen zur Erläuterung (Exemplifizierung, Veranschaulichung) für Explikationen der Explikationsebene III dienen, selbst wiederum eine eigene weitere Explikationsebene IV bilden, und damit zugleich dadurch eine Textebene VI, daß sie ja als Text, d.h. schriftlich formuliert dargeboten werden.

Möglicherweise kann in einem bestimmten Fall auch noch von einer Explikationsebene V und einer Textebene VII gesprochen werden: Der Gesetzesterminus *wegnehmen* (TE II) wird in den Kommentartexten bekanntlich mit der Formulierung *Bruch fremden und Begründung neuen Gewahrsams* (EE I = TE III) erläutert. Der zentrale Ausdruck dieser Explikation ist *Gewahrsam*; er wird erläutert durch den Ausdruck *die von einem Herrschaftswillen getragene tatsächliche Sachherrschaft* (EE II = TE IV). Der zentrale Ausdruck dieser Explikation *Sachherrschaft* wird selbst wieder dadurch erläutert, daß davon ausgesagt wird, daß es sich im Wesentlichen um eine *erforderliche räumliche und zeitliche Beziehung zur Sache* handeln müsse (EE III = TE V); für dieses Explikandum wird aber eine weitere Spezifikation eingeführt derart, daß dazu gesagt wird, diese *Beziehung zur Sache* könne *in wechselnder Stärke bestehen*. Man kann diese Spezifizierung als weitere Explikationsebene

IV (und damit Textebene VI) einstufen; die zur Verdeutlichung des Ausdrucks *in wechselnder Stärke* vorgebrachten Fallbeschreibungen würden dann die Explikationsebene V und die Textebene VII bilden. Man sieht an diesem Beispiel, daß Zuordnungen einzelner Explikanda zu Explikations- und damit Textebenen natürlich, wie alle semantischen Feststellungen, interpretationsabhängig sind. Andere Interpreten mögen bei manchen Fällen (vor allem der tieferen Stufen) zu anderen Einstufungen kommen. Die Zuordnung einzelner Explikanda zu einer bestimmten Explikations- und Textebene ist auch in den untersuchten Kommentar- und Urteilstexten nicht feststehend und einheitlich. Vor allem für die tieferen Ebenen (EE II - EE V) gilt, daß einzelne Kommentartexte in ihrer Explikationsstruktur, und damit in den Explikationsebenen, durchaus voneinander abweichen. Bei manchen Kommentaren wird so eine bestimmte Formulierung als Explikation zu *Gewahrsam* eingeführt, während sie in einem anderen Text als Explikation zu dem *Gewahrsam* explizierenden Ausdruck *tatsächliche Sachherrschaft* formuliert wird. Dies ist insofern plausibel, als ja jede Explikation niedrigerer Stufe zugleich indirekt auch eine Explikation zum zugehörigen Ausdruck höherer Stufe (EE I - II) darstellt.

Es muß außerdem festgestellt werden, daß die abgestufte Tiefengliederung der Explikationen in den Kommentartexten deutlich stärker ausgeprägt ist als in den Urteilstexten. Die Richter, konkrete Fälle vor Augen, interessieren sich anscheinend weniger für die explikative Systematik, welche die Rechtswissenschaftler (mit ihrem von Juristen häufig so genannten "Glasperlenspiel") sich aufzubauen bemühen. Daß zeigt sich auch darin, daß Richter, wie erfahrene Juristen mitteilen, in der alltäglichen Arbeit praktisch kaum die ausführlichen ("Lehr"-)-Kommentare benutzen, sondern die knappen sog. "Rechtsprechungs"-Kommentare (wie DT), deren Autoren sich auf wenige zentrale Definitionen (meist aus Urteilen übernommen) beschränken, dafür aber in umfangreicher und differenzierender Weise konkrete Fallentscheidungen der Gerichte zitieren. Dennoch wird man davon ausgehen können, daß auch das in den Lehrkommentaren entwickelte juristische Wissen den Richtern über ihre Ausbildung weitgehend bekannt ist, zumal sie in Zweifelsfällen auch auf die ausführlicheren Kommentare zurückgreifen können (und dies auch tun, wie manche Zitate in BGH-Urteilen zeigen). Daß die rechtsdogmatischen Explikationsebenen in der Praxis nicht so einfach durchzuhalten sind, zeigt sich auch daran, daß manche Urteilstexte auf verschiedenen Explikationsebenen mit jeweils derselben Formulierung immer wieder zitiert werden; dies gilt erst recht für die in den Urteilen mitgeteilten Fallentscheidungen. Daß die Zuordnung einzelner Explikanda zu bestimmten Explikationsebenen zwischen den verschiedenen Kommentaren wechselt, daß also bei den Verfassern Uneinigkeit über den systematischen Standort eines einzelnen Explikandums herrscht, hat auch einen Grund, der aus linguistischer Sicht erklärt werden kann: Komplexe sprachliche Ausdrücke wie z.B. *in der Absicht, sich rechtswidrig zuzueignen* oder, auf Kommentarebene, ***Bruch fremden Gewahrsams***, stellen zusammenhängende Prädikationen dar, welche satzsemantisch nicht so ohne weiteres in ihre einzelnen sprachlichen Bestandteile zerlegt werden können; genau dies versuchen aber die Kommentatoren, die mit ihrem explikativen Atomismus meinen, jedes einzelne Wort eines solchen Syntagmas könne getrennt vollständig semantisch bestimmt werden. Dadurch kommen in die vermeintliche Explikation der einzelnen Wörter - aus linguistischer Sicht nicht überraschend - natürlich immer wieder semantische Momente hinein, die eigentlich aus der Bedeutung des übergeordneten Syntagmas abgeleitet sind. Ähnliche Verwechslungen geschehen auch zwischen Normtext und Explikationstext; was dann z.B. als Explikation zu *Gewahrsam* (oder ***Bruch des Gewahrsams***) angeboten wird, ist eigentlich eine Explikation zum Gesetzesterminus ***Wegnahme***.

Explikations*typen* wurden vorwiegend nach formalen Kriterien, d.h. ihren jeweiligen Urhebern, unterschieden; dies ist wichtig für die Beurteilung des institutionellen Status einzelner Definitionen und Explikationen. Sprachlich gesehen sind Erläuterungen, wie sie in Kommentaren und Urteilstexten zu Gesetzestermini oder explikativen Ausdrücken gegeben werden, stets *Paraphrasen*; dafür, wann eine Paraphrase als "*Definition*" im engeren Sinne eingestuft werden kann und wann sie eher eine erläuternde "*Explikation*" darstellt, kann keine feste Grenze gezogen werden. Es hängt auch hier häufig vom Sprachgefühl ab, welcher Gruppe man eine konkrete Formulierung zuordnet. Als "*Definition*" bezeichne ich solche Paraphrasen, welche den formelhaften Charakter stehender Redewendungen haben und als solche auch wortgleich in allen oder mehreren Urteilen und Kommentaren vorkommen; ein Beispiel ist etwa die Definition von ***Wegnahme*** als ***Bruch fremden und Begründung neuen Gewahrsams***. Als "*Explikationen*" bezeichne ich demgegenüber solche Paraphrasen und Erläuterungen, denen dieser formelhafte Charakter nicht zukommt, etwa wenn es heißt: ***Demzufolge ist Gewahrsamsbruch jedenfalls gegenüber einem gleichrangigen Mitgewahrsamsinhaber möglich.*** Solche Formulierungen geben sich von ihrer sprachlichen Gestalt her nicht als feste Definitionen, sind aber gleichwohl linguistisch als Explikationen (zum Syntagma ***Bruch fremden Gewahrsams***) zu werten. Alle Explikationen, welche sich explizit oder implizit auf die Sprachgestalt eines einfachen oder zusammengesetzten Ausdrucks beziehen, bezeichne ich als "***Bedeutungsexplikationen***" (BE). Unter den Bedeutungsexplikationen lassen sich nun, je nach Urheber und anhand der Unterscheidung von *Definition* im engeren Sinne und *Explikation* im weiteren Sinne folgende Explikationstypen unterscheiden: *Tatbestandsdefinition* in einem Gesetzestext (TD); *Gerichtliche Definition* (GD), *Gerichtliche Explikation* (GE); *Kommentardefinition* (KD), *Kommentarexplikation* (KE); *Explikation* (ME) oder *Definition* (MD) *in den Gesetzesmaterialien*. Ob eine einzelne Explikation bzw. Definition einer der Stufen zugeordnet werden kann, kann nur durch sorgfältige Analyse der Zitate und Übernahmen festgestellt werden. Häufig sind Formulierungen in Kommentaren, wenn man sie mit den zitierten Gerichtsurteilen vergleicht, als GD oder

GE erkennbar; jedoch gibt es auch Explikationen, für die ein gerichtlicher "Urtext" nicht (oder nicht mehr) aufgefunden werden kann - dies sind dann reine KE oder KD. Eine Explikation aus den Gesetzesmaterialien habe ich bei § 242 nur ein einziges Mal gefunden, und zwar in einem Urteilstext. Es gibt jedoch Urteilstexte in anderen Rechtsgebieten (vor allem solchen, wo der Normtext neueren Datums, d.h. erst in der BRD verabschiedet, ist), in denen Definitionen und Explikationen aus den Gesetzesmaterialien (parlamentarische Protokolle, Ministervorlagen etc.) eine sehr viel größere Rolle spielen.

Von den *Bedeutungsexplikationen* (BE), die sich explizit oder implizit als solche geben, d.h. die sich auf sprachliche Ausdrücke oder Syntagmen beziehen, unterscheide ich solche Explikationen, die sich eher auf "Gegenstände", "Sachverhalte", "Objekte" beziehen: die *Sachexplikationen* (SE) bzw. *Sachdefinitionen* (SD). Solche liegen bei § 242 charakteristischerweise etwa bei der Explikation zum Gesetzesterminus *Sache* vor, etwa wenn unter Erläuterung der physikalischen Eigenschaften von "Elektrizität" begründet wird, weshalb diese kein Referenzobjekt für den Ausdruck *Sache* i.S.v. § 242 sein kann. Daß natürlich auch diese Sachdefinition wieder sprachliche Implikationen hat, zeigt sich daran, daß die ausgrenzende Entscheidung letztlich über den semantischen Gegensatz der Wörter *Sache* und *Zustand* begründet wurde. Sachexplikationen nehmen meist Bezug auf außerjuristische, häufig fachwissenschaftliche Wissensrahmen (WBW). Sachexplikationen können in *expliziter* Gestalt auftreten, wenn sie sich auch sprachlich als solche geben, häufiger aber sind sie versteckt in den verschiedenen Stufen der *Festlegung des Referenzbereichs* von Gesetzesausdrücken oder explikativen Formulierungen. Die verschiedenen Formen der "*Subsumtion*" von Fällen unter einen Text oder ein Textelement (*faktische, paradigmatische* und *rechtliche Subsumtion*) sind deshalb von ihrem explikativen Status her häufig als indirekte und implizite *Sachexplikationen* zu werten. Ein weiteres Kriterium zur Unterscheidung verschiedener Explikationstypen ist die Art des Wissensbezugs, auf dem die Explikationen aufbauen (dazu weiter unten mehr). Wir hatten gesehen, daß häufig auf komplexe rechtliche Wissensrahmen Bezug genommen wurde (WBR), etwa auf das Rechtsinstitut *Eigentum* mit allen seinen Aspekten und Verflechtungen. Die Funktion solcher Wissensbezüge kann so erklärt werden, daß die paraphrasierenden Ausdrücke einer BE in solchen Fällen ihre explikative Kraft nur durch einen besonders intensiven Bezug auf umfangreiche Wissensfelder (epistemische Netze) bekommen. Natürlich ist das Kennen der Wortbedeutung, wie wir bei den linguistischen Überlegungen zur Semantik gesehen haben, in jedem Fall zugleich auch das Kennen weiterreichender Wissensrahmen. Der Ausdruck *Wohnungsinhaber* hat nicht nur eine bestimmte semantische Bedeutung, vielmehr verhilft er dazu, ein ganzes Geflecht von Wissensbezügen des Alltagslebens zu assoziieren. Wenn solche Wissensbezüge zu explikativen Zwecken eingesetzt werden, spreche ich von einem außerrechtlichen bzw. auf alltagsweltliche Wissensrahmen gerichteten

Wissensbezug (WBA). Ebenfalls außerrechtlich, aber von eigenem Status ist der Bezug auf wissenschaftliche Wissensrahmen (WBW), wie im Falle der ausführlichen Zitierung von naturwissenschaftlichen Erkenntnissen im Elektrizitätsurteil.

Unter den außerrechtlichen Wissensbezügen habe ich einen Typ besonders herausgestellt, nämlich den Bezug auf den sogenannten *"natürlichen Wortsinn"* bzw. *"allgemeinen Sprachgebrauch"* (SG). Dieser Hinweis kommt in den untersuchten Kommentar- und Urteilstexten häufiger vor. In manchen Fällen bekommt dieser Hinweis den Charakter einer *"formalen Explikation"*; so nenne ich einen in explikativer Funktion eingesetzten Hinweis auf den "allgemeinen Sprachgebrauch", dem keine inhaltliche Ausfüllung mehr folgt. Nur "formal" ist diese Form der Explikation deshalb, weil sie ausdrücklich offen läßt und der Entscheidung der einzelnen Juristen anheimstellt, mit welchen semantischen Momenten diese Explikation jeweils ausgefüllt wird. Dahinter kann sich ein nur vermeintlicher Bezug auf die Alltagssprache verbergen, nämlich wenn Richter letztlich doch nur ihr eigenes elaboriertes Sprachverständnis als Maßstab für die "Alltagssprache" ansetzen; damit kann aber auch eine Art "Generalermächtigung" (also ein versteckter "unbestimmter Rechtsbegriff") gemeint sein, um die Auslegung eines Gesetzesterminus an die sich möglicherweise historisch wandelnden Lebensverhältnisse und Auffassungen des Alltagslebens besser und schneller anpassen zu können.[18] Eine ähnlich formale Explikation liegt dann vor, wenn ausdrücklich, diesmal aber nicht auf den "Sprachgebrauch" bezogen, eine Anpassung der jeweiligen explikativen und tatbezogenen Entscheidungen an die *"Erfahrungssätze des täglichen Lebens"* gefordert wird. Man kann dies als formalen Hinweis auf die sich jeweils wandelnden Wissensrahmen des Alltagslebens (WBA) bezeichnen. Eine solche Freigabe erfolgt natürlich nicht durch Kommentatoren, sondern stets nur durch paradigmatische Gerichtsentscheidungen. Man kann diesen Typ der formalen Explikation als *"meta-explikative Interpretationsanweisung"* bezeichnen, einen Normtext bzw. ein Textelement jeweils nach wandelnder Auffassung mit konkretem Inhalt zu füllen. Jedoch scheint, nach den vorliegenden Erfahrungen mit der Explikation von § 242 StGB, diese Maxime de facto nicht unbedingt mit alltagsweltlichen Wissensbezügen in wirklichem Sinne befolgt zu werden; viel eher scheint es der Fall zu sein, daß Richter ihre jeweiligen, häufig rechtlich begründeten, Fallentscheidungen dann nur exkulpatorisch als "Auffassungen des täglichen Lebens" ausgeben. Es ist dann kein Unterschied mehr zwischen dem nur vermeintlichen Bezug auf außerjuristische Wissenselemente, und der de facto immer oder meistens nur juristisch begründeten (d.h. nur mit juristischen Kenntnissen verstehbaren) Fallentscheidung. Deshalb steht diese meta-explikative Maxime in

---

[18] Was dies für die Gesetzesbindung heißt, kann ich nicht beurteilen; vgl. zu diesem Problem die umfassende, einen ausführlichen rechtslinguistischen Teil enthaltende Untersuchung von Christensen 1989.

großer Nähe zu einer ähnlichen Form des Verweises, nämlich dem Hinweis auf die *"herrschende Meinung (hM)"* bzw. *"Lehre"*, welcher eine vergleichbare Funktion hat. Damit kann einmal die zum Zeitpunkt der Veröffentlichung gegebene Interpretationsweise eines Normtextes gemeint sein, es kann aber auch, da diese Interpretation sich mit wechselnden Gerichtsentscheidungen allmählich auch ändern kann, ein auf die Zukunft hin offener Hinweis auf die im jeweiligen Zeitpunkt der Entscheidung hin "herrschende Lehre" der Rechtsdogmatik sein. Als solcher wäre er ebenfalls ein Exemplar der formalen Explikation, die jeweils mit Inhalt erst aufzufüllen ist.

4.5.2 Textkohärenz und andere Textrelationen

Textkohärenz im engeren Sinne, also innerhalb des untersuchten Textelements § 242 StGB, wird gelegentlich in Kommentartexten da hergestellt, wo die Explikation zu einem Element aus dem Normtext zu derjenigen eines anderen Elements in Beziehung gesetzt wird; diese Form nenne ich eine *Textkohärenz durch Explikation* (TKE). Dies findet etwa statt, wenn in einem Kommentar eine bestimmte Auslegung zum Gesetzesterminus *fremd* (als Teil des sog. "objektiven Tatbestands") in eine explikative Beziehung zur Auslegung des "subjektiven Tatbestands", d.h. sprachlich, des Ausdrucks *in der Absicht ..., sich rechtswidrig zuzueignen*, gesetzt wird (s.o. zu *fremd*); die Explikation des einen Terminus wird dabei modifiziert durch die Explikation des anderen Ausdrucks. Damit wird eine inhaltliche Beziehung zwischen beiden Elementen derart hergestellt, daß die (rechtliche) "Bedeutung" von *fremd* nur durch diesen Bezug auf die Formulierung des "subjektiven Tatbestands" näher bestimmt werden kann. Sehr viel häufiger als diese Form der Kohärenzherstellung sind solche Textbezüge, die eine Relation zwischen dem Inhalt von § 242 (bzw. seiner einzelnen Elemente) und dem Inhalt anderer benachbarter Paragraphen des StGB herstellen (vgl. auch oben Kap. 4.2). Ich nenne solche explikativ hergestellten Textbezüge zwischen Bestandteilen desselben Gesetzes *explikative Intertextualität* (ITE). Die Abgrenzung zwischen *"Textkohärenz"* und *"Intertextualität"* ist bei Gesetzestexten eine schwierige Frage, da sie die Klärung des Problems voraussetzt, wie eigenständig ein einzelner Paragraph ist, d.h. ob die Bezeichnung *"Text"* nur einem Gesetz als Ganzem oder auch einem einzelnen Paragraphen zukommen soll. Hier ist interessant, daß der Sprachgebrauch des StGB den Ausdruck *"Gesetz"* (abweichend vom alltagssprachlichen Gebrauch) durchgängig auch für einzelne Paragraphen verwendet (vgl. z.B. § 52 StGB). Man könnte anstatt von "Intertextualität" bei den inhaltlichen Bezügen zwischen Paragraphen des StGB also auch von "Textkohärenz" sprechen. Da der linguistische Terminus "Kohärenz" aber ohnehin sehr weit gefaßt ist und je nach Autor inhaltliche Bezüge auch sehr allgemeiner Art bezeichnen kann, ziehe ich hier den exakteren Terminus "Intertextualität" vor. Viele Paragraphen einzelner Gesetze (gerade auch des StGB) sind zu so weit auseinanderliegenen Zeiten erlassen worden, daß die Textbezüge zu anderen Paragraphen desselben Gesetzes nicht intensiver sind als solche zu Paragraphen anderer Gesetze (etwa des BGB). Da mir ein prinzipieller Unterschied zwischen explikativen Bezügen auf Paragraphen des StGB bzw. des BGB aber nicht gegeben zu sein scheint, bezeichne ich beide Relationstypen als "Intertextualität". Der explikativ hergestellten Intertextualität zwischen Textelementen eines einzigen Gesetzestextes (ITE) steht deshalb die intertextuelle Relation zwischen Paragraphen verschiedener Gesetze (ITG) gegenüber.

Solche Textbezüge werden an mehreren Stellen hergestellt. Zunächst zur Relation zwischen Paragraphen des StGB (ITE). Eine direkte intertextuelle Relation stellen die Kommentartexte etwa dort her, wo einzelne Explikationen zum Wortlaut des § 242 (etwa bei der Explikation von *Begründung neuen Gewahrsams*) in Beziehung gesetzt werden zu den Bestimmungen des § 22 im "*Allgemeinen Teil*" des StGB über den "*Versuch*". Hier besteht der Textbezug u.a. darin, daß die Rezipienten darauf aufmerksam gemacht werden, daß die Explikation an dieser Stelle wichtig werden kann für die Beurteilung, ob in einem gegebenen Fall "Versuch" nach § 22 vorliegt oder nicht. Insofern bezieht sich diese Explikationsstelle auch textkohärent auf Satz 2 von § 242, in dem das gesonderte Strafmaß für "*versuchten Diebstahl*" festgesetzt wird. Eine ähnliche intertextuelle Relation zu einem Paragraphen des *Allgemeinen Teils* des StGB wird bei der Explikation des "*Vorsatzes*" hergestellt (§ 15 StGB). Auch dort, wo der Inhalt von § 242 gegen den anderer Strafbestimmungen (etwa § 263 *Betrug*) abgegrenzt wird, findet die Herstellung einer intertextuellen Relation statt. Textkohärenz besteht natürlich ohne weiteres zwischen § 242 und allen anderen Paragraphen des StGB, die einzelne Ausdrücke oder Syntagmen dieses Paragraphen wiederaufnehmen oder variieren (s.o. Kap. 4.2). Indirekte Textbezüge, die auf diesen Kohärenzrelationen basieren, werden in den Kommentaren dort hergestellt, wo für die Explikation eines bestimmten Ausdrucks Explikationen herangezogen werden, die diesen Ausdruck im Kontext eines anderen Paragraphen betreffen. Das kann einmal so aussehen, daß der zu explizierende Gesetzesterminus in einem anderen Paragraphen "wiederaufgenommen" wird; von *Wiederaufnahme* kann man in diesem speziellen Fall reden, weil § 242 das abstrakt definierte Eingangsdelikt ist, welches einen ganzen neuen Gesetzesabschnitt einleitet, und dessen Bestimmungen oder einzelne Wörter in anderen folgenden Paragraphen wiederholt werden oder auf die dort angespielt wird. Diese Textkohärenz kann aber auch dadurch hergestellt werden, daß zwar nicht ein Gesetzesterminus, wohl aber ein Ausdruck der Kommentarexplikation in einem anderen Paragraphen vorkommt und deshalb anhand der für diesen Paragraphen vorgenommenen Explikation auch hier inhaltlich bestimmt wird; das ist etwa der Fall bei dem Wort *Gewahrsam*, welches bei § 242 nur in der *Explikation* erscheint, aber analog zu dem Gebrauch dieses Wortes als *Gesetzes*terminus in § 246 (bzw. zu der Explikation dort) ausgelegt wird. Es ist dabei allerdings anhand der Kommentar- und Urteilstexte nicht zu entscheiden, ob die Verwendung dieses Ausdrucks in § 246 nun ursprünglicher war als die im Kommentar zu § 242. Da keine gerichtliche Definition für diesen Ausdruck aufzufinden war, ist es gut möglich, daß er und seine Inhaltsbestimmung schon vor Verabschiedung des StGB existierte (etwa in der Auslegung zu Vorformen des StGB wie evtl. zum Preußischen Strafgesetzbuch oder schon dem Preußischen Landrecht) und seine Verwendung in § 246 schon ein Resultat dieser vorgängig (möglicherweise sogar zum Diebstahl und nicht zur Unterschlagung) getroffenen Bestimmung ist.

Als Kohärenzrelationen im weiteren Sinne können all die Bezüge bezeichnet werden, die zu *anderen* Rechtsgebieten, etwa dem Zivilrecht, hergestellt werden. Da alles, was mit sprachlicher Bedeutung zu tun hat, auch in Termini des *Wissens* (epistemologisch) formuliert werden kann, handelt es sich dabei stets auch um *Wissensbezüge*. Man kann jedoch, hinsichtlich des Textualitäts-Status, solche Wissensbezüge, die nachweisbar auf bestimmten Texten beruhen, von solchen unterscheiden, für die das nicht der Fall ist. Wissensbezüge auf rechtliches Wissen (WBR) sind notwendigerweise immer zugleich auch *Textbezüge*, da "das Recht" immer als Text existiert. Wenn also auf den Begriff, oder (wegen der Komplexität des Wissens) besser: den *Wissensrahmen "Eigentum"* Bezug genommen wird, so ist dies indirekt immer auch ein Bezug auf die entsprechenden Paragraphen des BGB, in denen dieser Wissensrahmen näher definiert und konstituiert wird. Eine Verwendung (textlinguistisch: Wiederaufnahme) des Ausdrucks *Eigentum* in der Explikation zu § 242 StGB stellt daher notwendig eine Textkohärenz (oder eine intertextuelle Relation, je nach Grenzziehung) zu § 903 ff. BGB her. Da ein Paragraph aber nie nur aufgrund seines Gesetzeswortlauts verstanden werden kann, ist die Relation zum Wissensrahmen *Eigentum* immer auch ein Textbezug zu den Kommentar- und Urteilstexten, welche die §§ 903 ff. BGB explizieren. Von "Textkohärenz" kann man hier insofern sprechen, als jedem Juristen, der das StGB auslegt, natürlich ebensogut das BGB und der Wissensrahmen *Eigentum* bekannt sein muß; wenn er Zweifel hat, so weiß er, an welcher Stelle des umfangreichen Textkorpus des "Gesamtrechts" er nachschlagen muß, um seine Kenntnisse aufzufrischen. Neben dieser Verweisung auf Bestimmungen anderer Gesetze gibt es in den untersuchten Kommentaren auch Bezugnahmen auf anderes juristisches Wissen, welches in "Theorien" zu einzelnen Auslegungsaspekten (etwa "*Apprehensionstheorie*" zu *Begründung neuen Gewahrsams*) enthalten ist. Hier ist ein Textbezug zwar prinzipiell gegeben, insofern der genaue Inhalt dieser Theorien durch Lektüre in anderen Kommentaren oder rechtswissenschaftlichen Arbeiten festgestellt werden kann, jedoch wird (im Unterschied zu den Verweisen auf Gesetzesbestimmungen) häufig nicht mehr eindeutig nachzuweisen sein, wo diese Theorien ihren Ursprung haben; man kann bei dieser Form des Wissensbezugs daher von einer "diskursiven Kohärenz" (DK) sprechen, also von Textbezügen, welche auf faktisch vorhandenes und als selbstverständlich unterstelltes diskursives Wissen, und damit auf eine unbestimmbare Menge von

Texten verweisen. Mit den zuletzt erörterten Typen von Textkohärenz sind aber schon die (genau nicht bestimmbaren) Grenzen zur Intertextualität überschritten, die im folgenden näher skizziert werden soll.

4.5.3 Intertextualität: Relationen, Ebenen, Typen

Die Art und Zahl der in den Explikationen zu § 242 StGB hergestellten Intertextualitätsbeziehungen ist abhängig von den an der Explikation beteiligten Texten bzw. Textsorten. Dies sind: § 242 StGB; das Strafgesetzbuch insgesamt bzw. andere seiner Paragraphen; andere Gesetzestexte bzw. Paragraphen aus ihnen; die Kommentartexte; Urteilstexte verschiedener Instanzen; Texte aus den Gesetzesmaterialien; rechtswissenschaftliche Texte; andere wissenschaftliche Texte; sonstige Texte. Die wichtigste Intertextualitätsrelation ist natürlich die zwischen Gesetz und Kommentar; ohne Kommentar wäre ein Normwortlaut kaum praktisch anwendbar. (Da sich der ganze Abschnitt 4.3 und 4.4 darauf bezog, braucht zu dieser Relation hier nichts mehr gesagt zu werden. Desweiteren haben wir Textbeziehungen zwischen § 242 und anderen Paragraphen des StGB schon oben unter dem Stichwort "Textkohärenz" abgehandelt.) Relationen zwischen § 242 und anderen Gesetzestexten werden mittelbar, durch explikative Vermittlung der Kommentartexte hergestellt (s.o.); hier stellt sich, wie bei allen Explikationen, immer die Frage, ob der hergestellte Textbezug richtig ist oder nicht. Z.T. wurden Ausdrücke des § 242 (bzw. seiner Explikation, wie z.B. *Gewahrsam*) indirekt ausgelegt unter Anwendung von Prinzipien des BGB, während dies anderenorts gerade abgelehnt wurde. Textbezüge dieser Art sind also selbst schon wieder Interpretamente, und insofern irrtumsanfällig. Neben der Relation Gesetz - Kommentar ist die Beziehung Kommentar - Urteilstexte sicher die wichtigste intertextuelle Relation. Diese setzt eine unmittelbare Relation voraus, die zwischen Urteilstexten und Gesetzestext ihrerseits besteht. (Das muß aber nicht immer der Fall sein, wie die Zitationen zeigen, wo sich die Urteilstexte auf einen anderen Paragraphen des StGB bezogen. In diesen Fällen würde eine trapezförmige Intertextualitätsrelation vorliegen zwischen § 242 - Kommentar dazu - zitiertem Urteilstext - anderem Paragraph als Bezugstext des Urteilstexts.) Die Zitationen von Urteilstexten in Kommentartexten können unterschiedlichen Charakter haben: Zum einen kann sich ein Zitat auf eine rechtliche und/oder explikative Begründung beziehen; zum anderen kann sie sich auf die Fallentscheidung des Gerichtes, also indirekt auf den dem Urteil zugrundeliegenden Falltypus beziehen (meist wird beides mehr oder weniger zusammenfallen - notwendig ist das aber nicht). Interessant ist es, im Verhältnis zwischen Kommentar und zitiertem Urteilstext im einzelnen genau zu untersuchen, von welcher Relation eine herangezogene explikative und/oder rechtliche Begründung zur vom Gericht vollzogenen Fallentscheidung steht; wie wir gesehen haben, muß sich beides nicht unbedingt entsprechen. So können die rechtlichen Begründungen zweier Gerichtsurteile identisch sein, während ihre Fallentscheidungen genau in entgegengesetzte Richtung ausfallen. (Wir werden diesen Aspekt weiter unten bei Betrachtung der Subsumtionsformen noch näher untersuchen.)

Die zwischen dem auszulegenden Normtext und den Urteilstexten bestehende Intertextualitätsrelation ist, da die Urteile regelmäßig über die Kommentartexte erschlossen werden, eine *qualifizierte* Beziehung. Dies kann heißen, daß in Kommentaren gelegentlich nur solche Urteile zitiert werden, welche die rechtsdogmatische Meinung der Kommentatoren stützen; dies kann aber auch so aussehen, daß die Kommentatoren verschiedene, voneinander abweichende oder gar sich widersprechende Urteilstexte zitieren, um dann zwischen diesen abzuwägen bzw. eine Entscheidung zu fällen; meist geschieht dies mit der Formel "*nach herrschender Meinung* ...". Eine indirekte Steuerung kann auch dadurch erfolgen, daß zwischen mehreren im Tenor gleichlautenden Urteilstexten derjenige ausgewählt wird, der insgesamt (auch in anderen seiner Aspekte) der Argumentationslinie des Kommentars am nächsten kommt. Allerdings sollte dies nicht überbewertet werden; es steht zu vermuten, daß kaum ein Benutzer der Kommentare die in ihnen zitierten Urteile so genau (wenn überhaupt!) anschaut wie der sie textlinguistisch untersuchende Linguist. In Urteilstexten können auch selbst wiederum Relationen zwischen verschiedenen Gesetzestexten hergestellt werden; insofern auf solche intertextuelle Relationen in Kommentartexten Bezug genommen wird, handelt es sich um eine *vermittelte* Intertextualität; dies ist etwa der Fall, wenn ein Gerichtsurteil zwischen zwei verwandten Paragraphen abwägt und diese Abwägung dann im Kommentar zitiert wird. Eine wichtige (vom Blickpunkt der Kommentare her gesehen *vermittelte*) intertextuelle Beziehung ist die Auseinandersetzung in Urteilstexten mit anderen vorherigen Urteilen. Soweit sich diese Urteile auf Gesetzesauslegungen beziehen, also selbst schon eine Textrelation zwischen Normtext und Urteil darstellen, ist diese Relation eine doppelte Intertextualitätsrelation, wenn auf sie wiederum in einem anderen Urteil Bezug genommen wird. Meist nehmen Urteilstexte auf andere Urteile in derselben Sache *zustimmend* Bezug, meist, um die eigene Position zu legitimieren; manchmal findet jedoch auch eine *Auseinandersetzung* statt, um die eigene, von den bisherigen Urteilen abweichende Auffassung zu begründen. Wenn sich ein Urteilstext mit zwei gegensätzlichen Rechtsauffassungen auseinandersetzt, um dann für die eine und gegen die andere eine Entscheidung zu fällen, dann ist auch dies meist eine Auseinandersetzung über verschiedene andere Urteilstexte. Schließlich darf nicht übersehen werden, daß Kommentartexte zu Gesetzesparagraphen sich gelegentlich auch mit der Meinung anderer Kommentatoren auseinandersetzen; d.h. daß als weitere Intertextualitätsrelation auch die Beziehung zwischen Kommentartext und anderem Kommentartext in Frage kommt. Dies ist vor allem in den sog. Lehrkommentaren der Fall, wo mitunter die Zahl der Zitierungen anderer Kommentare fast an die Zahl der Urteilszitate heranreicht.

Die intertextuellen Verflechtungen zwischen Texten verschiedener Textsorten konstituieren mehrere Ebenen der Intertextualität. Intertextualitätsebenen werden stets vom Normtext aus bestimmt, so daß die Beziehung zwischen Normtext und Kommentar eine erste Intertextualitätsebene konstituiert (IE I). Da die meisten explikativen Bestimmungen, die in einem Kommentartext entfaltet werden, ihren Ursprung in weiteren Texten haben (meist Gerichtsurteile) konstituieren diese äußerst zahlreichen Verweise eine zweite Intertextualitätsebene (IE II). Dazu gehören auch Verweise auf Gesetzestexte, die im Kommentar zur Bestimmung von § 242 StGB herangezogen werden. Weitere Intertextualitätsebenen werden vor allem durch die zitierten Urteilstexte eröffnet; bezieht sich ein in einem Kommentar zitiertes Urteil selbst wiederum auf einen anderen Text, sei es einen Gesetzesparagraphen, der nicht schon im Kommentar selbst zitiert war, sei es auf einen anderen Urteilstext, dann stellt dies eine Intertextualitätsrelation auf der dritten Ebene (IE III) dar. Urteilstexte beziehen sich nicht nur auf andere Urteile derselben Instanz, sondern, da es sich bei den in Kommentaren zitierten Urteilen meist um höchstrichterliche (RG, BGH) Urteile handelt, notwendig immer auf die Urteile der niedrigeren Instanzen. Da RG und BGH nur *Rechts*fehler beurteilen, nicht aber in der *Sache* ermitteln dürfen, beziehen sie die Sachverhaltsschilderungen, welche Grundlage der Urteile der Vorinstanzen sind, aus Urteilstexten dieser Vorinstanzen. Daher spielt die Intertextualitätsebene III indirekt eine große Rolle für die Gesetzeskommentare, weil die Fallentscheidungen (Subsumtionen) letztlich immer nur Bestätigungen oder Verwerfungen vorinstanzlicher Entscheidungen durch die Obergerichte darstellen. Wenn ein obergerichtliches Urteil (= IE II) auf ein vorinstanzliches Urteil (= IE III) Bezug nimmt und aus Explikationen zitiert, welche die Vorinstanz selbst von anderem Ort bezogen hat (etwa aus Gutachten), dann konstituieren diese dort zitierten Texte sogar eine vierte Intertextualitätsebene (IE IV); dies ist etwa dort der Fall, wo der BGH aus dem Urteil der Vorinstanz diejenigen Passagen zitiert, die dieses aus den eingeholten wissenschaftlichen Gutachten zum Charakter der Elektrizität (*Sache* oder nicht?) bezogen hatte. Intertextualitätsebenen noch tieferer Staffelung sind bei der Explikation von § 242 StGB nicht vorgekommen. Die Intertextualitätsebenen, mehr noch aber die Textsorten der hergestellten Intertextualitätsrelationen, spielen eine wichtige Rolle für die Beurteilung des institutionellen Status explikativer Aussagen (s.u.).

Als Typen von Intertextualitätsrelationen können im wesentlichen zwei unterschieden werden: die Heranziehung von Texten zur *Bestätigung* einer Aussage/Explikation und die Heranziehung von Texten zur *Abgrenzung* der in ihnen geäußerten Auffassung/Explikation. Da wir die Intertextualitätsebenen vom Gesetzestext her bestimmt haben, haben durch intertextuelle Relation herangezogene weitere Texte zunächst immer die Aufgabe, Textelemente zu *explizieren*. So stellt der Kommentar im Verhältnis zum Gesetzestext sowohl die nächste Intertextualitätsebene als auch die nächste

Explikationsebene dar. Im Verhältnis zum Kommentar kann ein herangezogenes Gerichtsurteil explikative Funktion übernehmen; da die wesentlichen Aussagen der Urteile aber meist paraphrasierend oder auch wörtlich schon in den Kommentartext aufgenommen worden sind, hat das Zitat, d.h. der Nachweis einer Fundstelle, konkret meist bestätigende Funktion. Für die Leser der Kommentartexte sind Übernahmen aus Urteilstexten meist nicht erkennbar, da die Kommentatoren durchgängig ohne Anführungszeichen arbeiten. Intertextualität heißt dann ganz unmittelbar auch, daß viele Textelemente aus Kommentartexten sekundären Ursprungs, d.h. aus Gerichtsurteilen übernommen sind. Intertextualitätsrelationen können daher sowohl durch explizite Zitierung, als auch durch nichtexplizierte stillschweigende Übernahmen hergestellt werden. Wieder einen anderen Typ intertextueller Relation stellt es dar, wenn in einem Kommentar ein Gerichtsurteil nur deswegen zitiert wird, weil der dort entschiedene Fall zum Beleg einer explikativen Aussage herangezogen werden soll. Intertextualitätsrelationen haben daher immer etwas mit explikativen Beziehungen zu tun, da die Erläuterung des Bezugstextes (des § 242) oberste Textfunktion aller Textelemente im explikativen Zusammenhang der Kommentierung ist. Jedoch dürfen Explikationsebenen und Intertextualitätsebenen nicht gleichgesetzt werden, da, wie wir gesehen haben, auch innerhalb eines Textes mehrere Explikationsebenen vorliegen können. Desgleichen dürfen die Eplikationsebenen nicht mit den Textebenen verwechselt werden. Die Unterscheidung von Textebenen hat zum Ziel, auf der Aussagenebene (d.h. auf der Ebene der Satz- und Textinhalte) metasprachliche (bzw. meta-Aussage-) Beziehungen zu unterscheiden, die sich innerhalb eines konsistenten und abgrenzbaren Gesamttextes abspielen, während die Differenzierung von Intertextualitätsebenen darauf zielt, Relationen zwischen einzelnen Einheiten, die als eigenständige Texte abgegrenzt werden können, zu beschreiben. Da es in der Gesetzesexplikation immer um Sprachdaten, d.h. um Texte geht, können als Intertextualitätstypen auch die meisten Formen von Wissensbezügen, d.h. von Beziehungen zu Wissensrahmen verschiedener Art gelten; gleiches gilt dann auch für alle Arten der Bestimmung von Referenzobjekten für Elemente des Normtextes oder seiner Explikation. Beide Arten von explikativen Bezugnahmen werden in den folgenden Abschnitten näher erläutert.

4.5.4 Referenz bzw. "Subsumtion"

Juristen bezeichnen den Vorgang, für einen dem Gericht zur Entscheidung vorliegenden Sachverhalt festzustellen, ob er als "Fall" des Norm-Tatbestandes behandelt werden kann, mit dem Ausdruck "*Subsumtion*". Dieser Terminus bezeichnet nur sehr unvollkommen das komplexe Verhältnis, das zwischen dem Normtext, der rechtsdogmatischen Interpretationspraxis zu diesem Text, dem vorliegenden Lebenssachverhalt, der Beschreibung, in der er von der Tatinstanz als institutionell gültig aufgenommen und akzeptiert wurde, und dem Entscheidungsbedürfnis bzw. -zwang des Gerichts (mit allen seinen kriminalpolitischen Zielsetzungen, gesellschaftlichen Wertvorstellungen etc.), besteht. Zudem hat er einen - von Juristen gern kultivierten - Anklang an logische Folgerichtigkeit, dem die tatsächliche juristische Praxis nicht gerecht werden kann. Sprachwissenschaftlich gesehen wird mit der Redeweise, daß ein Fall unter eine Rechtsnorm subsumiert werde, irreführenderweise unterstellt, als gebe es einen klaren Normsinn als eigenständige und abgrenzbare Größe auf der einen Seite, einen "Fall", als ebenso eigenständige Größe auf der anderen Seite, und einen gradlinigen und simplen Akt der Zuordnung zwischen beiden durch die Richter. Diese Fiktion verfehlt die juristische Praxis wohl um Längen. Sprachlich gesehen kann die Lebenswirklichkeit, auf die sich ein Normtext beziehen soll, als *Referenzbereich* des Textes bezeichnet werden. "*Referenz*" heißt, wie gezeigt, daß Menschen mit sprachlichen Äußerungen auf Gegenstände und Sachverhalte im weitesten Sinne Bezug nehmen; dafür ist es unwesentlich, ob diese "wirklich" existieren oder nur gedacht, erinnert, vorgestellt etc. sind. Referenz (Bezugnehmen) ist aber in jedem Fall eine sprachliche *Handlung*. Normtexte haben nun (von ihrem Sprechakttypus bzw. ihrer Textfunktion her) die funktionale Besonderheit, daß sie sich auf zukünftige Wirklichkeit nicht nur deskriptiv, sondern auch regulierend beziehen sollen. Diese regulierende Wirkung wird, wie gezeigt, im wesentlichen dadurch erzielt, daß Normtexte einerseits *Anweisungen* an die Rechts- und Staatsorgane sind, was mit jemandem, der eine mit Strafe bedrohte Handlung begeht, geschehen soll; gegenüber den rechtsunterworfenen Bürgern ist diese Anweisung zugleich eine *Drohung*, was ihnen geschehen kann, wenn sie die verbotenen Handlungen begehen, andererseits aber ein indirektes *Verbot*, diese Handlungen auszuführen (und damit eine Art abstrakter Verhaltensregel).

Die regulative Wirkung, welche dem Normtext beiliegen soll, bedingt, daß der Text möglichst viele verschiedene Ausformungen (Instanzen) eines als Typus beschriebenen Lebenssachverhalts erfassen soll; alle Handlungen, die dem Typus entsprechen, sollen mit der angedrohten Strafe belegt werden können. Die "Vielgestaltigkeit des täglichen Lebens" (wie Juristen gerne formulieren) bringt es nun mit sich, daß die Zuordnung von Handlungen zum Normtext jeweils neu, durch bewußten und reflektierten Akt der Richter, aktiv vorgenommen werden muß. Damit finden sie sich sprachlich gesehen grundsätzlich in keiner anderen Position als die Rezipienten eines Textes, die - als Teil ihres Textverstehens - diese Referenzhandlung ebenfalls vollziehen müssen; nur mit dem Unterschied, daß an die Referenzakte der Richter erhebliche faktische Folgen geknüpft sind. Merkmale einer Handlung, die vom bisher bekannten Typus abweichen, müssen stets daraufhin überprüft werden, ob sie bewirken, daß die Handlung gar nicht mehr dem Typus zugeordnet werden kann, oder ob sie dennoch, trotz Abweichung, die Zuordnung erlauben. Für die Beurteilung dieser Frage hat die juristische Auslegungspraxis und -wissenschaft (Rechtsdogmatik) ein komplexes Netz von Fallbeispielen, negativen und positiven Zuordnungen, Argumentationsstrukturen, explikativen Konkretisierungen etc. geschaffen, welche für den "Normalfall" richterlichen Entscheidens eine Zuordnung erlauben, die, wenn auch nicht zweifelsfrei, so doch wenigstens im Konsens mit der "herrschenden Meinung" erfolgt. Da es de facto im Endeffekt weniger auf die Explikationskünste, als vielmehr auf die Frage ankommt, ob ein bestimmter Sachverhaltstypus dem Normtext als "Referenzbereich" zugeordnet werden kann oder nicht, sind viele Fallentscheidungen de-facto-Entscheidungen, d.h. solche Zuordnungsakte, die Kraft der jurisdiktiven Kompetenz eines obersten Gerichts einfach *gesetzt* werden, also durch Entscheidung gelöst werden, statt durch schrittweise Argumentation. Dies soll nicht heißen, daß die juristischen Argumentationen überflüssig wären; sie sind vielmehr, ebenso wie die rechtsdogmatischen Explikationstheorien, auf die sie zurückgehen, ein wertvolles Hilfsmittel im Vorfeld von Entscheidungen, wenn es darum geht, für einen großen Bereich von "Standardfällen" mögliche Zweifel auszuschließen. Jedoch in der (stets kleinen) Zahl von Restfällen, wo Zweifel bestehen bleiben, werden diese letztlich nur durch die faktische Subsumtion beendet: Irgendwann einmal muß die Argumentation beendet[19] und entschieden werden - die kleine Lücke zwischen (argumentativem) Text und faktischer Zuordnungs-Entscheidung bleibt, wie wir an der Analyse zu § 242 StGB gesehen haben, bestehen.

Ich habe, anhand der durch die Kommentar- und Urteilstexte zu § 242 gelieferten Beispiele, drei Arten von Referenzakten (Subsumtionen) heuristisch unterschieden: *rechtlich begründete Subsumtionen* (SUR), *paradigmatische Subsumtionen* (SUP) und *faktische Subsumtionen* (SUP). Da natürlich alle Fallentscheidungen rechtlich begründet sein müssen, muß die gesonderte Kategorie *rechtliche Subsumtionen* begründet werden. Darunter verstehe ich solche Zuordnungen von Fallbeispielen zum Normtext (oder Elementen des Normtextes bzw. seiner Explikationen), welche sich, außer auf die explikative Argumentation zu § 242, auf weitere rechtliche Argumente berufen; dazu zählen etwa Subsumtionen, welche sich über die explikativen Argumente zu § 242 hinaus weiterer rechtlicher Wissensrahmen bedienen, um einen Sachverhaltstypus als Element der Gruppe der Referenzobjekte des Normtextes auszuzeichnen. Dies ist etwa dort der Fall, wo bei Auslegung des Terminus *fremd* Regelungen des Zivilrechts (BGB) herangezogen werden, welche *rechtlich* definieren, wann eine bestimmte Sache *fremd* ist und wann nicht. Demgegenüber sind *faktische Subsumtionen* solche, bei denen entweder die Mühe einer ausführlichen diskursiven Begründung, weshalb ein Sachverhaltstyp als Referenzobjekt des Normtextes in Frage kommt, gar nicht unter-

[19] Tatsächlich spielt der Faktor Zeit für die juristische Argumentations- und Entscheidungskultur eine nicht zu unterschätzende Rolle; vor allem in den unteren Instanzen werden aus Zeitnot häufig die "einfacheren" argumentativen Wege beschritten, die Zweifel (und damit Zeitverlust) ausschließen - wie Juristen mit Praxiserfahrung gelegentlich zugestehen.

nommen wurde; oder solche Zuordnungsakte, bei denen zwar argumentiert wird, aber eine deutliche Lücke zwischen Argumenten und konkreter Fallentscheidung klafft. Wie wir anhand untersuchter Beispiele gesehen haben (zum Begriff *Zueignung*), wurden diese Fälle entdeckt, weil dort trotz *identischer* rechtsdogmatischer Argumentation in der Sache *entgegengesetzt* entschieden wurde. Daraus konnte nur die Schlußfolgerung gezogen werden, daß es zwischen explikativen Thesen und faktischer Entscheidung offenbar meist eine Kluft gibt, die anscheinend schwer zu überbrücken ist. Möglicherweise gehören "rechtsdogmatische Argumentation" und "Fallentscheidung" zwei so unterschiedlichen Handlungstypen an, daß diese Lücke generell durch Zwischenglieder kaum ausgefüllt werden kann. Dies folgere ich deswegen, weil die Argumentationen der Urteilstexte einen durchaus vernünftigen Eindruck machten und jeweils in sich plausibel waren, aber dennoch zu letztlich gegensätzlichen Schlußfolgerungen kamen. Es bedürfte wohl einer eigenständigen "Referenztheorie" für Normtexte und Urteilstexte, jedenfalls einer gründlichen Untersuchung juristischer Referenzverhältnisse,[20] um aufzuklären, wie es dazu kommen kann, daß zwischen Argumentation und Fallentscheidung gelegentlich eine solche Kluft besteht; es kann nur vermutet werden, daß dies mit der potenzierten Komplexität zusammenhängt, die dadurch zustande kommt, daß zwei in sich schon hochkomplexe und variationsstarke Bereiche, nämlich "Lebenswelt" und "rechtsdogmatisches Wissenssystem" aufeinandertreffen. Die sozusagen "idealtypische" Form der juristischen Referenzakte stellt die *paradigmatische Subsumtion* (SUP) dar. So bezeichne ich diejenigen Zuordnungen, in denen einerseits explikative Argumente angeführt werden, darauf allgemeine Merkmale von subsumtionsfähigen Sachverhaltstypen formuliert werden, und schließlich konkrete paradigmatische Fälle dieses Sachverhaltstyps genannt werden, die entweder "ausgedacht" sind, besser aber mit schon entschiedenen Fallbeispielen belegt werden.

Es fällt auf, daß gerade diejenigen Referenzakte, die mit Bezug auf (sekundäre) juristische Wissensrahmen (z.B. "*Eigentumsordnung*") begründet wurden, häufig diejenigen sind, denen es aus der Perspektive des "Alltagswissens" am meisten an Plausibilität mangelt. Es stellt sich dadurch gelegentlich der Eindruck ein, als sei die juristische Argumentationstechnik und Kasuistik in Teilbereichen schon wieder so komplex und verfeinert, und damit so sophistisch geworden, wie sie es in der darob berüchtigten bürgerfernen Juristerey der vordemokratischen Zeit (bis zum 19. Jhd.) schon einmal gewesen war. Es hat den Anschein, als gebe es ein "Altern der Rechtsdogmatik", welches etwa alle hundert Jahre einmal einen radikalen Schnitt erfordert, d.h. eine Neuformulierung der Gesetze und einen Neuanfang einer dogmatischen Tradition, der die "explikativen" und kasuistischen Auswüchse beseitigt, welche sich während des Bestehens eines Normtextes und einer zugehörigen

---

[20] Eine exemplarische Studie dieser Art hat der Jurist Jeand'Heur 1989 vorgelegt.

Entscheidungspraxis und Dogmatik offenbar unvermeidlich ansammeln. Bei der Untersuchung der Subsumtionsakte muß ein Moment beachtet werden, welches in der Diskussion von Laien wegen Unkenntnis der juristischen Praxis außer acht gelassen wird: Referenzakte beziehen in der Regeln einen der Entscheidung zugrundeliegenden Lebenssachverhalt nicht direkt auf den Normtext (also den "Wortlaut des Gesetzes"), sondern auf explikative Paraphrasen oder Definitionen des Normtextes (und damit auf komplexe rechtsdogmatische Wissensrahmen), welche durch Kommentatoren oder höchstrichterliche Urteile gesetzt wurden. So wird nicht geprüft, ob ein Sachverhalt dem Ausdruck *wegnehmen* als Referenzobjekt zugeordnet werden kann, sondern er wird auf den Ausdruck *Bruch fremden Gewahrsams* und *Begründung neuen Gewahrsams* bezogen. Dabei wird z.T der Sachverhalt nach rechtsdogmatischen Kriterien selbst wieder in einzelne Aspekte zerlegt, die dann getrennt auf die einzelnen Momente der explikativen Definition bezogen werden. In der Regel sind die Kommentare und Urteilstexte so formuliert, als könne ein Sachverhalt einem einzelnen Wort ("Rechtsbegriff") subsumiert werden; dies ist aus linguistischer Sicht deswegen fragwürdig, weil "Referenz" eine Eigenschaft ist, die nicht für einzelne Wörter, sondern nur für Prädikationen (meist komplexe Syntagmen wie Sätze) ausgesagt werden kann. Dies schlägt da immer wieder durch, wo sich die Explikatoren zwar bemühen, einen Sachverhalt als Referenzobjekte eines einzelnen (meist explikativen) Ausdrucks zu begründen, ihn dann letztlich aber dennoch meist zum übergeordneten Syntagma in Beziehung setzen (z.B. nicht zu *Gewahrsam*, sondern zu *Bruch fremden Gewahrsams*, oder gar zu *Wegnahme*).

Eine Form der begründeten Subsumtion ist diejenige, wo zu der *Bedeutungs*explikation der Normtext-Ausdrücke (bzw. ihrer explikativen "Stellvertreter") eine *Sach*explikation eines möglichen Referenzbereichs hinzutritt. Diesen Fall hatten wir etwa im Elektrizitätsurteil, wo mit naturwissenschaftlichen Argumenten begründet wurde, warum Elektrizität keine *Sache* i.S.d. § 242 StGB sein könne. Letztlich läuft eine solche Begründung aber doch auf eine *semantische* Argumentation hinaus, da die Ablehnung der Referenz in diesem Fall, wie gesehen, mit der semantischen Unvereinbarkeit der Ausdrücke *Sache* und *Zustand* begründet wurde. - Referenzprobleme ganz eigener Art gibt es stets im Bereich der "Tathandlung". Wir hatten gesehen, daß jede rechtliche Entscheidung im Strafrecht eine eigenständige juristische Handlungszuschreibung erfordert. Diese Handlungszuschreibungen sind Spezialformen der Referenzakte, da Handlungszuschreibungen noch sehr viel stärker als sonstige deskriptive Beschreibungen vom Beobachterstandpunkt abhängig sind. Eine "Handlung" ist das, was ich als Handlung beschreibe; dies heißt indirekt: Ich kann einen Vorgang nur dann als eigenständige "Handlung" beschreiben, wenn ich dafür ein eigenes Handlungsverb besitze. Hier kann die juristische Semantik eines Handlungsverbs von der alltagssprachlichen Semantik sehr stark abweichen. Dies war etwa der Fall bei dem Verb *zueignen*, wo die Juristen *enteignen* und *aneignen* als selbständige

"Handlungsteile" unterscheiden, während der alltagssprachliche Gebrauch das semantische Merkmal *enteignen* kaum, jedenfalls nicht im juristischen Sinne der Verletzung fremden Eigentums kennt. Besondere Bedeutung bekommen diese juristischen Handlungszuschreibungen außerdem noch da, wo es um die Abgrenzung von "Versuch" und vollzogener Handlung geht; die feinen Unterschiede zwischen "bloß vorbereitet" "begonnnen", "beendet" und "vollendet" gehen dem alltagsweltlichen Wahrnehmungsvermögen jedenfalls ab. Dies zeigt, daß die Zuordnung von Lebenssachverhalten zum Normtext nicht in einer schlichten Referenzrelation zwischen Welt und Sprache (in einem reduktionistischen Sinn von Sprache als purer Benennung der Welt) besteht, sondern in einer Zuordnung der Weltverhalte zu komplexen juristischen Wissensrahmen, welche, z.B. im Bereich der juristischen Handlungszuschreibungen, von den korrespondierenden alltagsweltlichen Wissensrahmen stark abweichen. Es scheinen für diejenigen Lebenssachverhalte, welche als Objekte juristischer Entscheidung in Frage kommen (und dies sind sehr sehr viele) jeweils zwei verschiedene "Normalformen" zu existieren: Ein alltagsweltlicher Wissensrahmen und ein völlig eigenständiger, auf komplexen rechtsdogmatischen und -systematischen Gesichtspunkten beruhender juristischer Wissensrahmen; beide miteinander in Einklang zu bringen, ist die schwierige Aufgabe der alltäglichen richterlichen Text- und Entscheidungsarbeit. Dies führt uns zu der Frage, welche Formen von Wissensbezügen in juristischen Normtextexplikationen stattfinden, die wir im folgenden Abschnitt erörtern wollen.

4.5.5 Wissensbezüge

Eine nähere Betrachtung linguistischer Theorien zur Textsemantik zeigt, daß Textbedeutung, und damit Textverstehen, nicht gedacht werden kann ohne die Aktualisierung komplexer Wissensrahmen, auf welche die einzelnen sprachlichen Zeichen eines Textes quasi nur "anspielen". Da die Explikation eines "schwierigen" Textes immer etwas damit zu tun hat, daß die Wissensbasis derjenigen, denen ein Text vermittelt werden soll, erweitert wird, muß jede Textexplikation notwendig Bezüge zu Wissensrahmen herstellen, welche in dem Text nur unzureichend explizit gemacht wurden oder überhaupt nur über den Verwendungskontext dieses Textes erschlossen werden können. Erst recht gilt dies, wenn ein abgeschlossenes Textelement so knapp formuliert ist wie ein Gesetzesparagraph. Das ungleiche Verhältnis zwischen kurzem Normtext und ausufernder Kommentierung zeigt, daß der rechtlich relevante "Inhalt" von § 242 StGB nichts ist, was man mit alltäglichem Sprachwissen nur "aus dem Text entnehmen" kann. Vielmehr handelt es sich bei der Kommentierung um die Mitteilung der wesentlichen Ergebnisse einer umfangreichen und komplexen Interpretationsgeschichte, die wegen der praktischen Aufgaben der Jurisprudenz eben nicht nur eine *Auslegungs*geschichte ist, sondern die Geschichte einer komplexen *gesellschaftlich-institutionellen*

Praxis, einer *Arbeit* mit Gesetzestexten, in denen der Normtext nur *eine* relevante Eingangsgröße unter mehreren ist. Jedes sprachliche Verstehen aktiviert Wissensrahmen; davon ist jedoch ein bewußter und reflektierter Bezug auf Wissensrahmen zu unterscheiden, wie er in der Textauslegung stattfindet. Wir unterscheiden daher solche Wissensbezüge, die sich aufgrund der selbstverständlichen Kenntnis der Zeichenbedeutungen quasi von selbst einstellen, von solchen Wissensbezügen, die in der Kommentierung aktiv hergestellt werden. Nur letztere wurden in der Analyse der Explikation von § 242 gesondert als "Wissensbezüge" gekennzeichnet. Grob gesehen können in der Normtextexplikation nach dem Kriterium der verschiedenen dort relevant werdenden gesellschaftlichen Handlungs- und Diskursbereiche drei Arten solcher Wissensbezüge unterschieden werden: *Bezugnahmen auf alltagsweltliche Wissensrahmen* (WBA), *Bezugnahmen auf wissenschaftliche (außerrechtliche) Wissensrahmen* (WBW), und *Bezugnahmen auf rechtliche Wissensrahmen* (WBR).

Die *Bezugnahme auf alltagsweltliche Wissensrahmen* geschieht auf zweierlei Weise: einmal durch die verschiedenen Formen der Subsumtion (Benennung von Referenzobjekten) von alltagsweltlichen Lebenssachverhalten zu Elementen des Normtextes bzw. seiner Explikation; zum anderen durch explikativen Verweis auf die Semantik der Alltagssprache (das "*natürliche Sprachverständnis*") oder auf Wissensrahmen des Alltagslebens (die "*Anschauungen des täglichen Lebens*") bei Auslegung eines Gesetzesterminus oder eines explikativen Ausdrucks. Die zuletzt genannten Formen von Verweisen hatten, wie gesehen, den Status von "formalen Explikationen", d.h. sie waren metaexplikative Anweisungen dazu, die "Bedeutung" eines bestimmten Normtext-Elementes mit "Alltagswissen", sei es semantisches, sei es sachbezogenes, aufzufüllen. Wir hatten jedoch auch gesehen, daß in den Kommentar- und Urteilstexten dieses Ausfüllen de facto in Form von faktischen Subsumtionen geschehen war, die nicht in allen Fällen in Entsprechung zu einer alltagsweltlichen Sicht der Zusammenhänge stand. Vor allem die Entscheidung, ob (etwa beim explikativen Terminus *Gewahrsam*) ein bestimmter Sachverhaltstypus als mögliches Referenzobjekt i.S.v. § 242 zugelassen oder ausgeschlossen wurde, d.h. die Frage der Grenzziehung, war häufig eher arbiträr, d.h. von Fall zu Fall getroffen worden; die Verweise auf die "*Verkehrsanschauung*" hatten hier argumentativ also eher die Funktion, eine z.T. begründete, z.T. aber auch kriterienlose Kasuistik zu legitimieren. Da über soziologische oder linguistische Recherchen, Meinungsumfragen und ähnliches seitens der Richter nichts bekannt ist, kann vermutet werden, daß der Verweis auf die "Verkehrsanschauung" hier de facto eher eine Ermächtigung für die Richter ist, nach ihrem eigenen Gusto zu entscheiden (die von Max Weber so genannte "*Lehnstuhlmethode*"). Ein (häufig indirekter) Bezug auf alltagsweltliche Wissensrahmen findet statt in der Benennung von Referenzobjekten (Subsumtion) für Normausdrücke (sei es Ausdrücke des Normtextes oder explikativ gewonnenen Ausdrücke). Da es hier darum geht, daß Lebenssachverhalte, für die es eine alltägliche Wahrnehmung und Einschätzung gibt, als "Fälle" der explikativ gewonnenen "Rechtsnorm" ausgezeichnet werden, kann man die Subsumtion als Verknüpfung eines *rechtlichen Wissensrahmens* (*Diebstahl* i.S.v. § 242 StGB und seiner komplexen rechtsdogmatischen Wissensstruktur) mit einem *alltagsweltlichen Wissensrahmen* bezeichnen. Beide Wissensbereiche, "Recht" wie "Alltagswelt", sind dabei in sich hochkomplex. Es wäre daher interessant, diese Konfrontation und Verflechtung zweier Wissensbereiche aus wissenssoziologischer Perspektive an ausgewählten Beispielen gründlicher zu untersuchen.[21]

Etwas anders liegt der Fall bei Verweisen auf *wissenschaftliche Wissensrahmen*. Hier ist ein eklatanter Unterschied in der Behandlung der verschiedenen wissenschaftlichen Disziplinen zu beobachten: Während bei naturwissenschaftlichen Fragen eine Bezugnahme auf wissenschaftliche Wissensrahmen durch Verweis auf Gutachten und wissenschaftliche Literatur stattfindet (Elektrizitätsurteil), hier also die Kompetenz der Fachwissenschaftler für notwendig befunden und akzeptiert wird, scheint bei Bezugnahmen auf soziologisches, psychologisches, semantisches usw. Wissen das Vertrauen der Richter in die eigene Allwissenheit und Kompetenz so groß zu sein, daß sie die Notwendigkeit fachwissenschaftlicher Absicherung nicht zu empfinden scheinen (bei § 242 z.B. bei Unterscheidung verschiedener Formen von *Absicht*). Dieses Verhalten zeigt eine in unserer Gesellschaft typische Ignoranz gegenüber den Geistes- und Sozialwissenschaften, denen damit der wissenschaftliche Status, d.h. die Tatsache, daß es auch in deren Objektbereich Probleme gibt, über die nur wissenschaftlich ausgebildete Leute kompetent urteilen können, abgesprochen wird. Zum Beweis dieser an einem nur kleinen Ausschnitt gewonnenen These muß freilich das Referenzverhalten auf wissenschaftliche Wissensrahmen auf Basis eines breiteren Korpus untersucht werden.

Ein wichtiger Bereich der in der Normtextexplikation entfalteten Wissensbezüge ist die Bezugnahme auf *rechtliche Wissensrahmen*. Dieser Aspekt der juristischen Konstitution der "Bedeutung" eines Normtextes wird von Laien häufig unterschätzt. Wir haben an § 242 StGB als dem paradigmatischen Normtext des Tatbestandstyps der "Eigentumsdelikte" gesehen, daß seine Explikation ohne immer wiederkehrende Verweise auf die komplexen rechtlichen Bezugsrahmen des "Eigentumsrechts", also auf Wissensrahmen, welche durch einen anderen Normtext, das BGB konstituiert sind, nicht möglich ist. Hier spielen die juristischen Fachleute ihr ganzes komplexes rechtssystematisches Wissen voll aus. Zwar wäre es grundsätzlich möglich, den Verweis auf einzelne Begriffe/Wissensrahmen des Eigentumsrechts (*Eigentum, Besitz, Besitzdienerschaft, Besitzaufgabe, herrenloses Gut* etc.) dadurch als intertextuelle Relation zu explizieren, daß die jeweiligen normativen Be-

---

[21] Ein Ansatzpunkt dazu ist die von Seibert 1981 vorgelegte Untersuchung, die am soziologischen Begriff der "Normalformen" (Cicourel) orientiert ist.

zugstexte (Paragraphen des BGB) genannt werden. Da es aber häufig auf Rechtsinstitute ankommt, die selbst erst durch eine komplexe rechtsdogmatische Explikationsgeschichte konstituiert worden sind, könnte der schlichte Verweis auf einen Paragraphen oft verkürzend wirken; daher wird meist nur ein "Rechtsbegriff" genannt, oder gar nur pauschal auf die "*Eigentumsordnung*" oder das "*Eigentumsrecht des BGB*" verwiesen, weil davon ausgegangen werden kann, daß die Rezipienten des Kommentars oder Urteils über das jeweilige Wissen verfügen oder es sich jedenfalls über die dortigen Kommentare zugänglich machen können. Da das auf diese Weise in die Explikation von § 242 StGB eingeführte rechtssystematische Wissen dort nicht selbst wieder expliziert wird (und auch aus Platz- und Komplexitätsgründen kaum expliziert werden kann) enthalten die Normtext-Auslegungen an dieser Stelle ein epistemisches Moment, welches von Laien selbst nicht mehr (oder kaum noch) mit aktuellem Wissen aufgefüllt werden kann. Man muß schon Jurist sein, d.h. wissen, wo man weitersuchen muß, wenn man mit einem der pauschalen Hinweise auf rechtliche Wissensrahmen in der Explikation von § 242 etwas anfangen können will. Dieses Beispiel zeigt, daß die alle Jahre wiederkehrenden Bemühungen, die "Bürgerferne der Justiz" als ein rein sprachliches Problem, also als Problem einer "Fachsprache" in Distanz zur "Gemeinsprache", zu sehen, blauäugig sind, und die wahren Probleme gründlich verkennen (dazu s.u.).

Nur selten werden Verweise auf rechtliche Wissensrahmen außerhalb des Strafrechts durch Angabe von Gesetzesstellen belegt; meist wird nur ein Rechtsbegriff oder ein Rechtsgebiet benannt. Gelegentlich werden die wesentlichen Definienda eines zivilrechtlichen Terminus wenigstens kurz wiederholt; in diesem Fall handelt es sich dann um eine Kommentardefinition des jeweiligen Rechtsinstituts. Meist aber reicht der pauschale Verweis auf rechtsdogmatische Erkenntnisse, welche die rechtssystematischen Bezüge zwischen den Rechtsinstituten der verschiedensten Art festlegen und definieren. Ich rede hier auch deshalb von Bezugnahmen auf rechtliche "Wissensrahmen", weil man sich aus epistemologischer Perspektive das gesamte juristische Wissen als eine eigene fiktive "Welt" (im Sinne des Begriffs "Textuniversum" in der Textlinguistik) vorstellen kann. Die Gesamtheit aller rechtlichen Texte, d.h. die Gesamtheit aller deklarativen Sprechakte in Normtexten (und in ihren Explikationen in Kommentaren und Gerichtsentscheidungen), die ein komplexes Netz von Rechtsinstituten konstituieren, bilden sozusagen die Gesamtheit aller Elemente der rechtlichen (Text-)Welt. Die jeweiligen Wissensrahmen ("Diebstahl", "Betrug", "Nötigung", "Eigentum", "Besitz", "Gesellschaft des bürgerlichen Rechts", "juristische Person" usw.) haben innerhalb des juristischen Wissens dieselbe Funktion, wie sie im Alltagsleben die Wissensrahmen des Alltagswissens ("Bahnfahrt", "Schule", "Kindergeburtstag", "Wohnung" etc.) haben. Die Aufgabe der Richter besteht nun darin, die Welt des Alltagslebens auf die "Welt der Rechtsordnung" abzubilden, d.h. konkret: für jeweils vorliegende Sachverhalte, die zunächst in Termini der alltagsweltlichen Wissensrahmen (und Semantik) beschrieben worden sind, festzulegen, auf welche rechtlichen Wissensrahmen sie "zu Recht" (d.h. entsprechend der bestehenden Rechtsordnung und des in den Normtexten niedergelegten Regulierungswillens) bezogen werden können. Juristen sehen deshalb das Alltagsleben immer schon durch die Brille ihrer rechtlichen Wissensrahmen; es mag daran liegen, daß die sich als Orientierungen an den "natürlichen Auffassungen des täglichen Lebens" gebenden faktischen Subsumtionen häufig mit dem Alltagswissen eines "Durchschnittsbürgers" nicht mehr viel zu tun haben, sondern letztlich doch mit rechtlichen Argumenten, d.h. mit einer Denkweise, die nur aus der Anwendung rechtlicher Wissensrahmen heraus verstanden werden kann, begründet werden. Die Aufgabe der "Subsumtion", d.h. des Zupassens der Lebenswirklichkeit auf das Wissensnetz des Rechtssystems, ist so komplex, daß letztlich doch immer wieder das rechtliche Moment das alltagsweltliche dominiert. Die Perspektive der Richter ist eben keine "natürliche", d.h. keine des Alltagslebens mehr, sondern eine institutionelle Perspektive, der es darum gehen muß, vorliegende Probleme des Alltagslebens für die gesellschaftliche Institution "Recht" passend zu machen. Diese Arbeit des Zupassens ist, da sie selbst wieder festen, schriftlich kodifizierten Regeln unterworfen ist, zu einem guten Teil Textarbeit, geht aber darüber, wie gesehen, immer wieder hinaus. Die Frage der institutionellen Bindung dieser Textarbeit soll uns im folgenden Abschnitt kurz beschäftigen.

4.5.6 Institutionelle Bindung

Rechtsprechung ist eine gesellschaftliche Institution, deren Arbeit auf Texten aufbaut, die, ihres zentralen sozial-regulativen Charakters wegen, selbst als Institutionen bezeichnet werden können. Das Spezifische der institutionellen Funktion von Rechtstexten liegt darin, daß sie nicht, wie etwa Texte in anderen Institutionen fungieren mögen, auch arbiträren Charakter haben können, sondern - von ihrer Funktion im Legitimationsprozeß des Staates her - delimitativen Charakter haben; d.h. sie werden, wenigstens im Ideal, als feststehende Größen betrachtet. Das Prinzip "keine Strafe ohne Gesetz", d.h. die Gesetzesbindung aller staatlichen Gewalt und auch der Rechtsprechung, ist ein Fundament des Staatsaufbaus und der Staatsräson in Demokratien. Deshalb bekommen Texte, als diejenigen Größen, welche "das Recht" intersubjektiv überprüfbar festlegen (wenigstens von der Idee her festlegen sollen) selbst institutionellen Charakter. Dieser Charakter liegt ihnen natürlich nicht an sich bei, sondern wird ihnen durch institutionelle Akte der dazu berechtigten Institutionen verliehen. Es kommt also bei den jeweiligen Rechtstexten sehr darauf an, von welcher Institution der jeweilige Text als gültig gesetzt wurde. Gesetzestexte können nur von Parlamenten erlassen werden; Äußerungen von Ministerien, Abgeordneten, Fraktionen etc. im parlamentarischen Verabschiedungsprozeß (also die sog. Gesetzesmaterialien) können zwar zusätzlich erhellenden Charakter für den Normtext haben, entscheidend ist aber nur der formal verabschiedete Gesetzestext und nicht die zusätzlichen Äußerungen. Erlasse können von den dazu ermächtigten Institutionen (Ministerien) erlassen werden, aber nur, soweit sie dazu durch Gesetz ermächtigt worden sind. Institutionelle Bindungen gibt es aber auch innerhalb der Rechtsprechungstexte. Eine Äußerung in einem Gesetzeskommentar, z.B. die Definition eines Gesetzesterminus, ist zunächst nicht mehr als eine von vielen möglichen Meinungen eines Wissenschaftlers; ihr kommt daher weder de jure noch de facto eine bindende Wirkung zu. Anders ist dies, wenn solche explikativen Äußerungen, oder etwa Fallentscheidungen, von einem dafür zuständigen Gericht gemacht wurden. Diese Texte (Urteilstexte) sind institutionell legitimierte Texte.

Ihr institutioneller Status ist selbst wieder durch Gesetz, nämlich durch die "verfassungsmäßige Ordnung", d.h. das Grundgesetz, festgelegt. Artikel 20,3 des Grundgesetzes besagt, daß "die Rechtsprechung an Gesetz und Recht gebunden" ist; dagegen steht in Art. 97,1, daß "die Richter unabhängig und nur dem Gesetz unterworfen" sind. Die kleine Differenz, die zwischen beiden Formulierungen liegt, dient bis heute dazu, unterschiedliche oder sogar gegensätzliche Auffassungen von den Rechten und Pflichten der Richter zu legitimieren. Die Formulierung "an Gesetz und Recht gebunden" räumt nach herrschender Meinung der Rechtsprechung eine gewisse eigenständige institutionelle Funktion ein; manch Richter sieht darin gar die Legitimation zu einem "Richterrecht" kraft eigener Autorität, wobei begehrlich auf das vom System her allerdings völlig andere angelsächsische Rechtssystem (case law) geschielt wird. Andere hingegen, denen es mehr auf die Begrenzung richterlicher Macht ankommt, sehen in der Formulierung, daß "die Richter nur dem Gesetz unterworfen" sind, auch den Aspekt, daß die Richter eben immer nur streng entlang dem "Wortlaut des Gesetzes" entscheiden dürfen. Über die institutionelle Bindungswirkung von obergerichtlichen Urteilen (OLG's, BGH, BAG etc.) wird wegen dieser Ambivalenz des Grundgesetzes daher immer gestritten. Während die einen aus Art. 20,3 den Schluß ziehen, daß die Urteile des BGH richtungweisende Kraft für alle "rangniedrigeren" Richter haben sollen, verweisen die anderen auf Art. 90,1 und betonen, daß jeder Richter, auch der kleinste Amtsrichter, das Recht zu eigenständiger Auslegung der Gesetze hat.[22] Hier kommen institutionelle Regeln ins Spiel, die nicht mehr durch die legitimierende Verfassung gesetzt sind, sondern die Resulate einer institutionellen Eigendynamik des Rechtswesens sind. Zwar kann jeder Amtsrichter in seinen Urteilen von der "herrschenden Meinung" abweichen, wenn er dies am Gesetzestext begründen kann; aber werden seine Urteile vor höheren Gerichten (Landgericht, Oberlandesgericht, BGH)

[22] Vgl. auch § 1 Gerichtsverfassungsgesetz: "(Richterliche Unabhängigkeit) Die richterliche Gewalt wird durch unabhängige, nur dem Gesetz unterworfene Gerichte ausgeübt."

Bestand haben? Und wie steht es, handelt er so immer wieder, mit seinen Aufstiegschancen innerhalb der Institution?

Über die Bindungswirkung und damit den institutionellen Status von obergerichtlichen Urteilstexten gibt es nur wenige und indirekte Aussagen. So müssen Oberlandesgerichte nach § 121,3 Gerichtsverfassungsgesetz dann, wenn sie von der Rechtsprechung anderer OLG oder des BGH abweichen wollen, die Frage dem BGH vorlegen; ebenso müssen Senate des BGH nach § 136 GVG Fragen dem Großen Senat des BGH vorlegen, wenn sie von der Rechtsprechung eines anderen Senates abweichen wollen. Die "Einheit der Rechtsordnung", und das heißt für uns: die Einheit der Normtextexplikation, ist also offenbar ein von Juristen hoch geschätztes Gut, wie § 137 GVG zeigt, wonach ein Senat des BGH eine Entscheidung des Großen Senats des BGH herbeiführen kann, "wenn nach seiner Auffassung die Fortbildung des Rechts oder die Sicherung einer einheitlichen Rechtsprechung es erfordert". Zwar steht nirgendwo geschrieben, daß ein Amts- oder Landrichter sich streng an die obergerichtliche Rechtsprechung halten muß, doch zeigen die hier zitierten Bestimmungen, daß doch davon ausgegangen wird, daß die obergerichtlichen Urteile Bindungswirkung für alle unteren Instanzen haben sollen. Diese Bindungswirkung wird (auch ohne daß sie gesetzlich festgelegt ist) schon dadurch hergestellt werden, daß de facto Urteile unterer Instanzen, die von der Linie des BGH abweichen, vom BGH "kassiert" werden würden. - Wir können also de facto davon ausgehen, daß Urteilstexte oberster Gerichte annähernd den gleichen Status haben wie der Gesetzestext selbst. Dies wird angesichts der umfangreichen juristischen Explikationen eines einzigen Paragraphen schon dadurch plausibel, daß der "Inhalt" des Normtextes offenbar nichts ist, was man nur "aus dem Text entnehmen" kann; vielmehr wird die institutionelle Funktion des Normtextes, d.h. die Möglichkeiten, wie man mit ihm in konkreten Entscheidungssituationen arbeiten kann, entscheidend durch die in Kommentartexten dokumentierten Explikationen festgelegt. Es kommt daher darauf an, inwieweit explikative Aussagen in den Normtexten durch Gerichtsurteile belegt sind.

Hier findet sich bei der Explikation von § 242 StGB folgende Situation vor: Bei weitem die meisten explikativen Aussagen sind in der einen oder anderen Form durch Urteile des RG oder des BGH (z.T. auch durch Urteile von OLG) belegt. D.h. daß die Kommentare selbst so etwas wie die Funktion einer Zusammenfassung und eines Registers von wesentlichen, für die Explikation des Normtextes wichtigen Gerichtsurteilen haben. Die zentralen Ausagen der Urteilstexte werden meist entweder wörtlich oder paraphrasierend übernommen; meist besteht der Kommentartext in den wesentlichen Explikationen sogar aus einem nach außen nicht gekennzeichneten Agglomerat aus Formulierungen verschiedener Urteilstexte. Im Unterschied zu den "Rechtsprechungskommentaren", welche über die meist knappen Definitionen hinaus fast vollständig aus Fallsammlungen (d.h. Verweisen auf Urteilstexte mit kurzer Angabe des Sachverhalts) bestehen, findet in den "Lehrkommentaren" darüber hinaus auch gelegentlich eine rechtswissenschaftliche Auseinandersetzung mit einzelnen explikativen Positionen (gelegentlich auch mit Widerspruch gegen die "herrschende Meinung") statt. Richter, die solche Texte zur Unterstützung heranziehen, werden wohl bei der Lektüre sorgfältig zwischen solchen Aussagen unterscheiden, die durch Gerichtsurteile quasi "institutionalisiert" sind, und solchen Aussagen, die lediglich eine "wissenschaftliche Meinung" wiedergeben. Bindungswirkung kommt nun nicht etwa nur einzelnen Urteilen des BGH zu; dazu gibt es in der Rechtsprechungsgeschichte zu viele auch widersprüchliche Entscheidungen. Bindungswirkung kommt vielmehr einer eigenständigen und schwer zu fassenden Größe zu, die selbst eine institutionelle Funktion bekommen hat, der "herrschenden Meinung". Unter diesem Terminus finden sich Verweise auf die "herrschende Rechtsprechung" ebenso wie auf rechtswissenschaftliche Meinungen (wobei faktisch eher die ersteren entscheidend sein dürften). Die Verflechtungen und wechselseitige Beeinflussung institutioneller Größen verschiedenster Art müßten einmal in einer eigenen Institutionenanalyse der Rechtsprechung aufgeklärt werden.

Explizite Verweise auf die institutionelle Bindungswirkung des Normtexts selbst, wie sie etwa in der juristischen Auslegungslehre als Figur "Wille des Gesetzgebers" erscheinen, kommen interessanterweise in der Auslegung von § 242 StGB nicht vor; höchstens wird gelegentlich indirekt, d.h. in den zitierten Gerichtsurteilen, auf den "Zweck der Bestimmung" abgehoben. D.h. daß explizite Bezugnahmen auf den "Autor" des Gesetzes in der Praxis (jedenfalls im untersuchten Bereich) nicht stattfinden. Auch Verweise auf die "Gesetzesmaterialien" finden nur einmal indirekt, in einem zitierten Urteilstext, statt (aber dies mag an dem Rechtsgebiet Strafrecht liegen und in anderen Rechtsgebieten anders sein). Nicht alle Formulierungen in Kommentaren sind durch Gerichtsurteile belegt: So haben wir, wie gezeigt, für die Festsetzungsdefinition von *Wegnahme*, die den Begriff *Gewahrsam* einführte, keinen Erstbeleg gefunden; es hat den Anschein, als würde hier auf explikative Traditionen zurückgegriffen, die älter als das StGB sind. Stattdessen fanden wir Hinweise darauf, daß möglicherweise explikative Bestimmungen zum StGB (Begriff *Gewahrsam*) in das später verabschiedete BGB übernommen wurden. Rechtsprechung und Gesetzgebung scheinen daher in einer engen Beziehung zueinander zu stehen, was schon dadurch bewirkt wird, daß Gesetze in der Regel von Juristen verfaßt werden. Wichtig für die Beurteilung der institutionellen Bindungswirkung der Kommentartexte ist auch, ob die Zitate von Urteilstexten immer korrekt sind; d.h. ob der Originaltext dem entspricht, wofür er im Kommentar reklamiert wurde. Hier haben wir, wie gezeigt, die erstaunliche Beobachtung gemacht, daß zwar die Zitierung der Auslegung für einen bestimmten Gesetzesterminus (hier: *zueignen*) als solche korrekt war, daß aber Gerichtsurteile zitiert wurden, die sich auf einen völlig anderen Normtext (nämlich § 246) als den zu explizierenden § 242 bezogen. Ob dies in institutionellem Sinne korrekte Zitationen sind, hängt von der Beantwortung der Frage ab, ob in einem Gesetzbuch ein einheitlicher Sprachgebrauch gepflogen wird, der solche Übertragungen erlaubt; Zweifel waren dadurch entstanden, daß der explizierte Terminus im Bezugsnormtext (§ 246) völlig andere sprachliche Funktion hatte, als im in den Kommentaren zu explizierenden § 242. Die Frage der Einheitlichkeit der Wortverwendungen in verschiedenen Normtexten betrifft indirekt auch die institutionelle Bindungswirkung; man kann auch bei Gesetzestexten nicht ohne weiteres davon ausgehen, daß jedes Wort gleich in welchem textlichen Zusammenhang dieselbe Bedeutung hat. Wenn Explikationen eines Terminus zu einem § X auf die des § Y übertragen werden, so kann (muß aber nicht) darin auch eine Abweichung von der "gesetzgeberischen Intention" liegen, die dadurch scheinbar legitimiert würde. Diese Frage kann aber nur von Juristen beantwortet werden.

Eine andere Frage betrifft die institutionelle Bindung der Gerichtsurteile selbst. An den untersuchten Urteilstexten konnte gezeigt werden, wie schwierig das Problem der "Gesetzesbindung" im einzelnen zur Entscheidung stehenden Fall ist. Zwar findet in Gerichtsurteilen der obersten Gerichte ständig "Auslegung", d.h. Explikation von Normtextelementen statt; ebenso wie in den Kommentaren beziehen sich diese Explikationen aber häufig nicht direkt auf den Normtext selbst, sondern auf Auslegungen seines Wortlauts, d.h. auf Textelemente, die selbst lediglich Explikationen sind. Das juristische Wissen zur Auslegung und Anwendung eines Gesetzesparagraphen scheint doch so festgefügt zu sein, daß Bezugnahmen auf diese "herrschende Meinung" der Normtextexplikation in der richterlichen Praxis die direkte Bezugnahme auf den Normtext selbst zu ersetzen scheinen. Dabei kommen, wie gesehen, explikative Elemente zum Vorschein, für die es keinen Erstbeleg gibt, deren institutioneller Status (d.h. seine Herkunft) ungeklärt ist, die aber zum selbstverständlichen Wissen um § 242 dazugehören. Der Bezug auf den Normtext, ob direkt oder indirekt durch Bezug auf seine herrschende Explikation, wird fraglich in seiner institutionellen Funktion, d.h. seiner Bindungswirkung, wenn zwei Gerichtsurteile bei gleichlautenden explikativen Formulierungen zu entgegengesetzten Entscheidungen in der Sache kommen können. Die Kluft zwischen Text und Lebenssachverhalt scheint auch bei exhaustiver Explikation nicht zum Verschwinden gebracht werden zu können; immer gibt es noch den kleinen "Sprung", der bewirkt, daß es offenbar keine eineindeutigen Folgerungsbeziehung zwischen Text und Entscheidung gibt. So ist auch die Bezugnahme auf andere Urteilstexte in Gerichtsurteilen stets als Teil einer fallbezogenen argumentativen Strategie zu sehen. Die institutionelle Bindungswirkung von obergerichtlichen Urteilen kann schon daraus ermessen werden, daß sich auch der BGH (oder das RG) verpflichtet fühlt, eine explikative Meinung durch Verweis auf andere gleichlautende Urteile zu belegen. Zwar sind die Verweise auf vorherige Urteile des BGH oder RG in der Regel als Bestätigung der eigenen Position eingesetzt, jedoch gibt es durchaus auch Auseinandersetzungen mit abweichenden Positionen in früheren Urteilen, bis dahin, daß zwei gegensätzliche Positionen aus anderen Urteilstexten argumentativ gegeneinander abgewogen werden, um schließlich entweder die eine, oder die andere Meinung zu unterstützen oder gar eine eigene, dritte (oft vermittelnde) Position zu beziehen.

Vielleicht beantwortet sich die Frage, weshalb es möglich ist, bei gleicher rechtsdogmatischer Argumentation in der Sache entgegengesetzte Urteile zu fällen, auch so, daß der Zwang zur Orientierung an der "herrschenden Meinung" so groß ist, daß manche Gerichte sich genötigt sehen, verbal die explikative Argumentation aus anderen Urteilen zu bestätigen, und dennoch in der Sache zu ihrer abweichenden Entscheidung zu kommen. Es stellte sich dann die Frage, welche Funktion die auf den Normtext und seine Explikation bezogenen rechtsdogmatischen Argumentationsbemühungen im institutionellen Spiel des "Rechts" überhaupt haben; dies kann nur durch eine gründliche Analyse und den Vergleich einer größeren Zahl von Gerichtsurteilen geprüft werden. Vielfach wird in den Urteilstexten gar nicht mehr die Mühe unternommen, den beschriebenen "Sprung" zwischen Normtext (bzw. ihn explizierendem Text) und Sachverhalt noch durch argumentative Notbrücken zu überwinden. Hier folgen dann, häufig mit dem Hinweis auf die "natürlichen Anschauungen des täglichen Lebens", faktische Subsumtionen auch ohne gesteigerten Begründungsaufwand. Mit "gesteigertem" Aufwand bezeichne ich hier solche richterlichen Argumentationen, die über die in den Kommentartexten ohnehin schon explizierte "herrschende Meinung" hinausgehen. Die Tatsache, daß auch höchstgerichtliche Urteile in explikativer Hinsicht häufig nicht mehr leisten, als daß sie die aus den wichtigsten Kommentaren bzw. den vorher zu demselben Normtext ergangenen Urteilen ohnehin schon bekannten Definitionen übernehmen, weist den Kommentartexten als den Fundstellen (bzw., was die Gerichtsurteile angeht dem Verzeichnis, dem weiterverweisenden Register) dieser Explikationen die Funktion einer eigenständigen juristischen Institution zu; indem die Kommentare im Wesentlichen das wiedergeben, was in Urteilstexten vorher definiert und expliziert worden war, werden sie selbst zu zuverlässigen Bezugspunkten der "Gesetzesbindung". Man kann die Kommentartexte als Enzyklopädien des explikativen juristischen Wissens zu einem Normtext oder einem Gesetz auffassen, d.h. als die das jeweils geltende juristische Wissen zu einem Normtext gültig festlegenden "Wissensspeicher" der juristischen Dogmatik. Als solche werden sie selbst zu Institutionen, d.h. zu Instanzen, die ohne Ansehensverlust im alltäglichen juristischen Entscheidungsgeschäft angerufen werden können.

4.5.7 Fachsprachlichkeit

Die ausführliche Analyse der Explikation von § 242 StGB in Kommentar- und Urteilstexten hat gezeigt, daß diese Resultat einer eigenständigen fachlichen Sichtweise derart ist, daß jedes Reden davon, ein Gesetzestext müßte in seinen Konsequenzen auch für den/die "NormalbürgerIn" durchschaubar sein, als völlige Verkennung der Komplexität des Rechtssystems und seiner Fachlichkeit entlarvt wird. Das Problem der "Verständlichkeit von Rechtstexten" kann nicht nur entlang des Themas einer "Fachsprache" diskutiert werden. Sicher ist der Sprachgebrauch von Juristen "fachsprachlich" in dem Sinne, daß es eine eigene Terminologie gibt. So sind Ausdrücke wie *Gewahrsamsverschiebung* oder *Besitzdienerschaft* sicherlich "Fachtermini" im Sinne der Fachsprachenforschung. Jedoch kann das komplexe Problem der juristischen Arbeit mit Sprache, d.h. auch der Arbeit an (bzw. mit) Gesetzestexten, nicht auf ein rein sprachliches Verständigungsproblem reduziert werden. Das Problem liegt eher darin, daß "Fachlichkeit" der juristischen Normtextexplikation heißt, daß in der Praxis, d.h. bei den alltäglich zu entscheidenden Problemen, die Argumentation sich meist gar nicht mehr direkt auf den Normtext richtet, sondern auf explikative Formulierungen zweiter, dritter oder noch höherer Stufe. Wenn ein juristischer Laie noch zu verstehen meint, solange die Diskussion z.B. über den Terminus Sache aus § 242 StGB geht, so wird er dann voller Unverständnis dastehen, wenn er eine ganze Diskussion verfolgt, in der kein einziges Mal ein Gesetzesterminus auftaucht, sondern nur über *Gewahrsam, Gewahrsamsbruch, Gewahrsamsbegründung, Mitgewahrsam, Herrschaftswille, tatsächliche Sachherrschaft* usw. debattiert wird. Noch deutlicher wird die Fachlichkeit der juristischen Gesetzesauslegung und -anwendung dort, wo andere Rechtsgebiete ins Spiel kommen, wie z.B. bei den Eigentumsdelikten das komplexe Eigentumsrecht des BGB. Gesetzesauslegung setzt nicht nur die Kenntnis einzelner Paragraphen, sondern auch die Kenntnis komplexer intertextueller Verknüpfungen zwischen Normtexten voraus, sei es zwischen besonderem und allgemeinem Teil des StGB, sei es zwischen StGB und anderen Rechtsgebieten, wie dem BGB. Wissen über die "Bedeutungen" von Normtexten ist das Wissen über vielfältige und komplexe rechtsdogmatische Wissensrahmen und die Relationen, die sie verknüpfen. Aus dieser Perspektive ist die vermeintliche Beziehung des Wortlauts des Strafgesetzbuches zur Gemeinsprache eine rechtstheoretische Fiktion.

Diese Fiktion wird in den Sonntagsreden von Juristen "draußen" vor den Bürgerinnen und Bürgern zur Legitimation des Rechtswesens nur zu gerne aufrechterhalten. Dabei müßte inzwischen klar sein, daß die möglicherweise einmal zur Zeit der Abfassung der großen Kodifikationen, also zu Ende des 19. Jahrhunderts, bestanden habende "Bürgernähe" der Gesetze durch Wachsen einer in Urteilstexten, Kommentaren und Rechtswissenschaft ausgefalteten Rechtsdogmatik längst obsolet geworden ist; wahrscheinlicher ist jedoch, daß ihre proklamative Behauptung schon damals auf einer Fiktion beruhte. In Ansehung der realen Komplexität, welche die rechtliche "Bedeutung" von § 242 StGB in über achtzig Randnummern und mit Verweis auf 343 Urteilstexte "erläutert", ist die in den Kommentaren und den dort zitierten Urteilen aufgestellte Behauptung, es würde eine Orientierung der Auslegung an den "Anschauungen des täglichen Lebens" oder gar dem "natürlichen Sprachgebrauch" gefordert, eine grobe Irreführung. Wie die Analyse der Explikation von § 242 gezeigt hat, wird diese Behauptung lediglich als meta-explikatives Mittel benutzt, die Interpretation des Normwortlauts an die jeweilige Sichtweise eines Falltyps und den jeweiligen Entscheidungswillen eines Gerichtes freizugeben. Die dabei herauskommenden faktischen Subsumtionen, auch die, die durch zusätzlichen Aufwand zu begründen versucht werden, sind als Referenzobjekte der angewandten Termini im alltagssprachlichen Sinne häufig nicht mehr zu vermitteln. Insofern kann als Ergebnis unserer Analyse nunmehr gesichert behauptet werden, daß der Anteil allgemeinsprachlicher Elemente an der Explikation des Normtextes so gering ist, daß von einer durchgängigen Fachlichkeit seiner Interpretation in allen ihren Elementen gesprochen werden muß. Das Problem ist dabei, daß im Recht (abweichend etwa von Fachsprachen der Wissenschaften) keine fremdsprachigen Kunsttermini gebildet werden, sondern daß Ausdrücke, die auch in der Alltagssprache existieren, eine spezifische fachliche Definition bekommen. So läßt sich nach außen der Anschein der "Verständlichkeit" des Rechts aufrechterhalten, obwohl nach innen, in der tatsächlichen sprachlichen Arbeit der Institution, von einer komplexen rechtsdogmatischen Bestimmung von Funktion und "Inhalt" der Normtexte ausgegangen wird.[23]

[23] Hoberg 1981, 139 geht diesbezüglich zu Recht davon aus, daß Fachsprache nur durch Erlernen eines Faches, nicht aber vokabelmäßig erworben werden kann. - Die Frage der Fachsprachlicheit des Rechts bedürfte noch einer ausführlicheren Erörterung, die jedoch an anderer Stelle geleistet werden muß.

Kapitel 5: Der Umgang mit Texten in der Institution Recht II: Fallentscheidung: Entschädigung beim Autokauf - Ein Fall aus dem Zivilrecht

Im vorigen Kapitel wurde der Umgang mit Gesetzestexten im Recht unter dem aus linguistischer Perspektive wichtigen Aspekt der *Interpretation* untersucht, also ausgehend vom Normtext als Anfangspunkt der Textarbeit hin zu den möglichen "Bedeutungen", die dieser Text in der juristischen *Praxis* (d.h. der rechtsdogmatischen "herrschenden Meinung" folgend) haben kann. Dieser aus *linguistischen* Interessen gewählte methodische Zugang zur juristischen Textarbeit entspricht jedoch nicht der tatsächlichen Praxis, er ist in gewissem Sinne modellhaft idealisierend. Im konkreten Fall einer den Richtern vorliegenden Entscheidungssituation wird die Richtung des Vorgehens immer umgekehrt sein: nicht vom Normtext zur Lebenswirklichkeit (zum "*Fall*"), sondern vom Fall zum Normtext. Daher ist es notwendig, einen zweiten methodischen Zugang zu wählen, welcher diese Umgangsrichtung mit Texten ebenfalls einer linguistischen Analyse unterzieht. Dies soll im folgenden Kapitel an einem Fall aus dem Zivilrecht geschehen, womit zusätzlich auch der Gegenstandsbereich der Analyse erweitert wird, nämlich vom Strafrecht auf das Zivilrecht. Gerade hier kann besonders gut dargestellt werden, wie die Bearbeitung eines Entscheidungsfalles immer den Einbezug einer Vielzahl von Normtexten erfordert. So stellt sich die juristische Tätigkeit, wie gezeigt werden soll, in der Praxis weniger als eine *Interpretation* im philologischen Sinne dieses Terminus dar, sondern vielmehr als ein komplex strukturierter Umgang mit einer untereinander explizit oder durch die richterliche Textarbeit verflochtenen Textmenge, d.h. als *Arbeit mit Texten* im vollen Sinne.

Aus der Diskussion der juristischen Methodenlehren ist dieser Aspekt der Vielfalt der Textbezüge im richterlichen Entscheidungshandeln bekannt als das von Engisch[1] angesprochene "Herstellen von Obersätzen". D.h. die Richter müssen im Einzelnen, ausgehend vom konkreten Fall, überhaupt erst eine Menge von Normtexten zusammenstellen, damit ihnen eine vollständige juristische Erfassung des vorliegenden Wirklichkeitsausschnittes möglich wird. Erst wenn sie diese Texte erschlossen haben (und dafür ist wiederum juristisches Wissen notwendig), können sie entscheiden, welche Normtexte unter einer Anzahl von in Frage kommenden Paragraphen überhaupt in dem

[1] Engisch 1956, 64.

jeweiligen Fall anwendbar sind. Diese schließlich der richterlichen Entscheidung zugrundegelegte Textmenge hatte Engisch, ausgehend vom Syllogismus-Modell der klassischen Logik, als "*Obersatz*" bezeichnet. Ich werde im folgenden eine mehr linguistische Terminologie wählen und von dem durch die richterliche Tätigkeit im konkreten Fall erst herzustellenden "*Entscheidungstext*" sprechen - als einer Textmenge, die erst durch die Arbeit der Juristen zusammengestellt wird. Je nach Komplexität und juristischer Durchdringung eines Lebensbereiches können dabei, wie im vorliegenden Fallbeispiel, mehr als 25 Paragraphen eine Rolle spielen. Dies liegt zum einen daran, daß alle einzelnen Komponenten eines alltagsweltlichen Bezugs- oder Handlungsrahmens *rechtlich konstituiert* sein können und damit jeweils Anschlußmöglichkeiten an eine Vielzahl von Normtexten eröffnen, und zum anderen daran, daß auch ein rechtlich konstituiertes Verhältnis, wie z.B. ein Vertragsverhältnis, in sich schon von einer Vielzahl entweder alternativer oder sich ergänzender Normtexte erfaßt wird. Die Bestimmung der Anwendbarkeit einzelner Paragraphen im vorliegenden Fall kann meist nur nach einem umfangreichen "Prüfungsprozeß" entschieden werden, in dem nacheinander mögliche Lösungswege durchgegangen werden, um schließlich eine hier anzuwendende Textmenge als Entscheidungstext herauszufinden. Dieser Prüfungsprozeß erfordert nicht nur, um diesen Topos aufzugreifen, ein "Hin-und-her-Wandern des Blicks zwischen Normtext und Sachverhalt" (Larenz), sondern viel mehr noch ein Hin-und-her-Wandern des Blicks zwischen einer Vielzahl von Normtexten. So ergibt sich eine komplexe juristische *Textarbeit*, welche weder mit dem Terminus *Interpretation* oder *Auslegung*, noch mit dem Ausdruck *Rechtsanwendung* zureichend beschrieben ist. Die Komplexität dieser juristischen Textarbeit und die Vielfalt und große Zahl von Normtexten, die darin eine Rolle spielen können, zeigen sich schon bei einem so alltäglichen und scheinbar "einfachen" Fall wie der *Haftung für Sachmängel beim Kauf eines Gebrauchtwagens*, wie er im Folgenden untersucht werden soll.

5.1 Der Fall: Entschädigung beim Gebrauchtwagenkauf

Um ein möglichst realistisches Bild der tatsächlichen Vorgehensweise der Juristen bei der Fallentscheidung zu erhalten, ist es notwendig einen Fall auszuwählen, welcher der Lebenswirklichkeit möglichst nahe kommt (in dem Sinne, daß es sich dabei nicht nur um ein juristisches Spezialproblem handelt). Dabei stellt sich für den fachexternen Forscher das Problem, auf welchem Wege er am besten Zugang zu der juristischen Tätigkeit finden kann; durch Urteilstexte ist dies kaum möglich, weil sie entweder, bei obergerichtlichen Urteilen, über Sachverhaltsfragen gar nicht mehr zu urteilen haben, oder, bei Urteilen der unteren Instanzen, dem Datenschutz unterliegen und gerade mitsamt den notwendigen Akten nicht zu erhalten sind. Zudem kann ein juristischer Laie gar nicht ohne weiteres beurteilen, welches an einem konkreten Fall die rechtlich relevanten Aspekte sind, vor allem nicht, auf welchem Wege die Richter zu ihrem Ergebnis gekommen sind, weil der umfangreiche rechtliche "Prüfungsprozeß" in Urteilstexten gerade unterer Instanzen nur noch in seinem Ergebnis, nicht aber in seinem "Lösungsweg" dokumentiert wird. Deshalb wähle ich im folgenden einen Bezugstext, welcher es auch Nichtjuristen ermöglicht, die juristische Entscheidungstätigkeit und Textarbeit möglichst realitätsgerecht nachzuvollziehen. Grundlage soll daher eine Fallbeispiel sein, wie es in einer Klausur des juristischen Staatsexamens als Aufgabe vorgegeben wurde. Dies hat den Vorteil, daß dem Fallbeispiel nachher (für Übungszwecke in späteren Examensvorbereitungskursen) sog. "Lösungshinweise" mitgegeben wurden, welche sämtliche in Frage kommenden "Prüfungsschritte" und Paragraphen minutiös aufführen. Während viele solcher zu Übungszwecken erstellten Aufgaben juristische Spezialprobleme betreffen, habe ich einen Fall ausgewählt, welcher tatsächlich auch im Alltagsleben sehr häufig vorkommt und auch ähnlich schon vom BGH entschieden wurde.[2]

Der Fall:

A und B sind die Gesellschafter des Autohauses V-OHG; A ist alleinvertretungsberechtigt. K kaufte am 9.1.1991 bei der V-OHG unter Vermittlung von A einen gebrauchten PKW Opel Omega zum Preis von DM 21.000,--. Der zwischen den Parteien geschlossene schriftliche Kaufvertrag enthielt auf der Vorderseite u.a. die Regelung: "*Der Käufer übernimmt das Fahrzeug gebraucht, wie besichtigt und unter Auschluß jeder Gewährleistung.*" In den auf der Rückseite des Kaufvertrages abgedruckten allgemeinen Geschäftsbedingungen der V-OHG hieß es: "*(1) Für den Kaufgegenstand ist jede Gewährleistung ausgeschlossen. Dies gilt nicht, wenn und soweit der Verkäufer schriftlich in einem gesonderten Garantieschein eine Gewährleistung übernimmt. (2) Ein Anspruch auf Wandlung, Minderung oder Schadensersatz besteht nicht.*" A hatte auf Drängen des K auf der Vorderseite des Kaufvertrages noch zusätzlich handschriftlich vermerkt: "*Der Wagen wird in verkehrssicherem und einwandfreiem technischen Zustand übergeben.*"

Der Vorbesitzer des Opel hatte, da er den Wagen nur auf Landstraßen fuhr, aus Kostengründen statt der laut Kfz-Brief und Kfz-Schein vorgeschriebenen Hochgeschwindigkeitsreifen vom Format 185/70 VR 14 Billigreifen der Spezifikation 185/70 R 14 aufziehen lassen, die für dieses Modell nicht zulässig waren. Dies war dem A nicht aufgefallen, da er es versäumt hatte, den äußerlich makellosen Wagen auch nur flüchtig zu prüfen. Der als Handelsvertreter tätige K legte nach der Übernahme des Wagens am 11.1.1991 immer wieder größere Strecken auf der Autobahn zurück; dabei kam es am 5.3.1991 zu einem Unfall, bei dem das Fahrzeug total zerstört wurde. K wurde nur geringfügig verletzt. Aus dem Unfallbericht eines Sachverständigen, den K am 20.4.1991 erhielt, ging hervor, daß der Unfall vornehmlich auf die fehlende Schnellauffestigkeit der montierten Reifen zurückzuführen sei.

Mit einer gegen die V-OHG, A und B gerichteten Klage, die den Beklagten am 17.9.1991 zugestellt wurde, machte K nunmehr Schadensersatzansprüche in Höhe von DM 21.000,--, des Marktwertes des Unfallwagens, vor dem sachlich und örtlich zuständigen Landgericht in N geltend.

Frage: Haften die V-OHG, A oder B dem Grunde nach auf Schadensersatz?

Dieser Sachverhalt, der sich so oder ähnlich in der Lebenswirklichkeit häufiger abspielen könnte, kann, mit der Terminologie der Satzsemantik und

---

[2] BGH in NJW 1978, 2241 ff. (m.w.N.).

der Textlinguistik, als alltagsweltlicher *Bezugsrahmen* beschrieben werden, welcher - zumindestens in den zugrundeliegenden Komponenten des *Gebrauchtwagenkaufs* - Bestandteil des Alltagswissens der Sprachteilhaber sein kann und somit als *Wissensrahmen* fungiert. Solche Wissensrahmen alltagsweltlicher Situationen und Handlungsabläufe wurden in der Textlinguistik auch als "Skripts" oder "Frames" beschrieben, d.h. als typische Geschehensabläufe, welche im Ablauf und den Rollen der beteiligten Bezugsgrößen so oder ähnlich häufig stattfinden (*Normalformen*). Der vorliegende Handlungsrahmen *Gebrauchtwagenkauf* konstituiert damit einerseits einen *alltagsweltlichen Wissensrahmen* (ein "Skript" oder "Frame"), er konstituiert aber andererseits (mit allen seinen konkreten Einzelheiten) auch einen komplexen *juristischen Bezugsrahmen*, der *wissensbasiert* und zum großen Teil durch *Normtexte* gestützt ist. Zunächst zum alltagsweltlichen Bezugsrahmen: Dieser enthält im wesentlichen vier Bezugsgrößen, nämlich *Käufer, Verkäufer, Kaufgegenstand* und *Vertragstext*. Als juristischer Laie würde man zunächst davon ausgehen, daß die rechtlich relevanten Momente dieses Bezugsrahmens alle in der Bezugsgröße *Vertrag* enthalten sind. Dies ist aber nicht so; tatsächlich stellt sich heraus, daß nicht nur der Bezugsrahmen (*Autokauf* als rechtlich definierte Interaktion, d.h. als Vertragsverhältnis) insgesamt, sondern auch alle daran beteiligten Bezugsgrößen für sich jeweils schon rechtlich konstituiert sind. So verweist der Kaufgegenstand *Auto* in diesem Falle auf die *Straßenverkehrszulassungsordnung* (StVZO). Der *Käufer* hat, je nachdem ob er Privatmann, oder, wie im vorliegenden Fall, Kaufmann (Handelsvertreter) ist, eine unterschiedliche rechtliche Stellung bei Handelsverträgen, d.h. er wird als *Privatmann* nach dem *Bürgerlichen Gesetzbuch* (BGB) beurteilt und als *Kaufmann* nach dem *Handelsgesetzbuch* (HGB); das Verhältnis zwischen beiden Gesetzen und der unterschiedliche Anwendungsbereich wird in einem weiteren Gesetz, dem *Einführungsgesetz zum Handelsgesetzbuch* (EGHGB) grundsätzlich geregelt. Die Bezugsgröße des *Verkäufers* setzt sich im vorliegenden Falle zusammen aus einer juristischen Person - bzw. rechtsterminologisch genauer: einer Personengesellschaft - (V-OHG), welche wiederum aus zwei natürlichen Personen besteht (A als dem Vertragsunterzeichner und B als dem weiteren Teilhaber); deren jeweilige Haftung gegenüber dem Käufer, aber auch untereinander, und ihre Vertretungsbefugnis (d.h. ihr rechtliches Verhältnis untereinander und zur OHG insgesamt) werden nach dem BGB und dem HGB geregelt. Und schließlich kann der Vertragstext als solcher sich auf mehrere Gesetzeswerke beziehen, nämlich neben dem BGB und HGB in diesem Fall auf das *Gesetz zur Regelung des Rechts der Allgemeinen Geschäftsbedingungen* (AGBG).

Soll ein einmal als gegeben angesehener rechtlicher Anspruch (z.B. der geforderte Schadensersatz) gerichtlich durchgesetzt werden, dann werden weitere Regelungen, welche das rechtliche Verfahren selbst betreffen, relevant, wie z.B. die *Zivilprozeßordnung* (ZPO). Selbst die in der Fallschilderung nicht zufällig exakt angegebenen Zeitpunkte können eine entscheidende

Rolle dafür spielen, ob ein rechtlich zugestandener Anspruch auch tatsächlich durchgesetzt werden kann (Frage der Verjährung). Man sieht daraus, daß alle Bestandteile des alltagsweltlichen Bezugsrahmens überformt sind durch rechtliche Bestimmungen, welche die Bewertung ihrer Rolle jeweils normativ festlegen bzw. regulieren. Damit ist dieser Bezugsrahmen, über seine alltäglichen Wissensmomente hinaus, grundsätzlich und in allen seinen Aspekten zugleich *rechtlich konstituiert*. Die jeweilige rechtliche Konstituiertheit einer Bezugsgröße kann selbst schon wiederum von bewertenden juristischen Entscheidungen abhängen; so bestimmt etwa bei der Rolle des Käufers die Entscheidung, ob man im vorliegenden Falle einen *Privatkauf* oder einen *Kauf als Handelsgeschäft* annimmt, schon die Wahl des normativen Bezugstextes. Das heißt, daß schon im Vorfeld dessen, was die Laien normalerweise als "Anwendung des Gesetzestextes" verstehen würden, vielfältige rechtliche Momente ins Spiel kommen und wesentliche Vorentscheidungen für die spätere Entscheidung im Kernbereich des Sachverhalts (hier: Haftung für Sachmängel) fallen können, die - für unseren Zusammenhang - als Vorentscheidungen für die *Textbezüge*, d.h. für den herzustellenden Entscheidungstext, anzusehen sind. Solche Aspekte der rechtlichen Durchformung von Sachverhalten, für die daneben einfache alltagsweltliche Wissensrahmen ("Skripts, Frames") existieren, sind ursächlich für die häufig beklagte "Entfremdung des Rechts von den Bürgern", und nicht etwa oberflächlich aufgefaßte "Verständigungsprobleme" oder Fragen der "Fachsprachlichkeit" des Rechts. Wie die rechtliche Konstitution des vorliegenden Fallbeispiels im Einzelnen aussieht, und welche Arten von Textbezügen auf Normtexte sich daraus ergeben, soll im folgenden gezeigt werden.

5.2 Der Sachverhalt: Struktur auf außerrechtlicher Ebene

Bevor auf die von den einzelnen Größen des Bezugsrahmens ausgehenden Beziehungen zu Normtexten (und zwischen diesen Normtexten) eingegangen wird, sollen kurz die Beziehungen charakterisiert werden, die sich innerhalb des Bezugsrahmens auf der Sachverhaltsebene selbst, d.h. noch vor einer genaueren Prüfung der normativ-rechtlich konstituierten Verhältnisse, ergeben. Da ist zunächst die Bezugsgröße *Auto* als Kaufobjekt und Vertragsgegenstand; an ihr werden vor allem die Momente *Reifen*, als tatsächliche physische Eigenschaft, und die im Vertragstext genannten Eigenschaften *verkehrssicher* und *in einwandfreiem technischem Zustand* relevant. Letztere sind einerseits zwar auch materiale Eigenschaften, insofern die falschen Reifen durch ihre physische Beschaffenheit (Sachverhaltsfrage, d.h. eine Frage der Beweislage) einen Verkehrsunfall verursacht haben; andererseits sind sie aber auch eine Frage von Bewertungen, nämlich der Frage, ob die montierten Reifen, welche dem Vorbesitzer ja offenbar ausreichten, zulässig als Bezugsobjekte der Wertungsausdrücke *verkehrssicher* und *einwandfreier techni-*

scher Zustand behauptet werden können. Diese Wertung ist nicht nur eine Frage, die materialiter entschieden werden kann, sondern selbst wieder, wie gezeigt werden wird, durch Bezugnahme auf Normtexte rechtlich überformt. Da die zweite Größe des Bezugsrahmen, nämlich der *Vertrag*, als Text eine *sprachliche* Einheit ist, kann die Bezugsgröße *Auto* linguistisch gesehen als Bezugsobjekt, d.h. als Teil des Referenzbereichs dieses Textes (des Kaufvertrags) angesehen werden; und zwar einmal als solches im Kernteil des Vertragstextes (Übergabe der Sache gegen Übergabe von Geld), und dann mit seinen relevanten Eigenschaften, insofern sich die in der handschriftlich zugefügten "Individualabrede" verwendeten Ausdrücke *in verkehrssicherem und einwandfreiem technischem Zustand* auf physische Eigenschaften des Autos beziehen. Wir werden sehen, daß das *Auto* als Moment des zugrundeliegenden Fallrahmens in sehr verschiedener Weise zum Referenzbereich diverser Normtexte wird.

Zwischen dem Verkäufer und dem Käufer bestehen, vermittelt über den Vertragstext als "kommunikativem Medium" (das allerdings tatsächlich hier weniger die Funktion der Kommunikation zwischen den Beteiligten als die der Dokumentation gegenüber Dritten, nämlich z.B. der Justiz, hat), wiederum textgestützte Beziehungen. Man kann den Vertragstext sprechakttheoretisch als *Verpflichtungshandlungen* jeweils des Verkäufers und des Käufers auffassen, indem letzterer sich verpflichtet, die verzeichnete Summe zu zahlen, und ersterer sich verpflichtet, die Sache (das Auto) zu liefern. Das Auto gehört damit zum Referenzbereich des Sprechaktes des Verkäufers. Darüber hinaus vollzieht der Verkäufer einen weiteren textgestützten Verpflichtungsakt, indem er den Sprechakt der "*Zusicherung*" (ein *Versprechen*) des Vorliegens bestimmter Eigenschaften (*in verkehrssicherem und einwandfreiem technischem Zustand*) des Vertragsgegenstandes vollzieht. Indem diese Zusicherung in der handschriftlichen "Individualabrede" vom Verkäufer A notiert wird, konstituiert er neben dem Verpflichtungsakt die Beziehung der "Autorschaft" dieses Textbestandteils. Das ist insofern wichtig, als er damit neben seiner Rolle als Teilhaber der rechtlich konstituierten Bezugsgröße "OHG" auch als Individuum zum Bestandteil des Bezugsrahmens wird, insofern dieser Sprechakt der Zusicherung (auch durch seine Unterschrift unter den Gesamtvertrag) von ihm nicht nur als von einem unbeteiligten Vertreter einer abstrakten Institution vollzogen wird, sondern ihm als natürlicher Person zurechenbar wird. Die Beziehung des Käufers zu dem (den) Verkäufer(n) schließlich ist, als rechtlich konstituierte Beziehung (*Anspruch auf Schadensersatz*), ebenso wie die Umkehrung dieser Beziehung (*Schädigung des Eigentums des Käufers*) Gegenstand des gesamten rechtlichen Prüfungsverfahrens und übersteigt damit die unmittelbare "Sachverhaltsebene". (Gleiches gilt für die Vertretungs- und Haftungsbeziehungen innerhalb der OHG, welche nur rechtliche Bezugsrahmen betreffen, und damit den alltagsweltlich oder rein linguistisch beschreibbaren Bezugsrahmen übersteigen.)

Interessant aus linguistischer Perspektive sind natürlich besonders die *textuellen* Beziehungen, die zwischen den einzelnen Bestandteilen des Vertragstextes bestehen. Da der gesamte Text in der Fallschilderung nicht abgedruckt ist, können hier nur Aussagen über die für das vorliegende rechtliche Entscheidungsproblem relevanten Textelemente gemacht werden. Es kann vermutet werden, daß der Vertragstext aus einem Formularvertrag der V-OHG besteht, in den handschriftlich nur die genaue Bezeichnung der Kaufsache und der Geldsumme sowie die sog. "Individualabrede" nachträglich eingefügt wurden. Vor allem durch die letztere, nur auf Drängen des Kunden erfolgte Änderung bzw. Erweiterung des Vertragstextes kommt eine inhaltliche Struktur des Gesamtvertrags zustande, die mit textanalytischen Mitteln allein nicht mehr aufgedeckt werden kann, sondern, da sie rechtlich konstituiert ist, der Würdigung durch Heranziehung der relevanten Normtexte bedarf (s.u.). Auffällig ist zunächst, daß an insgesamt drei verschiedenen Stellen des Vertragstextes eine Haftung des Verkäufers ausgeschlossen wird (*Gewährleistungsausschluß*). Zuerst in der Formulierung auf der Vorderseite: "*Der Käufer übernimmt das Auto ... unter Ausschluß jeder Gewährleistung.*" Dann auf der Rückseite formelhaft durch die "*Allgemeinen Geschäftsbedingungen*" der V-OHG in § 1: "*Für den Kaufgegenstand ist jede Gewährleistung ausgeschlossen.*" Und schließlich noch einmal genauer in § 2: "*Ein Anspruch auf Wandlung, Minderung oder Schadensersatz besteht nicht.*" Gegenüber dieser Ballung von verbalen Gewährleistungsausschlüssen wirkt der handschriftliche Zusatz auf der Vorderseite des Vertrages: "*Der Wagen wird in verkehrssicherem und einwandfreiem technischem Zustand übergeben.*" nur wie eine minder wichtige Bemerkung über Eigenschaften des Kaufgegenstandes. So muß für einen juristischen Laien, der diesen Text liest, der Eindruck entstehen, daß er rechtlich, wegen der herrschenden Vertragsfreiheit, d.h. da er diesen Vertrag ja als "*Willenserklärung*" selbst unterschrieben hat, keinerlei Anspruch auf Schadensersatz stellen kann. Tatsächlich verhält es sich jedoch genau umgekehrt. Während die inhaltlichen Textbeziehungen im außerjuristischen Blickwinkel als dominierenden Inhalt des Vertrages u.a. eindeutig den Haftungsausschluß ins Zentrum rücken, sind unter juristisch-normativem Blickwinkel die formelhaften Textbestandteile durch normative Überformung dieser Vertragstypen (BGB, Gesetz über die Allgemeinen Geschäftsbedingungen) eindeutig in den Hintergrund gerückt, so daß die handschriftliche, zunächst nur als beliebiger Zusatz erscheinende "Individualabrede" schließlich für die rechtliche Bewertung des ganzen Vertrages den Ausschlag gibt; der handschriftliche Zusatz setzt bei der hier gegebenen Rechtslage die Haftungsausschlüsse außer Kraft. Dies geschieht aber nicht durch dessen Wortlaut allein, sondern durch ein kompliziertes Zusammenspiel von *Text*, *materialen Eigenschaften* seines Referenzobjektes (des Autos), und einer auf verschiedene Normtexte Bezug nehmenden *Bewertung des rechtlichen Status* dieser Eigenschaften. Dies kann jedoch nicht mehr auf der Ebene des (auch außerjuristisch begreifbaren) puren lebensweltlichen Sachverhaltes analysiert werden, sondern nur durch Untersuchung der von diesem Vertragstext ausgehenden Bezüge zu verschiedensten, sich zu einem "Entscheidungstext" akkumulierenden Normtexten.

5.3 Die Normebene: Bezugsgröße I - Das mangelhafte Auto

Im folgenden soll unter (text-)linguistischer Perspektive untersucht werden, welche Textbezüge *ausgehend von den einzelnen Bezugsgrößen des Sachverhalts* in den einzelnen Schritten seiner rechtlichen Prüfung hergestellt werden und welche Textbeziehungen sich *zwischen den derart herangezogenen Texten* bzw. Textelementen untereinander ergeben. Um mehr Übersichtlichkeit auch für die nichtjuristischen Leser dieser Untersuchung zu schaffen, folgt die Darstellung nicht der normalerweise vorgenommenen Reihenfolge der juristischen Prüfungsschritte, sondern orientiert sich an den einzelnen Momenten des auch als außerjuristischer Bezugsrahmen verstehbaren Sachverhaltsschemas. Jedes dieser Momente ist nämlich für sich schon rechtlich-normativ konstituiert (bzw. geformt), so daß sich je getrennt Bezüge zu den relevanten Normtexten herstellen lassen, die später dann in eine Wechselwirkung mit normativen Elementen treten, die durch die anderen Bezugsgrößen des Sachverhaltsrahmens "ins Spiel gebracht" wurden.

Über das erste Moment des Sachverhaltsrahmens, das *mangelhafte Auto* als sowohl Vertragsgegenstand als auch Ausgangspunkt für die Schadensersatzforderung, wird in der Fallschilderung folgendes ausgesagt: Der Name des Modells läßt in Verbindung mit dem für einen Gebrauchtwagen hohen Kaufpreis auf ein relativ neues Auto schließen. Dies könnte Rückwirkungen haben, wenn die Zusicherung eines *technisch einwandfreien Zustandes* im Kaufvertrag einer rechtlichen Bewertung unterzogen wird.[3] Im konkreten Fall kommt es jedoch hierauf nicht so sehr an. Die Mängelrüge bezieht sich einzig auf die falschen Reifen, die den Unfall nach Meinung der Gutachter verursacht haben (Beweisfrage, die hier nicht weiter untersucht wird). Konkret heißt dies, daß das Auto mit Reifen bestückt war, die nicht dem Typ entsprachen, der durch Eintragung im Kfz-Brief und -Schein als der für dieses Auto einzig zulässige Reifentyp bezeichnet worden war. Hier wird, über das Bezugsobjekt *Auto*, also sowohl eine *Referenzbeziehung* zu den Reifen als materialen Bestandteilen des Kfz hergestellt, als auch eine (mittelbare) *Textbeziehung* zum *Kfz-Brief*, als einer rechtlich definierten Urkunde, welche Aussagen über die rechtlich allein zulässigen Eigenschaften des Autos enthält. Die Eintragung des zulässigen Reifentyps in diesem Urkundentext und die von dieser Urkunde ausgehende Referenzrelation zu der konkreten Bereifung des Autos (mit dem Ergebnis, daß die aufgezogenen Reifen nicht Teil

---

[3] Je nach Alter des Fahrzeugs und Preis kann derselbe Text "*einwandfreier technischer Zustand*" nämlich unterschiedlich ausgelegt werden; dies würde durchaus den "Anschauungen des täglichen Lebens" entsprechen, spielt im vorliegenden Fall jedoch keine Rolle.

der Menge der Referenzobjekte des Urkundentextes, und daher rechtlich gesehen unzulässig waren) hat Auswirkungen auf die rechtliche Bewertung der Frage, ob die Formulierung des Vertragstextes *in verkehrssicherem und einwandfreiem technischem Zustand* zu Recht auf das vorliegende Bezugsobjekt (*Auto* incl. *Reifen*) angewendet werden kann. Wenn dies nicht der Fall ist, so ist im Umkehrschluß die hinzugefügte Vertragsformulierung als "falsch" (und zwar aus Gründen des referentiellen Teils ihrer Bedeutung) anzusehen. Damit (und dies wird später rechtlich wichtig) fehlt dem Kaufgegenstand eine im Vertragstext "*zugesicherte Eigenschaft*". Jedoch ist diese "Eigenschaft" nicht nur materiell definiert (wenngleich die Tatsache, daß die falschen Reifen den Unfall physikalisch verursacht haben, für den entstandenen Schaden und damit auch für die Forderung nach Schadensersatz wesentlich ist), sondern zugleich auch *rechtlich* konstituiert.

Nach der herrschenden (durch BGH und andere Obergerichte entwikkelten oder bestätigten) Auslegung solcher und ähnlicher Vertragsformulierungen ist ein Auto dann nicht als *verkehrssicher* und *in einwandfreiem technischem Zustand* anzusehen, fällt also aus dem (linguistisch gesprochen) Referenzbereich dieses Vertragstextes dann heraus, wenn es nicht "*betriebsbereit*" ist. Die Eigenschaftsworte des originalen Vertragstextes werden also hier für die juristische Bewertung durch das Eigenschaftswort *betriebsbereit* ersetzt; alle weiteren Schlußfolgerungen werden dann v.a. an diesen Ausdruck geknüpft. Man könnte dieses Vorgehen als eine juristisch determinierte "Übersetzung" eines Sachverhalts-Textes in eine Art "juristischen Arbeitstext" ansehen; solche - auch linguistisch relevanten - Zwischentexte werden von Richtern häufiger eingesetzt, um die Vielfalt der in konkreten Sachverhalten vorkommenden Formulierungsvarianten auf einen verallgemeinerungsfähigen "gemeinsamen Nenner" zu bringen. Der Ausdruck *betriebsbereit* wird nun so erläutert, daß nach herrschender Rechtsauffassung dieser Ausdruck nur dann auf ein Auto zurecht angewendet werden kann, wenn dieses Auto "*den TÜV-Bestimmungen entspricht*". Was dies rechtlich gesehen bedeutet, wird dann durch Bezugnahme auf die für die rechtliche Zulassung von Autos zum öffentlichen Fahrzeugverkehr zuständigen Normtexte, d.h. hier: die *Straßenverkehrszulassungsordnung* (StVZO), näher ausgeführt. Die Grundnorm ist hier zunächst § 18 Abs. 1 StVZO über die "*Zulassungspflichtigkeit*",[4] wonach Autos auf öffentlichen Straßen nur dann in Betrieb genommen werden dürfen, wenn sie über eine "*Betriebserlaubnis*" (BE) verfügen. Hier wird also sowohl auf einen Verwaltungsakt der zuständigen Behörde Bezug genommen, als auch (implizit) auf die diesen Rechtsakt dokumentierende Urkunde (Kfz-Brief, es wird also ein impliziter *Textbezug* hergestellt).

---

[4] Die in diesem Kapitel zitierten Gesetzestexte sind im Anhang 5 im Wortlaut wiedergegeben. Die Klausuraufgabe mit Lösungsskizze, auf der unsere Fallschilderung fußt, ist im Anhang 6 dokumentiert.

Weiterhin ist hier § 19 Abs. 1 und 2 StVZO über die *"Wirksamkeit der Betriebserlaubnis"* heranzuziehen. Hier wird einmal darauf verwiesen (Abs. 1), daß das Fahrzeug im einzelnen den Bestimmungen entsprechen muß, die z.T. vom Verkehrsminister und z.T. vom Rat der EWG erlassen wurden; damit sind wohl die von den Richtern als *TÜV-Bestimmungen* bezeichneten Regelungen gemeint.[5] Nur nebenbei bemerkt: Hier wird im Text der StVZO eine Textrelation zu weiteren Texten hergestellt, die man textlinguistisch als *Inklusionsrelation* beschreiben könnte: Der Inhalt anderer Bezugstexte wird dadurch mittelbar zum Inhalt des vorliegenden Verordnungstextes gemacht; dies kann mögliche Veränderungen dieser Bezugstexte durchaus mit einschließen, so daß also, vom Zeitpunkt der Formulierung des Verordnungstextes her gesehen, der konkrete Inhalt der eingeschlossenen Bezugstexte in allen Einzelheiten noch gar nicht voraussehbar war. Damit bekommt der Text des § 19,1 StVZO einen *operativen* Stellenwert innerhalb eines ausgearbeiteten Mechanismus der Gesetzgebungstechnik, der mit dem Begriff *Bedeutung* im alltagssprachlichen, aber auch im linguistischen Sinne nicht hinreichend erfaßt werden kann. Dieser interessante Aspekt des Einbezugs von intermittierenden Texten in einen Normtext und die damit zusammenhängenden Fragen, etwa, welche Folgerungen sich daraus für das Konzept der "*Autorintention*" bzw. des "*Willens des Gesetzgebers*" ergeben, oder ob der linguistische Terminus "*Textfunktion*" damit nicht eine völlig neue Ausrichtung bekommt, können an dieser Stelle leider nicht weiterverfolgt werden.

Indem in diesem Normtext in allgemeiner Form auf die konkreten Eigenschaften hingewiesen wird, die ein Auto erfüllen muß um eine Betriebserlaubnis (BE) zu erhalten, wird indirekt eine Referenzbeziehung hergestellt zur Menge aller Kraftfahrzeuge, die von diesem Paragraphen erfaßt werden, und deren konkreten materialen Eigenschaften. Der Rechtsmethodiker Friedrich Müller nennt dies den "*Sachbereich*" einer Gesetzesnorm.[6] - Die im Kfz-Brief dokumentierte *konkrete Betriebserlaubnis* verweist selbst wiederum auf die "*Allgemeine Betriebserlaubnis*" (ABE), die dem Kfz-Hersteller pauschal für alle Fahrzeuge dieses Typs erteilt wurde (wieder eine mittelbare Textbeziehung). Dies wird im Kfz-Brief dadurch ausgedrückt, daß dort der Hersteller die Übereinstimmung des konkreten, durch Seriennummer identifizierten Autos und seiner Bestandteile mit der ihm erteilten ABE durch (faksimilierte) Unterschrift (also einen Rechtsakt) bestätigen muß. Die konkrete BE des Einzelfahrzeugs ist also - textlich gesehen - eine komplexe Verweisungsrelation zwischen den Einzelangaben im Kfz-Brief, den Textelementen der beim Hersteller und beim Kraftfahrt-Bundesamt niedergelegten ABE des Fahrzeugtyps, den in den ministeriellen Verordnungen und den

---

[5] Vielleicht sind die TÜV-Bestimmungen im einzelnen aber auch nur ihrerseits konkrete, auf den Autotyp bezogene Ausführungen der genannten Verordnungstexte, falls diese evtl. allgemeiner gehalten sind.

[6] Müller 1976, 61 f., vgl. auch Müller 1984, 232 (vgl. dazu auch Busse 1992, Kap. 6)

Richtlinien der EWG formulierten Vorgaben und den konkreten Eigenschaften und Bestandteilen, die das im Kfz-Brief bezeichnete Einzelding (Auto) materialiter aufweist. All diese komplexen intertextuellen und Text-Welt-Relationen gehören letztlich implizit zur (rechtlich konstituierten) "Bedeutung" des Ausdrucks *betriebsbereit*.

Die wesentliche Bezugsnorm, welche in unserem Fallbeispiel die rechtliche Konstituiertheit der Bezugsgröße *Auto*, d.h. hier: von dessen Eigenschaft *betriebsbereit*[7] festlegt, ist neben der zitierten Grundnorm in § 18,1 StVZO der Abs. 2 des § 19. Dieser Normtext legt fest, daß die Betriebserlaubnis eines Kraftfahrzeugs dann erlischt, wenn an diesem Fahrzeug Änderungen vorgenommen werden, die nicht der ABE entsprechen. Zugleich begründet dieser Paragraph die Verpflichtung des "*Verfügungsberechtigten*", nach einer Änderung von durch die BE und die ABE erfaßten Teilen des Kfz eine neue Betriebserlaubnis zu beantragen. Im vorliegenden Fall wird dadurch zunächst auf den *Kfz-Brief* (als Urkunde über den Verwaltungsakt *Erlaubniserteilung*) Bezug genommen (also eine Textrelation hergestellt). In diesem Bezugstext (Kfz-Brief) sind die Reifen des Typs "*185/70 VR 14*" benannt; von diesem Bezugstext geht also eine Referenzrelation zu den Reifen des in diesem Text durch Angabe der Seriennummer singulär identifizierten Autos aus; da die an diesem Kfz zum Zeitpunkt des Verkaufs befindlichen Reifen dem Text der BE nicht entsprochen haben, ist, nach dem übergeordneten Normtext des § 19,2 StVZO, die BE erloschen. Der Ausdruck *Änderungen* in diesem Normtext schließt als allgemeiner Mengenbegriff alle Fahrzeugteile ein, die durch die BE bzw. die in Abs. 1 genannten Verordnungstexte als genehmigungsbedürftig bezeichnet wurden. Insofern findet von dem Kfz-Brief (als Urkundentext) eine rechtlich konstituierte Rückbeziehung zu dem übergeordneten Normtext statt. Die konkrete Referenzrelation zwischen dem Normtext-Ausdruck *Änderungen* und der außersprachlichen Wirklichkeit, auf die er verweist (dem "Sachbereich") wird in diesem Fall also durch den intermittierenden Text *Betriebserlaubnis* hergestellt (der selbst wiederum letztlich ein komplexes, rechtlich determiniertes Textgeflecht darstellt).

Der Ausdruck *Verfügungsberechtigter* aus § 19,2 StVZO verweist in unserem Fall auf den Verkäufer A, welcher als letzter Besitzer des Autos vor dem Verkauf die "Änderung" des Kfz (also den Reifenwechsel) rechtlich zu vertreten hat, auch wenn er sie persönlich gar nicht vorgenommen hat (s.u. 5.6). Ebenso bezieht sich die hier formulierte Verpflichtung, nach solchen Änderungen eine neue BE zu beantragen ("*hat der Verfügungsberechtigte eine erneute Betriebserlaubnis ... zu beantragen*") auf den Verkäufer; unterläßt er dies, wie im vorliegenden Fall, so hat die Nichtübereinstimmung zwischen

---

[7] Linguistisch gesprochen: die festlegt, unter welchen Voraussetzungen der rechtlich konstituierte Terminus *betriebsbereit* richtigerweise auf das Auto, um das es hier geht, angewendet werden kann.

Kfz-Brief und Auto zur Folge, daß die Betriebserlaubnis erlischt. Der § 19 Abs. 2 StVZO verweist hier auf den § 21, in dem diese Verpflichtung und die sich aus ihr ergebenden notwendigen Schritte zur erneuten Beantragung einer BE genauer geregelt sind. Die in den §§ 19,2 und 21 formulierte Verpflichtung begründet eine indirekte Referenzrelation zu dem Verkäufer A, indem sie ein rechtlich gesolltes Handeln vorschreibt. Da der Verkäufer diese rechtlich geforderte Handlung unterlassen hat, kann ihm der Nichtvollzug dieser Handlung als Akt der Unterlassung zugerechnet werden, mit allen rechtlichen Folgen, die dies für ihn hat. Man sieht an diesem Beispiel, daß die (in Normtexten wie der StVZO begründete) rechtliche Konstituiertheit der an dem vorliegenden Handlungsrahmen *Autoverkauf* beteiligten Bezugsgröße *Auto* indirekt erhebliche Auswirkungen auch auf die rechtliche Bewertung der Rolle der anderen Bezugsgrößen (Handlungen des Verkäufers; Schadensersatzansprüche usw.) hat. Textlich wird diese Beziehung dadurch hergestellt, daß der Verkäufer dem konkreten Kaufobjekt durch handschriftliche Formulierung im Vertragstext bestimmte Eigenschaften zugesichert hat. Diese Eigenschaften (*in verkehrssicherem und einwandfreiem technischem Zustand*) werden durch die Richter in den umfassenderen Eigenschaftsbegriff *betriebsbereit* übersetzt. Dieser ist wiederum durch richterliche Festsetzungsdefinitionen interpretiert im Sinne der "*Entsprechung zu den Anforderungen der Allgemeinen Betriebserlaubnis*". Die in der StVZO formulierte normative Definition, wonach ein Auto ohne BE nicht zum öffentlichen Straßenverkehr zugelassen ist, wird durch die richterliche Definition ergänzt, wonach ein Auto, das die Anforderungen der BE nicht erfüllt, nicht *betriebsbereit* ist. Damit liegt hier ein Zusammenspiel von im Normtext vorgegebenen Inhalten und solchen Bedeutungsmomenten vor, die erst in der richterlichen Auslegung (mit faktisch normativer Kraft) *festgesetzt* wurden. Der scheinbar so harmlose Ausdruck *betriebsbereit* stellt sich also als Ergebnis eines komplexen Geflechts von intertextuellen Relationen einerseits, von z.T. normativ vorgegebenen, z.T. rechtsdogmatisch entwickelten Festsetzungen andererseits, und schließlich von komplexen, rechtlich definierten, d.h. mittelbaren Text-Welt-Bezügen dar.

Neben der geschilderten normativen Determination des Ausdrucks *betriebsbereit* enthält die Referenzrelation zwischen der Individualabrede im Kaufvertrag und dem konkreten Auto als Kaufobjekt auch Elemente konkreter Tatsachenfeststellungen, welche den vorliegenden "Sachverhalt" mit bestimmen. Dies ist die Tatsache, daß das Auto mit den "falschen" Reifen, abgesehen davon, daß es im normativ-rechtlichen Sinne nicht *betriebsbereit* ist, weil es den Zulassungsvoraussetzungen nicht entspricht, darüber hinaus auch tatsächlich nicht *verkehrssicher* war, wie der durch die falschen Reifen letztlich mitverursachte Unfall gezeigt hat. Die von den Richtern vorgenommene Verneinung der Frage, ob der Vertragsterminus "*verkehrssicher*" auf das vorliegende Referenzobjekt zutreffend angewendet werden kann, enthält zwei Elemente: ein bewertendes und ein faktisches. Das bewertende Element liegt in der Annahme, daß von einem Auto mit Reifen, welche für die Geschwindigkeiten, die dieses Auto erreichen kann, nicht ausgelegt sind, eine "*abstrakte Gefährdung*" ausgeht, unabhängig davon, ob tatsächlich ein Unfall verursacht wurde. Diese abstrakte Annahme ist notwendig, um die sich aus dem BGB gleichfalls ergebende Möglichkeit eines Rückgängigmachens (*Wandlung*) des Kaufes bei vorliegenden Mängeln der Kaufsache zu begründen. Die Annahme einer solchen "*abstrakten Gefährdung*" (welche als Resultat einer *bewertenden Handlung* der Richter angenommen wird) ist insofern wichtig, weil nur mit Bezug auf ein abstraktes Gefährdungspotential die Unterlassungshandlung des Verkäufers (das Auto auf seine Verkehrssicherheit und Übereinstimmung mit den TÜV-Bestimmungen nicht geprüft zu haben) schon zum Zeitpunkt des Abschlusses des Kaufvertrags (also ohne daß ein Unfall tatsächlich geschehen ist) rechtlich als pflichtwidrig (*Verletzung der Verkehrsicherungspflicht*) einstufen zu können (s.u.). Im vorliegenden Fallbeispiel tritt zu dieser *abstrakten* Gefährdung (als Resultat einer Bewertungshandlung) ein *faktisches* Element hinzu. D.h. daß die bestimmungswidrigen Eigenschaften des Autos (falsche Reifen) den Unfall tatsächlich unmittelbar verursacht haben. Die Gründe für die Annahme dieser Verursachung sind eine Frage des Sachbeweises; dieser wird in solchen Fällen regelmäßig erbracht durch das *Gutachten* eines amtlich anerkannten Sachverständigen, d.h. durch eine Darstellung und Bewertung von Geschehenselementen, die den Richtern selbst nur als *Text* vorliegt. Der Sachbeweis enthält also wieder einen *Textbezug*: die Richter führen den Beweis nicht selbst durch, sondern delegieren ihn an einen vorliegenden *Text*, mittelbar an einen *Sprechakt* (*Behauptung, Versicherung* o.ä.) des Gutachters. Dieses Gutachten hat als Referenzbereich das Auto und den Unfall, d.h. ein Geschehen, an dem der Gutachter selbst nicht teilgenommen hat, so daß der Gutachter selbst wiederum auf einen (Berichts-)*Text* des Fahrers angewiesen ist.

Die Bewertung *nicht betriebssicher*, d.h. die Feststellung, daß die in der handschriftlichen Versicherung des Verkäufers im Kaufvertrag aufgestellte Behauptung auf das Kaufobjekt tatsächlich nicht zutraf, der Verkäufer also eine unrichtige Angabe gemacht hat, stellt sich als Ergebnis eines komplexen diskursiven Prozesses heraus: Die Festsetzungsdefinition (*nicht betriebssicher*) der Richter bezieht sich (1) auf die Übersetzung der Formulierung des vorliegenden Vertragstextes in den intermittierenden Arbeitstext *betriebsbereit* (als Ergebnis einer richterlichen Auslegung/Festsetzunsdefinition); (2) auf mehrere Normtexte (§§ 18,1; 19,1 und 2; 21 StVZO), welche wiederum intertextuelle Relationen zu mehreren anderen Texten herstellen (ministerielle Vorschriften, EWG-Richtlinien), (3) auf die Nichtübereinstimmung des Autos mit der Betriebserlaubnis (welche wiederum eine komplexe Textrelation zwischen Kfz-Brief, ABE des Autotyps und darin befolgten ministeriellen oder EWG-Vorschriften darstellt), (4) auf eine Bewertungshandlung der Richter über die "*abstrakte Gefährdung*", welche von dem falsch bereiften Auto ausgeht (welche sich, was aber nicht ausgesprochen wird, möglicherweise auf Gutachtentexte bezieht), (5) auf eine Sachverhaltsfeststellung der Richter (Abschluß der Beweiserhebung; Beweiswürdigung), welche nicht auf eigener Anschauung beruht, sondern (a) auf dem Gutachten-Text eines Sachverständigen, und (b) Schilderungen des Geschehensablaufs durch den Fahrer (= Käufer), also einem Text, der z.T. Grundlage sowohl der richterlichen Feststellungen als auch (mittelbar) der Feststellungen des Gutachters ist. Linguistisch gesprochen gehören damit zum Referenzbereich der Aussage *nicht betriebssicher*, als der für den Prozeß wesentlichen Angabe einer Eigenschaft der Bezugsgröße *Kaufsache* (*Auto*), die Referenzobjekte *Auto*, *Reifen* und *Kfz-Brief*, mittelbar die Referenzobjekte *Verkäufer* und *Unfall*.

Für die rechtliche Bewertung der rechtlichen und faktischen Eigenschaften der Bezugsgröße *Auto* sind damit folgende Texte relevant geworden: Unmittelbar (1) der *Vertragstext*, v.a. die handschriftlich hinzugefügte "Individualabrede"; (2) die *§§ 18,1; 19,1 und 2; 21 StVZO*; (3) die *Betriebserlaubnis* (= Kfz-Brief und -Schein); (4) das *Sachverständigengutachten*. Mittelbar spielen folgende Texte eine Rolle: (5) zu den Normtexten: (a) *Auslegungstexte*, d.h. Gerichtsurteile und Kommentartexte, die definieren, daß ein Auto ohne gültige Betriebserlaubnis, d.h. ein Auto, das nicht den rechtlichen Bestimmungen entspricht (den sog. *TÜV-Bestimmungen*), rechtlich gesehen nicht als *betriebssicher* anzusehen ist; von der Textfunktion her haben diese Auslegungstexte die Rolle von richterlichen Festsetzungsdefinitionen mit quasi normativer Kraft; (b) die in § 19,1 StVZO zitierten *ministeriellen Vorschriften* und *EWG-Richtlinien* (worunter sich vermutlich die von den Richtern so genannten *TÜV-Bestimmungen* verbergen); möglicherweise: weitere intermittierende Ausführungstexte zu diesen Bestimmungen; (7) zur Betriebserlaubnis: (a) die "*Allgemeine Betriebserlaubnis*", welche dem Kfz-Hersteller für den betreffenden Wagentyp generell erteilt wurde; (b) diese ABE verweist wiederum implizit auf die unter (6a) genannten technischen Vorschriften, denen die ABE entsprechen muß; (c) die im Kfz-Brief dokumentierte *Versicherung des Kfz-Herstellers*, daß das dort durch Seriennummer individuell identifizierte Auto den Bestimmungen der ABE enstpricht; (8) zum Sachverständigengutachten: der *Bericht des Fahrers* zum Unfallhergang. - Schon die für den Blick der Laien als relativ problemlos erscheinende Größe *Auto* des Handlungsrahmens *Gebrauchtwagenkauf* ist also, wie gezeigt, in komplexer Weise rechtlich konstituiert. Diese rechtliche Überformung eines alltagsweltlichen Gegenstandes ist, wegen der fundamentalen Sprachlichkeit des Rechts, stets durch *Texte* konstituiert. Erst die komplexen Bezüge der Vielfalt unterschiedlicher (meist rechtlicher) Texte untereinander, und die von diesen Texten ausgehenden Text-Welt-Relationen bilden, zusammen mit Bewertungs- und Festsetzungshandlungen der Richter, die rechtlich-normativen Eigenschaften dieses anscheinend so "einfachen" lebensweltlichen Gegenstandes im Hinblick auf den hier zu entscheidenden Streitfall.

5.4 Bezugsgröße II: Der Käufer

Als Beteiligter des rechtlich determinierten Handlungsrahmens *Gebrauchtwagenkauf* ist auch die Bezugsgröße des *Käufers* (und Klägers) normativ konstituiert. Hier wird eine erste richterliche Entscheidung notwendig, nämlich ob die konkrete Person des Käufers im vorliegenden Fall, deren Beruf mit "Handelsvertreter" angegeben ist, nach dem rechtlichen Bezugsrahmen *Privatperson* oder nach dem Bezugsrahmen *Kaufmann* zu beurteilen ist. Beide Rollen sind im Hinblick auf den Kaufakt rechtlich unterschiedlich bestimmt. Das heißt aus textlinguistischer Sicht, daß die Richter, ausgehend von der konkreten Person, sich zwischen zwei verschiedenen Textgruppen entscheiden müssen, welche die rechtliche Bewertung des Käufers und seiner Rechtsansprüche aus dem Vertrag (Schadensersatz), normativ festlegen. D.h., daß schon die vom konkreten Sachverhalt ausgehende *Wahl des* für die richterliche Entscheidung maßgebenden *Normtextes* Ergebnis einer rechtlich determinierten *Entscheidung* ist; sie wird determiniert sowohl durch Elemente des vorliegenden Sachverhaltes (Tätigkeit des Käufers), als auch durch Auslegungsfragen. Im vorliegenden Falle handelt es sich sogar um eine reine Wertungsfrage, welche in beide Richtungen ausfallen kann. Welche von beiden Textgruppen hier heranzuziehen ist, kann jedoch nicht ohne Prüfung der inhaltlichen Aussagen in diesen Texten entschieden werden, so daß zunächst beide Textgruppen zu Rate gezogen werden müssen, ihr Inhalt auf den konkreten Fall bezogen werden muß, und erst danach entschieden werden kann, welche Textgruppe Ausgangspunkt für die weiteren rechtlichen Überlegungen sein soll. Die Textgruppen, nämlich einmal die Regelungen des *BGB* über Vertragsabschlüsse und ihre rechtlichen Folgen durch Privatleute und andererseits die Bestimmungen des *Handelsgesetzbuchs* (HGB) über die rechtliche Stellung bei Vertragsabschlüssen unter Kaufleuten, stehen in einem Exklusionsverhältnis: das BGB enthält die allgemein geltenden Grundnormen; nur wenn beide am Kauf beteiligte Seiten Kaufleute sind, findet das Spezialgesetz HGB Anwendung, welches das Rechtsverhältnis bei Verträgen in einigen (gerade für unser Fallbeispiel entscheidenden) Punkten anders festsetzt. Dieses Verhältnis zwischen den Normtexten des BGB und denen des HGB ist selbst wieder normativ festgelegt, nämlich durch § 2 des *Einführungsgesetzes zum HGB* (EGHGB), welcher damit als normativer "*Metatext*" angesehen werden kann, der selbst nur die Regulation von Textrelationen, nämlich des Verhältnisses der Bezugstexte zueinander, zum Inhalt hat.

Die von den Richtern zu entscheidende normativ-rechtliche Frage ist also: Ist der Kauf als ein *Handelsgeschäft* im Sinne des HGB anzusehen? (Wenn nicht, dann ist er ein *Privatgeschäft*, welches nach den allgemeinen Regelungen des BGB zu behandeln ist.) Die Notwendigkeit dieser Entscheidung ergibt sich allerdings nicht aus den rechtlichen Bedingungen der Bezugsgröße *Käufer* selbst, sondern aus den die Gültigkeit von *Allgemeinen Ge-*

schäftsbedingungen hinsichtlich von Haftungsfragen betreffenden Regelungen des *AGB-Gesetzes*, die wir unten bei der Analyse der Bezugsgröße *Vertrag* näher behandeln wollen. In § 1 HGB ist im Wege der normativen Festsetzungsdefinition festgelegt, wer als *Kaufmann* im Sinne dieses Gesetzes gilt; danach ist *Kaufmann, wer ein Handelsgewerbe* betreibt. Dieser Erläuterungstext (linguistisch: bedeutungsexplikative Paraphrase) in Abs. 1 des § 1 HGB wird in Abs. 2 (= intratextuelle Relation) selbst wieder durch eine Festsetzungsdefinition paraphrasiert, wonach vor dem Gesetz als ein *Handelsgewerbe* alle im folgenden exhaustiv aufgezählten Handelsgeschäfte gelten, unter denen als Nr. 7 die *Geschäfte der Handelsvertreter* aufgeführt sind. Von diesem Normtext gehen in unserem Fall Referenzrelationen einmal zu der Person des Käufers aus, der zweifellos als *Handelsvertreter* beruflich tätig ist; eine zweite Referenzrelation geht aber zu den in § 1 Abs. 2 HGB benannten *Geschäften* des Käufers aus, so daß die Frage auftritt, ob das den Gegenstand des Gerichtsverfahrens bildende Geschäft, nämlich der Kauf des Autos, auch als *Handelsgeschäft* im Sinne des HGB gelten kann. Dies wird erst durch Textbezug auf einen anderen, weiter entfernten Paragraphen des HGB deutlich. In § 343 Abs. 1 HGB wird nämlich der *Begriff der Handelsgeschäfte* normativ definiert: "*Handelsgeschäfte sind alle Geschäfte eines Kaufmannes, die zum Betriebe seines Handelsgewerbes gehören.*" Die Frage, ob der Käufer in unserem Fallbeispiel als *Kaufmann* i.S. dieses Normtextes zu gelten hat, war durch § 1 HGB geregelt, so daß die Referenzrelation zwischen § 343,1 und der konkreten Person des Käufers nur über eine Textrelation zwischen § 343,1 und § 1 HGB zu beantworten ist.

Die zu entscheidende Frage, ob der Autokauf im vorliegenden Fall ein *Handelsgeschäft* ist, ist durch die Befragung der bisher herangezogenen Normtexte allein nicht zu beantworten; zumindest bei persönlich gewerbetreibenden Selbständigen (die also nicht Angestellte einer Firma sind) stellt sich die Frage, ob der zu vermutende private Gebrauch des Autos außerhalb der Arbeitszeiten eine Einstufung des Autokaufs als *Handelsgeschäft* ausschließt. Um diese Frage zu klären, muß ein weiterer Normtext herangezogen werden, nämlich § 344 Abs. 1 HGB, in dem die Formulierung *zum Betriebe seines Handelsgewerbes gehören* aus § 343,1 wiederum durch normative Festsetzungsdefinition expliziert wird: "*Die von einem Kaufmanne vorgenommenen Rechtsgeschäfte gelten im Zweifel als zum Betriebe seines Handelsgewerbes gehörig.*" Die endgültige richterliche Entscheidung über die Frage, ob der Kauf *Handelsgeschäft* oder *Privatgeschäft* war, hängt nun nur noch davon ab, ob die Richter einen Fall des *Zweifels* annehmen oder eindeutig ein *Privatgeschäft* bejahen. Dies ist zum Teil eine Sachverhaltsfrage (Anteil der Privatfahrten am Gesamtgebrauch des Autos), zum größeren Teil wohl aber eine Frage des freien Ermessens, welche die Richter durch eine Bewertungshandlung entscheiden können. Der Verfasser der Lösungsskizze zu unserem Fallbeispiel meint, daß beide Entscheidungen gleichgewichtig möglich sind; dies hat zur Folge, daß bei der rechtlichen Beurteilung der Haftungsfrage beide Möglichkeiten auf ihre rechtlichen Folgen hin zu untersuchen sind (s.u.).

Das ganze Problem der rechtlichen Stellung der Bezugsgröße *Käufer* stellt sich linguistisch dar als die Frage, ob der im AGBG an der für die Haftungsfrage zentralen Stelle (§ 24,1) verwendete Gesetzesterminus *Kaufmann* auf den Käufer im vorliegenden Falle zutreffend angewendet werden kann oder nicht; es handelt sich mithin um eine *Entscheidung über den Referenzbereich* des Gesetzesterminus, und damit implizit um eine *Bedeutungsfestsetzung* ("Auslegung"). Da in § 24,1 AGBG über die Bedeutung des Ausdrucks *Kaufmann* nichts ausgesagt ist, ist es eine Sache der aufgrund allgemeinen juristischen Wissens (d.h. einer Bezugnahme auf rechtliche Wissensrahmen) durch die Richter hergestellten Textrelation zu den §§ 1, 343,1 und 344,1 HGB, daß der Terminus mit dem richtigen Inhalt ausgefüllt wird. Hier liegt einer derjenigen, in der juristischen Methodendiskussion als "systematische Auslegung" bezeichneten Fälle vor, in denen sich der Inhalt des einen Normtextes erst durch eine implizit notwendige, aber nicht explizit ausgedrückte intertextuelle Relation zu einem Textelement eines anderen Gesetzes ergibt. Die Herstellung dieser Relation ist nur aufgrund des juristischen Fachwissens möglich. Das heißt aber zugleich, daß ein einzelner Normtext auch in den scheinbar so eindeutigen Formulierungen dieser Paragraphen nicht aus dem Gesetzeswortlaut allein (in allen seinen rechtlichen Konsequenzen) "verstanden" werden kann, sondern der Heranziehung komplexer juristisch-fachlicher Wissensrahmen bedarf. - Abschließend können die durch die geschilderte normative Konstitution der Bezugsgröße *Käufer* aktivierten Referenzbereiche zusammengefaßt werden; es sind dies: (a) der *Käufer*; (b) der *Vertrag* (als das vollzogene "Rechtsgeschäft"); (c) die *Geschäftstätigkeit des Käufers* (als Referenzbereich der Legaldefinition von *Kaufmann*); (d) sein *Gebrauch des Autos* (privat oder geschäftlich). Die herangezogenen Texte sind: (a) § 1 Abs. 1 HGB; (b) § 1 Abs. 2 Ziff. 7 HGB; (c) § 343 Abs. 1 HGB; (d) § 344 Abs. 1 HGB. Diese Texte stehen linguistisch gesehen in intertextuellen Relationen untereinander, die von ihrer Funktion her als mit dem Mittel der Paraphrase arbeitende *Explikationsbeziehungen* zu betrachten sind. D.h., daß die einzelnen Texte von ihrer Textfunktion her normative *Festsetzungsdefinitionen* darstellen, die wechselseitig die Ausdrücke des (der Systematik des Falles nach) jeweils vorhergehenden Normtextes explizieren. Die hier herangezogenen Textelemente des HGB stehen selbst wiederum in einer impliziten Explikationsrelation zum § 24,1 AGBG. Die richterliche Tätigkeit besteht einmal in der Herstellung der Textrelationen zu und zwischen den zur Klärung des normativen Status der Bezugsgröße *Käufer* notwendigen Normtexten und schließlich in einer (nach Sachverhaltsfeststellungen und Beweiswürdigung erfolgenden?) freien Ermessensentscheidung, ob der Autokauf im vorliegenden Fall als *Handelskauf* i.S. des HGB einzustufen ist. Linguistisch gesehen fungiert die Entscheidung als *Festlegung des Referenzbereichs* des Ausdrucks *Handelsgeschäft* und damit von dessen normativer "*Bedeutung*".

5.5 Bezugsgröße III: Die Verkäufer

Deutlicher als beim Käufer ist für juristische Laien bei der Bezugsgröße *Verkäufer*, daß diese als juristische "Person" (rechtsterminologisch genauer: Personengesellschaft), d.h. als Firma, die nach dem BGB als *"offene Handelsgesellschaft"* (OHG) verfaßt ist, *rechtlich* konstituiert ist. Konkret hat die Bezugsgröße *Verkäufer* in unserem Falle drei "Bestandteile": zum einen die juristische Person *"V-OHG"*, zum anderen den vertretungsberechtigten *Teilhaber A*, der hier zugleich dem Käufer gegenüber in Person als *Verkäufer* auftrat und der sowohl den Vertragstext (die Individualabrede) formuliert als auch mit seiner Unterschrift bestätigt hat, und schließlich der zweite *Teilhaber B*, gegen den sich möglicherweise Haftungsansprüche dann richten könnten, wenn die V-OHG nicht unmittelbar für ihre Verpflichtungen aufkommt. Da sich die Klage des Käufers gegen alle drei Beteiligte richtet, muß ein Richter prüfen, inwiefern jede einzelne für den entstandenen Schaden haftbar zu machen ist. Zunächst zur Firma "V-OHG": Als Personengesellschaft mit allen Eigenschaften einer juristischen "Person" mit allen sich daran knüpfenden Rechten und Pflichten wird die OHG in § 105 HGB durch Festsetzungsdefinition normativ konstituiert. Damit bildet die "OHG" einen rechtlichen Wissensrahmen, auf den und dessen normativ-rechtliche Aspekte im juristischen Kontext problemlos Bezug genommen werden kann. Wie erinnerlich, ist die Bezugnahme auf rechtliche Wissensrahmen stets (oder meist) mit der Bezugnahme auf eine abgegrenzte Menge von Normtexten (bzw. diese spezifizierenden Auslegungstexten) gleichzusetzen bzw. muß im Prinzip auf einen solchen Textbezug rückführbar sein. Es kommt daher im vorliegenden Fall nicht so sehr darauf an, alle denkbaren Gesetzesstellen, in denen die OHG rechtlich berührt wird, zu Rate zu ziehen, als vielmehr darauf, unter direktem Zugriff sogleich diejenigen Normtexte heranzuziehen, die für die Lösung des vorliegenden Problems (Haftungsfrage bei Schadensersatzforderungen) relevant sind. Relevant sind demnach hier (a) die *Vertretungsbefugnis* der Gesellschafter untereinander und gegenüber der Gesellschaft und (b) die *Haftungspflicht* der OHG und (subsidiär) jedes einzelnen der Gesellschafter.

Zu (a): Die Frage der Vertretungsmacht der Gesellschafter einer OHG ist abstrakt in § 109 HGB geregelt, wo aber nur auf den zur Regelung der Vertretungsbefugnis notwendigen *Gesellschaftsvertrag* zwischen den Gesellschaftern verwiesen wird. Dieser Gesellschaftsvertrag ist, als wechselseitige Willenserklärung, neben den einschlägigen gesetzlichen Normen der konkret konstituierende Text für das Zustandekommen der juristisch handlungsfähigen Einheit "V-OHG". (Die rechtliche Konstitution der V-OHG hat also zwei Bestandteile: zum einen die abstrakte Konstitution des Rechtsinstituts OHG in *§ 105 HGB* und dann die darauf aufbauende faktische Konstitution der konkreten OHG im Rechtstext *Gesellschaftsvertrag*.) Neben dem zitierten § 109 HGB bestimmt § 125 Abs. 1 HGB, daß zur Vertretung einer Gesellschaft (wie der OHG) jeder Gesellschafter ermächtigt ist, solange er nicht durch den Gesellschaftsvertrag von der Vertretung ausgeschlossen war. Hier liegt also für die Richter ein doppelter Textbezug vor: zum einen die Bezugnahme auf die §§ 109 und 125,1 HGB, und dann, durch diese vermittelt (also als indirekter Textbezug) die notwendige Bezugnahme auf den Text "*Gesellschaftsvertrag der V-OHG*", in dem die konkreten Vertretungsberechtigungen der Gesellschafter A und B geregelt sind. Der Referenzbereich des Gesetzesterminus *Gesellschafter* wird in unserem Fallbeispiel von dem Verkäufer A und dem zweiten Teilhaber B gebildet; auf beide konkrete Personen muß auch in dem Vertragstext, dessen Wortlaut uns nicht vorliegt, (durch individuelle Identifikation) verwiesen werden. Aus beiden Texten zusammengenommen, also den übergeordneten Regeln des HGB und den konkreten Bestimmungen des Gesellschaftsvertrags, ergibt sich die rechtliche Regelung des Problems "*Vertretungsberechtigung*". Nach der Fallskizze ist es im vorliegenden Beispiel so, daß die Person A, die auch tatsächlich persönlich als "der Verkäufer" auftrat, allein vertretungsberechtigt war.

Die Frage der Vertretungsberechtigung ist in diesem Falle insofern nicht unerheblich, als die Haftungsansprüche des Klägers (*Käufer*) dann, wenn sich herausstellen sollte, daß der Verkäufer A, der den Vertrag "*im Namen der V-OHG*" unterzeichnet hat, für solche Geschäfte tatsächlich nicht vertretungsberechtigt war, möglicherweise gegen die juristische Einheit "V-OHG" erfolglos blieben. In diesem Falle müßte (wie in unserem Fallbeispiel gleichzeitig mit der Klage gegen die OHG geschehen) auch gegen A als natürliche Person direkt geklagt werden.[8] Die Klärung der rechtlichen Verfaßtheit der Bezugsgröße *Verkäufer* wirkt sich demnach aus auf die rechtliche Wertung des Bezugstextes *Individualabrede* (d.h. auf die Zusicherung des *verkehrssicheren und technisch einwandfreien Zustandes* des Autos im handschriftlichen Zusatz zum Kaufvertrag). In Frage steht die "Autorschaft" in rechtlicher Hinsicht. Zunächst ist die Individualabrede sprechakttheoretisch und auch juristisch als individuelle Verpflichtungshandlung des Verkäufers A zu sehen. Eine alltagsweltliche Betrachtung des Bezugsrahmens *Autokauf* würde stets von dieser Verantwortlichkeit und Autorschaft ausgehen, da die Person A ja tatsächlich als Vertreter der V-OHG aufgetreten ist und auf deren Vertragsvordrucken den Vertrag unterzeichnet hat. Zu dieser individuellen Verpflichtungshandlung tritt nun wegen der (textgestützten) inneren rechtlichen Verfaßtheit der V-OHG der rechtliche Aspekt hinzu, daß dies zugleich eine Verpflichtungshandlung der juristischen "Person" "V-OHG" darstellt; als im

---

[8] Diese Frage ist insofern nicht ganz irrelevant, als in der vorliegenden Fallskizze tatsächlich davon ausgegangen wird, daß der Teilhaber B, weil er das Verhalten seines Kompagnons A mißbilligt, eine Haftung der V-OHG verhindern möchte und stattdessen den A *persönlich* haftbar machen will. Dies dringt allerdings wegen der sich aus dem Gesellschaftsvertrag eindeutig ergebenden Vertretungsberechtigung des A nicht durch. - Ich habe diesen Aspekt der originalen Fallskizze nicht in meine Analyse einbezogen, um diese nicht noch komplexer zu machen. Für das Endergebnis eines solchen Rechtsstreits können diese Fragen aber mitunter sehr relevant sein.

Gesellschaftsvertrag ermächtigter Vertreter handelt die Person A zugleich für die OHG. Damit ist die Autorschaft der Individualabrede - juristisch gesehen - auf die juristische "Person" V-OHG übergegangen (bzw. teilt sich im Zweifelsfalle auf die konkrete Person A und die juristische "Person" V-OHG auf).

Zu (b): Da die Frage der Zuständigkeit des A aber schon in den Bereich der Haftungsfrage hineinreicht, kann sie hier mit weiteren Textbezügen zu Normtexten konkreter in ihren rechtlichen Folgen untersucht werden. Für die Haftungsfrage ist entscheidend, wer rechtlich gesehen der richtige Adressat des Rechtsaktes *Schadensersatzklage* ist. Hier ergibt sich zunächst ein wissensgestützter Textbezug auf *§ 31 BGB (Haftung des Vereins für Organe).* "Wissensgestützt" deshalb, weil das juristische Wissen vorausgesetzt werden muß, daß dieser Normtext, der sich dem Wortlaut nach auf *Vereine* bezieht, im Wege der analogen Auslegung auch auf sog. *BGB-Gesellschaften* (zu denen auch die *OHG* zählt) angewendet werden kann.[9] Es ist also Bestandteil des juristischen Bedeutungswissens, daß der Gesetzesterminus *Verein* in § 31 BGB in seinem Referenzbereich auch Handelsgesellschaften wie die OHG einschließt. Im einzelnen bestimmt dieser Normtext, daß ein Verein für den Schaden verantwortlich ist, den "*der Vorstand, ein Mitglied des Vorstandes oder ein anderer verfassungsmäßig berufener Vertreter durch eine in Ausführung der ihm zustehenden Verrichtungen begangene, zum Schadensersatz verpflichtende Handlung gegenüber einem Dritten zufügt*". Die Festlegung des Referenzbereichs von *Verein* zieht ähnliche Veränderungen bei den Gesetzestermini *Organ* und *verfassungsmäßig berufener Vertreter* nach sich.

Linguistisch gesehen handelt es sich dabei um den interessanten Vorgang, daß - innerhalb des in diesem Normtext ausgedrückten satzsemantischen Bezugsrahmens - eine Bedeutungsbestimmung (Erweiterung des Referenzbereichs) des als Satzsubjekt (1. Ergänzung) fungierenden Wortes *Verein* zugleich bei den innerhalb des Satzrahmens auf dieses Wort bezogenen weiteren Ausdrücken (*verfassungsmäßig berufener Vertreter* = 1. Ergänzung des eingebetteten Relativsatzes; *Organ* in der Überschrift) ebenfalls eine Bedeutungsveränderung nach sich zieht. Wenn sich der Referenzbereich eines für den Textsinn zentralen Wortes (durch Auslegungsakte) ändert, ändert sich mithin der Referenzbereich des ganzen Satzrahmens und damit auch seiner einzelnen Bestandteile. Der Normtextausdruck *verfassungsmäßig* stellt eine implizite, durch Kenntnis des rechtlichen Wissensrahmens *Gesellschaftsrecht* (konkret: *OHG-Verfassung*) gestützte Referenzrelation auf den Bezugstext *Gesellschaftsvertrag der V-OHG* dar. Die Referenzrelation zwischen dem Normausdruck *verfassungsmäßig berufener Vertreter* und der Person des Verkäufers und Teilhabers A ist also wiederum durch doppelten Textbezug ver-

---

[9] Dieses heutzutage verfestigte Wissen kann sich natürlich letztlich auch wiederum auf Auslegungstexte als Bezugstexte stützen; so z.B. RGZ 76, 46; BGH NJW 52, 537; BGH NJW 73, 456; zit. nach Westermann, Handkommentar zum BGB, 1987, Rdnr. 1 zu § 31 BGB.

mittelt: einmal durch Bezug auf die den inneren Zusammenhang der OHG regelnden allgemeinen gesetzlichen Bestimmungen (§§ 105, 109, 125,1 HGB), und dann durch Bezug auf den konkreten Vertragstext. Die Bezugsgröße *Handlung* aus § 31 BGB bezieht sich auf die ohne genauere Prüfung verfaßte Individualabrede des Vertragstextes, so daß hier eine (durch den Aufbau des Sachverhalts bedingte) weitere implizite Textrelation vorliegt. Zur Anwendung dieses Paragraphen im vorliegenden Fall ist weiterhin wichtig, daß die Handlung des A (den Vertrag mit der handschriftlichen Zusicherung zu unterzeichnen), zweifellos zum Referenzbereich der Gesetzesformulierung *in Ausführung der ihm zustehenden Verrichtungen begangen* gehört, da naturgemäß die Unterzeichnung eines Kaufvertrags durch den vertretungsberechtigten Teilhaber einer Autohandelsfirma zu den *ihm* (nach Gesellschaftsvertrag = impliziter Textbezug) *zustehenden Verrichtungen* gehört.

Damit ist hinsichtlich der rechtlichen Bewertung (Rechtsstellung, normative Konstitution) der Bezugsgröße *Verkäufer* nur die Haftung dieser juristischen Einheit für Handlungen der sie konstituierenden natürlichen Personen geklärt. Zur Bestimmung des Innenverhältnisses der V-OHG hinsichtlich der Haftungsansprüche des Käufers ist es aber darüber hinaus notwendig, die Haftung der natürlichen Personen für die Handlungen der OHG, die sie bilden, zu klären. Dafür muß eine Textrelation zu *§ 128 HGB (Persönliche Haftung der Gesellschafter)* hergestellt werden. Nach diesem Normtext haften die Gesellschafter einer OHG für die Verbindlichkeiten der Firma auch persönlich. Der Normausdruck *Verbindlichkeiten* wird im vorliegenden Fall konkretisiert durch die Referenzrelation auf die rechtlich determinierte Bezugsgröße *Schadensersatzansprüche des Käufers*. Diese ergeben sich aus den gesondert zu klärenden rechtlichen Bestimmungen zur Haftungsfrage (die wir unten im Zusammenhang mit der Bezugsgröße *Vertrag* behandeln werden). Der Normtextausdruck *Gesellschafter* hat in unserem Fallbeispiel eine doppelte Referenz: einmal den persönlich handelnden und laut Gesellschaftsvertrag alleinvertretungsberechtigten Verkäufer und Teilhaber A, zum anderen den nicht handelnden "stillen" Teilhaber B. Die Rechtmäßigkeit oder Unrechtmäßigkeit der Handlung des A setzt die Haftung des B ebensowenig außer Kraft wie die irrelevante Tatsache, ob dieser mit dem Handeln des A einverstanden war oder ist. Im Unterschied zu B, der hier nur wegen seiner Teilhaberschaft an der V-OHG "*gesamtschuldnerisch*" haftet, haftet der Verkäufer A, der ja tatsächlich auch die Rolle des Verkäufers persönlich gespielt und den Vertrag (mit der fatalen Individualabrede) unterzeichnet hat, über seine Haftung im Rahmen seiner Teilhaberschaft zur OHG hinaus, möglicherweise außerdem auch noch persönlich. Dies könnte sich durch Textbezug auf den *§ 823 Abs. 1 des BGB (Schadensersatzpflicht aus "unerlaubter Handlung")* ergeben, der die Schadensersatzpflicht eines "Täters" regelt, wenn sich aus seiner Handlung eine Eigentumsverletzung des Geschädigten (hier: Käufer) ergeben hat. (Die nähere Klärung der Funktion dieses für die Haftungsfrage wichtigen Normtextes erfolgt ebenfalls unten bei der Bezugsgröße *Vertrag*.)

An dieser Stelle findet eine enge rechtliche Vernetzung (und damit eine implizite Vernetzung von zwei verschiedenen, jeweils in sich nach rechtlichen Gesichtspunkten strukturierten normativen Textmengen untereinander) statt: Die allgemeine, sich auf den Vertrag und den vorliegenden Sachverhalt beziehende Haftungsfrage hat, wenn sie bejaht wird, konkrete Auswirkungen auf das Innenverhältnis der Personen des rechtlich konstituierten Bezugsrahmens *Verkäufer* (d.h. auf OHG, A und B). Wenn nämlich eine persönliche Haftung des A aus seiner eigenen "*unerlaubten Handlung*" nach § 823,1 BGB bejaht wird, dann hat dies - durch Textbezug auf den zitierten § 31 BGB - zur Folge, daß auch die V-OHG insgesamt für die Handlung seines *verfassungsmäßig berufenen Vertreters* haftet. Damit haftet die Person A auch nach § 823,1 BGB doppelt: einmal als natürliche Person, und zum anderen als persönlich haftender Teilhaber der für ihn haftungspflichtigen V-OHG. Als persönlich haftender Gesellschafter haftet dann aber (unter den Voraussetzungen des § 823,1 BGB) auch der Teilhaber B "gesamtschuldnerisch" für die Verpflichtungen der V-OHG. Man kann an diesem Beispiel sehen, wie rechtliche Entscheidungen in einem Aspekt eines Falles an einer sachlich, textlich und epistemisch zunächst "weit entfernten" Stelle unmittelbare Auswirkungen an ganz anderer Stelle haben können. Was linguistisch daran interessant ist, ist die Tatsache, daß eine abweichende interpretative Entscheidung (etwa an der für das vorliegende Textnetz zentralen Stelle zum Ausdruck *Verein* in § 31 BGB) erhebliche Auswirkungen auf die ganze rechtliche Bewertung an anderen Stellen (die zunächst einmal durch ganz andere Normtexte geregelt zu sein scheinen) haben kann.

Insgesamt wurden durch die Normtexte, welche die rechtliche Konstituierung der Bezugsstelle *Verkäufer* regeln, fünf Referenzbereiche betroffen: (a) die V-*OHG*, als selbst wieder rechtlich determinierter Bestandteil der in sich strukturierten Bezugsgröße *Verkäufer*; (b) der *Vertragsunterzeichner A* als natürliche Person, mit aber wiederum rechtlich definierten Pflichten einerseits gegenüber dem realen Käufer, zum anderen als Teilhaber im Binnenverhältnis der Rechtsperson V-OHG; (c) der gesamtschuldnerisch haftende *stille Teilhaber B*; (d) der *Gesellschaftsvertrag* als konstituierender Teiltext aus der Textmenge der für die rechtliche Stellung der Institution V-OHG wichtigen Rechtstexte; und schließlich (e) die "*Individualabrede*" aus dem Text des Kaufvertrages als (zugleich Dokumentation und Vollzug) derjenigen Handlung des A (und indirekt der V-OHG), für die die V-OHG insgesamt und ihre Teilhaber je für sich persönlich einzustehen haben. Als konstitutive Textbezüge konnten für die Bezugsgröße *Verkäufer* folgende Texte festgestellt werden: (a) der *Vertragstext*, als Bezugstext, welcher die noch zu erörternden Haftungsansprüche des Klägers (Käufer) gegen die V-OHG und ihre Teilhaber begründet; (b) der *Gesellschaftsvertrag der V-OHG* als teil-konstitutiver Text dieser rechtlich definierten Institution; (c) die *§§ 105, 109 und*

125,1 HGB, welche das Rechtsinstitut OHG abstrakt durch normative Festsetzungsdefinition (d.h. einen *deklarativen* Sprechakt) überhaupt erst in die Welt bringen (§ 105), bzw. einzelne Aspekte (z.B. das Innenverhältnis der Teilhaber einer OHG) durch allgemeine Rechtsnorm regulativ regeln (§§ 109 und 125,1 zur Vertretungsbefugnis); (d) *§ 31 BGB* als allgemeiner Normtext, welcher die Haftung einer juristischen Person für Handlungen ihrer Vertreter begründet (ist nur vermittelt über die unter (c) genannten Paragraphen des HGB wirksam); zum § 31 BGB gehören als sekundäre, aber seine Anwendbarkeit in diesem Falle festlegende und daher zentrale Texte implizit die *Auslegungstexte* (*Gerichtsurteile, Kommentare*) hinzu, welche den Referenzbereich des Gesetzesterminus *Verein* auf die OHG ausweiten; und (e) *§ 128 HGB*, welcher (in Umkehrung der Haftungsrelation aus § 31 BGB) die Haftung der Gesellschafter für ihre Gesellschaft festlegt.

5.6 Bezugsgröße IV: Der Kaufvertrag

Die vierte Größe des Bezugsrahmens *Gebrauchtwagenkauf*, der *Kaufvertrag*, ist derjenige Bestandteil, der wohl auch im alltagsweltlichen Bewußtsein als der eindeutig *rechtlich* definierte Kern dieses Handlungsrahmens bewußt ist. Das Rechtsinstitut "*Vertrag*" ist ein durch so alte historische Traditionen überlieferter Rechtsakt, daß es im BGB gar nicht mehr durch Festsetzungsdefinition explizit eingeführt wird; die sich auf den Vertrag beziehenden Normtexte in den §§ 145 ff. in Verbindung mit § 433 BGB (aber auch davor und danach) regeln nur noch regulativ verschiedene Bedingungen und Aspekte des stets schon vorausgesetzten Rechtsinstituts. Linguistisch ist von Interesse, daß der "Vertrag" eine gegenseitige *Willenserklärung* ist, und mithin als *Sprechakt* klassifiziert werden kann. Da der gegenwärtige Stand der linguistischen Diskussionen über Sprechakttypologien davon ausgeht, daß solche Typen stets nur mit Bezug auf die in einer bestimmten Gesellschaft geltenden sozialen Handlungsformen bestimmt werden können, in denen die Sprechakte jeweils vorkommen, scheint es sinnvoll und zulässig, den rechtlich determinierten Sprechakt *wechselseitige Willenserklärung* als eigenständigen Sprechakttyp *Vertrag* einzustufen. Da Verträge in erster Linie (wechselseitige) Willenserklärungen sind, ist die Bezugsgröße *Vertrag* des Handlungsrahmens notwendig *sprachlich*; d.h. sie liegt als *Text* vor. Dabei ist es sowohl aus juristischer als auch aus linguistischer Sicht zunächst einmal unerheblich, ob dieser Text schriftlich materialisiert ist oder ursprünglich nur als mündlicher Text produziert wurde. Dies ist im juristischen Zusammenhang lediglich für die Frage der Beweisbarkeit abgegebener Willenserklärungen relevant. Wegen der problematischen Beweislage bei mündlich gesprochenen Texten ist man im Geschäftsverkehr schon vor Jahrhunderten, also zu Zeiten, als noch keine allgemeine Schriftsprachlichkeit herrschte, dazu übergegangen, Verträge schriftlich zu dokumentieren (oder wenigstens vor Zeugen abzuschließen). Schriftliche Vertragstexte sind damit beides zugleich: eine als Beweisgrundlage dienende Dokumentation einer wechselseitig abgegebenen Willenserklärung und der Sprechakt dieser Willenserklärung selbst.

Grundsätzlich geht man im Privatrecht von der sog. "*Vertragsfreiheit*" aus. Diese ergibt sich aus der dem BGB zugrundeliegenden liberalistischen und individualistischen Leitidee der bürgerlichen Gesellschaft, wonach die "*Privatautonomie*" für das einzelnen bürgerliche Individuum die Möglichkeit voraussetze "*selbst eine Regelung seiner Lebensverhältnisse zu treffen, die von der Rechtsordnung anerkannt wird.*"[10] Diese Auffassung hat für die Vertragsschlüsse zur Folge, daß den Möglichkeiten wechselseitiger Willenserklärungen und Verpflichtungen zunächst keine Grenzen gesetzt sind (*Gestaltungsfreiheit*). Heutzutage wird davon ausgegangen, daß die im BGB vorausgesetzte Vertragsfreiheit zusätzlich durch die Grundrechte geschützt sei, vor allem durch das *Grundrecht auf freie Entfaltung der Persönlichkeit* in Art. 2 Abs. 1 GG.[11] Die Gestaltungsfreiheit für Verträge, die also vor allem die Vertragformulierungen betrifft, wird nur in bestimmten einzelnen Aspekten durch spezielle Gesetze eingeschränkt. Ein solcher Fall liegt in unserem Beispiel dadurch vor, daß hier das *Gesetz über die Allgemeinen Geschäftsbedingungen* (AGBG) über die Gültigkeit formularmäßiger "Abreden" gewisse Einschränkungen ausspricht (aus Gründen des Verbraucherschutzes). Für die linguistische Analyse der juristischen Arbeit mit Texten ist der Grundsatz der "Gestaltungsfreiheit" insofern von Bedeutung, als dadurch den einzelnen sprachlichen Formulierungen eines Vertragstextes rechtlich gesehen eine zentrale Funktion zukommt. Die Bewertung von Rechtsverhältnissen, welche auf schriftlichen Verträgen beruhen, ist damit immer eine Arbeit an (mindestens) zwei Textsorten: den *Formulierungen des Vertragstextes* und den einschlägigen *Normtexten*. Beides muß zueinander in Beziehung gesetzt und gegebenenfalls gegeneinander abgewogen werden.

5.6.1 Der Text des Kaufvertrags

Zunächst zum Vertragstext selbst. Das Rechtsverhältnis *Kaufvertrag*, das rechtlich gesehen zu den *Schuldverhältnissen* zählt, ist ein komplexer, aus rechtlichen wie aus materialen-faktischen Aspekten bestehender Bezugsrahmen. Die rechtlichen Aspekte ergeben sich aus der Bewertung der Vertragsformulierungen einerseits und den die Schuldverhältnisse und Vertragsbestimmungen regelnden Normtexten andererseits; die material-faktischen Elemente betreffen zum einen die Vertragsparteien und zum anderen den Kaufgegenstand *Auto*. Das Rechtsverhältnis *Vertrag* stellt - für die von den Richtern zu lösenden Rechtsfragen - sozusagen den organisierenden Kern

---

[10] Brox 1983, 15 f. Die umstrittene Frage, inwieweit diese Idee bloße Ideologie ist, d.h. inwieweit sie überhaupt mit der Wirklichkeit in unserer heutigen Lebenswelt übereinstimmt, kann hier nicht weiter vertieft werden.

[11] Brox 1983, 16; Brox 1984, 20.

des Bezugsrahmens *Gebrauchtwagenkauf* dar. Deshalb müssen zuerst die einzelnen Bestandteile des Vertragstextes näher analysiert und auf die von ihnen ausgehenden Referenz- und Textrelationen hin untersucht werden. Der Vertragstext besteht (nach den in der Fallbeschreibung gegebene Informationen) aus folgenden Textelementen: (1) Die allgemeine Vertragsformel (hier nicht im Wortlaut wiedergegeben), welche den Kaufgegenstand und die Kaufsumme konkret benennt und die Übergabe des Autos gegen das Geld regelt. (2) Die auf der Vorderseite des Vertrages stehende (offenbar vorgedruckte) Formulierung "*Der Käufer übernimmt das Fahrzeug gebraucht, wie besichtigt und unter Ausschluß jeder Gewährleistung.*" (3) Die auf der Rückseite befindlichen "*Allgemeinen Geschäftsbedingungen*" der V-OHG, deren für unseren Fall relevanter Text aus drei Sätzen besteht: (a) § 1 Satz 1 "*Für den Kaufgegenstand ist jede Gewährleistung ausgeschlossen.*" (b) § 1 Satz 2 "*Dies gilt nicht, wenn und soweit der Verkäufer schriftlich in einem gesonderten Garantieschein eine Gewährleistung übernimmt.*" (c) § 2 "*Ein Anspruch auf Wandlung, Minderung oder Schadensersatz besteht nicht.*" (4) Der vom Verkäufer auf Drängen des Käufers hinzugefügte handschriftliche Zusatz (in der juristischen Fachsprache als "Individualabrede" bezeichnet) "*Der Wagen wird in verkehrssicherem und einwandfreiem technischem Zustand übergeben.*" - Die allgemeine Vertragsformel hat in unserem Zusammenhang vor allem die Funktion, den übergebenen Kaufgegenstand (das Auto Opel Omega) durch eindeutige individuelle Identifizierung (z.B. Angabe der Fahrgestellnummer) referenziell festzulegen (Gleiches gilt für die Bennennung der Personen des Käufers und des Verkäufers). Diese identifizierende Referenzrelation wird in anderen Texten (dem Kfz-Brief, dem Sachverständigen-Gutachten) wiederholt. Wichtiger sind zur Klärung der Schadensersatzansprüche die Vertragsformulierungen (2) bis (4), welche die Haftungsfragen berühren.

Zu (2): Diese vorgedruckte Formulierung ist zwar sprachlich als *Tatsachenfeststellung* (Aussagesatz) formuliert, stellt rechtlich (und linguistisch) gesehen jedoch den Sprechakt einer "*Erklärung*" des Käufers dar. Dieser bestätigt hiermit implizit (a) davon Kenntnis zu haben, daß das Fahrzeug gebraucht ist; eine solche Erklärung könnte wichtig sein bei der nachträglichen rechtlichen Bewertung etwaiger Mängel des Autos: Von einem Gebrauchtwagen nimmt man an, daß er Mängel haben kann, welche in Relation zum Alter des Fahrzeugs üblich sind und deshalb nicht zu einer nachträglichen Rückgängigmachung (rechtlich: Wandlung) des Kaufs führen können, während bei Neuwagen solche Mängel als erhebliche Sachmängel anzusehen sind. Die Vertragsformulierung nimmt hier also implizit Bezug auf einen lebensweltlichen Wissensrahmen (Erwartungen an einen Gebrauchtwagen vs. Erwartungen an einen Neuwagen), was möglicherweise rechtliche Folgen haben könnte. (b) Zum anderen enthält der Satz eine *Bestätigung des Käufers*, daß er den Wagen besichtigt hat; damit wird Bezug genommen auf eine Handlung des Käufers mit rechtlichen Folgen: Implizit wird hier unterstellt, daß die Besichtigung der Prüfung des Kaufgegenstandes auf mögliche Mängel dient; wenn der Käufer den Kaufvertrag trotz dieser Mängel abschließt, so hat er diese akzeptiert und kann sich später nicht mehr auf sie berufen. Neben dieser faktischen Referenzrelation auf ein tatsächliches Handeln des Käufers enthält die Formulierung aber auch eine rechtliche Referenzrelation; wenn der Käufer nämlich die Erklärung über die Besichtigung abgegeben hat, ist es gleichgültig, ob er diese tatsächlich vorgenommen hat; alle Rechtsfolgen würden dann so beurteilt, als ob er den Wagen tatsächlich besichtigt hätte. D.h. daß die Formulierung (und damit der Rechts- und Sprechakt "*Bestätigung*") weniger eine Aussage über Faktisches ist (also keine Wahrheitsfragen berührt), als vielmehr eine intersubjektive Festlegung der Rechtsfolgen bzw. des nach dieser Erklärung geltenden Rechtsverhältnisses (welches darin besteht, daß der Käufer sich nicht mehr auf Mängel berufen kann). (c) Um die rechtliche Wirkung dieser Bestätigungshandlung des Käufers abzusichern, wird im dritten Teil des Satzes "*jegliche Gewährleistung ausgeschlossen*". Dies stellt einerseits eine Willenserklärung des Verkäufers dar, ist von der Textfunktion her aber zugleich eine Erklärung darüber, daß der Käufer diese Willenserklärung zur Kenntnis genommen hat. Implizit stellt diese Formulierung daher, von ihrer rechtlichen Wirkung her gesehen, eine *Verzichtserklärung* des Käufers auf Schadensersatzansprüche dar. Damit berührt diese Formulierung die rechtlichen (in Normtexten wie dem BGB und dem AGBG geregelten) Regeln über Haftungsfragen, die wir weiter unten analysieren werden; sie stellt also einen impliziten Bezug auf rechtliche Wissensrahmen (indirekt: auf normative Textnetze) dar.

Zu (3): Mit dieser Differenzierung der Inhaltsmomente der Vertragsformulierung (2) ist nur festgestellt, welche Bedeutung die Bestandteile dieses Textelements aus sprechakttheoretischer, textlinguistischer Sicht haben *könnten*; es ist noch nichts darüber ausgesagt, ob diese als Sprechakt*potential* enthaltenen Bedeutungen auch *tatsächlich*, vor allem hinsichtlich ihrer rechtlichen Wirkung, Geltung haben. Da dieser Satz des Vertragstextes auf dem Vertrag formularmäßig vorgedruckt war, fällt er in den Referenzbereich des § 1 AGBG und unterliegt damit der im AGBG ausgesprochenen Regelung über den Umgang mit als AGB formulierten Haftungsausschlüssen, wird also normativ-rechtlich überformt. Das AGBG stellt in dieser Hinsicht einen *Metatext* über den rechtlichen Umgang und die rechtliche Bewertung einer bestimmten dort näher definierten Textsorte dar, zu denen auch die Formulierung (2) unseres Vertragsbeispiels gehört. Wenngleich das Textelement auf der Vorderseite des Vertrages innerhalb des Gesamttextes nicht als Teil der "*Allgemeinen Geschäftsbedingungen*" ausgezeichnet war, wie die unter diesem Titel erscheinenden Textelemente (3a), (3b) und (3c), so gehört es doch rechtlich gesehen in diesen Zusammenhang.[12] Dies wird auch dadurch deut-

[12] Nach § 1 AGBG zählen als "Allgemeine Geschäftsbedingungen" alle "für eine Vielzahl von Verträgen vorformulierten Vertragsbedingungen", im Unterschied zu solchen Vertragsbedingungen, die zwischen den Vertragsparteien im einzelnen ausgehandelt wurden (Abs. 2).

lich, daß in den AGB der V-OHG der Gewährleistungsausschluß aus dem Textelement (2) noch zweimal wiederholt wird. Dies geschieht einmal explizit im ersten Satz des § 1 der AGB (Textelement 3a), und noch einmal implizit im § 2 (Textelement 3b). Nach (3a) ist für den Kaufgegenstand *"jede Gewährleistung ausgeschlossen"*. Der Ausdruck *Gewährleistung* ist ein juristischer Fachterminus, der eine Verweisungsrelation auf einen komplexen juristischen Wissensrahmen über Haftungsfragen bei Vertragsabschlüssen herstellt; dieser Wissensrahmen beruht, wie alle juristischen Wissensbezüge, letztlich wieder auf Normtexten, auf die er implizit Bezug nimmt. Dies sind für unseren Zusammenhang etwa die einschlägigen Bestimmungen des BGB, des HGB und des AGBG.

Im § 2 der AGB des Kaufvertrags (3c) wird der in § 1,1 explizit formulierte Gewährleistungsausschluß spezifiziert und implizit wiederholt: *"Ein Anspruch auf Wandlung, Minderung oder Schadensersatz besteht nicht."* Der Text verwendet hier Gesetzestermini und nimmt damit implizit Bezug auf die §§ 462 und 463 BGB, in denen diese Ausdrücke eingeführt werden: *Wandlung* meint die Rückgängigmachung des Kaufes, *Minderung* die nachträgliche Herabsetzung des Kaufpreises und *Schadensersatz* bezieht sich auf das Nichtvorhandensein zugesicherter Eigenschaften der Kaufsache. Der Gewährleistungsausschluß besteht in dieser Formulierung darin, daß *Ansprüche* (also Rechtsverhältnisse mit bestimmten Rechtsfolgen), die nach den zitierten Paragraphen des BGB eigentlich bestehen, durch individuelle Vereinbarung ausgeschlossen werden sollen (das könnte möglich sein durch die sog. Gestaltungsfreiheit). Da sich beide Normtexte auf Eigenschaften der Kaufsache beziehen (Mängel oder Fehlen zugesicherter Eigenschaften), haben sie letztlich dieselbe Funktion wie die Sätze (3a) und (2), nur daß dort auf den Kaufgegenstand explizit verwiesen wird. Eine Sonderstellung nimmt der zweite Satz des § 1 der AGB (Textelement 3b) ein, wo eine Gewährleistung nur dann zugestanden wird, wenn dafür ein *"gesonderter Garantieschein"* ausgestellt wurde. Damit wird Bezug genommen auf einen gesonderten, über den Vertrag hinausgehenden Rechtsakt (der selbst wieder als Text dokumentiert werden soll); da im vorliegenden Fallbeispiel ein solcher "Garantieschein" nicht ausgestellt wurde, spielt diese Einschränkung des Gewährleistungsausschlusses für uns keine Rolle.

Die Formulierungen der AGB geben sich wie *Feststellungen* (sprachliche Form der *Aussagesätze*) und ahmen darin den Formulierungsstil von Gesetzestexten nach. Tatsächlich, d.h. von ihrer Textfunktion her, sind sie aber *Erklärungen* der Verkäufer; da der Vertrag jedoch von beiden Vertragsparteien unterzeichnet wird, werden diese Formulierungen zugleich, rechtlich gesehen, zu Willenserklärungen auch des *Käufers*. Durch den Akt der *Zustimmung*, den er mit dem Leisten seiner Unterschrift vollzieht, hat der Käufer nicht nur diese Erklärungen des Verkäufers zur Kenntnis genommen, sondern sie rechtlich gesehen *als eigenen Willen anerkannt*. Man kann an diesem Beispiel sehen, daß die "Textfunktion" solcher Formulierungen in Rechtstexten dieser Art nicht mehr allein mit linguistischen Mitteln beschrieben werden kann; zur Textfunktion im vollen Sinne gehört auch, welche faktischen Auswirkungen solche Formulierungen im juristischen Handlungs- und Bewertungs-Kontext haben. Die Tatsache, daß nur noch bei äußerster juristischer Abstraktion solche Textelemente in Kaufverträgen, die ja vorgedruckt sind und auf die der Käufer im Normalfall gar keinen Einfluß mehr hat, als seine persönlichen "*Willenserklärungen*" (als die sie rechtlich gesehen gelten) bezeichnet werden können, hat dazu geführt, daß der Gesetzgeber mit Einführung des AGBG Einschränkungen der rechtlichen Wirksamkeit solcher formelhafter Vertragselemente verfügt hat. Diese Einschränkungen haben gerade zum Ziel, die normalerweise vorhandene juristische Wissensbarriere zwischen größeren Firmen (mit fachjuristischen Beratern) und Privatleuten in ihren Auswirkungen - im Sinne des Verbraucherschutzes - zu mildern, indem einzelne, von den Vertragsparteien tatsächlich formulierte Absprachen Vorrang haben vor den formelhaften Bestimmungen der AGB (vgl. § 1 i.V. m. § 4 AGBG). Damit wird ein rechtlicher Vorrang von Abreden, die als Einzelakte (und damit im weitesten Sinne Sprechakte) von den Beteiligten tatsächlich noch bewußt vollzogen wurden, vor solchen Vertragstextelementen eingeführt, die de facto, d.h. als wirklich stattgefundene "Akte" (linguistisch: als Sprechakte) gar nicht mehr vollzogen wurden.

Zu (4): Für die Lösung des in unserem Fallbeispiel gegebenen Rechtsproblems der Schadensersatzansprüche ist das Textelement (4) des Vertrages zentral, d.h. der auf Drängen des Käufers vom Verkäufer in den Kaufvertrag aufgenommene handschriftliche Zusatz "*Der Wagen wird in verkehrssicherem und einwandfreiem technischem Zustand übergeben.*" Im Verhältnis zu den formelhaften Textbestandteilen (AGB und Textelement 2) wird dieser von den Vertragsparteien tatsächlich mündlich und schriftlich selbst formulierte Textbestandteil in der Rechtssprache als *Individualabrede* bezeichnet. Als solche verweist dieses Textelement auf die einschlägigen Normtexte im AGBG (v.a. § 4); implizit wird über den Inhalt dieser Individualabrede auch ein Wissens- bzw. Textbezug zu den Bestimmungen des BGB und des HGB über Haftungsfragen hergestellt (s.u.). Während alle bisher formulierten Bestandteile des Vertragstextes von ihrer entscheidenden rechtlichen Funktion her Zugeständnis-Erklärungen des *Käufers* waren (der in die Erklärungen des Verkäufers eingestimmt hat), haben wir hier nun die erste Formulierung vor uns, die sowohl sprechakttheoretisch als auch juristisch als Zusicherungshandlung des *Verkäufers* zu werten ist. Doch ist dies nicht der einzige Unterschied: während die anderen Formulierungen abstrakt gehaltene Erklärungen über Rechtsverhältnisse waren (implizit: Zustimmungserklärungen der Beteiligten zum Gelten dieser Rechtsverhältnisse), ist dies - bis auf die Verkaufsformel (1) - der einzige Vertragsbestandteil, der konkrete Aussagen über Eigenschaften des Verkaufsgegenstandes macht. Es wird nämlich versichert, daß auf das konkret bezeichnete Auto die Eigenschaftsbezeichnungen *in verkehrssicherem Zustand* und *in einwandfreiem technischem Zustand* tatsächlich zutreffen.

Damit erfüllt diese Formulierung die Bedingungen für den Sprech- und Rechtsakt *Zusicherung einer Eigenschaft des Vertragsgegenstandes* der erhebliche rechtliche Folgen hat - eine Zusicherung, die mit allen anderen Formulierungen des Vertragstextes gerade umgangen werden sollte. (Wie die hier abstrakt zugesicherten Eigenschaften für den Kaufgegenstand konkret bestimmt werden, haben wir bei der Untersuchung der rechtlichen Konstitution der Bezugsgröße *Auto* festgestellt). Diese Individualabrede steht in einer inhaltlichen Spannung zu der formelhaften Vertragsformulierung (2); während dort mit dem Ausdruck "*Der Käufer übernimmt das Fahrzeug wie besichtigt.*" alle Ansprüche des Käufers abstrakt durch Verweis auf seine eigene Prüfungshandlung der Eigenschaften des Gegenstandes ausgeschlossen werden sollten, womit alle Verantwortung auf ihn abgewälzt wurde, übernimmt hier der Verkäufer explizit die Zusicherung einer konkreten Eigenschaft des Kaufgegenstandes. Während in Satz (2) (ebenso wie in den AGB) alle Gewährleistungen ausgeschlossen werden sollten, übernimmt der Verkäufer hier mit der Formulierung zugesicherter Eigenschaften selbst indirekt eine Gewährleistung, wie sich u.a. aus § 463 BGB ergibt. Damit stehen die einzelnen Formulierungen des Kaufvertrages sowohl von der Gesamtbedeutung des Vertragstextes als auch von seiner Sprechakt- bzw. Textfunktion her in einem Spannungsverhältnis und bauen einen impliziten Widerspruch auf, der Ausgangspunkt des gesamten juristischen Prüfungsverfahrens ist und durch Rechtsentscheid aufgelöst werden muß. Wie dies geschieht, und welche komplexen Relationen zwischen dem Vertragstext und Normtexten einerseits und zwischen verschiedenen Normtexten untereinander andererseits dabei eine Rolle spielen, soll im Folgenden aufgezeigt werden.

5.6.2 Textgrundlagen der rechtlichen Bewertung (I): Schadensersatz wegen Fehlens einer zugesicherten Eigenschaft

Der Käufer hat vor Gericht verlangt, daß der Verkäufer ihm für den entstandenen Schaden (Zerstörung des Autos) "Schadensersatz" leisten solle. Damit wird auf einen komplexen juristischen Wissensrahmen Bezug genommen, der in seinen Einzelheiten in verschiedenen, z.T. verstreuten Paragraphen des BGB und anderer Gesetze (HGB, AGBG) geregelt ist, d.h. hinsichtlich seines Textfundamentes ein komplexes Netz von Normtexten bildet. Ausgehend vom vorliegenden Fall und der Klage des Käufers werden die Richter zunächst einmal eine Textbeziehung zur sog. "Grundnorm" zum Schadensersatz im BGB herstellen. Dies ist im Gesetzesabschnitt "*Gewährleistung für Mängel der Sache*" der *§ 459 BGB (Haftung für Sachmängel),* von dem in unserem Fall v.a. der zweite Absatz wichtig ist: "*Der Verkäufer haftet auch dafür, daß die Sache zur Zeit des Überganges der Gefahr die zugesicherten Eigenschaften hat.*" Der vom Käufer verlangte Schadensersatz ist eigentlich eine

Handlung, die vom Verkäufer gefordert werden kann. Die Berechtigung, eine solche Handlung einzufordern, muß sich aus einer Rechtsgrundlage ergeben. Die Rechtsgrundlage stellt hier das Rechtsverhältnis *Haftung* dar; man kann damit den Rechtsterminus *Haftung* als eine Übersetzung des Handlungsterminus *Schadensersatz* in die Terminologie von Rechtsverhältnissen betrachten. So gesehen ist der Ausdruck *haftet* in § 459, 2 BGB die Benennung eines Rechtsinstituts (*Haftung des Verkäufers für Mängel der Sache*), welches in diesem Normtext per Festsetzungsdefinition eingeführt wird. Da § 459 BGB (dem bei der Formulierung des BGB häufig angewendeten *Abstraktionsprinzip* folgend) nur das allgemeine Rechtsinstitut *Haftung* festsetzt, müssen die konkreten Rechtsfolgen in weiteren Paragraphen näher ausgeführt werden. Deshalb wird, vom § 459 ausgehend, eine weitere Textbeziehung zu dem in unserem Fall entscheidenden *§ 463 BGB (Schadensersatz wegen Nichterfüllung)* notwendig.

Dieser Paragraph hat folgenden Wortlaut:

> "Fehlt der verkauften Sache zur Zeit des Kaufes eine zugesicherte Eigenschaft, so kann der Käufer statt der Wandelung oder der Minderung Schadensersatz wegen Nichterfüllung verlangen. Das gleiche gilt, wenn der Verkäufer einen Fehler arglistig verschwiegen hat."

Der Ausdruck *kann Schadensersatz verlangen* bezeichnet hier die konkrete Rechtsfolge, welche die Grundlage für die Möglichkeit der Klageerhebung vor Gericht legt (in der juristischen Fachsprache: *Anspruchsgrundlage*). *Kann verlangen* hat daher in diesem Zusammenhang nicht die alltagssprachliche Bedeutung (der Käufer verlangt ja schon den Schadensersatz, und er tut dies möglicherweise ohne die Rechtsgrundlage, d.h. die einschlägigen Normtexte, die ihm dieses Recht zugestehen, überhaupt zu kennen), sondern bedeutet juristisch gesehen: "*die Richter können festsetzen, daß der Verkäufer Schadensersatz leisten muß*". Mit dieser Normtextformulierung wird also eine Referenzrelation auf das gesamte Gerichtsverfahren und die mögliche Entscheidung der Richter als solche hergestellt. Das Fehlen der zugesicherten Eigenschaft ist, ebenso wie die Feststellung über das Fehlen zur Zeit des Kaufes, eine Sachverhaltsfrage, die durch Beweiserhebung zu klären ist. Der Bezug auf den konkreten, zu entscheidenden Sachverhalt wird in beiden Normtexten v.a. durch den Ausdruck *zugesicherte Eigenschaften* hergestellt. Dieser komplexe Ausdruck enhält zwei Bedeutungselemente: *Zusicherung* und *Eigenschaft*. Mit *Zusicherung* wird eine Beziehung zum Sprech- und Rechtsakt des Verkäufers in der handschriftlichen sog. "*Individualabrede*" des Kaufvertrags hergestellt (und damit ein Textbezug); *Eigenschaft* referiert unmittelbar auf den Inhalt (sprechakttheoretisch: die "Proposition") dieses Sprechaktes, mittelbar auf die konkreten (aber, wie wir gesehen haben, rechtlich determinierten) Eigenschaften des Autos. Satz 1 von § 463 BGB erfordert ein juristisches Prüfungsverfahren dahingehend, welche Eigenschaften des Kaufgegenstandes dem Käufer zugesichert wurden und ob der Gegenstand über diese Eigenschaften verfügt oder nicht. Die Beantwortung dieser Frage ist im vorliegenden Fall, wie wir bei der Erläuterung der rechtlichen Konstitution der Bezugsgröße *Auto* gesehen haben, selbst wieder ein komplexer Prozeß, in dem Normtextbezüge, Definitionen, Auslegungsakte, materiale Eigenschaften und Bewertungen in eine komplizierte Verflechtung eingehen, d.h. ein Wissens- oder Argumentationsnetz bilden, welches bis in seine entlegensten Bestandteile hinein rechtlich-normativ determiniert ist.

Etwas anders liegt der Fall beim Satz 2 von § 463, in dem Schadensersatzansprüche des Käufers auch für den Fall festgesetzt werden, in dem der Verkäufer *einen Fehler arglistig verschwiegen hat*. Der Ausdruck *Fehler* bezieht sich unmittelbar auf materiale Eigenschaften des Kaufgegenstandes, so daß in diesem Fall die komplexe rechtliche Prüfung wie bei den letztlich normativ determinierten *zugesicherten Eigenschaften* von Satz 1 entfällt; es ist dann nur noch ein Bewertungsakt der Richter, ob sie eine konkrete verschwiegene Eigenschaft des Kaufgegenstandes als *Fehler* im Sinne dieses Normtextes einstufen. Eine interpretative Hilfe könnte dabei die Herstellung einer Textrelation zu § 459 Abs. 1 BGB sein, wo als Fehler der Kaufsache, die eine Haftung des Verkäufers begründen können, solche Fehler näher genannt werden, "*die den Wert oder die Tauglichkeit zu dem gewöhnlichen ... Gebrauch aufheben oder mindern*". Die Feststellung, ob diese Formulierung auf den jeweils monierten Fehler bezogen werden kann (linguistisch: ob dieser Fehler zum Referenzbereich dieses Ausdrucks gehört), ist dann eine Sachverhaltsfrage bzw. u.U. eine Ermessensentscheidung der Richter. Der Ausdruck *verschweigen* in § 463 Satz 2 bezieht sich auf eine Handlung des Verkäufers, hier: einen Unterlassungsakt (der juristisch wie eine Handlung behandelt wird; implizit liegt hier ein komplexer Wissensbezug auf die juristische Definition und - durchaus uneinige - Diskussion des Handlungsbegriffs vor, der Unterlassungen zu den Handlungen zählt). Dieser Unterlassungsakt muß im Referenzbereich des attributiven Ausdrucks *arglistig* liegen. Was *arglistig* in diesem Zusammenhang heißt und wie die Bedeutung dieses Ausdrucks durch richterlich-rechtsdogmatische Definition ausgelegt wird, werden wir weiter unten erörtern, da es sich hier um einen zentralen Terminus handelt, der auch in anderen, für unseren Fall einschlägigen Normtexten auftaucht. Zum Verhältnis von Satz 1 und Satz 2 von § 463 BGB kann hier folgendes gesagt werden: Je nach rechtlicher Bewertung des in unserem Fallbeispiel vorliegenden Ausgangs-Sachverhalts kann das konkrete Geschehen (*falsche Reifen*) sowohl zum Referenzbereich von Satz 1 (*Fehlen einer zugesicherten Eigenschaft*) als auch von Satz 2 (*arglistig verschwiegener Fehler*) gehören; dies hätte zur Folge, daß sich die Rechtsfolgen wahlweise aus einem von beiden, möglicherweise auch aus beiden Textelementen zugleich ergeben. Da die Rechtsfolgen dieselben sind, kommt es auf diese Feinheiten in der juristischen Alltagspraxis offenbar nicht so sehr an (wie die knappe Schilderung in der Lösungsskizze zeigt). Jedoch kann die Entscheidung über die Anwendbarkeit von Satz 1 nicht mit der über die Anwendbarkeit von Satz 2 gleichgesetzt werden, selbst wenn sich in unserem Fall beide - in ihrem rechtlichen Aussagegehalt unterschiedlichen - Sätze auf ein und denselben Lebenssachverhalt beziehen. Zunächst muß jede Alternative für sich geprüft werden. Daß schließlich auch Satz 2 zum Zuge kommen kann, ergibt sich indirekt aus der komplexen Argumentation über die Anwendbarkeit von Satz 1, die wir im folgenden zunächst entfalten wollen.

Die bisher untersuchten §§ 459 und 463 BGB haben für unseren Fall zunächst nur die Funktion, die abstrakten "Anspruchsgrundlagen" des Käufers zur Mängelhaftung gegenüber dem Verkäufer festzustellen. Damit ist die Frage, ob dem Käufer auch tatsächlich ein Anspruch auf Schadensersatz zugesprochen werden kann, aber noch nicht entschieden. Wegen der im bürgerlichen Privatrecht geltenden "Vertragsfreiheit" muß zunächst festgestellt werden, ob die gesetzlich im allgemeinen bejahten Schadensersatzansprüche nicht durch freiwillige wechselseitige Willenserklärung der Vertragsparteien ausgeschlossen worden sind. D.h. es muß die Wirksamkeit des im untersuchten Vertragstext mehrfach formulierten *Gewährleistungsausschlusses* geprüft werden. Im Verhältnis zwischen Rechtsnormen (BGB etc.) und Vertragsformulierungen geht die Rechtswissenschaft von einer Unterscheidung zwischen sog. "*zwingenden*" und "*dispositiven*" Normen aus. Dies heißt, daß manche Normtexte Recht setzen, welches unmittelbar wirkt, und damit auch eventuelle gegenteilige Vertragsklauseln "überspielt" und damit rechtlich wirkungslos macht (zwingende Normen); andere Normtexte hingegen seien "dispositiv", d.h. daß die in ihnen formulierten Regelungen durch gegenseitige Willenserklärung bei freier Vertragsgestaltung außer Kraft gesetzt werden können (man nennt diese Normtexte daher auch "nachgiebiges Recht").[13] Welche Rechtsnormen zwingend, und welche dispositiv sind, ist eine schwierige Frage, deren Antwort sich letztlich aus dem jeweiligen Stand der juristischen Normtextauslegung und Rechtsdogmatik ergibt. Ganze Rechtsgebiete des BGB, wie z.B. das Ehe- und Familienrecht, gelten als "zwingendes Recht", was mit so allgemeinen Ideen (die historisch, moralisch oder politisch, d.h. durch normative Wertentscheidungen beeinflußt sein können) wie dem "*Schutz der Institution Ehe*" begründet wird. Andere Gebiete, wie z.B. die Mängelhaftung bei Kaufverträgen in den §§ 459 ff. BGB, gelten grundsätzlich als "nachgiebiges" Recht.

Die Normtexte selbst geben in ihrer sprachlichen Gestalt nur selten eindeutige Hinweise darauf, ob eine Norm zwingend oder dispositiv ist. Zwar ist die in unserem Fall einschlägige Norm § 463 BGB durch die Verwendung des Wortes *kann* (in *kann Schadensersatz verlangen*) eindeutig als dispositiv gekennzeichnet; aber die Grundnorm § 459 BGB formuliert lapidar "*der Verkäufer haftet dafür* ..." und ist damit in demselben Formulierungsstil geschrieben wie viele nicht-dispositive normative Festsetzungsdefinitionen. Gelegentlich ergibt sich die Nachgiebigkeit einer Norm implizit aus dem Textzusammenhang eines größeren Gesetzesabschnitts; dies ist hier der Fall, da in § 476

[13] Vgl. Brox 1983, 22 f.

BGB vertragliche Vereinbarungen, welche die in § 459 geregelte Haftung ausschließen, nur für den Fall als ungültig erklärt werden, daß der Verkäufer einen Mangel *arglistig verschwiegen* hat. Daraus kann im Umkehrschluß geschlossen werden, daß andere Formen vertraglicher Haftungsausschlüsse, bei denen Arglist verneint wird, durchaus gültig sind und die Wirksamkeit der §§ 459 ff. aufheben können. Die Unterscheidung zwischen zwingenden und dispositiven Normtexten ist ein metatextuelles Wissen, welches in diesem Fall häufig keine gesetzlich formulierte Grundlage hat, das aber zur Lösung eines konkreten Rechtsfalles unabdingbar erforderlich ist. Erschwert wird die Lösung solcher Rechtsfälle dadurch, daß das metatextuelle Prinzip, welches den Umgang mit und die Gültigkeit von einzelnen Rechtsnormen (in ihrer Textrelation zu Vertragsformulierungen) regelt, z.T. selbst erst aufgrund interpretativer Akte erschlossen werden kann. Im vorliegenden Fall der rückwirkenden impliziten "Dispositivierung" von § 459 durch § 476 BGB liegt ein weiteres Beispiel für die zentrale Rolle der sog. "systematischen Auslegung" vor. "Systematische Auslegung" kann heißen, daß eben nicht nur einzelne Normtexte in ihrem konkreten Regelungsgehalt in systematischen Textbeziehungen untereinander stehen, sondern auch, daß selbst metatextuelle Prinzipien erst durch Herstellung von Textzusammenhängen erschlossen werden können. Damit geht die juristische "Systematik" weit über das hinaus, was in der Textlinguistik bislang mit dem Terminus *Textkohärenz* bezeichnet worden ist. Ebenso wird der Terminus *Textfunktion* an seine Grenzen gebracht, wenn es um die Frage der zwingenden oder dispositiven Wirkung von Textelementen geht, welche aus deren Sprachgestalt allein nicht zu erkennen ist.

Mit der Feststellung, daß § 463 BGB grundsätzlich eine dispositive Norm ist, die durch freiwillige Vertragsgestaltung unwirksam gemacht werden kann, ist die Frage nach der Gültigkeit des Gewährleistungsausschlusses im vorliegenden Vertragstext aber noch nicht abschließend beantwortet. Als Vertragsbestandteile, welche z.T. mit der Überschrift *Allgemeine Geschäftsbedingungen* gekennzeichnet sind und die in formularmäßigen, vorgedruckten Formulierungen realisiert sind, fallen gerade die Textelemente des Vertrages, welche den Gewährleistungsausschluß regeln sollen, unter das AGBG. Nach § 1 AGBG sind "*Allgemeine Geschäftsbedingungen ... alle für eine Vielzahl von Verträgen vorformulierten Vertragsbedingungen*"; danach gehören zum Referenzbereich dieses Gesetzes nicht nur die im vorliegenden Vertrag explizit als "AGB" gekennzeichneten §§ 1 und 2 (Textelemente 3a, 3b und 3c), sondern auch der ebenfalls vorgedruckte Gewährleistungsausschluß auf der Vorderseite des Vertrages (Textelement 2). Die Notwendigkeit der Bezugnahme auf das AGBG zur Prüfung der Schadensersatzansprüche ergibt sich aus dem allgemeinen juristischen Wissen der Richter; danach ist es vorauszusetzendes Wissen, daß zur Bewertung der rechtlichen Folgen von Kaufverträgen nicht nur der Zugriff auf die einschlägigen Bestimmungen des BGB erfolgen muß, sondern daß darüber hinaus auch die Normtexte des AGBG herangezogen werden müssen. Ausgehend von der Feststellung, daß ein vorliegender Vertragstext in den relevanten Punkten Bestandteile enthält, die zum Referenzbereich des AGBG gehören, wissen die Richter, daß sich für die Bewertung der Rechtsfolgen dieser Vertragsbestandteile möglicherweise spezielle Regelungen aus dem AGBG ergeben, die diejenigen des BGB überlagern. Das AGBG steht damit in einigen Aspekten zum BGB in der Textrelation der Spezialisierung (lex specialis). Damit dieser Textbezug überhaupt hergestellt werden kann, müssen die Richter natürlich vorgängig das AGBG schon kennen und z.B. wissen, welche Arten von Vertragselementen möglicherweise als Referenzbereich dieses Gesetzes infrage kommen. D.h. daß man für die linguistische Würdigung der richterlichen Text- und Entscheidungsarbeit an dieser Stelle nicht eine einseitige Bezugnahme vom Sachverhalt zum Normtext annehmen kann, sondern eine bidirektionale Beziehung vom Gesamttext des Gesetzes, den die Richter schon gelesen haben müssen (den sie damit als juristischen Wissensrahmen kognitiv auch ohne unmittelbaren Textbezug stets verfügbar haben), zum Sachverhalt und von dort wieder zurück zum konkreten Normtext.

Teil dieses juristischen Wissensrahmens *Rechtliche Stellung von Allgemeinen Geschäftsbedingungen* ist die Kenntnis der allgemeinen Anwendungsbedingungen des AGBG. Dazu gehört nicht nur der zitierte § 1, der den Referenzbereich des zentralen Gesetzesterminus *Allgemeine Geschäftsbedingungen* normativ festlegt, sondern z.B. auch § 24 AGBG, der den *Persönlichen Anwendungsbereich* des Gesetzes regelt. In diesem Normtext, der metatextuell die Anwendbarkeit einzelner Bestimmungen des AGBG auf bestimmte Personengruppen regelt, heißt es unter Satz 1 u.a.:

> "Die Vorschriften der §§ 2, 10, 11 und 12 finden keine Anwendung auf Allgemeine Geschäftsbedingungen, 1. die gegenüber einem Kaufmann verwendet werden, wenn der Vertrag zum Betriebe seines Handelsgewerbes gehört..."

Damit wird einerseits eine Referenzrelation zu den vertragschließenden Personen hergestellt und andererseits eine Textbeziehung zu den Paragraphen, deren Anwendbarkeit für die genannten Personen verneint wird. Bevor die Gültigkeit des Gewährleistungsausschlusses im Vertragstext der V-OHG also festgestellt werden kann, muß - nachdem die prinzipielle Anwendbarkeit des AGBG auf die formularhaften Textbestandteile der Bezugsgröße *Kaufvertrag* feststeht[14] - sowohl die Anwendbarkeit des AGBG auf die Bezugsgrößen *Käufer* und *Verkäufer* geprüft werden als auch herausgefunden werden, ob die für die Lösung des Rechtsproblems notwendigen Bestimmungen von den metatextuellen Regelungen des § 24 AGBG erfaßt werden. Normalerweise müßte die zweite Frage vor der ersten geklärt werden, weil die Prüfung der

[14] Aus Sicht der Textbezüge ist evtl. noch der § 8 AGBG relevant, der ebenfalls metatextuelle Regelungen enthält. Danach gelten die (hier entscheidenden) §§ 9 bis 11 des AGBG nur für solche Bestimmungen in Allgemeinen Geschäftsbedingungen von Verträgen, "durch die von Rechtsvorschriften abweichende ... Regelungen vereinbart werden". Jedoch steht die Anwendbarkeit des AGBG auch nach diesem Paragraphen schon fest, da die Gewährleistungsklausel des Kaufvertrags schon als Abweichung von der "dispositiven" Norm § 463 BGB herausgestellt wurde; damit fällt sie nicht unter die Ausschlußklausel von § 8 AGBG.

ersten Frage unterbleiben kann, wenn die zweite Frage verneint worden ist, nicht aber umgekehrt. De facto jedoch enthalten die in § 24 AGBG genannten Paragraphen als enumerative Aufzählungen von verbotenen AGB-Klauseln den inhaltlichen Kern des AGBG, so daß, wenn überhaupt eine konkrete Vertragsklausel vom AGBG für ungültig erklärt wird, dies in diesen Paragraphen geschehen muß. Deshalb kann in diesem Fall die Anwendbarkeit auf die beteiligten Vertragspersonen zuerst geklärt werden.

Da die Verkäufer (V-OHG und ihre Teilhaber) unzweifelhaft *Kaufleute* sind und der Kaufvertrag Teil ihres Handelsgewerbes ist, ist nur für den zweiten Vertragspartner, den *Käufer* zu prüfen, ob er von der Ausschlußklausel in § 24 AGBG erfaßt wird. Wir haben diese Frage schon oben bei der Analyse der rechtlichen Konstitution der Bezugsgröße *Käufer* behandelt. Zu entscheiden ist erstens, ob der Käufer des Opel Omega in den Referenzbereich des Gesetzesterminus *Kaufmann* fällt, und zweitens, ob der Kaufvertrag zum Referenzbereich des Ausdrucks *zum Betriebe seines Handelsgewerbes gehörig* gehört. Während, wie gezeigt, die erste Frage eindeutig bejaht werden muß (durch Bezug auf den rechtlichen Wissensrahmen *Kaufmann*, gestützt durch impliziten Textbezug auf § 1 Abs. 2 HGB), kann die Beantwortung der zweiten Frage (textgestützter Wissensbezug nach §§ 343 Abs. 1 und 344 Abs. 1 HGB) je nach Bewertung der Richter unterschiedlich ausfallen. Wenn *Handelskauf* angenommen wird, können die einschlägigen Bestimmungen des AGBG nicht auf den Gewährleistungsausschluß im Kaufvertrag angewendet werden (zu den Rechtsfolgen und weiteren Prüfungsschritten in diesem Fall s.u.). Wenn *Privatkauf* angenommen wird, kommt das AGBG zum Zuge. Textlinguistisch kann festgestellt werden, daß sich die Anwendbarkeit des AGBG im vorliegenden Fall aus der Bedeutung der Normtermini *Kaufmann* und *zum Betriebe seines Handelsgewerbes gehörig* ergibt. Die rechtliche Bedeutung beider Termini ist aus dem AGBG selbst nicht ersichtlich, sondern kann nur durch Textbezug auf das HGB geklärt werden, wo die Bedeutung dieser Termini in Festsetzungsdefinitionen normativ festgelegt wird. Auch dies ist ein Hinweis auf die Rolle des "systematischen" Aspektes in der richterlichen Arbeit mit Normtexten: Festsetzungsdefinitionen für Bedeutungen von Gesetzestermini können sich auch dann auf die Auslegung eines Normtextes auswirken, wenn sie an textlich weit entfernten Stellen (Normtexte aus einem anderen Gesetz) erfolgt sind.

Wir sind immer noch bei der Prüfung der Frage, ob die im Kaufvertrag zwischen der V-OHG und dem Handelsvertreter aufgeführten Klauseln zum Gewährleistungsausschluß rechtswirksam sind oder nicht. Zunächst nehmen wir an, der Kaufvertrag würde als *Privatgeschäft* beurteilt, falle also nicht unter die Ausschlußregelung von § 24 AGBG. Dann fielen die relevanten Textstellen aus dem Kaufvertrag unter den Referenzbereich von *§ 11 Nr. 11 AGBG (Haftung für zugesicherte Eigenschaften);* danach zählt zu den Vertragsklauseln in Allgemeinen Geschäftsbedingungen, die nach diesem Gesetz unwirksam sind, u.a.

"eine Bestimmung, durch die bei einem Kauf-, Werk- oder Werklieferungsvertrag Schadensersatzansprüche gegen den Verwender nach den §§ 463, 480 Abs. 2, 635 des Bürgerlichen Gesetzbuches wegen Fehlen zugesicherter Eigenschaften ausgeschlossen oder eingeschränkt werden."

Bemerkenswert ist hier zunächst die Textbeziehung zwischen AGBG und BGB. Die nach reiner Würdigung des BGB als "dispositive Norm" durch freiwillige Vereinbarungen außer Kraft setzbaren Bestimmungen des § 463 BGB werden hier indirekt, durch § 11 Nr. 11 AGBG, wieder zu einer zwingenden Norm gemacht. D.h. daß § 11 AGBG letztlich eine metanormative Bestimmung über die Disponibilität von § 463 BGB enthält; dies ist insofern sinnvoll, als das AGBG hier ja nur Verträge unter Privatleuten erfaßt; für Kaufleute besteht der Vorrang der individuellen Vertragsvereinbarungen anscheinend fort. Zum Referenzbereich von § 11 Nr. 11 AGBG gehören einerseits explizit die verschiedenen Formulierungen des Gewährleistungsausschlusses im Kaufvertrag (neben dem Textelement 2 auf der Vorderseite die Paragraphen der AGB-OHG), andererseits implizit die *Zusicherung von Eigenschaften* in der handschriftlichen "Individualabrede" des Kaufvertrags (*in verkehrssicherem und technisch einwandfreiem Zustand*). Während für erstere die Ungültigkeit hiermit normativ festgestellt ist, sind für die Rechtsfolgen der "Zusicherung von Eigenschaften" die Regelungen des § 463 BGB wieder in Kraft gesetzt (s.o.). Danach wäre beim Fehlen einer zugesicherten Eigenschaft (Sachverhalts- und damit Beweisfrage) von den Verkäufern (V-OHG) für den entstandenen Schaden (Unfall des Autos) dem Käufer Schadensersatz zu zahlen.

Unabhängig von der hier behandelten Frage der generellen Gültigkeit der formularhaften Gewährleistungsausschlüsse im Kaufvertrag war oben die textlinguistisch interessante Frage aufgetreten, wie das innere Spannungsverhältnis zwischen den allgemeinen Formulierungen des Kaufvertrags, wonach der Käufer den Wagen *wie besichtigt und unter Ausschluß jeder Gewährleistung* gekauft habe, und der handschriftlichen Formulierung, wonach sich der Wagen *in einwandfreiem Zustand* befinde, zu lösen ist. Auch hierfür enthält das AGBG eine relevante metatextuelle Bestimmung. *§ 4 AGBG (Vorrang der Individualabrede)* bestimmt eindeutig: "*Individuelle Vertragsabreden haben Vorrang vor Allgemeinen Geschäftsbedingungen.*" Als *individuelle Vertragsabreden* im Sinne des AGBG werden alle solchen Vertragsformulierungen verstanden, die von den Vertragspartnern individuell ausgehandelt und eigenhändig formuliert worden sind (vgl. § 1 Abs. 2 AGBG). Danach gehört der handschriftliche Zusatz zum Kaufvertrag zum Referenzbereich des Terminus *Individualabrede* im Sinne dieses Gesetzes. Dadurch ist aber auch die Frage der innertextlichen Beziehung zwischen der Zusicherung des *einwandfreien Zustandes* des Autos und der eine solche Zusicherung gerade umgehenden Formulierung *gekauft wie besichtigt* durch metatextuelle normative Relationsfestsetzung klar geregelt: als AGB wird erstere durch die individuelle zweite Formulierung außer Kraft gesetzt. Die Spannung ist auch eine Spannung zwischen zwei Sprechakten, nämlich einmal der Zusicherung von Eigenschaften des Autos als Handlung des Verkäufers, und zum anderen dem impliziten Zugeständnis der Prüfung des Autos (*wie besichtigt*) durch den Käufer, welches hier die Funktion hat, rechtlich gesehen etwaige sich nachträglich herausstellende Mängel des Kfz dadurch irrelevant für mögliche Schadensersatzforderungen zu machen, daß der Käufer als rechtliche Fiktion, d.h. hinsichtlich der Rechtsfolgen - blind den Kauf unter Kenntnis aller Eigenschaften des Autos (also auch möglicher Mängel) im Vorhinein bestätigt.

Als Resultat der Prüfung kann also für den Fall, daß der Kauf als Privatkauf gewertet wird, festgehalten werden, daß die verschiedenen Formulierungen des Gewährleistungsausschlusses im Kaufvertrag (Textelemente 2, 3a und 3c), ebenso wie die (in diesem Falle wegen Nichtvorliegen irrelevante) Einschränkung der Gewährleistung auf das Ausstellen eines "*Garantiescheins*" (Textelement 3b), rechtlich gesehen in diesem Falle unwirksam sind. Damit bekommt für die Regelung der Frage, ob der Käufer Schadensersatz verlangen kann, die *Zusicherung von Eigenschaften* im Kaufvertrag entscheidende Bedeutung, da das Fehlen solcher zugesicherter Eigenschaften beim Kaufgegenstand nach § 463 Satz 1 BGB einen Schadensersatzanspruch des Käufers begründet. Es müßte dann anhand des konkreten Sachverhalts festgestellt werden (Beweisfrage), welche Eigenschaften dem Auto zugesichert worden sind, und ob diese Eigenschaften bei diesem vorhanden waren oder nicht (s.o. die Untersuchungen zur Bezugsgröße *Auto*). Aus rechtlicher Sicht könnte sich noch die Frage ergeben, ob eine Ungültigkeit wesentlicher Vertragsbestandteile (hier: der Gewährleistungsausschlüsse) nicht den Kaufvertrag insgesamt nichtig macht (möglicherweise hätte der Verkäufer den Vertrag nicht abgeschlossen, wenn er von der Ungültigkeit der AGB-Bestimmungen im konkreten Fall gewußt hätte). Dazu bestimmt aber § 6 Abs. 1 (als weiterer, hier von den Richtern herzustellender normativer Textbezug) eindeutig, daß auch bei Ungültigkeit einzelner AGB-Bestimmungen der Vertrag *insgesamt* wirksam bleibt (also wieder eine metatextuelle Bestimmung). Im übrigen kann an dieser Stelle schon festgestellt werden, daß der Ausschluß einer Gewährleistungspflicht des Verkäufers durch Formulierungen in AGB eines Vertrages nach dem AGBG auch dann ungültig wäre, wenn angenommen würde, daß es sich beim Kauf um ein *Handelsgeschäft* auch auf Seiten des Käufers gehandelt hat. Dies wird dadurch bewirkt, daß § 4 AGBG, der den Vorrang der Individualabrede (hier: der Zusicherung von Eigenschaften) vor AGB festlegt (und damit implizit die Unwirksamkeit der AGB im vorliegenden Falle bewirkt), *nicht* von § 24 AGBG erfaßt wird, wo die Anwendbarkeit bestimmter Paragraphen des AGBG für beidseitigen Handelskauf ausgeschlossen wird. § 4 AGBG ist daher anwendbar, gleich ob der Kauf als Handelsgeschäft oder als Privatgeschäft eingestuft wurde.

Man könnte dann fragen: wozu war die Prüfung der Frage, ob der Käufer ein *Kaufmann* war, dann überhaupt noch notwendig? Die Notwendigkeit dieser Prüfung ergibt sich daraus, daß zur rechtlichen Bewertung der Haftung aus Kaufverträgen (Frage der Gewährleistung, Anspruch auf Schadensersatz wegen Eigenschaften der Kaufsache) auch noch andere gesetzliche Bestimmungen anwendbar sein können. Da es in Einzelfällen auch zu Gesetzeskollisionen kommen kann (Idealkonkurrenz), kann ein Richter nach der Feststellung der Anwendbarkeit des AGBG sich nicht beruhigt zurücklehnen und dem Käufer ohne weitere Prüfung einen Anspruch auf Schadensersatz zusprechen, sondern muß zuvor prüfen, ob sich ein Haftungsausschluß nicht aus weiteren, in anderen Normtexten formulierten (und zwar dann wegen der Gültigkeit von § 4 AGBG zwingenden, nicht-dispositiven) gesetzlichen Regelungen ergeben kann. Kaufverträge zwischen Kaufleuten werden nicht nur von den allgemeinen Bestimmungen des BGB und des AGBG erfaßt; vielmehr gibt es für den großen Wirklichkeitsbereich *Handelsgeschäfte* ein eigenes Gesetzbuch, das HGB, das, wie wir oben gesehen haben, im § 2 des EG-HGB ausdrücklich als Spezialgesetz gegenüber dem BGB gekennzeichnet worden war. Der rechtliche Prüfungsprozeß muß sich dann, wenn bei dem vorliegenen Kaufvertrag ein *Handelsgeschäft* bejaht wird, daher den einschlägigen Bestimmungen des HGB zuwenden. D.h., die Entscheidung darüber, ob der Käufer im gegebenen Fall zum Referenzbereich des Normterminus *Kaufmann* gehört, hat Auswirkungen auf die für die weitere Bearbeitung des Rechtsfalles herzustellenden intertextuellen Relationen.

5.6.3 Textgrundlagen der rechtlichen Bewertung (II): Haftungsausschluß bei beidseitigem Handelskauf?

Ein einschlägiger Normtext, der für unseren Fall eine Rolle spielt, befaßt sich nicht etwa, wie man als juristischer Laie vielleicht vermuten würde, unmittelbar mit Fragen der Haftung oder der Gewährleistung, sondern ist - wie der § 377 HGB um den es hier geht - unter der Überschrift "*Untersuchungs- und Rügepflicht*" eher mittelbar mit dem vorliegenden Sachverhaltsbereich verknüpft. Dieser Normtext regelt das Verfahren der Mängelrüge bei Kaufverträgen unter Kaufleuten und legt in Abs. 1 eine Verpflichtung des Käufers fest, die übernommene Ware unmittelbar nach Übernahme unverzüglich auf Mängel zu untersuchen und, beim Vorliegen eines Mangels, diesen dem Verkäufer sofort anzuzeigen. Zum Referenzbereich dieses Normtextes gehören damit zwei gesollte Handlungen des Käufers; erst an das Unterlassen dieser gesollten Handlungen sind bestimmte Rechtsfolgen geknüpft, die implizit die Frage der Haftung bzw. Gewährleistung des Verkäufers betreffen. Dies wird innerhalb dieses Normtextes (durch innertextliche Kohärenzrelation) implizit in Abs. 2 ausgesprochen:

> "Unterläßt der Käufer die Anzeige, so gilt die Ware als genehmigt, es sei denn, daß es sich um einen Mangel handelt, der bei der Untersuchung nicht erkennbar war."

Der regulative Gehalt dieses Normtextes läßt sich für juristische Laien nicht unmittelbar aus der Formulierung dieser Rechtsnorm entnehmen. Er ist vielmehr implizit an den juristischen Wissensrahmen *Genehmigung einer*

Ware bei Kaufverträgen geknüpft, welcher auch das Wissen beinhaltet, daß die "Genehmigung" einer Ware rechtlich gesehen den Ausschluß von Mängelhaftungen bewirkt. (Inwiefern sich dieser rechtliche Wissensrahmen auf Normtexte oder andere, z.B. Auslegungs-, Texte stützt, konnte ich nicht nachprüfen; allerdings muß davon ausgegangen werden, daß es eine solche textliche Konstitution des Wissensrahmens gibt.)

§ 377,2 HGB hat eine Parallele in der Formulierung 2 des Kaufvertrags (*gekauft wie besichtigt*); in beiden Fällen (im Kaufvertrag implizit, im Normtext explizit) wird auf eine gesollte Prüfungshandlung des Käufers Bezug genommen. In beiden Fällen kommt es weniger auf die reale Prüfungshandlung des Käufers an, als vielmehr auf die Konstitution eines Rechtsverhältnisses (eines "als ob"), das gilt, sobald der Käufer bestimmte Folgehandlungen (*Anzeige des Mangels*) unterläßt; die Normtextformulierung *gilt als genehmigt* drückt diese rechtliche Fiktion (das "als ob") aus. Ein bestimmtes Verhalten (*Unterlassen einer Mängelrüge*) wird rechtlich gesehen - d.h. hier: als rechtliche Fiktion - als Rechtsakt der *Genehmigung* behandelt, gleichgültig ob der Käufer diesen Akt als Handlung im vollen Sinne, d.h. bewußt und willentlich, überhaupt vollzogen hat.[15] Linguistisch gesehen ist an diesem Normtext interessant, daß die "Textfunktion" der sprachlichen Formulierung *gilt als genehmigt* im rechtlichen Sinne Inhalte haben kann (Ausschluß der Gewährleistungspflicht), die nur durch die implizite Vernetzung rechtlicher Wissensrahmen erschließbar sind, nicht aber sich aus auch alltagsweltlich verfügbarem Bedeutungswissen ergeben. Richter, welche die Anwendbarkeit von § 377,2 HGB auf unser vorliegendes Fallbeispiel zu prüfen haben, müßten nun entscheiden, ob der den Referenzbereich des Normtextausdrucks *Mangel* bildende Sachverhalt *falsche Reifen am Auto* zugleich zum Referenzbereich der attributiven Erweiterung *ein Mangel, der bei der Untersuchung nicht erkennbar war* gehört. Hier haben die Richter vermutlich wieder einen Bewertungsspielraum, so daß sich die konkrete Herstellung einer Referenzbeziehung zwischen Normtext und Sachverhalt nicht quasi automatisch "aus dem Normtext selbst" ergibt (wie es die Anhänger eines logisch-positivistischen Sprachverständnisses behaupten), sondern als Referenzhandlung von den Textinterpreten allererst hergestellt werden muß. Hier zeigt sich an einem Beispiel, wie berechtigt die Vermutung der (pragmatisch orientierten) neueren Linguistik ist, den sprachlichen Faktor "Referenz" nicht als substantialistische "*Eigenschaft*" von Texten oder Zeichen, sondern als *Handlung* von Textinterpreten aufzufassen.

Entscheiden sich die Richter nach Prüfung der "Anwendbarkeit" von Abs. 2 des § 377 HGB dafür, daß der vorliegende Sachverhalt zum Refe-

[15] Man könnte hieran weitere Überlegungen zum Handlungsbegriff der Juristen knüpfen - eine auch aus Sicht der pragmatischen (im weitesten Sinne sprechakttheoretisch orientierten) Linguistik spannende Frage, die im Rahmen dieser Arbeit leider nicht weiterverfolgt werden kann. Vgl. zum juristischen Handlungsbegriff die interessante Arbeit von Alwart 1987.

renzbereich des konditionalen zweiten Satzteiles gehört (welcher die Angabe einer einschränkenden Bedingung enthält, unter der der Hauptsatz von Abs. 2 nicht gilt), dann muß Abs. 3 geprüft werden, der die unverzügliche Anzeige eines erst später entdeckten (implizit: zunächst *nicht erkennbaren*, nach Abs. 2) Mangels vorschreibt. Die Prüfung des Sachverhalts verschiebt sich nun auf die Frage, ob und wann der Käufer den Mangel der Ware entdeckt hat (Beweisfrage) und ob sein Verhalten danach zu Recht unter den Referenzbereich des Normausdrucks *unverzügliche Anzeige* fällt. Da *unverzüglich* hinsichtlich seines Referenzbereichs (eines nicht näher quantifizierten Zeitraums) einen Bewertungsspielraum offen läßt, handelt es sich hier wiederum um eine Ermessensentscheidung der Richter, die letztlich einer Entscheidung über den Bedeutungsgehalt des Normterminus gleichkommt. Abs. 2 und 3 von § 377 HGB lassen für die rechtlichen Folgen einer Kaufhandlung zwischen Kaufleuten zwei Möglichkeiten offen, die sich hier auf zwei verschiedene Sachverhaltsgestaltungen beziehen: zum einen die Variante "unverzügliche Prüfung der Ware nach Übergabe und sofortige Anzeige des Mangels", zum anderen die Variante "unverzügliche Anzeige des Mangels nach späterer Entdeckung eines zuvor verborgenen Mangels". Beide Varianten beziehen sich auf gesollte Handlungen des Käufers, wobei es für die Rechtsfolgen beidemal hauptsächlich auf die Handlung "Anzeige eines Mangels gegenüber dem Verkäufer" ankommt. Beidesmal handelt es sich um Fragen der Beurteilung eines Lebenssachverhalts, welche den Richtern Spielräume für Referenzentscheidungen offenläßt. Die Rechtsfolgen der in beiden Normtexten enthaltenen konditionalen Festsetzungsdefinitionen (*gilt als genehmigt*) ergeben sich, wie gezeigt, nicht explizit aus diesem Normtext, sondern erst aus den vorausgesetzten rechtlichen Wissensrahmen über Haftungsfragen (Folgen des - fiktiven - Rechtsaktes *Genehmigung einer Kaufsache unter Kaufleuten*). Die richterliche Entscheidung stellt sich in diesen Fällen - linguistisch gesehen - als Entscheidung darüber dar, ob der komplexe - mit nur implizit erschließbaren Wissensbezügen (und Rechtsfolgen) verknüpfte - Rechtsausdruck *gilt als genehmigt* auf den vorliegenden Lebenssachverhalt anwendbar ist; entscheidend ist letztlich immer nur die Frage, ob er de facto angewendet wird oder nicht (Wertungs- bzw. Ermessensfrage). Ob die komplexen, die Rechtsfolgen ergebenden Bezugnahmen auf Rechtsinstitute (rechtliche Regelungskomplexe), welche mit dem unscheinbaren Verb *genehmigen* hier verbunden sind, noch mit dem landläufigen linguistischen Begriff von "Bedeutung" gefaßt werden können, ist eine durchaus offene Frage.

Im vorliegenden Fallbeispiel könnte die Anwendbarkeit von § 377 Abs. 2 HGB vermutlich bejaht werden; die offenbar falschen Reifen sind ein Mangel, den zu prüfen leicht möglich gewesen wäre (Lesen der Aufschrift auf den Reifen und Vergleich mit dem Kfz-Brief). Insofern dürfte der Sachverhalt kaum zum Referenzbereich des Normausdrucks *bei einer Untersuchung nicht erkennbarer Mangel* gehören. Selbst wenn man dennoch dies bejahen würde, so hätte der Käufer doch den Mangel *unverzüglich anzeigen* müssen; dies hat er jedoch in unserem Beispiel offenbar nicht getan, da zwischen dem Bekanntwerden des Mangels (durch das Sachverständigengutachten nach dem Unfall) und der "Anzeige" (hier: erst durch die Klageerhebung erfolgt) fast fünf Monate verstrichen sind. Selbst wenn der Ausdruck *unverzüglich* ein nicht näher quantifiziertes Zeitmaß enthält, dürfte dieser Zeitraum eindeutig nicht mehr zum Referenzbereich des Ausdrucks *unverzüglich* gehören. In diesem Falle würde der vorliegende Mangel (falsche Bereifung) rechtlich gesehen als *genehmigt* gelten; mit diesem sich implizit ergebenden (als rechtliche Fiktion[16] gültig erachteten) "Rechtsakt" würden zugleich die Schadensersatzansprüche des Käufers gegen den Verkäufer entfallen. - All diese möglichen Fallgestaltungen und Entscheidungen kommen jedoch nicht zum Zuge, wenn im vorliegenden Sachverhalt ein Fall angenommen wird, der von Abs. 5 von § 377 HGB erfaßt wird; dieser hat den Wortlaut: "*Hat der Verkäufer den Mangel arglistig verschwiegen, so kann er sich auf diese Vorschriften nicht berufen.*" Bemerkenswert ist an diesem Normtext zunächst, daß er konditional ein angenommenes Recht des *Verkäufers* zur Disposition stellt. In den Absätzen 1 - 4 von § 377 HGB war jedoch explizit gar nicht von *Rechten des Verkäufers*, sondern stets nur von *Pflichten des Käufers* die Rede; im Umkehrschluß aus Abs. 5 ergibt sich also, daß die in diesem Paragraphen bezeichneten Pflichten des Käufers rechtlich gesehen in erster Linie die Funktion der Konstitution von "Rechten" des Verkäufers haben. Diese Textfunktion ergibt sich jedoch nicht aus dem Text der Abs. 1 - 4 unmittelbar, sondern nur aus dem systematischen Zusammenhang dieser Normtexte innerhalb der "Rechtsordnung" (welche die Welt, zumindest im Zivilrecht, fein säuberlich und trennscharf in "Rechte" und "Pflichten" aufteilt).

Abs. 5 von § 377 HGB hat eine Handlung des Verkäufers zum Gegenstand (*verschweigen*); gemäß dem in der juristischen Handlungstheorie üblichen Prinzip, daß das Unterlassen einer gesollten Handlung selbst wieder als eine Handlung gilt, hat das rechtlich-dogmatische Handlungsverb *verschweigen* nicht dieselbe Bedeutung wie in der Alltagssprache. Hier ist nicht in erster Linie (oder jedenfalls nicht allein) eine solche Handlung des Nicht-Sagens gemeint, die ein vorhandenes Wissen nicht mitteilt, sondern auch ein Nicht-Mitteilen von Kenntnissen, die der Verkäufer überhaupt nicht besitzt, sich aber (aufgrund anderer implizit als geltend angenommener rechtlicher Verpflichtungen, z.B. der sog. "Verkehrssicherungspflicht") hätte verschaffen müssen. Diese Interpretation ergibt sich aber nicht unmittelbar aus der juristischen Semantik des Normterminus *verschweigen* allein, sondern nur aus der Interpretation der vollständigen Prädikation *arglistig verschweigen*. Die Prädikation wird somit in diesem Fall nicht in ihre einzelnen Wortbestandteile zerlegt interpretiert, sondern, was aus Sicht der neueren linguistischen Satzsemantik sehr sinnvoll ist, als komplexe Prädikation mit zwei untrennbaren Wortelementen. Der für die Anwendung dieser Prädikation auf Lebenssach-

---

[16] So auch Hopt 1987, Kommentar zum HGB, Bem. C zu § 377 HGB, S. 902.

verhalte zentrale Rechtsterminus *arglistig* ist uns schon in mehreren anderen in Frage kommenden Paragraphen begegnet (§§ 460, 463, 476 BGB).

Bevor wir uns dessen Auslegung zuwenden, soll zuvor noch geklärt werden, auf welchen Aspekt unseres Sachverhaltsbeispiels dieser Ausdruck zielt. Referenzobjekt des normativen Handlungsterminus *arglistig verschweigen* ist in unserem Falle die sog. *Individualabrede*, d.h. die *Zusicherung von Eigenschaften* für die Kaufsache, welche der Verkäufer durch handschriftlichen Zusatz in den Text des Kaufvertrages aufgenommen hat. Nun stellt sich für eine alltagsweltliche Handlungsbewertung die Frage, inwiefern die Zusicherung von Eigenschaften (*in verkehrssicherem und einwandfreiem technischem Zustande*) rechtlich gesehen zugleich die Handlung des "*Verschweigens eines Mangels*" sein kann. Von einer alltagssprachlichen Textauffassung her könnte man der Meinung sein, daß ein Text nicht gleichzeitig zwei konkurrierende Textfunktionen (Handlungselemente) zugleich enthalten könne. Hier zeigt sich jedoch, daß die Zuschreibung von Sprechaktqualitäten und/oder Textfunktionen zu Textexemplaren stets eine Sache der *Interpretation*, d.h. einer (in verschiedene Situationen, Zwecke und - wie hier - Institutionen eingebundenen) *Handlung von Rezipienten* ist: Der "propositionale Gehalt" des Zusicherungsaktes enthält notwendig ein referentielles Moment, d.h. er bezieht sich auf konkrete Merkmale der Kaufsache (des Autos). Diese werden in der Vertragsformulierung aber nur mittels abstrakter Ausdrücke beschrieben; es ist dann im Einzelfalle eine Interpretationsfrage dieser abstrakten Ausdrücke, welche konkreten (materialen) Eigenschaften des Autos den Referenzbereich dieser Vertragsausdrücke bilden. Das können, wie in unserem Falle, (als eins von vielen denkbaren Merkmalen) die "richtigen Reifen" sein. Diese materiale Eigenschaft der Kaufsache bildet jedoch zugleich den Referenzgegenstand der Handlungsprädikation *einen Mangel verschweigen*. Indem im vorliegenden Fall die Handlungsprädikation *Mangel verschweigen* denselben Bezugsgegenstand hat wie die Proposition der Zusicherungshandlung im Kaufvertrag, ist das Fehlen der *zugesicherten Eigenschaft* beim Kaufgegenstand - zumindest in der derzeitigen rechtlich-dogmatischen Auslegung - gleichzeitig ein *Verschweigen eines Mangels*.

Begründet wird dies hauptsächlich über die Auslegung des Terminus *arglistig*. Man könnte annehmen, daß eine *arglistige Täuschung* des Käufers nur dann angenommen werden kann, wenn der Verkäufer einen Mangel des Kaufobjekts "böswillig" verschweigt; dies müßte in alltagsweltlicher Sicht vermutlich beinhalten, daß der Verkäufer den Mangel überhaupt selbst gekannt hat, sich also des Täuschungscharakters seiner Handlung bewußt war.[17] Von dieser Bedeutungsdefinition des Ausdrucks *arglistig*, an der bis heute in vielen Gesetzeskommentaren zu den einschlägigen §§ 463, 476 BGB, 377

[17] So auch die Definition zu *arglistig* im Duden Deutsches Universalwörterbuch 1989, 139.

HGB festgehalten wird,[18] ist der Bundesgerichtshof in "ständiger Rechtsprechung" abgewichen. Danach ist ein *arglistiges Verschweigen* im Sinne der interpretativen Festsetzungsdefinition dieses obersten bundesdeutschen Gerichtes (welche somit auch verbindlich ist) schon dann anzunehmen,

> "wenn der Verkäufer ohne tatsächliche Grundlage unrichtige Angaben über Mängelfreiheit oder über wesentliche Eigenschaften des Fahrzeugs macht, die geeignet sind, den Kaufentschluß des Käufers mit zu beeinflussen".

Dieses Verhalten ist nach Meinung des Gerichts schon deswegen eine *arglistige Täuschung* des Käufers, weil dieser "davon ausgehen darf, daß der Verkäufer seine Erklärungen nicht 'ins Blaue hinein' abgibt".[19] Diese Interpretation, die insoweit gültiges Recht ist und damit auch für Linguisten als gegenwärtige Festsetzung der juristischen Bedeutung des Ausdrucks *arglistig* in den §§ 463, 476 BGB und 377 HGB zu gelten hat, soll hier nicht diskutiert werden. Für die Analyse der Textbeziehungen, welche für die Lösung des vorliegenden Beispielfalles hergestellt werden müssen, ist dieser höchstrichterliche Interpretationsakt insofern wichtig, als hier deutlich wird, daß zur Klärung des Referenzbereichs eines Normtextes (hier § 377,5 HGB) neben dem Normtext selbst (und möglichen Beziehungen zu anderen Normtexten) u.U. intermittierende Texte herangezogen werden müssen. Dies sind in der richterlichen Praxis meist die Gesetzeskommentare; da diese jedoch in ihren wesentlichen Punkten (d.h. in denjenigen, die dann wiederum in Urteile eingehen) aus Zitaten oder Paraphrasen von obergerichtlichen Urteilstexten bestehen, wird zur Klärung der rechtlichen "Bedeutung" des fraglichen Normtextes eine indirekte Textbeziehung zu den einschlägigen Urteilstexten hergestellt. Der "Sinn" eines fraglichen Gesetzesterminus besteht dann aus einer komplexen textlichen Beziehung zwischen Normtext, Kommentartexten, Urteilstexten und dem Sachverhalt.

Zugleich wird durch das Heranziehen der Kommentare eine mittelbare Textbeziehung zwischen denjenigen Normtexten hergestellt, in denen der Ausdruck *arglistig* verwendet wurde. Da in der Rechtsprechung davon ausgegangen wird, daß die Bedeutung dieses Ausdrucks an den verschiedenen Vorkommensstellen einheitlich interpretiert werden muß, wird damit implizit (über die Austauschbarkeit der Interpretationsakte) eine *Kohärenzrelation* zwischen diesen Textelementen hergestellt. Doch dies ist nicht die einzige, durch Textbeziehungen bedingte Beeinflussung richterlicher Auslegungsakte. Eine wechselseitige inhaltliche Beeinflussung von zwei Bedeutungsbereichen, die man linguistisch mit dem Terminus *Interferenz*[20] beschreiben könnte, liegt

---

[18] Vgl. Westermann, Münchner Kommentar zum BGB, Rdnr. 8 zu § 463; Hopt, Kommentar zum HGB, Anm. F zu § 377.

[19] BGH NJW 1981, 1441 ff., 1442 mit Bezug auf BGHZ 63, 382 ff., 388 und weitere Urteile.

[20] Von *Interferenz* redet man vor allem in der Fremdsprachendidaktik dann, wenn ein Fremdsprachenlerner ein neues sprachliches Phänomen der zu erlernenden Fremdsprache (z.B. eine Wortbedeutung, eine syntaktische Konstruktion o.ä.) mit einer nur auf den ersten Blick ähnlichen, in Wahrheit aber abweichenden Erscheinung seiner Muttersprache verwechselt, so daß

vor in der durch die Interpretation des Rechtsterminus *arglistig* begründeten Auffassung, dieser Terminus sei ähnlich wie der "*bedingte Vorsatz*" zu bewerten. Hier wird also zum Zwecke der Interpretation eines uneindeutigen Gesetzesterminus im BGB eine Beziehung hergestellt zu einem komplexen rechtlichen Wissensrahmen (*Vorsatz* und *bedingter Vorsatz*), der selbst wieder Resultat äußerst verwickelter rechtsdogmatischer Begründungen und z.T. von Auslegungsakten anderer Gesetzesstellen ist und in diesem Falle sogar aus einem völlig anderen Rechtsgebiet, nämlich dem Strafrecht, entlehnt ist. Als "*Interferenz*" kann man hier das Phänomen bezeichnen, daß die Richter in der Auslegung zu *arglistig* nicht auf mögliche Unterschiede zum Rechtsbegriff des *bedingten Vorsatzes* verstärkt geachtet haben (ein sicherlich diffiziles, weil feinsinnige Differenzierungen erforderndes Unterfangen), sondern diesen Gesetzesterminus schlicht im Sinne des ihnen eingängigen und näher liegenden, allerdings strafrechtlichen Wissensrahmens *bedingter Vorsatz* interpretiert haben. Die Erfassung auch solcher Zusicherungsakte über Eigenschaften des Kaufobjekts, die ein Verkäufer "*ins Blaue hinein*" vollzogen hat, als möglicher Referenzbereich des Gesetzesausdrucks *arglistig verschweigen*, bringt die Auslegung von *arglistig* sogar in Nähe zum strafrechtlichen Begriff der *Fahrlässigkeit* und verwischt damit die Grenzen zwischen der rechtlichen Bewertung *fahrlässigen* und *bedingt vorsätzlichen* Handelns, die festzulegen sich zumindest die Strafrechtsdogmatik noch bemüht.[21] Man kann vermuten, daß bei der von einem einzelnen Menschen kaum noch überschaubaren Komplexität rechtlicher Definitionen, Festlegungen, Begriffsdeutungen etc. solche Interferenzphänomene, wie wir sie hier vorgefunden haben, häufiger vorkommen werden; dies ist nichts weiter als natürlich, vollzieht sich doch das menschliche Denken (von seiner Grundstruktur her) immer nach dem Prinzip der "Reduktion von Komplexität".

Welche Folgen ergeben sich nun aus der - wie wir gesehen haben komplexen - Interpretation des Ausdrucks *arglistig verschweigen* in § 377,5 HGB für die richterliche Lösung unseres Falles? Nach der ständigen Rechtsprechung des BGH (also festgestellt durch Textbeziehung zu Urteilstexten und diese wiedergebenden Kommentartexten) ist die *Zusicherung von Eigenschaften* für ein Kaufobjekt, ohne daß dieses wirklich auf mögliche Mängel hin gründlich geprüft worden ist, gerade beim Gebrauchtwagenkauf (für den die Rechtsprechung und Dogmatik eigene Auslegungsstandards entwickelt hat) gleichzusetzen mit dem *arglistigen Verschweigen eines Mangels* nach § 377,5 HGB. Nach der rechtlichen Würdigung des Mangels des Autos in unserem Fall (die falschen Reifen als *erheblicher Fehler* nach den Zulassungsbestimmungen der StVZO, welche zur Aberkennung des Prädikats *verkehrssicher*

---

er, z.B. im Bedeutungsbereich, einen Begriff der Fremdsprache fälschlich in der Bedeutung des muttersprachlichen Begriffs verwendet.

[21] Vgl. zu den Begriffen "*bedingter Vorsatz*" und "*Fahrlässigkeit*" und ihrer Abgrenzung im Strafrecht Wessels 1986, 62 ff.

führten) folgt also aus der Auslegung dieses Paragraphen, daß das Verhalten des Verkäufers (Zusicherung des *verkehrssicheren und einwandfreien technischen Zustandes* "ins Blaue hinein") zum Referenzbereich dieses Normtextes gehört. Damit treten aber auch dessen rechtliche Folgen in Kraft, die in diesem Falle darin bestehen, daß sich der Verkäufer auf die Vorschriften der Absätze 1 bis 4 von § 377 HGB *"nicht berufen kann"*. Die rechtliche Entscheidung, die nach der Auslegung von Abs. 5 folgt, ist also eine Entscheidung über die Nicht-Anwendbarkeit der anderen Absätze des Paragraphen; sie ist damit in gewissem Sinne eine *metatextuelle* Entscheidung. Die metatextuelle Funktion von Abs. 5 ist aber in diesem Falle vermittelt erstens über eine bestimmte Fallgestaltung (Verschweigen eines Mangels oder Vorliegen eines Mangels trotz gegenteiliger Zusicherung), und zweitens über die selbst wieder komplexe (und weitgreifende Text- und/oder Wissensbezüge erfordernde) Auslegung zum Ausdruck *arglistig verschweigen*. Man kann also im Falle von § 377, 5 von einer fallbezogenen metatextuellen Textfunktion reden; eine solche Normierungstechnik, die das Gelten bestimmter Normtexte für bestimmte Fallgruppen vom Gegebensein gewisser weiterer Sachverhalts-Merkmale abhängig macht, ist für das Zivilrecht durchaus nicht ungewöhnlich. (Siehe auch das Gelten von Bestimmungen des AGBG nur für Privatleute.)

Ergebnis des Prüfungsprozesses über die Anwendbarkeit von § 377 HGB auf unser Fallbeispiel ist, daß wegen des *arglistigen Verschweigens* der falschen Reifen durch den Verkäufer die Rechtsfolgen der eigentlich bestehenden Prüfungs- und Anzeigepflicht des Käufers (die, wie gezeigt, nur besteht, wenn er selbst auch *Kaufmann* i.S.d. HGB ist) *nicht* eintreten. Damit ist die Beantwortung der Haftungsfrage aber wieder zurückverwiesen auf die allgemeinen Normen zu diesem Gebiet; konkret: auf § 459,2 BGB, der festlegt, daß der Verkäufer für Mängel der Kaufsache haftet (und die einschlägigen Folgeparagraphen). Damit ist aber zugleich auch festgestellt, daß, neben der rechtlichen Feststellung der Ungültigkeit der verschiedenen Vertragsklauseln zum Gewährleistungsausschluß nach dem AGBG, auch ein Gewährleistungsausschluß, der sich aus der Prüfungs- und Anzeigepflicht des Käufers nach HGB ergeben könnte, nicht vorliegt. Damit ist nach dem normalen Verfahren eine Mängelhaftung zu leisten. - Die hier anhand von § 377,5 HGB entwickelte Auslegung zu *arglistig* hat aber auch auf die Anwendbarkeit anderer einschlägiger Normtexte Auswirkungen. Wird im vorliegenden Fall ein Fall von *arglistigem Verschweigen* bejaht, dann kann nämlich auch § 476 BGB angewendet werden:

> "Eine vertragliche Vereinbarung, durch welche die Verpflichtung des Verkäufers zur Gewährleistung wegen Mängeln der Sache erlassen oder beschränkt wird, ist nichtig, wenn der Verkäufer den Mangel arglistig verschweigt."

Wir hatten oben bemerkt, daß sich aus dem Wortlaut dieses Paragraphen erst rückwirkend die Einstufung der §§ 459 ff. BGB (zur Mängelhaftung) als "dispositive", "nachgiebige" Normen ergibt, welche durch die Gewährleistung ausschließende Formulierungen des Vertrags "überspielt" werden können. Nachdem schon die Prüfung der Gültigkeit dieser Gewährleistungsausschlußklauseln ergeben hat, daß sie im vorliegenden Fall wegen des *Vorrangs der Individualabrede* nach § 4 AGBG unwirksam sind,[22] ist nun, nachdem festgestellt wurde, daß das Verhalten des Verkäufers (Zusicherung von Eigenschaften trotz fehlender Prüfung der Kaufsache) zum Referenzbereich des Rechtsterminus *arglistig verschweigen* gehört, zusätzlich auch die Nichtigkeit der Ausschlußklauseln nach § 476 BGB erfüllt.

Man kann daran sehen, wie ein und derselbe Sachverhalt gleichzeitig zum Gegenstandsbereich mehrerer Rechtsnormen gehören kann. Solange beide Normtexte zu denselben Konsequenzen führen, ist diese "doppelte Erfassung" unproblematisch; schwierig wird es erst, wenn ein Fall von "Gesetzeskonkurrenz" vorliegen würde, d.h. wenn die Anwendung verschiedener Normtexte zu gegensätzlichen Ergebnissen in der Sache führen würde. Im vorliegenden Falle ist, wegen des in § 2 EGHGB festgelegten Textverhältnisses zwischen HGB und BGB, d.h. wegen der Eigenschaft des HGB als "lex specialis" für Kaufleute gegenüber dem allgemeineren BGB, der § 377,5 HGB die vorrangige Norm, wenn man den Kauf als beidseitigen *Handelskauf* bejaht (s.o.). Wenn man den Autokauf aber (was, wie oben gezeigt, ebenfalls möglich ist) als *Privatkauf* des Käufers einstuft, kann § 377,5 HGB nicht zur Anwendung kommen; dann hätte - unter den gegebenen Bedingungen, d.h. dem Bejahen von *Arglist* - § 476 BGB den Vorrang. Man sieht an diesem Beispiel, daß durchaus geringfügige Änderungen in der Fallgestaltung mitunter zur Konstitution eines völlig anderen Normtext-Netzes (eines anderen "Entscheidungstexts") führen können. - Nachdem nun der rechtliche Prüfungsprozeß der etwaigen Rechtsansprüche des Käufers auf Schadensersatz wegen des infolge der falschen Reifen erlittenen Unfalls zu dem Ergebnis geführt hat: (a) daß solche Rechtsansprüche wegen Mängeln des Kaufgegenstandes grundsätzlich gegeben sind (§§ 459, 463 BGB); (b) daß der Ausschluß einer sich auf diese ("nachgiebigen") Rechtsnormen berufenden Mängelhaftung durch die Klauseln des Kaufvertrags wegen des Vorrangs der handschriftlichen Individualabrede nichtig ist (§§ 4, 11 Nr. 11 AGBG); (c) daß diese Nichtigkeit auch dann gegeben ist, wenn der Kauf als *beidseitiger Handelskauf* eingestuft wird (§§ 4, 24,1 AGBG i.V.m. §§ 1 Ziff.7, 343,1 und 344,1 HGB); (d) daß bei beidseitigem Handelskauf ein Gewährleistungsausschluß wegen Verletzung der Prüf- und Anzeigepflicht des Käufers nichtig ist, weil der Verkäufer den Mangel des Autos *arglistig verschwiegen* hat (§ 377 Abs. 2, 3 und 5 HGB i.V.m. BGH-Urteilen); (e) daß bei Bejahung der *Arglist* des Verkäufers ein vertraglicher Gewährleistungsausschluß auch noch nach § 476 BGB nichtig ist; muß dem Käufer ein grundsätzlicher Rechtsanspruch auf Schadensersatz nach § 463 BGB zugesprochen werden.

---

[22] Anders wäre es gewesen, wenn diese Klauseln nicht als Allgemeine Geschäftsbedingungen, sondern ebenfalls als individuell ausgehandelte Vertragsteile formuliert worden wären.

Damit ist aber noch nicht gesagt, daß er diesen Anspruch auch tatsächlich durchsetzen kann; zuvor muß nämlich noch geklärt werden, ob die Schadensersatzansprüche des Käufers nicht schon verjährt sind. Um diese Frage zu klären, muß noch eine weitere Textbeziehung zu § 477,1 BGB hergestellt werden, der festlegt, daß Schadensersatzansprüche aus Mängeln der Kaufsache nach einem halben Jahr verjähren. Auch in diesem Teilaspekt des vorliegenden Falles sind wieder umfangreiche rechtliche Prüfungen notwendig, auf die wir nicht mehr eingehen werden. So ist z.B. umstritten, an welchem Termin in einem Fall wie dem vorliegenden (d.h. bei erst sehr spätem Bekanntwerden eines Mangels) die Verjährungsfrist einsetzt. Eine genauere Prüfung dieser Frage könnte sich in unserem Falle jedoch erübrigen, wenn man *Arglist* des Verkäufers annimmt; dann nämlich kommt die kurze Verjährungsfrist aus § 477,1 BGB nicht zur Anwendung (also ein weiterer, mittlerweile vierter Paragraph, in dem die Auslegung zu *arglistig verschweigen* eine zentrale Rolle spielt). Ist § 477,1 BGB nicht anwendbar, dann muß (als weiterer Textbezug) § 195 BGB herangezogen werden, der die "allgemeine" Verjährungsfrist von Rechtsansprüchen auf dreißig Jahre festlegt. Ergebnis wäre in diesem Falle: der Käufer kann eine Schadensersatzleistung verlangen, der Verkäufer muß diesen Schadensersatz zahlen.

5.6.4 Textgrundlagen der rechtlichen Bewertung (III): Schadensersatz wegen Eigentumsverletzung

Mit dieser Feststellung hat aber der rechtliche Prüfungsprozeß, der von den Richtern im vorliegenden Falle durchzuführen wäre, noch kein Ende. Neben der Möglichkeit der Anwendbarkeit von § 463 BGB auf den vorliegenden Sachverhalt (mit allen damit zusammenhängenden komplexen Textvernetzungen, Prüfungsschritten und Eventualitäten) könnte prinzipiell auch eine Anwendbarkeit eines Normtextes aus einem ganz anderen Regelungsbereich des BGB gegeben sein, nämlich von § 823,1 BGB, der die Folgen einer sog. "*Eigentumsverletzung*" zwischen Bürgern zivilrechtlich regelt. Der Normtext hat folgenden Wortlaut:

> "Wer vorsätzlich oder fahrlässig das Leben, den Körper, die Gesundheit, die Freiheit, das Eigentum oder ein sonstiges Recht eines anderen widerrechtlich verletzt, ist dem anderen zum Ersatze des daraus entstandenen Schadens verpflichtet."

Der Schadensersatzanspruch richtet sich gegen die V-OHG; eine "*unerlaubte Handlung*" nach § 823 BGB kann aber nur eine natürliche Person begehen; im vorliegenden Falle wäre dies der Verkäufer A, der den Kaufvertrag unterzeichnet hat. Da die V-OHG nach § 31 HGB jedoch für Handlungen "*ihrer Organe*", d.h. in diesem Falle ihres vertretungsberechtigten Teilhabers A (der hier persönlich in der Rolle des Verkäufers aufgetreten ist) haftet, könnte auch die V-OHG aus einer "eigentumsverletzenden" Handlung des A schadensersatzpflichtig sein. Entscheidend ist bei der Prüfung dieses Paragraphen zunächst vor allem, ob überhaupt eine "*Eigentumsverletzung*" (als einzige der

Alternativen des Normtextes, die hier überhaupt in Frage kommt) am Eigentum des Käufers vorliegt; linguistisch gesprochen: ob die Handlung(en) des Verkäufers zum Referenzbereich des komplexen Normausdrucks "*das Eigentum eines anderen widerrechtlich verletzen*" gehören oder nicht.

Da das Auto im vorliegenden Falle von Anfang an mangelhaft war, der Käufer also sein Eigentum von vorneherein an einer mangelhaften Ware begründet hat, ist äußerst fraglich, ob aus dem Verschweigen der falschen Reifen eine Verletzung des Eigentums *des Käufers* abgeleitet werden kann. Dies ist in der Tat rechtlich äußerst umstritten, wird aber in mehreren Urteilen des BGH bejaht. So hat der BGH in einem unserem Fallbeispiel entsprechenden Prozeß entschieden:[23]

> "Zwar war der PKW, den der Kläger bei der Beklagten erwarb, im Hinblick auf die hinteren Reifen mangelhaft. Der Wagen blieb aber als ganzes ein wertvolles Vermögensstück. Erst nach Eigentumsübergang hat sich eine aus diesem Mangel entspringende Gefahrenursache zu einem im Vergleich zu diesem Mangel anderen und höheren Schaden infolge eines Unfalls in einer konkreten Verkehrssituation realisiert. Bei anderweitigem Verlauf, insbesondere bei rechtzeitigem Auswechseln der Reifen, wäre dieser, mit den unvorschriftsmäßigen Reifen nicht stoffgleiche Schaden vermieden worden. Eine rechtswidrige Verletzung des Eigentums des Klägers durch die Beklagte ist also zu bejahen."

Die Anwendbarkeit von § 823 BGB wird im vorliegenden Falle also über eine komplexe Argumentation zu Einzelheiten der Sache begründet, die kaum noch als *semantische* Argumentation im engeren Sinne bezeichnet werden kann. Zwar geht es hier auch um die Festsetzung der Verwendungsmöglichkeiten des Rechtsterminus *Eigentum*, indem der Wagen als Ganzer als ein wertvolles Eigentum des Käufers betrachtet wird, das durch die "Handlung" des Verkäufers ursächlich "*verletzt*" worden ist, doch ergibt sich die konkrete Eigentumsverletzung eigentlich erst dadurch, daß das Gericht davon ausgeht, daß zwei in sich ungefährliche Dinge (Auto ohne Reifen; Reifen an sich) erst durch ihre *Verbindung* zu einem Gefährdungspotential werden, das dann (in dieser Verbindung) tatsächlich zur Ursache der Zerstörung des Autos geworden ist. Dies ist aber im Kern eine Argumentation aus der Bewertung materialer (jedenfalls nicht textlich gestützter) Aspekte des Sachverhalt heraus.

Auch wenn man diese Argumentation des Gerichts akzeptiert, muß erst noch geklärt werden, auf welche Handlung des Verkäufers sich denn das normative Handlungsprädikat *Verletzung des Eigentums eines anderen* eigentlich beziehen läßt. Es ist aus alltagsweltlicher Sicht jedenfalls nicht ohne weiteren Begründungsaufwand ersichtlich, weshalb der Verkäufer, der ja "nur ein Auto verkauft" und "einen Kaufvertrag unterzeichnet" hat, das Eigentum des Käufers verletzt haben soll. Feststeht, daß das Auto nach der rechtlichen Bewertung (s.o.) eine "Gefahrenquelle" für den Käufer darstellte, da es mit falschen Reifen bestückt war (Sachverhalts- und damit Beweisfrage). Ob der Verkäufer damit, daß er dieses Auto verkauft hat (ohne von der Gefahren-

[23] BGH NJW 1978, 2241 ff., 2242 f. mit Verweis auf BGHZ 67, 359.

quelle, d.h. den falschen Reifen, tatsächlich gewußt zu haben), schuldhaft i.S.v. § 823 BGB gehandelt hat, muß gesondert begründet werden. Die Juristen verweisen in diesem Zusammenhang auf eine abstrakte "*Verkehrssicherungspflicht*" des Verkäufers. Diese hat nichts mit "Autoverkehr" zu tun, sondern bezieht sich auf den Rechtsverkehr zwischen Rechtssubjekten, wie er etwa bei Kaufakten stattfindet. Diese, nicht durch Normtexte belegte, sondern aufgrund allgemeinen juristischen Wissens (Bezugnahme auf allgemeine rechtliche Wissensrahmen) behauptete Pflicht,[24] besteht laut Auffassung des BGH in diesem Falle in der Pflicht "den Gebrauchtwagen dahin zu überprüfen, ob er den Zulassungsvorschriften entsprach und insbesondere in Einzelteilen nicht so verändert war, daß die Betriebserlaubnis erloschen war."[25] Die richterliche Überprüfung der Rechtsansprüche des Käufers wird hier also so gehandhabt, daß zunächst auf eine als allgemein gültig ("Gewohnheitsrecht") angenommene Pflicht des Verkäufers verwiesen wird, bestimmte Handlungen vorzunehmen. Aus diesen gesollten Handlungen kann dann im Umkehrschluß die Fiktion einer "Unterlassungshandlung" des Verkäufers konstruiert werden; diese Unterlassungshandlung kann ihm dann wiederum als "*unerlaubte Handlung*" nach § 823 BGB vorgeworfen werden, die ihn zum Schadensersatz verpflichtet. Für die Herstellung einer Beziehung zwischen dieser allgemeinen rechtlichen Handlungskonstruktion und dem konkreten Fall ist die Konkretisierung dieser allgemeinen Pflicht auf die Pflicht des Verkäufers, den Wagen auf seine Übereinstimmung mit den Zulassungsbestimmungen zu prüfen, wesentlich. (Man kann hier außerdem sehen, wie die rechtliche Konstitution der Bezugsgröße *Auto* - durch StVZO etc. - in den Kern der Fallentscheidung zur Schadensersatzfrage eingreift.) Angenommen wird nun zusätzlich, daß die "Unterlassungshandlung" des Verkäufers ursächlich war für den eingetretenen Schaden (den Autounfall). Das "schuldhafte Handeln" des Verkäufers besteht dann darin, daß er sich "über seine Prüfungspflicht hinweggesetzt" hat. Indem die Handlung in diesem Sinne "schuldhaft" war, war sie auch "*widerrechtlich*"; dieses Prädikat wird dem Verhalten des Verkäufers mithin unabhängig davon zugeschrieben, ob dafür auch ein einschlägiger Normtext existiert.

Die von den Bundesrichtern hier angenommene "Verkehrsicherungspflicht" stellt damit eine Art "Gewohnheitsrecht" dar. Daneben ist aber prinzipiell auch eine textgebundene Herleitung aus der "Sozialbindung des Eigentums", d.h. aus Art. 14,2 GG möglich. Danach träfe den Verkäufer eine

---

[24] Häufig wird in diesem Zusammenhang auf das gewohnheitsrechtliche Institut "*Treu und Glauben*" verwiesen, welches etwa in § 242 BGB textlich festgehalten wurde: "Der Schuldner ist verpflichtet, die Leistung so zu bewirken, wie Treu und Glauben mit Rücksicht auf die Verkehrssitte es erfordern." Daraus haben nach Brox 1984, 51 Rechtsprechung und Rechtswissenschaft "den allgemeinen Rechtsgedanken entwickelt, daß jeder in Ausübung seiner Rechte und Erfüllung seiner Pflichten nach Treu und Glauben zu handeln, d.h. auf die berechtigten Interessen des anderen Teils Rücksicht zu nehmen hat".

[25] BGH NJW 1978, 2241 ff., 2243.

Verpflichtung, mögliche Gefahren für die Allgemeinheit, die aus seinem Eigentum hervorgehen könnten (er war ja vor dem Verkauf Eigentümer des Autos) zu verhindern; ein Unterlassen dieser Gefahr-Verhinderung (konkret: der Prüfung, ob von seinem Eigentum eine Gefahr ausgehen könnte), wäre ihm dann als schuldhafte Handlung zuzurechnen. (Es würde sich dann um einen *impliziten* Textbezug sehr allgemeiner Art handeln. Allerdings wird diese, von Juristen im Gespräch genannte Möglichkeit in den herangezogenen Urteilstexten nicht erwähnt.) Bejaht man eine schuldhafte Eigentumsverletzung durch den Verkäufer aus § 823 BGB, dann ist dieser dem Käufer gegenüber zu Schadensersatz verpflichtet. Nun würde im rechtlichen Prüfungsverfahren wieder die Frage auftreten, ob diese prinzipielle Haftungspflicht durch die Vertragsformulierungen ausgeschlossen wird (s.o.). Da diese Haftungsausschlüsse aus den oben ausführlich dargestellten Gründen rechtlich gesehen im vorliegenden Falle nichtig sind, wäre eine Schadensersatzpflicht des Verkäufers (und damit mittelbar der V-OHG) auch aus § 823 BGB gegeben. Der Schadensersatzanspruch des Käufers wäre in diesem Falle (abweichend von der oben erläuterten Regelung) auch noch nicht verjährt, da in dem Fall, daß sich ein solcher Anspruch aus einer "unerlaubten Handlung" des Betreffenden ergibt (hier: aus der "Handlung" der Eigentumsverletzung), nach § 852,1 BGB eine dreijährige Verjährungsfrist gilt. Die Regelung der weiteren Rechtsfolgen, z.B. von Art und Umfang des zu leistenden Schadensersatzes usw., wäre dann nach weiteren Normtexten (u.a. §§ 249 ff. BGB) zu bestimmen. Das gleiche gilt für die möglichen prozeßrechtlichen Schritte, etwa den Erlaß eines Anerkenntnisurteils, die sich aus den entsprechenden Normtexten der Zivilprozeßordnung (so etwa § 307 ZPO) ergeben. Zu weiteren Aspekten des vorliegenden Fallbeispiels (die ich nicht behandeln werde und die deshalb auch in der Beispielskizze ausgelassen wurden), wie z.B. der Frage, wie der Käufer seine Schadensersatzansprüche gegen die V-OHG auch gegen deren Teilhaber als mittelbar Haftende durchsetzen kann, wenn sich die V-OHG als solche weigert, den Schaden zu begleichen (welche Ansprüche etwa gegen den am konkreten Sachverhalt nur mittelbar beteiligten Teilhaber B erhoben werden könnten) müßten die Richter im Einzelfalle weitere Prüfungsschritte unternehmen. Man sieht an der Analyse dieses ganzen Beispielfalls und den durch ihn konstituierten Textbezügen, wie komplex rechtlich und linguistisch gesehen ein so alltäglicher und anscheinend so einfacher Fall wie die "*Mängelhaftung beim Gebrauchtwagenkauf*" bei näherer Prüfung sein kann.

5.7 Die juristische Fallentscheidung in linguistischer Sicht

Im folgenden sollen die linguistischen Ergebnisse der Beispielanalyse einer juristischen Fallentscheidung kurz zusammengefaßt werden. Dabei werden die Textrelationen, welche für die Entscheidung des Falles hergestellt werden mußten, und die juristischen Arbeitsschritte, welche zur Herstellung des "Entscheidungstextes" notwendig waren, im Vordergrund stehen. Weitere linguistisch interessante Aspekte sind die neben den Textrelationen notwendigen Bezugnahmen auf Wissensrahmen (welche nur zum Teil textgestützt sind) und die Frage, welche Rolle der linguistische Begriff der *Referenz* in der Beurteilung der juristischen Textarbeit spielt. Ist es noch ein "Wirklichkeitsbezug", wenn die juristisch relevante "Wirklichkeit" durch die herangezogenen Normtexte und die interpretativen Entscheidungen allererst "hergestellt" wird? Schließlich soll es um die Frage gehen, ob die skizzierte Arbeit mit Texten innerhalb der richterlichen Aufgabenstellung (Fallentscheidung) noch mit dem Terminus *Auslegung* oder *Interpretation* richtig erfaßt wird.

5.7.1 Der Entscheidungstext: Die Herstellung von Textrelationen

Der wichtigste Gesichtspunkt innerhalb der idealtypisch untersuchten juristischen Textarbeit ist aus interpretationstheoretischer Sicht die Tatsache, daß aus Elementen der je spezifischen Fallgestaltung sich unter Bezugnahme auf juristische Wissensrahmen die Notwendigkeit ergibt, Vorentscheidungen darüber zu treffen, welche Normtexte oder Gruppen (Netze) von Normtexten für die jeweilige Entscheidungsfindung einschlägig sind. In unserem Falle lag eine solche Vorentscheidung etwa in der Wahl zwischen den Bestimmungen des BGB oder des HGB zur Mängelhaftung, welche selbst wiederum Resultat anderweitiger Textbezüge und/oder Interpretationsentscheidungen war (hier: der durch Bezug auf das HGB lösbaren Frage, ob *Handelskauf* vorlag). Die enge Vernetzung richterlicher Teilentscheidungen (auch über die Anwendbarkeit von Textelementen oder über die Bezugnahme auf bestimmte andere Textelemente) wird daran deutlich, daß z.B. die zu lösende Frage, auf welche Textgruppe in der Hauptsache zugegriffen werden muß, selbst schon wieder Resultat interpretatorischer und/oder fallbezogener Entscheidungen ist, die ihrerseits nur möglich wurden aufgrund vorher hergestellter Bezugnahmen auf andere Normtexte. Der systematische Zusammenhang einzelner "Prüfungsschritte", die linguistisch gesehen als Herstellung von Textrelationen und Vernetzung interpretatorischer Einzelentscheidungen gefaßt werden können, ergibt insgesamt gesehen eine Art Algorithmus von textkonstituierten Teilschritten, welcher nicht ohne weiteres schon als der "*Obersatz*" (Engisch) bzw. "*Entscheidungstext*" angesehen werden kann, der der Sachentscheidung letztlich zugrundeliegt. Das alte rechtstheoretische Modell der "Subsumtion", d.h. die Vorstellung, alle für die Lösung eines Rechtsproblems notwendigen Teiltexte würden quasi zu einem "Gesamttext" zusammengestellt, aus dem dann im Wege eines syllogistischen Schlusses die Entscheidung nur noch abgeleitet werden muß, trifft, wie an unserem Beispiel deutlich gezeigt werden kann, nicht die tatsächlich ablaufenden Arbeitsprozesse der Juristen (wenigstens gilt dies für das Zivilrecht). Damit wird aber auch der von uns eingeführte Begriff des *Entscheidungstexts* als dem Gesamt der für eine Fallentscheidung notwendigen Textrelationen problematisch, solange er die schiefe Metapher einer statischen Bezugsgröße evoziert; tatsächlich ist die juristische Fallentscheidung auch hinsichtlich der ihr zugrundeliegenden Textbezüge ein *dynamischer Prozeß*, in dem sukzessive textgestützte Teilentscheidungen gefällt werden, welche unter verschiedenen Alternativen einen Weg zu anderen Problemen, Textgruppen, Auslegungsakten usw. auswählen. Diese Idee eines juristischen Algorithmus hatte in der juristischen Methodenlehre u.a. zu der Vorstellung geführt, die richterlichen Fallentscheidungen seien in Teilbereichen automatisierbar. An unserem Fallbeispiel kann sehr gut gezeigt werden, warum dies nicht möglich ist: weil die Teilentscheidungen, welche z.T. schon vor Eintritt in den "Kern" des Problems erfolgen müssen, selbst schon interpretative Entscheidungen sind, die z.T. Bewertungselemente (Ermessensentscheidungen) beinhalten, welche von keinem Rechtsautomaten ersetzt werden können.

Unser heuristisch gewonnener Arbeitsbegriff *Entscheidungstext* kann also nur dann aufrechterhalten werden, wenn darunter, wie es unter Bezugnahme auf neuere dynamische Textbegriffe in der Textlinguistik möglich ist, eine metaphorische Sammelbezeichnung für die komplexe und vielfältige Wechselbeziehung zwischen fallbezogenen interpretatorischen und bewertenden Teilentscheidungen der recht-sprechenden Individuen einerseits und den im Rahmen der eine Entscheidung erst ermöglichenden algorithmischen Schritte herangezogenen Normtexte und Textelemente andererseits verstanden wird. So wie in der neueren Textlinguistik der Begriff *Text* als ein dynamisches Element definiert wird, welches sein Fundament in kognitiven Prozessen sprachverstehender Individuen hat, so kann hier *Entscheidungstext* als eine fachspezifische Form der Textvernetzung begriffen werden, welche als Resultat kognitiver Prozesse ebenfalls in erster Linie eine epistemische Realität hat. Die zur richterlichen Entscheidungsfindung notwendige Vernetzung normativer Teiltexte legt die Bezeichnung als "systematischen" Textzusammenhang nahe. Hier ist wieder auf Nuancen des Begriffs "System" zu achten, die zu unerwünschten Folgen führen könnten: der Terminus wird manchmal im Sinne eines für Menschen unzugänglichen, hochkomplexen Wirkungsgefüges verstanden, welches selbstregulierend ist und daher wenig auf Eingriffe von Außen reagiert. Dies ist in der juristischen Arbeit der Textvernetzung sicher nicht der Fall: Hier liegt der Systemcharakter vielmehr darin, daß Zwischenentscheidungen in "winzigen" Teilbereichen des Gesamtkomplexes (etwa semantische Entscheidungen über den Referenzbereich eines Normterminus, Bewertungsentscheidungen in Ermessensfragen u.ä.), zu gravierenden Veränderungen des gesamten Textgefüges führen können und damit zu Änderungen an z.T. "weit entfernten" Stellen des Algorithmus der juristischen Prüfungsschritte. Einen solchen Fall hatten wir dort kennengelernt, wo die Auslegung des Terminus *Verein* (§ 31 BGB) im Sinne seiner "analogen" Anwendung auch auf Wirtschaftsgesellschaften wie die OHG zu erheblichen Konsequenzen an ganz anderer Stelle, nämlich der Frage der inneren Haftungsbeziehungen einer solchen Gesellschaft (welche ansonsten im HGB geregelt sind) geführt hat. Während in diesem Fall der Eingriff auf das "Gesamtsystem" des "Entscheidungstextes" Resultat einer interpretatorischen Entscheidung war, gibt es auch andere Fälle, wo von der Fallgestaltung her, also dem Lebenssachverhalt, welcher der richterlichen Entscheidung zugrundeliegt, u.U. Änderungen im rechtlichen Normtextgefüge erzwungen werden. Scheinbar winzige Differenzen zwischen Einzelmomenten eines ansonsten identisch erscheinenden Sachverhaltstyps können aufgrund ihrer anderenorts (durch Normtextbezüge) geregelten rechtlichen Konstitution gravierende Änderungen im Normtextgefüge erzwingen; dies liegt u.a. daran, daß auch scheinbar "problemlose" Momente eines Rechtsfalles selbst schon (mit entsprechenden rechtlichen Folgen) in unterschiedlicher Weise rechtlich konstituiert sind. So hatten in unserem Fallbeispiel Einzelmomente des Sachverhalts (hier: Formulierungen im Kaufvertrag) und ihre rechtliche Bewertung (als Unterlassungshandlung *Verletzung der Verkehrssicherungspflicht*) Auswirkungen auf die Anwendung des Normterminus *arglistig*; die Entscheidung über die Anwendbarkeit von *arglistig* aber hatte erhebliche Veränderungen im gesamten Normtextgefüge zur Frage der "Haftungsbeschränkung" bzw. der Gültigkeit des "Gewährleistungsausschlusses" zur Folge.

Neben der Funktion komplexer Netze von Normtexten, Auslegungs- und Bewertungsentscheidungen für die Lösung eines Rechtsfalles ist ein weiterer Aspekt der juristischen Entscheidungstätigkeit aus außerjuristischer Sicht neu: Es gibt nicht, wie laienhaft angenommen werden könnte, für ein bestimmtes rechtliches Problem genau einen Normtext, der darauf nur "angewendet" werden muß, sondern ein konkreter Sachverhalt (auch: nur ein einzelnes Element dieses Sachverhaltes) kann im Zielbereich mehrerer (mitunter weit voneinander "entfernter") Normtexte liegen. Das heißt, daß die von Friedrich Müller so genannten "*Sachbereiche*"[26] aller Normtexte (Paragraphen) nicht einen "juristischen Kosmos" aneinander anschließender und sich gegenseitig ausschließender Wirklichkeitsausschnitte bilden, sondern sich wechselseitig überlappen können. Gerade dieser Aspekt, daß je nach Fallgestaltung oder voraufgegangenen richterlichen Teilentscheidungen unterschiedliche Normtexte "zum Zuge kommen" können, d.h. als entscheidungsrelevante Textelemente ausgewählt werden, macht die vortheoretische Auffassung nichtig, ein Text trage gleichsam den "Wirklichkeitsbezug" (die Referenz) schon in sich, stecke, wie es viele juristische Anhänger der logischen Semantik offenbar meinen, die "Extension" eines Normtextes schon von sich

[26] Müller 1984, 232; s.a. Busse 1992, Kap. 7.

aus ab. Welche Wirklichkeitsbereiche zum Zielbereich eines Normtextes werden können, ist vielmehr selbst schon Resultat interpretativer Schritte. Daraus folgt, daß die juristische Textarbeit im Zuge der Entscheidungsfindung zu einer intertextuellen Relationierung verschiedenster normativer Textelemente führt; diese Textrelationen können sich einmal über einzelne Elemente des Sachverhalts als Bezugspunkten bilden, zum anderen können intertextuelle Beziehungen sich aus rechtlichen Gründen als notwendige ("logische") Zusammenhänge zwischen normativen Teiltexten ergeben. Dies wirft die Frage auf, ob und in welcher Weise die linguistischen Begriffe *Textkohärenz* und *Intertextualität* auf die entscheidungsrelevanten Textelemente in der Textarbeit der richterlichen Fallentscheidung angewendet werden können. Hier muß zwischen expliziten Textrelationen zwischen einzelnen Normtexten, die in diesen in irgendeiner Weise sprachlich niedergelegt sind, einerseits unterschieden werden, und andererseits solchen Textrelationen, die sich erst aufgrund richterlicher Einzelentscheidungen im Algorithmus ihrer fallbezogenen Textarbeit ergeben.

Explizite Textbezüge werden etwa dort konstituiert, wo ein einzelner Normtext andere Normtexte ausdrücklich anspricht: dies kann entweder ein Inklusionsverhältnis sein, etwa wenn in der StVZO Verordnungstexte, die im Wortlaut des Normtextes nicht mit abgedruckt sind, zum Bestandteil der normativen Regelung eines Paragraphen gemacht werden (hier: die EWG-Richtlinien und ministeriellen Richtlinien über die technische Beschaffenheit der Autos); in diesem Fall hat eine solche Rechtsnorm eine *operative* Funktion, insofern sie die Anwendbarkeit und Funktion untergeordneter Normtexte vorab und im Allgemeinen festsetzt, ohne auf den konkreten Inhalt dieser Verordnungstexte schon Bezug zu nehmen. Operativ ist diese Textfunktion, weil sie es ermöglichen soll, innerhalb des komplexen rechtssystematischen Gefüges von Normtexten einzelne übergeordnete Bestimmungen unverändert zu lassen, während die untergeordneten Textelemente öfter an eine sich wandelnde Wirklichkeit (z.B. im Autobau) angepaßt werden können. Die Textrelation zwischen Normtexten kann aber auch ein Exklusionsverhältnis sein, wenn etwa in einem Paragraphen für bestimmte Fallgestaltungen die Gültigkeit oder Ungültigkeit anderer Paragraphen festgelegt wird (wie es im AGBG der Fall war). Zum Teil werden implizite Textrelationen zwischen zwei Normtexten oder gar Gruppen von Normtexten durch einen weiteren, dritten Text festgelegt, welcher dann diesen Texten gegenüber als *Metatext* fungiert: dies ist etwa der Fall im EGHGB, welches in § 2 die generelle Relation zwischen dem BGB und dem HGB festlegt. Die Textfunktion solcher Normtexte ist dann selbst eine textbezogene, nämlich die Regulierung von Textrelationen; als metatextuelle Funktion ist auch sie in gewissem Sinne operativ, nämlich insofern sie Anwendungsbedingungen der Bezugsnormen festlegt. Es scheint für weitere linguistische Untersuchungen der richterlichen Arbeit mit Texten sinnvoll zu sein, solche intertextuellen Relationen, welche in Normtexten expliziert sind, von solchen Relationen zu unterscheiden, die von den Richtern im algorithmischen Prozeß der rechtlichen Prüfung erst ausgehend vom konkreten Sachverhalt hergestellt werden müssen. Nur mit dieser Unterscheidung scheint es möglich zu sein, die irreführende Frage nach der "Existenz" inhaltlicher Beziehungen zwischen Normtexten abzuweisen, wie sie in der Begriffsjurisprudenz (oder auch: einer "logischen" Auffassung vom Recht) zu den fatalen hegelianischen Konsequenzen geführt hat. Herstellung von Textbeziehungen ist in jedem Fall ein Element sprachlicher Tätigkeit, gleich, ob diese durch explizite Vernetzungsanweisungen textgestützt sind, gleich, ob sie sich aus dem operativen Prozeß der Fallösung erst ergeben.

Dies betrifft auch die linguistische Bewertung der "Kohärenz" zwischen Normtexten. Daß es solche Textbezüge innerhalb einzelner Gesetzeswerke durchaus gibt, hatten wir oben in Kap. 2 schon gezeigt. In unserem Beispielfall kann man an der normativen Definition von *Handelsgeschäft* sehen, wie Beziehungen zwischen einzelnen Paragraphen desselben Gesetzes (HGB), die als "Textkohärenz" am Sprachmaterial eindeutig nachgewiesen werden können, in die konkrete Fallentscheidung eingreifen. Erst über verschiedene Vermittlungsschritte (von *Kaufmann* in § 1,1 über die exhaustive Definition dieses Terminus in Abs. 2 Nr. 7 zu *Handelsgeschäfte* in § 343,1 und der Regelung über "Zweifelsfälle" in § 344,1 HGB), welche textlich als Fortschreiten von Paragraph zu Paragraph erscheinen, war die Frage gelöst worden, ob der Autokauf im vorliegenden Fall als *Handelsgeschäft* zu werten sei. Während diese Textkohärenz innerhalb des HGB auch für Nichtjuristen auf der Hand liegt, ist es eher ein Fall von impliziter, rein wissensgestützter Textbeziehung, wenn der Ausdruck Kaufmann in § 24 AGBG dadurch inhaltlich näher bestimmt wird, daß auf die entsprechenden Normtexte des HGB Bezug genommen wird. Die normative Festsetzungsdefinition der juristischen Bedeutung des Ausdrucks *Kaufmann* in § 24 AGBG ist also selbst wiederum nur Resultat von komplexen ("kohärenten") Textbeziehungen innerhalb des HGB. Ob man solche Textrelationen, wie sie (über den Ausdruck *Kaufmann*) zwischen § 24 AGBG einerseits und den einschlägigen Paragraphen des HGB andererseits bestehen, noch mit dem linguistischen Terminus *Textkohärenz* belegen will, oder sie vielmehr unter die *intertextuellen Relationen* einordnet, ist eine Definitionsfrage ohne entscheidende Auswirkungen. Wichtig ist hier vor allem, daß bewußt bleibt, daß Beziehungen solcher Art immer nur teilweise im Sprachmaterial der Normtexte expliziert sind. Auch die Ko-Okkurenz von *Kaufmann* in § 24 AGBG und § 1 HGB ist für sich genommen noch kein sicheres Indiz dafür, ob der Ausdruck beidemale dieselbe Bedeutung hat; die durchaus unterschiedlichen bis gegensätzlichen Auslegungen des Begriffs *Gewalt* sind im Strafrecht auch möglich, obwohl es sich dort (anders als hier) ja um Ko-Okkurenzen eines Bezugsausdrucks in Paragraphen ein und desselben Gesetzbuches handelt. Die Textrelationen, die zwischen den einzelnen Paragraphen des HGB zum Ausdruck *Kaufmann* bestehen, können textfunktional als Explikationsbeziehungen bezeichnet werden. So gesehen besteht auch zwischen *Kaufmann* in § 24 AGBG und den §§ 1, 343, 344 HGB eine Art Explikationsbeziehung; nur daß deutlich sein sollte, daß im zweiten Fall, anders als im ersten Fall, diese Explikationsbeziehung erst dadurch zustande kommt, daß ein Richter (aufgrund der "herrschenden Meinung" der Rechtsdogmatik) sich erst dafür entscheidet, daß für ihn (im konkreten Fall) die Bedeutung von *Kaufmann* in § 24 AGBG durch die normative Festsetzungsdefinition des HGB expliziert werden soll.

Schließlich sei noch darauf hingewiesen, daß entscheidungsrelevante intertextuelle Relationen nicht nur zwischen Normtexten untereinander bestehen (bzw. hergestellt werden) können, sondern auch zwischen Normtexten einerseits und anderen Rechtstexten des Ausgangsfalles (z.B. dem Vertragstext) andererseits anzusetzen sind. Wenngleich Normtexte und Vertragstexte zwei verschiedene Textsorten darstellen, so können sie doch als entscheidungsrelevante Ausgangstexte des rechtlichen Prüfungsprozesses funktional auf derselben Stufe stehen. Im vorliegenden Fall besteht zwischen einzelnen Normtexten des BGB und bestimmten Vertragselementen hinsichtlich der rechtlichen Folgen eine Beziehung der wechselseitigen Ausschließung: entweder gilt die Vertragsformulierung, oder der Paragraph des BGB. Auch diese Exklusionsrelation ist eine intertexuelle Relation. Wegen der bestehenden "Vertragsfreiheit" und "Gestaltungsfreiheit" im Privatrecht kann ein Vertragstext dieselbe regulative Funktion hinsichtlich bestimmter Rechtsfolgen (z.B. Haftungsfragen) haben wie ein Gesetzestext. Die richterliche Entscheidung ist deshalb in diesem Falle auch eine Entscheidung über die Gültigkeit zweier alternativer Rechtstexte, die von ihrem Produktions- und Rezeptionskontext her eigentlich eine unterschiedliche Textfunktion haben, hier aber durch das Konkurrenzverhältnis auf dieselbe Stufe gestellt werden. Der unterschiedliche Status von Normtext und Vertragstext ergibt sich aus ihrer Stellung im "Verhältnis zwischen Normtext und Sachverhalt" als dem Kernbereich des rechtstheoretischen Auslegungsproblems: Der Vertragstext ist, trotz seiner im Verhältnis zwischen den vertragschließenden Parteien bindenden (und damit im gewissen Sinne normativen, zumindest aber regulativen) Wirkung, Bestandteil des Sachverhalts (und nicht der Normebene). Zugleich verweist der Vertragstext aber schon - anders als die weiteren Bezugsgrößen des Bezugsrahmens *Gebrauchtwagenkauf* - von sich aus auf seine juristischen Konstitutionsbedingungen: *Vertrag* ist selbst ein Rechtsinstitut und steht damit in der Mitte zwischen lebensweltlichen Sachverhalten und den ihn konstituierenden Rechtsnormen.

Der Vertrag ist, als selbst wieder sprachliche Größe, sozusagen das "Scharnier", welches lebensweltliche Sachverhaltsmomente und rechtliche Bedingungen miteinander verknüpft. Man könnte den Vertragstext auch als einen substitutiven Ersatz für normtextliche Regulierungen bezeichnen: die regulative Funktion des bürgerlichen Rechts wird unter gewissen Bedingungen abgetreten an die im Vertragstext dokumentierte freie Vereinbarung von Regulativa. Diese soziale (Rechts-)Verhältnisse regulierenden Vertragselemente stehen aber selbst wieder im Wirkungsbereich übergeordneter Rechtsnormen: nur wenn sie ihre regulative Funktion im Sinne der übergeordneten Normtexte nicht erfüllen, treten (innerhalb des richterlichen Entscheidungsprozesses) die Normtexte selbst wieder an ihre Stelle. Im Hinblick auf den einzelnen Fall besteht deshalb eine intertextuelle Relation der Alternativität zwischen Normtext und Vertragstext (die aber selbst wieder an das Vorliegen bestimmter Textmerkmale des Vertragstextes gebunden ist - insofern ist dieser eben doch Sachverhaltsmoment, welches einer rechtlichen Bewertung bedarf); im Hinblick auf eine Vielzahl von Fällen hat aber der Normtext allein die entscheidende regulative Funktion, da er auch solche Fälle abdeckt, in denen entweder ein Vertragstext nicht vorhanden oder nicht feststellbar ist, oder in denen der Vertragstext solche Momente aufweist, daß er nach Prüfung seiner Gültigkeit gegenüber dem übergeordneten Normtext zurücktreten muß. Man sieht an diesem Beispiel, wie schwierig es im Einzelfall der juristischen Entscheidungstätigkeit sein kann, mit den aus der Textlinguistik gewonnenen Begriffen für "Textfunktionen" zu operieren. Was wir hier zunächst phänomenbezogen nur beschrieben haben, müßte in weiteren Analysen der Textverhältnisse in richterlichen Entscheidungsprozessen zu einer präziseren, mehr am tatsächlichen Wirken der Rechtstexte orientierten Bestimmung juristischer "Textfunktionen" ausgearbeitet werden. Eine solche Analyse, an deren Ende als analytisches Instrumentarium eine Typologie juristischer Textfunktionen stehen könnte, kann aber nur auf einer breiteren empirischen Basis geschehen, als es in dieser ersten Annäherung an das juristische Arbeiten mit Texten möglich war.

5.7.2 Bezugnahmen auf Wissensrahmen

Wir haben schon oben anläßlich der Frage, aufgrund welcher Kriterien Richter ausgehend von einem vorliegenden Sachverhalt zu einem oder mehreren Normtexten greifen bzw. zwischen mehreren in Frage kommenden Normtexten auswählen, gesehen, daß die Herstellung von "Textrelationen" (zwischen Normtexten und Sachverhalten) immer einhergeht und nicht denkbar ist ohne das Bestehen von *Wissens*relationen. Dies gilt genauso auch für die Herstellung von intertextuellen Relationen zwischen Normtexten selbst. Da Textbezüge zwischen einzelnen Paragraphen oder Gesetzen nur selten in den Normtexten sprachlich expliziert sind, handelt es sich überwiegend um implizite Textbezüge, die durch Interpretationsakte allererst hergestellt werden müssen. Wegen ihrer mangelnden sprachlichen Explizierung kommt bei diesen impliziten Bezugnahmen zwischen Normtexten oder Elementen von Normtexten das Wissensmoment besonders zum Zuge: Textrelationen sind daher immer auch beschreibbar als Wissensrelationen. Wir haben nun zwischen solchen Wissensbezügen unterschieden, die auf Epistemisches Bezug nehmen, das durch Rechtstexte gestützt werden kann, und solchen Wissensbezügen, für dessen Bezugspunkte eine textliche "Untermauerung" offenbar weitgehend fehlt (zumindest eine normtextliche), bei denen es sich um epistemische Größen handelt, die zum "common sense", zur "herrschenden Meinung" gehören, ohne daß sie irgendwo definitiv festgelegt wären. Die Untersuchung der komplexen Rolle, welche Wissensrelationen in der juristischen Entscheidungsfindung spielen, kann uns hier nur insoweit beschäftigen, als epistemische Momente eine zentrale Rolle innerhalb der Textlinguistik und vor allem den Konzepten des Textverstehens bzw. der Textinterpretation spielen. Bei näherer Betrachtung der Ergebnisse der neueren Textlinguistik kann man sehen, daß diese wissenschaftssystematisch in engen Beziehungen zur kognitiven Psychologie und zur Forschung über "künstliche Intelligenz" steht. Während die dortigen Forschungen grundlagentheoretisch ausgerichtet sind, ginge es in unserem Falle darum, empirisch anhand der konkreten juristischen Textarbeit die dort hergestellten Wissensbezüge systematisch näher zu untersuchen. Diese Forschungsaufgabe geht jedoch weit hinein in das Gebiet der Wissenssoziologie; sie müßte in interdisziplinären Anstrengungen zwischen Juristen, Linguisten, Psychologen und Wissenssoziologen angegangen werden. Die Linguistik kann solche Wissensbezüge nur insoweit thematisieren, als dies zum Erklären des Funktionierens von Sprache, hier: von Rechtstexten, in der juristischen Textarbeit erforderlich ist.

Die einen Sachverhalt würdigenden Juristen müssen die eventuell in Frage kommenden Rechtstexte epistemisch bereits präsent haben, wenn sie ausgehend vom Sachverhalt einen Entscheidungstext auswählen. D.h. konkret: die Normtexte müssen in ihrer "Bedeutung", d.h. mitsamt ihren möglichen Referenzbereichen (den "Sachbereichen" bei Friedrich Müller) schon bekannt sein, bevor an einen konkreten Fall herangegangen wird. Dies rückt den in einigen juristischen Arbeiten zur Rechtslinguistik in den Vordergrund geschobenen Referenzbegriff (meist auf dem Umweg über die "Bestimmung der Extension eines Rechtsbegriffs" eingeführt) zurecht: Da Referenz als sprachliche Teilhandlung aufgefaßt werden muß, besteht der konkrete Vollzug dieser Handlung durch die mit den Normtexten arbeitenden Juristen darin, ausgehend einmal von der Kenntnis des vorliegenden Sachverhalts und zum zweiten der Kenntnis des (möglichen) Referenzbereichs diverser Normtexte beide Elemente so in Beziehung zueinander zu setzen, daß das vorliegenden Rechtsproblem einer Lösung näherkommt. Es handelt sich beidemale um die Relationierung von epistemisch verfügbaren Bezugsgrößen; die "Textformulare" der Normtexte haben in dieser Arbeit die Funktion, die Normseite des epistemischen Gefüges abzusichern: durch eine erneute Lektüre der relevanten Normtexte und ihrer Auslegungstexte können mögliche Zweifel über die zuvor intuitiv vorgenommenen Referenzakte beseitigt und Gewißheiten bestätigt werden. Diese Bestätigung ist innerhalb des institutionellen Rahmens der Rechtsarbeit notwendig, da sie sich aus dem verfassungsrechtlich gesicherten Vorrang der Normtexte vor den anderen textlichen und/oder epistemischen Bezugsgrößen der Rechtsarbeit zwingend ergibt. Wenn man die juristische Arbeit mit Normtexten und die darin zentralen Text- und Wissensbezüge linguistisch untersucht, dann darf man trotz der zentralen Rolle der Normtexte nicht übersehen, daß es außer ungestützten Wissensbezügen und den durch Normtexte gestützten Wissensbezügen weitere Formen der textuellen Stützung von Auslegungsakten, Referenzakten usw. gibt, die in der juristischen Alltagsarbeit der Funktion der Normtexte selbst gleichkommen, wenn sie sie nicht gar übertreffen. Es handelt sich um die wichtige Funktion, die intermittierende Texte zwischen Normtext und Sachverhalt (bzw. zwischen Normtext und individueller Entscheidungstätigkeit einzelner Richter) haben: als Auslegungstexte sind sie Subtexte der Normtexte, die häufig die operationale "Bedeutung" der Normtexte allererst hervorbringen. Juristische Praktiker arbeiten deshalb in der Regel mehr mit Kommentartexten als mit den Gesetzestexten selbst. Die Auslegungstexte haben zwar grundsätzlich lediglich eine bei der Entscheidungs- und Auslegungstätigkeit unterstützende Funktion, faktisch und wegen des durch institutionelle Hierarchien gesicherten Vorrangs obergerichtlicher Auslegungsentscheidungen vor Auslegungsentscheidungen einzelner Richter der unteren Instanzen haben diese intermittierenden Auslegungstexte aber eine Funktion, die derjenigen der Normtexte gleich steht. Auslegungstexte legen z.B. Referenzbereiche von Normtexten fest und haben damit selbst wieder eine quasi normative (wenigstens: regulative) Funktion. Sie regeln Textbeziehungen zwischen Normtexten, bestimmen (auf Falltypen bezogen) Vorrangigkeiten zwischen konkurrierenden Normtexten und stellen auch solche epistemischen Bezüge her, die nicht mehr durch Normtexte gestützt werden können. Insofern haben Auslegungstexte eine zentrale Position als organisierende Zentren juristischer Wissensrahmen, denen sie darüber hinaus zu einem textlich-sprachlichen Fundament verhelfen. Unterstützt werden diese Texte darin z.T. durch Lehrtexte, welche die fachliche Wissenskonstitution der Juristen während ihrer Ausbildung entscheidend beeinflussen können. Als Texte sind die zwischen Normtext und richterlicher Textarbeit intermittierenden Auslegungstexte allerdings selbst wieder auslegungsfähig und -bedürftig, verschieben also mitunter nur das Auslegungsproblem um eine Textstufe weiter; da sie jedoch weit umfangreicher sind als die bezogenen Normtexte, engen sie die interpretativen Spielräume ein, soweit sie nicht bloß konkurrierende Interpretationsentscheidungen kommentarlos nebeneinander stellen.

Zu dem durch Auslegungstexte gestützten Wissen kann auch das Wissen darüber gehören, wann und ob für einen vorliegenden Lebenssachverhalt ein Normtext "anwendbar" sein kann, der sich nach seiner Sprachgestalt auf einen anderen Referenzbereich zu beziehen scheint. Ein Beispiel hatten wir in der Auslegung von § 31 BGB, von dem die Sekundärtexte festlegen, daß er "analog" nicht nur auf "*Vereine*" (Normterminus) sondern auch auf die "BGB-Gesellschaften" (wie z.B. die OHG) angewendet werden kann. Man sieht daran, daß Kommentartexte zu Gesetzen nicht bloß, wie es eine alte interpretationstheoretische Fiktion will, dasjenige aussprechen, was im Normtext verschwiegen immer schon verborgen war, sondern daß es sich um die

Dokumentation echter Interpretationsentscheidungen derart handelt, daß Referenzbereiche von Normtexten über den Rahmen des intuitiven alltäglichen Sprachverständnisses hinaus auf neue Bereiche ausgedehnt werden. Da es sich hierbei um Wissensmomente handelt, für die es im Normtext selbst keine sprachlichen Indikatoren gibt, müssen diese Momente von den Interpreten aus ihrem juristischen Rahmenwissen zum jeweiligen Rechtsproblem allererst an den Normtext herangetragen werden. Weitere solcher entscheidungsrelevanter Wissensmomente sind z.B. die Einstufungen einzelner Normtexte als "dispositive", anderer Normtexte als "zwingender" Normen. D.h. daß nicht nur Referenzbereiche von Normtexten u.U. nur aufgrund von Spezialwissen festgelegt werden können, sondern daß auch die zentrale regulative Textfunktion einzelner Paragraphen erst aufgrund von sekundärem, in den Texten indiziell nicht angelegten Wissensmomenten näher bestimmt werden kann. In beiden Fällen handelt es sich um für die zu treffende Entscheidung relevantes metatextuelles Wissen über den Umgang mit einzelnen Normtexten. Dieses metatextuelle Wissen hat mit *Verstehen* im engeren Sinne nicht mehr viel zu tun, sondern betrifft eher die Frage, welche Funktion bestimmte Textelemente im Algorithmus des richterlichen Entscheidungsfindungsprozesses haben können; es ist also ein Wissen über zulässige Operationen mit Textelementen, nicht über deren *Bedeutung* im engeren Sinne. Gleichwohl gehört dieses Wissen um den operationalen Stellenwert einzelner Normtexte für den juristischen Arbeitszusammenhang zu der "*Bedeutung*" der Normtexte im weiteren Sinne hinzu. Wenn man mit der Textlinguistik davon ausgeht, daß das Wissen über die *Textfunktion* eines Textelementes zum Erschließen von dessen Bedeutung unabdingbar dazugehört, dann muß dies auch im Rahmen der juristischen Arbeit mit Texten gelten, selbst wenn dadurch der linguistische Begriff *Bedeutung* bis an seine Grenzen ausgedehnt wird. Möglicherweise muß dann die Erkenntnis der realen Funktionsbedingungen von Texten im Recht rückwirkend zu einer Änderung des bislang noch recht engen linguistischen Bedeutungsbegriffs führen, dem funktionale Aspekte, wie sie hier analysiert wurden, inkorporiert werden müssen.

Entscheidend für die linguistische Bewertung der juristischen Textarbeit ist hier, daß metatextuelles Wissen über Gültigkeits- und Anwendbarkeitsbedingungen von Normtexten, wie es z.B. in der Unterscheidung von "dispositiven" und "zwingenden" Normen im Zivilrecht gegeben ist, möglicherweise selbst erst aufgrund interpretativer Vorentscheidungen gewonnen werden kann. Dies heißt, daß die Größe "Wissensbezug" bzw. "Bezugnahme auf juristische Wissensrahmen" innerhalb des sich abzeichnenden linguistischen Modells der juristischen Textarbeit nicht eine feste Konstante darstellt, sondern denselben prozeßhaften bzw. operativen Bedingungen unterliegt, wie die Textarbeit am Bezugsproblem (z.B. einem zur rechtlichen Entscheidung anstehenden lebensweltlichen Sachverhalt) selbst. Daß dies so ist, liegt an der grundsätzlichen Reflexivität der Sprache: Da auch die für die Interpretation bzw. Anwendung eines Bezugstextes entscheidenden epistemische Größen, welche im Zuge von Operationen der Text- und Wissensrelationierung herangezogen werden müssen, nur als sprachliche Größen explizit, verfügbar und damit operabel gemacht werden können, unterliegen sie denselben Konstitutionsbedingungen und operativen Algorithmen wie schon die ursprüngliche Relationsherstellung zu ihnen selbst. Epistemisch gesehen gibt es daher keinen absoluten Abschluß solcher Vernetzungsprozesse, sondern nur einen *relativen* Abschluß, der dann erfolgt, wenn genügend epistemische Momente (interpretative Aspekte, metatextuelle Richtlinien, Bedeutungswissen im weitesten Sinne usw.) gewonnen sind, um eine richterliche Entscheidung herbeiführen oder institutionell begründen zu können. Interpretative Akte (und damit Entscheidungen) erfolgen dabei auf vielen Stufen der Textrelationierung oder der epistemischen "Füllung" von Normtexten immer wieder; "*Gesetzesauslegung*" ist damit nicht ein Akt singulärer "*Interpretation*", sondern eine Sache komplexer Vernetzungen zwischen epistemischen Momenten und einer Vielzahl von "interpretativen" Einzelentscheidungen. Friedrich Müller redete deshalb nicht nur vom "*Normtext*", sondern von einer Vielzahl unterschiedlicher "*Sprachdaten*",[27] welche im richterlichen Arbeitsprozeß zur Geltung kommen; im weitesten Sinne zählen auch epistemische Momente verschiedenster Art zu diesen "Sprachdaten", insofern sie ja doch (und sei es auch nur zum Zwecke der Ausbildung der Juristen) irgendwo und in irgendeiner Form textlich niedergelegt sein müssen. Daß die für viele epistemische Momente unzureichende textliche Fundierung (der "herrschenden Meinung", des rechtsdogmatischen "common sense") auch zu Problemen führen kann, zeigt sich dort, wo es zu Interferenzen zwischen verschiedenen juristischen Wissensrahmen kommt, etwa wenn der Normterminus *arglistig* kurzgeschlossen wird mit strafrechtlichen Erwägungen über *Fahrlässigkeit, bedingten Vorsatz* u.ä., die auf zivilrechtliche Probleme nicht so ohne weiteres übertragen werden können. Selbst wenn dies (wegen der Existenz auch eines zivilrechtlichen Begriffs von *Fahrlässigkeit*) von den meisten Juristen abgestritten würde, so erweckt doch die Parallelität zwischen Überlegungen in Kommentar- und Urteilstexten zum Ausdruck *arglistig* und Wissensmomenten aus dem von seinen Regelungszielen her völlig anders bestimmten Strafrecht zumindest für den Linguisten den Eindruck, als seien hier aus Gründen der Vereinfachung komplexer epistemischer Operationen zwei eigentlich getrennt zu haltende Wissensrahmen amalgamiert worden. Solche Vorgänge sind aus wissenspsychologischer Sicht nicht ungewöhnlich, entsprechen jedoch nicht dem Selbstbild der Juristen als "streng logisch" denkende Fachleute, welches solche "fahrlässigen" Interferenzen von nicht völlig vergleichbaren Wissensbereichen eigentlich nicht erlaubt.

---

[27] Müller 1984 passim; s.a. Busse 1992, Kap. 7.

5.7.3 Normtext und Fall: Die rechtliche Konstitution von Sachverhaltsmerkmalen

In beiden Beispielanalysen zur juristischen Textarbeit (zum Diebstahlsparagraphen und zur Mängelhaftung) spielt der linguistische Begriff der *Referenz*, d.h. der Beziehung zwischen einem Text und einem Wirklichkeitsausschnitt, eine zentrale Rolle. Die Rede von der "sprachlichen Bezugnahme auf Wirklichkeitsmomente" insinuiert, die beiden in dieser Beziehung miteinander relationierten Größen (*Text* und *Sachverhalt/Gegenstand*) seien schon je für sich feste Entitäten die über eine eindeutige Identität verfügen. Nachdem wir gesehen haben, daß dies jedenfalls für die sprachliche Seite nicht gilt, wird nun die Frage virulent, wie es um die Identifizierbarkeit der Bezugsgrößen auf Sachverhaltsseite steht. Der Referenzbegriff legt nahe, daß die Bezugsgrößen, auf die sich ein Text bezieht, von diesem unabhängig existieren. Zumindest in der rechtlichen Textarbeit kann man an diesem einfachen Modell nicht mehr festhalten. Insofern Rechtstexte auch rechtliche Fiktionen konstituieren (Rechtsinstitute, d.h. ein "*als ob*"), bringen sie zumindest in manchen Fällen überhaupt erst den "Sachverhalt" hervor, auf den sie sich beziehen, bzw. sie formen diejenigen Momente des Sachverhaltes, auf die sie sich beziehen, zuerst einmal rechtlich neu und beziehen sich auf diese dann nur in ihrer juristischen "Fassung". So werden etwa die Bezugsgrößen *Kaufmann* und *Handelsgeschäft* im HGB durch normative Festsetzungsdefinitionen dieser Ausdrücke allererst als rechtliche "Gegenstände" konstituiert; im rechtlichen Sinne sind *Kaufleute* oder *Handelsgeschäfte* unabhängig vom Alltagssprachgebrauch nur diejenigen Lebenssachverhalte, welche die vom Normtext vorgegebenen Merkmale aufweisen. Während hier zum rechtlichen "Gegenstand" noch ein alltagsweltliches Äquivalent besteht, ist es bei Bezugsgrößen wie "OHG" so, daß sie als Gegenstände/Sachverhalte überhaupt erst durch rechtliche Definitionen auf die Welt kommen. Festsetzungsdefinitionen dieser Art nennt man in der pragmatischen Linguistik "konstitutive Regeln"; dies geht auf die Unterscheidung zwischen *konstitutiven* und *regulativen* Regeln in der Sprechakttheorie Searles zurück. "Konstitutiv" sind solche Regeln, die ein bestimmtes Element allererst hervorbringen; "regulativ" sind solche Regeln, die schon Vorhandenes weiter regeln. So hat man etwa bei einem Schachspiel gewisse Regeln, die überhaupt erst das Spiel konstituieren, d.h. definieren was "Schach" ist, und dann einzelne Regeln, die einzelne Spielmöglichkeiten festlegen und u.U. disponibel sind. Wir hatten bei der Untersuchung zu den Textfunktionen von Normtexten gesehen, daß in der Textlinguistik den Normtexten eine "regulative" Textfunktion zugeschrieben wurde. In vielen Rechtstexten geht es jedoch zunächst um die Konstitution von Rechtsinstituten, bevor dann im einzelnen regulative Regeln für deren Funktion angegeben werden; diese konstitutive Funktion kann man mit dem sprechakttheoretischen Begriff der *Deklarationen* bezeichnen. Etwas wird als etwas erklärt, "*gilt als*" etwas; im Gegensatz zu den Annahmen der Sprechakttheoretiker gehören zu den Deklarationen aber nicht nur z.B. Ernennungsakte (*"von heute an sind Sie Bundesverfassungsrichter..."*), sondern auch die Konstitution fiktiver Rechtsinstitute: *"von jetzt an gibt es in der Rechtswelt etwas, das heißt 'offene Handelsgesellschaft' und das hat folgende Merkmale ..."* Natürlich werden konstitutive Rechtsnormen nicht in dieser Weise explizit formuliert sondern verstecken sich hinter scheinbaren Aussagesätzen. Festzuhalten bleibt aber, daß die Bewertung eines Sachverhaltsmoments unter dem Gesichtspunkt einer konstitutiven Rechtsnorm stets dazu führt, daß weniger die auch alltagsweltlich wahrnehmbaren Merkmale einer Bezugsgröße relevant werden, als nur die rechtlich konstituierten.

Solange sich die Konstitutionsleistung von Normtexten noch auf offensichtliche und explizit eingeführte Rechtsinstitute wie die "OHG" oder die "GmbH" beziehen, ist dies unproblematisch; problematisch wird es erst, wenn alltagsweltliche Sachverhaltsmerkmale rechtlich durch Auslegungsentscheidungen, zugrundeliegende, nicht explizierte Rechtsprinzipien u.ä. so überformt werden, daß die rechtliche Konstituiertheit eines Sachverhalts nicht mehr offenliegt. Dies ist etwa dort der Fall, wo rechtliche "Handlungstypen" konstituiert werden, denen zufolge bestimmte Handlungselemente eines Handelnden, die alltagsweltlich in einem völlig anderen Kontext stehen, rechtlich gesehen so umgedeutet werden, daß sie zu Elementen eines rechtlich konstituierten Handlungstyps werden. Dies hat dann die Folge, daß dem einzelnen Individuum ein Geschehen als "Handlung" zugerechnet wird, das dieses bewußt und willentlich nicht begangen hat und auch niemals begangen hätte. So wird in unserem Beispiel die Handlung der "*Unterlassung*" hinsichtlich der sich aus dem Rechtsinstitut "*Verkehrssicherungspflicht*" ergebenden "*Prüfungspflicht*" rechtlich überhaupt erst konstituiert; erst diese durch Auslegungs- und Anwendungsakte von Normtexten hervorgebrachte fiktive "Handlung" des Verkäufers kann dann zum Bezugsobjekt des normativen Handlungsverbs *verschweigen* gemacht werden. Daran werden dann Rechtsfolgen geknüpft, die manchen Rechtsunterworfenen dann kaum noch einsichtig zu machen sind. Im Zusammenhang mit der Analyse der juristischen Textarbeit ist nun wichtig, daß solche Konstitutionsakte bei weitem nicht nur in expliziter Form und in Normtexten geschehen (wie es etwa bei der sich als komplexe kohärente Textrelation zwischen einzelnen Paragraphen des HGB darstellenden Explikationsrelation zu *Kaufmann* der Fall ist); manche konstitutiven Regelungen ergeben sich vielmehr erst aus den komplexen Vernetzungen von Textelementen und epistemischen Momenten, wie sie in der Rechtsarbeit überhaupt erst hergestellt werden. Dies heißt, daß manche "*gilt als*" Entscheidungen nicht "vom Gesetzgeber" selbst präformiert sind, sondern erst im richterlichen Handeln gefällt werden. D.h. daß die rechtliche Bewertung eines außerrechtlichen Lebenssachverhaltes, welche im Ergebnis der rechtlichen Konstitution von Sachverhaltselementen gleichkommen kann, die vorher so nicht existierten, selbst erst Ergebnis komplexer Textrelationen sein kann. Intertextuelle Relationen können dann mit Text-Welt-

Relationen unter Ansetzung interpretativer und/oder bewertender Entscheidungen auf verschiedenen Stufen dieses epistemischen Gefüges so zusammenwirken, daß am Ende nicht mehr sicher gesagt werden kann, welcher einzelne der fraglichen Normtexte bzw. welche der fraglichen Entscheidungen im Algorithmus des richterlichen Prüfungsprozesses es denn eigentlich ist, der/die dann schließlich für die rechtliche Konstitution/Überformung des Sachverhaltselements "verantwortlich" ist.

Während es hier um die rechtliche Formung von auch alltagsweltlich verstehbaren Sachverhaltselementen geht, ist der konstitutive Aspekt bei abstrakten Rechtsverhältnissen wie *Mängelhaftung*, *Schadensersatz*, *Gewährleistung* usw. offensichtlicher. Hinsichtlich der komplexen intertextuellen, Text-Welt- und Text-Wissen-Relationen, welche für die Konstitution dieser Rechtsverhältnisse wichtig sind, gilt das eben Gesagte genauso. Wenngleich diese Rechtsinstitute dann, wenn man sie auf ihre textlichen Grundlagen hin untersucht, als komplexe Beziehungsgefüge erscheinen, denen das organisierende Zentrum gelegentlich mangelt, so handelt es sich doch zumindest um epistemische Größen, auf die als rechtliche Wissensrahmen im juristischen Textzusammenhang (bzw. dem durch die juristische Textarbeit gestifteten Entscheidungszusammenhang) eindeutig Bezug genommen werden kann. Auch wenn die Bezugnahme auf solche Wissensrahmen nicht immer in jedem einzelnen Aspekt durch Textbezüge "gestützt" werden kann, ist das juristische Wissen, auf das mit solchen Bezugnahmen angespielt wird, doch in der Praxis meist ziemlich exakt bestimmbar. Wie auch im Alltagsleben, wo wissensgestützte Bezugnahmen ja ebenfalls der textuellen Fundierung entbehren können, so können Bezugnahmen auf epistemische Größen auch im rechtlichen Arbeitszusammenhang ohne Textgrundlage gezielt und erfolgreich stattfinden. - Zum Aspekt der rechtlichen Konstitution von Sachverhaltselementen gehört auch die Tatsache, daß ein und derselbe Wirklichkeitsausschnitt im Zielbereich mehrerer Normtexte zugleich stehen kann; je nach entscheidungsrelevanten Normtexten kann dann die rechtliche Überformung eines Wirklichkeitsausschnittes in die eine oder in die andere Richtung erfolgen. Schon aus dieser Perspektive kann der linguistische Gesichtspunkt der "Referenz" nicht als eindeutige Abgrenzung der "Extension" eines Rechtsterminus aufgefaßt werden; schließlich geht es gerade darum festzustellen, welcher der verschiedenen einschlägigen Normtexte nun derjenige Bezugstext sein soll, über dessen Referenzrelation zum Sachverhalt interpretativ entschieden werden soll. Dazu kommt, daß an einigen Beispielen deutlich gezeigt werden konnte, wie die in der Textarbeit erfolgende Neufestsetzung des Referenzbereichs eines einzelnen Gesetzesterminus den Referenzbereich des gesamten Normtextes verändern kann (bei *Verein* in § 31 BGB). Auch für das Umgehen mit Normtexten in der Entscheidungsarbeit von Richtern kommt die Einsicht der pragmatischen Linguistik zur Geltung, daß *Referenz* eine *Handlung* ist, die von Textinterpreten (oder in unserem Kontext besser: von Textarbeitern) vollzogen wird. Erst im Vollzug dieser

Handlung vollzieht sich auch die rechtliche Formung der Wirklichkeitsaspekte. Erst wenn ein Sachverhaltselement in den Referenzbereich eines Normtextes gebracht wird, verändert er seinen Charakter von einem auch alltagsweltlich verstehbaren Element hin zu einem rechtlich durchformten Element; von einem Element der Alltagswelt hin zu einem Element der "rechtlichen Welt". So haben etwa einzelne der Vertragsformulierungen im Kaufvertrag aus der hier alltagsweltlichen Perspektive der Linguistik gesehen bestimmte Sprechakt-Funktionen; rechtlich gesehen sind sie aber nicht als diese Sprechakte, sondern als "fiktive" Rechtsakte wirksam, sobald sie unter der Perspektive des Vertragsrechts des BGB (oder wahlweise des HGB) gesehen werden. So können Sachverhaltselemente (hier: sprachliche Elemente des Vertragstextes) rechtlich gesehen als etwas ganz anderes erscheinen, als sie alltagsweltlich (hier: alltagssprachlich verstanden) sind. Rechtliche Prüfung von Sachverhaltsmerkmalen im Hinblick auf eine richterliche Entscheidungsfindung ist daher nicht nur eine rechtliche Formung von auch außerrechtlich verstehbaren Wirklichkeitsmomenten, sondern sie ist im eigentlichen Sinne eine Umschaffung der Welt in eine Welt des Rechts. Man könnte an diesen Aspekt der juristischen Konstitution von Wirklichkeit noch viele Fragen anschließen, die u.a. den linguistischen Begriff der *Referenz* betreffen müßten; aus Platzgründen muß das leider an dieser Stelle unterbleiben.[28]

5.7.4 Auslegung: Interpretation oder Fallentscheidung?

Die in der Überschrift gestellte Frage betrifft eines der durch die Untersuchung der sprachbezogenen Teile der juristischen Methodenlehre aufgeworfenen Probleme: Inwiefern kann die konkrete juristische Arbeit mit Texten noch unter einen Begriff der *Interpretation* gefaßt werden, der in dem Sinne rein sprachbezogen ist, als er das Methodenproblem der juristischen Textarbeit zu einem Problem bloßen *Verstehens* oder reiner *Semantik* deklariert, und damit die erheblichen Unterschiede verwischt, die etwa zwischen einer literaturwissenschaftlichen Interpretation eines sprachlichen Kunstwerks einerseits und der Rolle komplexer Vernetzungen von Texten, epistemischen Momenten und Wirklichkeitselementen andererseits bestehen, wie sie in der juristischen Arbeit mit Texten hergestellt werden. Da dieser Frage im folgenden zusammenfassenden Kapitel nachgegangen werden soll, werde ich hier nur einige Gesichtspunkte nennen, die für die Beantwortung dieser zentralen Frage relevant sind und die sich anhand unserer Analyse der praktischen juristischen Entscheidungsarbeit ergeben haben. Der Begriff "Auslegung", dessen Verwendung zumeist auf der Auffassung fußt, daß es sich um die Auseinandersetzung mit *einem* abgegrenzten Text handelt, wird schon dadurch problematisch, daß innerhalb des "Entscheidungstextes", d.h. innerhalb des für die konkrete Fallentscheidung erst von den Richtern zusammen-

[28] Vgl. dazu aber die Monographie von Jeand'Heur 1989.

zustellenden Textzusammenhanges, eine interpretative Entscheidung an einer Stelle u.U erhebliche rechtliche Auswirkungen an ganz anderer, weit entfernter Stelle des Textnetzes haben kann. Wenn die rechtlichen Folgen eines einzelnen Normtextes im entscheidenden Punkt gar nicht durch Überlegungen geprägt sind, die sich an diesen Normtext selbst knüpfen, sondern durch interpretative Entscheidungen, die für einen ganz anderen Normtext gefällt wurden, kann man dann noch davon reden, daß die endgültige rechtliche Entscheidung ein Resultat der "Auslegung" des vorliegenden Normtextes ist? Oder müßte man dann nicht von einer komplexen juristischen Arbeit mit Textnetzen, oder von textgestützten Prüfungsprozessen reden, die mit dem Begriff der *Fallentscheidung* besser getroffen sind als mit dem philologischen Terminus *Interpretation*? Eine ähnliche Dichotomie ist bei der Analyse rechtstheoretischer Arbeiten zur Auslegungsmethodik zu beobachten; dort stehen die eher hermeneutischen Ansätze, welche man als "sachorientierte" Theorien bezeichnen kann, denjenigen Theorien gegenüber, bei denen man von einer vorrangigen "Sprachorientierung" sprechen kann.[29] Daß die juristische Entscheidungsarbeit nicht nur auf "Interpretation" im engeren Sinne reduziert werden kann, liegt auf der Hand und wird wohl auch von den Vertretern der "sprachphilosophischen Wende" in der juristischen Methodenlehre so gesehen werden. Daß aber auch innerhalb des dort als Spracharbeit, d.h. als Interpretation bezeichneten Teilaspektes der juristischen Entscheidungsfindung Momente mitwirken, die nicht mehr so ohne weiteres als *Interpretation* im landläufigen Sinne diese Terminus bezeichnet werden können, hat unsere empirische Analyse der Textarbeit ergeben.

Dort konnten wir sehen, daß innerhalb des algorithmischen Prozesses der sukzessiven Fallösung an mehreren Stellen Entscheidungen intervenierten, die nicht mehr als *interpretative* Entscheidungen im engeren Sinne behandelt werden können; ich meine z.B. Wertungsentscheidungen, in denen ein Richter eine Abwägung treffen muß, die mehr ist als die Herstellung einer einfachen Referenzrelation zwischen Normext und Sachverhalt. So kann die Zuschreibung des Terminus *Gefährdungspotential* auf das Auto mit den falschen Reifen im konkreten Einzelfall mit keinen linguistischen Argumenten mehr gestützt werden. Wenn so einem Wertungsaspekt, der sachverhaltsbezogen ist, ein zentraler Rang innerhalb der Entscheidungstätigkeit zugemessen wird, dann folgt daraus aber nicht, daß der sprachlich-linguistische Aspekt darum unterbewertet würde. Gerade die Analyse der Anwendung eines so einfach scheinenden Ausdrucks wie *betriebsbereit* auf das Auto hat gezeigt, daß hier Anwendungsentscheidungen sich auf ein komplexes Geflecht aus intertextuellen Relationen, Festsetzungsdefinitionen einmal normativer Art (im Gesetzestext) aber auch seitens von Richtern, und schließlich aus rechtlich definierten Text-Welt-Bezügen beziehen. Wenn zugestanden wird,

---

[29] Vgl. dazu die ausführliche Bestandsaufnahme, Analyse eund Kritik juristischer Sprach- und Interpretationstheorien in Busse 1992.

daß wesentliche Teilentscheidung innerhalb solcher komplexer Beziehungsgefüge (nur teilweise textlicher Art) bzw. innerhalb algorithmischer Prozesse der Prüfung von Rechtsgrundlagen nicht dort fallen, wo sie der Fiktion der juristischen Sprachtheorie nach hätten erwartet werden müssen (nämlich an "dem" Normtext), sondern an irgendeinem wechselnden Punkt innerhalb des textuell/epistemischen Beziehungsgeflechts, dann bekommt der Terminus *Auslegung des Gesetzestextes* einen anderen Sinn. Häufig fallen die zentralen Entscheidungen gar nicht an einem Normtext selbst; wie wir an dem Beispiel *betriebsbereit* gesehen haben, ist es die Bedeutungsbestimmung dieses *intermittierenden Arbeitsbegriffs*, welche der Fallösung die entscheidende Richtung gibt. Als Arbeits- oder Zwischentext ist dieser Ausdruck aber selbst bereits Ergebnis *übersetzender* Akte der Richter; die für den Fall letztlich entscheidende "Anwendung" eines Textes ist nicht die Anwendung eines Normtextes oder Normterminus unmittelbar auf den Sachverhalt, sondern die Anwendung dieses intermittierenden Richtertextes. Damit hat sich nicht etwa der Interpretationsaspekt nur lediglich verschoben (wenngleich der richterliche Zwischentext als Text natürlich wiederum auslegungsfähig ist), sondern durch die obergerichtliche Präzedenzentscheidung ist eine Vielzahl von rechtlichen und tatsächlichen Momenten so in einen Argumentationszusammenhang gebracht worden, daß ein Richter unterer Instanzen daran im Einzelfall gar nicht mehr vorbei kann. D.h. daß ihm (de facto, nicht de jure) nur noch ein äußerst geringer Spielraum für eigene "Auslegungs"-Entscheidungen im engeren Sinne bleibt.

Daß die "Rechtsanwendung" nicht nur *Auslegung* im herkömmlichen Sinne ist, sieht man auch daran, daß metatextuelles Wissen von erheblicher Wirkungskraft hinsichtlich der Gültigkeit einzelner Normtexte, wie wir an den Paragraphen des BGB zur Mängelhaftung gesehen haben, schlichtweg nicht im Normtext expliziert ist. Wenn die Auswirkungen fallrelevanter Textbezüge (hier: zwischen BGB, AGBG, HGB und Vertragstext) so weit gehen, daß die Gültigkeit einzelner Normen in bestimmten Fallkonstellationen schon von der Textfunktion her (dispositive vs. zwingende Norm) nicht mehr aus dem einzelnen Textelement entnommen werden kann, was kann dann der Terminus *Auslegung* eigentlich noch besagen? Wir werden auf diese Frage hier noch keine endgültige Antwort geben können. Als weiterer Aspekt soll hier nur noch darauf hingewiesen werden, daß manche Entscheidungen, die sprachlich bzw. linguistisch gesehen als Auslegungsentscheidungen fungieren, kaum noch als Explikationsentscheidungen im engeren Sinne gefaßt werden können. Wenn z.B. der Gesetzesterminus *arglistig* so definiert wird, wie wir dies anhand der einschlägigen BGH-Entscheidung oben gezeigt haben, dann handelt es sich nicht mehr um eine Entscheidung für ein "sprachliches" Problem im engeren Sinne, sondern um eine ergebnisorientierte Fallentscheidung, die aus allgemeinen rechtlichen Zweckerwägungen abgeleitet wird. D.h. es geht den Richtern dabei letztlich gar nicht um die Bedeutungsfestsetzung eines Wortes der deutschen Sprache, welches in dem zentralen Gesetzestext vorkommt (selbst wenn dies linguistisch so beschrieben werden kann), sondern es geht ihnen um die rechtliche Wirksamkeit dieses Normtextes, d.h. um die erwünschten Rechtsfolgen, welche wiederum Resultat allgemeinerer Wünsche hinsichtlich von Normierungszwecken sind. Die ergebnisorientierte Festsetzungsdefinition von *arglistig* ist damit in erster Linie eine Festsetzung der *rechtlichen Funktion* des entsprechenden Normtextes, und damit seiner *institutionellen Bedeutung*, die mit dem Terminus *Bedeutung* im allgemeinsprachlichen, aber auch im bisher geltenden linguistischen Sinne nur noch wenig zu tun hat. Wenn man diesen Problemstrang weiter verfolgt, dann müßte es das Ziel einer linguistischen Analyse der juristischen Arbeit mit Texten sein, die komplexe Praxis der Entscheidungsfindung als institutionellen Handlungsbereich, der *auch* (aber *nicht nur*) sprachlich konstituiert ist, näher zu bestimmen. Daß es sinnvoll ist, die Untersuchung der juristischen Entscheidungspraxis unter linguistischen Aspekten auch dann noch weiter zu verfolgen, wenn sich die Unzulänglichkeit der bisher dafür verwendeten Termini *Auslegung*, *Interpretation*, *Verstehen* oder *Bedeutungsfeststellung* herausgestellt hat, scheint mir aufgrund der zentralen Rolle, die Texte verschiedener Art in dieser institutionellen Praxis spielen, nach den Ergebnissen unserer empirischen Analysen hinreichend deutlich geworden zu sein.

Kapitel 6: Recht als textkonstituierte Institution

Im folgenden sollen rückblickend die wichtigsten Ergebnisse der linguistischen Analyse juristischer Arbeit mit Gesetzestexten zusammengefaßt werden. Ein umfassendes Modell, welches die juristische Tätigkeit unter Einbeziehung aller wesentlichen Aspekte beschreiben soll, kann freilich nicht von der Perspektive allein eines einzigen derjenigen Fächer formuliert werden, die daran beteiligt sein müßten (Jurisprudenz, Soziologie, Sprachwissenschaft, Philosophie, Politikwissenschaft). Es kann also nur darum gehen, die wichtigsten linguistischen Aspekte dieser Form institutioneller Praxis zu nennen, die - als Arbeit, die ohne Sprache und ohne die zentrale Funktion schriftlicher Texte nicht denkbar ist - ohne Zweifel zum Gegenstandsbereich einer Sprachwissenschaft gehört, die sich nicht aus der Erforschung der "Sprache als sozialer Tatsache" (Saussure) völlig zurückziehen will.

6.1 Recht als textgebundene Praxis: Linguistische Überlegungen zu einem Modell der juristischen Textarbeit

Aus sprachwissenschaftlicher Sicht stehen bei der Beschäftigung mit der juristischen Textarbeit vor allem folgende Aspekte im Vordergrund des Interesses: Dies ist einmal die Frage, ob die bekannten Kategorien und Modelle der Textlinguistik der Textsorte "Gesetzestext" und der Funktion, die diese in der komplexen juristischen Tätigkeit der Fallentscheidung hat, gerecht werden können. Es geht also nicht nur um die Anwendbarkeit der Begriffe *Text, Textkohärenz, Textkohäsion* auf Gesetzestexte, sondern auch um die Frage, ob die gängigen linguistischen Angebote zur Beschreibung der *Textfunktionen* dem Stellenwert von Gesetzestexten in der Rechtsprechung und vor allem der Art, wie mit diesen Texten dort tatsächlich umgegangen wird, gerecht werden. Dies führt direkt zum Kernproblem der ganzen juristischen Semantik, nämlich, ob aus der Linguistik der Alltagssprache oder aus Interpretationstheorien zu anderen Textsorten entstammende linguistische Begriffe wie *Interpretation, Verstehen, Bedeutung, Bedeutungsfeststellung* so einfach auf die Arbeit mit Texten im Recht übertragen ("angewendet") werden können, oder ob nicht die gründliche Analyse der tatsächlichen Form des Umgangs mit Gesetzestexten im Recht zu einer gegenstandsbezogenen Korrektur der Definitionen dieser sprachwissenschaftlichen Grundbegriffe zwingt. Es sind also in Auseinandersetzung mit dieser - von Linguisten bisher kaum untersuchten aber quantitativ und qualitativ wichtigen und gesellschaftlich zentralen - Existenz- oder Gebrauchsform von Sprache durchaus Kernfragen der Sprachtheorie berührt. Neben den genannten Begriffen ist dies, hinsichtlich des "Anwendungs"-Aspekts von Gesetzestexten, vor allem der Bereich der "Referenz". *Referenz*, d.h. die sprachliche Bezugnahme auf Gegenstände und Sachverhalte, ist neben der *Prädikation* die unter Sprachphilosophen und Linguisten mittlerweile unumstrittene Grundfunktion von Sprache überhaupt. Im Hinblick auf Gesetzestexte und den Umgang mit ihnen in der Institution Recht muß aber gefragt werden, ob die bisherigen Beschreibungskategorien für Referenz noch die Funktion der Gesetzestexte treffen: Wird dort wirklich in demselben Sinne "auf Wirkliches Bezug genommen" wie etwa in einer alltagsweltlichen Unterhaltung? Auch die für den literarischen Bereich angebotene Abwandlung des Referenzmodells, daß dort auf "fiktive Welten" Bezug genommen würde, scheint die spezifische Ausgestaltung des Weltbezugs bei Gesetzestexten nicht zu treffen. Es müßte also, so scheint es aufgrund der hier erfolgten Analysen der juristischen Textarbeit jedenfalls, ein eigenständiger, "juristischer" Referenzbegriff erst gefunden werden. Schließlich ergibt sich als viertes, linguistisch relevantes Thema im Zusammenhang mit der Sprache im Recht die Frage, ob die gängigen Kategorien für die Rechtsarbeit, nämlich zuerst *Interpretation* oder *Bedeutungsfeststellung* der Gesetzestexte und danach "*Anwendung*" der Gesetzestexte auf den Fall oder "*Subsumtion*" des Falles unter den Text, das tatsächliche Vorgehen der Juristen wirklich treffen. Am Ende solcher Überlegungen, die aber wohl noch vieler konkreter Forschungsarbeiten bedürften, könnte so etwas stehen wie ein interdisziplinär erarbeitetes Modell der Rechtsarbeit als Textarbeit, für das im Rahmen dieser Arbeit freilich nur Vorüberlegungen angestellt werden konnten.

Das in der Textlinguistik als definierendes Merkmal für die sprachliche Einheit "Text" angesetzte Kriterium der "Textkohärenz", d.h. eines inhaltlichen Zusammenhanges zwischen einzelnen Elementen eines aus mehreren (möglicherweise sehr vielen) Einheiten bestehenden Textganzen, ist in neueren Arbeiten schon dahingehend modifiziert worden, daß dieser Zusammenhang sich nicht quasi "als solcher" ergebe, also nicht ein gebrauchs- und verstehensunabhängig "existierender", "objektiv vorhandener" Zusammenhang sei, sondern von textverstehenden Individuen als Teil ihrer Verstehensleistung allererst hergestellt werden müsse. Gleichwohl war noch davon ausgegangen worden, daß zumindest ein gewisses Maß an äußerlichem Zusammenhang der verschiedenen Textelemente und der expliziten Stützung durch sprachliche Indikatoren vorhanden sei. Schon bei Betrachtung der sprachlichen Indikatoren war die Interpretationsabhängigkeit der Textkohärenz virulent geworden, da die meisten Textzusammenhänge durch Wissenszusammenhänge allgemeiner Art gestiftet werden (z.B. durch Bezugsrahmen wie "skripts", "frames" usw.). Dies macht es möglich, den Begriff der Textkohärenz angesichts der Textsorte "Gesetzestexte" um einige Aspekte zu bereichern. Zwar konnte gezeigt werden, daß es auch in sog. Gesetzeswerken (wie etwa dem BGB, dem StGB etc.) durchaus Kohärenzstrukturen, d.h. durch explizite textorganisierende sprachliche Mittel angezeigte Inhaltszusammenhänge zwischen den einzelnen Textelementen (Paragraphen) gibt; jedoch ergab die Analyse der juristischen Arbeitspraxis, daß solche Textzusammenhänge nicht unbedingt die entscheidenden sind für die juristische Fallentscheidung. Unter Gesichtspunkten der Kohärenz kann man die bei der Fallösung hergestellten Textbezüge als aktive fallbezogene Herstellung eines "Entscheidungstextes" bezeichnen, der Textelemente aus verschiedenen Gesetzen bzw. verstreuten Stellen großer Gesetzeswerke (BGB, HGB, StGB), aber auch Elemente von Texten anderer Textsorten (vor allem Auslegungstexte wie Kommentar- und Urteilstexte) so vereinigt, daß sich daraus eine entscheidungsfähige Grundlage für die richterliche Entscheidung ergibt. Auch für die "Interpretation" eines einzelnen Textelementes (Gesetzesparagraphen) sind möglicherweise solche Textbezüge, die zu Textelementen aus anderen Textgruppen oder sogar -sorten (andere Gesetze, Kommentare, Urteile, Gesetzgebungsmaterialien) hergestellt werden, für das Ergebnis wichtiger als die (durchaus gelegentlich auch vorhandene) "Kohäsion" innerhalb desselben Gesetzeswerkes. D.h. daß Paragraphen eines einzelnen Gesetzes durchaus eigenständige Normtexte darstellen; dies wird auch im Sprachgebrauch der deutschen Gesetzgeber widergespiegelt, die mit "Gesetz" im Sinne des Gesetzes einen einzelnen Paragraphen meinen.

Wenn auch die Herstellung von Textbezügen zwischen unterschiedlichen (jedenfalls räumlich getrennten) Textelementen als inhaltsbezogene, auf Wissensrahmen basierende Verstehensleistung durchaus mit der Verstehensleistung bei anderen, äußerlich geschlosseneren "Texten" vergleichbar ist, so scheint es doch nicht sinnvoll, für diese Textbezüge noch den Terminus "Textkohärenz" (oder gar "Textkohäsion") zu verwenden, wenn dieser nicht völlig sinnentleert werden soll. Ich ziehe es deshalb vor, hier von "intertextuellen Relationen" zu sprechen; die Analyse der juristischen Textarbeit zeigt allerdings, daß häufig zwischen "Textkohärenz" und "Intertextualität" keine scharfe Grenze gezogen werden kann. Andererseits scheint es mir auch nicht sinnvoll zu sein, das Merkmal "Textkohärenz" völlig auf äußerliche Kriterien, wie etwa räumliche Verbundenheit von Schrifttexten, zu reduzieren. Aus diesem Grunde kann eine äußerliche Nähe von verschiedenen Textelementen, wie sie etwa durch die Versammlung einer Vielzahl von Normtexten in einem "Gesetzbuch" gegeben ist, niemals schon für sich ein Kriterium für "Textkohärenz" sein. Zusammenhänge zwischen Textelementen werden über Wissensbezüge hergestellt. Insofern ist die Beschreibung und Analyse solcher Wissensbezüge ein wichtiger Bestandteil linguistischer Analysen von Textarbeit. Es scheint durchaus sinnvoll zu sein, den Begriff "Wissensrahmen" auch auf dasjenige fachlich-juristische Wissen anzuwenden, welches zum organisierenden Faktor in der Textarbeit der juristischen Entscheidungsfindung wird. Hier ist jedoch zwischen verschiedenen Formen von Wissensbezügen zu unterscheiden. Juristische Fallösung steht in vielen Fällen im Zwischenfeld zwischen alltagsweltlichen Wissensrahmen und juristischen Wissensrahmen. Die Hauptlast der juristischen Entscheidungsfindung scheint sogar darin zu bestehen, zwischen beiden unterschiedlichen Wissensformen einen Bezug herzustellen. Dies geschieht, wie gezeigt werden konnte, aber nicht als pure Konfrontation zweier abgegrenzter und in sich geschlossener Bereiche, sondern Schritt für Schritt und für einzelne Elemente der Wissensrahmen aus beiden Bereichen getrennt. Juristische Textarbeit sollte daher nicht als einfache "Anwendung eines Textes auf einen Sachverhalt" bezeichnet werden, sondern als ein komplexer Algorithmus, in dem Teilentscheidungen bei einzelnen Schritten durchaus eine Änderung des ganzen Wissensrahmens zur Folge haben können.

Dies kann für die Bestimmung der "Textfunktion" von Normtexten Folgen haben, die an diesem Punkt noch nicht genau überblickt werden können. Die Analyse der linguistischen Angebote zur Definition der Textfunktion von Normtexten hat gezeigt, daß die dort verwendeten Kategorien entweder redundant waren, weil sie das zu Erklärende bereits voraussetzten ("normative Textfunktion"), oder so allgemein gehalten waren, daß sie kaum etwas erklären konnten ("regulative", "direktive" Textfunktion). Zudem führte die mangelnde Spezifität der sprechakttheoretischen Kategorien dazu, daß den Gesetzestexten pauschal eine einzige Textfunktion zugesprochen wurde, obwohl zumindest auf sprechakttheoretischer Ebene von verschiedenen Funktionen von Gesetzestexten (*verbieten, erlauben, deklarieren* etc.) ausgegangen werden muß. Das Grundproblem bei der Bestimmung von "Textfunktionen", das bei der Analyse der juristischen Textarbeit vielleicht schärfer hervortritt als bei der anderer Textbereiche, ist die Vielschichtigkeit des Terminus "Funktion". Hier zeigt sich die mangelnde Begründung und theoretische Durchdringung der textlinguistischen Grundbegriffe, da offensichtlich nicht berücksichtigt wurde, daß es funktionale Einbindungen von Texten geben kann, die einerseits die Grenzen der traditionellen Sprachanalyse überschreiten, andererseits aber durchaus Aspekte beinhalten, die nur mit linguistischen Mitteln analysiert werden können. Die Textfunktion von Gesetzestexten steht daher in eigentümlicher Weise zwischen einer funktionalen Beschreibung, die sich auf sprachliche Funktionen im engeren Sinne bezieht, solchen Analysen, die rechtstheoretischer Art sind, und schließlich Funktionszuweisungen, die sich aus einem soziologischen Verständnis institutioneller und gesellschaftlicher Funktionen von Normtexten ergeben. In diesen Zusammenhang gehört, daß Normtexte (vielleicht anders als alle anderen Textsorten) einer eklatanten Form der Doppeladressierung unterliegen, die tiefgreifende Auswirkungen auf die Bestimmung der Textfunktion hat. Wenn man die "Funktion" von Gesetzestexten linguistisch, juristisch und soziologisch beschreiben will, muß man immer auseinanderhalten, daß die soziale Funktion der Gesetze gegenüber den "Rechtsunterworfenen" (den Staatsbürgern) eine völlig andere Ausprägung hat als die Funktion, die Gesetzestexte für ihre eigentlichen "Leser", nämlich die Juristen, in der Institution "Rechtsprechung" haben. Linguistische Textanalyse hat Textfunktionen immer für einheitliche Gruppen von Textrezipienten formuliert; bei Normtexten aber muß berücksichtigt werden, daß es eine erhebliche Differenz zwischen "idealen", d.h. von der sozialen Grundfunktion dieser Texte her bloß gedachten Rezipienten gibt, und denjenigen, die mit diesen Texten tatsächlich arbeiten. Wenn Gesetze als "regulative" oder "direktive" Texte bezeichnet werden, dann muß zuallererst bestimmt werden, wem gegenüber diese Direktive erteilt wird.

Hier geht eine Darstellung, welche allein auf das Wirken der Gesetze gegenüber den Staatsbürgern abstellt, an der tatsächlich wirkungskräftigen Funktion dieser Texte vorbei. Gesetzestexte sollen eine Steuerungsfunktion gegenüber Entscheidungsakten in der Institution Rechtsprechung haben ("Gesetzesbindung"). Diese Steuerungsfunktion kann zum Teil dadurch bewirkt werden, daß Normtexte (anders als Alltagstexte) meist schon im Hinblick auf eine aktive, bewußte Interpretation (im Gegensatz zu einem bloßen intuitiven Verstehen) formuliert werden. Die spezifische Textgestalt von Normtexten ist somit stets als aktives Steuerungsmittel gedacht, welches bestimmte Merkmale (z.B. Tatbestandsmerkmale) expliziert, welche sozusagen die Eckdaten des jeweiligen Wissensrahmens darstellen sollen. Die Sprachgestalt der Normtexte ist damit gezielt auf das spezifische Rahmenwissen der Interpreten (Rechtsarbeiter) zugeschnitten. Andererseits ergibt sich aus der komplexen institutionell-sozialen Funktion, die Normtexte haben, daß richterliche Entscheidungen immer nur zum Teil durch Texte gezielt gesteuert werden können. Da sie immer nur typisierte Situationen, Fälle, Aspekte explizit ansprechen können, sind Normtexte notwendig auf die richterliche Konkretisierungstätigkeit angewiesen. Normtexte sind in diesem Sinne, ganz anders als die meisten anderen Textsorten, situationslose Texte. Diese Aussage soll nicht verkennen, daß Normtexte natürlich immer in einen spezifischen historischen und gesellschaftlichen Bezugsrahmen eingebettet sind. "Situationslos" soll hier nur heißen, daß den typisierenden Inhalten keine konkreten Situationen im alltagsweltlichen Sinne entsprechen, da Normtexte ja auf eine Vielzahl von unterschiedlichsten Lebenssituationen zugeschnitten sein müssen. Aufgrund dieser Situationslosigkeit ist fraglich, ob Normtexte schon in dem Sinne eine faktische "Instruktionsleistung" erbringen, wie dies in der sog. "Instruktionssemantik" (S.J. Schmidt) von Texten allgemein angenommen wird. Als situationslosen Texten wäre Normtexten höchstens der Status der "Instruktionsvirtualität" (Schmidt) zuzusprechen, d.h. daß sie im Hinblick auf den "Inhalt" bzw. die enthaltene "Instruktion" lediglich auf der Ebene der Potentialität, nicht aber auf der der Aktualität anzusiedeln wären. Dies würde, da Schmidt seine Begriffe nur auf Wörter (Einzelzeichen) anwendet, eine Verdoppelung der von ihm beschriebenen Struktur ergeben: Die einzelnen Wörter eines Normtextes wären dann eine Instruktionsvirtualität im allgemein-semantischen Sinne (vom "Lexikon", d.h. der Systemebene der Sprache her gesehen), die im Textzusammenhang der Normtextformulierung in bestimmtem Grade aktualisiert wird.

Diese Aktualisierung ist aber, aufgrund des hochallgemeinen Charakters von Normtexten, keine vollständige, jedenfalls keine, die für sich schon eine zweifelsfreie Textinterpretation erlauben würde. Die Normtextformulierung als Ganze könnte deshalb selbst wieder als eine Instruktionsvirtualität, und zwar nun im rechtssemantischen Sinne, aufgefaßt werden, deren Aktualisierung als Leistung des Rechtsanwenders durch Bezug des Normtextes auf eine konkrete Situation (bzw. auf Elemente einer solchen) erst noch zu leisten wäre. Die Lage ist für Gesetzestexte insofern spezifisch, als ein faktischer Zwang besteht, für das Instruktionspotential eine aktualisierende Situation zu finden; dies gilt, auch wenn das tatsächliche Vorgehen in der Rechtsarbeit eigentlich in umgekehrter Richtung erfolgt: für eine offene Situation muß ein passendes Instruktionspotential erst gefunden weren. In dieser Aktualisierung (Friedrich Müller spricht von der "Konkretisierung des Rechts") spielen die systematischen Wissensbezüge innerhalb des Rechtssystems (als System von Texten und nicht-textlichen Wissensrahmen), d.h. die durch die Dogmatik im weitesten Sinne gestifteten Inhaltsbezüge, insofern eine wichtige Rolle, als sie zusätzliche, dem Bezugstext externe Aktualisierungs-Regeln bereitstellen, welche eine Meta-Instruktion enthalten (in Kommentaren, Urteilstexten etc.). Die eigentliche juristische Aufgabe besteht dann darin, das Instruktionspotential eines Gesetzestextes mit den zugehörigen Meta-Instruktionen so zu verbinden und auf die zu entscheidende Situation (den Sachverhalt bzw. Fall) zu beziehen, daß insgesamt eine aktualisierte Instruktion entsteht; d.h. eine echte Instruktion, die im konkreten Fall auch nachvollziehbar, befolgbar und anwendbar ist. Dabei muß aber berücksichtigt werden, daß der Lebenssachverhalt (als konkrete Situation, auf die sich ein Normtext bezieht) selbst schon auf die kohärenzstiftende und aktualisierende Leistung der Interpreten dadurch einwirkt, daß es von einzelnen Elementen der Fallgestaltung abhängt, zu welchen Normtexten, d.h. zu welchem Instruktionspotential, überhaupt Zugriff genomen wird. In diesen Erklärungsversuch passen sehr gut die metatextuellen Direktiven hinein, deren zentrale Rolle wir bei der Analyse der juristischen Fallentscheidung aufgedeckt hatten; es sind dies etwa Direktiven, welche schon die Textfunktion eines Normtextes generell steuern können (Unterscheidung von dispositiven oder zwingenden Normen), oder solche Direktiven, die explizit für bestimmte Fallelemente die Gültigkeit oder Ungültigkeit anderer Normtexte steuern.

Diese Charakteristika der Instruktionsleistung von Normtexten bewirken, daß die Steuerungsfähigkeit richterlicher Entscheidungen durch Formulierungselemente eines Normtextes enge Grenzen hat. Diese Grenzen liegen einmal darin, daß für die konkrete Fallösung eine Vielzahl von Normtext-Elementen so zusammenwirken können, daß die faktische Instruktionsleistung (d.h. die faktische Verwendung innerhalb eines entscheidungsbegründenden Argumentationsprozesses) eines Normtextes von den Textautoren gar nicht mehr vorhergesehen werden kann. Zum anderen liegen sie darin, daß sich die Bezugssituation, auf die sich ein Normtext als Instruktionspotential ursprünglich richtete, so verändern kann, daß sie schlichtweg nicht mehr vorhersehbar war. Darin liegt der Grund dafür, daß Normtexte in eigentümlicher Weise situationslos sind: Entweder hat sich die ursprünglich "gemeinte" lebensweltliche Situation so verflüchtigt bzw. verändert, daß die Normtexte schon daher ihre faktische Instruktionsleistung gegenüber den Rechtstext-Anwendern verlieren, oder die Texte werden, ihren "Autoren" einmal entzogen, von Anfang an in Entscheidungszusammenhänge eingebettet, in die sie von der juristischen Dogmatik her hineinpassen mögen, ohne daß die angestrebte Instruktionsleistung noch eine allzugroße Rolle spielt. Normtexte haben ihre wesentliche Funktion in der Begrenzung und in der Lenkung richterlicher Entscheidungsfindungen; während sie die Begrenzungsleistung dadurch noch zu erfüllen mögen, daß der Interpretationskontext der Normtexte insgesamt einer gesellschaftliche Kontrolle unterliegt, die zumindest eklatant grundrechtsverletzende Aktualisierungen von virtuellen Instruktionspotentialen verhindern kann, ist es fraglich, inwiefern sie die Lenkungsleistung über diese Begrenzung hinaus noch im eigentlichen Sinne erfüllen können. Vielleicht ist es Zeit, Abschied zu nehmen von einem (juristischen) Textmodell, welches den "Autoren" der Texte, d.h. von den Instruktionsintentionen her gesehen, noch eine wesentliche Funktion zuschreibt, und überzugehen zu einem Modell, welches die Funktion der Normtexte nur noch von ihrer Rolle in der juristischen Entscheidungspraxis her begründet. Dann nämlich käme es darauf an zu untersuchen, wie die in den Normformulierungen sprachlich zweifellos enthaltene Potentialität eingebaut wird in Entscheidungsprozesse, denen es letztlich mehr darauf ankommt, die angestrebte "sinnvolle und gerechte" Entscheidung als "rechtmäßig" in dem Sinne zu erweisen, daß es Normtexte gibt, die als Instruktionspotential auf die schon vorgedachte Enscheidung passen, als darauf, einen vorgegebenen "Rechtsbefehl" bloß noch "anzuwenden" oder gar als "bouche de la loi" bloß noch auszusprechen.

Wie schon angedeutet wurde, bereitet der linguistische Begriff der Referenz einige Schwierigkeiten, bezieht man ihn auf die juristische Arbeit mit Gesetzestexten. Faßt man Referenz als Handlung, welche von Textrezipienten erst vollzogen werden muß, dann kann natürlich jede Art von Beziehung zwischen einem Textelement und einem Wirklichkeitsausschnitt, sei sie auch noch so vermittelt und in institutionelle Regulierungen eingebunden, als Referenzherstellung betrachtet werden. Allerdings stehen Normtexte wohl doch in einer anderen Art von Beziehung zu Wirklichkeitsbereichen, als dies etwa für literarische Texte, Zeitungsberichte oder die Unterhaltung über das letzte Tennisspiel der Fall ist. Normative Texte beziehen sich auf ihre Zielbereiche (Normbereiche) nicht in der Form einer Bezugnahme auf Wirkliches, sondern als Ausdruck von Gesolltem. Dabei gehen außerrechtliche Wirklichkeit und rechtlich Gesolltes eine spezifische Verbindung ein: Jeder Normsatz muß eine Bezugnahme auf Bezugsgrößen enthalten, die - jedenfalls für den Mikrokosmos dieses Normtextes (des "Diskursuniversums" der Textlinguistik) - als "schon vorhanden" gelten. Nur indem das einzelne Textelement mit "schon bekanntem" operiert, kann es seine eigentliche normative Aussage entfalten, die in der Festlegung bestimmter Verhältnisse zwischen den Bezugsgrößen besteht. In anderen, "vorausgehenden" Normtexten, können aber diese Bezugsgrößen selbst wiederum rechtlich konstituiert sein. Selbst "deklarative" Normen, also solche Normtexte, die bestimmte Rechtsinstitute erst schaffen (wie etwa die OHG oder die GmbH), geben sich von der sprachlichen Ausdrucksstruktur her wie Äußerungen über schon Bekanntes (also deskriptiv). Die präskriptive, konstituierende Funktion dieser Texte ergibt sich dann erst aus dem Verwendungs- und Geltungskontext. Das geschilderte Verhältnis zwischen jeweils vorausgesetzten Bezugsgrößen und regulativem Textinhalt gilt auch für das Strafrecht. Auch dort sind die Bezugsgrößen bis in die kleinsten Einzelheiten ihres "Beschreibungsvokabulars" (juristisch: der Tatbestandsmerkmale) rechtlich geformt. Die sich deskriptiv gebenden Strafbestimmungen ("*wer ... tut, wird mit ... bestraft*") beziehen sich daher, genauso wie die zivilrechtlichen Normtexte, nicht unmittelbar auf Wirklichkeit im Sinne einer deskriptiven Beziehung, sondern formen, auch wenn einzelne Ausdrücke aus der Alltagssprache entnommen sind, eine neue Wirklichkeit eigenen Typs: eine Wirklichkeit des Rechts. Deshalb muß die für alltagssprachliche Textsorten entwickelte Annahme der Textlinguistik, daß "wirkliche" und "mögliche" Welt oft homogen sind, für die Beziehung zwischen Normtexten und "wirklicher Welt" abgewandelt werden: In Rechtstexten und dem Verständnis der Juristen wird eine weitgehende Homogenität zwischen der als Zielbereich eines Normtextes fungierenden "wirklichen Welt" des Alltagslebens und der "rechtlichen Welt", welche sich in dem in Normtexten ausgedrückten Gesollten artikuliert, nur unterstellt; d.h. es wird - meist kontrafaktisch - angenommen, daß die deskriptiv wirkenden Bestandteile von Normtexten einen unmittelbaren Weltbezug haben, obgleich die Funktion der Normtexte eigentlich eine präskriptive ist - eben normativ in der gewöhnlichen Bedeutung dieses Wortes.

Nach Erkenntnissen der Psychologie, die auch in der neueren Textlinguistik Geltung bekommen haben, besteht eine fundamentale menschliche Orientierungsfähigkeit in der Welt darin, daß ein realweltliches Vorkommnis, welches nicht in gängige Wahrnehmungs- und Wirklichkeitsschemata paßt, durch die Menschen so verändert und/oder erweitert wird, bis es wieder in das gewohnte Wissen integriert werden kann. Dieses Streben nach Sinnvoll-Machen der Welt ("Sinnkonstanz" bei Hörmann) ist eine fundamentale Fähigkeit gerade auch im Sprachverstehen. Die vielfältigen Formen der sog. "indirekten", "nicht-wörtlichen" Kommunikation sind als erfolgsfähiges Alltagsverhalten überhaupt nur möglich, weil eine sprachliche Äußerung, die in bestimmter Hinsicht elliptisch ist, durch die verstehenden Individuen so lange umgeformt oder erweitert wird, bis sie verstehbar, d.h. einfügbar in den bestehenden Wissenshorizont geworden ist. Dieser Gedanke kann auch auf die Funktion von Rechtstexten in der richterlichen Tätigkeit angewendet werden: Der als "Rechtsfall" vorliegende Ausschnitt alltagsweltlicher Lebenswirklichkeit heischt seiner Einordnung in das epistemische System der Gesetze und ihrer gängigen (rechtssystematischen, rechtsdogmatischen) Interpretation. Diese Einpassung ist nun nicht nur ein einseitig verlaufender Prozeß, sondern er vollzieht sich in beide Richtungen, die für die juristische Entscheidungsarbeit gleiches Gewicht haben: Sowohl wird der vorliegende Wirklichkeitsausschnitt durch fachliche Zurichtung so umgeformt, bis er in die präskriptiv-normierende "Welt der Gesetze" hineinpaßt. Andererseits wird aber auch das juristische Diskursuniversum, d.h. die in den relevanten Normtexten ausgedrückten Inhalte rechtlichen Sollens, durch interpretative, textvernetzende und argumentative Tätigkeit solange umgeformt, bis das alltagsweltliche Vorkommnis in dieses Rechtsuniversum integriert werden kann. Der Normtext wird also im Hinblick auf den jeweiligen Zweck in bestimmtem Grade durch "Auslegung" passend gemacht; dies funktioniert so, daß die durch die jeweiligen Normtexte angespielten Wissensrahmen in einzelnen Punkten erweitert werden. Eine solche Erweiterung des mit einem Normtext verknüpften Wissensrahmens kann z.B. darin bestehen, daß eine bestimmte lebensweltliche Fallkonstellation neu in diesen Rahmen aufgenommen wird. Mit der Erweiterung solcher Wissensrahmen verändert sich nicht bloß, wie es die traditionelle juristische Rede von der "Subsumtion" unter den Normtext will, die "Anwendung" des Normtextes, der ansonsten selbst unverändert bliebe; vielmehr verändert sich damit zugleich auch die "Bedeutung" im weitesten Sinne des Normtextes selbst.

Entscheidend für die Beurteilung der Frage, welche Funktion der "Referenz" (im linguistischen Sinne) in der juristischen Textarbeit zukommt, bleibt aber die Tatsache, daß es, wie gezeigt, nicht eigentlich einzelne abgegrenzte Normtexte für sich sind, die sich als quasi abgeschlossene Inhaltssysteme auf gleichermaßen sie selbst bleibende und abgrenzbare Wirklichkeitselemente beziehen, sondern daß die Relationierung von Normtexten auf Elemente der als Fallkonstellation vorliegenden lebensweltlichen Wirklichkeitsausschnitte als komplexer und algorithmischer Prozeß der Argumentation und Prüfung abläuft. Es sind immer nur einzelne der normativen Textelemente, die sich auf einzelne Aspekte des Wirklichkeitsausschnittes beziehen. Auf der Textseite sind diese Textelemente keine reinen abgeschlossenen Texte, die aus sich heraus schon referenzfähig sind, sondern es sind häufig Textnetze, mit vielerlei Querverweisungen zu anderen Normtexten und oder Auslegungstexten etc., welche die Beziehbarkeit auf die Wirklichkeit erst ergeben. Und auch auf der Seite der "alltagsweltlichen" Wirklichkeit, als dem vorliegenden "Fall", handelt es sich nicht um eine rein und unvermittelt wahrgenommene Wirklichkeit per se, sondern häufig um Elemente, welche zuvor schon durch andere Normtexte einer rechtlichen Durchformung (Konstitution) unterworfen worden sind. Dies heißt: Außerrechtliche Wirklichkeit wird zunächst einmal auf die rechtliche Welt zugepaßt, bevor ein Rechtstext auf sie überhaupt "anwendbar" ist. So bewirkt die fachliche Sicht der Jurisprudenz auf die alltagweltliche Lebenswirklichkeit eigentlich eine institutionelle *Konstruktion* von Wirklichkeit. Daß wir diese fachliche Formung häufig gar nicht mehr wahrnehmen, liegt daran, daß mittlerweile die rechtlichen Wissensrahmen eine so zentrale Rolle auch im Leben jedes Einzelnen spielen (können), daß sie uns schon wie alltagsweltliche Wissensrahmen erscheinen. "Kauf" oder ähnliche Wissensrahmen sind so Bezugsgrößen, die eine Scharnierfunktion zwischen Alltagswelt und normativ konstituierter Rechtswelt haben, indem sie zwar beiden Bereichen zugehörig sind, jedoch in völlig unterschiedlichen konkreten Ausformungen. Wegen dieser rechtlichen Durchformung der einzelnen Bezugsgrößen von Bezugsrahmen, die immer dann notwendig stattfindet, wenn alltagsweltliche Sachverhalte zum Gegenstand rechtlich-institutioneller Prozesse werden, läßt sich das Problem der Differenz zwischen rechtlicher Weltsicht und derjenigen des Alltagslebens nicht auf pure "Verständlichkeitsprobleme" einer juristischen "Fachsprache" reduzieren. Rechtliche Formung von Sachverhaltsapekten und alltagsweltliche Sicht stehen sich notwendig konträr gegenüber, solange von einem System positiven geschriebenen Rechts ausgegangen wird, und nicht zu Formen von nur noch an allgemeinen Ideen der Gerechtigkeit orientierten Fallentscheidungen weiser Richter zurückgekehrt wird.

Wenn juristische Tätigkeit so gesehen darin besteht, unterschiedlich organisierte Wissenssysteme miteinander in Kongruenz zu bringen, dann stellt sich die Frage, welche Funktion dann noch "Verstehen" oder "Interpretation" von Gesetzestexten im Rahmen dieser Tätigkeit hat. Die Analyse des Beispiels einer juristischen Fallösung hat gezeigt, daß die dort stattfindende Textarbeit immer sowohl textliche als auch außertextliche Momente enthält. Zwar werden im konkreten Arbeitsprozeß auch die außertextlichen Elemente meist nur als Texte eingeführt und wirksam (Berichte, Zeugenaussagen, Gutachten), doch ist das gar nicht einmal das Entscheidende; wichtig ist, daß ein Unterschied besteht zwischen normativ geformten Wissenselementen ("Inhalte" der Normtexte als Teile juristischer Wissensrahmen), und solchen, die zunächst einmal als lebensweltliche Sachverhaltselemente eingeführt werden und die den "Entscheidungsgegenstand" ("Sachverhalt") bilden. Wir hatten gesehen, daß die juristische Arbeit darin besteht, zunächst den rechtlichen Stellenwert dieser Sachverhaltselemente zu klären, d.h. ihre rechtliche Überformung zu explizieren. Erst im zweiten Schritt wird dann zum rechtlichen "Kern" des Problems fortgeschritten (beispielsweise der "Haftungsfrage"); allerdings ist, analysiert man das juristische Vorgehen aus linguistischer Sicht, häufig gar nicht so eindeutig, welche Momente denn die juristische "Kernfrage" betreffen, da auch Entscheidungen im scheinbaren "Vorfeld", d.h. bei der Klärung des rechtlichen Status der Sachverhaltselemente (z.B. des Käufers etc.), erhebliche (und mitunter entscheidende) Folgen im rechtlichen "Kernbereich" haben können. Für die linguistische Bewertung der juristischen Textarbeit folgt daraus aber, daß es schwierig bis nahezu unmöglich ist, unter der Vielzahl der (in unserem Beispiel ca. 25) einzelnen Normtexte denjenigen auszumachen, der für den "Fall" letztlich der ausschlaggebende ist. Wenn dies nicht möglich ist, dann fragt sich aber auch, ob überhaupt gesagt werden kann, daß "Interpretation" im Sinne eines "Verstehens" oder "Besser-Verstehens" eines einzelnen Normtextes die zentrale fallentscheidende Rolle spielen kann.

Anders als etwa im Bereich der Philologien ist das Ziel juristischer "Interpretation" nicht, ein "Verständnis" (oder ein "besseres Verständnis") eines Textes im elementaren Sinne zu erzielen, sondern, innerhalb eines institutionellen Handlungszusammenhangs eine Entscheidung herbeizuführen. Darum ist im juristischen Interpretieren, anders als im philologischen, nicht die Fähigkeit, eine passende Paraphrase des interpretierten Textes angeben zu können, das Kriterium des richtigen "Verstehens", sondern das aus der Interpretation des Textes folgende "richtige" (angemessene, akzeptierte) Handeln, d.h. die aus einem Text abgeleitete rechtliche Entscheidung. Diese Handlung, d.h. die Entscheidung eines konkreten Falles, ist aber nicht mono-kausal und kann damit nicht auf die Interpretation nur eines einzigen Normtextes zurückgeführt werden. Sie ist zum einen Ergebnis eines komplexen algorithmischen Prüfungsprozesses, an deren Ende sie steht, ohne daß sie als Ergebnis nur eines einzelnen Interpretationsaktes bezeichnet werden könnte. Sie steht weiterhin in einem Geflecht von text-systematischen und rechtsdogmatischen Wissensbezügen (die interpretatorische Präzedenz-Entscheidungen einschließen können), welches für mögliche Interpretationsakte und/oder Anwendungsentscheidungen ein enges Korsett bilden können, das nur wenig Spielraum übrigläßt. Aus diesen Gründen ist ein interpretationsfreies "Lesen" von Gesetzestexten (wenn man zwischen elementarem *Verstehen* und dem *Interpretieren* als "*Umgang mit Texten*" unterscheidet) außer für Laien eigentlich nicht möglich; jede juristische "Rezeption" eines Normtextes ist quasi "eingemauert" in dogmatisch festgelegte Interpretationen oder zumindest in eine Vielzahl von Interpretationsangeboten. Insofern existiert in der alltäglichen juristischen Textarbeit die Situation unmittelbarer Rezeption, welche jedem Interpretieren als aktiver Handlung notwendig vorangehen muß, praktisch nicht mehr; mag diese irgendwann einmal während der Ausbildung der Juristen stattgefunden haben, so ist doch im Arbeitsprozeß jedes "Lesen" eines Normtextes für die Juristen streng genommen ein Wieder-Vergegenwärtigen. Dieses steht aber schon im Spannungsfeld einer konkreten Entscheidungfrage, ist vorgeformt durch die Teil-Entscheidungen, die überhaupt erst zum Griff nach diesem einen Normtext geführt haben. Im Unterschied zum literarischen Interpretieren, wo von einem Erst-Verstehen durch die Interpretations-Handlung hindurch zu einem neuen, erweiterten Verstehen des Textes (als Handlungs- bzw. Interpretationsergebnis) fortgeschritten wird, ist im juristischen Interpretieren das Ergebnis der Arbeit mit dem (schon bekannten) Normtext eine Disposition zur Entscheidung eines Rechtsfalles, d.h. zu einer neuen, anderen Handlung. Juristisches Interpretieren ist somit ein Handeln, welches zwischen einem Erst-Verstehen und der

Kenntnis der einzelnen Faktoren eines vorliegenden Sachverhaltes einerseits, und einer als Handlunsgergebnis (Ergebnis des komplexen textgestützten juristischen Prüfungsprozesses) fungierenden Fähigkeit zum richtigen (angemessenen, akzeptierten) Entscheidungshandeln andererseits vermittelt.

In diesem Arbeitsprozeß (der auch als kognitiver Verarbeitungsprozeß verschiedenster Eingangsdaten begriffen werden kann) ist "Verstehen" nicht unbedingt der vorrangigste Aspekt. Praktische Interpretationsarbeit ist durch intermittierende Texte wie Urteilstexte und Gesetzeskommentare den juristischen Textanwendern weitgehend schon abgenommen. Wie ist die Funktion dieser Auslegungstexte als Zwischenglied zwischen Normtext und Fallbearbeitung zu bestimmen? Aus der Perspektive der Textarbeiter sind die Auslegungstexte selbst wiederum Texte, die es im Hinblick auf den zu entscheidenden Fall zu verstehen gilt; gibt es ihnen gegenüber so etwas wie "Interpretation", d.h. eine Interpretation der Interpretation in einem dann mehrstufigen Verfahren? Wäre es richtig, ein solches mehrstufiges Explikationsverhältnis anzunehmen, wo hörte dann die Explikation auf, auf welcher Stufe und aus welchen Gründen? Wir haben gesehen, daß in der Explikationsarbeit für Normtexte etwa durch den BGH Zwischentexte eingeführt werden, die als Arbeitstexte die verschiedenen Textfassungen einer Vielzahl von Fallgestaltungen zusammenfassen sollen, und welche dann den eigentlichen Gegenstand der höchstrichterlichen Interpretations- und Enscheidungsarbeit bilden. Am Beispiel solcher Urteilstexte konnte auch gezeigt werden, daß bei der schließlichen Fallösung der Anteil einer interpretatorischen Einzelentscheidung zu einem einzelnen Element eines Normtextes (einem Wort, einer Phrase etc.) häufig gar nicht mehr festgestellt werden konnte. Vielmehr ergab sich die Entscheidung (welche als Subsumtions-Entscheidung implizit eine Interpretationsentscheidung ist, da sie Aussagen über den zulässigen Referenzbereich eines Normtextes oder Normtext-Elementes trifft) als Ergebnis eines Argumentationsvorganges insgesamt, ohne daß dessen einzelne Bestandteile noch im Sinne einer wirkenden Ursache für die End-Entscheidung isoliert werden könnten. Wenn man mit Biere das "bessere Verstehen" am Ende eines Interpretationsvorganges als eine Verbesserung der "Inferenz-Basis" bezeichnet, d.h. als eine Erweiterung desjenigen Wissens, welches aus der Textgestalt die richtigen epistemischen Folgerungen zu ziehen erlaubt, welche Rolle spielt dann die Inferenz im juristischen Interpretieren? In der juristischen Textarbeit geht es ja nicht allein um Epistemisches, als vielmehr um ganz konkrete Handlungen, die aus der Auseinandersetzung mit den Normtexten folgen sollen. Gerade das Modell des Textverstehens als Erweiterung der Wissensbasis für weitergehende Inferenzen scheint für das praktische Handeln der Juristen besonders geeignet zu sein. Man kann dann nämlich die komplexen Algorithmen der richterlichen Textarbeit, in denen nicht nur ein Text, sondern in einer Aufeinanderfolge von textgesteuerten einzelnen Prüfungs- und/oder Argumentationsschritten eine Vielzahl von Norm- und anderen Texten zum Arbeitsgegenstand werden, als einen Prozeß sehen, an dessen Ende eine erweiterte Wissensbasis rechtlich-normativer Art derart steht, daß eine (im Sinne der Normtexte und der Rechtsdogmatik insgesamt) "richtige" Entscheidung möglich wird. Richterliche Textarbeit hat dann die Schaffung einer Wissensbasis zum Ziel, die eine konkrete Entscheidung als Inferenz überhaupt erst ermöglicht.

An der juristischen Textarbeit wird die Gültigkeit des Inferenz-Modell des Verstehens daher besonders deutlich: Da es sich hier, im Gegensatz zum elementaren Verstehen, um einen stets bewußten Vorgang des Umgangs mit Texten handelt, kann hier das Wirken von "Inferenzen", d.h. von Schlußfolgerungen, als Bestandteil der textgestützten Arbeit besonders verständlich gemacht werden. Da jedoch Inferenzen schon auf der Ebene des "Besser-Verstehens" eines Textes eine Rolle spielen, also noch vor jedem "Anwendungs"-Aspekt, muß bei der juristischen Textarbeit von verschiedenen Stufen der Inferenz-Basen gesprochen werden. Diese Stufen ergeben sich durch den algorithmischen Aufbau der richterlichen Entscheidungsfindung. Die Beschäftigung mit jedem einzelnen Normtext bewirkt - in Relation mit den anderen (rechtlichen und außerrechtlichen) Faktoren des Sachverhaltes - eine Veränderung der Wissens- und Inferenzbasis am jeweiligen Punkt des Algorithmus; dabei ist nicht so sehr ein rein epistemisches "Verstehen" für diese Veränderung entscheidend, sondern das Wissen, welche notwendigen weiteren Schritte aus der so veränderten Inferenzbasis folgen müssen. Auf diese Veränderung im epistemischen Gefüge wirken aber nicht nur "Verstehens"-Akte im engeren, sprachlichen Sinne ein, als vielmehr die verschiedenen anderen textlichen und außertextlichen Faktoren, welche den weiteren Weg an dieser Weggabelung des Algorithmus mitbestimmen. Da der Normtext als solcher meist schon vorher (beim "ersten Lesen") im elementaren Sinne "verstanden" worden ist, kann es nunmehr, innerhalb des Algorithmus der Prüfungstätigkeit, nur noch darum gehen, welche Funktion er innerhalb des konkreten, am Fall aufgebauten epistemischen und/oder Textnetzes hat. Dabei helfen weitere intermittierende Texte, wie es z.B. die Kommentar- und Urteilstexte sind. "Auslegung" heißt dann, für den Entscheidungsprozeß an einem jeweiligen "Knoten" des juristischen Algorithmus eine Entscheidung darüber zu fällen, in welche Richtung der Prüfungsprozeß fortzusetzen ist. Die letztendliche "Entscheidung" des Rechtsfalles ergibt sich dann häufig quasi "von selbst" als Ergebnis einer Vielzahl kleiner Einzelentscheidungen an den jeweiligen Weggabelungen des Prüfungs-Algorithmus. Damit zerfällt aber auch die zunächst holistisch verstandene "Erweiterung der Inferenzbasis" als eigentlichem Ergebnis der Interpretation für die Beurteilung der juristischen Textarbeit in eine Vielzahl einzelner "Erweiterungen", die zwar an ihrem jeweiligen Ort im Algorithmus eine wichtige Funktion haben können, aber nicht sozusagen zu einer epistemischen Summe zusammenkommen, von der dann quasi ein "End-Ergebnis" der juristischen Textarbeit als "die" eine, einzige Entscheidung, abgeleitet werden könnte.

Veranschaulicht werden kann der Vorgang der "Erweiterung der Inferenzbasis" etwa an der höchstrichterlichen Entscheidung zum Terminus *arglistig* in unserem zivilrechtlichen Fall der Mängelhaftung beim Gebrauchtwagenkauf. Zunächst ist diese Entscheidung, wenngleich sie linguistisch gesehen als "Interpretations"-Entscheidung zu werten ist und damit implizit als "Auslegungsakt", der die (juristische) "Bedeutung" des betreffenden Normtextes festlegt, weniger eine sprachbezogene Entscheidung, als vielmehr eine Enscheidung darüber, welche Funktion der betreffende Normtext in den Algorithmen der zivilrechtlichen Entscheidungstätigkeit spielen soll. Dabei intermittieren Gesichtspunkte allgemeiner Art (etwa der "billigen und gerechten Entscheidung", die hier als eine Art "Schutz des Schwächeren", nämlich des juristisch ungebildeten privaten Käufers, begründet wird), welche den Weg freilegen sollen zu einer insgesamt als vernünftig und wünschbar angesehenen Entscheidung. Es geht den Richtern mit ihrer "Auslegung" zu *arglistig* also nicht um eine "sprachliche", semantische Entscheidung im engeren Sinne, sondern darum, anhand eines Normtextes, welcher innerhalb der jeweiligen Algorithmen eine Art "Zentralknoten" darstellt, eine Vorentscheidung darüber zu fällen, welche Richtung die Algorithmen bei vergleichbaren Fallgestaltungen zu nehmen haben. Als "semantische" Entscheidung, d.h. als Interpretation im geläufigen Sinne, wäre die gefällte Entscheidung zu "arglistig" kaum noch verständlich zu machen; wohl jedoch als Richtungsweisung für juristische Entscheidungsschritte. Selbst wenn die Entscheidung zu diesem Terminus als Entscheidung an einem "Textknoten" eine zentrale Rolle spielt, da sie ein völlig neues System von Text- bzw. Wissensbezügen eröffnen oder versperren kann, kann die Gesamt-Entscheidung im jeweiligen Rechtsfall jedoch nicht auf nur diese eine Auslegungsentscheidung (monokausal) zurückgeführt werden. Daß die Auslegung zu diesem Terminus so zentrale Funktion bekommt, liegt vielmehr daran, daß er in verschiedensten hier infrage kommenden Normtexten immer wieder auftaucht. Nur indem dieses textliche Element in einer Vielzahl von Normtexten wiederholt wurde, kann es eine zentrale Rolle spielen. Andere Auslegungsentscheidungen, etwa diejenige über die analoge Anwendung des § 31 BGB über "Vereine" auch auf Handelsgesellschaften, können zwar auch Auswirkungen an anderen Stellen eines jeweiligen fallbezogenen Algorithmus haben, sind jedoch in ihren Auswirkungen, da sie sich nur auf einen einzigen Normtext im Cluster der für eine Entscheidung jeweils notwendigen Vielzahl von Normtexten beziehen, eher begrenzt. Die Zuweisung einer zentralen Funktion zu einem Normtextelement, wie sie beim Ausdruck *arglistig* schon vom Gesetzgeber dadurch angedeutet wurde, daß er in vielen einzelnen Paragraphen diesen Ausdruck wieder aufgenommen hat, ist de facto jedoch selbst schon Folge interpretatorischer Vorentscheidungen. Wie am Beispiel des Ausdrucks *Gewalt* im Strafrecht gezeigt werden kann, muß eine Auslegung zur Funktion dieses Ausdrucks bei einem einzelnen Paragraphen nicht notwendigerweise Auswirkungen zur Auslegung dieses Ausdrucks auch in anderen Paragraphen haben. Ob diesem Ausdruck (und seiner Auslegung) diese zentrale Funktion zugesprochen wird, hängt selbst wiederum von Entscheidungen ab, die bei *Gewalt* dahin gehen, die Funktion einer Auslegungsentscheidung auf den einzelnen Normtext zu begrenzen. Da für das unterschiedliche Vorgehen bei *arglistig* oder *Gewalt* keine innere Begründung angegeben werden kann, handelt es sich jeweils offensichtlich um Entscheidungen, die aus der Funktion der jeweiligen Normtexte in komplexen Algorithmen der Entscheidungsfindung herrühren; d.h. sie sind letztlich Entscheidungen vom gewünschten Ergebnis der richterlichen Auslegungsschritte her: im einen Fall soll die Auslegung zu *arglistig* ein einheitliches Ergebnis über die verschiedenen Normtexte, in denen das Wort auftaucht, hinweg garantieren; im anderen Fall soll die Auslegung zu *Gewalt* gerade verhindern, daß die Auslegungsentscheidung zu dem einen Normtext (etwa zu *§ 177 StGB Vergewaltigung*) Auswirkungen auf Auslegungsentscheidungen zu einem anderen Normtext (etwa zu *§ 240 StGB Nötigung*) hat. Während also im einen Fall gerade eine *Erweiterung* der Inferenzbasis für eine Vielzahl von Fallentscheidungen angestrebt wird, wird im anderen Falle die fallbezogene Erweiterung der Inferenzbasis mit einer *Begrenzung* versehen, die eine Erweiterung der Inferenzbasis auf vergleichbare Normtexte (und Fälle) gerade verhindern soll. In jedem Fall ist diese Entscheidung nicht vom Normtext (und seiner "Bedeutung") aus begründet, sondern von metatextuellen Aspekten her, die nur von der Wünschbarkeit von bestimmten Auslegungsergebnissen aus erklärt werden können.

Die Komplexität der juristischen Entscheidungsfindung, als Arbeit mit und an Texten zum Ziel der Lösung eines Rechtsfalles, zeigt die Grenzen, welche die Metapher "Anwendung eines Normtexts auf einen Fall" hat. Hier wird nicht ein einzelner Text, nachdem man ihn entweder "verstanden", oder "ausgelegt" (seine "Bedeutung festgestellt") hat, quasi instrumental auf einen klaren Sachverhalt "angewendet", auf daß sich die Entscheidung als logischer Schluß gleichsam von selbst ergebe; sondern hier werden in komplexen Schritten Beziehungen hergestellt zwischen einer Vielzahl von Elementen außerrechtlicher Lebenssachverhalte und Normtexten unterschiedlichster Art. Dieses In-Beziehung-Setzen beginnt nicht erst bei den jeweiligen "Kernfragen" (etwa der Mängelhaftung), sondern betrifft schon die rechtliche Formung der lebensweltlichen Sachverhaltselemente selbst. Juristische Tätigkeit kann daher viel eher als textgestützte Integration eines Sachverhaltes in Schemata der juristischen Wirklichkeitsverarbeitung aufgefaßt werden, denn als "Textverstehen" und "Textanwendung" als solche. Das "Verstehen" eines Normtextes muß schon stattgefunden haben, damit er seine Funktion innerhalb des Algorithmus der rechtlichen Prüfungsschritte überhaupt bekommen kann. Das vielzitierte "Hin-und-her-Wandern des Blicks zwischen Normtext und Sachverhalt" hat nicht so sehr die Funktion, zu einem vertieften "Verständnis" eines einzigen Normtextes zu verhelfen, sondern, durch ständige Prüfung der ausgehend von einem Fall in Frage kommenden Normtexte sowohl die weitere rechtliche Konstitution der Sachverhaltselemente durchzuführen, als auch, ausgehend von Nuancen der jeweiligen Fallgestaltung, den schließlich herzustellenden "Entscheidungstext" zu verändern und abzurunden. Man könnte diesen Vergleich als Prozeß der Annäherung von zwei Wissensbereichen sehen, in denen ein zunächst als alltagsweltlicher Wissensrahmen vorliegender Sachverhalt in die jeweils gültigen juristischen Wissensrahmen, die Schemata der rechtlichen Wirklichkeitsverarbeitung eingepaßt wird. Da dieser Prozeß nicht zwei komplexe und unveränderbare Größen einfach nur konfrontiert ("Entscheidungstext" und "Sachverhalt"), sondern algorithmisch, als Aneinanderreihung von einzelnen Prüfungsschritten mit nicht notwendigerweise vorgegebenem Ausgang erfolgt, kann er zur schrittweisen Veränderung auf beiden Seiten führen: die Sachverhaltselemente werden durch Bezug auf jeweils anzusetzende Normtexte rechtlich umgeformt; der Zugriff auf Normtexte verändert sich durch je verschiedene Nuancen der Fallgestaltung. Am Ende dieses Algorithmus steht weder der eine Entscheidungstext, noch die eine Fallbeschreibung, sondern eine Entscheidung, die sich aus einer Vielzahl von Einzelentscheidungen zusammensetzt. Wenn dabei an irgendeinem der vielen Knoten dieses Prozesses "Neues" eingeführt wird (etwa eine neue "Auslegung" eines Normterminus), dann nicht aus einem "besser verstehen wollen" heraus, sondern aus dem Bedürfnis nach einer insgesamt "abgewogenen", jedenfalls unanfechtbaren Entscheidung.

6.2 Juristische Textarbeit als Beispiel institutionellen Sprachgebrauchs

Ein herausragender Unterschied, der zwischen dem juristischen Umgang mit Gesetzestexten und anderen Formen des Sprachgebrauchs, wie sie den normalen Gegenstand der Linguistik gebildet haben, besteht, ist die Tatsache, daß es sich hierbei um den Sprachgebrauch innerhalb einer gesellschaftlichen Institution handelt. Die Tatsache des *institutionellen* Charakters der Rechtssprache wird regelmäßig hervorgehoben, ohne daß jedoch Klarheit und Einigkeit darüber besteht, worin denn die Besonderheiten institutionellen Sprachgebrauchs liegen. Die häufige Betonung der Notwendigkeit, institutionelle Formen der Sprache näher zu untersuchen, steht in einem merkwürdigen Kontrast zu der Seltenheit, mit der dies in der bisherigen Linguistik tatsächlich getan wurde.[1] Da die Diskrepanz zwischen Anspruch und Wirklichkeit institutioneller Sprachforschung so groß ist, sind dahinter objektive Schwierigkeiten zu vermuten. Diese Schwierigkeiten liegen vor allem in dem Begriff der Institution selbst, der alles andere als klar und wohldefiniert ist. Ich werde daher zunächst auf die Probleme eingehen, die der Begriff der In-

[1] Dies gilt jedenfalls, wenn man institutionellen Sprachgebrauch als solchen - mit einer dem Gegenstand angepaßten Begrifflichkeit - untersuchen will und nicht bloß Sprache in Institutionen mit den normalen linguistischen Mitteln, also ohne besondere Auswirkungen des institutionellen Charakters auf das Analyseinstrumentarium, erforscht.

stitution hinsichtlich seiner Definition und damit hinsichtlich der Erforschung institutionellen Sprachgebrauchs bietet. Dabei soll, dem Thema entsprechend, vor allem auf rechtliche Institutionen und die juristische Institutionentheorie eingegangen werden.

6.2.1 Der Begriff der Institution und die Institution des Rechts

"Die Verwendung des Begriffs *Institution* in der wissenschaftlichen Umgangssprache ist von einer kaum präzisierbaren Allgemeinheit."[2] - wenn so ein Lexikonartikel zum Problem Institution anfängt, dann ist Skepsis angebracht, ob man aus der Lektüre institutionentheoretischer Arbeiten Klarheit darüber gewinnt, was man sich unter gesellschaftlichen Institutionen vorzustellen habe. Der Begriff *Institution* ist nicht nur von einer kaum präzisierbaren, sondern auch von einer kaum überbietbaren Allgemeinheit. Als Wort der wissenschaftlichen Umgangssprache handelt es sich hier anscheinend um einen Ausdruck, der nicht oder jeweils höchst unterschiedlich definiert ist, aber zugleich auf eine offenbar unabweisbare gesellschaftliche Realität zielt. Gerade weil der Begriff offenbar auf unabweisbare vortheoretische Alltagserfahrungen reagiert, ist er so allgemein und unpräzise. Viel wird im Alltagsbewußtsein oder in einem kritischen Intellektuellen-Bewußtsein von der "Macht der Institutionen", ihrer "Starrheit", "Unbeweglichkeit", "Veränderungsfeindlichkeit" usw. gesprochen, ohne daß jedoch ein theoretisches Einverständnis darüber bestünde, was Institutionen eigentlich sind. Während der Begriff *Institution* offenbar urspünglich in der Theologie[3] und in der Jurisprudenz entstanden ist, wird er heutzutage eher in sozialwissenschaftlichen Zusammenhängen gebraucht. Schwierigkeiten bietet der Institutionenbegriff anscheinend vor allem deshalb, weil er nicht etwa ein deutlich definierter Begriff etwa der empirischen Soziologie ist, sondern daneben, und die empirische Sozialforschung durchdringend, ein sozialwissenschaftlicher und anthropologischer Grundbegriff (etwa bei Durkheim, Malinowski, Gehlen, Schelsky), der Funktionieren von Gesellschaft in ihrem Fundament erklären soll. In dieser grundlegenden Funktion ist der Begriff der *Institution*, der damit (grob gefaßt) schlechthin sämtliche auf Dauer gestellte gesellschaftlichen Interaktionsformen meint, in der neueren Sozialwissenschaft offenbar durch den Begriff des *Systems* abgelöst worden. Ein solcher, das Soziale schlechthin fundierender Institutionenbegriff eignet sich naturgemäß nicht dazu, dasjenige, was man geneigt ist "institutionellen Sprachgebrauch" zu nennen, von

---

[2] Dubiel 1976, 416; auch Schülein 1987, 9 weist auf das Paradox hin, daß der Begriff *Institution* zwar zweifellos zum harten Kern soziologischer Begrifflichkeit gehört, aber dennoch vage, undefiniert, breit gestreut bzw. gegensätzlich definiert ist. Auch er führt dies darauf zurück, daß der Begriff auf ein vortheoretisches Verständnis bzw. Kenntnis von Institutionen im Alltagsleben reagiert.

[3] Laut Dubiel 1976, 418 als "Potential nicht hinterfragbarer Grundannahmen".

anderen Formen des Sprachgebrauchs zu unterscheiden; ja - Sprache wäre dann möglicherweise selbst so etwas wie eine gesellschaftliche Institution. Es kommt also für unsere Zwecke darauf an, in den soziologischen Definitionen des Begriffs *Institution* solche Momente, die für gesellschaftliche Interaktion schlechthin konstitutiv sind, von solchen Aspekten zu unterscheiden, die institutionellen Sprachgebrauch als eine Sonderform der Sprachverwendung zu definieren erlauben.

Einen - nicht ganz zureichenden - Definitionsversuch von *Institution* kann man dem begriffsgeschichtlichen Wörterbuch entnehmen:[4]

> "Im sozialwissenschaftlichen Sprachgebrauch sind Institutionen die der unmittelbaren Disposition des individuellen Subjekts weitgehend entzogenen, dieses als solches [...] konstituierenden (Sozialisation), durch rechtliche Fixierung auf Dauer gestellten und doch historisch beschränkten Beziehungsformen einer Gesellschaft."

Dieser lexikographische Definitionsversuch erfaßt einige wesentliche Momente des Institutionenbegriffs und trifft doch die Sache nicht genau genug. Institutionen sind, spätestens seit Durkheim,[5] soziale Tatbestände, d.h. genauer: Formen des sozialen Verhaltens (Interaktion), die (a) verhaltensregulierende Regeln/Konventionen/Handlungsmuster umfassen und damit (b) als soziale Konventionen dem unmittelbaren (ändernden) Zugriff des einzelnen Individuums entzogen sind, u.a. auch deshalb, weil sie meist unbewußt befolgt werden und daher (c) dem Individualbewußtsein extern und häufig nicht zugänglich sind. Als Institutionen bezeichnet man sie, weil diese Handlungsmuster nicht nur dem ändernden Zugriff des Individuums entzogen sind, sondern darüber hinaus auch (d) auf das aktuelle Verhalten eines Individuums in sozialen Kontexten einen handlungsleitenden Zwang[6] ausüben und (e) insgesamt den Eindruck erwecken, als seien sie unabhängig von einzelnen Manifestationen des Handlungsmusters existierende gesellschaftliche Regularitäten. (f) Ihr Wandel kann wiederum nur so gedacht werden, daß er aus der Veränderung auch des individuellen Einzel-Handelns hervorgeht. Wenn Durkheim als Institutionen "alle durch die Gesellschaft festgesetzten Verhaltensweisen"[7] bezeichnet, und wenn man die o.g. Eigenschaften von Institutionen etwa auf unseren Gegenstandsbereich Sprache anzuwenden versucht, dann kommt man zu dem erstaunlichen Ergebnis, daß - über den Begriff der sprachlichen Regel/Konvention - sämtliche oben als Definiens für *Institution* aufgeführten Momente ebenfalls schon den Begriff der *Konvention* definieren. Sind also, wie man daraus ja schließen müßte, die Begriffe *Regel* bzw. *Konvention* und *Institution* identisch? Es ist deshalb naheliegend, wenn etwa im oben zitierten Definitionsversuch ein Definiens eingeführt

---

[4] Dubiel 1976, 420.

[5] Durkheim 1976, 95 f.; vgl. auch Dubiel 1976, 421.

[6] Durkheim 1976, 99 f. verwendet den Begriff *Institution*, den er aus dem Artikel "Sociologie" von Paul Fauconnet und Marcel Mauss in der "Grande Encyclopedie" übernimmt, erst in der Zweitauflage zur Charakterisierung des zuvor so genannten "sozialen Zwangs".

[7] Durkheim 1976, 100.

wird, das diese Begriffe dann doch zu unterscheiden erlauben soll, nämlich die Annahme, daß Institutionen "durch rechtliche Fixierung auf Dauer gestellt" seien. Dieses Definiens ist nun in unserem Zusammenhang interessant und problematisch zugleich. Zum einen fehlt es in den soziologischen Definitionen (etwa bei Durkheim) aus gutem Grund; zum anderen ist dieses Kriterium, jedenfalls dann, wenn man den institutionellen Charakter des Rechts definieren möchte, rekursiv (oder gar zirkulär): Wenn man Institutionen überhaupt erst durch den Begriff des Rechts definieren kann, ist es dann noch möglich, das Recht selbst als Institution zu beschreiben, oder setzt man dann nicht einen Begriff undefiniert voraus, der gerade erst definiert werden soll?

Durkheim nennt ein anderes Kriterium: Er spricht davon, "daß die kollektiven Handlungs- und Denkweisen eine Realität außerhalb der Individuen besitzen, die sich ihnen jederzeit anpassen müssen. Sie sind Dinge, die eine Eigenexistenz führen."[8] Der Begriff der Institution hat also viel damit zu tun, daß bestimmten sozialen Phänomenen ein dingartiger Charakter zugesprochen wird, ohne daß es sich doch um natürliche Dinge handelte. Der Philosoph Searle hat gerade diesen Unterschied hervorgehoben, der zwischen sog. "natürlichen Tatsachen", also sinnlich wahrnehmbaren physischen Dingen, und den "institutionellen Tatsachen" besteht, also solchen Tatsachen, die eine andere Form von Wissen - nämlich Wissen über soziale Gegebenheiten - voraussetzen, das aber nicht minder fest und verläßlich ist als das Wissen über natürliche Tatsachen.[9] Anders ausgedrückt: Soziale Tatsachen, vor allem die (wie Durkheim es zuerst genannt hat) "sozialen Zwänge", erscheinen den einzelnen Individuen mit einer Festigkeit und Dinghaftigkeit, die derjenigen der äußeren, sinnlich wahrnehmbaren physikalischen Dingwelt gleichkommt, ohne damit doch ineins gesetzt werden zu können; für diese sozialen Gegebenheiten wird schon in einem außerwissenschaftlichen Sprachgebrauch

---

[8] Durkheim 1976, 99 f.; er fährt fort: "Der Einzelne findet sie vollständig fertig vor und kann nichts dazu tun, daß sie nicht seien oder daß sie anders seien, als sie sind; er muß ihnen Rechnung tragen, und es ist für ihn um so schwerer (wenn auch nicht unmöglich), sie zu ändern, als sie in verschiedenem Grade an der materiellen und moralischen Suprematie teilhaben, welche die Gesellschaft über ihre Glieder besitzt. Zweifellos spielt das Individuum bei ihrer Genese eine Rolle. Damit aber ein soziologischer Tatbestand vorliege, müssen mindestens einige Individuen ihre Tätigkeit vereinigt haben, und aus dieser Verbindung muß ein neues Produkt hervorgegangen sein. Und da diese Synthese außerhalb eines jeden von uns (weil zwischen einer Mehrheit von Psychen) stattfindet, so führt sie notwendig zu dem Ergebnis, außerhalb unseres Bewußtseins gewisse Arten des Handelns und gewisse Urteile auszulösen und zu fixieren, die von jedem Einzelwillen für sich genommen unabhängig sind. Es gibt, worauf schon verwiesen wurde, ein Wort, das in geringer Erweiterung seiner gewöhnlichen Bedeutung diese ganz besondere Art des Seins ziemlich gut zum Ausdruck bringt, nämlich das Wort Institution. Tatsächlich kann man, ohne den Sinn dieses Ausdrucks zu entstellen, alle Glaubensvorstellungen und durch die Gesellschaft festgesetzten Verhaltensweisen Institutionen nennen; die Soziologie kann also definiert werden als die Wissenschaft von den Institutionen, deren Entstehung und Wirkungsart."

[9] Searle 1971, 79 ff.

der Alltags- bzw. Bildungssprache der Begriff *Institution* verwendet. Die intuitiv einleuchtende und sich dem einzelnen Individuum wegen seines geringen Einflusses auf die Veränderung solcher sozialer Interaktionsmuster geradezu aufdrängende Verdinglichung der Institutionen betrifft das Problem, daß die wissenschaftliche Erklärungssprache lange Zeit nur in einer Dichotomie zwischen "natürlichen" Tatsachen und "künstlichen" Tatsachen unterscheiden konnte. Die soziale Dimension, die u.a. durch die *Institutionen* genannten sozialen Handlungskomplexe repräsentiert wird, wurde erst spät als ein "Phänomen der Dritten Art",[10] das also weder natürlich noch Artefakt ist, erkannt. "Artefakt" nennt man Produkte menschlicher Tätigkeit, deren Ausgangsmaterial natürliche Gegenstände/Materialien sind; Artefakte sind Ergebnis intentionalen Handelns und als solche Ziel der (herstellenden, bearbeitenden) Handlungen. Soziale Institutionen sind, als Handlungskomplexe, zwar ebenfalls mit Intentionen verknüpft, doch ist im seltensten Fall die Institution und das Bestehen oder die Veränderung institutioneller Handlungsregeln selbst das Ziel der Handlungsintentionen, vielmehr ergibt sich die Konstitution oder die Veränderung der institutionellen Regeln als "Nebenprodukt" des regelhaften Handelns. Der Begriff der *Institution* ist daher eng mit dem Begriff der *Regel* und der *Konvention* sozialen Handelns verknüpft.

Wenn die soziologischen Positionen zum Institutionen-Begriff daraufhin unterschieden werden, ob dort Institutionen als Entitäten, die handlungsunabhängig existieren, aufgefaßt werden sollen, oder als Handlungssysteme, denen selbst kein Subjektcharakter zukommt,[11] so ist diese Dichotomie unter konventionstheoretischem Blickwinkel wenig ergiebig. Die Soziologie bevorzugt bis heute einen *allgemeinen* Institutionenbegriff, demzufolge alle Formen regelmäßig erwartbarer sozialer Interaktionsmuster als Institutionen bezeichnet werden. Bei einem der frühen Autoren, nämlich bei Mead, kommt in die Definition der Institution jedoch ein Moment hinein, das mit diesem allgemeinen Institutionen-Begriff nicht ganz kompatibel ist. Zunächst bestimmt Mead die Institution als "eine gemeinsame Reaktion aller Mitglieder der Gemeinschaft auf eine bestimmte Situation",[12] präzisiert aber - am Beispiel der Reaktionen von beteiligten Staatsanwälten, Richtern, Polizisten usw. bei einem Diebstahl - kurz darauf: "Diese organisierten Reaktionen sind aufeinander bezogen; wenn man eine von ihnen auslöst, löst man indirekt auch die anderen aus." Interessant an dieser Bestimmung ist die Rede von den "organisierten" Reaktionen; als Institutionen, so könnte man aus dieser eher lapidaren und undiskutierten Ergänzung der Institutionen-Definition bei Mead schließen, werden nicht etwa nur, wie in der Soziologie häufig unterstellt, jegliche musterhaften und regelhaften sozialen Interaktionsformen bezeichnet, sondern auch solche sozialen Handlungsmuster, die einen gewis-

---

[10] Vgl. dazu Keller 1990, 88.

[11] Schülein 1987, 40.

[12] Mead 1934, 307 ff.

sen Grad an Organisiertheit aufweisen. Laut Mead: "Somit sind die Institutionen der Gesellschaft organisierte Formen der Tätigkeit der Gruppe oder der Gesellschaft - und zwar so organisiert, daß das einzelne Mitglied der Gesellschaft adäquat und gruppenkonform handeln kann, indem es die Haltungen anderer zu dieser Tätigkeit einnimmt."[13]

Organisation ist ein Aspekt von Institutionen, der deutlich macht, daß bei Komplexen sozialer Handlungs- bzw. Interaktionsmuster Unterschiede hinsichtlich des "Verfestigungsgrades" und der Verbindlichkeit dieser Handlungsmuster feststellbar sind. Vielleicht hängen die Probleme mit der Definition von *Institution* auch damit zusammen, daß dieser Begriff möglicherweise ein *gradueller* Begriff ist, den man erst bei sozialen Handlungskomplexen höheren "Festigkeitsgrades" bzw. größerer "Eigenständigkeit" und historischer Konstanz anzuwenden geneigt ist. Eine mögliche Betrachtungsweise ist es, Institutionen als "Komplexe von Normen"[14] aufzufassen, die das Handeln von Personen in der sozialen Interaktion regulieren. Der Unterschied zwischen der Betrachtung jeglicher konventionalisierter Komplexe von sozialen Handlungsmustern als Institutionen und der Reservierung dieses Terminus nur für Regelkomplexe höheren Organisationsgrades spiegelt sich in dem feinen terminologischen Übergang der Rede von "*Regeln*" bzw. "*Konventionen*" einerseits zu "*Normen*" des Handelns andererseits wider. Der Unterschied zwischen einfachen Handlungsregeln und Normen ist nicht einfach zu bestimmen; ein mögliches Kriterium wären die Sanktionen bei Nichtbefolgung der Regeln: Die Verletzung von Normen wird normalerweise deutlich negativ sanktioniert. Von Normen sollte man nur dann sprechen, wenn es auch ein Sanktionssystem gibt, welches auf Nichtbefolgung reagiert. Die Nichtbefolgung einfacher Handlungsregeln hat im Gegensatz dazu nur das Nicht-Erreichen sozialer Handlungsziele (etwa Koordinationsziele) zur Folge. Es ist sicher kein Zufall, daß in den meisten Definitionen von *Institution* im Zusammenhang mit den Normen des Handelns die Erwähnung des *Rechts* als dem Rahmen für soziale Normensysteme auftaucht, wenn nicht gar

---

[13] Mead 1934, 308; zuvor nennt Mead ein Beispiel, das gut zu unserem Untersuchungsbereich paßt: "Die Institution ist eine gemeinsame Reaktion aller Mitglieder der Gemeinschaft auf eine bestimmte Situation. Diese gemeinsame Reaktion schwankt natürlich mit dem Charakter des Individuums. Beim Diebstahl ist die Reaktion von Staatsanwalt, Richter, Geschworenen usw. verschieden; doch handelt es sich dabei immer um Reaktionen, die Eigentum aufrechterhalten, die die Anerkennung der Eigentumsrechte anderer voraussetzen. Es kommt zu gemeinsamen Reaktionen in verschiedenen Formen. Diese Unterschiede, wie sie sich in den einzelnen Beamten manifestieren, werden durch eine Organisation vereint. Man ruft den Polizisten um Hilfe an, man erwartet vom Staatsanwalt, daß er Anklage erhebt, vom Gericht in seinen verschiedenen Organen, daß es dem Verbrecher den Prozeß macht. Man nimmt die Haltung all dieser Organe ein, die mit dem Schutz des Eigentums befaßt sind; sie alle sind als organisierter Prozeß irgendwie in unserem Leben zu finden. Lösen wir solche Haltungen aus, so nehmen wir die Haltung des 'verallgemeinerten Anderen' ein. Diese organisierten Reaktionen sind aufeinander bezogen; wenn man eine von ihnen auslöst, löst man indirekt auch die anderen aus."

[14] Parsons 1972, 227.

die Institutionen schlechthin definiert werden als "durch rechtliche Fixierung auf Dauer gestellt". Für Parsons ist "das Recht der Brennpunkt der Definition von Institutionen";[15] als Beispiele für Institutionen nennt er folgerichtig etwa das *Eigentum* oder den *Vertrag*. Es hat also wieder den Anschein, als sei der soziologische Begriff der Institution, jedenfalls soweit er nicht jegliche sozialen Interaktionsmuster meint, sondern - entsprechend dem Alltagsverständnis - nur solche Handlungskomplexe, die normgeleitet und zu einem gewissen Grade verfestigt und organisiert sind, nicht ohne den Begriff des *Rechts* und *rechtlicher Normierung* zu denken. Neben diesem Begriff der Institution als organisierter Norm- oder Handlungskomplexe wird das Wort auch in einem weiteren Sinne verwendet für die sozialen Gemeinschaften, Gruppen oder Kollektive, die einem bestimmten, auf einen konkreten Zweck gerichteten Handlungssystem folgen: etwa die Institutionen Universität, Krankenhaus, Militär, Kirche usw. Dann sind mit *Institution* nicht nur die Handlungsregeln und Handlungskomplexe als solche gemeint, sondern zugleich die dazugehörigen Personen in ihren unterschiedlichen Rollen und Funktionen einschließlich des Inventars und der Räumlichkeiten, die zur Verwirklichung des institutionellen Zweckes dazugehören. Parsons weist darauf hin, daß in diesem Gebrauch der Terminus *Institution* auf formale gesellschaftliche Organisationen bezogen wird.[16] Unterschiedliche Institutions-Begriffe existieren also auch hinsichtlich der Frage, ob man mit Institution vorrangig formale Organisationen meint, ob man damit auch andere normgeleitete Handlungskomplexe meint, die nicht auf formale Organisationen reduziert werden können (etwa "Geld", "Eigentum" usw.), oder ob man damit jegliche Form zusammenhängender Komplexe sozialer Handlungsregeln und Reaktionsweisen meint, auch wenn diese nicht normgeleitet und nicht "rechtlich auf Dauer gestellt" sind.

An diesem Punkt der Diskussion bleiben folgende Fragen offen: In welchem Verhältnis stehen die Begriffe *Institution* und *Organisation*? Und in welchem Verhältnis stehen Institutionen zum *Recht*? Wenn normgeleitete Institutionen zu ihrer Definition den Begriff des Rechts voraussetzen, findet man dann in der juristischen Institutionentheorie weitere Erkenntnisse über den Charakter sozialer Institutionen? Wie kann man aber dann noch das Recht selbst als Institution erklären, ohne zirkulär zu sein? Hinsichtlich des Verhältnisses von Recht und Institution können mindestens zwei Aspekte unterschieden werden: Zum einen sind rechtliche Regelungskomplexe, wie

---

[15] Parsons 1972, 227.

[16] Vgl. Parsons 1972, 227. - Schülein 1987, 68 weist darauf hin, daß in der amerikanischen Soziologie (bis zum Entstehen der Systemtheorie) *Institution* mit *Organisation* gleichgesetzt wurde. Schon seit W.G.Sumner (1906) wird *Institution* als "ein organisierter Handlungszusammenhang mit festen Grenzen und Regulationen gesehen, in denen die Befriedigung der 'basic needs' in fixierten Formen übersetzt ist. Dabei verschiebt sich das Schwergewicht der Argumentation deutlich von Regelmäßigkeiten des Handelns hin zu generalisierten Normen." (a.a.O. 50)

etwa das "*Eigentum*", der "*Vertrag*", die "*Ehe*", auf Institutionen als Komplexen gesellschaftlicher (also außerrechtlicher, aber vom Recht abhängiger) Handlungsregeln bezogen; zum anderen ist das Rechtswesen als formale Organisation mit einem Personal und Inventar selbst eine formale Institution etwa in dem Sinne, wie die Kirche, das Militär oder die Universität als Institution bezeichnet werden. In welchem Verhältnis stehen diese zwei Ebenen der Institutionalität des Rechts, und welche Ebene ist gemeint, wenn von der Untersuchung des Sprachgebrauchs in Institutionen geredet wird? Die komplexen Beziehungen, die zwischen dem Begriff der Institution und der Institution des Rechts bestehen, drücken sich darin aus, daß in der Rechtstheorie vier Verwendungsweisen des Begriffs Institution unterschieden werden können.[17] Einmal wird das *gesamte Recht* als solches als Institution bezeichnet; Recht wäre dann ein hochdifferenzierter Komplex gesellschaftlicher Handlungsnormen, welcher in der Gesellschaft wichtige regulierende Funktion hat. Als soziale Rahmeninstitution gibt die Gesamtheit rechtlicher Regeln (Rechtsnormen) vor allem in ausdifferenzierten modernen Gesellschaften die Basis vieler einzelner sozialer Institutionen ab, die erst "durch rechtliche Fixierung auf Dauer gestellt sind." Recht ist danach das Medium der Erhaltung und Tradierung einzelner anderer sozialer Institutionen (wie etwa *Ehe*, *Familie*, *Eigentum*). Als dieses ausdifferenzierte Medium (und als gesellschaftliche Institution mit dem heutigen Festigkeitsgrad und Dingcharakter) ist das Recht Ergebnis eines historischen Entwicklungsprozesses und Eigenschaft hochorganisierter moderner Gesellschaften. Getragen wird das Recht als Institution durch die *Institutionen des Rechts*. Damit sind (in einer zweiten Verwendungsweise des Terminus) alle formalen Organisationen gemeint, die das Recht in seiner modernen Form konstituieren, tragen, ausüben und tradieren. Hinsichtlich der Rechtsetzung kommt es in einem positivistischen Rechtssystem (wie bei uns) dabei zu einer Vermischung bzw. Interaktion mit politischen Organisationen, die selbst aber wiederum rechtlich konstituiert und fixiert sind. Rechtsetzende Institutionen sind in der Regel Parlamente; das Recht ausübende und tradierende formale Organisationen sind die Gerichte, die Staatsanwaltschaften und die Verwaltungen verschiedener Organisationsebenen des Staates; weiter gehören zum festen Personal der rechtlichen Institutionen die Anwälte und Notare, welche an der organisatorischen Verwirklichung des Rechts mitwirken.

In einem dritten, sehr fachspezifischen Sinn wird in der Rechtstheorie von den "*Rechtsinstitutionen*" bzw. "*Rechtsinstituten*" geredet. Diese Bezeichnung hat sich eingebürgert,[18]

> "um entweder im Bereich des öffentlichen oder des Privatrechts die Gesamtheit der ein Sozialverhältnis strukturierenden Rechtsnormen zusammenzufassen. In dieser rechtsdogmatischen Perspektive hat der Institutionenbegriff die primär methodische Funktion, den in der Rechtsfindung herzustellenden Zusammenhang von Gesetzesnorm, Tatbe-

---

[17] Vgl. Schmalz-Bruns 1989, 86 f.

[18] Schmalz-Bruns 1989, 87.

stand und Rechtsfolgenregelung durch Bezug auf den sozialen Sinn rechtlich beschriebener Sozialverhältnisse wie Vertrag, Eigentum, Ehe, Familie o.ä. zu organisieren."

Rechtsinstitute sind demnach zum einen juristisch definierte und determinierte Wissenskomplexe der Rechtsdogmatik, d.h. der Lehre von der Anwendung und Auslegung von Gesetzestexten, die wir in unserer linguistischen Analyse oben als *Wissensrahmen* bezeichnet haben. Insofern sie das juristische Wissen zu einem konkreten rechtlichen Problemkomplex zusammenfassen, können die Rechtsinstitute nicht auf einzelne Rechtsnormen bzw. Normtexte (Paragraphen) reduziert werden; die Rechtsinstitute des "*Eigentums*" und des "*Vertrags*" werden in einer Vielzahl von Gesetzesparagraphen und den sich darauf beziehenden Auslegungstexten (Kommentare, Gerichtsurteile) berührt. Insofern sind Rechtsinstitute als Erscheinungen der Rechtsdogmatik auch Komplexe langjähriger juristischer Entscheidungspraxis zu einer Vielzahl von Rechtsnormen, deren Ergebnisse und Gepflogenheiten als verläßliches (gleichwohl auch änderbares) Wissen zuverlässig verfügbar sind. Zu der gesellschaftlichen Wirklichkeit stehen die Rechtsinstitute in einer nicht einfach zu bestimmenden Beziehung. So hat sich in der bundesrepublikanischen Grundrechtsdogmatik mit dem Begriff der "Institutionengarantie" eine vierte Version des Begriffs *Institution* eingebürgert, "der darauf abzielt, den objektiven Charakter gesellschaftlicher Lebensverhältnisse rechtlich zu fixieren und gegen die bloß subjektiven Ansprüche der in diese eingebundenen Individuen zu behaupten".[19] Damit wird der Institutionenbegriff zu einem Instrument, mit dessen Hilfe rechtlich nicht ausdrücklich positivierte ethische und moralische gesellschaftliche Normen und Wertvorstellungen mit rechtsinstitutionell garantiertem Zwangscharakter versehen werden können. Dies gilt etwa, wenn die rechtlich-gesellschaftlichen Zwitterinstitutionen *Ehe* und *Familie* in einer Weise normativ festgelegt werden, die den realen gesellschaftlichen Verhältnissen schon lange nicht mehr entsprechen. (Siehe etwa die aktuelle Diskussion um das Ehenamensrecht, die Rechte nicht-ehelicher Väter oder die steuerlichen und Subventions-Aspekte, die bestimmte politisch gewollte, ethisch überhöhte, und über die Institutionengarantie rechtlich fixierte und durchgesetzte gesellschaftliche Verhältnisse haben können und die den realen gesellschaftlichen Verhältnissen schon lange nicht mehr entsprechen und vergleiche die hohe Zahl der "Ein-Eltern-Familien", der "Ehen ohne Trauschein" usw.)

Die so aufgefaßten Institutionen sind ein herausragendes Beispiel dafür, daß gesellschaftliche Institutionen rechtlich fixiert sein können, doch darf daraus nicht der Eindruck entstehen, als seien soziale Institutionen immer in der Weise rechtlich (d.h. durch Gesetzestexte und/oder Gerichtsentscheidungen) determiniert und definiert. In einem ironischen Sinne könnte man

---

[19] Schmalz-Bruns 1989, 87; der Autor bezeichnet diese Entwicklung als "normativ-ontologische Wende des ursprünglich deskriptiv gemeinten Institutionenbegriffs" und fügt hinzu: "Hier wird das Wesensverständnis des rechtlich in den Blick zu nehmenden sozialen Lebenszusammenhangs zu einem dogmatischen Instrument."

auf die o.g. "Institutionengarantie" und das fragwürdige Grundrechtsverständnis, welches hinter Entscheidungen steht, mit denen rechtlich positivierte Normen mit ethisch-moralischen Werten ausgefüllt werden, welche die entscheidenden Richter ihrem eigenen Verständnis der einzelnen "sozialen Institutionen" oder der Berufung auf in ihrer Existenz und Gültigkeit fragliche (weil empirisch nicht überprüfte) "herrschende Wertvorstellungen" entnehmen, Schelskys Charakterisierung der Institution Recht anwenden,[20] wonach dieses

> "dem sozial handelnden Menschen die Chance [bietet], sowohl das durch Handeln Erreichte auf Dauer zu stellen als auch zukünftige Wirkungen des Handelns im sozialen Zusammenhang zu erstreben. Recht leistet also die Stabilisierung des Gewordenen und Erreichten und verbindet damit zugleich die Chance und die Methode des bewußten, also geplanten sozialen Wandels."

Es ist der Hauch von "formierter Gesellschaft" der eine solche - deskriptiv sicherlich nicht ganz unzutreffende - Formulierung ihrer scheinbaren Unschuld beraubt; Recht hätte danach vor allem dem Zweck zu dienen, den Menschen, die in ihrem Sozialverhalten einer ständigen Wandlung unterliegen (wie sich alle nicht fixierten Handlungsregeln durch das sukzessiv sich wandelnde Verhalten der Individuen oder Gemeinschaften verändern können) eine einmal in einer konkreten historischen Situation für richtig gefundene Werteordnung per rechtlicher Fixierung auf Dauer aufzuzwingen. Für die Zwecke unserer Untersuchung sind die o.g. zweite und dritte Version des Begriffs *Institution* in der Rechtstheorie besonders wichtig. Zum einen die rechtlichen Institutionen als die gesellschaftlichen Organisationen, in denen Recht gesetzt und angewendet wird, und zum anderen die Rechtsinstitute als die fachlich determinierten Wissenskomplexe, welche für die Auslegung und Anwendung der einzelnen Normtexte den Rahmen abgeben. Wenn von der Untersuchung des Sprachgebrauchs in Institutionen geredet wird, dann sollten diese zwei Aspekte auseinandergehalten werden. Meist meint man damit nur die Untersuchung von Sprache in formalen Organisationen, also in gesellschaftlichen Gruppen oder Kollektivitäten wie etwa die Untersuchung der Sprache in der Schule oder Universität. In unserem Untersuchungszusammenhang mindestens ebenso wichtig ist aber die Funktion der dem einzelnen Normtext übergeordneten Wissensrahmen, welche in der Jurisprudenz seit alters als "Rechtsinstitute" bezeichnet werden.

Der Begriff *Rechtsinstitut* hat in der Rechtswissenschaft eine alte, bis ins römische Recht bzw. dessen Nachwirkung im Mittelalter zurückreichende Tradition. In der neuzeitlichen deutschen Rechtswissenschaft gebraucht u.a. F.K. von Savigny diesen Begriff. Er meint damit den Zusammenschluß verwandter Rechtssätze zu höheren Systemeinheiten, z.B. zu den Instituten *Ehe*, *Verwandtschaft* oder *Eigentum*. Für ihn stellt das Rechtsinstitut "ein Mittelglied zwischen dem einzelnen Rechtssatz und dem Ganzen der Rechtsord-

[20] Schelsky 1980, 77.

nung dar, das er als ein organisiertes System von Institutionen verstand."[21] Rechtsinstitute sind in diesem Sinne also - moderner ausgedrückt - Wissenssysteme, welche das sich auf den Text und die Interpretation einer einzelnen Gesetzesnorm beziehende Wissen ordnen und zusammenfassen. In einem strengen Rechtspositivismus sind die Rechtsinstitute vor allem Hilfsmittel der Rechtswissenschaft (v.a. in der Dogmatik) zur Beherrschung der Fülle des Stoffes der Rechtsnormen:[22]

> "Die einzelne Norm bedeutet wenig. Erst eine Mehrzahl von Normen, die zur Regelung eines bestimmten Lebensbereichs zusammenwirken, begründet ein relativ autonomes Teilsystem, das sich nach seiner Binnenstruktur und seinen Umweltbeziehungen beschreiben und erklären läßt. Die Institutionen bilden Bausteine der Gesellschaft, die zum größeren Teil schon vorhanden sind und darum in Rechnung gestellt werden müssen, die aber für bestimmte Zwecke auch neu entworfen werden können. Durch Rechtsnormen lassen sich Institutionen begründen, erhalten, verändern oder zerstören."

Es wird deutlich, daß der einzelne Normtext seine institutionelle Funktion (und damit seine eigentliche "Bedeutung") erst im Kontext der ihn in das Gesamte des rechtlich-institutionellen Wissens einordnenden konkret-thematischen Wissensrahmen bekommt, welche in der Rechtswissenschaft "Rechtsinstitute" genannt werden. Dabei liegt der zentrale Wert dieser Wissensrahmen in ihrer Dynamik und ihrem Prozeßcharakter: Nicht die einmal fixierte Bedeutung (etwa gar noch als "wörtliche Bedeutung" mißverstanden) gibt die Funktion eines Normtextes an; vielmehr wandelt sich dessen Funktion in der Weise, als sich seine Position in dem seinen epistemischen und Deutungs-Kontext abgebenden Wissensrahmen oder einzelne Momente dieses Wissenskontextes ändern. Die Wissensrahmen oder Rechtsinstitute sind damit nicht nur Agglomerationen von Sinn (gar von Normtextbedeutungen in einem rein philologischen Sinne), sondern Systeme von Wissen, welches aus einer komplexen (interpretatorischen, anwendungsorientierten) Praxis der Rechtsprechung entstanden ist. Die institutionelle Bindung von Gesetzestexten besteht damit in der Position, die ihnen (oder ihrer Interpretation) innerhalb der Wissensrahmen zukommt; dabei ist die konkrete Auslegung eines einzelnen Gesetzestextes oder -terminus weniger wichtig als die den Zusammenhang sichernde Funktion der übergeordneten - oder interpretatorischen - Wissensdaten (etwa aus Auslegungstexten wie Kommentaren und Gerichtsurteilen), d.h. als die Wirkung des sog. Rechtsinstitutes. Das Institut als solches hat Latenz, auch wenn einzelne seiner Elemente (Rechtssätze) in ihrer Interpretation und/oder Anwendung einer Wandlung unterworfen sind. Konkrete Änderungen einzelner Normtextinterpretationen ändern nicht notwendig des Rechtsinstitut als Ganzes, doch ergibt sich über sie die Möglichkeit der langsamen, sukzessiven Anpassung des übergeordneten Wissens-

---

[21] Nach Röhl 1987, 373. - In streng positivistischer Sicht, etwa bei Windscheid, wird unter Rechtsinstitut dann "die Gesamtheit der auf ein Rechtsverhältnis sich beziehenden Rechtsvorschriften" verstanden (a.a.O. 374); heute würde man zumindest die leitenden Gerichtsentscheidungen dazuzählen müssen.

[22] So bei Otto Mayer, nach Röhl 1987, 374.

rahmens an geänderte gesellschaftliche Bedingungen über längere Zeiträume hinweg, ohne daß deswegen notwendig auch das die Wissensrahmen stützende Textmaterial der Gesetzestexte jeweils immer oder in jeder Einzelheit neu formuliert werden müßte.

Schon der Institutionentheoretiker Judd sah "die wesentliche Bedeutung von Institutionen in ihrer Fähigkeit, über die Situation und die individuelle Existenz hinaus Erfahrung zu sammeln und zu vermitteln, was der Vermittlungsinstitution Sprache eine zentrale Position zuweist."[23] Den institutionalisierten Wissensrahmen, welche die Rechtsinstitute bilden, kommt daher die Funktion der Erwartungssicherung und Veränderbarkeit zugleich zu. Dabei ist freilich die Funktion der Sprache zur Erwartungssicherung, wie sie etwa in der Funktion der Gesetzestexte als stützendem Fundament der Rechtsinstitute wie der Institutionen (und Institution) des Rechts selbst liegt, auch nur als *relativ* zu gewichten: Relativ zu einem überhaupt nicht auf Texte gestützten "Recht" (wenn man dieses Wort dann überhaupt noch verwenden will) hat die Existenz von Normtexten eine gewisse Verläßlichkeit des Rechtshandelns zur Folge. Da die Interpretation und Anwendung der Normtexte allerdings durch die Wissensrahmen der dogmatisch definierten Rechtsinstitute mindestens ebenso stark bestimmt wird wie durch die vorliegenden Textformulare, kommt die stabilisierende Funktion den Wissensrahmen als den epistemischen Kontexten der Normtextanwendung und -deutung selbst zu. Erwartungssichernd und soziale Interaktion stabilisierend wirken schriftliche Zeugnisse institutioneller Entscheidungen vor allem deshalb, weil sie deren Dauer über die Lebensdauer bzw. Dauer der Mitarbeit einzelner, das institutionelle Personal bildender Individuen ermöglichen. Da jedoch die Existenz der Institutionen im wesentlichen auf einer fortgesetzten Handlungsweise von Individuen (wenn auch einer koordinierten, interaktiven Handlungsweise) beruht, deren Existenz phänomenologisch nur als ununterbrochene Kette einzelner (wenngleich institutionell determinierter, weil sich an den Handlungsregeln der Institution orientierender) Handlungen von einzelnen Individuen besteht, ist, durch den dem Begriff der *Institution* inhärenten Begriff der *Handlungsregel* oder *Konvention*, die prinzipielle Veränderbarkeit institutionellen Handelns (und damit der Institution qua institutioneller Handlungsregeln selbst) immer schon gegeben. Der Zwangscharakter der Institution besteht weniger in der prinzipiellen Unmöglichkeit für die Individuen, anders zu handeln, als es die jeweiligen institutionellen Handlungsregeln vorsehen, als vielmehr in den konkreten Sanktionen, die die Institution für diejenigen Individuen vorsieht, die sich nicht an die institutionellen Regeln halten. Im Falle der Institution *Recht* können solche Sanktionen, soweit sie das Personal der Institution (Richter, Staatsanwälte, Verwaltungsbeamte usw.) betreffen, etwa darin bestehen, daß die Handlungen als gültige institutionelle Akte nicht anerkannt werden (etwa wenn ein Verwaltungsakt von ei-

---

[23] Nach Schülein 1987, 52.

nem Gericht oder ein Gerichtsurteil von einer höheren Instanz aufgehoben wird), oder bei schwereren Konflikten darin, daß dem einzelnen Individuum seine institutionelle Rolle entzogen wird (Entlassung, Versetzung usw.). Hinsichtlich des nicht organisationsbezogenen Aspekts von Institutionen (etwa der Rechtsinstitute) kann der institutionelle Zwang darin bestehen, daß (z.B. bei der Interpretation von Gesetzestexten) stets nur bestimmte, in den durch das jeweilige Rechtsinstitut in seiner geltenden Fassung gebildeten Wissensrahmen passende, Argumente zugelassen bzw. als gültig anerkannt werden. Die fraglose Anerkennung der (wenn auch diffusen und nicht genau festzulegenden) "herrschenden Meinung" in der juristischen Dogmatik und Gesetzesinterpretation durch das Personal der juristischen Institution ist einer der Mechanismen, welche die Konstanz der Rechtsinstitute und damit der institutionellen Wissensrahmen über die individuellen Interessen, Auffassungen und Wertungen des institutionellen Personals hinweg garantieren.

Wenn auch in der Rechtstheorie relativ viel nachgedacht wurde über die Ausgestaltung und Funktion der (dogmatischen) Rechtsinstitute und ihr Verhältnis zu den sozial-realen Sachbereichen (soziale Institutionen) auf die sie sich beziehen, so ist doch der institutionelle Charakter des Rechts selbst dabei erstaunlich kurz gekommen. Noch immer wird auf den Klassiker der Institutionentheorie Maurice Hauriou verwiesen, der schon im Jahr 1925 das zentrale Problem jeder Institutionentheorie im Zwischenbereich zwischen juristischer und soziologischer Betrachtung des Gegenstandes folgendermaßen fragend beschrieb:[24] "ob nämlich die Rechtsnormen die Institutionen geschaffen haben oder ob es nicht vielmehr die Institutionen sind, die dank der ihnen eigenen Führungsmacht die Rechtsnormen schaffen." Dabei hat Hauriou wohl mehr an die sog. Personeninstitutionen (also Institutionen im Sinne formaler Organisationen) gedacht, wobei in seinem kleinen Traktat offen bleibt, ob seine Überlegungen auch für die Institutionalität des Rechts selbst gelten sollen oder nicht. Weder das Recht als gesellschaftliche Rahmeninstitution noch die einzelnen juristischen Personeninstitutionen, welche das Recht tragen, passen ganz zu der Definition, die Hauriou für die Institutionen gibt,[25] bei denen er vor allem die sog. *Personen*institutionen von den *Sach*institutionen abgrenzen möchte.[26] Da er sich ausschließlich den Personeninstitutionen widmet, sind seine Ausführungen zum institutionellen Cha-

---

[24] Hauriou 1925, 32. Hauptsächlich auf die Institutionentheorie Haurious bezieht sich die in unserem Zusammenhang wenig ergiebige Aufsatzsammlung Schnur 1968.

[25] "Eine Institution ist eine Idee vom Werk oder vom Unternehmen, die in einem sozialen Milieu Verwirklichung und Rechtsbestand findet. Damit diese Idee in die konkrete Tatsachenwelt umgesetzt wird, bildet sich eine Macht aus, von der sie mit Organen ausgestattet wird. Zwischen den Mitgliedern der an der Durchsetzung der Idee beteiligten sozialen Gruppe ergeben sich unter der Oberleitung der Organe Gemeinsamkeitsbekundungen, die bestimmten Regeln folgen." Hauriou 1925, 34

[26] Hauriou 1925, 34 f.

rakter der Rechtsnormen selbst[27] zu wenig aufschlußreich, um uns weiterhelfen zu können. Auch auf den Aspekt der formalen Organisation der juristischen (Personen-)Institutionen paßt seine Beschreibung der Personeninstitutionen nicht unbedingt. Danach wird jede Institution von einer zentralen Idee getragen (sozusagen ein "Gründungsgedanke"), der den Anlaß der institutionellen Organisation und der Bindung des institutionellen Personals an die Leitideen der Institution bildet.[28] Zwar könnte man auch für das Recht insgesamt von einer "Idee" im Sinne Haurious sprechen, worunter er den "Zweck und die zu seiner Erreichung einzusetzenden Mittel"[29] der Institution versteht, wenn man etwa die "Gerechtigkeit" oder die "Aufrechterhaltung der gesellschaftlichen Ordnung" oder Ähnliches als allgemeine Rahmenidee der Institution Recht akzeptieren würde. Doch ist Haurious Beschreibung der organisierten Institutionen zu sehr auf Personengesellschaften (wie Verbände, Gewerkschaften, Handelsfirmen, Krankenhäuser usw.) zugeschnitten, als daß sie problemlos auch auf die Institution des Rechts übertragen werden könnte. Besonders deutlich wird dies dort, wo Hauriou den "Gründungsakt"[30] zum zentralen Definitions- und Konstitutionsmoment einer Institution erklärt: der Gründungsakt ist für ihn stets ein rechtlicher Akt, eine Setzung durch Rechtsnormen, die damit (als quasi "konstitutive Regeln") die von Searle[31] so genannten "institutionellen Tatsachen" schaffen (als "deklarative" Sprech-Akte).[32] Auch hier wird also wieder (wie in manchen soziologischen Definitionen der Institution) die Existenz des Rechts, rechtlicher Normen, als definierendes Moment der Institution, als des gesellschaftlichen Rahmens, der erst die Entstehung formaler Institutionen erlaubt, bereits vorausgesetzt.

Fraglich ist daher, ob diese Institutionen-Definition rekursiv auf das Recht selbst angewendet werden kann, ohne zirkulär (und damit leer) zu werden. Wohl kaum kann für die Institution des Rechts als solche (historisch

---

27 Zu diesem Problem führt Hauriou (1925, 35) nur folgendes aus: "Sie [die Rechtsnorm, D.B.] ist insofern eine Institution, als sie sich in ihrer Eigenart als Idee im sozialen Milieu ausbreitet und in diesem lebt, bringt aber äußerlich keine eigene Körperschaft hervor. Sie lebt im sozialen Ganzen, etwa im Staat, entlehnt dabei dessen Strafgewalt und zieht Nutzen aus den Gemeinsamkeitsbekundungen, die sich in diesem vollziehen. Indessen kann sie schon deshalb keine Körperschaft hervorbringen, weil sie nicht etwa ein Handlungs- und Unternehmensprinzip darstellt, sondern, ganz im Gegenteil, ein Prinzip der Beschränkung."

28 Hauriou 1925, 34 spricht hier von der "Idee vom Werk".

29 Hauriou 1925, 37.

30 Er redet daher auch von "verbandsmäßigen Institutionen", denen er folgende Merkmale zuspricht: "1. Die Idee des in einer sozialen Gruppe zu schaffenden Werks. [...] 2. Die im Dienst dieser Idee stehende organisierte Macht, um die Idee zu verwirklichen. [...] 3. Die Gemeinsamkeitsbekundungen, die innerhalb der sozialen Gruppe mit Bezug auf die Idee und ihre Verwirklichung erfolgen." (35 f.)

31 Searle 1971, 79 ff.

32 "Institutionen entstehen, leben und sterben nach den Regeln des Rechts. Sie entstehen durch Gründungsvorgänge, die ihnen ihre Rechtsgrundlage vermitteln und damit ihren Fortbestand sichern." Hauriou 1925, 35.

gesehen) der Gründungsakt eines expliziten "Übereinkommens"[33] reklamiert werden. Eine Möglichkeit, in der Rahmen- und Konstitutionsfunktion, die Rechtsnormen für personale Institutionen (wie etwa auch die Justiz-Institutionen) ausüben, nicht das Manko einer zirkulären Definition von Institution zu sehen, besteht vielleicht in dem prinzipiell rekursiven Charakter des Rechts selbst: Rechtsnormen regeln nicht nur das Leben und Wirken gesellschaftlicher Zusammenhänge außerhalb der (eigenen) Institution Recht, sondern auch das Wirken des Rechts als personaler Institution selbst: Wenigstens im positivierten Recht kontinentaleuropäischer Prägung sind rechtliche Regelungen via Normtexten auch für das Wirken der Institution Recht bestimmend. Man kann staatliche Verfassungen, die im allgemeinen Verständnis zwar auch zum "Recht" gehören, und die mit ihrer Verabschiedung (und der Verabschiedung der Gesetze) verbundenen Akte der verantwortlichen politischen Organisationen (Parlamente u.a.), wenn man will im gewissen Sinne als "Gründungsakte" der Institution Recht auffassen. Insofern trifft das von Hauriou angesprochene[34] Wechselverhältnis zwischen einer organisierten Macht, welche eine Institution aufrechterhält, und den zentralen Leitideen der Institution als den "Rechtspositionen", die von der zentralen Macht durchgesetzt und bewahrt werden, vielleicht auch das Wirken der Institution Recht: die Rechtspositionen wären dann die Verfassungselemente, welche den Rahmen der Institution Recht abgeben. Das Recht, als gesellschaftliche Rahmeninstitution, welche durch konstitutive Akte die Existenz einer Vielfalt gesellschaftlicher (Personen-)Institutionen bedingt oder wenigstens garantiert (durch rechtliche Rahmenregelungen, welche die Gründung von Institutionen durch eigene, institutionenspezifische Rechtsetzungen - Satzungen - ermöglichen und gesamtgesellschaftlich absichern), wäre dann auf einer anderen Ebene der Rechtsetzung selbst wiederum durch Normen und institutionelle Gründungsakte zweiter Ebene konstitutiert bzw. abgesichert. Institutionalität wäre dann nicht ein *absoluter* Begriff, der nur eine Ebene hätte, sondern es würde naheliegen, von verschiedenen, ineinander verschachtelten *Ebenen der Institutionalität* zu sprechen. Interessant in Haurious Institutionentheorie ist in unserem Zusammenhang schließlich, daß er die Kontinuität und Überlebenskraft der Institutionen nicht den Rechtsnormen als solchen, sondern den formalen Organisationen, und damit den die Institutionen tragenden Personen, zuschreibt.[35] Die Normen und Leitideen können sich nach seiner Auffassung wandeln, während die formale Personeninstitution eine ungeheure Latenz beweist, die mühelos sich wandelnde Leitideen und

---

[33] "Diese Übereinkommen nehmen die Bedeutung eines besonderen rechtlichen Vorgangs an, nämlich des Gründungsvorgangs." Hauriou 1925, 45.

[34] "Die Verkörperung der Leitidee in einer Institution sichert ihr also, dank der fortwährenden Wirksamkeit der organisierten Macht, die von dieser ausgeht, die Errichtung und die Erhaltung eines Inbegriffs von Rechtspositionen, inmitten derer sie sich unter außergewöhnlich günstigen Bedingungen bewegen kann." Hauriou 1925, 52.

[35] Hauriou 1925, 65.

Rechtsnormen in die bestehende Institution inkorporieren kann. Vielleicht ist die "Gesetzesauslegung" in der von uns beschriebenen flexiblen Form ein herausragendes Beispiel für die Fähigkeit der formalen Organisation Justiz, das Wirken der eigenen Institution auch über die Starrheit geschriebener Rechtsnormen hinweg dynamisch zu halten. Dieser Gedanke wirft aber wiederum ein Licht des Zweifels auf Haurious eigene Definition der Institution: In Frage steht, ob der normative Aspekt der Institutionen (rechtlicher Gründungsakt und leitende Rechtspositionen) wichtiger ist, oder ob es vielmehr die sich aus anderen Kräften speisenden formalen Organisationen und das sie tragende Personal sind, welche das Überleben der Institutionen garantieren. Aus diesen Bedenken heraus war der Begriff der Institution in der Soziologie verallgemeinert worden auf alle Formen kontinuierlicher Komplexe gesellschaftlicher Interaktionsmuster, auch wenn diese nicht die Kontinuität formaler Organisationen annehmen.

Die Rezeption der rechtstheoretischen Selbstreflexion über die Institutionalität des Rechts und damit deren Nutzbarmachung für das in unserem Untersuchungszusammenhang aufgetretene Problem der Erklärung des Verhältnisses von Sprache und Institution und der Auswirkungen, die der institutionelle Charakter der juristischen (Sprach-)Arbeit mit Gesetzestexten auf die linguistische Beschreibung dieser Form des Sprachgebrauchs hat, wird erschwert durch die Tatsache, daß die juristische Institutionentheorie, v.a. was die sog. Rechtsinstitute betrifft, mit einer sehr spezifischen Position zur Rechtstheorie verbunden ist, die nur eine von vielen Auffassungen zum Charakter des Rechts darstellt, die methodologischen, aber auch grundsätzlich rechtstheoretischen Charakter hat.[36] Die sog. "institutionelle Rechtstheorie" behauptet über die schon bei Savigny und Windscheid zu findende positivistische Meinung, daß Rechtsinstitute die Gesamtheit der sich auf ein konkretes Problem beziehenden Rechtsnormen darstellen, hinaus, daß es eine enge Verflechtung zwischen schriftlich fixierten Rechtsnormen, durch herrschende Meinung verfestigten Gesetzesauslegungen und existierenden gesellschaftlichen Phänomenen als dem Ziel- und Sachbereich der Normen gibt, die sich

[36] Vgl. dazu die gute Zusammenfassung und Darstellung von Wolf 1970, 77 ff., der u.a. ausführt: "Als institutionelle Rechtsauffassung oder institutionelles Rechtsdenken wird eine in der heutigen deutschen Rechtslehre verbreitete Grundauffassung vom Recht bezeichnet, die nach ihren Vertretern vornehmlich methodologische Bedeutung hat. Den dazu gehörenden Auffassungen ist gemeinsam, daß eine begriffliche Analyse und Anwendung der auf staatlicher Gesetzgebung beruhenden Gesetze als juristische Methode für unzureichend gehalten wird. Nach ihnen gibt es hinter dem positiven Recht stehende Rechtsideen oder Rechtsgedanken, die sich historisch zu Rechtsgebilden verdichten, verfestigen oder konkretisieren und mit deren Hilfe Rechtsfälle zu entscheiden sein sollen. Diese als Rechtsinstitute oder Institutionen bezeichneten Gebilde werden als historisch entstehende, sich ändernde und endende Einheiten im Rechtsbewußtsein aufgefaßt, in denen sich die Rechtsidee partiell verwirklicht oder gestaltet. Manche Vertreter der institutionellen Rechtsauffassung wollen an den Gesetzen und deren logischer Anwendung weitmöglich festhalten, nach anderen besteht die Bedeutung der Institutionen darin, das Recht durch richterliche Entscheidungen schöpferisch fortzubilden." (78)

zu den sog. Rechtsinstituten verdichtet. In dieser Auffassung steckt nach Wolf eine problematische Verdinglichung, da damit eine Einheit verschiedenster Rechtsnormen (Subsumtion unter einen gemeinsamen sachlich abgegrenzten Problemkomplex, etwa *Ehe*, *Eigentum*, *Vertrag*) behauptet wird, die so tatsächlich nicht existiere.[37] Nach seiner, vom Standpunkt einer logisch orientierten Rechtstheorie aus argumentierenden, Position liegt in der Auffassung von dem zentralen Gedanken der Rechtsinstitute als rechtstheoretischer und -methodischer Position eine problematische Verdinglichung und Ontologisierung von nur durch die juristische Praxis der Gesetzesauslegung geschaffenen Sinnzusammenhängen.[38] Wolf weitet seine Kritik von der rechtstheoretischen Position der institutionellen Rechtsauffassung auf ihre soziologischen Grundlagen aus und verneint schlichtweg die Existenz gesellschaftlicher Institutionen wie "*Ehe*",[39] an deren Stelle allein die Vielzahl der einzelnen, konkreten, je verschiedenen personalen Beziehungen zwischen Männern und Frauen Realität hätten.[40] Mit dieser Kritik schießt Wolf jedoch über das Ziel hinaus. Abgesehen davon, daß fraglich ist, welcher Begriff von "wirklich" bzw. "existierend" hinter seiner Kritik steht, kann eine gewisse faktische Macht von die juristische Auslegungs- und Entscheidungspraxis leitenden Wissenszusammenhängen, wie wir an unseren empirischen Analysen gesehen haben, nicht geleugnet werden. Wenn die "Rechtsinstitute", wie "*Ei-*

[37] Wolf 1970, 81 f.

[38] "Die von Forsthoff behaupteten allgemeinen Rechtsgedanken, gestalthaften Rechtsgebilde, Sinnganze, Gefüge, Sinnzusammenhänge usw. sind logisch nicht möglich, existieren also nicht. Damit ist die von Forsthoff vertretene institutionelle Rechtsauffassung nicht möglich." Wolf 1970, 85.

[39] "Nach der eherechtlichen Lehre von der Institution Ehe gibt es nicht nur einzelne Ehen, also personen- und gesellschaftsrechtliche geschlechtliche Verhältnisse zwischen je einem Mann und je einer Frau auf Lebenszeit (eherechtliche Verhältnisse), sondern außerdem eine überindividuelle, transpersonale, ganzheitliche, inhaltliche Ordnung (Institution Ehe), die sich in jeder einzelnen Ehe verwirklicht und an der jede teilhat. Da die Institution Ehe weder der den eherechtlichen Verhältnissen inhaltlich entsprechende, sich auf alle eherechtlichen Verhältnisse, die es gibt, beziehende allgemeine Begriff (Begriff Ehe) ist, der jeweils in einer Denktätigkeit eines diesen Begriff denkenden Menschen existiert, noch die außerhalb des gedachten Begriffs Ehe und unabhängig davon (real) existierenden Ehen sind, und es ein Seiendes anderer Art, das dem Inhalt einer Ehe entspricht und daher als Ehe bezeichnet werden kann, nicht gibt, existiert die Institution Ehe nicht." Wolf 1970, 86.

[40] Wolf läßt zwischen der sozialen (phänomenalen) Wirklichkeit und dem Begriff nichts Drittes (hier: ein "Rechtsinstitut") zu. Ähnlich wie die von Michel Foucault in seiner Diskurstheorie (Foucault 1971, 32 u.ö.) kritisierten Philosophen, die zwischen Wirklichkeit und Sprache nichts Drittes als Ordnungsmacht unseres Denkens, Redens und Handelns zuließen, und damit die spezifische Realität des Diskurses leugneten, läßt Wolf ein Drittes nicht zu. Doch ist es gerade die Wirksamkeit dieses Dritten, ob man es als Rechtsinstitut methodisch (zu zweifelhaften Zwecken) auswertet, oder ob man es als Wissensrahmen oder diskursiven Ordnungsfaktor deskriptiv als gegeben feststellt, die anerkannt werden muß, gerade wenn man ihr faktisches Wirken im Recht als problematisch kritisieren will. Man könnte wohl die Rechtsinstitute auch in Termini der Diskursanalyse beschreiben, was hier aus Platzgründen unterbleiben muß. Allerdings warnt Wolf zu Recht vor der Ontologisierung solcher sozialer Realitäten und wirft die Frage nach ihrem ontologischen Status auf, die in der Tat nicht leicht zu beantworten ist.

gentum", "*Vertrag*" usw., wie wir zeigen konnten, in der juristischen Praxis tatsächliche Kraft entfalten, und sei es auch nur als argumentative Figur im innerjuristischen Auslegungsdiskurs, also als methodische Größen, so sollte ihre Existenz und ihre Wirkungsmächtigkeit auf die juristische Praxis nicht negiert oder verkleinert werden.

Menschen denken und bewältigen ihr Alltagsleben, jedoch vor allem ihr soziales Zusammenleben, mithilfe von epistemischen Ordnungsmitteln, unter denen die Wissensrahmen eine herausragende Rolle spielen. Wenn Wissensrahmen wie "*Eigentum*" usw. als epistemische Zentrierungsinstanzen fungieren, dann haben sie auch als solche eine gewisse gesellschaftliche Realität (ohne daß man deswegen gleich in einen problematischen Platonismus verfiele). Die von Wolf geübte Kritik verkennt zudem, wenn er nicht nur die Existenz von rechtsmethodisch ausgedeuteten "Rechtsinstituten", sondern sogar der sozialen Institutionen, auf die sie Bezug nehmen, negiert, die soziologische Realität von - als Regel- bzw. Verhaltensmuster-Komplexe wirkenden - gesellschaftlichen Organisations- und Verhaltensformen, wie sie etwa in der Ehe bestehen. Indem er behauptet, daß phänomenal außer den einzelnen konkreten Personenbeziehungen die Ehe keine Realität oder Existenz habe, negiert er die in den Sozialwissenschaften (und auch in der Sprachwissenschaft) allgemein anerkannte Dualität von *type* und *token*, von dem gesellschaftlichen Handlungsmuster und den einzelnen Akten der Musterbefolgung (zu denen die einzelne konkrete Ehe in Relation zur gesellschaftlichen Institution Ehe zu rechnen wäre). Ziemlich nahe der in unserer empirischen Analyse festgestellten Beschreibung der praktischen Wirksamkeit juristischer Wissensrahmen kommt die von einem gemäßigten Vertreter der juristischen Institutionentheorie geäußerte Auffassung, daß ein Rechtsinstitut "ein Konglomerat aus gesetzlichen Gedanken, richterlicher Kasuistik und wissenschaftlichen Erörterungen"[41] sei. "Gemäßigt" kann diese Position deshalb genannt werden, weil sie nicht auf eine problematische Verflechtung fachlich-juristischer (dogmatischer) Wissensrahmen mit außerjuristischen gesellschaftlichen Institutionen zielt, wie es andere Vertreter der Rechtsinstitute als methodischer Leitgrößen propagieren. Institutionalisierung von Rechtsinstituten ist demzufolge ein der juristischen Praxis inhärenter Prozeß, wonach die Auslegung von Normtexten infolge der richterlichen Kasuistik und Gesetzesinterpretation und des Entstehens einer konkreten problembezogenen herrschenden Meinung dazu tendiert, sich zu Wissenskomplexen zu verfestigen, die dann eine feste argumentative und die juristische Auslegungspraxis leitende Funktion erhalten.[42]

---

41 Wolf 1970, 86 mit Verweis auf Meyer-Ladewig.

42 "Im übrigen aber bleibe die Wirkung der Institutionalisierung die gleiche: Auch die Norm bleibe von der ständigen Korrosion durch Kasuistik und wissenschaftliche Erörterungen nicht verschont, sie verändere unmerklich ihre Gestalt und folge dem in der Rechtsprechung sich niederschlagenden Zeitgeist. [...] Die Bindung des Richters steige also kontinuierlich von den

Auch die von mir bevorzugte sozialwissenschaftliche (und rechtstheoretisch bzw. -methodisch neutrale) Rede von *Wissensrahmen* (statt Rechtsinstituten) muß jedoch in Rechnung stellen, daß Normtexte (und damit juristisch-fachliche Wissensrahmen) niemals allein, nur aus sich als "Textformularen" heraus, Wirkung entfalten, sondern immer nur als Kristallisationspunkte für praktische Prozesse der Wissensaktivierung. Damit ist eine strikte und trennscharfe Abgrenzung von allein auf die Interpretation der Rechtstexte bezogenen (rechtlich-fachlichen) Wissensrahmen und den gesellschaftlichen (außerjuristischen) Daten, auf die diese Wissensrahmen Bezug nehmen, nicht mehr möglich. Es ist immer eine soziale Wirklichkeit, auf die sich die Rechtsnormen richten; insofern besteht immer eine Beziehung zwischen den Rechtsinstituten als den juristisch-fachlichen Wissensrahmen und Ausschnitten der gesellschaftlichen Lebenswirklichkeit (als den gesellschaftlichen Institutionen). Dabei ist es freilich in einer dermaßen rechtlich überformten Sozialwelt, wie sie die unsere darstellt, nicht möglich, scharf zwischen rechtlicher und außerrechtlicher Institution zu unterscheiden. Man muß daher wohl zwei Ebenen der Wirkung rechtlicher Wissensrahmen (nennt man sie nun Institute oder nicht) unterscheiden: Zum einen regeln (zu Instituten oder Wissensrahmen agglomerierte) Komplexe von Rechtsnormen außerrechtliche Lebensverhältnisse (Handlungsabläufe) der gesellschaftlichen Wirklichkeit. D.h. sie schaffen (im Sinne Searles) durch deklarative Akte institutionelle Tatsachen: heiraten kann man nur, insoweit es die Institution Ehe gibt. Zum anderen regeln Rechtsnormen aber, auf einer anderen, rekursiven Ebene der Institutionalität gesprochen, zugleich das Verhalten der mit der Rechtsverwirklichung betrauten formalen Organisation und deren Personal (Personeninstitution Justiz); sie regeln die Entscheidungs- und Problemlösungsvorgänge (judizielle Handlungs- und Entscheidungsabläufe), und damit in reflexiver Funktion den Prozeß der institutionellen Regulation gesellschaftlicher Lebensverhältnisse selbst. Natürlich wirken beide Ebenen zusammen. Nur wenn die rechtlichen Wissensrahmen (als Komplexe von Rechtsnormen, Auslegungsakten, richterlicher Kasuistik, rechtswissenschaftlichen bzw. dogmatischen Überlegungen usw.) das Personal der Institution dazu veranlassen, in bestimmter Weise tätig zu werden, kommen auch die durch die rechtlichen "Gründungsakte" konstituierten institutionellen Tatsachen (gesellschaftliche Institutionen) zu ihrer Existenz. Die Normtexte sind dabei Mittel zur Kontinuitätswahrung möglichst gleichbleibender Regulierungshandlungen und organisationsseitiger Eingriffe in die außerrechtlichen gesellschaftlichen Institutionen; als solche sind sie zwar nicht unabdingbar für die Aufrechterhaltung der (judiziell garantierten) Institution bzw. der institutionellen Akte (vgl. etwa das *case law* des angelsächsischen Rechts ohne geschriebene Gesetze, das meist nur auf Präzedenzurteilen der Gerichte beruht); sie erleich-

---

Präjudizien über die Präjudizienreihe zum Institut und innerhalb des Instituts vom Gewohnheitsrecht zum Gesetz." Wolf 1970, 86 f.

tern aber die Kontinuitätswahrung der Institution Recht als ganzer (und damit auch der einzelnen Rechtsinstitute bzw. rechtlich-fachlichen Wissensrahmen). Rechtstexten kommt damit eine spezifische Funktion institutioneller Kommunikation zu.[43] Entscheidend ist dabei, daß man die "Bedeutungen" und Inhalte der Rechtsnormen (d.h. die für die Interpretation der normativen Texte entscheidenden Wissensrahmen) nicht ontologisierend verdinglicht (das ist die wahre Gefahr der Institutionellen Rechtsauffassung), sondern ihre Existenz in die sich ständig wandelnde Praxis der juristischen Arbeit mit den Gesetzestexten verweist: Nur in den einzelnen aufeinanderfolgenden Akten der Arbeit der Juristen mit den Gesetzestexten - und ihrer ständig neuen Beziehung auf außerrechtliche Sachverhalte - haben die Wissensrahmen Existenz. Die Texte (als Textformulare) allein können keine feststehende Auslegung objektiv verbürgen; allein die Konstanz der *Praxis* gewährt eine gewisse Verläßlichkeit der Normtexte als Rahmenbedingungen des institutionellen Handelns der Justiz.[44]

Trotz ihres problematischen ontologisierenden Charakters und ihrer Verflechtung von rechtlichen Wissensrahmen mit der außerrechtlichen gesellschaftlichen Lebenswirklichkeit können der modernen Variante des "institutionalistischen Rechtspositivismus", wie ihn etwa Weinberger[45] vertritt, einige Anregungen in unserem Forschungszusammenhang entnommen werden:[46]

> "Institutionen sind Rahmensysteme menschlichen Handelns. Sie haben einen Kern praktischer Informationen. Sie sind in dem Sinne immer ein komplexer Gegenstand, als sie aus einem geordneten System praktischer Informationen bestehen, das in Wirkzusammenhängen mit psychischen und gesellschaftlichen Tatsachen und Vorgängen steht."

Diese Definition bestimmt den Kern jeder Institution als einen Wissenszusammenhang, der als Faktenwissen und Regelwissen zugleich den Zusammenhalt gesellschaftlicher Handlungsweisen ermöglicht. Institutionen (gemeint sind wohl die Rechtsinstitute) wären danach Interaktionen von gesellschaftlichen Wissenssystemen mit der durch sie gelenkten tatsächlichen ge-

---

43 "Jede Institution ist in sich selbst ein technischer Apparat und ein informatives Kommunikationssystem." Schelsky 1970b, 25

44 Vgl. Ritter 1970, 63 f., der aus philosophischer Sicht darauf verweist, "daß Institutionen nicht nur Wirklichkeit des Handelns und Lebens sind, sondern daß sie ihrerseits im Element des Handelns und Lebens Wirklichkeit haben. Sie sind keine äußeren dinglichen Gegebenheiten wie Gehäuse, sondern bestehen ihrerseits als Verfassung und Formen des Handelns; sie haben so, wie sie Habitus von Praxis sind, selbst nur als Praxis Wirklichkeit. Praxis - Leben und Handeln - ist das Element, in dem sie stehen und bestehen. Entwickelt sich daher wie in der Polis die Praxis über ihren anfänglichen Bestand hinaus, so verändern sich auch die Wirklichkeit von Institutionen und ihre Substanz."

45 Weinberger 1984, 1987, 1988; MacCormick/Weinberger 1985.

46 Weinberger 1987, 33; er fährt fort: "Das System der praktischen Information kann - aber muß nicht - in expliziter Formulierung vorliegen. Wenn es nur tatsächlich als Regel, Richtlinie oder/und Maßstab des Handelns dient, ohne ausdrücklich bewußt und sprachlich formuliert zu sein, dann kann es die Aufgabe der wissenschaftlichen Analyse sein, die tatsächlich wirkenden (gesellschaftlich daseienden) Normen, Wertestandards und Zwecke explizit darzustellen."

sellschaftlichen Handlungs- und Lebenspraxis. Interessant ist für uns der Zusammenhang, der hier zwischen dem sprachlichen Niederschlag institutioneller Regeln und den Institutionen hergestellt wird. Wenn der Kern von Institutionen in "praktischen Informationen" besteht, dann kommt der textlichen Fixierung institutioneller Regeln (wie es in den Normtexten, den Auslegungstexten - wie Gerichtsurteilen und Kommentaren - und den rechtsdogmatischen wissenschaftlichen Texten geschieht), eine zentrale institutionsstützende Funktion zu. Problematisch erscheint allerdings der hier verwendete Begriff der *Information*. Er suggeriert das anwendungsbereite Vorliegen von entsprechenden normativen Daten. Dagegen sind die normativen Informationen nach den Erfahrungen unserer Analyse in der juristischen Praxis etwas, was im institutionellen Handeln (Explizieren, Verknüpfen, Entscheiden, Anwenden, Konkretisieren) selbst erst hergestellt wird (Inferenzziehung); und zwar so, daß dieser Herstellungsprozeß selbst schon institutionell ist (institutionellen Regeln folgt) und damit den Kern des Funktionierens wie der Existenz der Institution ausmacht. Problematisch ist es auch, wenn allzusehr auf den systematischen Charakter der für eine Institution oder ein Rechtsinstitut wirksamen praktischen Informationen abgehoben wird.[47] Wenn Institutionen vor allem "Rahmensysteme des Handelns"[48] sind, dann muß man sie als solche Rahmen behandeln, die verschiedenste Formen des gesellschaftlichen und institutionellen Wissens auf einen konkreten Handlungszusammenhang und Zweck hin agglomerieren. Insofern sind Institutionen (im Sinne der Rechtsinstitute) Wissensrahmen, die Regelwissen und Wissen über eine konkrete gesellschaftliche Praxis verknüpfen. Insofern darin sprachliche Formulierungen institutioneller Regeln einbegriffen sind (etwa der Gesetzestexte im Recht), stellen sich die Institutionen als Verflechtungen von Texten, Textdeutungen und gesellschaftlichen Handlungsweisen dar, m.a.W. als eine *Praxis*, in der sprachliches und nichtsprachliches Handeln in einer Weise verflochten sind, wie sie Wittgenstein für die "Sprachspiele" beschrieb. Es erstaunt daher nicht, daß Wittgenstein im Zusammenhang mit den Sprachspielen als Komplexen institutioneller Regeln gelegentlich das Wort *Institution* gebraucht[49] und sogar von der "Institution der Sprache" (PU § 540) spricht.

[47] "Das System der praktischen Information kann verschieden strukturiert sein. Es ist meist ein System normativer Regeln und damit verbunden ein Komplex von Zwecken, Wertestandards und Präferenzen. Das System ist je nach Umständen in verschiedenem Maße entfaltet, einmal eher ein Komplex abstrakter Grundsätze, Zielsetzungen oder Maximen, ein andermal eine Menge von Verhaltens- und Ermächtigungsnormen. Zu den grundlegenden praktischen Informationen gehören die Leitideen der Institution, durch die die funktionale Ausrichtung der Institution bestimmt wird." Weinberger 1987, 34

[48] Weinberger 1987, 34; "Wenn ich von einem 'Rahmensystem' spreche, dann verweise ich auf den Umstand, daß die Institution eine Bedingung der Handlungsbestimmung ist, aber in der Regel allein nicht dazu geeignet, die Handlung zu bestimmen und die Handlungsweise zu begründen."

[49] Wittgenstein 1971 (PU) §§ 199, 337, 380, 540, 584 (siehe unten Anm. 88).

Ein wichtiger Aspekt von gesellschaftlichen Institutionen ist es, daß sie nicht nur Komplexe von Handlungsregeln darstellen, sondern darüber hinaus über "Realien" verfügen, zu denen Weinberger Gegenstände, Strukturen, Positionen und Rollen rechnet.[50] Zwar wird man kaum alle der genannten "Realien" trennscharf von den Handlungsregeln unterscheiden können. So bestimmen sich Strukturen, Positionen und Rollen einer und in einer Institution danach, welche Handlungsaufgaben die jeweiligen personalen Inhaber der Positionen und Rollen nach den geltenden institutionellen Regeln erfüllen müssen; auch Strukturen von Institutionen (wie sie vor allem in formalen Organisationen wie z.B. der Justiz wirksam werden), sind letztlich Komplexe von Handlungsregeln, die verschiedene, institutionell mit verschiedenen Aufgaben versehene Handlungskomplexe voneinander unterscheiden. Wichtig ist aber, daß das Personal der Institutionen mit seinen je verschiedenen Rollen und Positionen ein wichtiges Element dessen darstellt, was den Kern der Organisation der institutionellen Praxis ausmacht.[51] Zu den Realien sind über die genannten Elemente hinaus jedenfalls in der Institution Recht die verschiedenen institutionellen Textsorten - voran die Gesetzestexte - zu rechnen. Sie bilden, als mit institutioneller Verbindlichkeit (verschiedenen Grades) ausgestattete Zeichenausdrucksketten, einen materialen Bezugspunkt der inneren Organisation des institutionellen Handelns, wenngleich ihre konkrete inhaltliche Ausfüllung (als "inferentielle" und damit sinngebende Aktivität) schon selbst ein Bestandteil der Praxis des institutionellen Handelns ist und nicht etwa diesem äußerlich und als "objektive Größe" vorgeschaltet. Normtexte sind aber nicht zu unterschätzen in ihrer Funktion, die Stabilität und Kontinuität der Institution Recht zu gewährleisten. Wenn man Institutionen als themen- und aufgabenzentrierte Fälle gesellschaftlicher Wissensrahmen (Wissensrahmen über geordnete Komplexe gesellschaftlicher Handlungsmuster) begreift, dann haben sie eine wichtige Orientierungsfunktion für die einzelnen Agenten der Institutionen, die von der vollen Eigenverantwortung und Eigeninitiative ihres Handelns entlastet sind und sich statt dessen auf die relativ verläßlich gegebenen Handlungsregeln der Institution berufen können.[52] Als solche Orientierungsrahmen, welche dem Individuum

---

50 "Das Rahmensystem des Handelns, die Institution nach meiner Definition, führt oft Gegenstände, Strukturen, Positionen und Rollen ein; sie belegt sie mit Namen ('Turm', 'Richter', 'Ehe' ...) und - dies ist gerade das Wesentliche - bestimmt deren Funktion in der betreffenden Institution durch praktische Regeln (Normen, Zielsetzungen, Präferenzen). Die definierten Realien der Institution sind wichtig für das geschaffene Rahmensystem des Handelns, aber sie sind ein Skelett, an das die Entfaltung der Handlungspotentialitäten anknüpft." Weinberger 1987, 35.

51 Jedoch gehören auch materielle Gegenstände zu den Realien von Institutionen, etwa Gefängnisse, Polizeiknüppel, Taufbecken, Eheringe u.ä., deren Funktionen für die Aufrechterhaltung der Institution je verschieden sein können.

52 "Der Begriff der Institution hängt in gewisser Weise mit dem Begriff der *Institutionalisierung* zusammen. Institutionen bedeuten immer eine gewisse Art von Stabilisierung, von Schöpfung von Mustern, Standards oder/und Lebensformen, denen eine gewisse relative Beständigkeit,

das der jeweiligen Institution konforme Handeln nahelegen, erfüllen die Wissensrahmen der Institutionen eine gesellschaftliche Funktion, die in ihrer fundierenden Rolle für den Zusammenhalt der Gesellschaft und die Aufrechterhaltung ihrer einzelnen Handlungsbereiche und Funktionen nicht zu überbieten ist. In dieser zugleich epistemischen und praktischen Funktion treten die Wissensrahmen der Institutionen neben die anderen, handlungspraktisch oder nur perzeptuell ausgerichteten Wissensrahmen, die insgesamt den epistemischen Bestand unserer Lebenswelt ausmachen. Der grundlegenden Orientierungsfunktion der gesellschaftlichen Institutionen kommt, wenn man sie auf die Funktion der einzelnen "Rechtsinstitute" (juristisch-dogmatischen Wissensrahmen, wie *Vertrag*, *Eigentum*, *Ehe* usw.) konkretisiert, eine spezifische wissensorganisierende Funktion zu: Sie ordnen die Masse des "Rechtsmaterials"[53] zu überschaubaren Einheiten, die das "Abrufen" (epistemische Realisieren) von zu einem Problemkomplex gehörenden epistemischen Elementen durch die Rechtsarbeiter erleichtern. Die sog. "Rechtsbegriffe", denen in der alten Begriffsjurisprudenz allein diese epistemische Leistung zugeschrieben wurde, sind nicht mehr als Namen für solche juristischen Wissensrahmen. Die Verwendung eines normative Ausdrucks wie *Vertrag*, der letztlich nur eine Abkürzung für einen komplexen, dahinter stehenden juristischen Wissensrahmen darstellt,[54] hat vor allem die Funktion, den Verweis auf diesen Wissensrahmen sprachlich abzukürzen und damit die juristische Arbeit zu straffen und zu rationalisieren.[55]

Die Institutionalität des Rechts hat, wie wir zu Anfang dieser Ausführungen gesehen haben, mindestens vier Dimensionen: (1) "*das Recht*" insgesamt als gesellschaftliche Institution; (2) die "*Institutionen des Rechts*", die man zur Unterscheidung wohl besser Institutionen der Justiz nennen sollte, als mit

---

wenn auch keineswegs Konstanz zukommt. Sie sind Orientierungen des Handelns, ein wesentlicher Faktor der Konstitution von Handlungspotentialitäten des Einzelnen, seiner Zweck- und Wertestandards sowie seiner Handlungsformen, ebenso wie sie Elemente der sozialen Realität und die Basis aller Arten gemeinschaftlichen Handelns sind. Im Sinne meiner Konzeption des Handelns erfordert die Praxis der handlungsbestimmenden Informationsverarbeitung eine wenigstens potentielle Stabilisierung von Handlungsmustern und Werteeinstellungen. Die Institutionen sind jene Stellen, wo diese Fixierungen in einer gewissen Verkettung von Individuellem und Gemeinschaftlichem zustande kommen." Weinberger 1987, 151 f.

[53] So MacCormick 1985, 82; diese Ordnungsleistung besteht in folgendem: "Einerseits können wir das komplizierte Gefüge des Rechtsmaterials in vergleichsweise einfache Mengen von in Zusammenhang stehenden Regeln zerlegen; und doch ist es andererseits möglich, dieses Gefüge insgesamt in organisierter und generalisierter Weise - nicht als bloße Anhäufung einzelner Teile und Stücke - zu behandeln." (a.a.O.)

[54] Siehe unsere Analysen in Kap. 4 und 5 und die Rolle, die dort solche Wissensrahmen wie "*Eigentum*" und "*Vertrag*" usw. spielen.

[55] Nach MacCormick 1985, 87 könnte man statt der Kurzbezeichnungen wie *Vertrag* auch ausführlich formulieren, was aber umständlich ist und daher Aufmerksamkeit und Zeit kostet (die bekanntlich ein knappes Gut sind); etwa so: "Wenn zwei Personen eine Vereinbarung getroffen haben, bestimmte Umstände vorliegen, dann haben sie Verpflichtungen ..." - Den Rationalisierungsaspekt der Rechtsinstitute hebt auch Schmalz-Bruns 1989, 90 hervor.

Personal, Realien und Handlungsregeln ausgestattete formale Organisationen (Gerichte, Staatsanwaltschaften, Verwaltungen, Parlamente, Polizei); (3) die "*Rechtsinstitute*" als die einzelnen konkreten, themen- und problembezogenen juristisch-fachlichen Wissensrahmen; und (4) schließlich die mit letzteren z.T. eng verknüpften "*sozialen Institutionen*", insofern sie auf die juristischen Wissensrahmen zurückwirken.[56] Während "das Recht" als übergreifender Rahmen wohl nur ein (rechts-, staats- und sozialphilosophischer) Oberbegriff für das Wirken der rechtlichen Institutionen - ob als Personeninstitutionen oder als Rechtsinstitute - ist, kann man die übrigen drei Aspekte als einzelne Bestandteile eines miteinander verflochtenen Funktionsgefüges betrachten. Danach gibt es drei Ebenen der Institutionalität des Rechts: (1) Die *juristischen Wissenskomplexe* (Rechtsinstitute) als Ebene der Institutionalität des (juristisch/fachlich/dogmatisch definierten) Rechts*inhalts*. (2) Die *außerrechtlichen*, aber rechtlich (mit-)definierten *sozialen Institutionen*, in die die Rechtsinstitute konstituierend und regulierend hineinwirken, die aber, als verallgemeinerte (außerrechtliche) soziale Handlungsmuster und Regelkomplexe, d.h. als soziale Lebensbereiche, Bestandteil der alltäglichen Lebenswelt sind und nicht bloß der juristischen Institution(en) im engeren Sinne. Inwieweit man diese Lebensbereiche als "alltagsweltlich" definiert, ist sicherlich relativ zu den Handlungserfahrungen verschiedener gesellschaftlicher Teilgruppen: für Angehörige von Wirtschaftsbetrieben sind manche, für Außenstehende sehr spezielleund rechtliche Wissensrahmen alltäglicher Bestandteil ihrer Lebenswelt. (3) Die Institutionalität des Rechts als einer unter verschiedenen sozialen Institutionen, d.h. hier: im Sinne von *Personeninstitutionen*, deren Kern in institutionalisierten Verfahren der Konfliktlösung, Entscheidung und Rechtsetzung besteht; es geht dabei um die Institutionalität des juristischen Verfahrens selbst (also das, was wir oben als "rekursive" oder "reflexive" Institutionalität bezeichnet haben). Inwiefern diese Ebenen ineinanderwirken, kann nur durch genaueste rechtssoziologische Untersuchungen herausgefunden werden. Welche Rolle in diesem funktionalen Zusammenspiel der verschiedenen rechtlichen (bzw. rechtlich relevanten) Ebenen der Institutionalität die Normtexte und das Arbeiten mit ihnen haben, wird noch genauer zu betrachten sein.

Für eine Betrachtung der Institutionalität als eines Phänomens nicht absoluter Zuordnung (Institution ja oder nein; Institution X oder Y), sondern

---

[56] Man kann sicherlich zwischen solchen Institutionalisierungen, die einem Nichtjuristen als "innerjuristisch" erscheinen ("*Eigentumsvorbehalt*" usw.), und solchen unterscheiden, die auch als außerrechtliche soziale Institutionen wahrgenommen werden (*Ehe, Familie, Verwandtschaft* usw.). Allerdings kann zwischen beiden Bereichen wohl kaum eine scharfe Grenze gezogen werden. Insofern ist die Rede von den "gesellschaftlichen" Institutionen, die regulierend in die Rechtsarbeit eingreifen sollen, ("Institutionengarantie") nur als *relativ* zu verstehen. Auch die fachlichsten, innerjuristischsten Rechtsinstitute sind letztlich gesellschaftliche Institutionen; nur daß sich "die Gesellschaft", d.h. im Sinne der außerjuristischen Lebenswelt, für diese speziellen Formen gesellschaftlicher Institutionen kaum interessiert - auch wenn sie mitunter unmerklich erhebliche Auswirkungen auch für die "Normalbürger" haben können.

von *Ebenen bzw. Schichten der Institutionalität* plädiert aus allgemeiner soziologischer Perspektive in einer neueren Arbeit auch Schülein:[57]

"Institutionen sind, so gesehen, nicht nur bestimmt durch eine spezifische Anordnung, die sich von der Umwelt unterscheidet, sie sind vor allem eine auf eine bestimmte Ebene der Realität bezogene Relation. Betrachtet man Institutionen als ebenenspezifisch definiert, so wird deutlich, wo eines der Hauptprobleme der Institutionstheorie liegt: Solange die Ebene, auf der die Relation angesiedelt ist, nicht deutlich wird, ergeben sich ständig Zuordnungs- und Abgrenzungsprobleme. Der allgemeine Begriff [der Institution, D.B.] zielt dann zwar auf eine bestimmte Ebene, thematisiert jedoch die anderen mit. Und dabei gerät ständig durcheinander, was jedes für sich (auf seiner Ebene) Institution sein kann, aber nicht zugleich (auf derselben Ebene) so genannt werden kann."

Er nennt für dieses Problem ein konkretes Beispiel und folgert: "Der Einheitsbegriff der Institution muß aufgegeben werden."[58] Statt dessen formuliert er ein Modell der Institution, das auf höchstem Abstraktionsniveau angesiedelt ist und daher nicht leicht (hinsichtlich unseres Themas) zu konkretisieren. Institutionen sind danach vor allem bestimmte *Leistungen*, die in der gesellschaftlichen Interaktion aus Gründen der Stabilisierung und Kontinuitätswahrung interaktiver Reaktionen auf konkrete Probleme erbracht werden müssen.[59] Dadurch sind sie keine *absolut* zu setzenden Entitäten, sondern immer nur eine *Relation* zwischen bestimmten Handlungskomplexen und bestimmten zu lösenden Aufgaben, m.a.W. sie sind "Form für anderes".[60] Damit können die Phänomene gesellschaftlicher Interaktion, die in der einen Perspektive Institution sind in bezug auf ein zu lösendes Problem, in einer ande-

---

57 Schülein 1987, 130.

58 Schülein 1987, 131; als Beispiel nennt er die Kirche: "So kann es dazu kommen, daß beispielsweise die Kirche (als makrosoziologisches Datum) Institution genannt wird und die einzelnen Gemeinden nur (kontingente) Elemente sind. Betrachtet man dagegen die soziale Lebensgemeinschaft als Bezugsebene, so ist es die Gemeinde, die als Institution bezeichnet werden muß - die Kirche ist eine ferne Abstraktion. Wird nun versucht, alles, was auf den verschiedenen Ebenen bei einem solchen Thema mitschwingt - von der subjektiven Gläubigkeit bis zur abstrakten Logik von Glaubenssystemen - auf einen Nenner zu bringen, vermischt man unweigerlich die Begriffe (wenn man alles unter eine Bezeichnung subsumiert) oder aber argumentiert (implizit) auf einer bestimmten Ebene, der alle anderen zugeordnet werden, d.h.: sie werden in bezug auf die für diese Ebene signifikante Relation gesehen, nicht in ihrer eigenen Referenzrelation." (130 f.)

59 "Gesellschaft beruht darauf, daß die für den Bestand notwendigen Probleme gelöst werden. [...] Wo Realität einen spezifischen Bedarf an Leistungen hat, wo Probleme gelöst bzw. Themen behandelt werden müssen, erzwingen diese Vorgaben Reaktionen, d.h. institutionalisierte Relationen, die ihnen gewidmet sind." Schülein 1987, 133.

60 "Dabei sind Institutionen weder material noch formal fixiert. Sie sind Institutionen *bezogen auf eine bestimmte Realitätskonstellation*, sind *Form für ein Anderes*. Und das schließt vor allem ein, daß das, was in bezug auf ein bestimmtes Thema Form ist, umgekehrt selbst zum Thema einer Form werden kann. Institution und Institutionalisiertes sind jeweils konkret nicht austauschbar, aber eine komplexe Realität wird konstituiert durch das Prinzip der Reziprozität, daß die Leistung, die eine Institution erbringt, möglich wird, weil sie selber auf einer analogen (aber inhaltlich verschiedenen) Leistung basiert. Das bedeutet für die Begriffspraxis, daß die Kennzeichnung als Institution vor allem davon abhängt, *was* thematisiert wird. Unter einem bestimmten Blickwinkel erscheinen die Markierungen und Hervorhebungen, die mit dieser Perspektive inhaltlich verbunden sind, als Institutionen." Schülein 1987, 131.

ren Perspektive selbst wieder Problem und damit Gegenstand einer Institution auf höherer Ebene sein. Das bedeutet aber für die Beschreibung von Institutionen vor allem, daß die Kennzeichnung bestimmter sozial-interaktiver Phänomene als Institution davon abhängt, was gerade thematisiert werden soll. So könnte man, für das Recht, etwa die dogmatischen "Rechtsinstitute" als geordnete Relationen und damit als Institutionen bezeichnen, die als Lösungsschemata auf bestimmte Probleme und Aufgaben (Fragen der rechtlichen Ordnung konkreter gesellschaftlicher Lebensverhältnisse) reagieren; diese institutionalisierten Prozesse, die gegenüber den zu lösenden Aufgaben eine Festigkeit annehmen, die sie zu "Entitäten" eigener Art und Existenz machen, können aber gegenüber der übergeordneten Institution Justiz selbst wiederum als Material und kontingent erscheinen.[61] D.h., es müssen verschiedene Ebenen der Institutionalisiserung unterschieden werden, wobei ein bestimmter Handlungskomplex eine Institution jeweils nur im Hinblick auf eine bestimmte Perspektive, eine bestimmte Aufgabenebene ist, während es aus anderer Perspektive oder auf anderer Aufgabenebene als Material und Gegenstand einer Institution (bzw. institutionalisierter Verhaltensprozesse) erscheint. Die Differenz zwischen Institution und Material oder Gegenstand einer Institution ist daher immer nur eine relative Differenz.[62]

Institutionalisierte Handlungsweisen innerhalb einer Gesellschaft sind nach Schülein solche Reaktionen auf zu lösende Aufgaben, die gegenüber primären, unmittelbaren Reaktionen immer einen spezifischen Überschuß darstellen ("Sekundärrelationen"). Sie ergeben sich nicht quasi von selbst sondern müssen über zusätzliche interaktive Leistungen aufgebaut und daher dauernd unterstützt werden, wenn sie wirken sollen.[63] So bedeutet etwa im Rechtswesen die (über Interpretationshierarchien, d.h. Gerichtsinstanzen, und damit zusammenhängende Vorrangs-Regelungen aufgebaute) Institutionalisierung geltender Normtext-Interpretationen (über die Institution "herrschende Meinung"), einen Stabilitätsgewinn gegenüber jedesmal neu und unmittelbar ansetzenden Akten richterlicher Gesetzesinterpretation; andererseits muß diese Reaktionsweise ständig aufrechterhalten und selbst stabilisiert werden (durch ständigen Verweis auf sie etc.). Gegenüber dem gestellten Problem, der Interpretation und Anwendung eines Gesetzestextes, ist sie Institution; sie wird aber selbst wiederum zum Gegenstand und zur Aufgabe der übergeordneten Institution Rechtswesen, wenn es darum geht, sie selbst zu stabilisieren und aufrechtzuerhalten. Als sekundäre Handlungsmuster stehen Institutionen immer in einer spezifischen Relation zu primären Reak-

---

61 "Die Institutionentheorie kann also ihren Gegenstand nicht als 'Gesamtkunstwerk' thematisieren. Sie muß ihn nicht nur perspektivisch zerlegen, sie muß auch jeweils zum Produkt machen, was in anderer Hinsicht Prozeß ist." Schülein 1987, 132.

62 Schülein 1987, 133; "Was auf einer Ebene eine Institution ist, wird auf der nächsten zum Material der Institutionalisierung. Institutionen sind auf anderen Ebenen der Realität daher - je nachdem - Material, Rahmenbedingung, Medium." (144)

63 Schülein 1987, 133 f.

tionsweisen, denen gegenüber sie u.U. durch zusätzliche Anstrengungen durchgesetzt und aufrecht erhalten werden müssen; ihr Gewinn liegt dann in einer größeren Ordnungs- und Strukturierungsleistung und damit in einer größeren Rationalität und u.U. Wirksamkeit gesellschaftlichen Handelns. So können, nach Beispielen, die Schülein gibt, Ordnungsprobleme etwa des Fahrzeugverkehrs in einer Gesellschaft entweder durch primäre Reaktionen reguliert werden, etwa Selbstregulierung durch Durchsetzen, Recht des Stärkeren usw., oder durch sekundäre Relationen, wie z.B. Verkehrsregelung aus der Straßenverkehrsordnung, Verkehrszeichen, Ampeln usw. Oder, auf dem Gebiet der Rechtsarbeit: Gegenüber den sekundären Handlungsmustern, die etwa in den Normtexten und der juristischen Dogmatik (und den, hier rein positivistisch verstandenen, Rechtsinstituten) institutionalisiert sind, schlagen immer wieder primäre, auf dieser Ebene nicht institutionalisierte Reaktionen durch, wie etwa Fragen der (privaten) Moral und Ethik der Richter, nicht-institutionalisierbare Gerechtigkeitsvorstellungen usw.[64] Das Wechselverhältnis zwischen primären und sekundären (institutionalisierten) Reaktionen kann die Wirksamkeit des institutionalisierten Verhaltens stören, es kann aber auch durch die Starrheit der Institution bewirkte Problemlösungsmängel ausgleichen; etwa wenn die institutionalisierten Lösungsregeln ein zur Entscheidung anstehendes Rechtsproblem nicht zur Zufriedenheit zu lösen erlauben, während Primärreaktionen, wie z.B. Gesichtspunkte einer allgemeinen, vorjuristischen Ethik, (Gerechtigkeitsvorstellungen usw.) helfend einspringen können.[65]

Eine für die Bewertung der Institutionalität des Rechts wichtige Frage ist es, ob und ggf. nach welchen Kriterien die verschiedenen Ebenen juristischer Institutionen unterschieden und voneinander abgegrenzt werden können. Für

---

[64] Auf einer anderen Ebene, aus anderer Perspektive, können Ethik, Moral, Werte- und Gerechtigkeitsvorstellungen selbst wiederum als Institutionen betrachtet werden; im Verhältnis zur Institution Rechtsprechung sind sie aber - in dieser Perspektive - als nicht-institutionell zu betrachten. Das Interessante (und Problematische zugleich) der juristischen Institutionentheorie ist es gerade, daß sie offenbar zwischen den juristischen Institutionalisierungsprozessen der Rechtsdogmatik einerseits (Rechtsinstitute als geordnete Komplexe von Rechtsnormen bzw. Normtextinterpretationen, d.h. als juristische Wissensrahmen) und den auf anderer Ebene, nämlich den außerjuristischen gesellschaftlichen Diskursen, relativ institutionalisierten Wissensrahmen wie Ethik, Moral, Wertestandards, gesellschaftliche Lebensmuster usw., eine feste Verbindung herstellen will. Damit soll wohl die von Schülein beschriebene Ersatzleistung, die Primärrelationen beim Versagen der Sekundärrelationen (Institutionen) erbringen sollen, selbst fest institutionalisiert werden. Daß dies bei zwei so verschiedenen Institutionalisierungsebenen nicht gut gehen kann und zu ständigen Reibungsverlusten führen muß (siehe etwa die aufgeheizte und nie zur Ruhe und zu einem befriedigenden Ergebnis kommende Diskussion über die Justiziabilität von Abtreibungen) liegt auf der Hand.

[65] "Beim Thema *Institution* geht es [...] immer um Sekundärrelationen. Wichtig ist dabei jedoch, daß man im Auge behält, daß sie teilweise auf primären basieren, teilweise auch gegen sie ankämpfen müssen, was den Effekt hat, daß überall dort, wo sie nicht mächtig genug sind, primäre Relationen wieder ins Geschehen drängen bzw. wirksam werden. Auf der anderen Seite können sich Sekundärrelationen gewissermaßen auf die primären verlassen: Wo sie ein Thema nicht in den Griff bekommen, stehen jene breit." Schülein 1987, 136.

die Untersuchung und Beschreibung einer konkreten Institution genügt es nicht, einfach nur das Faktum festzustellen, daß es Institutionen verschiedener Ebenen gibt und daß Institutionalität ein relatives Kriterium der Beschreibung sozialer Interaktionsmuster ist; es muß vielmehr Kriterien geben, nach denen die einzelnen Institutionen bzw. Ebenen der Institutionalität voneinander unterschieden werden können. Nach Schülein sind Institutionen "dauerhafte Relationen", die im gesellschaftlichen Handeln zwischen Elementen des Handlungskontextes hergestellt werden:[66]

> "Wird die Interaktion zwischen den verschiedenen Elementen stabilisiert, so entsteht eine dauerhafte Relation, die sich von ihren Einzelheiten ebenso wie von ihrer Umwelt insgesamt unterscheidet. Als institutionalisierte Relation stellt sie eine eigene Entität mit eigener Identität dar, die eine besondere Beziehung zur Umwelt aufnimmt und eine eigenständige Innenwelt entwickelt. Damit gewinnt sie eine 'subjektive' Eigendynamik und wirkt auf ihre Umwelt zurück, verändert sie durch ihre Aktivität."

Nimmt man diese Beschreibung von Institutionalität in ihrer Abstraktivität ernst (und sieht man von ihrem problematischen Anthropomorphismus ab), dann kann man nicht nur die sog. Personen-Institutionen im traditionellen Verständnis der Institutionentheorie als Institutionen bezeichnen (also die formalen gesellschaftlichen Organisationen mit Personal, Gründungsakt, Leitideen usw.), sondern auch Formen institutionalisierten Handelns unterhalb dieses Organisationsgrades. Versuchen wir eine Anwendung der Definition auf die Rechtsinstitute, so ergibt sich folgende Beschreibung: Rechtsinstitute stellen, als mehr oder weniger verfestigte Wissensrahmen, dauerhafte Relationen zwischen einzelnen Elementen (Wissenselementen) dar; als Elemente dieser Relationen fungieren die einzelnen epistemischen Elemente, die durch die zum Rechtsinstitut gehörenden Normtexte aktualisiert werden ebenso, wie Elemente der außernormativen Referenzwelt, auf die die Normtextelemente verweisen. Das Institutionelle der Rechtsinstitute besteht darin, daß sie feste Relationen zwischen den einzelnen Elementen dieser Wissensrahmen konstituieren. Diese Relationen (hier als Wissensrelationen realisiert) besitzen eine relative Eigenständigkeit gegenüber den Elementen, die sie verbinden. Das heißt konkret: Für die Stabilität und Kontinuität der Institution (des Wissensrahmens) selbst kann das einzelne Element entbehrlich sein, sobald die institutionelle Leistung des Rechtsinstituts insgesamt aufrechterhalten wird. So kann etwa ein einzelner Normtext des Eigentumsrechts aufgehoben werden, ohne daß das Rechtsinstitut *Eigentum* dadurch schon einen Stabilitätsverlust erleidet. Die zu Rechtsinstituten verfestigten Wissensrahmen verfügen über eine eigene Identität; d.h. das Institut *Eigentum* besteht unabhängig davon weiter, ob ein einzelnes Individuum, das damit arbeiten muß, es anerkennt oder nicht. Gleichfalls hat das Rechtsinstitut eine spezifische Beziehung zur Umwelt, zu der einmal das Personal zu rechnen ist, das mit diesen institutionalisierten Wissensrelationen arbeiten muß, zum anderen die Elemente der außerrechtlichen Wirklichkeit, zu deren Re-

[66] Schülein 1987, 140.

gulierung es dient. Als Komplex von auf Dauer gestellten Handlungsmustern hat das Rechtsinstitut eine relative Eigendynamik und wirkt auf die Umwelt zurück: So werden, wie wir an dem Verweis auf das Rechtsinstitut *Eigentum* bei der Interpretation des Diebstahlsparagraphen gesehen haben, Phänomene davon erfaßt, die außerhalb des unmittelbaren Wirkungsbereichs liegen.

Zwar habe ich die Rechtsinstitute als Wissensrahmen bezeichnet, doch heißt dies nicht, daß sie eine nur epistemische Realität hätten; vielmehr liegt ihre Wirksamkeit (und damit ihre eigentliche institutionelle Aufgabe) darin, daß sie Handlungsanweisungen an die rechtsprechenden Individuen darstellen, in Relation zu konkreten gegebenen Rechtsfällen (durch die Institution zu lösenden Problemen) eine bestimmte, vorgezeichnete Verknüpfung epistemischer Elemente vorzunehmen und daraus Schlußfolgerungen abzuleiten, die zu einer Lösung der institutionellen Aufgabe führen (Entscheidung). Gerade in dem oben beschriebenen algorithmischen Charakter des juristischen Lösungsweges, der durch Rechtsinstitute, d.h. durch regulierte Verknüpfungen epistemischer Elemente erreicht wird, kommt der Charakter als Handlungsanweisungen, Handlungsregeln zum Vorschein, der im Kern jede soziale Institution ausmacht. Ein Unterschied, der zwischen dem Typus von Institution, den die sog. Rechtsinstitute darstellen, und den Institutionen im übergeordneten Sinne besteht, ist derjenige, daß Rechtsinstitute als geordnete Komplexe von Wissenselementen und Handlungsregeln[67] nicht über eine eigene Materialität und ein eigenes Personal verfügen, sondern vielmehr Bearbeitungsgegenstand und Element einer Institution höherer Ebene sind (Justiz), die dann über das Personal verfügt. Insofern Rechtsinstitute als verfestigte Relationen immer nur innerhalb einer Personeninstitution höherer Ordnung und größeren Festigkeitsgrades existieren können, können sie als abgeleitete, in gewissem Sinne dependente Institutionen (Relationen) aufgefaßt werden. Das heißt aber nicht notwendig, daß die Existenz der Rechtsinstitute an die Existenz der übergeordneten Institutionalitätsebene in ihrer konkreten derzeitigen Form gebunden ist. Wie wir an einzelnen Elementen des juristischen Wissensrahmens "*Diebstahl*" gesehen haben, können Elemente des Rechtsinstituts älter sein als die übergeordnete Institution selbst. Das war im vorliegenden Beispiel etwa dort der Fall, wo Elemente der "Auslegung" zum Normtextwort "*wegnehmen*" ein höheres Alter aufweisen als der Normtext in seiner gültigen Fassung selbst. Der Normtext wiederum wies ein höheres Alter auf als die konkrete Institution Justiz, von der er benutzt wurde (wenn man nicht annehmen will, daß die Justiz als gesellschaftliche Institution keinlerlei Veränderungen und Identitätswandel erfahren hat beim

67 Als Handlungsregeln sind natürlich nicht nur die das Ergebnis des Wirkens eines Rechtsinstituts hervorbringenden Entscheidungsregeln aufzufassen, sondern etwa auch Interpretationsregeln oder z.B. Referenzregeln, die festlegen, auf welche Elemente der außerrechtlichen Sachwirklichkeit einzelne Elemente des juristisch-institutionellen Wissensrahmens durch die Rechtsarbeiter zu beziehen sind.

Übergang von einer Institution des Absolutismus zu einer eines demokratisch verfaßten Staates).

Ich unterscheide also Ebenen von Institutionen, auf denen diese über ein eigenes Personal und damit eine eigene, selbstreferentiell definierte Praxis verfügen, von solchen Ebenen, auf denen zwar institutionelle, d.h. relativ eigenständige und verfestigte Handlungsmuster existieren, die aber von einem von "außen" (d.h. von der Umwelt der Institution) gestellten Handlungspersonal abhängig sind. Es gibt also Institutionen, für die das Handlungspersonal zur Umwelt gehört, und solche Institutionen, bei denen das Personal zur Binnenwelt gehört. Zu letzteren zählen die auch in der Alltagswelt als Institutionen betrachteten sozialen Entitäten;[68] nur sie kann man wohl zu denjenigen Institutionen zählen, die nicht nur produktiv sind (also bestimmte Aufgaben erfüllen), sonder auch reproduktiv (also ihre eigene Existenz sichern). Zu den besonders erfolgreichen reproduktiven Institutionen gehört das Rechtswesen - wohl wegen der zentralen Funktion, die das Recht unter den eine Gesellschaft konstituierenden Mechanismen ausübt. So kann man sagen, daß juristische Institutionen eine Selbstbehauptung haben, die über die Existenz der Gesellschaftsformen, denen sie eigentlich dienen sollen, hinausreicht (wie man an der Kontinuität des Justizapparates beim Übergang vom Kaiserreich zur Weimarer Demokratie und vom Faschismus zur Bonner Republik sehen kann); andererseits breitet sich die Justiz auch innerhalb der Gesellschaft ständig aus und gewinnt an Bedeutung.[69] All diese reproduktiven Erfolge wären nicht möglich, wenn das Rechtswesen nicht eine enge Verflechtung von gesellschaftlich vorgegebenen institutionellen Aufgaben und Interaktionsmustern und einem eigenen personalen Apparat darstellte. Wo immer mehr juristisch ausgebildetes und sozialisiertes Personal zentrale gesellschaftliche Aufgaben übernimmt, wird auch das gesellschaftliche Leben in bisher davon wenig berührten Bereichen zunehmend verrechtlicht.[70] Viele

---

[68] Schülein 1987, 141 f. definiert die "Normal-Institutionen" folgendermaßen: "Die *Normal-Institution* ist fest etabliert, d.h. ihre Einzelheiten sind dauerhaft sozialisiert und integriert, die Binnenstruktur daher stabil und die Relation daher als Entität in ihrer Umwelt etabliert. Normal-Relationen besitzen ein ausbalanciertes Gleichgewicht nach innen und außen, sind imstande, mit Standard-Variationen ihrer Themen und der Umweltbedingungen umzugehen und besitzen einen funktionierenden und eingespielten Praxisbereich. Primäre Mechanismen sind fest integriert und/oder zurückgedrängt."

[69] Daß dies nicht so sein muß, sieht man in Ländern, in denen der Verwaltungsapparat bei weitem nicht in dem Ausmaß von juristisch ausgebildetem Personal dominiert wird wie in Deutschland.

[70] Schülein 1987, 155 f. bemerkt zu diesem Aspekt von Institutionen: "Wo eine Institution ein Thema *monopolisiert* und *auf eine bestimmte Weise formiert*, hat dies zwangsläufig zur Folge, daß dadurch indirekt auch die Umweltentwicklung mitdefiniert wird. Wo beispielsweise normative Probleme als juristische interpretiert werden, gewinnt die Justiz erheblich an Gewicht und Einfluß, was sie dazu nutzen kann, ihre Problemdefinition noch weiter auszubreiten und zu verteidigen - andere Problemsichten werden dadurch unterdrückt oder verlieren an Realisierungschancen. Zugleich können in die juristische Problemdefinition noch weitere interessenspezifische Verzerrungen eingelagert werden, die dann durch den produktiven Prozeß der

Selbsterhaltungsmechanismen einer Institution setzen am Personal an; dazu ist nicht nur die Ausbildung und Sozialisation des Personals im Sinne der institutionellen Denk- und Arbeitsweisen zu zählen, die überhaupt erst die Zugangsberchtigung zur Institution schafft. Dazu zählen etwa auch Mechanismen wie Hierarchien, Sanktionierung abweichenden Verhaltens bis zum Verlust der institutionellen Rolle etc. An der Rolle, welche etwa die "herrschende Meinung" via höchstrichterlicher Urteile für die Aufrechterhaltung oder Veränderung einzelner von der Personeninstitution dependenter Institutionen unterer Ebenen spielt, kann aufgezeigt werden, daß institutionelle Mechanismen, welche an der Institution der höheren Ebene (Personeninstitution), d.h. am Personal ansetzen (etwa geringere Aufstiegschancen bei Abweichung von der herrschenden Meinung) unmittelbare Auswirkungen auch auf die Kontinuitätswahrung einer Institution abgeleiteter Ebene haben können (Rechtsinstitut). Was für die übergeordnete Personeninstitution nützlich ist, kann auch für die untergeordnete und nur epistemisch wirksame Institution funktional sein (und wohl auch umgekehrt).

Schließlich soll noch ein Aspekt der soziologischen Beschreibung von Institutionen hervorgehoben werden, der für unser Ausgangsproblem, nämlich die Beschreibung der Institutionalität des juristischen Arbeitens mit Gesetzestexten und die Schlußfolgerungen, die daraus für das Verhältnis von Sprache und Institution zu ziehen sind, wichtig ist. Institutionen stehen zu ihrer nichtinstitutionellen Umwelt in einer spezifischen Relation, die sich aus den Aufgaben und zu erbringenden Leistungen der Institution ergibt. Geht man davon aus, daß jede Institution als Umwelt einen gewissen Sektor der gesellschaftlichen oder gesellschaftlich relevanten Realität hat, dann kann man feststellen, daß Informationen aus bzw. über diese Realität stets nur in der Form für die Institution relevant sind, in der sie zur Lösung von deren Aufgaben beitragen. Außerinstitutionelle Realität wird daher nie nur als solche als Information in die Institution eingeführt, sondern immer nur als eine unter bestimmten, institutionell vordefinierten Aspekten *ausgewählte* und *aufbereitete* Information.[71] Das heißt aber auch: "Institutionalisierte Relationen besitzen grundsätzlich eine normative Beziehung zu ihrer Umwelt, weil sie zu ihr ein selektives Verhältnis haben."[72] Die normative Wirkung, die wir etwa für die Institution Recht an der institutionellen Zubereitung von Sachverhaltselementen für die Fallbearbeitung oder die Normtextinterpretation und -an-

Institution wie selbstverständlich wirksam werden, ohne daß dies einer eigenständigen Steuerung bedürfte." Als Beispiel für diesen Verdrängungsprozeß könnte man etwa den Dauerkonflikt zwischen sozialarbeiterischen und juristischen Problemdefinitionen und Lösungsstrategien bei abweichendem Verhalten (nicht nur von Jugendlichen) in sozialen Spannungsgebieten nennen.

[71] Vgl. Schülein 1987, 145; "Nur ein Teil der Realität wird in spezifischer Konstellation innerhalb der Relation zugelassen. Dazu gehören sowohl entsprechende *Normen* als auch entsprechende *Filter* bzw. Eingänge." (145)

[72] Schülein 1987, 145.

wendung feststellen konnten, ist also nicht etwa für die normative Institution Recht spezifisch, sondern stellt ein normatives Element dar, das jeder Institution zu eigen ist. Die Wirksamkeit dieses Prinzips kann man etwa für die Institution Justiz daran zeigen, daß etwa bei Zeugenaussagen die Informationen niemals in der Weise wichtig sind, wie sie für die Zeugen (in ihrem alltagsweltlich definierten Wissensrahmen) wichtig sind, sondern stets nur in einem Ausschnitt, der von den Vertretern der Institution definiert ist und den die Betroffenen selbst oft gar nicht einsehen und verstehen können. Es bleibt aber nicht bei dieser Form der *Auswahl* von Realitätsdaten für die Zwecke der Institution. Vielmehr besteht eine der wesentlichsten Leistungen jeder Institution darin, die eingehenden Informationen (Realitätsdaten), nach Maßgabe der institutionellen Mechanismen und Aufgaben *aufzubereiten*, d.h. zu übersetzen und in geeigneter Weise zu bearbeiten:[73]

> "Wo die Relationen komplexer sind, müssen Informationen übersetzt, Vorgaben bearbeitet werden, damit sie mit der spezifischen Innenwelt kompatibel sind. Zur Wahrnehmung von Informationen gehört daher auch ihre Interpretation und Bewertung, zur Auswahl von Umweltgegebenheiten deren Aufbereitung."

Interpretation findet also etwa im Recht nicht nur gegenüber den Normtexten statt, sondern auch gegenüber den Eingangsdaten aus der außerrechtlichen Realität. Das Komplexe der juristischen Textarbeit kann gerade darin gesehen werden, daß nicht nur die Normtexte interpretiert werden müssen, sondern daß diese in eine Relation zu Eingangsdaten der außerinstitutionellen Wirklichkeit gesetzt werden müssen, die zusätzlich selbst zuvor durch Interpretations-, Selektions- und Bearbeitungsprozesse gewonnen bzw. hergestellt werden mußten. Außerrechtliche Realität wird als Eingangsdatum rechtlich-institutioneller Prozesse also, wie wir auch an unseren Analysen sehen konnten, nicht nur bearbeitet, sondern regelrecht (institutionell) *konstituiert*. Für diesen Arbeitsprozeß muß die Institution spezifische Mechanismen und Prozeduren entwickeln.[74] Die von uns als "Algorithmus der Fallbearbeitung" beschriebenen institutionellen Prozesse sind ein Beispiel für solche Prozeduren. Dabei zeigt sich das Bild eines spezifischen Zusammenwirkens der verschiedenen Ebenen juristischer Institutionalität: Der Algorithmus der Fallbearbeitung wird gesteuert durch eine je nach Sachverhaltslage spezifische Kombination und Vernetzung juristischer Wissensrahmen. Da diese Wissensrahmen aber selbst institutionellen Charakter haben (ob sie als "Rechtsinstitute" anerkannt sind, oder ob sie unterhalb dieser Ebene feste Wissensnetze der

---

[73] Schülein 1987, 145; zu den Operationen dieser Aufbereitung gehören u.a. "Zerlegen" und "Synthetisieren" von Umweltdaten.

[74] "Zur Binnenstruktur von Relationen gehört daher, daß sie interne Modalitäten der Transformation und Verwertung entwickeln. Das wiederum setzt voraus, daß es ein entsprechend differenziertes und stabiles Arrangement von Abläufen gibt. Bestimmte Interaktionsverläufe müssen festgelegt und in ihrer Abfolge bzw. ihrem Ineinandergreifen koordiniert sein. Auch dies ergibt sich nicht von selbst, sondern als Resultat permanenter Kontrolle, Pflege und Steuerung. Regulierung und Aufrechterhaltung einer passenden Binnenstruktur gehören deshalb zu den notwendigen Voraussetzungen institutionalisierter Relationen." Schülein 1987, 145.

Rechtsdogmatik sind, ist hier gleichgültig), kann man den Algorithmus als einen Bearbeitungsprozeß von Institutionen auffassen. Für den Algorithmus der Fallbearbeitung sind die Rechtsinstitute und Wissensrahmen Eingangsdaten (also auf einer unteren Ebene der Institutionalität angesiedelt). Der Algorithmus als solcher ist daher ein Strukturprinzip bzw. eine Prozedur der Institution höherer Ebene (der Personeninstitution); seine Regeln sind zunächst auf dieser höheren Ebene definiert. Jedoch läßt der Algorithmus die Eingangsdaten, auch insofern sie selbst schon Institutionen sind, nicht unbedingt unberührt; es kann sein, daß als Ergebnis der Prozedur höherer institutioneller Ebene auch das Rechtsinstitut selbst eine Veränderung erfährt. Man sieht an diesem Beispiel gut, daß Institutionen keine festen Entitäten sind, sondern Aspekte der wissenschaftlichen Analyse gesellschaftlicher Interaktionsmuster, deren verschiedene Ebenen eng miteinander vernetzt sein können, ohne doch ineins gesetzt werden zu dürfen.

Wir hatten anfangs drei verschiedene Aspekte der Institutionalität des Rechts unterschieden: die Rechtsinstitute als fachliche Wissensrahmen, die Personen-Institutionen des juristischen Apparates, und die sozialen Institutionen, die mit den Rechtsinstituten in einer engen Wechselbeziehung stehen. "Das Recht" hatten wir als Oberbegriff für diese drei Formen juristischer bzw. juristisch relevanter Institutionen bezeichnet. Wir können nun das Verhältnis zwischen diesen Aspekten der Institutionalität des Rechts, soweit sie unseren Untersuchungsgegenstand betreffen, näher bestimmen. Die Rechtsinstitute sind strukturierte fachliche Wissensrahmen mit eigener Funktion und Existenz, die sozusagen das epistemische oder ideelle Material abgeben, mit dem die auf der übergeordneten Ebene anzusiedelnden Personen-Institutionen des Rechts (Gerichte, Staatsanwaltschaften, Verwaltungen usw.) arbeiten; jedoch verfügen die Rechtsinstitute über kein eigenes Personal, welches diese Institutionen aufrechterhält, sondern sind vom Personal der nächsthöheren Institutionalisierungsebene, der Personen-Institutionen, abhängig. Weder kann die Institutionalisierungsebene der Rechtsinstitute auf die juristischen Personen-Institutionen reduziert werden, noch umgekehrt. Beide haben eine eigenständige Existenzform, die nicht notwendig voneinander abhängig ist. Dies kann man für die Ebene der Personen-Institutionen daran sehen, daß die Organisationen der Justiz einen Wechsel der wesentlichen Rechtsinstitute (wie die Geschichte lehrt) sehr gut überdauern können; andererseits ist aber auch die Existenz der institutionalisierten juristischen Wissensrahmen (Rechtsinstitute) nicht an die Existenz der Personen-Institution gebunden; es gibt in unserem Rechtssystem Rechtsinstitute (d.h. Wissenkomplexe) die weitaus älter sind als die letzen vier, ja doch z.T. sehr unterschiedlichen, Staatsformen in Deutschland (Kaiserreich, Weimarer Republik, Faschismus, Bonner Republik). Es sei jedoch an dieser Stelle darauf hingewiesen, daß das fachlich-juristische Wissen in unserem Rechtssystem keineswegs restfrei aus Rechtsinstituten im beschriebenen Sinne besteht; bei weitem nicht alles juristisch-dogmatische Wissen nimmt einen Festigkeitsgrad an, der die Beschreibung als Institutionen rechtfertigt. Jedoch kann man wohl die Rechtsinstitute als Organisationskerne juristischen Wissens beschreiben, die die zentralen Themen unserer Rechtsordnung zusammenfassen.

Zu den beschriebenen juristischen Institutionen im engeren Sinne stehen die sozialen Institutionen in einem nicht leicht zu beschreibenden Wechselverhältnis. Der Unterschied etwa zwischen dem fachlich-dogmatisch definierten, als Wissensrahmen in der juristischen Prozedur fungierenden, Rechtsinstitut "Ehe" und der sozialen Institution "Ehe" besteht auch wieder vor allem darin, daß beide Formen der Institutionalisierung nicht vollständig aufeinander reduziert werden können, obwohl sie eng miteinander verflochten sind. Als juristisch-fachlicher Wissensrahmen kann das Rechtsinstitut Ehe durchaus Elemente beinhalten, die aus einer institutionellen Aufarbeitung außerinstitutioneller Daten (hier: Daten der gesellschaftlichen Lebenswirklichkeit Ehe) gewonnen sind. Andererseits wirkt die juristisch-institutionelle Determinierung so zentraler Rechtsverhältnisse, wie sie die Ehe darstellt, unmittelbar auf die Ausgestaltung der sozialen Institution zurück. Beide Ebenen der Institutionalisierung könne nicht ohne einander gedacht werden, ohne doch identisch zu sein. Alltagssprachliche Begriffe wie "Ehe ohne Trauschein", "Ehe unter Homosexuellen" usw. zeigen, daß die soziale Lebenswirklichkeit von der juristischen Institution nur teilweise erfaßt wird. Länger andauernde und tiefgreifendere Differenzen zwischen den sozialen Institutionen und den Rechtsinstitute führen jedoch zu Spannungen, die langfristig - jedenfalls in einem auf breite öffentliche Anerkennung angewiesenen demokratischen Rechtswesen - zur Anpassung der Rechtsinstitute an die sozialen Institutionen führen (wie an der Abschaffung der alten Ausschließung unehelicher Kinder aus dem Bereich des Rechtsinstituts Verwandtschaft bei der Rechtsreform 1970 gezeigt werden kann).

"Das Recht" als übergeordnete Ebene umfaßt Elemente aller drei genannten Institutionalisierungs-Ebenen. In gewissem Sinne kann es als Institutionalisierungs-Ebene höherer Ordnung beschrieben werden, deren Material aus Elementen aller drei untergeordneten Ebenen gebildet wird: hinsichtlich des ideell-epistemischen Aspektes aus den Rechtsinstituten; hinsichtlich des organisatorischen und Durchsetzungs-Aspektes aus den Personen-Institutionen des Rechts: hinsichtlich der notwendigen Anpassung an oder Einwirkung auf die soziale Lebenswirklichkeit aus den sozialen Institutionen, die rechtlich determiniert sind. "Das Recht" kann dann weder auf die Personen-Institution, noch auf die Ebene der ideell-epistemischen Rechtsinstitute reduziert werden (beide Reduktionismen sind in der Rechtstheorie nicht selten); am ehesten ist es noch auf der Ebene der fundamentalen sozialen Institutionen anzusiedeln. Hier nimmt es jedoch eine Sonderstellung ein. Denn auch auf der Ebene der sozialen Grund-Institutionen gibt es die von Schülein beschriebene Teilung in *Ebenen* der Institutionalität. Insofern das Recht, rechtlich fixierte Normen, für viele soziale Institutionen der modernen Gesellschaften den konstituierenden oder wenigstens kontinuitätswahrenden normativen Rahmen abgeben, sind viele Elemente sozialer Institutionen das *Material*, für das die Institution Recht als *Form* gelten kann. Damit ist die anfangs zitierte Definition der Institutionen als sozialer Verhaltensmuster-Komplexe, die "durch rechtliche Fixierung auf Dauer gestellt" sind, zwar für viele soziale Institutionen richtig, kann jedoch nicht eine Basis-Definition für Institutionen schlechthin sein, da das Recht selbst davon nicht erfaßt wird. Zwar sind die juristischen Institutionen selbst wiederum durch rechtliche Fixierung auf Dauer gestellt, doch handelt es sich dabei nicht um eine externe Basis, sondern um eine selbstreflexive oder rekursive Anwendung des Rechts auf sich selbst. Das theoretische Problem, das diese Rekursivität bietet, kann nur durch einen Institutionenbegriff gelöst werden, der Institutionen als *relative* Größen, als *Ebenen der Institutionalisierung* konzipiert.

Das Recht ist damit eine Institution, die in verschiedenen Ebenen der Institutionalisierung gegliedert ist, welche nicht aufeinander reduziert werden können, und die selbstreflexiv oder rekursiv durch normative Regelungen, Prozeduren, Mechanismen institutionalisiert werden, die selbst wiederum zum Material der verschiedenen Ebenen der Institutionalisierung werden können. So gesehen darf die Beschreibung der verschiedenen Aspekte der Institutionalität des Rechts als Ebenen der Institutionalisierung nicht als ein strenges Hierarchie-Verhältnis mißverstanden werden. Die Rechtsinstitute sind zwar das Material, mit denen das Personal der Personen-Institutionen des Rechts arbeitet, und können durch diese verändert werden. Andererseits sind die Prozeduren und Arbeitsabläufe (Algorithmen), welche den einzelnen, die institutionellen Rollen ausfüllenden Individuen durch die Institution vorgeschrieben sind, selbst wiederum beeinflußt durch Rechtsinstitute, in dieser Betrachtung also Material der Institutionalisierungsebene der juristischen Wissensrahmen. Schließlich können - etwa in der Rechtstheorie - selbst Elemente der fundamentalen sozialen Institution "das Recht" zum Material der Institutionalisierungs-Ebene der juristisch-dogmatischen Wissensrahmen werden. Abschließend möchte ich darauf hinweisen, daß durch die vorangehende Beschreibung noch nicht einmal alle Ebenen der Institutionalisierung des Rechts erfaßt sind. Zu einer vollständigen Beschreibung müßten mindestens noch die Institutionen der Rechtssetzung (Parlamente, Ministerien, Verwaltungen) hinzugehören; auf dieser Beschreibungsebene wird die Vernetzung verschiedener Ebenen der Institutionalisierung noch komplexer, da sie letztlich die Einbeziehung des weiten Feldes politischer Institutionen voraussetzt. Obwohl auch diese Ebene interessante sprachliche Implikationen hat, kann darauf im Rahmen unseres Untersuchungsgegenstandes nicht mehr eingegangen werden.

6.2.2 Sprache und Institution am Beispiel des Rechts

Die Einschätzung des Phänomens *Institution* als eine Sache von *Ebenen der Institutionalisierung* hat erhebliche Auswirkungen auch auf die Untersuchung von *Sprache in Institutionen*. Dies gilt gerade auch für die Institution *Recht*: Die Untersuchung des institutionellen Umgangs der Juristen mit Rechtstexten und ihres institutionellen Sprachgebrauchs überhaupt erfordert eine Zuordnung der jeweils beschriebenen Phänomene zu einer der verschiedenen Ebenen der Institutionalisierung, durch die das Rechtswesen gekennzeichnet ist. Eine wichtige Frage ist es dabei z.B., in welchem Verhältnis etwa die Institutionalität juristisch-fachlicher Wissensrahmen (die - wie wir gesehen haben - für die Auslegung und Anwendung der Normtexte ausschlaggebend sein können) zur Institution des Rechtsprechungsprozesses (als Abläufen in einer Personeninstitution) steht. Da Institutionalisierung - wie ausgeführt - auch bedeutet, daß eingehende Realitätsdaten durch den spezifischen Filter der Institution selektiert und aufbereitet werden, ist auch das Verhältnis von Institution und umgebender Umwelt ein Problemkomplex, der für die Untersuchung der Sprache im Rahmen der Institution wichtig wird. Man kann das Thema *Sprache in Institutionen* unter den verschiedensten Aspekten untersuchen; so kann man untersuchen, welche Auswirkungen die Institution auf das Sprachverhalten (im Sinne des Ausdrucksverhaltens) des institutionellen Personals hat; man kann untersuchen, wie Außenstehende mit der institutionellen Definition und Prägung von Sprachgebrauch (Kommunikationsverläufe und Interaktionsformen, Lexik und Inhaltsstrukturen) zurechtkommen; man kann die Auswirkungen der institutionellen Prägung von Sprache (Lexik, Bedeutungen, Inhalte) auf den öffentlichen Sprachgebrauch erforschen. All dies ist nicht Gegenstand unserer Untersuchung; vielmehr geht es darum, die Institutionalität der die Institution Recht selbst tragenden Texte (Normtexte) und des organisierten Umgangs mit ihnen zu beschreiben und zu erklären. Entsprechend den oben beschriebenen Ebenen der Institutionalität des Rechts sind dabei u.a. folgende Aspekte anzusprechen: (1) Die Institutionalität der Arbeitsweise mit den Rechtstexten, insofern es sich dabei um Prozeduren und Abläufe der Personeninstitution(en) des Rechts (unter denen wir hier nur die Gerichte betrachten können) handelt. (2) Die Institutionalität der bei der Auslegung der Rechtstexte leitenden juristisch-fachlichen Wissensrahmen (die man meist Rechtsinstitute nennt). (3) Die institutionelle Prägung der Bezugnahme auf außerinstitutionelle Realität, wie sie bei der Auslegung der Normtexte und ihrer Anwendung auf außerrechtliche Sachverhalte stattfindet, d.h. die Selektion und institutionelle Zurichtung von Umweltdaten. (4) Und schließlich die Institutionalität der auszulegenden Normtexte selbst. Natürlich sind dies nicht alle möglichen Perspektiven, die man auf die Untersuchung der Sprachlichkeit der Rechtsprechung einnehmen kann, aber diejenigen, die sich aus der Begrenzung unseres Untersuchungsgegenstandes auf die Arbeit mit Normtexten im Recht ergeben.

Zu (1): Zunächst zum Aspekt der Personeninstitution und ihres Umgangs mit den Normtexten. Institutionen sind, wie wir gesehen haben, immer als Regulationen von Handlungsweisen wirksam. Bestimmte - institutionell zentrale - Handlungen werden habitualisiert und als solche, d.h. als habituell eingeübte Muster für institutionelles Handeln, typisiert. Doch werden nicht nur die Handlungen als solche typisiert; vielmehr erfaßt die Typisierung und Habitualisierung auch das Personal, das mit der Erfüllung der institutionellen Aufgaben betraut ist.[75] Überträgt man dies auf den institutionellen Umgang mit Normtexten, so kommt man zu folgendem Bild: Die Habitualisierung der (Interpretations-)Handlungen in der Rechtsprechung (also die inhaltliche Institutionalisierung des Rechts) ist durch Prozeduren der Makro-Institution Justiz gesteuert. Es existieren Typen von Handelnden (Richter, Staatsanwälte, Rechtsanwälte usw.) mit fest vordefinierten Rollen. So hat etwa die Behauptung über eine bestimmte Interpretation eines Normtextes institutionell geringeren Rang und weniger direkte Auswirkungen auf das Ergebnis, wenn sie von einem Rechtsanwalt oder Staatsanwalt kommt, als wenn sie von einem der beteiligten Richter geäußert wird. Andererseits darf ein Rechtsanwalt Äußerungen über seine persönliche Einschätzung des Mandanten während des Prozesses äußern, was, wenn es durch einen Richter geschieht, zu Störungen der institutionellen Prozedur (Befangenheitsantrag) führen kann. Bezüglich der Interpretationshandlungen für Normtexte werden die habitualisierten Handlungen insofern typisiert, als der Normtext auf eine "typische" "Normalform" von gesellschaftlicher Realität angewendet wird. Diese Typisierung der Interpretation (inhaltlich, semantisch) ist, wie es Berger/Luckmann voraussetzen, reziprok, da sie durch andere Agenten der institutionellen Prozedur mitgetragen wird; so wird sie u.a. abgesichert durch die selbst wieder institutionalisierte Vereinheitlichungs-Instanz Obergerichte. Die habitualisierte und typisierte Interpretation von Normtexten wird als "Dogmatik" institutionalisiert. D.h. die Typisierung von Auslegungshandlungen (inhaltlich) durch das selbst wiederum typisierte und in typisierten und habitualisierten Prozeduren handelnde Personal der Justiz bildet - sofern sie wirklich typisiert ist, was bei weitem nicht für alle juristischen Auslegungs-

---

[75] Diesen Aspekt stellen Berger/Luckmann 1970, 68 heraus: "Institutionalisierung findet statt, sobald habitualisierte Handlungen durch Typen von Handelnden reziprok typisiert werden. Jede Typisierung, die auf diese Weise vorgenommen wird, ist eine Institution. Für ihr Zustandekommen wichtig sind die Reziprozität der Typisierung und die Typik nicht nur der Akte, sondern auch der Akteure. Wenn habitualisierte Handlungen Institutionen begründen, so sind die entsprechenden Typisierungen Allgemeingut. Sie sind für alle Mitglieder der jeweiligen gesellschaftlichen Gruppe *erreichbar*. Die Institution ihrerseits macht aus individuellen Akteuren und individuellen Akten Typen. Institution postuliert, daß Handlungen des Typus X von Handelnden des Typus X ausgeführt werden. Die Institution 'Gesetz' kann zum Beispiel postulieren, daß das Köpfen nur auf bestimmte Weise und unter bestimmten Umständen vorgenommen werden darf, und ferner, daß nur bestimmte Typen köpfen dürfen - Henker, Angehörige einer 'unreinen' Kaste, Jungfrauen bis zu einem gewissen Alter oder Leute, die ein Orakel dazu ausersehen hat, und so weiter."

akte gilt - laut Berger/Luckmann selbst wieder eine Institution - hier: die sog. Rechtsinstitute. Die Typisierungen der Auslegungsakte sind dann Allgemeingut für das Personal der Institution (Dogmatik), d.h. sie sind für alle Mitglieder der Institution erreichbar (Kommentare, Urteilstexte).

Das Personal der Institution Rechtsprechung ist auf verschiedene typisierte Rollen aufgeteilt, die verschiedene Teilfunktionen ausüben; die einzelnen Rollentypen beziehen sich zwar auf dasselbe Material (Inhalte der Rechtsprechungsprozedur, d.h. zu entscheidende Sachverhalte und Normtexte), doch sie arbeiten damit z.T. in verschiedener Weise, wobei sie auch unterschiedliche - funktions- oder rollenspezifische - Textsorten hervorbringen (anwaltlicher Schriftsatz, Anklageschrift, Gerichtsurteil usw.). In bezug auf die uns interessierenden Fragen des Umgangs mit Normtexten ist vor allem die institutionell definierte und gesicherte Interpretationshierarchie einschlägig. Jede Textinterpretation muß mit dem Problem fertig werden, daß für die Auslegung eines Textstückes verschiedene Versionen miteinander konkurrieren können. In alltäglicher Kommunikation gibt es für eine Festlegung auf eine der konkurrierenden Versionen kein festes Kriterium bzw. keine Handhabe; die Interpretationen können ausdiskutiert werden und es kann so versucht werden, die Abweichungen durch argumentative Überzeugung oder Überredung auszuschließen. Insofern sich abweichende Interpretationen von Normtexten in der Jurisprudenz auf verschiedene Rollen verteilen (also etwa zwischen Staatsanwalt, Richtern und Rechtsanwalt strittig sind), ist diese Pluralität kein Problem, da es - anders als in der alltäglichen Kommunikation - ein Entscheidungsmonopol gibt, das von der Funktionsverteilung her bei den Richtern liegt. Jedoch kann es auch zu einer Interpretationspluralität zwischen verschiedenen Richtern kommen. Eine längerfristige Pluralität gleichrangiger, aber widersprechender Normtextinterpretationen ist aber für die Institution Recht insgesamt nicht tragbar, da sie tendenziell die Akzeptanz der institutionellen Regulierungen in der Gesellschaft aushöhlen kann. Daher strebt die Institution prinzipiell dazu, bestimmte Normtextinterpretationen verbindlich zu machen. Das Mittel dazu kann nun keines sein, das auf der Ebene der normativen *Inhalte* der Institution liegt, da dort eigene Regeln (etwa Argumentationsregeln) herrschen, die eindeutige Ergebnisse deshalb nicht zulassen, weil die Agenten der Institution ihre jeweilige Rolle (z.B. Gesetzesauslegung) mit ihrer eigenen Persönlichkeit und Identität ausfüllen, die von der Institution (als psychische Tatsachen) prinzipiell nicht vollständig kontrollierbar und beherrschbar sind. Um es nun nicht zu einem - Aufmerksamkeit und Zeit beanspruchenden und damit die Erfüllung der eigentlichen Aufgaben der Institution behindernden - Dauer-Diskurs zwischen einzelnem Rollenträger und Institution kommen zu lassen, benötigt die Institution außerhalb inhaltlicher Fragen liegende Mittel, um eine Vereinheitlichung der Normtext-Deutungen zu erreichen. D.h. es sind Mittel, die nicht unmittelbar auf die Inhalte wirken, sondern die *Zulässigkeit* bestimmter Interpretationshandlungen sanktionieren.

Ein solches Mittel ist die Aufteilung des zu interpretativen Entscheidungen befugten Personals der Institution (der Richter) auf verschiedene Ebenen einer von unten nach oben mit zunehmender Entscheidungsmacht ausgestatteten Hierarchie: letztlich hat immer nur eine einzige Entscheidungsinstanz die Macht, eine Normtextinterpretation (für einen gewissen Zeitraum) endgültig festzulegen. Interessant ist, daß diese Mechanismen zur Vereinheitlichung von Gesetzesinterpretationen in unserem Rechtssystem nicht selbst formal (also durch Normtexte) geregelt sind. De facto wirken diese Mechanismen durch institutionelle Maßnahmen, die nicht an den Inhalten, auch nicht formal an den institutionellen Positionen und Rollen ansetzen (nach dem Gesetz ist der einzelne Richter "nur dem Gesetz" unterworfen, also in seiner Interpretation frei) sondern an den einzelnen Individuen, welche die Positionen bzw. Rollen der Institution ausfüllen. Die direkten, also formalisierten Einwirkungen der Institution betreffen nur die Ergebnisse einzelner konkreter, auf je einen speziellen Fall bezogener Entscheidungshandlungen der Rollenträger: Formal kann nur die einzelne Interpretationshandlung (das einzelne Urteil) von der jeweils höheren, bis hin zu der zur Letztentscheidung befugten Instanz der Hierarchie aufgehoben und geändert werden. Der Institution stehen aber noch andere Möglichkeiten der (indirekten) Einflußnahme zur Verfügung. Da sie nicht nur Rollen und Positionen zu verteilen hat, sondern damit auch ein gestaffeltes Instrumentarium von Gratifikationen (Gehalt, Status) zusammenhängt, hat die Institution Mittel, den einzelnen Individuen, die die institutionellen Rollen ausfüllen, zu vermitteln, daß es nützlicher ist, mit den derzeit geltenden Prinzipien und Handlungsweisen der Institution konform zu handeln als davon ständig abzuweichen. Diese *generalisierte* Form der Einflußnahme auf die konkreten Handlungen der Rollenträger ist effizienter und dient dem Überleben der Institution besser als konkrete Einzeleingriffe, da sie noch wirksam bleibt, wenn sich die *Inhalte* des konformen Handelns ändern. Die Institution bewirkt so, daß ihre Rollenträger sich stets und ständig an der Konformität orientieren, gleichgültig, welches konkrete Handeln (in unserem Falle: welche konkrete Interpretation) gerade als bestmögliche Ausfüllung der institutionellen Prozeduren gilt. Die Institution Recht hat, wohl wegen der hohen Komplexität und Differenziertheit der je wechselnden juristischen Inhalte, die Konformität als Mechanismus in einer solchen Weise verfestigt, daß man von einer eigenständigen Institution sprechen kann: als sog. "*herrschende Meinung*", die nicht nur eine Argumentationsfigur ist, sondern Berufungsinstanz für die Sanktionierung unerwünschten Handelns der Rollenträger benutzt werden kann.

Ein weiteres institutionelles Mittel zur Ergebnissicherung und -vereinheitlichung ist die Übertragung bestimmter Aufgaben an *Gruppen* von Rollenträgern (Kollegialgerichte, im Zivil- und Strafrecht bei wichtigeren Rechtsfällen, im Verwaltungsrecht generell), wobei darauf vertraut wird, daß die soziale Gruppe als Institution eigener Ordnung den ihr ohnehin eigenen Konformitätsdruck in den Dienst der institutionell gewünschten Konformitätssicherung stellt. Andererseits erhöht die Gruppe die Rationalität des Interpretations- und Entscheidungshandelns, da - wegen der Personenmehrheit von Rollenträgern - Handlungsmängel (hier: Interpretations- oder Argumentationsmängel) schneller entdeckt und schon im Vorfeld (bevor es zur eigentlichen institutionellen Handlung kommt) beseitigt werden können. Die Auswirkungen der Gruppenentscheidungen auf die Vereinheitlichung von Gesetzesinterpretationen müssen wohl als sehr hoch eingeschätzt werden. Auch wenn wir Mechanismen wie die Orientierung an der "herrschenden Meinung" als Institutionalisierungsprozesse einstufen, so bleibt es doch dabei, daß diese Institutionalisierungen von Maßnahmen und Prozeduren auf personeninstitutioneller Ebene flankiert werden müssen. Gruppendruck im Kollegialgericht und Sanktionierungsinstrumentarien gehören dabei zu den erfolgsträchtigsten Mitteln. Da das Recht eine Institution nicht nur mit normativer Außenwirkung ist, sondern seine eigene Existenz und sein eigenes Wirken (wie jede Institution) normativ absichern muß, hat es rekursive Normen entwickelt, die das eigene Verhalten der Institution bzw. ihres Personals, d.h. die zu vollziehenden Prozeduren und Mechanismen, auch explizit regeln. Straf- und Zivilprozeßordnung sind nur das wichtigste Beispiel für solche nach innen gerichteten Normen. Zu den auch inhaltlich, d.h. interpretativ relevanten rekursiven Normen sind schließlich alle Normen zu rechnen, die das institutionell vorgesehene Verhältnis verschiedener Normtexte regeln. Wir hatten solche Paragraphen oben als meta-textuelle Normen bezeichnet; sie stehen an der Schwelle von den personen-institutionellen Mechanismen zu den inhaltlichen Mechanismen und Institutionalisierungen des Rechts. All die genannten Prozeduren und Mechanismen der übergeordneten Institutionalisierungsebene der Personen-Institutionen des Rechts haben unmittelbare und erhebliche Auswirkungen auf den Umgang mit dem *Material* des Rechts, d.h. den Normtexten. Die Institutionalität der Sprache im Recht kann nur dann nachvollzogen werden, wenn man anerkennt, daß alle Mechanismen der inhaltlichen Institutionalisierung (Rechtsinstitute, Wissensrahmen usw.) letztlich auf den Mechanismen dieses organisatorischen und formalen Rahmens aufruhen, durch ihn getragen werden.

Zu (2): Die Institutionalität der juristischen Wissensrahmen, die in der Rechtstheorie als *Rechtsinstitute* bezeichnet werden, habe ich oben schon ausführlich behandelt. Insofern man davon ausgeht, daß jede Textinterpretation nur in bestimmten Kontexten geschieht, da jeder Text prinzipiell immer ein (epistemisch) situierter Text ist, bilden die als Rechtsinstitute bezeichneten juristischen Wissensrahmen Institutionalisierungen von Interpretations- und Sinnkontexten für Normtexte. Wenn man Institutionen als Habitualisierungen und Typisierungen von Handlungen auffaßt, und wenn man davon ausgeht, daß auch der Vollzug von Sprache grundsätzlich als der Vollzug von Handlungen aufgefaßt werden kann, d.h. konkret: daß auch Interpretationen von Texten in erster Linie als Interpretationshandlungen zu betrachten sind, dann können die habitualisierten und typisierten Auslegungsweisen von Gesetzestexten zu Recht ebenfalls als Institutionen bezeichnet werden: "Die institutionale Welt ist vergegenständlichte menschliche Tätigkeit, und jede einzelne Institution ist dies ebenso."[76] Nichts anders meint der Begriff "*Rechtsinstitut*" bzw. der von mir bevorzugte Ausdruck "*Wissensrahmen*". Wissensrahmen sind Niederschläge von Institutionalisierungsprozessen; dies gilt nicht nur in formalen Institutionen wie dem Recht, sondern schon im Alltagsleben. Im Recht kommt allerdings hinzu, daß die Rechtsinstitute als deutungsgebende und -stabilisierende Interpretationskontexte für Normtexte in weitaus stärkerem Maße verfestigt sind als in anderen Interpretationszusammenhängen. Zur institutionellen Arbeit mit Texten wird die juristische Gesetzesauslegung ja gerade, weil sie so stark an interpretative Vorgaben mit selbst wieder institutionellem Charakter gebunden ist. Da wir die Wirksamkeit der juristischen Wissensrahmen in unseren empirischen Analysen schon ausführlich nachgewiesen haben, erübrigen sich dazu an dieser Stelle weitere Bemerkungen. Zu erörtern ist hier vor allem das Verhältnis der Rechtsinstitute einerseits zu den einzelnen Normtexten, als dem Material dieser Institutionalisierungsebene, und andererseits zu der Personeninstitution der Justiz, für die sie selbst wieder das Material der Institutionalisierung höherer Ebene sind.

Normtexte sind als solche zunächst reine Text*formulare*. Rechtsinstitute wurden im strengen Positivismus des letzten Jahrhunderts zunächst als Zusammenhänge von Normtexten aufgefaßt. Gemeint sind natürlich *interpretierte* Normtexte, d.h. solche Normtexte, die bereits in einen bestimmten interpretativ gewonnenen Sinnzusammenhang gestellt sind. So gesehen sind Rechtsinstitute immer Komplexierungen von Wissen, die aus Interpretationshandlungen hervorgegangen sind, andererseits aber die Interpretationshandlungen anderer Normtexte wieder beeinflussen können. Die durch die Textformulare der Rechtsnormen dargebotenen Möglichkeiten der Sinnregulierung werden durch den Einfluß der Rechtsinstitute selegiert, interpretiert und aufbereitet. Rechtsinstitute haben als Wissensrahmen damit im wesentlichen eine Filter- und Ordnungsfunktion; sie sollen Aufmerksamkeit und Zeit sparen, indem sie interpretationsrelevante Sinnkontexte institutionalisieren. Als Sinnzusammenhänge leben Rechtsinstitute bzw. juristische Wissensrahmen nur durch die Kette von sich aneinander anschließenden Interpretationsakten einzelner Rollenträger der Rechtsinstitutionen. Gleichwohl besitzen sie, da die Gesetzesinterpretation kein isoliertes Handeln einzelner Individuen ist, sondern ein zur Koordination gezwungenes Handeln innerhalb institutionell gesicherter Rahmenbedingungen, eine gewisse Eigenständigkeit und Dauer. Zudem werden sie - in Urteils-, Kommentar- und Rechtswissenschafts-Texten - verschriftlicht, um längere Dauer zu haben. Die Einheitlichkeit und der Zusammenhalt der einzelnen juristischen Wissensrahmen (Rechtsinstitute) wird unterstützt durch die auf einer höheren Ab-

[76] Berger/Luckmann 1970, 65.

straktionsebene wirkende Institution der *herrschenden Meinung*. Da bei weitem nicht alles juristische Wissen, nicht alle Normtextbedeutungen in solch festen Wissensrahmen geordnet ist, die den Namen "Rechtsinstitute" verdienen, kommt der Institution "*herrschende Meinung*" eine wichtige Funktion für die Institutionalisierung von Normtext-Deutungen zu. Damit ist es möglich, auch die Interpretationen einzelner Normtexte über gewisse Zeit hinweg konstant zu halten, auch wenn sie nicht in festen Wissensrahmen umfassenderer Ordnung eingegliedert sind. Rechtsinstitute bestehen nicht nur aus rein sprachlichen Interpretationen und auch nicht nur aus Normtexten; vielmehr versammeln sie auch Wissen, das seinen Ursprung in der Rechtstheorie, in Wertungsentscheidungen, in dogmatischen Theorien usw. haben kann. In ihrer Funktion, Normtexte zu epistemischen Gruppen zu ordnen und diesen damit einen Interpretationskontext zu vermitteln, der eine relative Verläßlichkeit der einzelnen Auslegungs- und Anwendungsakte wenigstens hinsichtlich der groben inhaltlichen Linien der epistemischen Rechtsordnung garantiert, erfüllt sich gleichzeitig ihre Funktion für die Rollenträger der juristischen Personeninstitutionen. Deren Aufgabe, Rechtsentscheidungen im Einklang mit dem gültigen juristischen Wissen zu fällen, wird angesichts der Fülle der Rechtsnormen durch die in den Rechtsinstituten vorfindlichen Wissensordnungen nicht nur erleichtert, sondern wohl überhaupt erst ermöglicht. Ausgebildete Juristen wissen, wie wenig man angesichts eines Entscheidungsproblems mit Normtexten allein anfangen kann; erst die Informationen, die diesen Normtexten Vordeutungen zuordnen und sie in den Kontext fester Wissensrahmen einordnen, wenn möglich sogar die herrschende Meinung zu erkennen geben, machen einen Normtext überhaupt anwendbar. Institutionalität der juristischen Arbeit mit Gesetzestexten hat daher nicht nur einen quasi externen Aspekt, der allerdings, über die Regeln und Prozeduren der das Recht ausübenden Personeninstitutionen, auch nicht unterschätzt werden darf, sondern sie hat zugleich einen inhaltlichen Aspekt, der sich im institutionellen Charakter der verbindlichen Normtextbedeutungen selbst ergibt.

Zu (3): Eine der wichtigsten Wirkungen von Institutionen besteht, wie gezeigt, in der Selektion, Interpretation und institutionellen Aufbereitung von Umweltdaten, die das Eingangsmaterial der institutionellen Prozesse bilden. Die Institution Recht insgesamt hat als Umwelt die soziale Welt der Gesellschaft und, insofern sie soziale Verhältnisse berühren, Ausschnitte aus der materialen Dingwelt. Da die juristische Arbeit mit Normtexten im wesentlichen darin besteht, diese Texte auf Ausschnitte der außerjuristischen Wirklichkeit anzuwenden, wird ersichtlich, daß eine der wesentlichsten institutionellen Prozeduren des Rechts die Selektion, Interpretation und Zurichtung von Wirklichkeitsdaten als Eingangsdaten des institutionellen Prozesses darstellt. Es ist wohl nicht übertrieben, wenn man diesen Vorgang als die *Konstruktion einer eigenen institutionellen (oder institutionell definierten) Wirklichkeit* bezeichnet. Insofern diese Konstruktion, jedenfalls in ihren zentralen normativen Aspekten, als Interpretation und Anwendung von Normtexten auf Wirklichkeitsausschnitte operiert, kann man sie als *sprachliche* Konstruktion der institutionellen juristischen Wirklichkeit bezeichnen. Wir hatten in unseren Beispielanalysen gesehen, daß Gegenstände und Personen der außerrechtlichen Welt nie als solche, sondern stets nur in ihrer Funktion, die sie im jeweiligen rechtlichen Wissensrahmen ausüben, relevant werden. Über diese Selektion und Zurichtung von Eingangsdaten wird indes noch hinausgegangen, insofern die Verbindung von außerrechtlichen - wenn auch rechtlich definierten - Realitätsdaten und juristischen Wissensrahmen zur Konstruktion eines eigenständigen, juristisch-institutionellen Wirklichkeitssegmentes führt. Die juristische Wirklichkeit kennt dann z.B. konsequenterweise auch Handlungen außerrechtlicher Individuen, die diese bewußt und willentlich nie ausgeübt haben (z.B. Unterlassungshandlungen). Rechtsanwendung wird dadurch zu einem guten Teil zur Konstruktion fiktionaler (juristisch-institutionell definierter) Welten. Bei dieser Konstruktion nehmen die Rechtsinstitute eine wichtige Rolle ein. Die Konstruktion einer Welt aus juristischen Fiktionen (die Linguisten reden auch von Text- oder Diskurswelten) schafft sich auch eine eigene Sprache, für die als Beispiel hier nur der "*materielle Hochschullehrer*" des Bundesverfassungsgerichts erwähnt werden soll.[77]

Die institutionelle Selektion und Bearbeitung außerinstitutioneller Daten geschieht zu einem Gutteil mittels *sprachlicher* Arbeit; sprachtheoretisch kann dieses Instrument als Referenzrelation (als Bezugnehmen eine der sprachlichen Teilhandlungen) beschrieben werden, rechtstheoretisch spricht man von der Herstellung der Beziehung von Normtext und Sachverhalt. Referenzrelationen werden in der Sprachtheorie normalerweise als Beziehungen zwischen Texten oder Textbedeutungen und Elementen einer außersprachlich vorfindlichen objektiven Realität aufgefaßt. Die Beziehung zwischen Normtexten und Sachverhalten ist jedoch nicht eine deskriptive Beziehung, sondern in gewissem Sinne präskriptiv. Juristische Arbeit handelt dann, etwa im Strafrecht, auch darum, Entscheidungen darüber zu treffen, ob und wenn ja welche Elemente eines Sachverhalts unter einzelne Elemente des Normtextes oder seiner dogmatisch kanonisierten Auslegung fallen. In bezug auf die jeweiligen Normtexte oder -termini (bzw. Explikationstermini) handelt es sich dabei um sprachliche Handlungen der Referenzherstellung; sie sind *semantische* Handlungen, da sie die jeweils geltende Bedeutung des normativen Ausdrucks spezifizieren und festlegen (und sei es auch nur einmalig, für diesen einzelnen Entscheidungsfall). Sie wirken damit bedeutungskonstituierend oder wenigstens -spezifizierend. Insofern die juristische Welt zu einem großen Teil aus den juristischen Wissensrahmen, darunter den Bedeutungen der Normtexte aufgebaut ist, handelt es sich bei diesen Handlungen um solche, die mit sprachlichen Mitteln rechtliche Wirklichkeit konsti-

---

[77] Vgl. zu dieser Definition die aufschlußreichen rechtslinguistischen Untersuchungen von Jeand'Heur 1989b und 1989c.

tuieren und aufrechterhalten. Die Referenzrelation hat, als zweiseitige Relation, jedoch nicht nur Auswirkungen sozusagen auf die rechtsdogmatische Binnenwelt der Institution, sondern auch auf die Elemente der Außenwelt, die im Wege der Entscheidungsprozedur in die institutionelle Binnenwelt integriert werden müssen. Indem in Bezug auf einzelne Elemente eines außerrechtlichen Sachverhalts (etwa einer als Diebstahl angeklagten Situation), rechtliche Termini und Wissensrahmen zur Anwendung gebracht werden, werden Realhandlungen unter institutionellem Blickwinkel als juristische (oder rechtlich relevante) Handlungen bewertet und nur als solche in die juristisch-institutionelle Binnenwelt eingelassen. Diese Bearbeitung und Selektion von Realdaten verändert diese maßgeblich, d.h. sie läßt rechtlich irrelevante Aspekte weg und hebt rechtlich relevante Aspekte hervor. Dabei entsteht ein Ergebnis, das mit einer alltagsweltlichen Beschreibung dieser Realdaten nur noch wenig bis gar nichts zu tun hat. Den Gesamtvorgang kann man daher zu Recht als Konstruktion einer eigenständigen institutionellen Wirklichkeit bezeichnen. Ein Beispiel für diesen Vorgang hatten wir bei denjenigen Auslegungen des Ausdrucks *Bruch fremden Gewahrsams*, wo das Verhalten der der Unterschlagung bezichtigten Postbeamten, die einem Kunden eine Nachnahme-Sendung ohne sofortige Begleichung des Nachnahme-Betrags ausgehändigt hatten, als "*Zufügung zum eigenen Eigentum*" bezeichnet worden war. Hier werden im institutionell relevanten Wissensrahmen aus Gründen, die rein in den (inhaltlichen) Bearbeitungsprozeduren der Institution liegen, Handlungen der Angeklagten konstruiert, die diese in Termini der Alltagswelt nie vollzogen haben. Entscheidungsrelevant ist dann nicht der Sachverhalt, d.h. eine Menge von Realdaten so, wie sie außerinstitutionell beschrieben werden können, sondern nur eine Sachverhaltskonstruktion, wie sie unter Anwendung der institutionellen Prozeduren und Handlungen hervorgebracht worden ist.[78] Eine ähnliche rechtlich-institutionelle Konstitution von Fallelementen geschieht etwa dort, wo das Verhalten eines Kunden, der im Supermarkt eine Ware in die Tasche gesteckt hat, über den institutionell definierten Wissensrahmen *Begründung neuen Gewahrsams* als Diebstahl klassifiziert wird, und nur unter dieser rechtlichen Bewertung Eingang in die institutionelle Wirklichkeitsdeutung findet.

Die Wahrnehmung von Realdaten unter der Dominanz gesellschaftlich vermittelter Deutungsschemata und Wissensrahmen und daher die wirklichkeitskonstitutive Funktion von Sprache sind schon ein Merkmal der Alltagswelt; das Besondere an der Funktion juristischer Wissensrahmen und Deutungsschemata für die Beziehung zwischen Normtext und Sachverhalt (bzw. - funktional gesprochen - Binnenwelt und Umwelt der juristischen Institutionen) ist der institutionelle Charakter, den diese annehmen. Die Institutionalität kann einmal darin gesehen werden, daß es eine spezielle Organisationsform gesellschaftlichen Handelns ist (Personeninstitution des Rechts), die

---

[78] Hruschka 1965 spricht von der "Konstitution des Rechtsfalles".

der außerinstitutionellen Wirklichkeit mit bestimmten Bearbeitungsregeln begegnet; so ist das Rechtspersonal grundsätzlich gehalten, die außerinstitutionelle Wirklichkeit nur nach Maßgabe der institutionellen Verarbeitungsregeln zu beachten und andere Aspekte, die durch die Individualität der Rollenträger und ihr gleichzeitiges Verfügen über alltagsweltliche Deutungsschemata verfügbar sind, aus den institutionellen Bearbeitungsprozeduren auszuschließen. In dieser Divergenz zwischen institutioneller Binnensicht der Dinge und außerinstitutioneller Wahrnehmung, um deren Unterscheidung und Abgrenzung sich das Personal der Institution ständig neu bemühen muß, liegt der Grund dafür, warum die in der Strafrechtsdogmatik so häufig bemühte Maxime, wonach strafrechtliche Begriffe so auszulegen seien, daß sie möglichst nahe an der Alltagssprache liegen, so unreal ist, da sie den institutionellen Charakter dieser Vorgänge verkennt. Das Schwergewicht der Institutionalität der juristischen Bearbeitung von außerjuristischer Realität liegt aber in der Funktion der inhaltlichen Momente der Institution, d.h. ihrer spezifischen Wissensrahmen (bzw. Rechtsinstitute). Da man davon ausgehen kann, daß die Gesamtheit der Rechtsnormen die Konstitution einer weitgehend vollständigen Version gesellschaftlicher Wirklichkeit - insofern sie überhaupt rechtlich relevant werden kann - enthält, kann man die juristisch-institutionelle Welt als eine Parallelwelt zur außerinstitutionellen Welt auffassen (wenngleich es zwischen beiden Bereichen enge Wechselbeziehungen geben kann). So kann man etwa das Gesellschaftsrecht als eine Menge deklarativer Sprechakte ansehen, die Wirklichkeitselemente eigener, rechtlich-institutioneller Provenienz schaffen (etwa GmbH, OHG, e.V. usw.); das Vertragsrecht schafft eine Welt der Relationen, die zwischen Elementen des Zivilrechts bestehen können. Soweit die Elemente der Rechtswelt nicht vollständig innerjuristisch sind, d.h. einzig der institutionellen Binnenwelt angehören, sondern korrespondierende Elemente in der außerinstitutionellen Umwelt haben, sind die fraglichen Elemente stets nur in ihrer institutionell definierten Rolle relevant. Der (sprachlich-institutionelle) Auslegungsvorgang, d.h. die In-Beziehung-Setzung von Normtexten und Sachverhaltselementen, besteht in einem solchen Fall darin, Realdaten der Außenwelt möglichst eindeutig so auf Korrespondenzelemente der Binnenwelt abzubilden, daß die weitere Bearbeitung des Falles nach Maßgabe der institutionellen Wissensrahmen und Prozeduren möglich wird. Ein Beispiel dafür hatten wir bei der Frage untersucht, ob der Käufer des Gebrauchtwagens im institutionell-juristischen Sinne als *Kaufmann* oder als *Privatmann* anzusehen sei. Die Herstellung einer Korrespondenz zwischen institutioneller Binnenwelt und außerinstitutioneller Umwelt geschieht auch hier wiederum weitgehend sprachlich; d.h. sie erfolgt über die Definition, Auslegung und "Anwendung" fachlich-institutioneller Texte und Termini. Das Ergebnis ist dann als eine fallbezogene Konstruktion eines rechtlich-institutionellen Wirklichkeitssegmentes beschreibbar. Insoweit dabei Wortformen und Textformular-Elemente (d.h. Sprachzeichen) verwendet werden, die als Zeichen-Ausdrucksseiten (Phonem- oder Graphemketten) auch in der außerjuristischen Welt, d.h. in der sog. Alltagssprache existieren, kann die Inhaltsseite dieser Sprachzeichen als eigenständige, rein innerinstitutionell definierte und relevante, Sprache aufgefaßt werden. Die Fachsprachlichkeit der Rechtssprache ist damit nicht nur eine Angelegenheit eigener Terminologie, sondern sie erwächst aus der Eigenständigkeit der rechtlich-institutionellen Wirklichkeitskonstruktion, die gegenüber den Wirklichkeitsformen der Alltagswelt bedeutende Unterschiede aufweist. Den Vorgang der Selektion und Aufbereitung außerinstitutioneller Wirklichkeitssegmente durch die institutionellen Prozeduren und Wissensrahmen nur als "Übersetzung" aus der Alltagssprache in die juristische Fachsprache zu beschreiben, wird dieser Eigenständigkeit innerinstitutioneller Wirklichkeitskonstruktion nicht ganz gerecht.

Zu (4): Abschließend soll es um die Frage gehen, die sich während der ganzen Untersuchung der juristischen Arbeit mit Gesetzestexten im Hintergrund andeutete, nämlich ob auch die (Gesetzes-)Texte selbst als Institutionen angesehen werden können. Linguistisch gesehen stellt sich dabei die durch die bisherigen Einzelbeobachtungen nahegelegte Frage, "ob juristische Texte wohl Texte im allgemeinen Sinne des Wortes sind".[79] Der Jurist Broekman weist, unter Rückgriff auf den strukturalistischen Textbegriff etwa bei Kristeva und Barthes, darauf hin, daß dort Texte, bzw. genauer: der Umgang mit Texten durch die Textbenutzer und deren Funktion für sie, schon bei "normalen" Texten grundsätzlich "*gebunden sind an eine soziale Institution*. Eben im Namen einer solchen Institution sollen sie gelesen werden, und damit ist die Existenz jener Institution von diesem Text abhängig."[80] Dies gilt ganz besonders für die Institution Recht. Texte haben nach Broekman im Recht vor allem drei zentrale Funktionen: "An erster Stelle ist ein Text für das Recht von Belang als *Erinnerung*."[81] Wenn man als den Kern von Institutionalisierungsprozessen die Stabilisierung und Verselbständigung von Handlungsmustern annimmt, dann kommt den Rechtstexten (wie auch Texten in anderen Institutionen) eine wesentliche tragende Funktion für diese Stabilisierung zu. Durch die Materialisierung juristischer Wissensrahmen in Texten unterstützt die Institution die Wiederholbarkeit des institutionell ge-

---

[79] Broekman 1984, 146.

[80] Broekman 1984, 152; er zitiert Roland Barthes: Texte, Theorie du -, in: Encyclopaedia Universalis Vol XV, Paris 1968.

[81] Broekman 1984, 154; er fährt fort: "Eine juristische Beziehungsarbeit wird hier geleistet; es werden dogmatische Beziehungen hergestellt, die eine rational einsichtige und geradezu allseitig kausale Vergangenheit konstruiert. *Eben diese Vergangenheit* wird nun als Material für die juristische Interpretationsarbeit genutzt. Texte sind in dem Sinne eine Waffe gegen die Zeit; sie werden verstanden als Hilfsmittel gegen das Vergessen und als Mittel, um den fragmentarischen Charakter des faktischen Lebens zu kompensieren. Aus alldem ist ersichtlich, daß die Erinnerungsarbeit des Textes im Recht eingesetzt wird, um eine totalisierende Rationalität zu erreichen. Lesen und Schreiben sind keineswegs Vorgänge, die erst auf Grund einer bestimmten vorgegebenen Rationalität stattfinden können, sondern sie bringen eben eine Rationalität hervor, die sie dann als ihre Quelle vorstellen."

wünschten Handelns und damit, durch die Stabilisierung des institutionellen Wissens, eine Stabilisierung der institutionellen Handlungmuster und Prozeduren selbst. Als Personeninstitution muß das Recht das institutionelle Wissen stets für die individuellen Rollenträger bereithalten. Deren Befähigung zur Ausübung der institutionellen Rollen wird einmal durch (berufliche) Sozialisation angestrebt; sie bedarf aber wegen der Komplexität der juristischen Wirklichkeitskonstruktion und -deutung ständiger Stützung, die nur im Medium der Texte möglich ist. Die zweite Funktion der Rechtstexte benennt Broekman als "*legalistischen Charakter* des juristischen Textes"; damit meint er, daß Rechtstexte (dies gilt wohl vor allem für Gesetzestexte) unaufhebbar sind und damit eine ständige, nicht wegzudenkende Präsenz im juristischen Diskurs haben.[82] Anders als andere Eingangsdaten der rechtlich-institutionellen Prozeduren, wie etwa Wertestandards, Moral-, Ethik- und Gerechtigkeitsvorstellungen, die, da an individuelle Rollenträger gebunden, jederzeit veränderbar sind, schaffen die Gesetzestexte eine - wenn auch nicht absolute, so doch relative - Konstanz des juristischen Wissens, die sie durch ihre nicht zu hintergehende ständige Gegenwärtigkeit herstellen. Die dritte Funktion, die Texten im Recht zukommt, sieht Broekman in ihrer *Institutionalität*. Diese liegt für ihn darin, daß Texte, vor allem Rechtstexte, in der juristischen Institution von den Rechtsarbeitern tatsächlich respektiert werden. Als Grund für diese Respektierung der Texte nennt er vor allem die Tatsache, daß die Texte dem einzelnen institutionellen Rollenträger Sicherheit bei seinem Handeln bieten.[83] Demnach funktioniert die Institution Recht vor allem deshalb, weil Rechtstexte in der institutionellen Praxis von den Rechtsarbeitern als zu respektierende vorgestellt und faktisch behandelt werden. (Daß es, um dies zu erreichen, auch personeninstitutionelle Maßnahmen gibt, hatten wir oben gesehen.) Erst diese Praxis der tatsächlichen Respektierung der Gesetzestexte erzeugt die gewünschte Sicherheit. Diese Sicherheit macht zugleich die Institutionalität der Texte aus. Institutionalität von Rechtstexten ist so gesehen eine faktische Form des Umgangs mit diesen Texten, die festgefügte Vorstellungen über den Status und die Funktion dieser Texte im juristischen Diskurs (und dem Arbeiten mit ihnen) voraussetzt. Diese Vorstellungen sind selbst wiederum institutionell - d.h. durch andere Texte - abgesichert und werden durch sie prolongiert. Damit ist die Institutionalität des Rechts rekursiv: sie trägt sich selbst, indem der Institutionalitätserhalt selbst wieder institutionalisiert ist.

Institutionen sind, wie Berger/Luckmann es nennen, Typisierungen von habitualisierten Handlungen. Insofern die Auslegung, Deutung und Anwen-

---

82 Broekman 1984, 154.

83 "Für die Forderung des juristischen Textes, respektiert zu werden, wird als Gegenleistung Sicherheit geboten. Sicherheit und Respekt werden getauscht, und dieser Tausch kann nur stattfinden, wenn beide als *präsent* und *reifiziert*, also als Objekt eines Tauschs dargestellt werden. Der dritte, hier erwähnte Arbeitsvorgang ist also eine Arbeit der *Vorstellung*. Institutionalität wäre in diesem Licht als Vorstellung aufzufassen." Broekman 1984, 154.

dung von Gesetzestexten auf Handlungen beruht - nämlich sprachlichen Handlungen der Interpretation, des Bezugnehmens, des Prädizierens - kann auch die Habitualisierung und Typisierung dieser Arten von Handlungen, die im Recht durch die juristische Dogmatik erreicht wird, als Institutionalisierung betrachtet werden. Texte, und zwar nicht als reine Zeichenausdrucksseiten, als Textformulare aufgefaßt, sondern als gedeutete, in epistemischen Kontexten situierte Texte, können dann, wenn ihre Interpretation dermaßen typisiert, standardisiert und damit verfestigt und auf Dauer gestellt wird, selbst als Institutionen bezeichnet werden.[84] Dies wirft auf das Verhältnis von Sprache und Institution ein neues Licht. Schon Whitney und - ihm folgend - Saussure haben die Sprache selbst als eine soziale Institution angesehen.[85] Dies rechtfertigt sich aus der Verfestigung sprachlicher Handlungsmuster und Regeln auf allen Ebenen des Sprachsystems, die in Relation zu der Vielfalt der prinzipiell möglichen Handlungsalternativen (siehe die Sprachvielfalt und die Vielfalt ihrer je unterschiedlichen Mittel) so sehr stabilisiert ist, daß man ihr institutionellen Charakter zuschreiben kann. Angesichts der Tatsache, daß die Sprache selbst zu den zentralen gesellschaftlichen Institutionen zählt, und daß dies bereits der Altmeister der Zunft Saussure gewußt hat, ist es erstaunlich, daß der Erforschung des institutionelle Charakters der Sprache und v.a. ihres Wechselverhältnisses mit und Wirkens in anderen gesellschaftlichen Institutionen - wie dem Recht - bislang so wenig Raum gegeben wurde.[86] Dabei müßte es spätestens seit Entstehen der Sprechakttheorie deutlich geworden sein, daß sprachliches Handeln eine spezifische Nähe zum Phänomen der Institution hat. Schon Searle hat hervorgehoben, daß Sprache, der Vollzug sprachlicher Handlungen, als *institutionelle Tatsache* zu werten ist, da auch sie Systeme konstitutiver Regeln darstellt.[87] Die Verbindung des Begriffs der Regel (für Sprachspiele) mit dem - von ihm selten verwendeten - Begriff der Institution ist auch für Wittgensteins Position kennzeichnend.[88]

---

84 So auch Broekman 1984, 154.

85 Saussure 1967, 12. Ehlich/Rehbein 1980, 342 kritisieren dies als maximalistischen Gebrauch des Begriffs *Institution*; sie meinen, er "erschwert die Bestimmung des Zusammenhangs von Sprache und Institution eher, weil die Spezifik dieses Verhältnisses tendenziell nivelliert wird". Diese Kritik wäre nur berechtigt, wenn man von einem *absoluten* Institutionsbegriff ausgehen würde. Faßt man Institutionen als Sache von *Ebenen* der Institutionalisierung auf und damit als etwas, das *relativ* zu bestimmten Aufgaben oder Perspektiven zu sehen ist, dann ist dieser Kritik der Boden entzogen. Siehe auch die Berufung der Autoren auf die Unterscheidung von *Institution* und *Institut* in der Rechtswissenschaft und ihre Aufnahme dieses Gedankens für kommunikative Handlungsmuster, die freilich zu kurz greift (siehe dazu oben).

86 So auch Ehlich/Rehbein 1980, 343: "Die Linguistik der Institution ist noch zu schreiben."

87 Searle 1971, 79.

88 Auch Wittgenstein 1971, § 540 spricht von der "Institution der Sprache"; vgl. auch: "Einer Regel folgen, eine Mitteilung machen, einen Befehl geben, eine Schachpartie spielen sind *Gepflogenheiten* (Gebräuche, Institutionen). Einen Satz verstehen, heißt, eine Sprache verstehen. Eine Sprache verstehen, heißt, eine Technik beherrschen." (§ 199) - "Die Absicht ist eingebettet in der Situation, den menschlichen Gepflogenheiten und Institutionen. Gäbe es nicht die

Das Auffassen von Sprache und sprachlichem Handeln als institutionell setzt sich der Kritik aus, wenn dabei der Unterschied zwischen den Begriffen *Konvention* und *Institution* verschwimmt.[89] Insofern eine solche Kritik auf einem starren, absoluten Begriff der Institution beruht und diesen zudem auf Personeninstitutionen im Sinne formaler Organisationen reduziert (und damit die Begriffe *Institution* und *Organisation* verwechselt),[90] kann ihr abgeholfen werden, indem auf den *relativen* Charakter, d.h. die *Ebenengliederung* von Institutionalisierungen, verwiesen wird. Es braucht dann weder zu irritieren, daß einmal Sprache *als* Institution bezeichnet wird, daß als *Teil* von ihr Sprechandlungen als institutionelle Tatsachen beschrieben werden, und daß andererseits von Sprache *in* Institutionen gesprochen wird. All dies sind letztlich nur verschiedene Ebenen von Institutionalisierungen, die sich aus den je verschiedenen Problemlösungen ergeben, denen sie dienen, bzw. wissenschaftlich: als Perspektiven der Forschung, die je nach dem gewählten Gegenstand der Untersuchung wechseln. Dennoch bin auch ich der Meinung, daß die Begriffe *Konvention* und *Institution* nicht vorschnell ineins gesetzt werden sollten. Von Institutionalisierungen (im Sinne der Untersuchung des Sprachgebrauchs in Institutionen) sollte nur dann geredet werden, wenn es über die pure Regelhaftigkeit des Handelns hinaus noch Mechanismen gibt, welche die Stabilisierung und Tradierung der Handlungsmuster sichern. In der Institution Recht ist dies etwa die als formale Organisation beschreibbare Personeninstitution des Rechts, welche den institutionellen Charakter der Normtexte gewährleistet. Aus den Textformularen allein ist ein Text niemals als Normtext - und damit auch nicht als institutionell - zu erkennen. Insofern hatte Barthes recht, wenn er Texte stets nur als in Institutionen wirksam beschrieb. Als ein Moment unter mehreren der Institution Recht, allerdings ein Moment, welches eine sehr zentrale Rolle in ihr spielt, sind die Normtexte allerdings als eigene Ebenen der Institutionalisierung, d.h. als Institutionen, wenn man die Perspektive auf sie selbst eingrenzt, anzusehen. Sprache wird damit zu einem der zentralen Faktoren für Institutionalisierung überhaupt, deren Rolle konstitutiver und zentraler nicht sein könnte, als in der textgestützten Institution Recht.

Wenn es richtig ist, daß "die primäre Funktion von Institutionen darin besteht, verläßliche Ordnungen (als Sinnstrukturen) zu konstruieren und zu repräsentieren",[91] dann kommt der Sprache, als dem Medium der Sinnkonsti-

---

Technik des Schachspiels, so könnte ich nicht beabsichtigen, eine Schachpartie zu spielen." (§ 337) - "Auf den privaten Übergang von dem Gesehenen zum Wort könnte ich keine Regel anwenden. Hier hingen die Regeln wirklich in der Luft; da die Institution ihrer Anwendung fehlt." (§ 380)

89 Eine solche Kritik entfaltet ausführlich Dittmann 1979, 206 ff.

90 So Dittmann 1979, 210.

91 Weymann-Weyhe 1978, 7.

tution schlechthin, für alle Institutionen die zentrale Rolle zu.[92] Dabei liegt die Funktion der Institutionalisierungsprozesse darin, neben der einen Aufgabe, Stabilität des institutionellen Handelns zu sichern, gleichzeitig das scheinbare Gegenteil zu bewirken, nämlich die ständige Wandlungsfähigkeit der institutionellen Regeln. Normtexte sind nun geeignet, für beide Funktionen der Institutionalisierung einen Beitrag zu leisten. Zum einen ermöglichen sie als Fixierungen von normativem Sinn die Reversibilität inhaltlich-logischer Operationen der Institution.[93] Damit wird die Erfindung von *Schrift* zu einer wesentlichen Voraussetzung der Institution Recht im modernen Sinne. Sinnstrukturen können - relativ - konstant gehalten werden, da es für sie einen Bezugspunkt, die schriftlich fixierten Textformulare gibt. Andererseits darf die epistemische Funktion der Normtexte, ihre Bedeutung, nicht als einmal feststehend und unveränderlich mißverstanden werden (wie es der strenge Positivismus meinte). Eine solche Festschreibung würde auf lange Sicht zur Funktionsunfähigkeit der Institution führen,[94] da sie ihre notwendige Anpassungsfähigkeit an den Wandel gesellschaftlicher Strukturen verlieren würde. Da die Bedeutung von Normtexten aber immer nur ein Ergebnis konkreter epistemischer Situierungen, also von Handlungen der Normtextauslegung ist, und diese Akte sich je nach der Änderung des epistemischen Kontextes wandeln können, besitzen Normtexte eine relative Anpassungsfähigkeit an gesellschaftliche Wandlungen. Die Möglichkeit der Abweichung von Auslegungsergebnissen, die so oft kritisierte "Vagheit" der Gesetzestexte und -begriffe, ist also nicht einfach nur ein beklagenswertes Faktum, sondern - zumindest aus der funktionalen Sicht der Institutionentheorie - ein funktionales Erfordernis für die Stabilitätssicherung und Anpassungsfähigkeit der Institution Recht insgesamt.[95] Der einzelne Normtext, als (Sub)Institution der Institution Recht, wird im kommunikativen Prozeß der Auslegungspraxis (als Praxis sprachlicher Handlungen) flexibel gehalten. Die Kontrollmechanismen (Institutionalisierungsebenen wie Dogmatik, Rechtsinstitute, Herr-

---

92 "Die Fähigkeit, Konstanz zu stiften, hat ihre Voraussetzung in der anthropologischen Tatsache der Sprachfähigkeit auf der Grundlage normativer Strukturen. Diese Sprachfähigkeit ermöglicht es, überhaupt so etwas wie 'Dauer', 'Einheit', 'Ganzheit' oder 'Identität' zu konzipieren, und damit Stabilisationskerne in das Bewußtsein zu legen. In dieser konstruktiven Fähigkeit menschlicher Intelligenz scheint die Quelle jener Prozesse zu liegen, die wir mit dem Wort 'Institutionalisierung' bezeichnen und deren Produkte wir als 'Institutionen' kennen." Weymann-Weyhe 1978, 166.

93 Weymann-Weyhe 1978, 180.

94 "Festschreibung auf eine Sprachstruktur und einen Sprachgebrauch hat zur Folge die Festschreibung einer Sinn- und Bedeutungsstruktur. Diese aber kann auf Dauer nur zu einer Funktionsunfähigkeit der Institution in der Gesellschaft führen." Weymann-Weyhe 1978, 213.

95 "Lebensfähige Stabilität ist nur gewährleistet, wenn 'Dauer' und 'Beständigkeit' einer Ordnung im Sinn der Kontinuität eines Prozesses begriffen werden. Nicht Zeitenthobenheit und -unabhängigkeit, sondern nur die sich in ihrer Zeitlichkeit durchhaltenden Kraft der Akkomodationsfähigkeit gegenüber je veränderten Bedingungen kann Stabilität garantieren." Weymann-Weyhe 1978, 220 f.

schende Meinung, Obergerichte) stellen den notwendigen Kommunikationsprozeß dar, der die Institution Normtext lebensfähig, weil wandelbar, hält. Jede Einsperrung des Gesetzessinns in "Wortlautgrenzen" u.ä., wie es in der Rechtstheorie wiederholt gefordert wurde,[96] führt zur Versteinerung des Textsinns und damit langfristig zum Zusammenbruch der Institution. Der Sprache, und das heißt: gerade ihrer Vagheit, ihrer Nicht-Eindeutigkeit, kommt daher eine konstitutive Funktion für das Recht schlechthin zu; sie wird damit zur "conditio sine qua non von Institutionen".[97] Als solche erfordert sie eine bei weitem gründlichere Erforschung durch die Linguistik, als dies bislang geschehen ist. Die vorliegenden Untersuchungen konnten dafür nur ein kleiner, notwendig unabgeschlossener und sich auf einen nur kleinen Ausschnitt institutionellen Sprachgebrauchs beziehender Beitrag sein.

6.3 Aufgaben und Perspektiven rechtslinguistischer Forschung (Zusammenfassung und Ausblick)

Die vorliegende Arbeit stellt den Versuch dar, eine institutionelle Gebrauchsform von Sprache, welche in unserer Gesellschaft eine zentrale Funktion hat, einer sprachwissenschaftlichen Analyse zugänglich zu machen. Nachdem rechtslinguistische Untersuchungen bislang - von wenigen Ausnahmen abgesehen - von juristischer Seite aus vornehmlich auf die juristische Methodenlehre, von linguistischer Seite aus auf Fragen der "Verständlichkeit der Rechtssprache" oder der Kommunikationsanalyse vor Gericht beschränkt waren, sollte gezeigt werden, daß es für beide Seiten (Sprachwissenschaft und Jurisprudenz) lohnend sein kann, wenn auch der Kern der juristischen Tätigkeit, nämlich die juristische Arbeit mit Gesetzestexten, zu einem Gegenstand der linguistischen Forschung wird. Im Anschluß an neueste linguistische Arbeiten zum Problem der Textinterpretation wird dabei der Aspekt aufgegriffen, daß Textauslegung einen *Umgang mit Texten* darstellt, der mehr ist, als bloßes *Verstehen* oder *Interpretation* im bisherigen Verständnis. Da die juristische Tätigkeit der "Auslegung" bzw. "Anwendung" von Gesetzestexten mehr und anderes ist, als ein einfacher "Umgang mit Texten", wie er etwa für Zwecke der literarischen Interpretation erfolgt, sind wir davon ausgegangen, daß die juristische Tätigkeit besser als eine *Arbeit mit Texten* bezeichnet werden sollte, die im Kontext einer komplexen und zudem institutionell durchformten gesellschaftlichen Praxis erfolgt. Der empirischen linguistischen Untersuchung dieser juristischen Textarbeit ist diese Arbeit gewidmet.

Eine Auseinandersetzung mit der Sprachlichkeit des Rechts zeigt eine solche Fülle von linguistisch relevanten Fragen und Aspekten auf (Kap. 1.1, vgl. auch Busse 1992, Kap. 8), daß für die Zwecke der empirischen sprachwis-

---

[96] Vgl. dazu die Darstellungen in Busse 1992.

[97] Weymann-Weyhe 1978, 224.

senschaftlichen Untersuchung der Funktion von Sprache im Recht notwendigerweise eine Auswahl stattfinden mußte. Ausgehend von dem in der juristischen Methodenlehre vordringlichen Problem der Textinterpretation (bzw. "Bedeutungsfeststellung") wurde der Untersuchungsbereich daher eingegrenzt auf die Funktion und Auslegung von Gesetzestexten in der juristischen Entscheidungstätigkeit. In Abgrenzung zu den sprachtheoretischen Ansätzen innerhalb der juristischen Methodendiskussion, deren Beschränkung auf *Wort*semantik schon von Juristen selbst kritisiert wurde (vgl. Busse 1992, Kap. 6), wurde dabei die sprachliche Einheit *Text* in den Mittelpunkt der Analyse gestellt. Damit wird der Tatsache Rechnung getragen, daß sprachliche Einheiten stets nur als Texte (oder in Texten) kommunikative Funktion erfüllen und nur als solche rezipiert werden. Die zweite Einschränkung besteht darin, daß die Analyse auf die Funktion von und die Arbeit mit *Gesetzes*texten als der das Recht konstituierenden Textsorte begrenzt wurde. Beide Einschränkungen des Untersuchungsgegenstandes schließen andere mögliche Perspektiven auf die Sprache im Recht aus, die gleichwohl lohnende Objekte für weitere rechtslinguistische Untersuchungen sind. Dazu gehört etwa die Einbeziehung anderer in der Rechtsprechung relevanter Textsorten wie Zeugenaussagen, Sachverständigengutachten, Tatsachenberichte, Polizeiprotokolle etc. und die dabei stattfindende Umformung von Lebenssachverhalten in Wirklichkeitsformen des Rechts. Interessant wäre auch eine gründliche Analyse juristischer *Textfunktionen* unter sprechakttheoretischen Fragestellungen; gerade die Tatsache, daß in der Rechtsprechung (und durch Gesetzestexte) fiktive "Handlungen" als rechtsrelevante Akte von Individuen konstituiert werden (oft ohne daß die Betroffenen davon wissen, welche "Handlungen" sie rechtlich gesehen begangen haben sollen), und die damit zusammenhängende eigenständige juristische Handlungstheorie wäre eine Untersuchung aus sprechaktlinguistischer Sicht wert. Schließlich wäre es sinnvoll, die alte Frage der Fachsprachlichkeit der Rechtssprache noch einmal aufzunehmen und das Verhältnis zwischen fachlichen und alltagsweltlichen Elementen in der Rechtssprache näher zu untersuchen, bzw. zu bestimmen zu versuchen, ob die fachliche Konstitution einer eigenen Form von Wirklichkeitsverarbeitung nicht eine "Allgemeinverständlichkeit" der Rechts- und Gesetzessprache grundsätzlich erschwert wenn nicht unmöglich macht. Weitere Themen einer rechtslinguistischen Forschung wären sinnvoll und denkbar, u.a. der z.Zt. einzige von Linguisten bearbeitete Forschungsbereich der Gesprächsanalyse von Kommunikation vor Gericht und der Bereich der forensischen Linguistik.

Für die sprachwissenschaftliche Analyse der Funktion von und Arbeit mit Gesetzestexten in der Rechtsprechung konnten Ergebnisse der neueren Satz- und Textsemantik nutzbar gemacht werden (Kap. 1.2, vgl. auch Busse 1991a, Kap. 4 und 5). Zugleich dienen die Untersuchungen der vorliegenden Arbeit aber auch dem Zweck, die Tauglichkeit des Analyseinstrumentariums der Textlinguistik an der Textsorte "Normtext" kritisch zu überprüfen. Fast alle der derzeit gehandelten textlinguistischen Modelle erheben nämlich den

Anspruch, nicht etwa nur für bestimmte Textsorten gültig zu sein, sondern das Funktionieren der Einheit "Text" schlechthin, über alle Grenzen der Textsorten und sprachlichen Gebrauchszusammenhänge hinweg, einer einheitlichen Analyse zu unterwerfen. Jedoch zeigen die Einzelheiten textlinguistischer Begriffe und Modelle zumeist, daß die Autoren doch nur eine je spezifische Textsorte vor Augen hatten (literarische Texte, mündliche Kommunikation), so daß die Verwertbarkeit ihrer Textmodelle und Definitionen etwa für einen so spezifischen, aber gesellschaftlich doch gewichtigen Gebrauchsbereich von Sprache wie der Funktion von Gesetzestexten in der Rechtsprechung fraglich wurde. In einem ersten Ansatz wurden deshalb die zentralen textlinguistischen Begriffe *Textualität* und *Textkohärenz* auf ihre Anwendbarkeit für Gesetzestexte überprüft (Kap. 2). Dabei ergab sich, daß durchaus Kohärenzstrukturen auch zwischen einzelnen Textelementen von Gesetzeswerken feststellbar sind. Jedoch kann ein Gesetzeswerk nicht (wegen großer "Kohärenzlücken" und der häufig unterschiedlichen Zielrichtung, Funktion und Entstehungszeit einzelner Paragraphen) insgesamt in der Weise als geschlossener "Text" bezeichnet werden, wie dies etwa eine Erzählung, ein Bericht oder eine wissenschaftliche Abhandlung ist. Nicht zufällig wird im Sprachgebrauch der deutschen Großgesetze (BGB, StGB) als "*Gesetz*" stets der einzelne Paragraph bezeichnet. Hinsichtlich der Kohärenzstrukturen stellte sich die Frage, ob die zweifellos vorhandenen und linguistisch nachweisbaren Inhaltszusammenhänge zwischen einzelnen Paragraphen eines Gesetzes in der konkreten juristischen Auslegungsarbeit tatsächlich die vorrangigen Inhaltsstrukturen darstellen. Diese Frage konnte freilich nicht am Material der Normtexte allein beantwortet werden, sondern bedurfte einer Analyse der juristischen Auslegungspraxis (Kap. 4 und 5). In einem weiteren Ansatz wurde der in der Textlinguistik zentrale Begriff der *Textfunktion* auf seine Anwendbarkeit für Gesetzestexte geprüft. Dabei stellte sich heraus, daß die in der Textlinguistik entwickelten Bezeichnungen und Definitionen für Normtexte zu vage waren, als daß sie die verschiedenen Funktionen dieser Textsorte hätten ausreichend differenzieren können. In einer Analyse der im Deutschen vorhandenen Bezeichnungsmöglichkeiten für Rechtstexte wurde ein erster Ansatz unternommen, die Funktion von Rechtstexten text- und sprechaktanalytisch näher zu bestimmen (Kap. 3).

Den Kern der linguistischen Analyse macht jedoch die Untersuchung der juristischen Auslegungs- und Rechtsprechungspraxis unter linguistischer Perspektive aus. Ausgehend von der eingangs behandelten Leitfrage der juristischen Interpretationstheorie, wie die "Bedeutung" eines Normtextes bestimmt werden kann, bestand der erste Untersuchungsschritt in der Analyse einer juristischen Normtextinterpretation. D.h. es wurde aus linguistischer Perspektive untersucht, wie die rechtliche "Bedeutung" eines Gesetzesparagraphen - hier des Diebstahlsparagraphen aus dem Strafgesetzbuch (§ 242 StGB) - ausgehend vom Normtext näher bestimmt wird. Dabei wurde festgestellt, daß die juristische Explikation der "Gesetzesbedeutung" sehr viel weiter geht, als mit dem außerjuristischen Begriff der "Interpretation" oder "Bedeutungsfeststellung" noch bezeichnet werden kann. Ausgehend von einem Normtext wird in einer tiefen Staffelung von Explikationsebenen und unter Integration einer Vielzahl von denkbaren Anwendungsfällen des Normtextes ein juristischer Wissensrahmen konstituiert, der den gängigen linguistischen Begriff der *Bedeutung* sprengt. Entscheidend ist, so konnte gezeigt werden, welche Funktion der Normtext jeweils in unterschiedlichen juristischen Argumentationszusammenhängen spielt. Die Praxis der juristischen Normtextauslegung ist - anders als es die sprachtheoretischen Diskussionen der juristischen Methodenlehre glauben machen wollen - sehr viel weniger eine explizite "Bedeutungfeststellung" oder "Interpretation" (im Sinne einer ausdrücklichen Bedeutungsexplikation) als vielmehr die Angabe von Verwendungsmöglichkeiten des Normtextes oder seiner Elemente in konkreten Fallösungsprozessen. Dabei kommt eine argumentative Begründung der Erweiterung des Referenzbereichs einzelner Normtextelemente (juristisch: "Subsumtion" zusätzlicher Fälle unter das Gesetz) seltener vor, als die faktische - semantisch nicht begründete, sondern von Zweckerwägungen geleitete - Zuordnung einzelner Fallbeispiele unter den Normtext. Auch unter dem Aspekt der "Anwendung" eines Normtextes auf einen Lebenssachverhalt (Fall) erbrachte unsere Analyse aus linguistischer Sicht überraschende Erkenntnisse: Nicht der Originaltext des Gesetzes wird in der juristischen Auslegungspraxis auf Lebenssachverhalte anzuwenden versucht, sondern eine kanonische rechtsdogmatische Explikation des Originaltextes, die oft schon mehrere Explikationsebenen vom Gesetz entfernt ist. Damit bekommt die Herstellung von Wissensbezügen zu juristischen Wissensrahmen, die nicht mehr in einem naiven Sinne "dem Text entnommen werden" kann, eine zentrale Funktion für die juristische Textarbeit. Weitere Details der Untersuchungsergebnisse können der Zusammenfassung zu diesem Kapitel entnommen werden (Kap. 4.5).

Der analytische Zugang zur juristischen Arbeit mit Gesetzestexten ausgehend vom Normtext hin zu seinen explikativen und fallbezogenen Ausfächerungen, wie er durch die sprach- und interpretationstheoretischen Argumente in der juristischen Methodendiskussion nahegelegt wurde, stellt eine für linguistische Untersuchungszwecke zunächst nützliche Idealisierung dar, die jedoch nicht dem tatsächlichen Vorgehen der Juristen in der alltäglichen Entscheidungspraxis entspricht. Dort wird immer zunächst von einem vorliegenden "Fall", d.h. einem ein Entscheidungsproblem darstellenden Lebenssachverhalt, ausgegangen, um erst ausgehend von diesem die für seine rechtliche Lösung notwendigen Normtexte zu erschließen. Der methodische Zugang zur juristischen Textarbeit ausgehend von den Texten hin zu ihrer "Auslegung" mußte daher von einem wirklichkeitsnäheren zweiten analytischen Zugang ergänzt werden, der von einem Fallbeispiel ausgeht und dann zu bestimmen versucht, welche Rolle Texte in seiner rechtlichen Bearbeitung spielen (Kap. 5). Dabei stellte sich heraus, daß eine Vielzahl von Normtexten herangezogen werden muß, um ein solches juristisches Problem, wie es hier als Frage nach der "Mängelhaftung beim Gebrauchtwagenkauf" vorlag, lösen zu können. Die juristische Textarbeit besteht tatsächlich weniger in expliziten Auslegungsakten, als vielmehr in der Herstellung einer Vielfalt komplexer Textbezüge und Bezugnahmen auf juristische Wissensrahmen, die insgesamt ein entscheidungsfähiges Korpus von fallrelevanten Normtexten (einen "Entscheidungstext") allererst hervorbringen muß. Jedoch darf die letztlich erfolgende Entscheidung nicht so sehr als die Bezugsetzung dieses Gesamtkorpus von Normtexten auf "den Fall" betrachtet werden, als vielmehr als ein algorithmischer Prozeß einzelner Prüfungsschritte, in dem fortlaufend Einzelentscheidungen gefällt werden müssen, die nicht nur den Fortgang zu weiteren Normtextelementen bestimmen, sondern auch, welche rechtlichen Regelungsgebiete überhaupt in Frage kommen. Die Lösung eines Rechtsfalles ist aus linguistischer Sicht daher nicht so sehr eine einfache "Anwendung eines Normtextes auf einen Fall", als vielmehr ein komplexer Prozeß der Herstellung von Text- und Wissensbezügen mit einer Vielzahl einzelner semantischer (z.B. referentieller) oder zweckgerichteter Entscheidungen. Dabei können Ermessensentscheidungen an zentralen Knotenpunkten des entscheidungsrelevanten Textnetzes zu einer völlig anderen Richtungsnahme im Algorithmus der juristischen Textarbeit führen.

Bei der Herstellung der entscheidungsrelevanten Relationen zwischen einer Vielzahl von Normtexten (in unserem recht einfachen zivilrechtlichen Fall mehr als 25 Paragraphen) spielen *Wissensbezüge* eine zentrale Rolle, die meist nicht mehr allein mit linguistischen Mitteln und im Sprachmaterial der Gesetze nachgewiesen werden können. Schon in der linguistischen Textanalyse war die zentrale Rolle von *Wissensrahmen* für die Textproduktion und das Textverstehen herausgestellt worden (vgl. Busse 1992, Kap. 5 und 6). In unserer Analyse der juristischen Textarbeit konnte gezeigt werden, daß die "inhaltlichen" Beziehungen zwischen den zur Entscheidung eines Beispielfalles notwendigen Normtexten nicht mehr mit sprachlichen Indikatoren abgesichert werden konnten; es handelt sich hier meist um Wissensbezüge, d.h. um Relationen zwischen rechtlichen Wissensrahmen, die für die einzelnen juristischen Textarbeiter einfach bekannt sein müssen, damit sie ihre Aufgabe erfüllen können. Diese, häufig durch rechtsdogmatische Vorentscheidungen, die wiederum in eigenen Texten (Kommentar- und Urteilstexte) dokumentiert sind, hergestellten Wissensbezüge, welche in der juristischen Methodenlehre teilweise auch mit dem Ausdruck "systematische Auslegung" bezeichnet werden, müssen einerseits notwendig Teil und Gegenstand der linguistischen Analyse juristischer Textarbeit sein, übersteigen aber auch die Möglichkeiten einer rein sprachwissenschaftlichen Forschung. Wegen der zentralen Rolle von Wissensrahmen für jedes Sprachverstehen kann eine sprachwissenschaftliche, semantische Textanalyse niemals ohne Berücksichtigung von Wissensrahmen operieren. In der traditionellen Linguistik wurde die Rolle der Wissensrahmen meist deshalb übersehen, weil diese von den Linguisten selbst intuitiv vorausgesetzt wurden (als Teil ihres Bedeutungswissens). Eine vollständige Analyse der Funktion von Texten in der Rechtsprechung bedarf aber einer interdisziplinären Zusammenarbeit von Linguisten, Juristen und Wissenssoziologen. Eine solche Forschung, welche unsere Kenntnis vom Wirken der Gesetzestexte in der gesellschaftlichen Institution Recht wohl erheblich vertiefen könnte, ist eines der lohnendsten Ziel zukünftiger rechtslinguistischer Arbeit.

Die zentrale Rolle der Wissensrahmen in der juristischen Textarbeit betrifft aber auch einen weiteren wesentlichen Aspekt des Rechts: Die notwendige Umformung lebensweltlicher Wirklichkeit in rechtlich konstituierte Wirklichkeit. Die in einigen rechtslinguistischen Arbeiten schon angesprochene Konstitutionsleistung der rechtlichen Textarbeit darf nicht nur als eine Form der Wirklichkeits*deutung* aufgefaßt werden; vielmehr ist sie *Schaffung* einer eigenständigen rechtlichen Wirklichkeit in vollem Sinne. An unserem Fallbeispiel konnte gezeigt werden, wie jede einzelne Bezugsgröße des auch alltagsweltlich verstehbaren Bezugsrahmens "*Gebrauchtwagenkauf*" einer rechtlichen, auf normativen Text- und Wissensbezügen beruhenden Umformung unterworfen wurde, bevor dann die Kernfrage der Mängelhaftung überhaupt angegangen werden konnte. Die textgestützte rechtliche Konstitution der Sachverhaltselemente ist eine notwendige Voraussetzung dafür, daß in der rechtlichen Kernfrage überhaupt die richtigen Textrelationen zu Normtexten hergestellt werden. Somit ist auch von der Seite der Lebenswirklichkeit her die einfache Konfrontierung - hier Normtext dort Sachverhalt - verkürzend: In Wahrheit findet ein Prozeß wechselseitiger Durchdringung textlicher und lebensweltlicher Elemente statt, in dem die je nach Fallnuancen unterschiedlich ausfallende rechtliche Konstitution der Sachverhaltselemente Rückwirkungen haben kann auf die in Frage kommenden Normtexte im Kernbereich. Dieser Prüfungsprozeß ist, wie gezeigt, nur als Algorithmus fortschreitender Einzelentscheidungen beschreibbar, so daß sich schließlich die Frage stellt, ob die Annahme eines "Kernbereichs" eines vorliegenden Rechtsproblems (und die daraus folgende Annahme, daß es auch einen "Kerntext" geben müsse) überhaupt noch aufrecht erhalten werden kann. Diese Frage müßte freilich von den Juristen selbst beantwortet werden. Weitere Einzelheiten der Ergebnisse unserer Fallanalyse juristischer Textarbeit können der Zusammenfassung dieses Kapitels entnommen werden (Kap. 5.7). Abschließend wurden die Ergebnisse der linguistischen Untersuchung in Beziehung gesetzt zum Begriff der *Institution* (Kap. 6.2). Nicht nur die Personeninstitution Justiz erwies sich als solche, sondern die zuvor als Wissensrahmen beschriebenen Deutungskontexte für Normtexte ebenso wie die Normtexte selbst erwiesen sich als sprachliche Phänomene, die als verschiedene Ebenen der Institutionalisierung neben der Institution des Rechts eigene Wirkungsmacht besitzen.

Die empirische und theoretische Auseinandersetzung mit der Funktion von normativen Texten im Recht und der Textarbeit der Juristen in ihrer

"Anwendung" dieser Texte aus sprachwissenschaftlicher Sicht hat eine solche Fülle an Erkenntnissen, Aspekten und Perspektiven ergeben, daß es leicht fiel, der naheliegenden Versuchung zu widerstehen, die Ergebnisse unserer Untersuchungen einer gemeinsamen theoretischen Summe zuzuführen. Die rechtslinguistische Forschung auch unter Beteiligung von Sprachwissenschaftlern steht noch zu sehr am Anfang, als daß eine abschließende Bewertung der Funktionen von Sprache im Gebrauchszusammenhang der gesellschaftlichen Institution Recht möglich wäre. Es konnte in der vorliegenden Arbeit nur ein erster Einstieg in das umfangreiche Arbeitsfeld der Rechtslinguistik geleistet werden, der einige wesentliche Grundzüge der rechtlichen Arbeit mit Sprache aufzeigt und hoffentlich Geschmack macht, sich weiter mit diesem Gegenstand zu beschäftigen. Diese Arbeit, als Analyse eines Sprachwissenschaftlers in einem fachübergreifenden Gegenstandsbereich, richtet sich damit sowohl an Linguisten wie auch an Juristen (aber auch an andere Interessenten wie Soziologen und Politologen). Ich hoffe, mit dieser Arbeit so viel Interesse an der linguistischen Analyse der Sprache im Recht geweckt zu haben, daß auch andere Linguisten ihre bisher leider festzustellende Zurückhaltung gegenüber diesem immerhin für unser gesellschaftliches Leben fundamentalen Wirkungsbereich von Sprache verlieren und eigene rechtslinguistische Forschungen folgen lassen. Diese Forschungen sollten, um des größeren Erkenntnisgewinns willen, fachübergreifend sein, so daß am Ende den Juristen, welche sich immer schon mit rechtslinguistischen Fragen auseinandergesetzt haben, die lange entbehrte fachliche Hilfe von seiten der Linguistik zuteil würde.

Anhang

Anhang 1 (zu Kapitel 2)

Aus dem Bürgerlichen Gesetzbuch (BGB):

3. Buch. Sachenrecht.
3. Abschnitt. Erlöschen der Schuldverhältnisse.
Dritter Titel. Aufrechnung.
§ 387. [Voraussetzungen] Schulden zwei Personen einander Leistungen, die ihrem Gegenstande nach gleichartig sind, so kann jeder Teil seine Forderung gegen die Forderung des anderen Teils aufrechnen, sobald er die ihm gebührende Leistung fordern und die ihm obliegende Leistung bewirken kann.
§ 388. [Erklärung der Aufrechnung] [1]Die Aufrechnung erfolgt durch Erklärung gegenüber dem anderen Teile. [2]Die Erklärung ist unwirksam, wenn sie unter einer Bedingung oder einer Zeitbestimmung abgegeben wird.
§ 389. [Wirkung der Aufrechnung] Die Aufrechnung bewirkt, daß die Forderungen, soweit sie sich decken, als in dem Zeitpunkt erloschen gelten, in welchem sie zur Aufrechnung geeignet einander gegenübergetreten sind.
§ 390. [Keine Aufrechnung mit einredebehafteter Forderung] [1]Eine Forderung, der eine Einrede entgegensteht, kann nicht aufgerechnet werden. [2]Die Verjährung schließt die Aufrechnung nicht aus, wenn die verjährte Forderung zu der Zeit, zu welcher sie gegen die andere Forderung aufgerechnet werden konnte, noch nicht verjährt war.
usw.

Anhang 2 (zu Kapitel 2)

Gesetz über den Widerruf von Haustürgeschäften und ähnlichen Geschäften
Vom 16. Januar 1986 (BGBl. I S. 122) (BGBl. III 402-30)

Der Bundestag hat das folgend Gesetz beschlossen:
§ 1. Widerrufsrecht. (1) Eine auf den Abschluß eines Vertrags über eine entgeltliche Leistung gerichtete Willenserklärung, zu der der Erklärende (Kunde)
1. durch mündliche Verhandlungen an seinem Arbeitsplatz oder im Bereich einer Privatwohnung,
2. anläßlich einer von der anderen Vertragspartei oder von einem Dritten zumindest auch in ihrem Interesse durchgeführten Freizeitveranstaltung oder
3. im Anschluß an ein überraschendes Ansprechen in Verkehrsmitteln oder im Bereich öffentlich zugänglicher Verkehrswege
bestimmt worden ist, wird erst wirksam, wenn der Kunde sie nicht binnen einer Frist von einer Woche schriftlich widerruft.
(2) Ein Recht auf Widerruf besteht nicht, wenn
1. im Fall von Absatz 1 Nr. 1 die mündlichen Verhandlungen, auf denen der Abschluß des Vertrags beruht, auf vorhergehende Bestellung des Kunden geführt worden sind oder
2. Die Leistung bei Abschluß der Verhandlungen sofort erbracht und bezahlt wird und das Entgelt achtzig deutsche Mark nicht übersteigt oder
3. die Willenserklärung von einem Notar beurkundet worden ist.

§ 2. Ausübung des Widerrufsrechts; Belehrung. (1) [1]Zur Wahrung der Frist genügt die rechtzeitige Absendung des Widerrufs. [2]Der Lauf der Frist beginnt erst, wenn die andere Vertragspartei dem Kunden eine drucktechnisch deutlich gestaltete schriftliche Belehrung über sein Recht zum Widerruf einschließlich Namen und Anschrift des Widerrufsempfängers sowie einschließlich der Bestimmung des Satzes 1 ausgehändigt hat. [3]Die Belehrung darf keine anderen Erklärungen enthalten und ist vom Kunden zu unterschreiben. [4]Unterbleibt diese Belehrung, so erlischt das Widerrufsrecht des Kunden erst einen Monat nach beiderseits vollständiger Erbringung der Leistung.

(2) Ist streitig, ob oder zu welchem Zeitpunkt die Belehrung dem Kunden ausgehändigt worden ist, so trifft die Beweislast die andere Vertragspartei.

§ 3. Rechtsfolgen des Widerrufs. (1) [1]Im Falle des Widerrufs ist jeder Teil verpflichtet, dem anderen Teil die empfangenen Leistungen zurückzugewähren. [2]Der Widerruf wird durch eine Verschlechterung, den Untergang oder die anderweitige Unmöglichkeit der Herausgabe des empfangenen Gegenstands nicht ausgeschlossen. [3]Hat der Kunde die Verschlechterung, den Untergang oder die anderweitige Unmöglichkeit zu vertreten, so hat er der anderen Vertragspartei die Wertminderung oder den Wert zu ersetzen.

(2) Ist der Kunde nicht nach § 2 belehrt worden und hat er auch nicht anderweitig Kenntnis von seinem Recht zum Widerruf erlangt, so hat er eine Verschlechterung, den Untergang oder die anderweitige Unmöglichkeit nur dann zu vertreten, wenn er diejenige Sorgfalt nicht beachtet hat, die er in eigenen Angelegenheiten anzuwenden pflegt.

(3) Für die Überlassung des Gebrauchs oder die Benutzung einer Sache sowie für sonstige Leistungen bis zu dem Zeitpunkt der Ausübung des Widerrufs ist deren Wert zu vergüten; die durch die bestimmungsgemäße Ingebrauchnahme einer Sache oder Inanspruchnahme einer sonstigen Leistung eingetretene Wertminderung bleibt außer Betracht.

(4) Der Kunde kann für die auf die Sache gemachten notwendigen Aufwendungen Ersatz von der anderen Vertragspartei verlangen.

§ 4. Zug-um-Zug-Verpflichtung. Die sich nach § 3 ergebenden Verpflichtungen der Vertragsparteien sind Zug um Zug zu erfüllen.

§ 5. Umgehungsverbot; Unabdingbarkeit. (1) Dieses Gesetz findet auch Anwendung, wenn seine Vorschriften durch anderweitige Gestaltungen umgangen werden.

(2) Erfüllt ein Geschäft im Sinne des § 1 Abs. 1 zugleich die Voraussetzungen eines Geschäfts nach dem Gesetz betreffend die Abzahlungsgeschäfte, nach § 11 des Gesetzes über den Vertrieb ausländischer Investmentanteile und über die Besteuerung der Erträge aus ausländischen Investmentanteilen, nach § 23 des Gesetzes über Kapitalgesellschaften oder nach § 4 des Gesetzes zum Schutz der Teilnehmer am Fernunterricht, so sind nur die Vorschriften dieser Gesetze anzuwenden.

(3) [1]Von den Vorschriften dieses Gesetzes zum Nachteil des Kunden abweichende Vereinbarungen sind unwirksam. [2]Beim Abschluß eines Kaufvertrags auf Grund eines Verkaufsprospekts kann das Widerrufsrecht nach § 1 Abs. 1 durch ein schriftlich eingeräumtes, uneingeschränktes Rückgaberecht entsprechend § 1b Abs. 5 des Gesetzes betreffend die Abzahlungsgeschäfte ersetzt werden; Voraussetzung ist, daß der Kunde den Verkaufsprospekt in Abwesenheit der anderen Vertragspartei eingehend zur Kenntnis nehmen konnte und zwischen dem Kunden und der anderen Vertragspartei im Zusammenhang mit diesem oder einem späteren Geschäft eine ständige Verbindung aufrechterhalten werden soll.

§ 6. Anwendungsbereich. Die Vorschriften dieses Gesetzes finden keine Anwendung,

1. wenn der Kunde den Vertrag in Ausübung einer selbständigen Erwerbstätigkeit abschließt oder die andere Vertragspartei nicht geschäftsmäßig handelt,
2. beim Abschluß von Versicherungsverträgen.

§ 7. Ausschließlicher Gerichtsstand. (1) Für Klagen aus Geschäften im Sinne des § 1 ist das Gericht ausschließlich zuständig, in dessen Bezirk der Kunde zur Zeit der Klageerhebung seinen Wohnsitz, in Ermangelung eines solchen seinen gewöhnlichen Aufenthaltsort hat.

(2) Eine abweichende Vereinbarung ist jedoch zulässig für den Fall, daß der Kunde nach Vertragsabschluß seinen Wohnsitz oder gewöhnlichen Aufenthaltsort aus dem Geltungsbe-

reich dieses Gesetzes verlegt oder sein Wohnsitz oder gewöhnlicher Aufenthaltsort im Zeitpunkt der Klageerhebung nicht bekannt ist.

§ 8. Berlin-Klausel. Dieses Gesetz gilt nach Maßgabe des § 13 Abs. 1 des Dritten Überleitungsgesetzes auch im Land Berlin.

§ 9. Inkrafttreten; Übergangsbestimmung. (1) Dieses Gesetz tritt am 1. Mai 1986 in Kraft.

(2) [1]Die Vorschriften dieses Gesetzes finden keine Anwendug auf Verträge, die vor seinem Inkrafttreten geschlossen worden sind. [2]§ 7 findet auch Anwendung auf Klagen aus Geschäften im Sinne des § 1, die vor dem Inkrafttreten dieses Gesetzes abgeschlossen worden sind.

Anhang 3 (zu Kapitel 4)

1. Aus dem Strafgesetzbuch (StGB)

a. Bestimmungen aus dem Allgemeinen Teil

§ 15. Vorsätzliches und fahrlässiges Handeln. Strafbar ist nur vorsätzliches Handeln, wenn nicht das Gesetz fahrlässiges Handeln ausdrücklich mit Strafe bedroht.

Zweiter Titel. Versuch.

§ 22. Begriffsbestimmung. Eine Straftat versucht, wer nach seiner Vorstellung von der Tat zur Verwirklichung des Tatbestandes unmittelbar ansetzt.

§ 23. Strafbarkeit des Versuchs. (1) Der Versuch eines Verbrechens ist stets strafbar, der Versuch eines Vergehens nur dann, wenn das Gesetz es ausdrücklich bestimmt.

(2) Der Versuch kann milder bestraft werden als die vollendete Tat (§ 49 Abs. 1).

(3) Hat der Täter aus grobem Unverstand verkannt, daß der Versuch nach der Art des Gegenstandes, an dem, oder des Mittels, mit dem die Tat begangen werden sollte, überhaupt nicht zur Vollendung führen konnte, so kann das Gericht von Strafe absehen oder die Strafe nach seinem Ermessen mildern (§ 49 Abs. 2).

§ 24. Rücktritt. (1) [1]Wegen Versuchs wird nicht bestraft, wer freiwillig die weitere Ausführung der Tat aufgibt oder deren Vollendung verhindert. [2]Wird die Tat ohne Zutun des Zurücktretenden nicht vollendet, so wird er straflos, wenn er sich freiwillig und ernsthaft bemüht, die Vollendung zu verhindern.

(2) [1]Sind an der Tat mehrere beteiligt, so wird wegen Versuchs nicht bestraft, wer freiwillig die Vollendung verhindert. [2]Jedoch genügt zu seiner Straflosigkeit sein freiwilliges und ernsthaftes Bemühen, die Vollendung der Tat zu verhindern, wenn sie ohne sein Zutun nicht vollendet oder unabhängig von seinem früheren Tatbeitrag begangen wird.

Dritter Titel. Strafbemessung bei mehreren Gesetzesverletzungen.

§ 52. Tateinheit. (1) Verletzt dieselbe Handlung mehrere Strafgesetze oder dasselbe Strafgesetz mehrmals, so wird nur auf eine Strafe erkannt.

(2) [1]Sind mehrere Strafgesetze verletzt, so wird die Strafe nach dem Gesetz bestimmt, das die schwerste Strafe androht. [2]Sie darf nicht milder sein, als die anderen anwendbaren Gesetze es zulassen. [...]

§ 53. Tatmehrheit. (1) Hat jemand mehrere Straftaten begangen, die gleichzeitig abgeurteilt werden, und dadurch mehrere Freiheitsstrafen oder mehrere Geldstrafen verwirkt, so wird auf eine Gesamtstrafe erkannt.

(2) [1]Trifft Freiheitsstrafe mit Geldstrafe zusammen, so wird auf eine Gesamtstrafe erkannt. [2]Jedoch kann das Gericht auf Geldstrafe auch gesondert erkennen; soll in diesen Fällen wegen mehrerer Straftaten Geldstrafe verhängt werden, so wird insoweit auf eine Gesamtgeldstrafe erkannt. [...]

b. Bestimmungen über Eigentumsdelikte (§ 242 ff.)

Neunzehnter Abschnitt. Diebstahl und Unterschlagung.

§ 242. Diebstahl. (1) Wer eine fremde bewegliche Sache einem anderen in der Absicht wegnimmt, dieselbe sich rechtswidrig zuzueignen, wird mit Freiheitsstrafe bis zu fünf Jahren oder mit Geldstrafe bestraft.

(2) Der Versuch ist strafbar.

§ 243. Besonders schwerer Fall des Diebstahls. (1) [1]In besonders schweren Fällen wird der Diebstahl mit Freiheitsstrafe von drei Monaten bis zu zehn Jahren bestraft. [2]Ein besonders schwerer Fall liegt in der Regel vor, wenn der Täter

1. zur Ausführung der Tat in ein Gebäude, eine Wohnung, einen Dienst- oder Geschäftsraum oder in einen anderen geschlossenen Raum einbricht, einsteigt, mit einem falschen Schlüssel oder einem anderen nicht zur ordnungsmäßigen Öffnung bestimmten Werkzeug eindringt oder sich in dem Raum verborgen hält,
2. eine Sache stiehlt, die durch ein verschlossenes Behältnis oder eine andere Schutzvorrichtung gegen Wegnahme besonders gesichert ist,
3. gewerbsmäßig stiehlt,
4. aus einer Kirche oder einem anderen der Religionsausübung dienenden Gebäude oder Raum eine Sache stiehlt, die dem Gottesdienst gewidmet ist oder der religiösen Verehrung dient,
5. eine Sache von Bedeutung für Wissenschaft, Kunst oder Geschichte oder für die technische Entwicklung stiehlt, die sich in einer allgemein zugänglichen Sammlung befindet oder öffentlich ausgestellt ist,
6. stiehlt, indem er die Hilflosigkeit eines anderen, einen Unglücksfall oder eine gemeine Gefahr ausnutzt.

(2) Ein besonders schwerer Fall ist ausgeschlosssen, wenn sich die Tat auf eine geringwertige Sache bezieht.

§ 244. Diebstahl mit Waffen; Bandendiebstahl. (1) Mit Freiheitsstrafe von sechs Monaten bis zu zehn Jahren wird bestraft, wer

1. einen Diebstahl begeht, bei dem er oder ein anderer Beteiligter eine Schußwaffe bei sich führt,
2. einen Diebstahl begeht, bei dem er oder ein anderer Beteiligter eine Waffe oder sonst ein Werkzeug oder Mittel bei sich führt, um den Widerstand eines anderen durch Gewalt oder Drohung mit Gewalt zu verhindern oder zu überwinden, oder
3. als Mitglied einer Bande, die sich zur fortgesetzten Begehung von Raub oder Diebstahl verbunden hat, unter Mitwirkung eines anderen Bandenmitglieds stiehlt.

(2) Der Versuch ist strafbar.

§ 246. Unterschlagung. (1) Wer eine fremde bewegliche Sache, die er in Besitz oder Gewahrsam hat, sich rechtswidrig zueignet, wird mit Freiheitsstrafe bis zu drei Jahren oder mit Geldstrafe und, wenn die Sache ihm anvertraut ist, mit Freiheitsstrafe bis zu fünf Jahren oder mit Geldstrafe bestraft.

(2) Der Versuch ist strafbar.

§ 247. Haus- und Familiendiebstahl. Ist durch einen Diebstahl oder eine Unterschlagung ein Angehöriger oder der Vormund verletzt oder lebt der Verletzte mit dem Täter in häuslicher Gemeinschaft, so wird die Tat nur auf Antrag verfolgt.

§ 248a. Diebstahl und Unterschlagung geringwertiger Sachen. Der Diebstahl und die Unterschlagung geringwertiger Sachen werden in den Fällen der §§ 242 und 246 nur auf Antrag verfolgt, es sei denn, daß die Strafverfolgungsbehörde wegen des besonderen öffentlichen Interesses an der Strafverfolgung ein Einschreiten von Amts wegen für geboten hält.

§ 248b. Unbefugter Gebrauch eines Fahrzeugs. (1) Wer ein Kraftfahrzeug oder ein Fahrrad gegen den Willen des Berechtigten in Gebrauch nimmt, wird mit Freiheitsstrafe bis zu drei Jahren oder mit Geldstrafe bestraft, wenn die Tat nicht in anderen Vorschriften mit schwereren Strafen bedroht ist.

(2) Der Versuch ist strafbar.

(3) Die Tat wird nur auf Antrag verfolgt.

(4) Kraftfahrzeuge im Sinne dieser Vorschrift sind die Fahrzeuge, die durch Maschinenkraft bewegt werden, Landkraftfahrzeuge nur insoweit, als sie nicht an Bahngleise gebunden sind.

§ 248c. Entziehung elektrischer Energie. (1) Wer einer elektrischen Anlage oder Einrichtung fremde elektrische Energie mittels eines Leiters entzieht, der zur ordnungsmäßigen Entnahme von Energie aus der Anlage oder Einrichtung nicht bestimmt ist, wird, wenn er die Handlung in der Absicht begeht, die elektrische Energie sich rechtswidrig zuzueignen, mit Freiheitsstrafe bis zu fünf Jahren oder mit Geldstrafe bestraft.

(2) Der Versuch ist strafbar.

(3) [1]Wird die in Absatz 1 bezeichnete Handlung in der Absicht begangen, einem anderen rechtswidrig Schaden zuzufügen, so ist die Strafe Freiheitsstrafe bis zu zwei Jahren oder Geldstrafe. [2]Die Tat wird nur auf Antrag verfolgt.

Zwanzigster Abschnitt. Raub und Erpressung.

§ 249. Raub. (1) Wer mit Gewalt gegen eine Person oder unter Anwendung von Drohungen mit gegenwärtiger Gefahr für Leib oder Leben eine fremde bewegliche Sache einem anderen in der Absicht wegnimmt, sich dieselbe rechtswidrig zuzueignen, wird mit Freiheitsstrafe nicht unter einem Jahr bestraft.

(2) In minder schweren Fällen ist die Strafe Freiheitsstrafe von sechs Monaten bis zu fünf Jahren.

§ 250. Schwerer Raub. (1) Auf Freiheitsstrafe nicht unter fünf Jahren ist zu erkennen, wenn

1. der Täter oder ein anderer Beteiligter am Raube eine Schußwaffe bei sich führt,
2. der Täter oder ein anderer Beteiligter am Raube eine Waffe oder sonst ein Werkzeug oder Mittel bei sich führt, um den Widerstand eines anderen durch Gewalt oder Drohung mit Gewalt zu verhindern oder zu überwinden,
3. der Täter oder ein anderer Beteiligter am Raube durch die Tat einen anderen in die Gefahr des Todes oder einer schweren Körperverletzung (§ 224) bringt oder
4. der Täter den Raub als Mitglied einer Bande, die sich zur fortgesetzten Begehung von Raub oder Diebstahl verbunden hat, unter Mitwirkung eines anderen Bandenmitglieds begeht.

(2) In minder schweren Fällen ist die Strafe Freiheitsstrafe von einem Jahr bis zu fünf Jahren.

§ 251. Raub mit Todesfolge. Verursacht der Täter durch den Raub (§§ 249, 250) leichtfertig den Tod eines anderen, so ist die Strafe lebenslange Freiheitsstrafe nicht unter zehn Jahren.

§ 252. Räuberischer Diebstahl. Wer, bei einem Diebstahl auf frischer Tat betroffen, gegen eine Person Gewalt verübt oder Drohungen mit gegenwärtiger Gefahr für Leib oder Leben anwendet, um sich im Besitz des gestohlenen Gutes zu erhalten, ist gleich einem Räuber zu bestrafen.

§ 253. Erpressung. (1) Wer einen anderen rechtswidrig mit Gewalt oder durch Drohung mit einem empfindlichen Übel zu einer Handlung, Duldung oder Unterlassung nötigt und dadurch dem Vermögen des Genötigten oder eines anderen Nachteil zufügt, um sich oder einen Dritten zu Unrecht zu bereichern, wird mit Freiheitsstrafe bis zu fünf Jahren oder mit Geldstrafe, in besonders schweren Fällen mit Freiheitsstrafe nicht unter einem Jahr bestraft.

(2) Rechtswidrig ist die Tat, wenn die Anwendung der Gewalt oder die Androhung des Übels zu dem angestrebten Zweck als verwerflich anzusehen ist.

(3) Der Versuch ist strafbar. [...]

Einundzwanzigster Abschnitt. Begünstigung und Hehlerei.

§ 259. Hehlerei. (1) Wer eine Sache, die ein anderer gestohlen oder sonst durch eine gegen fremdes Vermögen gerichtete rechtswidrige Tat erlangt hat, ankauft oder sonst sich oder einem Dritten verschafft, sie absetzt oder absetzen hilft, um sich oder einen Dritten zu bereichern, wird mit Freiheitsstrafe bis zu fünf Jahren oder mit Geldstrafe bestraft.

(2) Die §§ 247 und 248a gelten sinngemäß.

(3) Der Versuch ist strafbar. [...]

Zweiundzwanzigster Abschnitt. Betrug und Untreue.
§ 263. Betrug. (1) Wer in der Absicht, sich oder einem Dritten einen rechtswidrigen Vermögensvorteil zu verschaffen, das Vermögen eines anderen dadurch beschädigt, daß er durch Vorspiegelung falscher oder durch Entstellung oder Unterdrückung wahrer Tatsachen einen Irrtum erregt oder unterhält, wird mit Freiheitsstrafe bis zu fünf Jahren oder mit Geldstrafe bestraft.

(2) Der Versuch ist strafbar.

(3) In besonders schweren Fällen ist die Strafe Freiheitsstrafe von einem Jahr bis zu zehn Jahren. [...]

2. Aus dem Bürgerlichen Gesetzbuch (BGB) zu "Eigentum" und "Besitz"

Drittes Buch. Sachenrecht
Erster Abschnitt. Besitz
§ 854 [Erwerb des Besitzes] (1) Der Besitz einer Sache wird durch die Erlangung der tatsächlichen Gewalt über die Sache erworben.

(2) Die Einigung des bisherigen Besitzers und des Erwerbers genügt zum Erwerbe, wenn der Erwerber in der Lage ist, die Gewalt über die Sache auszuüben.

§ 855. [Besitzdiener] Übt jemand die tatsächliche Gewalt über eine Sache für einen anderen in dessen Haushalt oder Erwerbsgeschäft oder in einem ähnlichen Verhältnis aus, vermöge dessen er den sich auf die Sache beziehenden Weisungen des anderen Folge zu leisten hat, so ist nur der andere Besitzer.

§ 856. [Beendigung des Besitzes] (1) Der Besitz wird dadurch beendigt, daß der Besitzer die tatsächliche Gewalt über die Sache aufgibt oder in anderer Weise verliert.

(2) Durch eine ihrer Natur nach vorübergehende Verhinderung in der Ausübung der Gewalt wird der Besitz nicht beendigt. [...]

Dritter Abschnitt. Eigentum
§ 903. [Befugnisse des Eigentümers] Der Eigentümer einer Sache kann, soweit nicht das Gesetz oder Rechte Dritter entgegenstehen, mit der Sache nach Belieben verfahren und andere von jeder Einwirkung ausschließen.

Anhang 4 (zu Kapitel 4)

Urteilstext des Bundesgerichtshofs zum Diebstahl (BGHSt. 16, S. 271-278)

Sobald der Täter im Selbstbedienungsladen mit Zueignungsabsicht Waren in seine Kleidung oder in eine mitgeführte Tasche gesteckt hat, ist sein Gewahrsam begründet und damit der Diebstahl oder der Mundraub vollendet, auch wenn das Personal den Vorgang beobachtet hat und die weitere Verfügung "ohne Schwierigkeiten" verhindern kann.
StGB §§ 242, 370 Abs. 1 Nr. 5.
2. Strafsenat. Beschl. vom 6. Oktober 1961 g. G. 2 StR 289/61.
I. Amtsgericht Köln
II. Oberlandesgericht Köln

I.
Der Angeklagte entnahm in einem Selbstbedienungsladen aus einem Regal ein Päckchen Zigaretten im Werte von 1,75 DM, legte es jedoch nicht in den Einkaufskorb, sondern steckte es in Zueignungsabsicht in seine Hosentasche. Dabei wurde er von einer Verkäuferin beobachtet und an der Kasse vom Filialleiter gestellt, der ihm die Zigaretten abnahm.

Der Amtsrichter in Köln hat den Angeklagten wegen Übertretung nach § 370 Abs. 1 Nr. 5 StGB zu einer Geldstrafe verurteilt. Die Revision des Angeklagten beanstandet die Beweiswürdigung und vermißt eine Auseinandersetzung mit der Frage, ob vollendete Verbrauchsmittelentwendung oder nur strafloser Versuch vorgelegen hat.

Das Oberlandesgericht möchte das Rechtsmittel verwerfen. Es vertritt unter Berufung auf Welzel (GA 1960, 257 und NJW 1961, 328) den Rechtsstandpunkt, daß trotz Beobachtung des Vorganges mit dem Einstecken der Zigaretten die Verbrauchsmittelentwendung vollendet gewesen sei, und erblickt im übrigen in dem Revisionsvorbringen nur unzulässige Angriffe gegen die tatrichterliche Beweiswürdigung. An der beabsichtigten Entscheidung sieht es sich jedoch durch das Urteil des Oberlandesgerichts Hamm vom 10. Juni 1960 (NJW 1961, 328) gehindert. Es hat daher die Sache gemäß § 121 Abs. 2 GVG dem Bundesgerichtshof zur Entscheidung der Rechtsfrage vorgelegt,

> ob durch das Einstecken von Ware in Selbstbedienungsläden kein Gewahrsam des Täters begründet wird, wenn das Personal die Handlung des Täters beobachten und "ohne Schwierigkeiten" verhindern konnte.

Die Vorlegungsvoraussetzungen sind gegeben. Mit der beabsichtigten Entscheidung würde sich das Oberlandesgericht in Köln zu dem angeführten Urteil des Oberlandesgerichts in Hamm in Widerspruch setzen. In diesem Urteil ist ausgesprochen, daß durch Einstecken von Waren in Selbstbedienungsläden kein Gewahrsam begründet werde und daher nur versuchter Diebstahl oder Mundraub vorliege, wenn der Täter beobachtet werde und infolgedessen seine weitere Verfügung über die Waren ohne Schwierigkeiten verhindert werden könne.

II.

In der Sache schließt sich der erkennende Senat der Rechtsauffassung des vorlegenden Oberlandesgerichts an.

Die Wegnahme einer Sache und damit beim Vorliegen der übrigen Tatbestandsmerkmale der Diebstahl oder der Mundraub ist vollendet, sobald der Gewahrsam des bisherigen Inhabers an der Sache aufgehoben und diese in die tatsächliche Verfügungsmacht des Diebes gelangt ist. Das kann, wie in der Rechtsprechung unangefochten anerkannt ist, der Fall sein, ohne daß die Sache von ihrem bisherigen Aufbewahrungsort entfernt wird und ohne daß die vom Täter begründete Sachherrschaft gesichert ist. Auch eine nur ganz vorübergehende Sachherrschaft ist Gewahrsam. Hiervon geht ersichtlich auch das Oberlandesgericht in Hamm aus. Weil Heimlichkeit kein Wesensmerkmal des Diebstahls ist, erkennt es ferner an, daß eine vollendete Wegnahme trotz Beobachtung des Täters vorliegen kann. Es will der Beobachtung aber dann eine die Gewahrsamsbegründung ausschließende Wirkung verleihen, wenn sie "so anhaltend und aus solcher Nähe" geschieht, daß der Gewahsamsinhaber oder andere für ihn jederzeit ohne Schwierigkeiten die Verfügungsgewalt über die Sache bestätigen können. Der Täter soll dann selbst an Gegenständen, die er in die Taschen seiner Kleider steckt, nur scheinbar Gewahrsam erlangen, da der Berechtigte jederzeit in der Lage sei, die Gegenstände wieder an sich zu nehmen.

Diese Auffassung beruht auf einer Verkennung des Gewahrsamsbegriffs.

Gewahrsam ist zwar tatsächliche Sachherrschaft. Ob sie vorliegt, hängt aber nicht in erster Linie, jedenfalls nicht allein von der körperlichen Nähe zur Sache und nicht von der physischen Kraft ab, mit der die Beziehung zur Sache aufrechterhalten wird oder aufrechterhalten werden kann. Vielmehr kommt es für die Frage der Sachherrschaft entscheidend auf die Anschauungen des täglichen Lebens an. Der Gewahrsamsbegriff ist wesentlich durch die Verkehrsauffassung bestimmt, eine Ansicht, die wiederholt bereits in Entscheidungen des Reichsgerichts zum Ausdruck gekommen ist (vgl. u.a RGSt 43, 10, 13; 50, 183; RG GA 48, 311). Sie allein rechtfertigt die Annahme, daß ein Bauer Gewahrsam an seinem auf dem Feld zurückgelassenen Pflug behält, mag auch sein Hof weit entfernt liegen und der Pflug dem Zugriff eines körperlich kräftigeren und näher wohnenden Nachbarn unmittelbar offen stehen. Das gleiche gilt für Haustiere, die sich vorübergehend von dem Anwesen ihres Herren entfernt haben. Der Wohnungsinhaber auf Reisen bleibt Gewahrsamsinhaber nicht nur gegenüber Dritten, sondern auch im Verhältnis zu der die Wohnung bewachenden Hausangestellten. Zweifellos weist die Verkehrsauffassung auch dem, der einen Gegenstand in der Tasche seiner Kleidung mit sich trägt, regelmäßig Gewahrsam zu, weil eine intensivere Herrschaftsbeziehung zur Sache kaum denkbar ist, vor allem der Ausschluß anderer besonders deutlich zum Ausdruck kommt. Sicher gilt das nicht uneingeschränkt; wiederum nach der Verkehrsauffassung ergeben sich Ausnahmen. Wenn die Hausfrau der Hausangestellten Einkaufsgeld mitgibt oder den Auftrag erteilt, ein kleines Haushaltsgerät zur Reparatur abzugeben, so behält sie Gewahrsam am Geld oder Gerät; die Hausangestellte hat allenfalls Mitgewahrsam. Das liegt daran, daß die Hausangestellte in ihrer Beziehung zur Sache von der Hausfrau nicht nur abhängig ist, sondern auch abhängig sein will. Zueignungsabsicht ist aber gerade das Gegenteil dieses Abhängigkeitswillens. Steckt also der Täter in einem Selbstbedienungsladen einen Gegenstand in Zueignungsabsicht in seine Kleidung, so schließt er allein durch diesen tatsächlichen Vorgang die Sachherrschaft des Bestohlenen aus und begründet eigenen ausschließlichen Gewahrsam. Eine etwaige Beobachtung ändert an der Vollziehung des Gewahrsamswechsels nichts. Diebstahl ist keine heimliche Tat. Die Beobachtung, mag sie nun zufällig oder planmäßig, anhaltend oder nur vorübergehend sein, und eine körperliche Unterlegenheit des Täters oder seine Bereitschaft zur Rückgabe geben dem Bestohlenen lediglich die Möglichkeit, den ihm bereits entzogenen Gegenstand wiederzuerlangen.

Nichts anderes kann gelten, wenn der Täter in einem Selbstbedienungsladen Waren in Zueignungsabsicht in eine von ihm mitgeführte Hand-, Einkaufs-, Akten- oder ähnliche Tasche gesteckt hat. Zwar muß nicht notwendig in dem bloßen, den Abtransport vorbereitenden Einpacken des Diebesguts in eine derartige Tasche die Begründung eigenen Gewahrsams durch den Dieb erblickt werden, wie der vom 4. Strafsenat in BGH LM § 243 Abs. 1 Ziff. 2 StGB Nr. 18 entschiedene Fall zeigt. Dort hatte der Täter nach Einbruch in eine Gastwirtschaft zunächst mehrere Sachen in seine Aktentasche gesteckt, hatte sich dann aber schlafen gelegt und war so am nächsten Morgen hinter der Theke aufgefunden worden. Damit sind aber die tatsächlichen Umstände bei einer Entwendung in einem Selbstbedienungsladen nicht vergleichbar. Der Täter bereitet hier nicht erst durch Verpacken der Waren ihre Mitnahme vor, sondern das Einstecken dient zugleich dem Verbergen vor möglichen Beobachtern, weil der Täter hofft, alsbald ungehindert den Laden verlassen zu können. Damit aber bringt er die Waren, mag er beobachtet werden oder nicht, in ebensolcher Weise in seinen ausschließlichen Herrschaftsbereich, wie beim Einstecken in seine Kleidung. Der Senat vermag deshalb der im Urteil des Oberlandesgerichts in Düsseldorf vom 10. Mai 1961 (NJW 1961, 1368) für diesen Fall vertretenen Auffassung ebenfalls nicht zu folgen.

III.

Das Oberlandesgericht in Hamm beruft sich in seiner Entscheidung NJW 1961, 328 auf die Rechtsprechung des Reichsgerichts und des Bundesgerichtshofs.

In der Entscheidung RGSt 52, 75, die einen Warenhausdiebstahl, also einen dem Diebstahl in einem Selbstbedienungsladen nahekommenden Fall, betrifft, hat das Reichsgericht jedoch die Ansicht des Tatrichters, daß die Wegnahme der entwendeten Schuhe mit dem Verstecken unter dem Mantel vollendet gewesen sei, gebilligt und audrücklich darauf hingewiesen, daß dies auch dann gelten müsse, wenn der Diebstahl beobachtet worden sei. Daß das Reichsgericht dabei n u r die Verhältnisse eines großstädtischen Warenhauses im Auge hatte, in dem der Täter jederzeit in der Menge verschwinden konnte (so u.a. OLG Hamm NJW 1954, 523 und OLG Hamburg NJW 1969, 1920), trifft nicht zu. Diese Verhältnisse werden nur nebenbei erwähnt, und anschließend heißt es dann, daß ein vollendeter Diebstahl sehr wohl schon vorliegen könne, wenn der Dieb die Sache an sich nehme und unter den Kleidern verberge o d e r wenn er damit auch nur in der Menge verschwinde. Aus der Gegenüberstellung dieser beiden Fälle ergibt sich deutlich, daß das Reichsgericht es im ersten Fall nicht noch zusätzlich für erforderlich hielt, daß der Dieb auch die Möglichkeit hatte, in der Menge unterzutauchen. Das wird bestätigt durch die Entscheidung RGSt 53, 144. In diesem Fall eines Kirchendiebstahls von Altarkerzen, der durch das Einschließen der Täter noch besonders lag, hat derselbe Senat des Reichsgerichts die Tatsache der Beobachtung als schlechthin für unerheblich erklärt.

In RG GA 69, 102 ist allerdings ein vollendeter Gewahrsamsbruch verneint worden, weil die Diebe von Wächtern beobachtet worden waren, "die in unmittelbarster und nicht unterbrochener Ausübung des Gewahrsams des Eigentümers die Kartoffeln zum Schutz gegen die

Diebe beaufsichtigt hatten ... und alsbald zur Aufrechterhaltung dieses Gewahrsams ... mit dem Erfolg eingeschritten waren, daß sie zwar nicht jede Diebestätigkeit verhindern, aber doch den Gewahrsam als solchen schließlich noch aufrechtzuerhalten vermochten." Diese Entscheidung betrifft indessen umfangreiches und schweres Diebesgut, das die Diebe auf einem umschlossenen Hof in Säcke gefüllt hatten und noch über eine Umschließungsmauer schaffen mußten. Es fehlte also noch an der engen Beziehung zur Sache, die mit dem Einstecken in die Kleidung verbunden ist. Der Eigentümer konnte seine Herrschaftsgewalt durch die von ihm angestellten zugriffsbereiten Wächter noch unmittelbar ausüben, hatte also seine Sachherrschaft noch nicht eingebüßt. Hierin und nicht in der Tatsache der Beobachtung liegt der wirkliche Grund für diese Entscheidung, die deshalb auch mit der in RGSt 52, 75 und 53, 144 vertretenen Rechtsmeinung durchaus vereinbar ist. Dasselbe gilt für andere Entscheidungen, die Fälle betreffen, in denen die Täter beim Bereitstellen der umfangreichen Diebesbeute überrascht wurden (vgl. Rspr-RG 7, 539; RG Urt. v. 1. März 1918 - IV 64/18 -, erwähnt in RGSt 66, 394; RG JW 1934, 1358 Nr. 19).

Auch bei der Würdigung der Entscheidung RGSt 66, 394 dürfen die besonderen Umstände des Falles nicht unbeachtet bleiben. Das Reichsgericht hat dort nur ausgeführt, daß im Beiseitelegen einer dem Gewahrsamsinhaber abgenommenen Sache im allgemeinen keine vollendete Wegnahme zu sehen sei, wenn er selbst in unmittelbarer Nähe bleibe und Kenntnis von dem Eingriff habe, daß dies aber dann nicht zutreffe, wenn es sich bei dem Täter um einen gewalttätigen und körperlich überlegenen Menschen handele. Damit wurde zwar dem Gesichtspunkt der körperlichen Überlegenheit für diesen Fall ausschlaggebende Bedeutung beigemessen, jedoch in keiner Weise zum Ausdruck gebracht, daß es darauf stets ankomme.

Später hat das Reichsgericht dann anscheinend geglaubt, den Entscheidungen GA 69, 102 und RGSt 66, 394 den allgemeinen Grundsatz entnehmen zu müssen, daß die Beobachtung der Wegnahme stets von Bedeutung sei. Hierauf deuten jedenfalls die Ausführungen in RGSt 76, 131 hin, wo es heißt, die Annahme, daß der angeklagte Postbeamte bereits durch das Ansichnehmen von zwei Postsendungen eigenen Gewahrsam begründet habe, werde nicht dadurch ausgeschlossen, daß er von einer Behördenangestellten beobachtet worden sei, weil die Angestellte weder die Aufgabe noch die Möglichkeit noch den Willen gehabt habe, die Verfügung des Angeklagten über die Gegenstände zu verhindern und darauf hinzuwirken, daß der Gewahrsam des Behördenvorstandes bestehen bleibe. Ein derart allgemeiner Grundsatz ist indessen mit den Entscheidungen RGSt 52, 75 und 53, 144 nicht mehr in Einklang zu bringen. Er ist auch unvereinbar mit der Rechtsprechung über den Tatbestand des § 252 StGB, bei dem die Vollendung des Diebstahls entscheidend ist für die Abgrenzung zum Raub; denn räuberischer Diebstahl ist nur gegeben, wenn die Wegnahme bei der Gewaltanwendung bereits vollendet war; sonst liegt Raub vor. Da andererseits § 252 StGB das Betroffenwerden auf frischer Tat, also Beobachtung voraussetzt, wäre seine Anwendung auf einen sehr engen Bereich beschränkt, wenn diese Beobachtung die Vollendung ausschlösse. Das Gegenteil ist nach der Rechtsprechung der Fall; es sei vor allem auf RGSt 73, 343 verwiesen.

Die Auffassung des Senats liegt bereits einigen Entscheidungen des Bundesgerichtshofs zugrunde. So hat der erkennende Senat mit Urteil vom 18. September 1957 - 2 StR 297/57 - in einem Fall, in dem der Täter einem Panzerschrank Lohntüten entnommen und in seine Tasche gesteckt hatte, die Verurteilung wegen vollendeten Diebstahls gebilligt, obwohl der Täter beim Einstecken der Beute überrascht und gestellt wurde. In derselben Linie liegt das Urteil vom 10. September 1960 - 5 StR 328/60 -, in dem der 5. Strafsenat ausgesprochen hat, daß der am Tatort festgenommene Täter bereits Gewahrsam an zwei Ringen erlangt habe, die er auf seine Finger gezogen hatte. Den Ausführungen anderer Urteile könnten allerdings Anhaltspunkte für die Ansicht des Oberlandesgerichts in Hamm entnommen werden. In der Entscheidung vom 28. September 1956 - 5 StR 236/56 - (mitgeteilt von Dallinger in MDR 1957, 141) wird der Beobachtung der Täter durch eingriffsbereite Kriminalbeamte nur deshalb keine Bedeutung beigemessen, weil die Beamten nicht mit Sicherheit erkennen konnten, ob eine strafbare Handlung vorlag. BGHSt 4, 199 erklärt in einem Hinweis an das Landgericht unter Bezugnahme auf HESt 1, 234, daß bei einer sog. Diebesfalle der Täter, der das Lockmittel an sich nehme, nur scheinbaren Gewahrsam erlange, daß in Wahrheit der Gewahrsam des Berechtigten bestehen bleibe. Beide Urteile hindern jedoch die Entscheidung des erkennenden Senats nicht. Das erste Urteil nimmt im Ergebnis vollendeten Diebstahl an; dazu hätte auch die Rechtsauffassung des erkennenden Senats geführt, weil die Täter die einem Spielautomaten entnommenen Geldmünzen bereits in ihre Taschen gesteckt und damit eigenen ausschließlichen Gewahrsam begründet hatten. Das zweite Urteil beruht nicht auf der nur in einem Hinweis mitgeteilten Absicht. Zudem wäre ihm ebenfalls im Ergebnis beizupflichten, weil die Tat bei einer sog. Diebesfalle wegen der Einwilligung des Berechtigten begrifflich nur bis zum Versuch gedeihen kann. Das ist in BGHSt 4, 199 auch ausdrücklich erwähnt (vgl. dazu bereits RGSt 1, 63; 53, 338).

V.
Die Entscheidung enstpricht der Stellungnahme des Generalbundesanwalts.

Anhang 5 (zu Kapitel 5)

1. Aus dem Bürgerlichen Gesetzbuch (BGB)

§ 31. **[Haftung des Vereins für Organe]** Der Verein ist für den Schaden verantwortlich, den der Vorstand, ein Mitglied des Vorstandes oder ein anderer verfassungsmäßig berufener Vertreter durch eine in Ausführung der ihm zustehenden Verrichtungen begangene, zum Schadensersatze verpflichtende Handlung einem Dritten zufügt.
§ 194. **[Gegenstand der Verjährung]** (1) Das Recht, von einem anderen ein Tun oder Unterlassen zu verlangen (Anspruch), unterliegt der Verjährung. [...]
§ 195. **[Regelmäßige Verjährungsfrist]** Die regelmäßige Verjährungsfrist beträgt dreißig Jahre.
§ 249. **[Art und Umfang des Schadensersatzes]** [1]Wer zum Schadensersatze verpflichtet ist, hat den Zustand herzustellen, der bestehen würde, wenn der zum Ersatze verpflichtende Umstand nicht eingetreten wäre. [2]Ist wegen Verletzung einer Person oder wegen Beschädigung einer Sache Schadensersatz zu leisten, so kann der Gläubiger statt der Herstellung den dazu erforderlichen Geldbetrag verlangen.
§ 250. **[Schadensersatz in Geld nach Fristsetzung]** [1]Der Gläubiger kann dem Ersatzpflichtigen zur Herstellung eine angemessene Frist mit der Erklärung bestimmen, daß er die Herstellung nach dem Ablaufe der Frist ablehne. [2]Nach dem Ablaufe der Frist kann der Gläubiger Ersatz in Geld verlangen, wenn nicht die Herstellung rechtzeitig erfolgt; der Anspruch auf die Herstellung ist ausgeschlossen.
§ 251. **[Schadensersatz in Geld ohne Fristsetzung]** (1) Soweit die Herstellung nicht möglich oder zur Entschädigung des Gläubigers nicht genügend ist, hat der Ersatzpflichtige den Gläubiger in Geld zu entschädigen.
(2) Der Ersatzpflichtige kann den Gläubiger in Geld entschädigen, wenn die Herstellung nur mit unverhältnismäßigen Aufwendungen möglich ist.
§ 459. **[Haftung für Sachmängel]** (1) [1]Der Verkäufer einer Sache haftet dem Käufer dafür, daß sie zu der Zeit, zu welcher die Gefahr auf den Käufer übergeht, nicht mit Fehlern behaftet ist, die den Wert oder die Tauglichkeit zu dem gewöhnlichen oder dem nach dem Vertrage vorausgesetzten Gebrauch aufheben oder mindern. [2]Eine unerhebliche Minderung des Wertes oder der Tauglichkeit kommt nicht in Betracht.
(2) Der Verkäufer haftet auch dafür, daß die Sache zur Zeit des Überganges der Gefahr die zugesicherten Eigenschaften hat.
§ 460. **[Kenntnis des Käufers]** [1]Der Verkäufer hat einen Mangel der verkauften Sache nicht zu vertreten, wenn der Käufer den Mangel bei dem Abschlusse des Kaufes kennt. [2]Ist dem Käufer ein Mangel der im § 459 Abs. 1 bezeichneten Art infolge grober Fahrlässigkeit unbekannt geblieben, so haftet der Verkäufer, sofern er nicht die Abwesenheit des Fehlers zugesichert hat, nur, wenn er den Fehler arglistig verschwiegen hat.

§ 462. [Wandelung; Minderung] Wegen eines Mangels, den der Verkäufer nach den Vorschriften der §§ 459, 460 zu vertreten hat, kann der Käufer Rückgängigmachung des Kaufes (Wandelung) oder Herabsetzung des Kaufpreises (Minderung) verlangen.
§ 463. [Schadensersatz wegen Nichterfüllung] [1]Fehlt der verkauften Sache zur Zeit des Kaufes eine zugesicherte Eigenschaft, so kann der Käufer statt der Wandelung oder der Minderung Schadensersatz wegen Nichterfüllung verlangen. [2]Das gleiche gilt, wenn der Verkäufer einen Fehler arglistig verschwiegen hat.
§ 464. [Vorbehalt bei Annahme] Nimmt der Käufer eine mangelhafte Sache an, obschon er den Mangel kennt, so stehen ihm die in den §§ 462, 463 bestimmten Ansprüche nur zu, wenn er sich seine Rechte wegen des Mangels bei der Annahme vorbehält.
§ 476. [Vertraglicher Ausschluß der Gewährleistung] Eine Vereinbarung, durch welche die Verpflichtung des Verkäufers zur Gewährleistung wegen Mängel der Sache erlassen oder beschränkt wird, ist nichtig, wenn der Verkäufer den Mangel arglistig verschweigt.
§ 477. [Verjährung der Gewährleistungsansprüche] (1) [1]Der Anspruch auf Wandelung oder auf Minderung sowie der Anspruch auf Schadensersatz wegen Mangels einer zugesicherten Eigenschaft verjährt, sofern nicht der Verkäufer den Mangel arglistig verschwiegen hat, bei beweglichen Sachen in sechs Monaten von der Ablieferung, bei Grundstücken in einem Jahre von der Übergabe an. [2]Die Verjährungsfrist kann durch Vertrag verlängert werden. [...]
§ 823. [Schadensersatzpflicht] (1) Wer vorsätzlich oder fahrlässig das Leben, den Körper, die Gesundheit, die Freiheit, das Eigentum oder ein sonstiges Recht eines anderen widerrechtlich verletzt, ist dem anderen zum Ersatze des daraus entstehenden Schadens verpflichtet.

(2) [1]Die gleiche Verpflichtung trifft denjenigen, welcher gegen ein den Schutz eines anderen bezweckendes Gesetz verstößt. [2]Ist nach dem Inhalte des Gesetzes ein Verstoß gegen dieses auch ohne Verschulden möglich, so tritt die Ersatzpflicht nur im Falle des Verschuldens ein.
§ 852. [Verjährung] (1) Der Anspruch auf Ersatz des aus einer unerlaubten Handlung entstandenen Schadens verjährt in drei Jahren von dem Zeitpunkt an, in welchem der Verletzte von dem Schaden und der Person des Ersatzpflichtigen Kenntnis erlangt, ohne Rücksicht auf diese Kenntnis in dreißig Jahren von der Begehung der Handlung an. [...]

2. *Aus dem Gesetz zur Regelung des Rechts der Allgemeinen Geschäftsbedingungen (AGB-Gesetz)*

§ 1. Begriffsbestimmung. (1) [1]Allgemeine Geschäftsbedingungen sind alle für eine Vielzahl von Verträgen vorformulierten Vertragsbedingungen, die eine Vertragspartei (Verwender) der anderen Vertragspartei bei Abschluß eines Vertrages stellt. [2]Gleichgültig ist, ob die Bestimmungen einen äußerlich gesonderten Bestandteil des Vertrages bilden oder in die Vertragsurkunde selbst aufgenommen werden, welchen Umfang sie haben, in welcher Schriftart sie verfaßt sind und welche Form der Vertrag hat.

(2) Allgemeine Geschäftsbedingungen liegen nicht vor, soweit die Vertragsbedingungen zwischen den Vertragsparteien im einzelnen ausgehandelt sind.
§ 2. Einbeziehung in den Vertrag. (1) Allgemeine Geschäftsbedingungen werden nur dann Bestandteil eines Vertrages, wenn der Verwender bei Vertragsabschluß
1. die andere Vertragspartei ausdrücklich oder, wenn ein ausdrücklicher Hinweis wegen der Art des Vertragsabschlusses nur unter unverhältnismäßigen Schwierigkeiten möglich ist, durch deutlich sichtbaren Aushang am Ort des Vertragsabschlusses auf sie hinweist und
2. der anderen Vertragspartei die Möglichkeit verschafft, in zumutbarer Weise von ihrem Inhalt Kenntnis zu nehmen,
und wenn die andere Vertragspartei mit ihrer Geltung einverstanden ist.

(2) Die Vertragsparteien können für eine bestimmte Art von Rechtsgeschäften die Geltung bestimmter Allgemeiner Geschäftsbedingungen unter Beachtung der in Absatz 1 bezeichneten Erfordernisse im voraus vereinbaren.
§ 3. Überraschende Klauseln. Bestimmungen in Allgemeinen Geschäftsbedingungen, die nach den Umständen, insbesondere nach dem äußeren Erscheinungsbild des Vertrags, so unge-

wöhnlich sind, daß der Vertragspartner des Verwenders mit ihnen nicht zu rechnen braucht, werden nicht Vertragsbestandteil.

§ 4. Vorrang der Individualabrede. Individuelle Vertragsabreden haben Vorrang vor Allgemeinen Geschäftsbedingungen.

§ 5. Unklarheitsregel. Zweifel bei der Auslegung Allgemeiner Geschäftsbedingungen gehen zu Lasten des Verwenders.

§ 6. Rechtsfolgen bei Nichteinbeziehung und Unwirksamkeit. (1) Sind Allgemeine Geschäftsbedingungen ganz oder teilweise nicht Vertragsbestandteil geworden oder unwirksam, so bleibt der Vertrag im übrigen wirksam.

(2) Soweit die Bestimmungen nicht Vertragsbestandteil geworden oder unwirksam sind, richtet sich der Inhalt des Vertrages nach den gesetzlichen Vorschriften.

§ 8. Schranken der Inhaltskontrolle. Die §§ 9 bis 11 gelten nur für Bestimmungen in Allgemeinen Geschäftsbedingungen, durch die von Rechtsvorschriften abweichende oder diese ergänzende Regelungen vereinbart werden.

§ 9. Generalklausel. (1) Bestimmungen in Allgemeinen Geschäftsbedingungen sind unwirksam, wenn sie den Vertragspartner des Verwenders entgegen den Geboten von Treu und Glauben unangemessen benachteiligen.

(2) Eine unangemessene Benachteiligung ist im Zweifel anzunehmen, wenn eine Bestimmung

1. mit wesentlichen Grundgedanken der gesetzlichen Regelung, von der abgewichen wird, nicht zu vereinbaren ist, oder
2. wesentliche Rechte oder Pflichten, die sich aus der Natur des Vertrages ergeben, so einschränkt, daß die Erreichung des Vertragszwecks gefährdet ist.

§ 11. Klauselverbote ohne Wertungsmöglichkeit. In Allgemeinen Geschäftsbedingungen ist unwirksam, [...]

11. (Haftung für zugesicherte Eigenschaften) eine Bestimmung, durch die bei einem Kauf-, Werk- oder Werklieferungsvertrag Schadensersatzansprüche gegen den Verwender nach den §§ 463, 480 Abs. 2, § 635 des Bürgerlichen Gesetzbuchs wegen Fehlens zugesicherter Eigenschaften ausgeschlossen oder eingeschränkt werden; [...]

§ 24. Persönlicher Anwendungsbereich. [1]Die Vorschriften der §§ 2, 10, 11 und 12 finden keine Anwendung auf Allgemeine Geschäftsbedingungen,

1. die gegenüber einem Kaufmann verwendet werden, wenn der Vertrag zum Betriebe seines Handelsgewerbes gehört;
2. die gegenüber einer juristischen Person des öffentlichen Rechts oder einem öffentlich-rechtlichen Sondervermögen verwendet werden.

[2]§ 9 ist in den Fällen des Satzes 1 auch insoweit anzuwenden, als dies zur Unwirksamkeit von den in den §§ 10 und 11 genannten Vertragsbestimmungen führt; auf die im Handelsverkehr geltenden Gewohnheiten und Gebräuche ist angemessen Rücksicht zu nehmen.

3. Aus dem Handelsgesetzbuch (HGB)

§ 1. [Mußkaufmann] (1) Kaufmann im Sinne dieses Gesetzbuches ist, wer ein Handelsgewerbe betreibt.

(2) Als Handelsgewerbe gilt jeder Gewerbebetrieb, der eine der nachstehend bezeichneten Arten von Geschäften zum Gegenstande hat: [...]

7. die Geschäfte der Handelsvertreter oder der Handelsmakler; [...]

§ 105. [Begriff der OHG; Anwendbarkeit des BGB] (1) Eine Gesellschaft, deren Zweck auf den Betrieb eines Handelsgewerbes unter gemeinschaftlicher Firma gerichtet ist, ist eine offene Handelsgesellschaft, wenn bei keinem der Gesellschafter die Haftung gegenüber den Gesellschaftsgläubigern beschränkt ist.

(2) Auf die offene Handelsgesellschaft finden, soweit nicht in diesem Abschnitt ein anderes vorgeschrieben ist, die Vorschriften des Bürgerlichen Gesetzbuchs über die Gesellschaft Anwendung.

§ 109. [Gesellschaftsvertrag] Das Rechtsverhältnis der Gesellschafter untereinander richtet sich zunächst nach dem Gesellschaftsvertrage; die Vorschriften der §§ 110 bis 122 finden nur insoweit Anwendung, als nicht durch den Gesellschaftsvertrag ein anderes bestimmt ist.

§ 125. [Vertretung der Gesellschaft] (1) Zur Vertretung der Gesellschaft ist jeder Gesellschafter ermächtigt, wenn er nicht durch den Gesellschaftsvertrag von der Vertretung ausgeschlossen ist.

(2) [1]Im Gesellschaftsvertrage kann bestimmt werden, daß alle oder mehrere Gesellschafter nur in Gemeinschaft zur Vertretung der Gesellschaft ermächtigt sein sollen (Gesamtvertretung). [2]Die zur Gesamtvertretung berechtigten Gesellschafter können einzelne von ihnen zur Vornahme bestimmter Geschäfte oder bestimmter Arten von Geschäften ermächtigen. [3]Ist der Gesellschaft gegenüber eine Willenserklärung abzugeben, so genügt die Abgabe gegenüber einem der zur Mitwirkung bei der Vertretung befugten Gesellschafter.

§ 128. [Persönliche Haftung der Gesellschafter] [1]Die Gesellschafter haften für die Verbindlichkeiten der Gesellschaft den Gläubigern als Gesamtschuldner persönlich. [2]Eine entgegenstehende Vereinbarung ist Dritten gegenüber unwirksam.

§ 343. [Begriff der Handelsgeschäfte] (1) Handelsgeschäfte sind alle Geschäfte eines Kaufmanns, die zum Betriebe seines Handelsgewerbes gehören.

(2) Die in § 1 Abs. 2 bezeichneten Geschäfte sind auch dann Handelsgeschäfte, wenn sie von einem Kaufmann im Betriebe seines gewöhnlich auf andere Geschäfte gerichteten Handelsgewerbes geschlossen werden.

§ 344. [Vermutung für das Handelsgeschäft] (1) Die von einem Kaufmanne vorgenommenen Rechtsgeschäfte gelten im Zweifel als zum Betriebe seines Handelsgewerbes gehörig. [...]

§ 377. [Untersuchungs- und Rügepflicht] (1) Ist der Kauf für beide Teile ein Handelsgeschäft, so hat der Käufer die Ware unverzüglich nach der Ablieferung durch den Verkäufer, soweit dies nach ordnungsmäßigem Geschäftsgange tunlich ist, zu untersuchen und, wenn sich ein Mangel zeigt, dem Verkäufer unverzüglich Anzeige zu machen.

(2) Unterläßt der Käufer die Anzeige, so gilt die Ware als genehmigt, es sei denn, daß es sich um einen Mangel handelt, der bei der Untersuchung nicht erkennbar war.

(3) Zeigt sich später ein solcher Mangel, so muß die Anzeige unverzüglich nach der Entdeckung gemacht werden; anderenfalls gilt die Ware auch in Ansehung dieses Mangels als genehmigt.

(4) Zur Erhaltung der Rechte des Käufers genügt die rechtzeitige Absendung der Anzeige.

(5) Hat der Verkäufer den Mangel arglistig verschwiegen, so kann er sich auf diese Vorschriften nicht berufen.

4. Aus dem Einführungsgesetz zum Handelsgesetzbuch (EGHGB)

Art. 2 [Verhältnis zum BGB und zu Bundesgesetzen] (1) In Handelssachen kommen die Vorschriften des Bürgerlichen Gesetzbuchs nur insoweit zur Anwendung, als nicht im Handelsgesetzbuch oder in diesem Gesetz ein anderes bestimmt ist. [...]

5. Aus der Straßenverkehrszulassungsordnung (StVZO)

§ 18. Zulassungspflichtigkeit. (1) Kraftfahrzeuge mit einer durch die Bauart bestimmten Höchstgeschwindigkeit von mehr als 6 km/h und ihre Anhänger [...] dürfen auf öffentlichen Straßen nur in Betrieb gesetzt werden, wenn sie durch Erteilung einer Betriebserlaubnis und durch Zuteilung eines amtlichen Kennzeichens für Kraftfahrzeuge oder Anhänger von der Verwaltungsbehörde (Zulassungsstelle) zum Verkehr zugelassen sind. [...]

§ 19. Erteilung und Wirksamkeit der Betriebserlaubnis. (1) [1]Die Betriebserlaubnis ist zu erteilen, wenn das Fahrzeug den Vorschriften dieser Verordnung, den zu ihrer Ausführung erlassenen Anweisungen des Bundesministers für Verkehr und den Vorschriften der Verordnung (EWG) Nr. 3821/85 des Rates vom 20. Dezember 1985 über das Kontrollgerät im Straßenverkehr (ABl.EG Nr. L 370 S. 8) entspricht. [2]Sie ist ferner zu erteilen, wenn das Fahr-

zeug anstelle der Vorschriften dieser Verordnung die entsprechenden harmonisierten Vorschriften der Einzelrichtlinien ("ER") erfüllt, die
- in Anhang II der Richtlinie 70/156/EWG des Rates vom 6. Februar 1970 zur Angleichung der Rechtsvorschriften der Mitgliedstaaten über die Betriebserlaubnis für Kraftfahrzeuge und Kraftfahrzeuganhänger (ABl.EG Nr. L 42 S. 1), zuletzt geändert durch die Richtlinie 80/1267/EWG des Rates vom 16. Dezember 1980 (ABl.EG Nr. L 375 S. 34) [...]
genannt werden.

(2) [1]Die Betriebserlaubnis bleibt, wenn sie nicht ausdrücklich entzogen wird, bis zur endgültigen Außerbetriebsetzung des Fahrzeugs wirksam, solange nicht Teile des Fahrzeugs verändert werden, deren Beschaffenheit vorgeschrieben ist oder deren Betrieb eine Gefährdung anderer Verkehrsteilnehmer verursachen kann. [2]Nach solchen Änderungen hat der Verfügungsberechtigte eine erneute Betriebserlaubnis unter Beifügung des Gutachtens eines amtlich anerkannten Sachverständigen oder Prüfers für den Kraftfahrzeugverkehr über den vorschriftsmäßigen Zustand des Fahrzeugs zu beantragen, wenn nicht für die an- oder eingebauten Teile einzeln eine besondere Betriebserlaubnis oder Bauartgenehmigung erteilt ist, deren Wirksamkeit nicht von einer Abnahme (§ 22) abhängt; in diesem Fall hat der Führer des Fahrzeugs die besondere Betriebserlaubnis oder Bauartgenehmigung mitzuführen und zuständigen Personen auf Verlangen zur Prüfung auszuhändigen; dies gilt nicht, wenn ein entsprechender Eintrag im Fahrzeugschein erfolgt ist.

§ 21. Betriebserlaubnis für Einzelfahrzeuge. [1]Gehört ein Fahrzeug nicht zu einem genehmigten Typ, so hat der Hersteller oder ein anderer Verfügungsberechtigter die Betriebserlaubnis bei der Verwaltungsbehörde (Zulassungsstelle) zu beantragen. [2]Bei zulassungspflichtigen Fahrzeugen ist der Behörde mit dem Antrag ein Fahrzeugbrief vorzulegen; der Vordruck für den Brief kann von der Zulassungsstelle bezogen werden. [3]In dem Brief muß ein amtlich anerkannter Sachverständiger für den Kraftfahrzeugverkehr bescheinigt haben, daß das Fahrzeug richtig beschrieben ist und den geltenden Vorschriften entspricht; hat der amtlich anerkannte Sachverständige dies nicht im Brief, sondern in einem besonderen Gutachten bestätigt, so genügt die Übertragung des Gutachtens in den Brief, wenn ein amtlich anerkannter Sachverständiger bescheinigt hat, daß die Eintragungen im Brief mit dem Gutachten übereinstimmen. [4]Hängt die Erteilung der Betriebserlaubnis von der Genehmigung einer Ausnahme ab, so müssen die Ausnahme und die genehmigende Behörde im Brief bezeichnet sein.

Anhang 6 (zu Kapitel 5)

Mängelhaftung beim Gebrauchtwagenkauf: Aufgabe und Lösungsskizze aus einer Staatsexamens-Klausur im Zivilrecht

A und B sind die Gesellschafter des Autohauses V-OHG; A ist alleinvertretungsberechtigt. K kaufte am 9.1.1984 bei der V-OHG unter Vermittlung von A einen gebrauchten PKW Opel Omega zum Preis von DM 21.000,--. Der zwischen den Parteien geschlossene schriftliche Kaufvertrag enthielt auf der Vorderseite u.a. die Regelung: "Der Käufer übernimmt das Fahrzeug gebraucht, wie besichtigt und unter Ausschluß jeder Gewährleistung." In den auf der Rückseite des Kaufvertrages abgedruckten allgemeinen Geschäftsbedingungen der V-OHG hieß es: "(1) Für den Kaufgegenstand ist jede Gewährleistung ausgeschlossen. Dies gilt nicht, wenn und soweit der Verkäufer schriftlich in einem gesonderten Garantieschein eine Gewährleistung übernimmt. (2) Ein Anspruch auf Wandlung, Minderung oder Schadensersatz besteht nicht." A hatte auf Drängen des K auf der Vorderseite des Kaufvertrages noch zusätzlich handschriftlich vermerkt: "Der Wagen wird in verkehrssicherem und einwandfreiem technischem Zustand übergeben."

Der Vorbesitzer des Opel hatte, da er den Wagen nur auf Landstraßen fuhr, aus Kostengründen statt der laut Kfz-Brief und Kfz-Schein vorgeschriebenen Hochgeschwindigkeitsreifen vom Format 185/70 VR 14 Billigreifen der Spezifikation 185/70 R 14 aufziehen lassen, die für dieses Modell nicht zulässig waren. Dies war dem A nicht aufgefallen, da er es versäumt hatte, den äußerlich makellosen Wagen auch nur flüchtig zu prüfen. Der als Handelsvertreter tätige K legte nach der Übernahme des Wagens am 11.1.1984 immer wieder größere Strecken auf der Autobahn zurück; dabei kam es am 5.3.1984 zu einem Unfall, bei dem das Fahrzeug total zerstört wurde. K wurde nur geringfügig verletzt. Aus dem Unfallbericht eines Sachverständigen, den K am 20.4.1984 erhielt, ging hervor, daß der Unfall vornehmlich auf die fehlende Schnellauffestigkeit der montierten Reifen zurückzuführen sei.

Mit einer gegen die V-OHG, A und B gerichteten Klage, die den Beklagten am 17.9.1984 zugestellt wurde, machte K nunmehr Schadensersatzansprüche in Höhe von DM 21.000,--, des Marktwertes des Unfallwagens, vor dem sachlich und örtlich zuständigen Landgericht in H geltend.

Frage: Haften die V-OHG, A oder B dem Grunde nach auf Schadensersatz? [...]

Lösungshinweise

A. Ansprüche gegen die V-OHG

I. Anspruch des K auf Schadensersatz wegen Nichterfüllung, § 463 Satz 1 BGB?

1. Kaufvertrag zwischen K und der V-OHG, vertreten durch A (organschaftliche Vertretung, § 125 Abs. 1 HGB).

2. Zusicherung des verkehrssicheren und einwandfreien technischen Zustandes des verkauften Wagens stellt Zusicherung der Betriebssicherheit und Betriebsbereitschaft, d.h. einer Eigenschaft i.S.v. § 459 Abs. 2 BGB dar.

3. Das verkaufte Fahrzeug war mit Reifen ausgerüstet, die der allgemeinen Betriebserlaubnis nicht entsprechen; die allgemeine Betriebserlaubnis war damit erloschen, vgl. §§ 18 Abs. 1, 19 Abs. 2 Satz 1, 21 StVZO. Das Fahrzeug war damit nicht betriebsbereit; es war infolge der fehlenden Schnellauffestigkeit der montierten Reifen aber auch nicht betriebssicher.

4. Ausschluß der Gewährleistungspflicht der V-OHG durch die in dem Kaufvertrag bzw. in den AGB enthaltenen Freizeichnungsklauseln?

a. Im Hinblick auf die Fragen, ob die AGB Vertragsbestandteil geworden sind bzw. wie weit die Inhaltskontrolle formularmäßig getroffener Abreden reicht, kommt es darauf an, ob der Kauf auch für K ein Handelsgeschäft darstellte. Beide Parteien sind Vollkaufleute (für K folgt dies aus § 1 Abs. 2 Ziff. 7 HGB). Gehörte der Kauf zum "Betrieb des Handelsgewerbes" des K, §§ 24 Abs. 1 Ziff. 1 AGBG, 343 Abs. 1 HGB? Hier liegt es nach dem Sachverhalt nahe, davon auszugehen, daß K den PKW auch zu geschäftlichen Zwecken nutzte; bei dem Kauf des K handelt es sich damit um ein sog. Hilfsgeschäft. Auch bei einer Vermengung von privater und geschäftlicher Nutzung wäre deshalb nach der Vermutung des § 344 Abs. 1 HGB von einem Handelsgeschäft auszugehen. Es erscheint nach dem Sachverhalt aber auch als vertretbar, in dem Kauf des PKW durch K ein Geschäft zu rein privaten Zwecken zu sehen.

b. Gleich, ob man ein Privat- oder ein Handelsgeschäft des K annimmt, erfaßt der formularmäßige Ausschluß der Gewährleistung die Zusicherung einer Eigenschaft in einer Individualabrede nicht, § 4 AGBG (bei der Annahme eines Privatgeschäftes i.V.m. § 11 Nr. 11 AGBG).

c. Die Klausel in den AGB der V-OHG, wonach die Übernahme einer Gewährleistung schriftlich in einem gesonderten Garantieschein zu erfolgen habe, scheitert ebenfalls am Vorrang der zwischen der V-OHG und K getroffenen Individualabrede, § 4 AGBG, und zwar auch hier unabhängig davon, ob man auf der Seite des K von einem Handelsgeschäft ausgeht oder nicht. Im übrigen bleibt der Vertrag wirksam, § 6 Abs. 1 AGBG.

d. Im übrigen scheitert ein Gewährleistungsausschluß auch unter den Voraussetzungen des § 476 BGB, vgl. dazu unten A.I.5.b.

5. Nimmt man ein Handelsgeschäft des K an, so kommt ein Ausschluß der Gewährleistungspflicht der V-OHG nach § 377 Abs. 2 HGB in Frage.

a. Dabei kann offen bleiben, ob es sich um einen erkennbaren Mangel handelte oder nicht: selbst wenn man davon ausginge, K habe den Mangel nicht erkennen können, so hätte K doch spätestens nach Kenntnis von dem Sachverständigengutachten unverzüglich rügen müssen, § 377 Abs. 3 HGB.

b. Die Gewährleistungsansprüche des K wären gleichwohl dann nicht ausgeschlossen, wenn V den Mangel arglistig verschwiegen hätte, § 377 Abs. 5 HGB. Die Rechtsprechung geht hier sehr weit: Arglist im Sinne von § 476 BGB (und damit im Sinne von § 377 Abs. 5 HGB) wird bereits dann angenommen, wenn der Verkäufer, wie im vorliegenden Fall, ohne tatsächliche Grundlage "ins Blaue hinein" unrichtige Angaben über die Mängelfreiheit oder über wesentliche Eigenschaften des Fahrzeugs macht, die geeignet sind, den Kaufentschluß des Käufers zu beeinflussen. Vgl. insoweit BGH, 18.3.1981, NJW 1981, S. 1441 f.; Schlegelberger/Hefermehl, HGB, Band V, 5. Aufl., 1982, § 377, Rdz. 50 ff., 52.

c. Folgt man dieser Auffassung, so scheidet im vorliegenden Fall ein Ausschluß der Gewährleistungsansprüche des K nach § 377 Abs. 2 HGB im Hinblick auf § 377 Abs. 5 HGB aus.

6. Damit stehen dem K, gleich, ob man von einem beiderseitigen Handelsgeschäft ausgeht oder nicht, dem Grunde nach Gewährleistungsansprüche aus § 463 Satz 1 BGB zu; sind diese Ansprüche nach § 477 BGB verjährt?

a. Hier kommt es entscheidend auf den Beginn der Verjährungsfrist an; dieser ist bei den gewährleistungrechtlichen Schadensersatzansprüchen sehr umstritten. Man kann hier, dem Wortlaut des Gesetzes folgend, auf den Zeitpunkt der Ablieferung der Kaufsache abstellen (dann wären die Ansprüche des K, vorbehaltlich unten b., verjährt) oder z.B. den Zeitpunkt, zu dem der Geschädigte erstmals die Möglichkeit hatte, seine Ansprüche in verjährungsunterbrechender Weise geltend zu machen, für maßgeblich halten (dann wären die Ansprüche des K, unabhängig von unten b., noch nicht verjährt; die Verjährung hätte frühestens mit Kenntnis des K von dem Sachverständigengutachten in Gang kommen können). Vgl. zu diesem Streit insbes. Littbarski, Verjährungsrechtliche Divergenzen im Sachmängelrecht, NJW 1981, S. 2331 ff. mit zahlreichen Nachweisen zur Rechtsprechung.

b. Kommt ein Ausschluß der kurzen Verjährung nach § 477 Abs. 1 Satz 1 in Betracht? Hier gelten die oben unter A.I.5.b. dargestellten Grundsätze. Folgt man der dort dargestellten Auffassung, so ist von einem arglistigen Verschweigen des Mangels durch A bzw. durch die V-OHG auszugehen (A hat ohne tatsächliche Grundlage Angaben "ins Blaue" gemacht); damit gilt die regelmäßige Verjährungsfrist des § 195.

7. Nimmt man an, daß A den Mangel des verkauften Fahrzeugs arglistig verschwiegen hat, so kommen schließlich auch Schadensersatzansprüche aus § 463, S. 2 in Frage.

II. Ansprüche gegen die V-OHG aus positiver Vertragsverletzung?

Ansprüche aus positiver Vertragsverletzung scheiden im vorliegenden Fall aus; verletztes Rechtsgut ist ja gerade die den Vertragsgegenstand bildende Sache. Vgl. insoweit MünchKomm/Westermann, BGB, Band 3, 1980, § 463, Rdnr. 41.

III. Ansprüche gegen die V-OHG aus Eigentumsverletzung, §§ 823 Abs. 1, 31 BGB?

1. Die V-OHG haftet im Rahmen von § 31 BGB grundsätzlich für unerlaubte Handlungen ihrer Organe; die Vorschrift des § 31 BGB ist auch auf die OHG anzuwenden (unstr.).

2. Damit kommt es entscheidend darauf an, ob A im Zusammenhang mit seiner Tätigkeit für die V-OHG eine zum Schadensersatz verpflichtende Handlung, hier eine Eigentumsverletzung im Sinne von § 823 Abs. 1 BGB, begangen hat.

a. Liegt überhaupt eine Rechtsverletzung vor? Eine Verletzung des Eigentums des K könnte schon deshalb von vornherein ausscheiden, weil das von K erworbene Fahrzeug schon von Anfang an mit der Gefahr weiterer, über den mangelhaften Zustand hinausgehender Schäden behaftet war; äußerst umstrittenes Problem. Vgl. insoweit BGH, 5.7.1978, NJW 1978, S. 2241 ff., 2242 f. m.w.N.; aus der Lit. vgl. zusammenfassend etwa Vogt, VersR 1979, S. 898 f. Bejaht man eine Rechtsverletzung, so prüft man weiter:

b. Das mit ungeeigneten und unzulässigen Reifen ausgerüstete Fahrzeug stellte eine Gefahrenquelle dar. Den A traf die Verpflichtung, das Fahrzeug vor Verkauf bzw. Übergabe auf dessen Betriebsfähigkeit und Betriebssicherheit ebenso wie auf dessen Übereinstimmung mit den Zulassungsvorschriften zu überprüfen. Der Umstand, daß A dieser Prüfungspflicht nicht nachgekommen ist und es unterlassen hat, den K auf den verkehrsunsicheren Zustand des Fahrzeugs hinzuweisen, ist für die Beschädigung des Eigentums des K ursächlich geworden.

c. A hat auch rechtswidrig und fahrlässig, d.h. schuldhaft gehandelt; er hätte sich über seine Prüfungspflicht nicht einfach hinwegsetzen dürfen.

3. Dieses schädigende Unterlassen stand auch in unmittelbarem Zusammenhang mit der Tätigkeit des A als Organ der V-OHG.

4. Hat K überhaupt einen Schaden erlitten? Umstritten; z.T. wird die oben unter A.III.2.a. angesprochene Frage einer Eigentumsverletzung in die Schadensproblematik verlagert. Vgl. insoweit etwa BGH, 5.7.1978, a.a.O., S. 2242 m.w.N.

5. Ausschluß der Haftung der V-OHG im Hinblick auf die in dem Kaufvertrag bzw. in den AGB enthaltene Freizeichnungsklausel? Auch hier gilt, gleich, ob man auf der Seite des K ein Handelsgeschäft annimmt oder nicht, der Vorrang der zwischen den Parteien getroffenen Individualabrede, § 4 AGBG. Ein umfassender Ausschluß von Gewährleistungsansprüchen, der selbst die zwischen den Parteien getroffene Individualabrede mit umfassen sollte, hätte in unmißverständlicher Form klargestellt werden müssen, vgl. BGH, 5.7.1978, a.a.O., S. 2243.

6. Ausschluß der Haftung der V-OHG im Hinblick auf § 377 Abs. 2 HGB? Eine nicht ordnungsgemäße und rechtzeitige Rüge führt grundsätzlich zum Ausschluß nicht nur von Gewährleistungsansprüchen, sondern auch von Schadensersatzansprüchen aus positiver Vertragsverletzung und unerlaubter Handlung, soweit diese ihren Grund in der Beschaffenheit der nunmehr genehmigten Ware haben; vgl. insoweit Schlegelberger/Hefermehl, HGB, Band V, 5. Aufl., 1982, § 377, Rdz. 82.

a. Diese Grundsätze gelten im vorliegenden Fall freilich dann nicht, wenn man von einem Privatkauf des K ausgeht oder annimmt, daß A den Mangel arglistig verschwiegen hat.

b. Aber selbst wenn man einen beiderseitigen Handelskauf bejahen und ein arglistiges Verschweigen durch A verneinen wollte, so bleibt im Hinblick auf einen Ausschluß deliktischer Schadensersatzansprüche nach § 377 Abs. 2 HGB im vorliegenden Fall doch folgendes zu bedenken: die deliktische Schadensersatzpflicht der V-OHG steht zwar mit der Beschaffenheit des genehmigten Kaufgegenstandes in Zusammenhang; sie ergibt sich aber in erster Linie aus den Verkehrssicherungspflichten, die den A trafen und deren Verletzung der V-OHG gemäß § 31 BGB zugerechnet wird. Eine Schadensersatzpflicht der V-OHG aus Delikt liegt damit nicht mehr im Bereich des rechtspolitischen Zwecks und Anwendungsbereichs von § 377 HGB; vgl. insoweit BGH, 28.4.1976, BGHZ 66, S. 208 ff., 213 f. zur Haftung aus der Verletzung kaufvertraglicher Nebenpflichten.

7. Die Ansprüche des K gegen die V-OHG sind auch noch nicht verjährt, § 852 Abs. 1 BGB.

B. Ansprüche gegen A

I. Vertragliche Ansprüche scheiden aus.

II. Bejaht man eine Verletzung des Eigentums des K an dem Fahrzeug, so ist auch eine Eigenhaftung des A aus § 823 Abs. 1 BGB zu bejahen, s.o.

III. Schließlich haftet A auch nach § 128 HGB persönlich für die Schadensersatzansprüche, die K gegen die V-OHG zustehen.

C. Ansprüche gegen B

I. Keine Ansprüche aus Vertrag oder Delikt.

II. Aber auch B haftet für die Schadensersatzansprüche, die K gegen die V-OHG zustehen, persönlich nach § 128 HGB.

D. Einzelfragen

A und B haften dem K als Gesamtschuldner, § 128 HGB. Demgegenüber besteht im Verhältnis zwischen der V-OHG und A bzw. B grundsätzlich kein Gesamtschuldverhältnis.

Literaturverzeichnis

A. Linguistische und sprachtheoretische Literatur

Agricola, Erhard / Viehweger, Dieter (1983): Textlinguistik. In: E. Agricola u.a.: Kleine Enzyklopädie: Deutsche Sprache. Leipzig, 211 - 237.

Austin, John L. (1962): Zur Theorie der Sprechakte. (How to do things with Words.) Stuttgart 1972 (zuerst 1962).

Barthes, Roland (1968): Texte, Theorie du -. In: Encyclopaedia Universalis Vol. XV, Paris.

Beaugrande, Robert-Alain de / Dressler, Wolfgang Ulrich (1981): Einführung in die Textlinguistik. Tübingen.

Biere, Bernd Ulrich (1989): Verständlich-Machen. Hermeneutische Tradition - Historische Praxis - Sprachtheoretische Begründung. (RGL 92) Tübingen.

Braunroth, Manfred / Seyfert, Gernot / Siegel, Karsten / Vahle, Fritz (1975): Ansätze und Aufgaben der linguistischen Pragmatik. Frankfurt am Main.

Brinker, Klaus (1983): Textfunktionen. Ansätze zu ihrer Beschreibung. In: Zeitschrift für germanistische Linguistik 11, 127 - 148.

Brinker, Klaus (1985): Linguistische Textanalyse. Eine Einführung in Grundbegriffe und Methoden. Berlin.

Burkhardt, Armin (1986): Soziale Akte, Sprechakte und Textillokutionen. Adolf Reinachs Rechtsphilosophie und die moderne Linguistik. (RGL 69) Tübingen.

Busse, Dietrich (1986): Überlegungen zum Bedeutungswandel. In: Sprache und Literatur in Wissenschaft und Unterricht 17, 51 - 67.

Busse, Dietrich (1987): Historische Semantik. Stuttgart.

Busse, Dietrich (1988a): Semantische Regeln und Rechtsnormen. Ein Grundproblem von Gesetzesbindung und Auslegungsmethodik in linguistischer Sicht. In: Rudolf Mellinghoff / Hans-Heinrich Trute (Hrsg.): Die Leistungsfähigkeit des Rechts. Heidelberg, 23 - 38.

Busse, Dietrich (1988b): Der Regel-Charakter von Wortbedeutungen und Rechtsnormen. Was leistet Wittgensteins Regelbegriff in einer anwendungsbezogenen Semantik zur Lösung des Interpretationsproblems der juristischen Methodenlehre? In: Rechtstheorie 19, 305 - 322.

Busse, Dietrich (1988c): Normtextauslegung als Regelfeststellung? Zur Rolle von Wittgensteins Regelbegriff für die juristische Methodenlehre. In: Peter Koller / Alfred Schramm / Ota Weinberger (Hrsg.): Philosophie des Rechts, der Politik und der Gesellschaft. Akten des 12. Internationalen Wittgenstein-Symposiums Kirchberg 1987, Wien, 207 - 210.

Busse, Dietrich (1988d): "Chaoten und Gewalttäter". Ein Beitrag zur Semantik des politischen Sprachgebrauchs. In: Armin Burkhardt / Franz Hebel / Rudolf Hoberg (Hrsg.): Sprache zwischen Militär und Frieden: Aufrüstung der Begriffe? Tübingen, 93 - 121.

Busse, Dietrich (1989a): Was ist die Bedeutung eines Gesetzes? Sprachwissenschaftliche Argumente im Methodenstreit der juristischen Auslegungslehre. In: Friedrich Müller (Hrsg.): Untersuchungen zur Rechtslinguistik. Berlin, 93 - 148.

Busse, Dietrich (1989b): Sprachwissenschaftliche Terminologie. Verständlichkeits- und Vermittlungsprobleme der linguistischen Fachsprache. In: Muttersprache 99, 27 - 38.

Busse, Dietrich (1991a): Textinterpretation. Sprachtheoretische Grundlagen einer explikativen Semantik. Opladen.

Busse, Dietrich (Hrsg.) (1991b): Diachrone Semantik und Pragmatik. Untersuchungen zur Erklärung und Beschreibung des Sprachwandels. (RGL 113) Tübingen.

Busse, Dietrich (1991c): Konventionalisierungsstufen des Zeichengebrauchs als Ausgangspunkt semantischen Wandels. In: Ders. (Hrsg.): Diachrone Semantik und Pragmatik. Tübingen, 37 - 66.
Busse, Dietrich (1991d): Der Bedeutungswandel des Begriffs "Gewalt" im Strafrecht. In: Ders. (Hrsg.): Diachrone Semantik und Pragmatik. Tübingen, 259 - 275.
Busse, Dietrich (1991e): Juristische Fachsprache und öffentlicher Sprachgebrauch. Richterliche Bedeutungsdefinitionen und ihr Einfluß auf die Semantik politischer Begriffe. In: Frank Liedtke / Martin Wengeler / Karin Böke (Hrsg.): Begriffe besetzen. Strategien des Sprachgebrauchs in der Politik. Opladen.
Busse, Dietrich (1991f): Angewandte Semantik. Bedeutung als praktisches Problem in didaktischer Perspektive. In: Der Deutschunterricht 43, Heft 5, 1991.
Busse, Dietrich (1992): Juristische Semantik. Grundfragen der juristischen Interpretationstheorie in linguistischer Sicht. Berlin.

Daum, Ulrich (1981): Rechtssprache - eine genormte Fachsprache? In: Ingulf Radtke (Hrsg.): Die Sprache des Rechts und der Verwaltung. (= Der öffentliche Sprachgebrauch Bd. II) Stuttgart, 83 - 99.
Dijk, Teun A. van (1980): Textwissenschaft. Eine interdisziplinäre Einführung. Tübingen.
Dimter, Michael (1981): Textklassenkonzepte heutiger Alltagssprache. Kommunikationssituation, Textfunktion und Textinhalt als Kategorien alltagssprachlicher Textklassifikation. (RGL 32) Tübingen.
Dittmann, Jürgen (1979): Institution und sprachliches Handeln. In: Ders. (Hrsg.): Arbeiten zur Konversationsanalyse. Tübingen, 198 - 234.
Dobnig-Jülch, Edeltraut (1982): Fachsprachenbarrieren. Überlegungen zur Kluft zwischen Fachsprache und Gemeinsprache am Beispiel juristischer Texte. In: B. Gajek / E. Wedel (Hrsg.): Gebrauchsliteratur. Interferenz, Kontrastivität. Beiträge zur polnischen und deutschen Literatur- und Sprachwissenschaft. Frankfurt am Main, 313 - 360.
Duden Deutsches Universalwörterbuch. Mannheim 1989.

Ehlich, Konrad / Rehbein, Jochen (1980): Sprache in Institutionen. In: Hans Peter Althaus / Helmut Henne / Herbert Ernst Wiegand (Hrsg.): Lexikon der germanistischen Linguistik. Tübingen, 338 - 345.

Foucault, Michel (1971): L'ordre du discours. Paris. (Deutsch: München 1974)
Fritz, Gerd (1982): Kohärenz. Grundfragen der linguistischen Kommunikationsanalyse. Tübingen.

Gadamer, Hans-Georg (1960): Wahrheit und Methode. Grundzüge einer philosophischen Hermeneutik. Tübingen, 5. Aufl. 1986.
Glinz, Hans (1977): Textanalyse und Verstehenstheorie I. Methodenbegründung - soziale Dimension. 2. Auflage Frankfurt am Main (zuerst 1973).
Gobyn, Luc (1984): Textsorten. Ein Methodenvergleich. Brüssel.
Grice, Herbert Paul (1957): Meaning. In: Philosophical Review 66, 311 - 388. (Dt. in: Georg Meggle (Hrsg.): Handlung, Kommunikation, Bedeutung. Frankfurt am Main 1979, 2 - 15.)
Große, Ernst Ulrich (1976): Text und Kommunikation. Eine linguistische Einführung in die Funktion der Texte. Stuttgart.
Grosse, Siegfried (1983): Die sprachliche Form der gesetzlichen Verlautbarungen. In: Th. Ellwein (Hrsg.): Kommission zur Gesetzes- und Verwaltungsvereinfachung: Gesetzes- und Verwaltungsvereinfachung in Nordrhein-Westfalen. Bericht und Vorschläge. Köln, 124 - 141.
Gülich, Elisabeth / Raible, Wolfgang (Hrsg.) (1972): Textsorten. Differenzierungskriterien aus linguistischer Sicht. Frankfurt am Main.

Habermas, Jürgen (1971): Vorbereitende Bemerkungen zu einer Theorie der kommunikativen Kompetenz. In: Jürgen Habermas / Niklas Luhmann: Theorie der Gesellschaft oder Sozialtechnologie. Frankfurt am Main 101 - 141.

Habermas, Jürgen (1971): Theorie des kommunikativen Handelns. Bd. 1. Frankfurt am Main.

Hartmann, Peter (1970): Sprachwissenschaft und Rechtswissenschaft. Eine vergleichende Konfrontation. In: Rechtstheorie 1, 45 - 68.

Hartmann, Peter / Rieser, Hannes (1971): Paraphrasenbeziehungen in juristischen Texten. In: Rave/Brinckmann/Grimmer 1971b, 87 - 101.

Hartmann, Peter / Rieser, Hannes (Hrsg.) (1974): Angewandte Textlinguistik I. Hamburg.

Heinemann, Wolfgang / Viehweger, Dieter (1991): Textlinguistik. Eine Einführung. (RGL 115) Tübingen.

Heringer, Hans-Jürgen (1984a): Textverständlichkeit. Leitsätze und Leitfragen. In: Wolfgang Klein (Hrsg.): Textverständlichkeit - Textverstehen. (= Zeitschrift für Literaturwissenschaft und Linguistik, Heft 55) Göttingen, 57 - 70.

Hoberg, Rudolf (1981): Fachsprachenforschung und Fachsprachenunterricht. In: Günter Peuser/Stefan Winter (Hrsg.): Angewandte Sprachwissenschaft. Bonn, 136 - 149.

Hoffmann, Ludger (1980): Sprechen vor Gericht. Ein Versuch zur Beschreibung von Kode-Merkmalen. In: Zeitschrift für Semiotik 2, 207 - 232.

Hoffmann, Ludger (1983): Kommunikation vor Gericht. Tübingen.

Hoffmann, Ludger (Hrsg.) (1989): Rechtsdiskurse. Untersuchungen zur Kommunikation in Gerichtsverfahren. Tübingen.

Joisten, Christa (1985): Sprachkultur der Gesetzessprache. In: Der Deutschunterricht 37, 47 - 54.

Kallmeyer, Werner / Klein, Wolfgang / Meyer-Hermann, Reinhard / Netzer, Klaus / Siebert, Hans-Jürgen (1974): Lektürekolleg zur Textlinguistik. Band 1: Einführung. Königstein/Ts. 3. Auflage 1980.

Kallmeyer, Werner / Meyer-Hermann, Reinhard (1980): Textlingustik. In: Hans Peter Althaus / Helmut Henne / Herbert Ernst Wiegand (Hrsg.): Lexikon der germanistischen Linguistik. Tübingen, 242 - 258.

Keller, Rudi (1980): Sprachwandel. Von der unsichtbaren Hand in der Sprache. Tübingen.

Kniffka, Hannes (Hrsg.) (1990): Texte zur Theorie und Praxis forensischer Linguistik. Tübingen.

Levinson, Stephen C. (1990): Pragmatik. Tübingen.

Müller-Tochtermann, Helmut (1959): Struktur der deutschen Rechtssprache. Beobachtungen und Gedanken zum Thema Fachsprache und Allgemeinsprache. In: Muttersprache 69, 84 - 94.

Oksaar, Els (1967): Sprache als Problem und Werkzeug des Juristen. In: Archiv für Rechts- und Sozialphilosophie 54, 91 - 132.

Oksaar, Els (1979): Sprachliche Mittel in der Kommunikation zwischen Fachleuten und zwischen Fachleuten und Laien im Bereich des Rechtswesens. In: W.Mentrup (Hrsg.): Fachsprachen und Gemeinsprache. (= Jahrbuch 1978 des Instituts für deutsche Sprache) Düsseldorf, 100 - 113.

Petöfi, Janos S. (1972): Juristische Texte und eine Textgrammatik mit 'linear nicht festgelegter Textbasis'. In: Rave/Brinckmann/Grimmer (Hrsg.) 1972, 45 - 65. (Auch in: Hartmann/Rieser (Hrsg.) 1974, 18 - 34)

Petöfi, Janos S. / Podlech, Adalbert / v. Savigny, Eike (Hrsg.) (1975): Fachsprache - Umgangssprache. Kronberg/Ts.

Polenz, Peter von (1985): Deutsche Satzsemantik. Grundbegriffe des Zwischen-den-Zeilen-Lesens. Berlin/New York.

Radtke, Ingulf (1981): Amt und Sprache. In: Ders. (Hrsg.): Die Sprache des Rechts und der Verwaltung. (= Der öffentliche Sprachgebrauch Bd. II) Stuttgart, 70 - 82.

Radtke, Ingulf (Hrsg.) (1981): Die Sprache des Rechts und der Verwaltung. (= Der öffentliche Sprachgebrauch Bd. II) Stuttgart.

Raible, Wolfgang (1981): Rechtssprache - Von den Tugenden und Untugenden einer Fachsprache. In: Ingulf Radtke (Hrsg.): Die Sprache des Rechts und der Verwaltung. (= Der öffentliche Sprachgebrauch Bd. II) Stuttgart, 20 - 43.

Reitemeier, Ulrich (1985): Studien zur juristischen Kommunikation. Eine kommentierte Bibliographie. (= Forschungsberichte des Instituts für deutsche Sprache Bd. 56) Tübingen.

Rosengren, Inger (1980): Texttheorie. In: Peter Althaus / Helmut Henne / Herbert Ernst Wiegand (Hrsg.): Lexikon der Germanistischen Linguistik. Tübingen, 275 - 86.

Saussure, Ferdinand de (1967): Grundfragen der allgemeinen Sprachwissenschaft. Berlin. (Zuerst 1916)

Savigny, Eike von (1969): Die Philosophie der normalen Sprache. Frankfurt am Main.

Scherner, Maximilian (1984): Sprache als Text. Ansätze zu einer sprachwissenschaftlich begründeten Theorie des Textverstehens. (RGL 48) Tübingen.

Scherner, Maximilian (1989): Zur kognitionswissenschaftlichen Modellierung des Textverstehens. In: Zeitschrift für germanistische Linguistik 17, 94 - 102.

Schmidt, Siegfried J. (1976): Texttheorie. Probleme einer Linguistik der sprachlichen Kommunikation. München.

Searle, John R. (1971): Sprechakte. Ein sprachphilosophischer Essay. Frankfurt am Main.

Searle, John R. (1975): Eine Taxonomie illokutionärer Akte. In: Ders.: Ausdruck und Bedeutung. Untersuchungen zur Sprechakttheorie. Frankfurt am Main 1982, 17 - 50.

Stickel, Gerhard (1984): Zur Kultur der Rechtssprache. In: Rainer Wimmer (Hrsg.): Aspekte der Sprachkultur. Mitteilungen 10 des Instituts für deutsche Sprache. Mannheim, 29 - 60.

Spechtler, Viktor (1980): Rechtstexte als Aufgabe der Germanistik. In: H.Rupp/ H.G.Roloff (Hrsg.): Akten des VI. Internationalen Germanisten-Kongresses Basel 1980, Bd. 2. Bern/Frankfurt a.M./Las Vegas, 373 - 379.

van de Velde, Roger G. (1981): Interpretation, Kohärenz, Inferenz. Hamburg

Wahrig, Gerhard (Hrsg.) (1986): Deutsches Wörterbuch. München.

Werlich, Egon (1979): Typologie der Texte. Heidelberg.

Weymann-Weyhe, Walter (1978): Sprache - Gesellschaft - Institution. Sprachkritische Vorklärungen zur Problematik von Institutionen in der gegenwärtigen Gesellschaft. Düsseldorf.

Wimmer, Rainer (1979): Referenzsemantik. Untersuchungen zur Festlegung von Bezeichnungsfunktionen sprachlicher Ausdrücke am Beispiel des Deutschen. (RGL 19) Tübingen.

Wimmer, Rainer / Christensen, Ralph (1988): Praktisch-semantische Probleme zwischen Linguistik und Rechtstheorie. In: Friedrich Müller (Hrsg.): Untersuchungen zur Rechtslinguistik. Berlin, 27 - 46.

Wittgenstein, Ludwig (1971): Philosophische Untersuchungen. Frankfurt am Main.

Zimmermann, Klaus (1978): Erkundungen zur Texttypologie. Tübingen

B. Juristische und soziologische Literatur

Alwart, Heiner (1987): Recht und Handlung. Tübingen.

Baden, Eberhard (1977): Gesetzgebung und Gesetzesanwendung im Kommunikationsprozeß. Studien zur juristischen Hermeneutik und zur Gesetzgebungslehre. Baden-Baden.

Berger, Peter L. / Luckmann, Thomas (1970): Die gesellschaftliche Konstruktion der Wirklichkeit. Frankfurt am Main.

Brinckmann, Hans / Grimmer, Klaus (Hrsg.)(1974): Rechtstheorie und Linguistik. Kassel.

Brinckmann, Hans / Rieser, Hannes (1971): Paraphrasen juristischer Texte. Bericht über und Bemerkungen zu einem interdisziplinären Rundgespräch. In: Rave/Brinckmann/Grimmer (Hrsg.) 1971, 153 - 162. (Auch in: Rechtstheorie 3, 1972, 83 - 89; und in: Hartmann/ Rieser (Hrsg.) 1974, 7 - 17.)

Brinckmann, Hans / Petöfi, Janos S. / Rieser, Hannes (1972): Paraphrasen juristischer Texte II. Bericht über und Bemerkungen zu einem interdisziplinären Rundgespräch. In: Hartmann/ Rieser (Hrsg.) 1974, 35 - 72. (Zuerst in: DSVR 3, 1972, 257 - 262.)

Broekman, Jan M. (1984): Text als Institution. In: Mayer-Maly / Weinberger / Strasser (Hrsg.): 1984, 145 - 167.

Brox, Hans (1983): Allgemeiner Teil des Bürgerlichen Gesetzbuches. 7. Auflage. Köln u.ö.

Brox, Hans (1984): Allgemeines Schuldrecht. 12. Auflage. München.

Cattepoel, Jan (1979): Der unbestimmte Rechtsbegriff als Problem der Rechtssprache. In: Rechtstheorie 10, 231 - 246.

Christensen, Ralph J. (1987): Das Problem des Richterrechts aus der Sicht der strukturierenden Rechtslehre. In: Archiv für Rechts- und Sozialphilosophie 73, 75 - 92.

Christensen, Ralph J. (1989a): Der Richter als Mund des sprechenden Textes. Zur Kritik des gesetzespositivistischen Textmodells. In: Friedrich Müller (Hrsg.): Untersuchungen zur Rechtslinguistik. Berlin, 47 - 92.

Christensen, Ralph J. (1989b): Was heißt Gesetzesbindung? Eine rechtslinguistische Untersuchung. Berlin.

Christensen, Ralph J./ Jeand'Heur, Bernd (1989): Themen einer problembezogenen Zusammenarbeit zwischen Rechtstheorie und Linguistik. In: Friedrich Müller (Hrsg.): Untersuchungen zur Rechtslinguistik. Berlin, 9 - 12.

Christensen, Ralph J./ Wimmer, Rainer (1989): Praktisch semantische Probleme zwischen Linguistik und Rechtstheorie. In: Friedrich Müller (Hrsg.): Untersuchungen zur Rechtslinguistik. Berlin, 27 - 46.

Clauss, Karl (1963): Semantik im Dienste des Rechts. In: Archiv für Rechts- und Sozialphilosophie 49, 375 - 407.

Dölle, Hans (1949): Vom Stil der Rechtssprache. Tübingen.

Dreher, Eduard / Tröndle, Herbert (1988): Strafgesetzbuch und Nebengesetze. (Beck'sche Kurz-Kommentare Band 10) 44. Auflage München.

Dubiel, Helmut (1976): Institution. In: Joachim Ritter u.a. (Hrsg.): Historisches Wörterbuch der Philosophie. Bd. 4. Basel, Sp. 418 - 424.

Durkheim, Emile (1976): Regeln der soziologischen Methode. Neuwied/Berlin. (zuerst 1895)

Engisch, Karl (1956): Einführung in das juristische Denken. Stuttgart/Berlin/Köln/Mainz. 8. Aufl. 1983.

Forsthoff, Ernst (1940): Recht und Sprache. Prolegomena zu einer richterlichen Hermeneutik. Darmstadt 1964.

Fotheringham, Heinz (1981a): Die Gesetzes- und Verwaltungssprache im Spannungsfeld zwischen fachlicher Qualität und Allgemeinverständlichkeit. In: Ingulf Radtke (Hrsg.): Die

Sprache des Rechts und der Verwaltung. (= Der öffentliche Sprachgebrauch Bd. II) Stuttgart, 100 - 118.

Fotheringham, Heinz (1981b): Rechtsnormen - Verwaltungsnormen - Sprachnormen. In: Muttersprache 91, 309 - 316.

Garstka, Hansjürgen (1979): Zum Beitrag der Linguistik zur rechtswissenschaftlichen Forschung. In: Rechtstheorie 10, 92 - 102.

Gerhardt, Rudolf (1981): Sprache und Recht. In: Sprache und Recht. Loccumer Protokolle 31, 270 - 287.

Großfeld, Bernhard (1984): Sprache und Recht. In: Juristen Zeitung 39, 1 - 6.

Günther, L. (1898): Recht und Sprache. Ein Beitrag zum Thema vom Juristendeutsch. Berlin.

Haft, Fritjof (1977a): Recht und Sprache. In: A.Kaufmann / W.Hassemer (Hrsg.): Einführung in Rechtsphilosophie und Rechtstheorie der Gegenwart. Heidelberg/Karlsruhe, 112 - 120.

Haft, Fritjof (1977b): Recht und Sprachtheorie. In: Sprache und Recht. Archiv für Rechts- und Sozialphilosophie Beiheft Neue Folge 9, Wiesbaden, 27 - 34.

Haft, Fritjof (1978): Juristische Rhetorik. Freiburg/München.

Hassemer, Winfried (1972): Juristische Argumentationstheorie und juristische Didaktik. In: H. Albert u.a. (Hrsg.): Rechtstheorie als Grundlagentheorie der Rechtswissenschaft. (= Jahrbuch für Rechtssoziologie und Rechtstheorie 2) Düsseldorf, 467 - 480.

Hatz, Helmut (1963): Rechtssprache und juristischer Begriff. Vom richtigen Verstehen des Rechtssatzes. Stuttgart.

Hauriou, Maurice (1925): Die Theorie der Institution und der Gründung. Berlin 1965.

Heck, Philipp (1932): Begriffsbildung und Interessenjurisprudenz. Tübingen.

Hegenbarth, Rainer (1982): Juristische Hermeneutik und linguistische Pragmatik. Königstein/Ts.

Heimann-Trosien (1974): Strafgesetzbuch. Leipziger Kommentar. 9. Auflage. Berlin. (Kommentar zu § 242)

Heinz, Eckhart (1972): Rechtsregeln als Gegenstand sprachlicher Kommunikation. In: Archiv für Rechts- und Sozialphilosophie 58, 29 - 41.

Herberger, Maximilian / Koch, Hans-Joachim (1978): Zur Einführung: Juristische Methodenlehre und Sprachphilosophie. In: Juristische Schulung 1978, 810 - 817.

Hopt, Klaus J. (1987): Handelsgesetzbuch. 27. Auflage. München.

Horn, Dieter (1966): Rechtssprache und Kommunikation. Grundlegung einer semantischen Kommunikationstheorie. Berlin.

Hruschka, Joachim (1965): Die Konstitution des Rechtsfalles. Studien zum Verhältnis von Tatsachenfeststellung und Rechtsanwendung. Berlin.

Hruschka, Joachim (1972): Das Verstehen von Rechtstexten. Zur hermeneutischen Transpositivität des positiven Rechts. München.

Jeand'Heur, Bernd (1989a): Gemeinsame Probleme der Sprach- und Rechtswissenschaft aus der Sicht der Strukturierenden Rechtslehre. In: Friedrich Müller (Hrsg.): Untersuchungen zur Rechtslinguistik. Berlin, 17 - 26.

Jeand'Heur, Bernd (1989b): Der Normtext: Schwer von Begriff oder Über das Suchen und Finden von Begriffsmerkmalen. Einige Bemerkungen zum Referenzverhältnis von Normtext und Sachverhalt. In: Friedrich Müller (Hrsg.): Untersuchungen zur Rechtslinguistik. Berlin, 149 - 188.

Jeand'Heur, Bernd (1989c): Sprachliches Referenzverhalten bei der juristischen Entscheidungstätigkeit. Berlin.

Jesch, Dietrich (1957): Unbestimmter Rechtsbegriff und Ermessen in rechtstheoretischer und verfasssungsrechtlicher Sicht. In: Archiv des öffentlichen Rechts 82, 163 - 249.

Kaufmann, Arthur (1984): Recht und Sprache. In: Ders.: Beiträge zur juristischen Hermeneutik. Köln/Berlin/Bonn/München, 101 - 117.
Koch, Hans-Joachim (1975): Das Postulat der Gesetzesbindung im Lichte sprachphilosophischer Überlegungen. In: Archiv für Rechts- und Sozialphilosophie 61, 27 - 41.
Koch, Hans-Joachim (1977): Über juristisch-dogmatisches Argumentieren im Staatsrecht. In: Ders. (Hrsg.): Seminar: Die juristische Methode im Staatsrecht. Frankfurt am Main, 13 - 160.
Koch, Hans-Joachim / Rüßmann, Helmut (1982): Juristische Begründungslehre. München.
Kramm, Manfred (1970): Rechtsnorm und semantische Eindeutigkeit. Diss. Erlangen-Nürnberg.

Lackner, Karl (1981): Strafgesetzbuch mit Erläuterungen. 14. Auflage. München.
Larenz, Karl (1958): Der "Bedeutungswandel" der Rechtsnormen und seine Berücksichtigung in der Rechtsprechung. In: Deutsche Richter Zeitung 37, 306 - 309.
Larenz, Karl (1979): Methodenlehre der Rechtswissenschaft. 4. Aufl. Berlin/Heidelberg/New York.
Lampe, Ernst-Joachim (1970): Juristische Semantik. Bad Homburg/Berlin/Zürich.
Leipziger Kommentar zum Strafgesetzbuch. 9. Auflage. Berlin 1974.

MacCormick, Donald Neil (1985): Das Recht als institutionelle Tatsache. In: MacCormick / Weinberger 1985, 76 - 107.
MacCormick, Donald Neil / Weinberger, Ota (1985): Grundlagen des Institutionalistischen Rechtspositivismus. Berlin.
Mayer-Maly, Dorothea / Weinberger, Ota / Strasser, Michaela (Hrsg.) (1984): Recht als Sinn und Institution. (Beiheft 6 der Zeitschrift "Rechtstheorie") Berlin, 145 - 167.
Mead, George Herbert (1934): Geist, Identität und Gesellschaft. Frankfurt am Main 1973.
Müller, Friedrich (1975): Recht - Sprache - Gewalt. Elemente einer Verfassungstheorie I. Berlin.
Müller, Friedrich (1976): Juristische Methodik. 2. Aufl. Berlin. (4. Aufl. 1990)
Müller, Friedrich (1984): Strukturierende Rechtslehre. Berlin.
Müller, Friedrich (1986): Art. "Positivismus". In: N.Achterberg (Hrsg.): Ergänzbares Lexikon des Rechts: Rechtsphilosophie. Darmstadt/Neuwied.
Müller, Friedrich (Hrsg.) (1988): Untersuchungen zur Rechtslinguistik. Interdisziplinäre Studien zu praktischer Semantik und Strukturierender Rechtslehre in Grundfragen der juristischen Methodik. Berlin.
Münchener Kommentar zum Bürgerlichen Gesetzbuch. 2. Auflage. München 1988.

Neumann-Duesberg, Horst (1949): Sprache im Recht. Münster.

Otto, Walter (1981): Die Paradoxie einer Fachsprache. In: Ingulf Radtke (Hrsg.): Die Sprache des Rechts und der Verwaltung. (= Der öffentliche Sprachgebrauch Bd. II) Stuttgart, 44 - 57.

Parsons, Talcott (1972): Institutions, social. In: The Encyclopedia Americana, Vol. 15, 227.
Podlech, Adalbert (1971): Gehalt und Funktionen des allgemeinen verfassungsrechtlichen Gleichheitssatzes. Berlin.
Podlech, Adalbert (1972): Rechtstheoretische Bedingungen einer Methodenlehre juristischer Dogmatik. In: H.Albert (Hrsg.): Rechtstheorie als Grundlagentheorie der Rechtswissenschaft. (= Jahrbuch für Rechtssoziologie und Rechtstheorie 2) Düsseldorf, 491 - 502.
Podlech, Adalbert (1975): Die juristische Fachsprache und die Umgangssprache. In: J.S.Petöfi/A.Podlech/E.v.Savigny (Hrsg.): Fachsprache - Umgangssprache. Kronberg/Ts., 161 - 190.
Podlech, Adalbert (1976): Rechtslingsuistik. In: Dieter Grimm (Hrsg.): Rechtswissenschaft und Nachbarwissenschaften. Bd. 2. München, 105 - 116.

Rave, Dieter / Brinckmann, Hans / Grimmer, Klaus (Hrsg.) (1971): Paraphrasen juristischer Texte. Darmstadt.
Rave, Dieter / Brinckmann, Hans / Grimmer, Klaus (Hrsg.) (1972): Syntax und Semantik juristischer Texte. Darmstadt.
Ritter, Joachim (1970): Institution 'ethisch'. Bemerkungen zur philosophischen Theorie des Handelns. In: Schelsky 1970 a, 59 - 65.
Rodingen, Hubert (1977): Rechtstheorie als Kritik des juristischen Sprachgebrauchs. In: Sprache und Recht. (= Archiv für Rechts- und Sozialphilosophie, Beiheft NF 9) Wiesbaden, 51 - 61.
Röhl, Klaus F. (1987): Rechtssoziologie. Köln/Berlin/Bonn/München.

Savigny, Friedrich Karl von (1802): Juristische Methodenlehre. ("Anleitungen zu einem eigenen Studium der Jurisprudenz." 1802/3) Hrsg. v. Gerhard Wesenberg. Stuttgart 1951.
Schelsky, Helmut (Hrsg) (1970a): Zur Theorie der Institution. Düsseldorf.
Schelsky, Helmut (1970b): Zur soziologischen Theorie der Institution. In: Schelsky 1970a, 9-26.
Schelsky, Helmut (1980): Die Soziologen und das Recht. Opladen.
Schmalz-Bruns, Rainer (1989): Ansätze und Perspektiven der Institutionentheorie. Wiesbaden.
Schnur, Roman (Hrsg.) (1968): Institution und Recht. Darmstadt.
Schönke, Adolf / Schröder, Horst (1988): Strafgesetzbuch. Kommentar. 23. neubearbeitete Auflage von Theodor Lenckner, Peter Cramer, Albin Eser, Walter Stree. München.
Schülein, Johann August (1987): Theorie der Institution. Eine dogmengeschichtliche und konzeptionelle Analyse. Opladen.
Seibert, Thomas-Michael (1981): Aktenanalyse. Zur Schriftform juristischer Deutungen. Tübingen.

Vernengo, Roberto J. (1965): Recht und Sprache. In: Archiv für Rechts- und Sozialphilosophie Beiheft Neue Folge 4, 293 - 297.

Wank, Rolf (1985): Die juristische Begriffsbildung. München.
Wassermann, Rudolf (1979): Sprachliche Mittel in der Kommunikation zwischen Fachleuten und Laien im Bereich des Rechtswesens. In: W.Mentrup (Hrsg.): Fachsprachen und Gemeinsprache. (= Jahrbuch 1978 des Instituts für deutsche Sprache) Düsseldorf, 114 - 124.
Wassermann, Rudolf (1981a): Sprache und Recht als Zentralproblem humanistischer Rechtspolitik und -praxis. In: Sprache und Recht. Loccumer Protokolle 31/1981, 1 - 16.
Wassermann, Rudolf (1981b): Sprachliche Probleme in der Praxis von Rechtspolitik und Rechtsverwirklichung. In: Zeitschrift für Rechtspolitik 14, 257 - 262.
Weber, Max (1967): Rechtssoziologie. 2 Bde. 2. Aufl.
Weck, Hermann (1913): Die Sprache im deutschen Recht. Berlin.
Weinberger, Ota (1984): Das institutionelle Dasein des Rechts. In: Mayer-Maly / Weinberger / Strasser (Hrsg.) 1984, 245 - 259.
Weinberger, Ota (1987): Recht, Institution und Rechtspolitik. Stuttgart.
Weinberger, Ota (1988): Norm und Institution. Eine Einführung in die Theorie des Rechts. Wien.
Wessels, Johannes (1986): Strafrecht. Allgemeiner Teil. 12. Aufl. Heidelberg.
Westermann, Harm Peter (Hrsg.) (1981): Handkommentar zum Bürgerlichen Gesetzbuch. 7. Aufl. Münster.
Westermann, Harm Peter (Hrsg.) (1988): Münchener Kommentar zum Bürgerlichen Gesetzbuch. 2. Aufl. München.
Williams, Glanville (1945): Language and the Law. In: The Law Quarterly Review 61, 71 - 86, 179 - 195, 293 - 303, 384 - 406.
Wolf, Ernst (1970): Kritik der institutionellen Rechtsauffassung. In: Schelsky 1970a, 77 - 89.

Sachregister

Personenregister

Verzeichnis der Abkürzungen

ABE	Allgemeine Betriebserlaubnis
AGB	Allgemeine Geschäftsbedingungen
AGBG	AGB-Gesetz
B	Bezugsstelle
BE	Bedeutungsexplikation
BGB	Bürgerliches Gesetzbuch
BGH	Bundesgerichtshof
BGHSt	Entscheidungen des Bundesgerichtshofs in Strafsachen (Urteilssammlung)
BGHZ	Entscheidungen des Bundesgerichtshofs in Zivilsachen (Urteilssammlung)
DK	Diskursive Kohärenzrelationen (z.B. innerhalb der Rechtswissenschaft)
DT	Dreher/Tröndle: Kommentar zum StGB. 44. Aufl. München 1988.
EE	Explikationsebene
EGHGB	Einführungsgesetz zum Handelsgesetzbuch
GD	Gerichtliche Definition (in einem Urteilstext)
GE	Gerichtliche Explikation (in einem Urteilstext)
HGB	Handelsgesetzbuch
hM	herrschende Meinung
IE	Intertextualitätsebene
ITE	Intertextualitätsrelation zwischen Paragraphen eines Gesetzes
ITG	Intertextualitätsrelation zwischen Paragraphen verschiedener Gesetze
KD	Kommentar-Definition
KE	Kommentar-Explikation
LK	Leipziger Kommentar zum StGB. 9. Aufl. Berlin 1974.
MD	Definition in den Gesetzesmaterialien
ME	Explikation in den Gesetzesmaterialien
NJW	Neue Juristische Wochenschrift
OHG	Offene Handelsgesellschaft
OLG	Oberlandesgericht
PA	Prädikatsausdruck
Rdn	Randnummer
RG	Reichsgericht
RGSt	Entscheidungen des Reichsgerichts in Strafsachen (Urteilssammlung)
Sch	Schönke/Schröder: Kommentar zum StGB. 23. Aufl. München 1988.
SD	Sachdefinition
SE	Sachexplikation
SG	Verweis auf den "allgemeinen Sprachgebrauch" ("natürlicher Wortsinn")
StGB	Strafgesetzbuch
StVZO	Straßenverkehrszulassungsordnung
SUF	Faktische Subsumtion (d.h. ohne Begründung)
SUP	Paradigmatische Subsumtion (als Beispiel angeführter Sachverhalt)
SUR	Rechtliche Subsumtion (mit rechtlichen Argumenten außerhalb der Bezugsnorm)
TB	Tatbestand
TBM	Tatbestandsmerkmal
TD	Tatbestandsdefinition (in einem Gesetzestext)
TE	Textebene
TKE	Durch Kommentar hergestellte Textkohärenz innerhalb des Normtextes
WBA	Bezugnahme auf alltagsweltliche Wissensrahmen
WBR	Bezugnahme auf rechtliche Wissensrahmen
WBW	Bezugnahme auf wissenschaftliche Wissensrahmen
WL	Gesetzeswortlaut
WLG	"Wortlautgrenze"

Bei Fragen zur Produktsicherheit wenden Sie sich bitte an:
If you have any questions regarding product safety,
please contact:

Walter de Gruyter GmbH
Genthiner Straße 13
10785 Berlin
productsafety@degruyterbrill.com